2008年10月，卫兴华先生在太原

走进马克思经济学殿堂

卫兴华　著

中国财政经济出版社

图书在版编目（CIP）数据

走进马克思经济学殿堂／卫兴华著．—北京：中国财政经济出版社，2014.5
ISBN 978-7-5095-5253-7

Ⅰ．①走…　Ⅱ．①卫…　Ⅲ．①《资本论》-马克思著作研究-文集　Ⅳ．①A811.23-53

中国版本图书馆 CIP 数据核字（2014）第 066192 号

责任编辑：吕小军　　　　责任校对：张　凡
封面设计：思梵星尚　　　　版式设计：兰　波

中国财政经济出版社出版

URL：http：//www.cfeph.cn

E-mail：cfeph@cfeph.cn

社址：北京市海淀区阜成路甲 28 号　邮政编码：100142

发行处电话：88190406　财经书店电话：64033436

北京财经印刷厂印刷　各地新华书店经销

787×1092 毫米　16 开　44.75 印张　723 000 字

2014 年 5 月第 1 版　2014 年 5 月北京第 1 次印刷

定价：88.00 元

ISBN 978-7-5095-5253-7/F·4250

（图书出现印装问题，本社负责调换）

本社质量投诉电话：010-88190744

打击盗版举报热线：010-88190492、QQ：634579818

序　言

——怎样准确研读和把握马克思的经济学原理及其当代价值

一、我从事马克思主义经济学教学与研究的历史回顾

1950年8月，我在中国人民大学经济系学习的暑假期间，系领导通知我，学校组建政治经济学教研室，直属校部。由经济系主任宋涛同志改任政治经济学教研室主任，选调我到教研室做研究生。我从没有学过这方面的专业知识，没有任何有关理论基础，一切从头学起。凭借高强度的精力付出和刻苦钻研，系统学习和初步掌握了马克思和恩格斯有关政治经济学的主要著作的基本内容。但更多的收获是在日后的教学工作中取得的。

我最初发表经济学方面的文章，是在1952年做研究生期间。起因是《人民日报》读者来信部发函给人民大学政治经济学教研室，请回答读者提出的经济知识问题：什么是资本、资金、资产及其关系？当时教研室秘书徐禾同志将读者来信交我，要我解答。我的解答在《人民日报》“答读者问”栏目中以编辑部名义发表，还得到一笔稿费。

研究生毕业后留校任教。讲授政治经济学，后来又讲授《资本论》。当时所用的教材和参考资料，多是从苏联翻译过来的。特别是由斯大林倡导编写的苏联《政治经济学教科书》于20世纪50年代初期出版后，成为我国高校的通用教材，党政干部也普遍学习，把这部教材看作是完全马克思主义的、绝对正确的著作。但我在教学过程中，感到流行于苏联的有关教材和新编教科书中一些观点，缺乏理论与事

实依据，难以认同。我在1957年和1958年先后发表了几篇文章进行质疑。比如，苏联《政治经济学教科书》第二版讲："在以人剥削人为基础的各个社会形态里，货币具有阶级性，它是占有他人劳动的手段。"我觉得这一论断，在马克思的著作中不存在。而且，从实际生活看，在阶级社会中，金属货币作为一般等价物对任何阶级和个人都一样起作用，固然货币在剥削者手中可以成为"占有他人劳动的手段"，但在劳动者和被剥削者手中，也是必要的维持其生活的手段。再说，在剥削者手中，生产资料也是"占有他人劳动的手段"，但不能以此得出生产资料具有阶级性的论断。我的质疑论文《货币有没有阶级性》在《新建设》1958年3月份发表后，没有看到与我进行辩驳的论文。在国内现今出版的有关论著中，没有再看到货币具有阶级性的观点。

再如，苏联《政治经济学教科书》中讲：抽象劳动"只是商品经济所特有的社会劳动的特殊形式"。我国的有关论著中也流行同样的论断。我认为这种论断同样缺乏理论与事实依据。《资本论》和马克思其他著作中没有这样讲过，相反，马克思在《政治经济学批判》导言中讲：劳动作为"最抽象的范畴"，"正是由于它们的抽象而适用于一切时代"，只是在商品经济中它"才具有充分的适用性"[①]。再从实际生活看，我国当时建立和发展农业生产合作社，社员出勤劳动要计工分。"工分"这个概念所反映的就是舍去劳动具体形式的抽象劳动。我在《读书月报》1957年第1期刊发了《关于抽象劳动问题》，对这种流行的观点提出不同意见。发表后，有多位学者回应表示赞同，也有个别学者在《光明日报》发表文章辩驳。但以后多年，国内有关教材中都放弃了从苏联搬过来的这一观点。特别是由徐禾教授等编写、影响较大的《政治经济学概论》（人民出版社1973年版、1983年版）中，特别说明："只要有具体劳动存在，同时也就会有抽象劳动。马克思十分明确地指出，抽象劳动或一般劳动是一个'适用于一切时代'的范畴，尽管它的适用程度在不同时代可以有很大的差别"。"并非任

① 《马克思恩格斯选集》第2卷，人民出版社1995年版，第23页。

何时候抽象劳动都形成价值”。

还有，苏联《政治经济学教科书》在平均利润和生产价格一章中，讲利润率下降的趋势时，提出这样的观点：“由于固定资本比流动资本增加得更快，整个资本的周转就缓慢起来，造成利润率的下降。”我认为这个道理不能成立。一是固定资本的增加，并不影响流动资本的周转速度。如果固定资本“增加更快”，意味着部门资本有机构成和技术装备水平的提高，那么资本有机构成的提高，意味着可变资本绝对或相对减少，会导致部门利润率的下降，而个别企业技术装备水平的提高，则可获得超额利润，提高企业利润率。但现在讲的是资本周转快慢对利润率的影响。马克思讲资本周转速度会影响年利润率的高低，是指流动资本（实质上是指可变资本）周转速度的影响。固定资本周转快慢并不影响利润率的高低。基于这种认识，我在《教学与研究》1957 年第 4 期发表了《固定资本周转的快慢对利润率有无影响?》的短文，对苏联教科书提出质疑。在 1955 ~ 1957 年间，我还在通俗读物出版社出版了三本通俗性的小册子。我的第一篇算得上是研究性的学术论文，是发表于《经济研究》1956 年第 1 期的《关于资本主义地租理论中的一些问题》。当时政治气氛较宽松，学术问题可以展开百家争鸣，而且，指名道姓地进行学术争鸣，是正常的事情。我在论文中针对苏联有关论著和我国多位著名的经济学界老前辈的著作中所存在的对马克思地租理论阐述上的纰漏，指名道姓地进行了辩证，获得共识。

从 1957 年“反右”开始，政治气候的“左”风持续兴起。我因在一次动员向党提意见的会上提出：中国人民大学尚钺教授在中国奴隶制与封建制分期问题上的观点与《毛泽东选集》中所采纳的范文澜教授的西周封建论不一致，学校组织召开大会进行批判，这是对待学术问题缺乏科学态度和民主作风的表现，其实，郭沫若的分期观点也与范文澜不同。我提出还是“要科学和要民主”的问题。结果惹了祸，说我提出了“五四”运动口号，在向党要科学要民主，差点被划成右派，划了个“中右”，打入另册。对于“反右”以及接着而来的“大跃进”、“人民公社化”、反右倾等，我在认识上和行动上都跟不上。我是农家子弟，知道一哄而起的高级社、人民公社不是广大农民自愿兴起的，我还为城乡差别大、农村和农民的贫困叫屈。这样在每次“左”的政治运动中我都是挨整的对象。但是，我始终没有被排除出政治经济学教研室的教学与研究岗位，这是出于两个原因：一是系领导宋涛同志和徐禾同志的爱护；二是我自从1952年从事教学工作以来，我的讲课一直受到学生的欢迎，而且我的科研成果也处于教研室和系内教师们的前列。但在政治上我是一直受到“左”风歧视的。举一个例子，约在1964年的一次经济系的会议上，一位副系主任肯定了我的教学和研究成绩，说我讲课获得学生好评，还发表了多篇论文。结果有的“左”派教师去到主持学校工作的郭影秋副校长家中告状，说经济系领导表扬什么人，树什么标兵？这样，我再努力工作，也不会被肯定。在当时的政治环境下，我出于探求马克思主义经济学的真谛和提高教学水平的需要，也出于自己从事马克思主义教学与研究的责任心，往往背负着精神压力，离开与“左”的理论与实践相联系的研究领域，专注于马克思主义学理性和学术性的研究。如商品经济理论、劳动价值论、价值规律、“虚假的社会价值”、按质论价、按劳分配与等价交换的关系、资本总公式的矛盾是指什么、所用资本与所费资本之间差额的增大怎样成为决定积累的因素、《哥达纲领批判》中所讲的“原则与实践的矛盾是指什么”，等等。有必要提一下，在20世纪50年代初到60年代前期，社会主义制度下的商品生产和价值规律问题，一直是我国理论界议论和争论的热点议题。1959年在上海召开了全国经济学界的专题讨论会。这一年几乎所有的经济学界各路知名人士，包括未参加上海会议的学者，都发表论文参加讨论。依然存在意见分歧：社会主义商品经济消亡论；生产资料商品外壳论；国营企业间的交换“还部分地包含着商品的性质”论；“全民所有制内部的产品不再具有商品的实质和价值的内容”论；有的学者连斯大林肯定消费资料是商品的观点也予以否认。他认为国家职工到商店购买消费品，是用劳动券去领取消费品，不是商品关系，因为是同一个全民所有制内部的关系。我不赞同以上诸观点，于1959年在《学术月刊》第11期发表论文《社会主义制度下商品生产的研究方法问题》，提出我国社会主义经济中的消费和生产资料都应是商品，并进行了论述。我是较早提出社会主义商品经济论的。

总之，在改革开放前，我从事马克思主义经济学的教学与研究工作，游离于“左”的理论与实践之外。我既没有写过宣传“大跃进”、“人民公社化”、“三面红旗”万岁等方面的文章，更没有写过“大批判”之类的东西。因此，我对自己20世纪50和60年代写的东西，不存在因政治气候变化而过时的问题。在本书《走进马克思经济学殿堂》第七篇选入了我于1962年1月22日在《光明日报》发表的《所用资本与所费资本之间差额的扩大怎样成为决定积累规模的因素》一文，并在第八篇收入于1956年第1期《经济研究》发表的《评析对马克思地租理论理解中的一些纰误》（原题为《关于资本主义地租理论中的一些问题》）一文。改革开放前，我还发表过十多篇研究马克思劳动价值论的论文，本文集中只收入其中一篇。几年前关于深化劳动价值论的争论，我也发表过多篇，只收入其中三篇，特别是与晏教授的多篇争辩论文，因为此前已收入《理论是非辨析——误解错解马克思主义理论事例评说》一书，本文集未再收入。而且，我筹划出版一部《坚持与发展劳动价值论》的专题文集。故多篇有关论文在本书中没有收录。

收入本书的60多篇文章，绝大部分是改革开放以来有关坚持与发展马克思主义经济学的论著。关于我研究领域中的其他方面，如社会主义经济理论、经济增长与发展理论、经济体制改革理论等方面的论文，都未涉及。但是，本文集所研究和阐述的马克思的经济理论，不是脱离当前我国改革与发展的理论与实践，去做经院式的探究，而是紧密联系当前中国特色社会主义建设事业来研究和阐发其要义的。既正面阐述《资本论》和有关论著的重要理论观点，又对误解、错解甚至有人乱解、曲解和进行理论造假的东西提出商榷、评论和辩驳。

二、马克思《资本论》和其他经济学论著的当代价值

《资本论》不仅是革命的、破坏旧世界的理论，也是科学的建设新制度的理论。不仅有历史意义，又有现实意义。《资本论》过时论，

马克思主义经济学过时论，是根本不学不懂《资本论》博大精深内容、不学不懂马克思主义经济学真谛的人们的浅薄之论。本书第一篇专门分析“马克思经济学的当代价值”。但对当代价值的阐述并不限于这一篇，其他九篇也都与国内国际的经济实际相联系。本书从多方面阐述了马克思主义经济学主要是《资本论》的历史意义和现代价值。关于马克思经济学的现代意义，可简要概括为以下几方面：

（1）《资本论》是系统研究资本主义制度中商品经济或市场经济的著作。市场经济的一般规律，包括供求规律、竞争规律、价格运动规律、货币流通规律、市场机制决定资源配置的规律等，《资本论》中都有深入的分析和阐述。因为商品经济或市场经济规律本身，不具有特定的社会经济属性，因而可以与资本主义经济制度相结合，是资本主义市场经济；也可以与社会主义经济制度相结合，是社会主义市场经济。马克思主义经济学讲价值规律调节生产，就是指价值规律决定资源配置，也就是市场决定资源配置。这一理论，同样可以用以指导社会主义市场经济的建设。

（2）马克思在《资本论》和其他著作中既阐述了未来社会主义经济社会制度的特点，也阐述了社会主义的本质要求。《资本论》中阐述了作为“自由人联合体”的社会主义经济社会制度的主要特点是：生产资料公有制；按劳分配；国民经济有计划按比例发展；劳动人民是经济社会的主人；人的自由全面发展等。在《共产党宣言》和《经济学手稿》中，阐述了在劳动人民取得政权的新制度中，要抓经济社会发展的两大环节。一是尽快地发展生产力；二是不断提高劳动者的生活水平，实现共同富裕。马克思在1857～1858年的《经济学手稿》中指出：在未来的社会主义制度中，“社会生产力的发展将如此迅速，……生产将以所有人的富裕为目的”，[①] 恩格斯也讲：在社会主义制度下，“通过有计划地组织全部生产，使社会生产力及其成果不断增长，足以保证每个人的一切合理的需要在越来越大的程度上得到满足”。[②]

---

① 《马克思恩格斯全集》第46卷（下），人民出版社1980年版，第222页。

② 《马克思恩格斯选集》第3卷，人民出版社1995年版，第336页。

事实上，在马恩的著作中，已经说明了什么是社会主义和怎样建设社会主义的根本问题，邓小平提出的社会主义本质论，是与马克思的有关理论一脉相承并有所发展的。因此，社会主义要将快速发展生产力和着力于社会主义生产关系的完善与发展统一起来。忽视生产力的大力发展而片面强调公有制、按劳分配等社会主义生产关系，不可能搞好社会主义；反之，片面强调和着力于生产力的发展而忽视社会主义生产关系的发展与完善，脱离共同富裕的目标发展生产力，就会产生贫富两极分化，离开社会主义的根本目的。因此，怎样建设社会主义，既要重视生产力标准，又要重视社会主义生产关系标准，将生产力标准和社会主义价值标准统一起来，有的学者宣扬唯生产力标准论和唯生产力论，是背离科学社会主义和中国特色社会主义的错误观点。

（3）社会主义公有制是与个人所有制相统一的所有制。《资本论》中讲：取代资本主义私有制，是要在生产资料公有制的基础上重新建立个人所有制。又讲：社会主义所有制是联合起来的社会的个人所有制。这表明，社会主义公有制是与每个社会成员个人利益密切相关的所有制。公有制或社会所有制，是生产资料归总体劳动者所占有，而总体劳动者是由各个个人组成的，因此是人人有份的所有制，是社会所有和个人所有的统一。我们的作为全民所有的国有经济，应是与全民利益攸关的所有制，也是与各个劳动者个人利益攸关的所有制。

马克思既强调公有制是生产关系体系的基础，又强调生产资料和劳动者结合方式对经济制度的决定性作用，资本主义生产资料与劳动力相结合的方式是资本与雇佣劳动的结合。《资本论》第1卷第4章就是专门分析这个问题，正是这种生产方式决定了资本主义生产关系和交换关系。同样，社会主义所有制需通过生产资料和劳动者的特定结合方式起着决定社会主义生产关系的作用，这种结合方式应是劳动者作为生产资料和社会的主人，与公有生产资料相结合。企业职工应拥有管理权、监督权、知情权、话语权。如果国有经济的厂长经理独断专行，以权谋私，职工被当作雇佣劳动者对待，那么，这种公有制则失去其社会主义性质。

（4）马克思的生产力理论以及生产关系一定要适应生产力状况的

规律，具有重要理论与实践意义。马克思的论著阐明，生产力是人类社会发展的最终决定力量，生产力决定生产关系，生产关系一定要适应生产力的发展状况。我国长期以来进行生产力二要素、三要素的争论。在“左”风时期，连科学是生产力的观点，也受到批判。其实，在《资本论》和其他论著中，马克思明确说明：生产力的要素包括劳动者、生产资料、科学技术、管理、分工协作、自然力等。比西方经济学更早更全面地论述了决定生产力的诸要素。西方经济学最早是萨伊的生产三要素论，后来才逐步增加科学和管理等。我国长期受斯大林生产力二要素的理论影响，连劳动对象也被排除在外，劳动资料中的基础设施也被忽视，只留取其中的生产工具。这不利于在实践中全面利用和发展生产力诸要素，以快速发展生产力。

我国曾违反生产关系一定要适应生产力发展状况的规律，去做超越历史阶段的错事。急于消灭一切私有制经济，“让资本主义绝种”，刮共产风，“跑步进入共产主义”，既损害了生产力的发展，也损害了社会主义生产关系的发展。改革开放以来，我国提出社会主义初级阶段理论，正是从我国生产力发展的现实水平出发的，是按照马克思的历史唯物主义理论提出的。

（5）应重视马克思的产权理论。有国外学者指出：“马克思是第一位有产权理论的经济学家。”[①] 在《资本论》和其他论著中，马克思重视经济社会中的生产资料所有制、所有权。又从所有权中分解出占有权、使用权、经营权、收益权等。生产资料所有者，既可以把上述诸权能统一于一身，又可以从所有权中分离出其他权能。如西欧封建农奴主具有土地所有权，而农奴具有份地的占有权和使用权。马克思还区分法律上的所有权和经济上的所有权。如企业向银行贷款，银行对贷出的款项具有法律上的所有权，而企业具有了经济上的所有权。改革开放前，我国国营企业是将所有权与经营权统一于一体的，是国有国营。改革开放后，实行两权分离，所有权归国家，经营权归企业，正是根据马克思的产权理论改革的。

---

① 参见张宇等主编《高级政治经济学》，经济科学出版社2002年版，第134~135页。

（6）社会再生产中采用粗放型与集约型、外延型与内涵型的不同方式的比较。《资本论》中论述社会再生产的扩大时，提出了粗放经营和集约经营，又提出了外延型扩大生产与内涵型扩大生产的区别。关于粗放经营与集约经营概念，马克思以前的经济学已经使用，原本是讲农业中的两种经营方式，现已将其扩大到工业和其他经济部门作为两种不同的增长方式看待。而外延型与内涵型的扩大再生产概念和原理，则是马克思提出的，由于在英文中，“粗放”与“外延”是同一词，“集约”与“内涵”也是同一词，不少学者便将两组概念内容认作是相同的。而且，什么是外延型，什么是内涵型，流行的解读也不很准确。我国提出由粗放型增长方式转向集约型增长，有的学者就将其等同于由外延型转向内涵型，主张取内涵而舍外延。其实，两组概念各有其不同内涵。两者的原理，对于我国转变增长和发展方式，都具有指导意义。我在《走进马克思经济学殿堂》一书中对两组概念的内涵和原理的区别与关系进行了分析和论证。

（7）《资本论》中不断拓展的劳动价值论，需要整体把握。劳动价值论具有丰富的内容，由于国内外的有关教科书中，解读得比较简单，造成读者的误解、错解。通读三卷《资本论》，可以看出，马克思的劳动价值论，是从抽象到具体不断拓展其内容的。特别是《资本论》第3卷第10章中讲市场价值、市场价格、竞争规律、供求规律、另一种意义的社会必要劳动时间等，集中显示出对劳动价值论认知的拓展。前几年，在深化对劳动价值论的认识的大讨论中，有几位学者竟然认为马克思的劳动价值论，是指体力劳动、简单劳动创造价值。其实，《资本论》中明确指出：创造价值的劳动包括脑力劳动，如科技工作者和管理人员的劳动。这可归之为高层次的复杂劳动。在当代社会生产中，科技劳动和管理劳动具有更为突出的重要作用。马克思提出“总体劳动”概念，“总体劳动”创造价值，就拓展了劳动价值论的外延。马克思论述了资本主义管理劳动即监督劳动具有二重性：一是生产性；二是剥削性。如果资本家自己管理生产，他除了凭借资本获取剩余价值外，另凭管理劳动获取的收入也是由管理劳动创造的价值。这都表明马克思劳动价值论的实事求是和科学性。

（8）《资本论》中关于股份制与信用制度的理论，具有现代意义。马克思在《资本论》第3卷中专设一章即《信用在资本主义生产中的作用》，对资本主义社会制度中的信用制度和股份制进行了专门论述。高度评价了其在发展社会经济中所起的重要作用。信用制度和股份制促进了生产规模的扩大和生产力的发展；是对资本主义生产方式消极扬弃，是通向社会主义的过渡点。但马克思也指出私人资本组合的股份制，并未超出资本主义生产方式。它只是有利于向社会主义公有制过渡，但不等于社会主义。马克思并未想到社会主义制度下还会存在和发展股份制。股份制曾被视作为资本主义的东西，其实股份制是一种资本经营方式，不是一种独立的所有制形式。它可以是私有制或公有制的实现形式，但并不是取代私有制或公有制的所有制形式。马克思也指出了股份制的负面作用：再生产出了一种新的金融贵族、新的寄生虫；再生产出了一整套投机和欺诈活动；在交易所的赌博中羊为狼所吞掉，小鱼为鲨鱼所吞掉。我国学界在股份制的理论讨论中，存在诸多认识上的混乱现象，需要准确把握马克思的股份制理论，并在实践中取股份制之长，力避其短。

（9）马克思关于经济危机的理论依然具有现实指导意义。自2007年由美国次贷危机引发的金融危机和经济危机，通过各种途径传导到世界各国经济，我国也被波及。这是学界和政界未曾预料到的一次席卷全球的严重危机。危机的诱因可以有不同的看法，但深层次的根本性原因是什么，人们不能不回归马克思的《资本论》。前德国财政部长斯泰因布吕克公开说他正在阅读《资本论》，法国前任总统萨科齐也去阅读《资本论》。也许他们不可能系统深入阅读与研究《资本论》的内容，但已表明，西方政要与学者也知道马克思在《资本论》中揭示了资本主义周期性经济危机的根源。《资本论》中关于“货币资本”、“现实资本”和“虚拟资本”的理论论述及其与危机的关系，也是我国经济实践中应弄清的问题。处理好实体经济与虚拟经济的关系，也是防范危机的举措之一。

（10）《资本论》揭示了社会主义最终取代资本主义的历史规律。当前，有人会认为马克思所讲的这一规律已不会起作用。其根据是当代资本主义与马克思150年前所看到和描述的资本主义已有很大不同，有了许多新现象与新特点。工人运动已长期处于低潮。再者，苏东原社会主义国家发生剧变，转向资本主义，更冲击了社会主义必然取代资本主义的理论。然而，不能用现象代替规律。20世纪产生的社会主义革命，都是采取以武装斗争取代旧社会制度的。马恩著作中也讲过通过暴力革命取得政权。我国同苏联论战的“九评”中，还强调暴力革命是普遍规律。然而，人们忽视了马恩论著中的以下几点：①之所以采取暴力革命，是由于敌对阶级的反抗。马恩但愿通过赎买政策取得社会主义胜利。②恩格斯重视在德国的议会斗争，曾寄希望于通过议会斗争取得选票的胜利。③马克思重视在资本主义经济内部所产生的扬弃资本主义的因素，不仅把股份制看作对资本主义生产方式的消极扬弃，把工人合作社看作是对资本主义的积极扬弃。而且认为，任何新的经济制度因素会在旧社会制度中孕育出来。明确指出新的经济制度因素也会在资本主义制度内部孕育出来。资本主义“本身已经创造出一种新的经济制度因素”。[①] 工人阶级“是要解放那些由旧的正在崩溃的资产阶级社会本身孕育着的新社会因素”。[②] 当代资本主义的新变化、新特点，并不表示资本主义返老还童、青春永驻。而是表明出现了更多和更显著的扬弃资本主义的新因素，是更多地转向社会主义的过渡点。这些变化和新特点，距离社会主义是更近了，而不是更远了。在新的形势下，社会主义取代资本主义的规律，怎样显示其作用，会有不同已有的途径和形式。过去，有一种被当作科学社会主义的理论：社会主义经济因素不可能在资本主义内部孕育出来，只能在暴力革命后的“空地上”建设社会主义。谁认为资本主义内部也会孕育社会主义新因素，就是“和平长入社会主义”的修正主义观点受到批判。我们知道，无论从理论和历史发展的实际来看，以往几千年来，新社会制度取代旧制度，都是在旧经济制度中孕育出新的经济制度因素，并逐渐发展扩大，这是社会历史发展的规律。如果否定马克思讲

① 《马克思恩格斯全集》第19卷，人民出版社1965年版，第130页。
② 《马克思恩格斯选集》第3卷，人民出版社1995年版，第60页。

过的新经济制度因素也会在资本主义内部孕育出来，那就是否定人类社会发展中一个普遍的历史规律。肯定这一规律，才能增强对社会主义必然取代资本主义历史规律认识的自信。

三、马克思经济学研究中的理论是非需要澄清

马克思经济学的研究和阐述中，存在着误解、错解和曲解甚至搞理论造假的情况。要分析几种不同的情况：

其一，由于没有系统研究和掌握马克思经济学某些理论观点的原义，产生误解。如认为抽象劳动是商品经济特有的范畴；马克思的劳动价值论是体力劳动价值论；货币的本质是作为一般等价物的特殊商品等。

其二，出于自己的理论水平偏好和倾向，错将马恩的理论套入自己的理论构想中。如有人硬把马克思主义的生产力决定生产关系的理论错解为“唯生产力标准”论和“唯生产力论”。讲“生产力标准”论是正确的，但宣扬“唯生产力标准”论则是错误的。讲生产力决定生产关系的“生产力论”是正确的，但宣扬“唯生产力论”则是错误的。“唯生产力论”是马克思主义批判过的“庸俗生产力论”。邓小平也明确批评过“唯生产力论”和“庸俗生产力论”。“四人帮”批判“唯生产力论”，是错将重视和致力于发展生产力诬之为“唯生产力论”。不能因为“四人帮”批判“唯生产力论”，就反过来说“唯生产力论”是正确的。我主张社会主义制度下既要重视快速发展生产力，坚持“生产力标准”论，又要重视社会主义生产关系的发展与完善，坚持“社会主义价值标准”即价值取向论，主张将两者统一起来，竟遭到“唯生产力论”者的非难。宣扬“唯生产力论”的学者，其理论倾向是反对强调社会主义公有制为基础或主体，反对强调社会主义生产关系的发展与完善，而是强调非公有制经济的发展。批判与事实不符的“国进民退”，总之是反对社会主义价值标准。这是争论的实质所在。

其三，对马克思的有关理论误解错解，颠倒了原意，并出于自己的主观愿幻，还自诩为是“突出理论贡献”，获得党和学界的高度重

视和认同。事实是这样的：马克思在《哥达纲领批判》中，批评《纲领》中离开所有制问题抽象地谈论“平等权利”、“公平分配”等。指出社会主义制度下也只能实行按劳分配，而按劳分配存在形式上的平等而事实上的不平等。按劳分配中的等量劳动互换，同商品等价交换，是同一原则，只不过内容和形式改变了。马克思认为，这种与等价交换具有同一原则的等量劳动交换，是一种“资产阶级权利”。“这个平等的权利，总还是被限制在资产阶级的框框里”。它是一种“旧社会的痕迹”，是共产主义社会第一阶段不可避免的“弊病”。而有的学者，竟对马克思的这一观点做了相反的解读。他将按劳分配的等量劳动互换与商品等价交换原则完全对立起来。并用按劳分配的等量劳动互换否定和排斥我国社会主义经济中商品等价交换的存在。认为马克思预计社会主义商品经济消亡的理论已成为现实。声称：人民币不是货币，是劳动券，消费者到商店去买东西，不是商品等价交换关系，而是用劳动券去领取消费品，是马克思所讲的与等价交换相对立的等量劳动交换。并高调自诩：他“发现了”马克思将等量劳动交换看作是社会主义的本质。竟将马克思所认为的“资产阶级权利”、“旧社会的痕迹”、不可避免的“弊端”，作为社会主义的本质宣扬。在他的《自选集》和多家刊物上不断自诩他的这一“发现”是“重要学术贡献”，是“最突出的创新性见解”，得到了党和学界的“极大重视”和认同。他还进一步高调宣称：他1959年在《红旗》发表的这一否定社会主义商品经济的理论观点，为邓小平90年代的社会主义市场经济理论和我国的改革目标“提供了理论铺垫”和“做了理论上的准备”。这种高调自诩，完全是虚构的，没有任何事实根据，是把误解、错解马克思的理论，虚幻为“重要学术贡献”和“最突出的创新”。人们知道：在党中央的报刊上发表文章，并不等于得到了党和学界的“极大重视”和认同。何况《红旗》发表他的文章时还特别加了按语：是作者个人见解，供进行讨论参考。不仅《红旗》接着刊发了关梦觉老先生与他商榷的文章，另外，苏星同志也发表文章不赞同他的观点。苏星紧接着在《红旗》1959年第12期发表《全民所有制经济内部的商品生产和价值规律问题》一文，指名道姓地提出不同意见。所谓获得学界的高度重视和认同，也是完全不符合事实的。我之所以谈论这一情况，因为这一问题涉及怎样科学理解和把握马克思的经济学观点和社会主义现实问题，也涉及学风问题。有必要划清真假是非界限。上述这段论述也是对本文集中有关争鸣文章的概述与补充。

其四，有人既没有读懂马克思的有关经济学理论，也没有读懂别人的解读和观点，自以为是地进行胡乱解读和批判。例如，马克思在《资本论》中提出：社会主义取代资本主义，是要在公有制基础上重新立个人所有制。作为学术问题，对此论述有不同理解和解读是正常的，可以各抒己见，各自提供论据与论证。但是有人力主只能遵守恩格斯的解读，即重建消费资料的个人所有制，对别人按马克思的说明，将其解读为联合起来的社会的生产资料个人所有制，就大肆诬责：是“别有用心”、是“杜林的阴魂不散”、是“篡改马克思的话”、“还不如谢韬、辛子陵的观点正确”，等等。杜林对马克思讲的社会主义要在共同占有生产资料的基础上重新建立个人所有制的观点进行攻击，他将马克思把社会主义所有制定断为既是社会的（公有的），又是个人的，诬之为“混沌世界”。错乱解读和批评者竟硬说，“既是公有的，又是个人的”观点是杜林的观点，是杜林的臆想。谁正面解读和维护马克思“既是公有的，又是社会的”观点，谁就是“杜林的阴魂不散”，是与杜林一样的观点。还借力于受到学界批判的谢韬、辛子陵的错误观点作为其争辩的理论武器。既弄错了谢、辛的观点，以为他们的主张更符合马克思的观点，更错解了马克思的观点和杜林的观点。明明杜林是否定和攻击马克思“既是社会的，又是个人的”观点，怎么能说这是杜林自己“臆想”的观点呢？表明论者的逻辑思维混乱到何种地步！马克思关于社会主义所有制是社会所有制和个人所有制的统一的论述，对于我国国有经济的改革，具有指导意义。需要按其原意准确把握。

其五，有人教条主义地对待马克思经济学，借口《资本论》“是一个艺术整体”，搞句句是真理，反对区分基本原理和非基本原理，反对在教科书中进行取舍。主张劳动价值论不能拓展和发展，谁拓展和发展就是否定劳动价值论，就是否定以劳动价值论为基础的整个马克思经济学。还认为，马克思指出的社会主义商品经济消亡论是正确的真理，不能否定，等等。问题还不在于教条式地拘守马克思的某些论述，问题还在于拘守的是被他曲解了的马克思的有关理论。硬说马克思的重大发现和贡献不是剩余价值论，而是“资本总公式”及其矛盾。硬说《资本论》第1卷的内容不是讲产业资本，而是阐述资本总公式即一般公式的矛盾。这竟是在高校教了一辈子《资本论》的一位退休教授的理论杰作。本文集不能不对此进行评析，澄清理论是非。

其六，有人肆意曲解马恩的理论著作和观点，将自己编造的荒唐观点强加给马克思。将马克思的科学社会主义观点，歪曲为斯大林的观点予以批判，还编造说晚年的恩格斯的“政治遗言”，放弃和否定了马恩以前的社会主义理论。凭空编造说：马克思讲过“社会主义运动只限于西欧”，而斯大林和中国没有遵从马克思的告诫，搞了暴力革命。一再宣称：十月革命送来的不是马克思主义，而是斯大林版本的东西。还打着马克思主义的旗号，对马克思主义和科学社会主义进行否定和批判。还宣称，他在中国人民大学所学的不是马克思主义，而是斯大林的东西，有意颠倒是非。反马克思主义、反科学社会主义和中国特色社会主义的气焰嚣张到狂热的地步。对于这位“著名经济学家”的惊人的理论观点，不能不起而近战，辨明理论是非。

本文集第八篇“误解、错解、曲解马克思理论评析”，对上述诸多观点进行了专题评析。“灯越拨越亮，理越辩越明”，马克思主义是在不断辩论与争论中发展的。应当说明：这里所讲的误解、错解，除了打着“离经不叛道”（离斯大林之经，不叛马克思主义之道）的“马克思主义”旗号，公开否定马克思主义和社会主义的个别人之外，都是马克思主义理论的教学和研究工作者中的理论是非问题。两刃相割，利钝乃知，二论相订，是非乃见，在理论讨论和辩论中通过摆事实讲道理，会碰撞出真理的火花。谁是谁非，不能由自己主观判定，因为都会“自以为是”。而是要由广大读者、理论工作者和学界同仁判定。有些理论是非，还需经受时间和历史的考验，要受实践的检验。

四、从系统性和整体性上把握马克思的理论观点，以求得学界有争议的问题的正确解析

在马克思主义经济学的教学与研究工作中，有些被看作是疑难理论问题长期进行讨论和争论。如果能从系统性和整体性上研究和把握马克思的理论观点，可以看出，马克思自己已对某些后人争论的问题做了解答。举两个例子：

(1) 在劳动价值论问题上，出现了两种含义的社会必要劳动时间与价值的关系问题。在《资本论》第1卷中，马克思论述了同一部门内的社会必要劳动时间，即平均必要劳动时间决定商品价值。在《资本论》第3卷中，又提出另一种意义的社会必要劳动时间与价值的关系问题。所谓另一种社会必要劳动时间，是指按照市场需要量生产商品的社会必要劳动时间，也就是各个部门按照市场需要的商品量合比例地应分配的社会必要劳动时间。有的学者认为，商品价值应由两种含义的社会必要劳动时间共同决定；有的认为应由第二种含义的社会必要劳动时间决定；有的则认为，商品价值就是由第一含义的社会必要劳动时间决定，第二含义的必要劳动时间，只决定价值实现问题。

其实，只要从系统性和整体性上研究和把握马克思的劳动价值论，就会得出符合马克思原意的结论。从《资本论》第1卷到第3卷，劳动价值论是不断拓展和具体化的过程。马克思的理论分析，是从抽象到具体的方法。科学抽象，是要从复杂的现象中抽象出最本质的规律性的规定。由抽象到具体的分析路径，不会由后面的具体，否定前面的抽象即本质规定。否则，抽象分析方法就失去其科学性和任何意义。因此，用《资本论》第3卷中的有关论述，否定第1卷中的价值理论，是不能成立的。而且，马克思自己从理论的整体性上已明确回答第二义的社会必要劳动时间只涉及价值实现问题。

在《资本论》第3卷第10章中，提及了第二义的社会必要劳动时间问题。“如果某种商品的产量超过了当时社会的需要，社会劳动时间的一部分就浪费掉了。这时，这个商品量在市场上代表的社会劳动量

就比它实际包括的社会劳动量小得多。”① 有人从这段话中得出第二义社会必要劳动时间决定价值的观点。然而，紧接在这段话的后面，明确指出：“因此，这些商品必然要低于它们的市场价值出售。”就是说商品供过于求，市场价格会低于市场价值。接下来又说：“如果用来生产某种物品的社会劳动的数量，和要满足的社会需要的规模相适应，……那么这种商品就会按照它的市场价值来出售。”就是说，如果商品供求平衡，就会按市场价值出售。总之，是讲价值实现的问题，而不是价值决定问题。在同一章中又说：“如果产品量超过这种需要，商品就必然会低于它们的市场价值出售；反之，如果产品量不够大，……商品就必然会高于它们的市场价值出售”，②依然是讲的价值实现问题。

《资本论》第3卷第37章《导论》明确提出“另一种意义”的必要劳动时间问题。“社会劳动时间可分别用在各个特殊生产领域的份额的这个数量界限，不过是价值规律本身进一步展开的表现，虽然必要劳动时间在这里包含着另一种意义。为了满足需要，只有如许多的劳动时间是必要的。”但是，马克思并没有认为，另一义的劳动时间决定商品价值或是两种意义的必要劳动时间共同决定价值。他明确指出：“如果这种分工是合乎比例的，那么，不同类产品就按照它们的价值（进一步说，按照它们的生产价格）出售。”反之，如果按社会需要分配于不同部门的社会劳动量的比例发生破坏，那么，“这种比例的破坏使商品的价值，从而使其中包含的剩余价值不能实现”。③这两段话表明，如果投入一定部门的劳动量，高于或低于社会需要量，即出现供不应求或供过于求，其产品就不能按照价值出售，而只能按高于或低于价值的价格出售。也就是价值和剩余价值“不能实现”，明确说明是价值的实现问题。

由此可见，由《资本论》第1卷所论述的社会必要劳动时间决定价值的理论，不会因第3卷提出另一义的必要劳动时间而改变。前者属于价值决定理论，后者属于价值实现理论。如果主张第二义的必要劳动时间决定价值，就会退到供求价值论了。

---

①②③ 《资本论》第3卷，人民出版社2004年版，第208、201～202、716页。

(2) 作为《资本论》的研究对象的“资本主义生产方式”究竟是指什么？这个问题长期以来进行讨论和争鸣，有多种不同的解读。我认为，只要从整体性和系统性的研究方法去掌握，可以从马克思的论著中找到答案。应把握以下几点：

(1)《资本论》第1卷序言中讲：“我在本书研究的，是资本主义生产方式以及和它相适应的生产关系和交换关系。”用公式表示：资本主义生产方式——生产关系——交换关系。这表明，资本主义生产方式是决定资本主义生产关系和交换关系基础性环节。有人根据生产力决定生产关系的原理，容易将资本主义生产方式解读为生产力或生产力含义的劳动方式。然而只要对照一下《资本论》第3卷中的格式相同的另一公式，就会排除上述解读。

在《资本论》第3卷第51章《分配关系和生产关系》中提出这样的说明：“资本主义生产方式是一种独特的、具有独特历史规定性的生产方式；它和任何其他一定的生产方式一样，把社会生产力及其发展形式的一个既定的阶段作为自己的历史条件，而这个条件又是一个先行过程的历史结果和产物，并且是新的生产方式由以产生的既定基础；同这种独特的、历史规定的生产方式相适应的生产关系，……具有一种独特的、历史的和暂时的性质；最后，分配关系本质上和这些生产关系是同一的，是生产关系的反面。”将这段论述用公式表示：一定既定历史阶段的生产力——资本主义生产方式——生产关系——分配关系。这表明：资本主义生产方式是以一定历史阶段的生产力为“历史条件”的。这就排除了将“资本主义生产方式”解读为生产力或生产力含义的劳动方式的观点。而且这里明确说明，资本主义生产方式和与之相适应的生产关系，都具有独特的历史的规定性和暂时性，而生产力和劳动方式并不具有这种性质。

(2) 作为生产力和生产关系中间环节的“资本主义生产方式”是什么？显然，既不是生产力，也不是与生产力相联系的劳动方式。这就需要探求生产关系与其相适应的“资本主义生产方式”的内涵。生产资料所有制是生产关系体的基础，可不可以将资本主义生产方式解读为资本主义所有制呢？不可以！固然《资本论》中有的地方讲资本主义生产方式就是讲资本主义所有制，但这里另有含义。因为所有制不能单独直接决定生产关系的特殊性质。为什么都是非劳动者占有生产资料而劳动者不占有的所有制形式，会区分为奴隶制、封建制和资本主义制度呢？显然不能单用所有制来说明，而且，决定所有制性质的是什么还需要说明。马克思在《资本论》第2卷第1章的论述中，已经提供了解答的钥匙。“不论生产的社会形式如何，劳动者和生产资料始终是生产的因素。……凡要进行生产，它们就必须结合起来。实行这种结合的特殊方式和方法，使社会结构区分为各个不同的经济时期。在当前考察的场合，自由人和他的生产资料的分离，是既定的出发点，并且，我们已经看到，二者在资本家手中是怎样和在什么条件下结合起来的——就是作为他的资本的生产的存在方式结合起来的。”这段话表明：生产资料和劳动力结合的特殊方式决定着不同经济时期的“社会结构”即社会制度。并且说明，资本主义制度的“既定的出发点”是自由劳动者与生产资料的分离，劳动者是与作为资本的生产资料结合起来的。这也就是马克思所讲的资本与雇佣劳动相结合的生产方式。

(3)《资本论》第1卷是分析资本的生产过程的。而分析资本的生产过程即资本主义的生产过程，是从第5章“劳动过程和价值增殖过程”开始的。而作为资本主义生产过程的前提条件即生产资料和劳动力相结合的特殊方式，是在第4章“货币转化为资本”中论述的。第4章单独的一章成为独立的一篇即第二篇的内容，在3卷《资本论》中是仅有的。这一章正是要分析资本主义生产关系以其为条件的生产资料与劳动力相结合的方式，也就是资本与雇佣劳动相结合的方式。这一章讲货币转化为资本，就是货币及其购买的生产资料转化为资本，而劳动力则成为商品，也就是成为雇佣劳动。正是这种资本与雇佣劳动相结合的资本主义生产方式，成为资本主义生产关系与交换关系与其相适应的特殊生产方式。

马克思所讲的生产资料和劳动力相结合的生产方式决定生产关系的理论，具有重要理论和现实意义。在社会主义制度下，如果生产资料名义上归公共所有或全民所有，但生产资料和劳动力相结合的生产方式不反映社会主义本质要求——劳动者是主人，快速发展生产力与消除两极分化，走共同富裕道路——它就会失去所有制的社会主义性质。

卫兴华

2014年4月14日

目 录

第一篇 马克思经济学的当代价值

第二篇　《资本论》的研究对象和结构问题探讨

第三篇　马克思关于生产力、生产劳动和劳动异化理论辨析

第四篇　马克思的商品·价值·财富和剥削理论探讨

第五篇　马克思的货币理论辨析

第六篇　弄清马克思的股份制理论和我国的股份制实践

第七篇　对《资本论》中几个疑难理论问题的解析

第八篇 误解、错解、曲解马克思理论评析

第九篇 弄清马克思主义评价社会主义制度的标准问题

第十篇 关于马克思“重新建立个人所有制”理论的辨析

第一篇

马克思经济学的当代价值

科学把握马克思关于生产力与生产关系的唯物史观及其当代意义①

——兼评“生产关系决定生产力论”和“唯生产力标准论”

摘要：长期以来，我国学界关于生产力二要素、三要素之争，既偏离马克思的观点，也与生产力发展的实际相悖。生产力是人们生产物质资料的能力。构成生产力的诸要素既包括劳动力和生产资料，也包括管理、分工协作、科学、自然力等。劳动者是生产力发展的主动力，劳动者利用生产资料和科学技术、生产组织及自然力，推动生产力的发展。我国强调创新驱动发展，就是要依靠作为第一生产力的科学技术，推进和统率其他生产要素的变革及其协调发展。生产力作为最活跃和最革命的因素，会自行发展，有其自己的内在原因和发展规律。生产力诸要素的内在矛盾和解决，是生产力发展的重要源泉。生产关系不是也不可能是生产力发展的根本动力。对什么是社会主义和怎样建设社会主义的判断标准，应坚持社会主义的生产力标准和价值标准的统一，既包括大力发展生产力的要求，也包括搞好社会主义生产关系，逐步实现共同富裕。

生产力和生产关系是马克思主义理论体系中的基本范畴，涉及马克思主义原理的诸多方面。理论界对唯物史观和马克思主义政治经济学的一些重要概念和原理，在认识上有诸多分歧。本文仅就以下问题展开评析：什么是生

① 本文原载《中国社会科学》2013 年第 11 期，与马昀合写。原题为《用唯物史观科学把握生产力的历史作用》，选入本书时增添了新的内容。

产力？生产力的构成要素是什么？马克思有没有界定或怎样界定生产力的内涵及其构成要素？马克思为什么要强调生产力是劳动的生产力，劳动生产力是否指劳动生产率？生产力发展的源泉或动力是什么？科学是不是生产力的独立要素？主张生产关系是生产力发展的根本动力的观点能否成立？生产力决定论与生产力标准论是同一命题，还是不同的问题？能否将生产力决定生产关系的原理归结为“唯生产力论”和“唯生产力标准论”？判断和评价社会主义制度的标准是否只能是生产力标准，而排除生产关系标准？回答这些问题，需要从马列主义理论与中国特色社会主义理论和实践的结合上予以阐述。

一、生产力、劳动生产力和劳动生产率概念的同异

生产力、劳动生产力和劳动生产率是唯物史观和马克思主义政治经济学的几个重要概念。在《资本论》中，生产力特别是劳动生产力的概念应用很多。什么是生产力，生产力的构成要素有哪些；“劳动生产力”与“生产力”是什么关系，与“劳动生产率”又是什么关系？对于这些看起来似乎是最简单、最基本的概念和问题，直到现在，学界在理解和阐述上依然存在很大的分歧。分歧产生的一个重要原因，是对马克思的《资本论》和其他著作中的有关论述研究不够和解读的差异。因此，问题的解决，还得回归马克思有关论述的原意。

（一）什么是生产力？

如何界定生产力，马克思主义政治经济学界有不同的回答。蒋学模主编的教材说：“生产力是人们征服自然、改造自然的能力。”① 逄锦聚等主编的教材说：“生产力是人们改造自然和控制自然界的能力，它反映人和自然界之间的关系。”② 马克思主义理论研究和建设工程的重点教材说：“生产力是人类利用自然和改造自然进行物质资料生产的能力。”③ 程恩富等主编的教

① 蒋学模主编：《政治经济学教材》，上海人民出版社 1980 年版，第 4 页。

② 逄锦聚等主编：《政治经济学》，高等教育出版社 2003 年版，第 23 页。

③ 马克思主义理论研究和建设工程重点教材：《马克思主义政治经济学概论》，人民出版社 2011 年版，第 2 页。

材讲：“人们运用生产资料创造社会物质和精神财富的能力，叫做生产力。”[①] 胡钧引证斯大林生产力二要素的定义，反对将生产力定义为人们生产物质资料的能力。他说：“生产力概念其内涵是指一种物质力量，是许多物质要素的总和，如果像一些人那样把它定义为人们生产物质资料的能力，则完全改变了它的内涵”，因为这些人把“人变成主语，讲的是人的能力”。[②] 他强调说，“马克思和恩格斯都未给生产力下过定义，只是说明它包括哪些要素”。这样讲未免有点武断。

有别于斯大林的二要素论，也有别于三要素论，马克思不仅具体说明了生产力包括哪些要素，而且简括地说明了生产力是指什么。马克思在《资本论》中指出“生产力即生产能力及其要素的发展”，[③] 是指人们生产使用价值或财富的能力。马克思又说：“生产力当然始终是有用的、具体的劳动的生产力。”[④] 也就是具体劳动生产使用价值或财富的能力。马克思还指出：“一切生产力即物质生产力和精神生产力。”[⑤] 这表明，生产力既是生产物质财富的能力，也是生产精神财富的能力。在一般情况下，讲生产力，或讲生产力的决定作用，主要是指物质生产力。有的政治经济学教材离开了马克思关于生产力的这些说明，只讲生产力是人类改造、控制、征服自然的能力，这是不够的。这只是表明在生产中人与自然的关系，表明生产力的高低可反映人类利用和改造自然的能力大小，并未说明生产力自身的内涵是什么，发展生产力是为了什么。人类利用和改造自然，并不是目的，目的是生产出物质财富和精神财富，满足人的物质文化需要。因此，上面所引马克思主义理论研究和建设工程的教材和程恩富等编教材中，关于生产力的界定是正确的，符合马克思的本意。而胡钧的批评让人不得其解。他给生产力下了这样一个定义：“什么是生产力？生产力或物质生产力和社会生产力，是一个集合名词，是指生产过程中的生产者、劳动资料诸要素或诸力量的总和。”这是将生产力二要素作为生产力的定义了。其实，生产力是什么与生产力的构成要素是什么，为两个不同的问题，用生产力二要素或三要素、多要素都不

---

① 程恩富、冯金华、马艳主编：《现代政治经济学新编》，上海财经大学出版社 2012 年版，第 6 页。

② 胡钧：“生产力与劳动生产力”，《当代经济研究》2001 年第 2 期。

③ 《马克思恩格斯文集》第 7 卷，人民出版社 2009 年版，第 1000 页。

④ 《马克思恩格斯文集》第 5 卷，人民出版社 2009 年版，第 59 页。

⑤ 《马克思恩格斯全集》第 46 卷（上），人民出版社 1979 年版，第 173 页。

能说明生产力是什么。胡钧批评将生产力界定为“人们生产物质资料的能力”，实际上是在批评马克思的观点。人是生产力的主导力量，是主体；生产力的其他要素是客体。生产力就是人们（劳动者）运用生产要素生产物质和精神财富的能力。这有什么错误呢？不赞同“人变成主语”，不赞同“讲的是人的能力”，认为生产力只是“一种物质力量”，“诸多物质要素”应是主语，应是物质要素的“能力”而非“人的能力”，这样认识就完全偏离了马克思主义的观点。只要肯定，生产力是人们（劳动者）运用物质要素生产财富的能力，就会肯定“人们”（劳动者）是生产的主语，是发动者。马克思在《政治经济学批判》序言中讲：“人们在自己生活的社会生产中……”[①] 就是将“人们”作为主语。凡讲生产力的地方，马克思总是将“人们”作为主语。

由卫兴华、林岗主编的《马克思主义政治经济学原理》[②] 一书，对生产力做了这样的界定：“生产力是人们生产物质资料的能力。它表示人们适应自然、利用自然和改造自然的水平，反映了人和自然界的关系。生产力的构成包括人的因素和物的因素，也包括被利用的自然力如风力、水力和其他自然资源，还包括科学技术以及在生产中的分工协作和生产组织等社会结合方式。”包含了三层含义：什么是生产力；生产力表示什么关系；构成生产力的要素是什么。

（二）什么是劳动生产力，它与生产力和劳动生产率是什么关系

有的学者认为，劳动生产力与生产力在内涵上是一致的。有的认为，劳动生产力与生产力是两个不同的概念，是与劳动生产率相同的概念。

程恩富等主编的《现代政治经济学新编》一书中，对劳动生产力有专门一段说明：“劳动生产力，是人类认识、利用和改造自然界以获得物质资料的能力……劳动生产力不完全等同于劳动生产率。劳动生产力是具体劳动运用劳动手段加工劳动对象以生产使用价值的能力。”[③] 这段话对劳动生产力的说明，与对生产力的界定是一致的。胡钧在前引一文中认为，生产力或

---

① 《马克思恩格斯文集》第 2 卷，人民出版社 2009 年版，第 591 页。

② 卫兴华、林岗：《马克思主义政治经济学原理》，中国人民大学出版社 2003 年版。

③ 程恩富、冯金华、马艳主编：《现代政治经济学新编》，上海财经大学出版社 2012 年版，第 34 页。

物质生产力，与劳动生产力和劳动生产率之间的差别是明显的，不能混同。他认为，劳动生产力与劳动生产率“可以通用”，“但是它们与物质生产力是绝对不能通用的”。他举例说明，在英文中，劳动生产力与决定生产关系的生产力的用词是有差别的。他认为，“生产力与劳动生产力二者的衡量尺度是不同的，生产力主要由劳动资料特别是生产工具的数量和效能来表示”；“不能区别生产力与劳动生产力，是一些人把加工对象也包括在生产力范畴中的重要原因”。显然，胡钧是用生产力二要素、劳动生产力多要素来说明两者的不同。姚挺针对胡钧的观点，从英文的用词上论证二者的一致性，认为“劳动生产力和生产力是可以通用的”。[①]也有其他一些学者将劳动生产力解读为劳动生产率。

需要弄清楚的是：在马克思的著作中，生产力与劳动生产力究竟是作为内涵一致的概念，还是作为两个独立的不同的概念而区别应用的？这需要从三个方面考证。一是从马克思的有关论述中看二者的内涵是否一致和是否通用。还需要弄清，劳动生产力概念是承袭前人的，还是马克思专用的。二是需要弄清马克思为什么要使用“劳动生产力”这个概念。如果劳动生产力与劳动生产率是内涵相同的概念，讲劳动生产力还有什么必要呢？三是看在马克思的著作中，构成生产力的要素与劳动生产力的要素是否相同。

1. 从马克思的论述可以看出生产力与劳动生产力的内涵是一致的。下面用例证说明二者的一致性。

例一，前面已引证《资本论》中讲：“生产力当然始终是有用的、具体的劳动的生产力。”这表明，生产力始终是指“劳动的生产力”。而不是像有些西方学者那样将其作为“资本的生产力”、“土地的生产力”等。

例二，“结合工作日怎样达到生产力的这种提高……都是社会的劳动生产力或社会劳动的生产力，这种生产力是由协作本身产生的”。[②] 这是说明，协作提高了生产力，这种提高的生产力，已不是个人的劳动生产力，而是协作的劳动生产力即社会的劳动生产力。这里的生产力概念也是与劳动生产力通用的。

例三，“一个产业部门利润率的提高，要归功于另一个产业部门劳动生

---

① 姚挺：《劳动生产力与生产力》，《中共福建省委党校学报》2010 年第 1 期。

② 《马克思恩格斯文集》第 5 卷，人民出版社 2009 年版，第 382 页。

产力的发展……生产力的这种发展……”[①] 在这里，劳动生产力与生产力是同义的。

例四，“假定有一个资本家使劳动生产力提高一倍……生产力虽然提高了一倍，一个工作日仍然同从前一样创造六先令新价值”。[②] 这里的两个概念又是通用的。

例五，“社会生产力（也可以说劳动本身的生产力）”。[③]

例六，马克思指出：具体劳动的产品多少，“与有用劳动的生产力的提高或降低成正比”。“相反地，生产力的变化本身丝毫也不会影响表现为价值的劳动”。[④] 这里，劳动生产力与生产力也是同义的。

还可以举出更多的例证，限于篇幅就舍弃了。

2. 马克思为什么将生产力又称作劳动生产力，有什么特殊意义？人们不要忘记：马克思的《资本论》和其他一些经济学著作是对前人的“政治经济学批判”。萨伊的“三位一体”公式受到马克思的批判。萨伊用资本的生产力说明利润的来源，用土地的生产力说明地租，用劳动生产力说明工资。斯密认为，“财富只不过是积累的劳动”，劳动是“价值的唯一尺度”。萨伊断言，这是“不正确的结论”。他批评斯密说：“劳动每生产一项价值，就消费等量的价值，因此，劳动没有剩余，没留有净产品。”他认为斯密抹煞了资本的生产力：“要是资本所包含的生产力，只有创造资本的劳动的生产力，而自己没有生产力……怎样能提供永久利润呢？”[⑤]

经济学说史表明，劳动生产力的概念，是庸俗经济学与古典经济学进行争论中必然涉及的重要概念。双方对这一概念的取舍，与他们在价值理论认识上的分歧相联系。主张要素价值论的学者和资产者，重视和强调的是资本的生产力，认为在资本主义经济的诸生产要素中，资本要素起着主导作用。萨伊说：“如果没有资本，劳动就不能生产什么东西。资本必须和劳动协力合作，这个协作我叫作资本的生产作用”，“资本的生产力常常和自然力的生产力混在一起”。他批评斯密“抹煞资本的同样能力”，[⑥] 即资本的生产力。

---

① 《马克思恩格斯文集》第7卷，人民出版社2009年版，第96页。

② 《马克思恩格斯文集》第5卷，人民出版社2009年版，第368页。

③ 《马克思恩格斯全集》第46卷（上），人民出版社1979年版，第268页。

④ 《马克思恩格斯文集》第5卷，人民出版社2009年版，第59～60页。

⑤⑥ 以上引见萨伊：《政治经济学概论》，商务印书馆1963年版，第75～76、72～75页。

又如庞巴维克在《资本与利息》一书中，专设一编讲“生产力学说”，大谈“资本的物质生产力”、“资本的价值生产力”，还用资本生产力说明利息和“剩余价值”的来源。[①] 而主张劳动价值论的学者，则重视和强调劳动生产力，认为劳动是主动力，正是劳动运用生产要素才生产出财富和价值。李嘉图坚持劳动价值论，故强调劳动生产力。他说：“在不同的社会阶段中，资本或雇佣劳动的手段的积累速度是有大有小的，而且在所有的情形下都必须取决于劳动生产力。当肥沃的土地数量很多时，劳动的生产力一般也最大。”[②] 这一论断表明：资本利润和积累的增加，肥沃土地收入的扩大，在本原上都是劳动的生产力提高的结果，与资产者及其庸俗学者将其归功于资本生产力、土地生产力大相径庭。

在马克思的著作中，也重视生产力的分工协作因素和自然力因素等，特别重视科学的因素，并将劳动以外的生产力因素，都与劳动生产力联系。他把生产力中的科学力量、分工协作的作用，称作“社会的劳动生产力”或“劳动的社会生产力”。但是由于资本与雇佣劳动关系中的资本拜物教性质，劳动的生产力却颠倒地表现为“资本的生产力”。马克思指出：“协作这种社会劳动的社会生产力，表现为资本的生产力，而不是表现为劳动的生产力。”对此，“资本家是不费分文的”，“应用机器不仅仅是使与单个人的劳动不同的社会劳动的生产力发挥作用，而且把单纯的自然力——如水、风、蒸汽、电等——变成社会劳动的力量”，“上述增加生产力”只是“所使用的单纯自然力的一部分”。[③] 从这些说明中又可以看出，马克思是将劳动生产力与生产力当作内涵一致的概念使用的。从马克思的以上论述中，还可以看出，他把科学、分工协作、自然力等都作为生产力或劳动生产力的构成要素。这是对生产力二要素或三要素观点的否定。

劳动生产率是生产力或劳动生产力的表现形式。马克思指出：“劳动的生产力，它事实上只决定有目的的生产活动在一定时间内的效率。”[④] 生产力或劳动生产力的高低和发展情况，可以用劳动生产率来衡量。因此，在马克思的论著中，提高生产力的因素与提高劳动生产率的因素是一致的，有时

---

① 参见庞巴维克：《资本与利息》，商务印书馆 2010 年版，第二编“生产力学说”。

② 李嘉图：《政治经济学及赋税原理》，商务印书馆 1962 年版，第 81 页。

③ 以上所引见《马克思恩格斯全集》第 47 卷，人民出版社 1979 年版，第 297、363 页。

④ 《马克思恩格斯文集》第 5 卷，人民出版社 2009 年版，第 59 页。

也会在一致的含义上予以并用。一个国家或地区的生产力或劳动生产力的高低，就是用劳动生产率来测量的。一是可以用人均产量来测算，如美国一个农民一年生产的产品量等于我国一个农民产量的近100倍。二是可用人均GDP来测算，我国经济总量虽居世界第二，但生产力落后，人均GDP远低于发达国家。GDP按不变价格计算，实际上是使用价值指标，而非价值指标。

3. 决定劳动生产力的要素也是生产力的构成要素，生产力二要素、三要素之争偏离马克思的观点。在马克思的著作中，决定生产力的要素同决定劳动生产力的要素是完全一致的。而且有必要指出：马克思所讲的生产力的诸要素，至今没有被我国学界完全地、准确地把握。我国长期存在生产力二要素与三要素之争，争论产生的根源有三个方面。一是对马克思的有关观点没有全面把握，加之马克思的许多相关著作是新中国建立后逐步翻译过来的，事先并不清楚。这导致生产力二要素、三要素之争，事实上偏离了马克思的有关观点。二是由于对生产力的定义见解不同，对生产力构成要素的看法必然产生差异。如果只把生产力定义为人们利用、改造和征服自然的能力，就会主张生产力二要素，而把劳动对象和其他要素排除于生产力之外。因为劳动对象和自然力等是被改造的对象，它不能用来改造或征服自然。如果将生产力定义为生产财富的能力，就会把劳动对象和其他要素纳入生产力要素之中。三是受斯大林生产力二要素论的影响。斯大林在1938年写的《辩证唯物主义与历史唯物主义》中，给生产力下了这样一个定义："用来生产物质资料的生产工具，以及有一定的生产经验和劳动技能来使用生产工具、实现物质资料生产的人——所有这些因素共同构成社会的生产力。"①斯大林的这一生产力二要素论，曾长期成为马克思主义有关教材和论著中流行的关于生产力的专一定义。斯大林的生产力二要素论，与马克思的生产力多要素论显然是不一致的，也不符合生活实际情况。斯大林去世后，国内外的有关著作，多数放弃了生产力二要素论，认同劳动对象是生产力构成要素。也有的论著中，认同马克思的生产力多要素。卫兴华于1980年在《哲学研究》第11期发表《关于生产力的内容和发展生产力的问题》一文，提出生产力多要素论。认为马克思所讲的决定劳动生产力的因素就是构成生产

---

① 《斯大林选集》下册，人民出版社1979年版，第442页。

力的因素。并批评了"左"的观点："生产力的丰富内容，它的许多因素在长时期中被粗暴地忽视了，致使我国的生产力的发展成为跛足的东西。例如，片面强调人的因素的作用，而忽视物的因素的作用；在物的因素中，片面强调生产工具的作用，而忽视原材料、电力和能源等的作用；对于自然资源和生态平衡没有加以很好的保护和利用，反而任意进行破坏；强调群众运动，而忽视甚至摒弃科学技术和科技人员的作用，还不断批判'技术至上'、'专家路线'；否定和批判科学是生产力这一马克思主义的论断；强调政治的决定作用，而忽视生产组织和经营管理的作用。"

在我国，有一些学者继续主张生产力二要素论。如经济学界的前辈于光远认为，"在生产力要素中我认为不应该把作为劳动对象的自然算在里面，正好像在战争中不能把敌人算在我们的战斗力一样"，"生产力应该是两要素……劳动对象是被改造的对象"。[①] 蒋学模等也主张："生产力是由生产工具与劳动者构成的。"[②] 主张生产力二要素、三要素或多要素，是学术是非问题，可以自由讨论。但既然讨论的是马克思主义政治经济学中的生产力概念和理论问题，还需要回归马克思的论著探求其原意。另外，要理论联系实际，从发展生产力的实践中来把握其构成要素。只要把生产力界定为人们生产物质财富和精神财富的能力，就会认同劳动对象是生产力的要素，而且会进一步认同马克思所讲的生产力多要素，把管理、分工协作、科学、自然力等因素纳入生产力要素之中。这样就会回归马克思的观点，认同《资本论》中所讲的决定劳动生产力的诸要素，就是构成生产力的诸要素。

主张生产力三要素的学者中，如学界老前辈王学文，是以马克思讲的劳动过程的三个简单要素为理论根据的，但这里存在误解。马克思在《资本论》第一卷第五章讲劳动过程时，提出劳动过程的三个简单要素："劳动过程的简单要素是：有目的的活动或劳动本身，劳动对象和劳动资料。"[③] 马克思在这里不是讲劳动过程的全部要素，而是讲任何社会及其任何发展阶段的劳动过程，都必须起码具备的最简单的要素。它内涵着的意思是，随着生产劳动过程的发展，会有新的因素加进来，如管理、分工协作、科技的发明与应用等。马克思指出："就劳动过程只是人和自然之间的单纯过程来说，

---

① 于光远：《政治经济学社会主义部分探索（一）》，人民出版社1980年版，第409～410页。

② 蒋学模主编：《政治经济学教材》，上海人民出版社1980年版，第3页。

③ 《马克思恩格斯文集》第5卷，人民出版社2009年版，第208页。

劳动过程的简单要素，是这个过程的一切社会发展形式所具有的。但劳动过程的每个一定的历史形式，都会进一步发展这个过程的物质基础和社会形式。"[①] 在机器大工业生产的基础上，马克思进一步提出了决定劳动生产力的多种情况："工人的平均熟练程度，科学的发展水平和它在工艺上的应用程度，生产过程的社会结合，生产资料的规模和效能，以及自然条件。"[②] 其中，科学的发明发现，需要应用于生产的工艺，才能形成生产力；"生产过程的社会结合"，包括分工协作、生产组织与管理；"生产资料的规模和效能"，指劳动资料和劳动对象的数量和质量；"自然条件"，指被应用于生产的风力水力及自然资源等。

4. 科学是不是生产力的独立要素？改革开放以前，关于科学是不是生产力，理论界大多并不明确。尽管在马克思的著作中，反复地、不断地讲到科学是生产力的要素，但是，长期以来我国有关重要文献和论著中并未予以明确提出和肯定。直到在"文革"后期的 1975 年，邓小平听取由胡耀邦等起草的《科学院汇报提纲》，《汇报提纲》提出，"科学技术也是生产力"，邓小平表示赞同，指出"科学技术叫生产力"。[③] 这一观点竟在不久遭到"四人帮"的攻击。在他们的主导下，《辽宁日报》1976 年 4 月 5 日发表文章说，"劳动者才是最根本、最重要的因素"，讲"科学是生产力，就是否定劳动者的作用"。《红旗》杂志也在 1976 年第 9 期发表文章说，讲"科学也是生产力"，是"篡改马克思主义关于人是生产力的决定因素的正确观点"。粉碎"四人帮"后，邓小平进一步指出，"科学技术是第一生产力"。[④] 此后，人们认同科学是生产力的重要内容。事实也告诉人们，科技最先进最发达的国家，生产力水平也最高。但有些教材与论著中，由于受传统理论影响，不把科学作为生产力的独立要素，而只作为渗透于二要素或三要素中的外加要素。无疑，新的科技创新，会改进和生产出新的、更先进的生产工具和其他生产资料，会提高劳动者的科技水平。但科技创新的作用超出这些方面，它会改变生产过程的工艺流程和传统生产模式。马克思一再指出，科学是生产力的独立因素——"大工业则把科学作为一种独立的生产

① 《马克思恩格斯文集》第 7 卷，人民出版社 2009 年版，第 1000 页。
② 《马克思恩格斯文集》第 5 卷，人民出版社 2009 年版，第 53 页。
③ 《邓小平文选》第 2 卷，人民出版社 1994 年版，第 34 页。
④ 《邓小平文选》第 3 卷，人民出版社 1993 年版，第 274 页。

能力与劳动分离开来”，[①]“随着科学作为独立的力量被并入劳动过程而使劳动过程的智力与工人相异化”。[②]因此，不应否定科学是一种独立力量。例如，人造卫星可以用于生产，但它并不是渗透到其他生产力要素中起作用，而是独立地发挥作用。

马克思十分重视科学在生产力发展、人类社会进步中的重要作用。随着生产力向高层次的发展，科学的地位和作用也日益提高。在现代社会生产中，科学的地位尤为凸显。科学作为“独立的生产能力”，作为“第一生产力”，会推进其他生产要素的变革，又会统率诸生产要素协调发展。当今国际竞争的核心是高科技竞争，也是高科技人才的竞争。抢占科技发展制高点，就能起引领作用，推动经济、社会、教育、军事、环境等各方面整体前进。我国强调创新驱动发展，首先应是科技创新、自主创新驱动发展，以应对新的科技革命和产业革命浪潮的世界性挑战。社会历史发展的经验表明，抓住科技革命的机遇，就可能实现赶超跨越，成为世界强国。错失机遇，就会继续落后。

二、从生产力决定生产关系的原理探讨生产力发展的源泉

生产力决定生产关系，生产关系要适应生产力的发展，生产关系是生产力的发展的形式，生产关系会反作用于生产力。这是唯物史观的基本原理。马克思和恩格斯在《德意志意识形态》中指出，人们的生产“表现为双重关系，一方面是自然关系，另一方面是社会关系”，“人们所达到的生产力的总和决定着社会状况”。[③]在《哲学的贫困》中，马克思指出：“生产力在其中发展的那些关系，并不是永恒的规律，而是同人们及其生产力的一定发展相适应的东西，人们生产力的一切变化必然引起他们的生产关系的变化。”[④]在《雇佣劳动与资本》一书中，马克思又讲：“社会生产关系是随着物质生产资料、生产力的变化和发展而变化和发展的。”[⑤]在《政治经济学批判》序言中，马克思进一步做了经典的表述：“人们在自己生活的社会生产中发生一定的、必然的、不以他们的意志为转移的关系，即与他们的物质生

①② 《马克思恩格斯文集》第5卷，人民出版社2009年版，第418、743页。

③④⑤ 《马克思恩格斯文集》第1卷，人民出版社2009年版，第532～533、613、724页。

产力的一定发展阶段相适合的生产关系。这些生产关系的总和构成社会的经济结构，……社会的物资生产力发展到一定阶段，便同它们一直在其中运动着的现存生产关系或财产关系（这只是生产关系的法律用语）发生矛盾，于是这些关系便由生产力的发展形式变成生产力的桎梏，那时革命时代就到来了。”① 从马克思、恩格斯的这些论述中可以明确以下几点：（1）人们为了生活就需要进行生产。生产是社会生产，包括生产力和社会生产关系，前者是“自然关系”，后者是“社会关系”。（2）社会生产关系并不是永恒的，而是发展变化的，因为生产力是不断发展变化的。（3）生产力决定着生产关系。生产力是内容，生产关系是生产力的社会形式。因此，生产关系一定要与一定历史阶段的生产力状况相适应、相适合，这是社会历史发展的规律。（4）生产力总是在一定的生产关系中运动和发展的，发展到一定阶段便与生产关系发生矛盾，原有的生产关系由生产力发展的形式变为生产力发展的桎梏，就会产生革命性变革，由适应生产力发展的新生产关系取代旧的生产关系。

把握唯物史观的这些基本原理，便于评析我国长期以来在有关理论问题上的一些争论。争论的一个主要问题是：生产关系的发展是由生产力决定的，而生产力的发展又是由什么决定的，它的发展源泉或动力究竟是什么。在20世纪50年代后期至60年代前期和粉碎“四人帮”后的一个时期，学界曾热烈讨论过这一问题，观点纷繁。其中主要有三种见解：生产力发展的动力是生产力内部源泉说；生产力发展的动力是生产关系说；生产力发展的动力是生产力与生产关系的矛盾说。下面分别予以评析。

（一）生产力内部源泉说

池超波提出：“一方面应当肯定生产力的内部矛盾是生产力发展的动力和源泉；另一方面应当正确地估计和认识生产关系和生产力之间的相适应和矛盾对于生产力的发展所起的推动作用和阻滞作用。”②平心大力主张，生产力发展有其内在动力。他认为，生产力具有自己增值、自己更新的趋向，所以是最富有革命性的运动力量。这种运动力量是在普遍的矛盾形式中显示出

① 《马克思恩格斯文集》第2卷，人民出版社2009年版，第590～591页。

② 池超波：“什么是生产力发展的动力?”，《新建设》1957年第12期。

来的。历史和现实证明，“生产力发展是服从自己的运动规律的”。[①] 洪远朋提出：“生产力的发展有其内部的源泉，这是无法否认的。如果否认生产力发展有其内部的源泉，不是导致把生产关系和上层建筑当作生产力发展的最终决定力量的外因论，就是陷入生产力决定生产关系，生产关系又决定生产力的循环论。”[②] 董辅礽批判了“四人帮”宣扬的，在社会主义历史时期，生产关系对生产力“始终起着主要的决定作用”的言论。他说：“这种理论之所以荒谬，首先在于把生产关系特别是上层建筑看成是社会发展的本质和最终动因。”他认为，人类社会发展的历史表明，归根到底是生产力决定生产关系，而不是生产关系决定生产力。他主张，生产力具有推动其发展的内在矛盾，如生产工具与劳动力之间的矛盾，生产工具与劳动对象之间的矛盾，生产工具与生产工具的矛盾。“这些矛盾的产生和解决，推动着生产力的发展。”[③]

（二）生产关系动力说

李洪林讲道，什么是生产力发展的动力，最近看到几种不同的回答。有人说是劳动力、人或人民群众，有人说是劳动力和生产工具的矛盾，有人说是人和自然的矛盾，有人说是需要，甚至有人说是人的本能需要。“我认为正确的答案只能是生产关系推动生产力的发展。”[④]

《新建设》杂志1960年第8、第9期以《关于生产力性质问题的讨论》为题，报道了当时对平心的批评意见。“固然，生产力一般起决定作用，但在一定条件下，生产关系又反过来起决定作用。”这表明，批评平心的学者，是在肯定生产力的决定作用的前提下，讲生产关系对生产力的决定作用的，涉及相互决定的循环论证。

批评生产力发展内因论、主张生产关系决定生产力论的观点，在改革开放前的“大跃进”和人民公社化年代，符合当时的社会政治气候。特别在文革中，“四人帮”批判“唯生产力论”，宣传“在社会主义历史时期，生

---

① 平心：“再论生产力性质”，《学术月刊》1959年第9期。

② 洪远朋：“论生产力的内在源泉”，《思想战线》1978年第5期。

③ 以上所引见董辅礽：《关于生产力的几个问题》，选自《论生产力》（下），吉林人民出版社1980年版，第252页。

④ 李洪林：“只有生产关系才能成为生产力发展的动力”，《光明日报》1957年1月23日。

产关系对生产力、上层建筑对经济基础的反作用是决定性的”,[①] 借以搞生产关系和上层建筑领域“左”的不断革命。所谓“革命搞好了，生产力自然而然上去了”。

生产关系是生产力发展的动力的观点，在粉碎“四人帮”后的改革开放年代，很少有人再讲了。主张生产力发展内因论的有关观点，大都是1978年以后提出来的，与批判“四人帮”的生产关系和上层建筑决定论相关联，也是与总结以往的历史教训相联系的。但是目前也还有个别学者仍主张，生产力发展的根本动力是生产关系，甚至对生产力决定生产关系、生产关系反作用于生产力的唯物史观提出了不同意见。

胡钧近些年来继续发表论文，坚持生产关系决定生产力论，主张生产关系是“生产力发展的根本动力”。他对卫兴华不赞同生产关系动力论的论述提出争论。他批评“生产力决定生产关系，生产关系反作用于生产力”的理论表述“不恰当”。他说：“现在片面强调生产力对生产关系的决定作用……片面强调生产关系一定要适应生产力的性质”，而“忽视生产关系对生产力的主要推动作用”。[②] 胡钧将人类社会发展的历史，归结为一个生产关系推动生产力发展的历史。他说：“整个人类历史就是一定生产关系从生产力发展的主要推动者到其主要障碍者，最后被更能推动生产力发展的新的生产关系所取代的历史。”可以看出，胡钧所批评的正是唯物史观的基本观点。他的观点是同马克思主义的观点完全对立的。但他竟然宣称：他讲的这一套是“历史唯物主义的基本常识”。

（三）生产力与生产关系矛盾说

这一观点，曾是我国一段时期占主要地位的观点。王亚南不赞同生产关系动力说。他说：“生产力发展的动力，既不能由生产内部存在的矛盾得到说明，也不能单由生产关系的促进作用得到说明，归根结底，必须在生产力与生产关系之间的矛盾和对立斗争的统一中，在它们之间的辩证发展中，去找到它的依据。”[③]

---

① 转引自高峰、刘晓锋：“生产力的决定作用不容否定”，《南开大学学报》1978年第1期。

② 胡钧：“论生产力发展的根本动力”，《经济纵横》2011年第3期。

③ 王亚南：“促进生产力发展的动力究竟是生产力内部存在的矛盾？是生产关系，还是其他？”《福建日报》1956年12月14日。

卫兴华也曾主张生产力发展的源泉是生产力与生产关系的矛盾。“生产力和生产关系的矛盾，是社会生产的基本矛盾，这种基本矛盾是决定社会生产，从而也是决定生产力发展的基本原因。”[①] 卫兴华当时不赞同平心关于“生产力自己发展趋向是社会物质生产过程的基本规律”的看法。1988 年出版的《卫兴华选集》中，在一篇相关文章的后面，特加一段附言：“27 年前，我不赞同平心先生从生产力本身寻找生产力发展的内部根据，强调生产关系同生产力的矛盾是决定生产力发展的基本原因，1978 年以后，我改变了这种看法。认为生产力发展的根据首先在生产力内部。”[②] 不过，平心认为，生产力发展的内部根据是生产力的“物质技术属性”和“社会属性”二重性的矛盾，笔者难以认同。

（四）从理论和实践的结合上研究生产力发展的动力与源泉

探讨生产力发展的源泉或动力问题，需要从理论与实践的结合上寻求解决的途径。从理论研究上说，既然讨论的是马克思开创的唯物史观关于生产力和生产关系的基本原理，就需要追溯马克思是怎样分析生产力的发展的。从实践上说，应看看从历史到现实，生产力是怎样发展的。

马克思在《〈政治经济学批判〉序言》中讲到了生产力和生产关系的矛盾，但没有将其看作是生产力发展的根源。反而指出这种矛盾会妨碍生产力的发展。马克思的原话是：“社会的物质生产力发展到一定阶段，便同它们在其中运动着的现存关系……发生矛盾，于是这些关系便由生产力发展的形式变成生产力的桎梏。”[③] 生产力和生产关系的矛盾和解决，有利于生产力的发展，但不是生产力发展的根源。我们知道，生产力不仅是生产关系的决定力量，也是人类社会历史发展的最终决定力量。如果生产力没有自己发展的源泉，怎么能起这样的决定作用呢？马克思说：任何生产力“都是以往活动的产物”，“生产力是人们应用能力的结果”。[④] 也就是说，生产力是人们在物质生产中所进行的“活动的产物”，是应用自己能力即实践能力的结果。从原始社会到近代社会，生产力或慢或快的发展，无一不是人们生产活

---

① 卫兴华：“也谈生产力和生产关系问题”，《光明日报》1960 年 8 月 22 日。

② 《卫兴华选集》，山西人民出版社 1988 年版，第 453 页。

③ 《马克思恩格斯文集》第 2 卷，人民出版社 2009 年版，第 591 页。

④ 《马克思恩格斯文集》第 10 卷，人民出版社 2009 年版，第 43 页。

动的结果和实践能力的结果。

认为生产力自己不会发展，要靠生产关系作为动力来推动，这样的判断是说不通的。生产力是最革命最活跃的因素，而不是一堆死的因素，搁在那里不会动，全靠生产关系推着或拉着往前走。生产力中的劳动者是主动因素，非劳动因素是被动因素，是劳动者主导着生产力的发展，是劳动（包括体力劳动和脑力劳动）利用生产资料和其他生产要素，推动着生产力的发展。这正是马克思强调生产力是劳动的生产力之意义所在。但仅这样讲是不够的。讨论生产力发展的动力或源泉时，应分清四个不同层次的问题。其一，人类为什么要发展生产力？这是发展生产力的动因问题。其二，人类怎样发展生产力？这是发展生产力的过程和行为问题。其三，生产力为什么会不断发展？这是生产力发展的源泉或内因问题。其四，生产关系对生产力发展起什么作用？生产关系是反作用于生产力，起促进或阻碍的作用，还是起根本动力作用？以下分别予以论述。

1. 人类为什么要发展生产力？唯物史观回答了这个问题。人类为了维持生存和生活，就有吃喝穿住等生活需求，为此，就要发展生产，发展生产力。也可以说，人的需求是发展生产力的动因。马克思讲："没有消费，也就没有生产，因为如果没有消费，生产就没有目的。消费从两方面生产着生产"，"消费创造出新的生产的需要"，"消费创造出生产的动力"。[①] 他还指出："社会需要，即社会规模的使用价值，对于社会总劳动时间分别用在各个特殊生产领域的份额来说，是有决定意义的。"[②] 正是对使用价值的消费需要，才引出发展生产或发展生产力的需要。消费需求是经济增长的引擎。马克思在这里把消费需要作为生产或生产力的"动力"。这个"动力"可以理解为"动因"即起因。如果讲"动力"，也是远层次的或外围层次的动力。

2. 人类怎样发展生产力？人类发展生产力的历史，是劳动推动生产要素生产物质财富和精神财富的历史。在生产力诸要素中，劳动者是首要的要素，生产力各要素作用的充分发挥、效能的提高、组合的优化，都会推进生产力的提高。劳动者熟练程度的提高、文化和科技知识的增长，会提高生产

---

① 《马克思恩格斯选集》第2卷，人民出版社1995年版，第9页。

② 《马克思恩格斯文集》第7卷，人民出版社2009年版，第716页。

力；科学的发明与创新并应用于生产，引进先进技术设备，会大幅度提高生产力；管理水平的提高和现代化，会有效提高劳动生产力；生产资料数量的充足和质量的提高，是提高生产力的重要条件；自然力充分利用于生产，会形成低成本的生产力；搞好分工协作和生产组织，也会促进社会劳动生产力，等等。生产力诸因素发挥功能、形成和提高生产力，是由劳动主导的生产力自行发展的过程。固然，这种发展是在一定的生产关系下实现的。但生产力作为最活跃和最革命的因素，会自行发展，有其自己的发展规律。社会主义的本质要求快速发展生产力，就要着力于充分发挥各生产要素的各自功能和综合功能，让劳动（包括科技劳动、管理劳动等复杂劳动和一般劳动）推动生产力更好更快地发展。如果把劳动与诸生产要素结合从而推动生产力的发展，也作为生产力的动力，那就是近层次的或第二层次的、生产力自行增殖与发展的动力。

3. 生产力为什么会不断发展？不少学者主张从生产力诸要素内部的矛盾说明其原因。从理论和实践的结合上看，是有一定道理的。但生产力发展的源泉或内因，并不能完全由诸要素内部矛盾说明。内因中还包括诸生产因素各自的发展变化，如劳动者长期经验的积累，“熟能生巧”，可提高劳动技能和熟练程度，一个纺纱工人可以从看管一台纺纱机到看管多台，从而提高劳动生产力。技工学校培养的高级技工、高校培养的高科技人才和管理人才，进入生产领域，都会提高生产力。

可以认同：生产力诸要素的内在矛盾和解决，是生产力发展的重要源泉。

第一，存在着生产中人与自然界的矛盾。生产力表示人们适应、利用和改造自然的能力。在与自然界的斗争中，劳动者提高了自己的多种应对和创新能力。普列汉诺夫说：“人在作用于他之外的自然时，改变了自己本身的天性。他发展了自己的各种能力，其中也包括‘制造工具’的能力。但是在每一个特定的时期，这个能力的程度决定了生产力的发展所业已达到的水平。”[①]从发明弓箭进行狩猎，到结网捕鱼、造船过河、兴修水利，到现代的人造卫星、航天科技等，都是人与自然斗争的成果。

第二，存在着先进技术设备的创新或引进，同劳动者技能不相适应的矛

---

① 《普列汉诺夫哲学著作选集》第1卷，三联书店1959年版，第683页。

盾。我国曾出现某些企业引进先进技术设备，由于职工操作和应用水平赶不上而闲置浪费的事情。应用先进技术设备，就需要及时培训出能够熟练操作的人员。这又与管理水平的提高相联系。

第三，也存在着生产工具与劳动对象的矛盾、生产工具同生产工具的矛盾。例如，精纺毛料需要优质羊毛（劳动对象）。品质低次的羊毛，既损害产品的质量，也影响劳动生产力的提高。在改革开放前，北京清河原第二毛纺厂是生产毛织产品的大型国有企业。人们看到从外省运来的羊毛袋中，混杂着许多泥沙，甚至装有石块，需要安排不少工人从事拣选羊毛的劳作，既增加了成本，又影响了生产效率。改革开放以来，随着羊毛原料质量的提高，生产效率和产品质量也相应提高。再者，生产工具之间的矛盾也需要及时解决。例如，英国曾出现过纺纱业赶不上织布业需要的矛盾。由于世界市场的扩大，产生了对棉布的大量需求，推动了英国棉织业的技术革命，发明了飞梭，改进了织布机，提高了生产力。但纺纱业跟不上织布业，棉纱供不应求，影响织布业的发展。为解决这一矛盾，就促进人们去改进和创新纺纱机。又如，炼钢设备的生产能力与轧钢设备的能力要相互匹配。有时会出现两者不相匹配的矛盾，需要解决，以利于生产力的发展。

第四，在一定发展阶段上，会产生要素驱动发展与创新驱动发展要求的矛盾。当低成本的劳动要素和资源要素驱动经济增长的能力式微、与形成新生产能力的需求发生矛盾时，要素驱动型发展不得不转为创新驱动型发展。我国目前就处在这一阶段。粗放型增长方式已不可持续，需要创新驱动，形成新的发展方式。创新驱动，首先是科技创新驱动。

第五，存在生产力发展与废弃物的堆积和污损环境的矛盾。这促使人们发展循环经济。贵州六盘山是煤都和钢都，每年产生100万吨炼铁废渣和近千万吨的煤灰。这种工业垃圾堆成小山，既污染环境，又浪费土地。当地恒远建材公司进行技术创新，将废渣和煤灰变废为宝，生产出建筑绿色住宅墙体的新材料，一举多得。

从上面多方面的分析和论述可以看出，生产力是会自己发展的，而且是持续或连续地发展着，并在发展中不断增强自己的能力。正因为如此，生产力才能成为最革命最活跃的力量，决定着生产关系的性质，并成为社会历史发展的最终决定力量。以上的论证，是说明生产力发展的内在源泉，也可以说是内在动力。这是第一层次的最直接、最根本的内在动力。

4. 生产关系对生产力的发展起什么作用？讲生产关系，不是仅指狭义的生产关系即直接生产过程中的关系，而是指广义的生产关系即生产关系体系。它包括作为基础层次的所有制和生产资料与劳动者的结合方式，也包括与此相适应的狭义的生产关系以及交换关系和分配关系。所有制的变化会引起整个生产关系体系的变化。生产关系有新旧之分，它们对生产力的发展所起的作用，或是促进、适合，或因阻碍而变革，以重新适合，这些作用不是也不可能是其发展的根本动力。生产力是在一定的生产关系下发展的，而生产关系须适应生产力的发展而发展与变化。没有脱离开生产关系的生产力，也没有脱离开生产力的生产关系。新的生产关系适应生产力的性质和水平，可促进生产力的发展。一定社会形态的生产关系的发展，存在前期、中期、末期的不同阶段。前期是新生产关系，末期是旧生产关系，中期是不新不旧的生产关系。中期阶段经历的时间较长，它的生产关系仍适应生产力的发展，给生产力的发展继续提供发展的空间。末期的旧生产关系阻碍着生产力的发展，会被生产力的发展所打破，产生新的适合生产力发展的生产关系。判断生产关系的新或旧，是根据它是起促进还是阻碍作用来划分的。离开这个标准，就谈不上生产关系的新与旧。有的学者是在肯定生产力决定生产关系的前提下，主张生产关系是生产力发展的动力。这就陷入二者相互决定的循环论证。而有的学者如胡钧，是在否定生产力决定生产关系、生产关系反作用于生产力的基本原理的前提下，提出生产关系是生产力发展根本动力的观点，这就偏离唯物史观更远了。胡钧主张生产关系是生产力发展根本动力的观点，并没有提出站得住脚的论证和论据。所持的一个理由是：讲生产力有其发展的内部源泉，就是脱离开生产关系讲生产力的发展。这种批评在逻辑上是悖理的。生产力总是在一定的社会生产关系下发展的。讲生产力存在自行发展的源泉，怎么就是脱离开生产关系了呢？如果否定生产力是在自己的发展中决定或推动着生产关系的发展，那末请批评者回答：生产关系的发展变化是由什么决定的，它怎么会由生产力发展的动力变为桎梏呢？马克思主义认为：生产关系是生产力的社会形式，生产力是生产关系的内容，难道不是内容决定形式，而是形式决定内容么？

断言生产力自己不会发展，完全靠生产关系推动，不符合马克思主义理论原理，也不符合历史事实。第一，马克思通过对周期性经济危机的分析，揭示资本主义生产关系已不适合生产力的发展。但他又根据历史事实说明，危机过后会出现新的繁荣或高涨，而且，危机过后的高涨，会超过危机前的水平。这种高涨，显然不能用新的生产关系的推动来说明，而是与马克思所论述的固定资本的周期更新直接有关。第二，列宁在1916年写的《帝国主义是资本主义的最高阶段》中，揭示帝国主义是腐朽的和垂死的资本主义。但他同时指出："如果认为这一腐朽性趋势排除了资本主义的迅速发展，那就错了"，"总的说来，资本主义的发展比以前快得多"。[①]从统计数字来看，进入垄断资本主义的100年间，发达国家的工业年均增长3%左右，超过自由竞争时代年均2%的增长率。第三，二战后主要资本主义国家经历了快速发展时期。日本在20世纪50～70年代的20年中，生产力快速发展，经济增长年均10%左右，远远超过以往资本主义发展的速度。美国的农业劳动生产率在二战后有20多年的快速增长。1950～1977年间，其年均增长达5.6%，快于工业的增长，改变了农业落后于工业的长期格局。以上的历史事实说明，生产力有其自己的发展规律，实践否定了生产力自己不会发展，只能靠生产关系或新生产关系推动的看法，否定了生产关系是生产力发展根本动力的非马克思主义观点。

三、"唯生产力标准论"和"唯生产力论"的是与非

（一）生产力决定生产关系的一般规律和社会主义产生与发展的特点

生产力决定生产关系、生产关系要适应生产力的发展，这是人类历史发展的规律。从人类历史发展的总趋势来看，它是科学的、符合实际的。但是，不能把生产力决定生产关系的原理绝对化和机械化。否则，无法说明为什么生产力高度发展的美英等资本主义国家没有建立社会主义制度，而生产力落后的一些国家先建立了社会主义制度。

在既定的生产力水平条件下，在特定的社会历史条件下，人们有自觉选择某种制度和体制的社会经济空间。列宁从帝国主义时期资本主义国家经济政治发展的不平衡规律出发，提出了生产力落后的俄国作为资本主义世界链条中的薄弱环节，可以首先取得社会主义革命胜利的理论。苏联社会主义制

① 《列宁选集》第2卷，人民出版社1995年版，第685页。

度发展了70年，成为可与美国抗衡的超级大国，但在特定的历史条件下发生剧变，国家解体，转向资本主义。其成败兴衰都难以直接和完全用生产力的决定作用说明。但归根到底，从人类社会历史发展的规律来看，生产力的高度发展终将突破资本主义生产关系，走向社会主义。俄国将沿着否定之否定的历史辩证法而走向未来。旧中国半殖民地、半封建制度的生产关系阻碍生产力的发展，要求突破旧的生产关系，建立适合生产力发展的新生产关系。但究竟走资本主义道路，还是走社会主义道路，各个阶级有不同的选择。中国共产党党章的总纲指出："坚持马克思主义的基本原理，走中国人民自愿选择的适合中国国情的道路，中国的社会主义事业必将取得最终胜利。"① 历史证明，选择社会主义制度和中国特色社会主义道路，比某些前殖民地国家走资本主义道路，发展得更好更快。先进阶级通过其革命政党的这种自觉选择，是在认识客观必然性的历史背景下实现的。不能把这样的自觉选择简单看作是历史唯心主义。有三种不同的经济政治选择：一种是符合历史规律的自觉选择，会获得成功；另一种是违反客观规律的盲目选择，会流于失败；再一种是试错法的选择，成败交错，或成功，或放弃。当前，人类社会发展仍走在从必然王国向自由王国飞跃的征途上。

生产力是社会生产关系发展变化的根本决定力量。我国进入社会主义时期，通过社会主义实践，认识到我国仍处于社会主义初级阶段。根据我国生产力落后和搞活经济的必要，由实行单一的公有制和指令性计划经济，转向公有制为主体多种所有制共同发展的基本经济制度和社会主义市场经济，正是因为原有制度和体制，或者说原有的生产关系体系和体制，不完全适合生产力的发展。中共中央关于改革开放的重要文献，也是从我国生产力落后，多层次、不平衡的国情出发，说明我国发展多种所有制的必要性。之所以从计划经济转向市场经济，是由于僵化的经济体制弊端突显，不利于生产力的发展，而市场经济在配置资源方面具有灵活性、效率性，有利于生产力的发展。因此，从大的方面说，我国的改革开放遵循了马克思主义关于生产关系要适合生产力的发展规律的理论指导。既重视生产力的决定作用，又要重视生产关系对生产力的反作用，中国特色社会主义已经并将继续促进生产力的快速、健康发展。而苏联社会主义退回资本主义，生产力倒退和停滞了十几

① 《中国共产党章程》，人民出版社2012年版，第1页。

年，其世界经济政治地位大幅降低。

也应看到，在既定的生产力水平下，生产关系的某些具体环节可以变化。生产关系体系中，所有制是基础。所有制结构的变化，会引起相关的经济关系变化。如我国三大改造以后，实行单一的公有制，过早消除了非劳动要素参与分配的关系。改革开放以来，实行多种所有制共同发展，必然引起分配关系的变化。与公有制为主体相对应的，是按劳分配为主体；与私营经济和外资企业的私有制相对应的，必然是按生产要素所有权的分配，存在资本与雇佣劳动的矛盾和收入差距扩大的趋势。

再如，改革开放以来，对原有的“国营经济”实行所有权与经营权的分离，改称“国有经济”。产权关系的这一变化，有利于生产力的发展，有利于国有企业成为市场经济的重要主体。改革开放过程中，我国的分配关系也在不断调整，分配领域曾流行多年的“效率优先、兼顾公平”的原则，不利于消除两极分化和实现共同富裕，所以党的十七大报告中改提“把提高效率同促进社会公平结合起来”①。目前我国出现的收入分配差距过大、贫富分化的情况，其产生的原因与生产力的决定作用无关，也不能靠发展生产力自动地缩小差距、实现分配公平。改变这种状况，需要采取一系列的有效措施，包括坚持和完善公有制为主体的基本经济制度，改革收入分配制度，倡导社会主义公平正义，走共同富裕的道路，等等。“做大蛋糕”，并不等于就能“分好蛋糕”。生产力发展，并不决定了分配就是公平的。社会主义制度的发展与完善，需要生产力的快速发展，但不能仅归结为生产力的决定作用，需要重视社会主义生产关系的自我发展与完善。

还需要重视一个问题：为什么在社会主义以前的一切阶级社会中，新社会经济制度产生后，会自然地不断发展、完善，不存在一个新的社会制度整体倒退回旧制度的事情。例如，没有一个资产阶级的政治家或理论家，需要提出坚持资本主义道路和方向的号召和原则。而我国社会主义制度则需要防范和平演变、“改旗易帜”的风险，因而要不断强调坚持社会主义道路和方向。这个问题与社会主义的产生及发展的特点相关。以往的社会经济制度的产生与发展都是一个自发的、自然的历史过程。先有资本主义制度的产生，后有资本主义概念、理论的形成。早在 14 世纪，地中海沿岸就出现了资本

① 《中国共产党第十七次全国代表大会文件汇编》，人民出版社 2007 年版，第 10 页。

主义经济成分，而直到19世纪中叶，才出现和流行“资本主义”概念。与以往阶级对抗社会的更替不同，社会主义产生于无产阶级从自在的阶级向自为的阶级的转变过程中，是先有社会主义概念和理论的形成，再有社会主义运动和革命，然后建立起社会主义制度。整个过程是有领导、有规划、有组织的自觉过程。社会主义制度建立后的发展与改革也是如此。离开马克思主义和社会主义理论的指导，完全由自发性和自由化引导，社会主义事业不可能成功。这里提及这个问题，是为了进一步论述我国怎样才能坚持好社会主义道路和方向，怎样才能处理好生产力和生产关系之间的矛盾。

总之，根据马列主义和中国特色社会主义理论，可以明确，坚持和发展社会主义要从两方面着手。一方面要看是不是着力于快速发展生产力；另一方面要看是不是着力于坚持、发展和完善社会主义生产关系，包括搞好公有制、按劳分配、消灭剥削和消除两极分化，走共同富裕的道路。因此，判断社会主义性质的标准，应从生产力和社会主义生产关系的统一来评价，不能单用生产力标准评价。

（二）不能把生产力标准作为判断和评价社会主义的唯一标准

什么是社会主义和怎样建设社会主义，涉及对社会主义的评价标准问题。根据新中国60多年发展的历史经验，我们认为，在我国社会主义制度下，应把生产力标准和社会主义价值标准统一起来。所谓社会主义的价值标准，按其本义来说，应包括对社会主义的本质规定和特点的全面考察、判断和评价，既包括生产力标准，也包括生产关系标准，还包括上层建筑标准。由于生产关系标准是区分社会经济制度的根本标准，也可以主要从社会主义生产关系标准来谈价值标准。这里所讲的价值标准，就是从社会主义生产关系着眼的价值判断标准。

改革开放以后，针对“左”的情况下忽视生产力发展的问题，特别是针对“四人帮”大批“唯生产力论”，以及在改革开放前期对解放和发展生产力存在的某些思想禁锢，理论界提出和强调生产力标准论，是有其现实的针对性和积极意义的，目前和今后依然要坚持。但是，生产力标准论，不能取代更不能排斥社会主义价值标准论。对什么是社会主义和怎样建设社会主义的判断标准，既包括大力发展生产力的要求，也包括搞好社会主义生产关系，以实现共同富裕的要求。由于已经流行“生产力标准”论，并在实践中践行了大力发展生产力的原则。所以，可以专从生产关系的角度，提出应重视社会主义价值标准，强调“社会主义的生产力标准和价值标准的统一”。卫兴华在2010年发表论文，提出“社会主义的得失成败，既要用生产力标准去判断，又要以社会主义价值标准去判断”。文章强调，要坚持大力发展生产力和共同富裕，坚持公有制为主体和按劳分配为主体，坚持社会主义分配公平。[①] 这一理论观点，来源于科学社会主义原理，也来源于邓小平在社会主义初级阶段实践中反复强调的关于社会主义的判断标准。邓小平告诉我们，既要从生产力的快速发展即从生产力标准，看社会主义的优越性，又要从人民生活水平的提高和需要的满足、最终实现共同富裕即从生产关系标准，看社会主义的优越性。社会主义的价值取向、价值判断即价值标准，不能只归结为生产力这样一个标准。

这一理论观点，在马克思主义学界获得不少同仁的回应和认同。[②] 但是也有学者如汪海波持反对意见。他认为，生产力是决定生产关系的唯一因素，因此只能坚持生产力标准论，批评提出社会主义价值标准论就是生产关系决定生产关系的二元论和上层建筑决定生产关系的三元论，是“唯心主义”。他还提出，认同生产力决定论就要认同“唯生产力论”。[③] 汪海波将生产力决定生产关系论，与生产力标准论相混同，又将生产力标准论作为评价和判断社会主义经济制度的唯一标准。在他看来，社会主义的规定性、优越性和社会主义事业的得失成败，只能用生产力标准来判断，不能并用生产关系标准来评价。他说：“社会生产力是决定社会生产关系唯一的无可替代的根本因素”，“因而评价社会经济制度先进或落后的唯一的无可替代的标准”，只能是生产力标准，不能有其他标准。按此逻辑，邓小平提出的社会主义本质论和三条“是否有利于”的判断标准，是否也会被汪海波视作“二元论”、“三元论”而予以反对？汪海波自称他坚持的是马克思主义观点，其实，恰恰相反，其观点远离了马克思主义。首先，如果把生产力决定生产关系的原理绝对化，断定为“唯一决定因素”，怎样解释发达国家的生

---

① 卫兴华：“社会主义生产力标准和价值标准的统一”，《经济学动态》2010年第10期。

② 如侯惠勤主编的《马克思主义基本原理研究》（第1辑）（中国社会科学出版社2011年版），作为中国社会科学院创新工程的“马克思主义研究文丛”，收入了卫兴华的这一论文。还有不少马克思主义学者支持这一论文的观点。

③ 汪海波：“必须坚持生产力标准”，《经济学动态》2011年第7期；“对《再论社会主义生产力标准与价值标准的统一》一文的商榷意见”，《经济学动态》2011年第10期。

产力远远高于我国，实行的却是资本主义制度，而生产力水平低于它们的中国是社会主义国家呢？马克思、恩格斯讲生产或生产力的决定作用，是从“归根到底”的意义上讲的。“根据唯物史观，历史过程中的决定性因素归根到底是现实生活的生产和再生产。无论马克思或我从来都没有肯定过比这更多的东西。如果有人在这里加以歪曲，说经济因素是唯一决定的因素，那么他就是把这个命题变成毫无内容的、抽象的、荒诞无稽的空话。”“归根到底是经济运动作为必然的东西，通过无穷无尽的偶然事件向前发展”。①显然，汪海波的观点正是恩格斯批判过的错误观点。

其次，生产力决定论与生产力标准论是两个不同的问题，不能混为一谈。汪海波从生产力是唯一决定因素论，引出“唯生产力标准论”，认为“生产力标准是评价社会经济制度先进或落后的唯一无可替代的标准”。这一论断同样不能成立。评价社会主义经济制度先进性和优越性，当然要坚持生产力标准，但这不是唯一的标准。体现社会主义制度最本质和优越性的基本性质，应包括马克思、恩格斯和邓小平讲的，为以往任何社会都未曾有过的全体人民的共同富裕。离开提高人民的物质文化生活并最终实现共同富裕，离开发展和完善社会主义生产关系，生产力标准就失去了其应有的意义。发展生产力是物资手段，而不是目的。判断是不是社会主义经济制度，社会主义搞得好不好，决不能只用生产力标准来判断。汪海波的论断，既将生产力决定生产关系的原理与生产力标准相混同，又用“唯生产力标准论”和“唯生产力论”来否定和批判社会主义的价值标准论：是完全背离科学社会主义和中国特色社会主义的错误观点。

（三）不能把生产力决定论错解为“唯生产力标准论”和“唯生产力论”

汪海波将生产力决定论等同于“唯生产力论”，完全偏离了马克思主义的观点。从生产力决定论，到“生产力唯一决定因素论”，再到“唯生产力标准论”和“唯生产力论”，是一种非科学的推论。“四人帮”曾大批“唯生产力论”，但根本没有弄清或是有意搞混什么是“唯生产力论”。他们将重视和致力于生产力的发展，诬之为“唯生产力论”。马克思主义讲生产力决定论，但否定“唯生产力论”。“唯生产力论”认为，生产力是唯一的决

① 《马克思恩格斯文集》第10卷，人民出版社2009年版，第591~595页。

定因素，它会自动地、直接地决定应建立什么样的生产关系和社会制度。在马克思主义发展史上，曾发生过对“庸俗生产力论”的批判，斯大林的著作中也批评过这一“理论”。“唯生产力论”实际上就是“庸俗生产力论”。按照这一理论，把生产力决定生产关系的作用绝对化，或是主张生产力没达到发达资本主义国家水平，就不能搞社会主义，或是认为，在社会主义制度下，只要发展了生产力，就有了一切，生产力会自行决定社会主义生产关系及其发展。这也是汪海波主张的“唯生产力论”和“唯生产力标准论”的实质。“唯生产力论”和“唯生产力标准论”，忽视和否定生产关系和上层建筑在人类社会历史发展中的作用，忽视和否定其对生产力的反作用，忽视我国社会主义制度必须坚持和发展社会主义生产关系和社会主义上层建筑的重要意义。这与科学社会主义和中国特色社会主义理论是相抵触的。特别是在我国当前致力于缩小收入分配差距过大的趋势，突出分配公平、社会公平，强调共同富裕的背景下，宣扬“唯生产力论”和“唯生产力标准论”，是一种完全与社会主义方向背道而驰的错误观点。

应该注意到，邓小平明确指出：“马列主义没有‘唯生产力论’这个词，这个词不科学。列宁在批判考茨基的庸俗生产力论时讲，落后的国家也可以搞社会主义革命。我们也是反对庸俗的生产力论，我们……在一个很不发达的中国能搞社会主义，这和列宁讲的反对庸俗的生产力论一样。”①

坚持和发展中国特色社会主义制度，是贯穿于党的十八大政治报告的红线。报告既强调重质量重效益的生产力的发展，又强调社会主义生产关系的发展与完善，包括强调“共同富裕是中国特色社会主义的根本原则”，② 要把保障和改善民生放在更加突出的位置，要使我国人民生活水平快速提高起来，要缩小收入分配差距，建设保障社会公平正义的制度，要完善公有制为主体、多种所有制经济共同发展的基本经济制度等。报告还指出，我国之所以取得新的历史性成就，“靠的是党的基本理论、基本路线、基本纲领、基本经验的正确指引”。③为继续发展中国特色社会主义，党的十八大报告十分注重意识形态问题，强调要坚持马克思主义指导，坚持和发展中国特色社会主义理论体系，坚持四项基本原则，并要求牢牢掌握意识形态工作领导权和

---

① 《邓小平年谱》（上），中央文献出版社 2004 年版，第 222 ~ 223 页。

②③ 《十八大报告辅导读本》，人民出版社 2012 年版，第 13、7 页。

主导权，坚持正确导向等。上述理论观点显然与汪海波的“唯生产力论”和“唯生产力标准论”是完全对立的。

建设、发展和完善中国特色社会主义，必须把又好又快地发展生产力，并与发展与完善社会主义生产关系、加强和完善党的领导、做好意识形态的工作结合起来。党的十八大报告为我们提供了全面判断科学社会主义和中国特色社会主义的价值标准。那就是把生产力标准、社会主义生产关系标准以及社会主义上层建筑标准统一起来的总的社会主义价值标准。

马克思的经济学说与当代现实[①]

——纪念马克思逝世120周年

一、马克思的经济学说与当代资本主义

西方媒体在千年交替之际，曾评选千年风云人物或千年思想家。得票率最高的前四位是马克思、爱因斯坦、牛顿、达尔文。马克思高居榜首。评选一千年中在全世界最有影响的思想家，是以其学说著作和社会影响为根据的。路透社在报道评选结果时，特别提出《共产党宣言》和《资本论》在过去一个多世纪中在全球产生的深刻影响。在迎接新千年之际，英国工党议员托尼·本发表讲话说："马克思对资本主义的看法是正确的，我认为他将在21世纪成为最有影响的人物之一。"

西方不少有影响的当代学者，赞许马克思的学说。例如，1998年，日本《读卖》月刊11月号所载饭田经夫教授的文章，揭示了资本主义市场经济的弊端，并且指出："从揭露社会问题的角度看，马克思提出的批判显然是正当的。即使在马克思主义之外或许也能找到减轻问题的办法，但是我们却不能无视马克思主义的功绩，那样做是不公正的。"日本著名经济学家和企业家、流通产业界的领导人堤清二，于1996年出版的畅销书《消费社会批判》中，运用包括劳动价值论在内的马克思主义经济学说，分析当代资本主义和社会主义的实际问题。他说："必须明确的是，马克思对资本主义矛盾的指摘，是以产业社会的存在为前提，要求为人民大众而重新改造，是

① 本文原载《经济学动态》2003年第3期。

具有历史地位的。”“按照马克思本来的思想去研究资本主义制度，不但可以找出如何看待自由市场经济缺点的新观点，而且可以发现产业社会本身的形成过程和内部矛盾，从而有可能获得批判消费社会的精神食粮。”① 就是说，作者主张把马克思主义作为分析当代资本主义矛盾、批判其弊病的精神食粮。我国有的学者认为马克思主义已不能作为研究当代资本主义的理论，已经过时，而堤清二恰恰相反，强调“马克思主义也由于它对产业社会的新生具有指导性，从而成为‘建设性’的理论。……对生活在近代国家社会结构中的人们，甚至对于其经济来说，现在又提出了它的合理性的问题。”

美国著名学者、世界体系理论的主要代表人物华勒斯坦在其《历史资本主义》一书中，同样赞扬马克思。他说：“我要提到卡尔·马克思。他是当代知识学术史和政治史上不朽的伟人。他给我们留下了概念丰富、道德向上的伟大遗产。”

《文汇报》2002 年 7 月 20 日刊载了一则信息：新华社记者采访了英国 2002 年马克思主义论坛的组织者约翰·里斯先生。他说：论坛参加者 5000 人，来自世界各地，有英国国会议员 3 人。大多数与会者的看法是“马克思主义没有过时，也不会过时，它仍是建设一个美好世界的指导思想”。他还说，目前英国百姓对一些社会问题所持的看法与 10 多年前相比，有较大改变，在一定程度上甚至更接近于马克思的观点。有民意调查显示，目前英国百姓中有 85% 的人反对私有化。根据这则报道，我们可以更好地理解，英国媒体根据得票率评马克思为千年思想家之首，是有广泛的群众基础的。

当然，当代资本主义有新的发展和新的特点。马克思分析自由竞争资本主义的经济学说也需要发展。这种发展可以在马克思学说的基本原理与方法的指导下进行。而不是简单否定其原理与方法。坚持与发展是互为条件、相互促进的。在坚持中发展，在发展中坚持。

资本主义经济经历的几百年中，总是处于不断发展变化之中。马克思曾对他看到的某些新现象、新特点进行了分析与评论。比如，他看到了资本主义出现的股份制和工人合作社。他认为股份制是那种以“社会集中为前提的资本直接取得了社会资本……的形式，而与私人资本相对立，并且它的企

---

①［日］堤清二：《消费社会批判》，经济科学出版社 1998 年版，第 64、175 页。

业也表现为社会企业，而与私人企业相对立。这是作为私人财产的资本在资本主义生产方式本身内的扬弃”。[①] 这种形式的扬弃，马克思称之为“消极扬弃”，因为它触动不了资本主义制度本身。不过应看到股份制在由资本主义所有制转向劳动者的公有制中的积极意义。“在股份制内，职能已经同资本所有权分离”，“资本主义生产极度发展的这个结果，是资本再转化为生产者的财产所必需的过渡点，不过这种财产不再是各个互相分离的生产者的私有财产，而是联合起来的生产者的财产，即直接的社会财产。”[②]之所以把股份制看做是资本主义私有制转向社会主义公有制的“过渡点”，是因为股份制既然由“私人资本”发展为“社会资本”，既然通过资本集中发展为“生产规模惊人地扩大了”的大公司，比起分散的千千万万个资本主义小企业来，在条件成熟时，更容易转变为劳动者的公有制。社会主义公有制，应是以社会化的大规模生产为基础的所有制。

“私人资本”发展为“社会资本”，并不意味着资本主义社会的股份制，已是公有制经济。因为“这种向股份形式的转化本身，还是局限在资本主义界限之内；因此，这种转化并没有克服财富作为社会财富的性质和作为私人财富的性质间的对立”。[③]就是说，还没有截断私人财富的根本。

马克思高度评价了资本主义生产方式内出现的工人合作工厂，认为这是对资本主义旧形式“打开的第一个缺口”。因为在工人合作工厂中，劳动与资本的对立被扬弃了。生产资料归工人联合体所有，并用自己的劳动进行增殖。这种从资本主义工厂制度中产生的合作工厂，是一种“新的生产方式”，是对资本主义生产方式的积极的扬弃。它表明，工人群众可以自己组织没有资本家的合作工厂。只要工人利用自己的生产资料进行生产，就可以摆脱资本与劳动的对立。

马克思对信用在资本主义生产中的作用，给予高度重视与评价。他指出：信用是利润率平均化的中介；可使流通费用减少，这表现在三个方面：（1）相当大的一部分交易完全用不着货币；（2）流通手段的流通加速了；（3）金币为纸币所代替。另外，信用促进了股份公司的成立。在现代社会经济中，信用的作用更大地提高了。运用马克思关于信用作用的提示，研究加强信用建设推进现代社会经济的发展，具有重要的现实意义。

---

①②③ 《马克思恩格斯全集》第25卷，人民出版社1972年版，第493、494、497页。

运用马克思的观点与分析方法，我们可以研究与分析当代资本主义经济中的一些新现象与新特点。例如，在经济运行方面，有一些发达国家将计划调节机制引入市场经济，将“看不见的手”与看得见的手相结合，改变自由竞争时期资本主义自发发展中的无政府状态，缓和经济危机；在劳资关系方面，劳动时间缩短，工人的劳动条件和生活条件改善，社会建立起较完善的社会保障体系，吸收工人代表参加公司管理等；在分配关系方面，重视处理公平与效率的关系，征收高额遗产税和累进税；在资本组织形式和经营方式方面，股份制进一步发展，从垄断资本主义，到国家垄断资本主义，到跨国公司等；工人合作工厂进一步发展与扩大，农民合作社也在一些发达资本主义国家建立和发展。所有这类新现象和新特点，没有改变资本主义的本质。因而马克思分析资本主义经济关系的基本原理和所揭示的规律，依然适用于当代资本主义。同时，上述新现象和新特点，都可以归结为在资本主义生产方式内，包括消极扬弃和积极扬弃的新社会经济因素在不断增长与扩大。而且都是适应生产力发展要求进行自我调整的结果，是新的生产力发展引起生产关系的变化的表现。

如果说，马克思把股份制和工人合作工厂看做是转向新社会制度的过渡点，那么，当代资本主义出现的一系列新现象与新特点，无非是增加了一些新的过渡点，并扩大了原有的过渡点罢了。这种过渡点有两重作用：一是有利于促进生产力的发展，缓和资本主义内在矛盾；二是对资本主义表现出肯定中的否定。所谓肯定，是指通过自我调整与完善，再现其继续发展的活力；所谓否定，是指包括消极扬弃与积极扬弃在内的自我扬弃的新社会经济因素在发展与扩大。这正是马克思辩证唯物主义与历史唯物主义所揭示的社会历史发展规律的体现。

随着生产力发展和生产关系的发展与变革，上层建筑的作用与职能也会相应发生变化。马克思已见到了资本主义股份制的发展会在一定部门形成垄断。而垄断的形成与发展，要求国家干预经济。一般认为，在1929～1933年世界经济大危机后，凯恩斯提出了国家干预。其实，马克思在《资本论》中已认识到，垄断资本的出现，就“要求国家的干预”。[①] 只不过马克思是从理论上分析和认识国家干预的必要与必然趋势，而凯恩斯则是在大危机后

---

① 《马克思恩格斯全集》第25卷，人民出版社1972年版，第496页。

的实际生活中从提供政策依据方面提出国家干预的必要。

二、马克思的经济学说与当代社会主义

马克思的经济学说，主要是研究资本主义经济关系及其运动规律的。但不应由此而认为，它对社会主义没有理论指导意义。固然，马克思没有留下专门研究社会主义经济的论著，但他的经济学说对社会主义的意义，可以从四个方面来研究与把握。

第一，有关社会生产与再生产的一般原理和一般规律，对包括社会主义在内的一切社会都适用。

第二，关于商品生产及其规律的一般理论，适用于社会主义商品经济。

第三，马克思研究资本主义提出的一些原理与规律，如果抽去其资本主义的特定关系，对社会主义也有意义。

第四，马克思在研究资本主义经济和商品生产等问题时，有时为了对比，有时从社会经济发展的历史趋势和对未来社会的设想与预见方面，提到了社会主义和共产主义高级阶段的一些特点和规律性，其中有些是科学预见，对社会主义更有直接意义。

先从第一个方面来探讨。这里不可能进行全面论述，只就几个理论观点结合我国的现实进行一点阐述。

马克思关于生产力与生产关系相互关系的原理与规律，对包括社会主义的一切社会都有适用性。在我国社会主义事业的发展中，在对待这一原理与规律上，既有负面的教训，也有正面的经验。我国曾脱离生产力落后的国情，急于消灭一切私有制经济，建立单一的公有制经济，过早地超越了新民主主义阶段。后来又搞人民公社化，刮共产风，搞“穷过渡”等，办了许多超越阶段的蠢事，给我国的经济发展和社会主义事业造成了严重的损失。根据生产关系一定要适合生产力状况的原理，改革开放以来，明确我国处于社会主义初级阶段，在公有制为主体条件下恢复和发展了非公有制经济，实行按劳分配与按生产要素分配相结合，促进了生产力的发展和社会经济的繁荣。

马克思关于社会再生产诸环节间相互关系的原理，对处理好社会主义国民经济中的生产、分配、交换与消费的关系具有理论与实际意义。在诸环节

中，生产具有支配和决定作用。关于这个方面，过去在理论和实际工作中强调得比较多。但是对于分配、交换与消费在一定程度上对生产的决定作用，则认识不足，往往只轻描淡写地讲一句“反作用”了结。然而，马克思的有关原理是：“一定的生产决定一定的消费、分配、交换和这些不同要素相互间的一定关系。当然，生产就其单方面形式来说也决定于其他要素。”[①]就是说，其他环节或要素对生产也会起决定作用。所谓“单方面形式”的决定作用，是相对于生产在总体上和多方面形式上的决定作用而言的。比如，消费不能从总体上对其他诸环节及其相互关系起决定作用，但对生产这一方面来说可起决定作用。马克思指出：“消费的需要决定着生产。”[②]这些年来，我国通过扩大内需来拉动经济增长，明显地体现了消费需要对生产的决定作用。在过去“左”的形势下，片面强调生产的决定作用，而忽视消费的需要，为生产而生产，不利于我国社会经济的发展。

马克思还指出：“没有生产，就没有消费；但是，没有消费，也就没有生产，因为如果没有消费，生产就没有目的。”并论述了“消费从两方面生产着生产”的道理：一方面，“产品只有在消费中方成为现实的产品，例如，一件衣服由于穿的行为才现实地成为衣服；一间房屋无人居住，事实就不成其为现实的房屋”。无论是资本主义还是社会主义国家，如果出现了超常的生产过剩，大量产品积压，不能被用于消费，它们就不是现实的产品，等于没有生产，其实还不如没有这部分生产，因为它浪费了资源。另一方面，“消费创造出新的生产的需要，……消费创造出生产的动力”。[③]这一原理也表明，生产应根据社会的消费需要而进行，生产规模与生产结构应与消费需要的规模与结构相一致。

同理，交换与分配也会在“单方面形式”上决定生产。市场扩大，交换范围扩大，生产规模也就扩大。允许私人资本参与分配，才有私人资本参与生产。这种关系在现实生活中是表现得很明显的。

再从第二个方面来探讨。马克思的商品生产及其规律和劳动价值理论，适用于一切商品经济。商品与价值，并不具有特定的社会经济性质。不存在姓“资”姓“社”的问题。我们讲资本主义商品生产、社会主义商品生产，是指在资本主义条件下或社会主义条件下的商品生产。当然，在资本主义制

---

①②③ 《马克思恩格斯选集》第2卷，人民出版社1995年版，第17、9页。

度下的商品价值关系会反映资本主义经济关系。因为资本主义各方面的经济交往关系都要借助于或通过商品价值关系实现。同样，社会主义条件下的商品价值关系会反映社会主义经济关系。因为社会主义的生产、分配、交换和消费关系，也都要通过商品价值关系来实现。但商品与价值本身是一种中性的范畴与关系。在我国“左”的时期，把社会主义商品经济看做是产生资本主义与资产阶级的土壤，把发展商品市场关系看做是走资本主义道路，要“在无产阶级专政下加以限制”。改革开放以来，又有人把商品经济说成是社会主义经济的本质特征。这都是非科学的不符合实际的认识。马克思明确指出：“作为商品进入流通的产品，不论是在什么生产方式的基础上生产出来的——不论是在原始共同体的基础上，还是在奴隶生产的基础上，还是在小农民和小市民的生产的基础上，还是在资本主义生产的基础上生产出来的——都不会改变自己作为商品的性质。”[①] 商品、货币、价值，都不具有阶级性，不能与特定性质的社会经济划等号，也不能用商品经济来说明和判断任何生产方式的特点。马克思一再批评詹姆斯·穆勒“企图把资本主义生产当事人之间的关系，归结为商品流通所产生的简单关系，从而否认资本主义生产过程的矛盾”，强调指出：“商品生产和商品流通是极不相同的生产方式所具有的现象，尽管它们在范围和作用方面各不相同。因此，只知道这些生产方式所共有的抽象的商品流通的范畴，还是根本不能了解这些生产方式的不同特征，也不能对这些生产方式作出判断。”[②]

马克思关于劳动和劳动价值的理论，在社会主义经济中需要深化认识和发展。马克思重视劳动在创造价值和财富中的重要作用。无论是体力劳动还是脑力劳动、简单劳动还是复杂劳动、一般劳动还是科技劳动与管理劳动、雇佣劳动还是自由劳动，都在马克思的劳动与劳动价值论的视野之中。我国在社会主义建设事业中，要尊重各种劳动，发挥各种劳动的积极性。在当前新的形势下，要特别重视科技工作和经营管理者的高级复杂劳动。劳动价值论，并不存在资本主义的和社会主义的属性区分，正如价值、价值规律不存在姓“资”姓“社”的区分一样。它既适用于简单商品经济，也适用于资本主义和社会主义商品经济。马克思曾设想，社会主义条件下商品生产消亡

① 《马克思恩格斯全集》第 25 卷，人民出版社 1972 年版，第 363 页。
② 《马克思恩格斯全集》第 23 卷，人民出版社 1972 年版，第 133 页。

了，劳动不再形成价值。但社会主义实践证明，社会主义经济依然是商品经济，商品经济的充分发展是社会经济发展不可逾越的阶段。我国的商品经济还较落后，需要大力发展。因此，生产劳动依然会形成价值。马克思的劳动价值论不能否定。马克思是在资本主义完全实行以按资分配为核心的按生产要素分配的制度中，创立劳动价值论的。通过劳动价值论与剩余价值论阐明生产要素收入的源泉。我国当前实行按劳分配为主体，按劳分配与按生产要素分配相结合的分配方式，劳动价值论同样可以说明多种分配收入的源泉，不能由按生产要素分配引出“要素价值论”，否定劳动价值论。

马克思分析商品生产所揭示的有关经济规律，如价值规律、价格运动规律、供求规律、竞争规律、货币流通规律等在社会主义商品经济和市场经济中依然存在和发生作用。就拿价值规律来说，在1958年人民公社化运动中，搞“一平二调三提款”，违反价值规律，造成了经济损失。毛泽东有针对性地提出价值规律是一个伟大的学校的观点。实践证明，每当我国违反价值规律、破坏等价交换原则时，经济发展就受到损害。而尊重和遵循价值规律，社会主义经济事业就顺利发展。

我国的经济活动已融入世界经济之中。在国际贸易关系中，国内商品价值会转化为国际价值。马克思在《资本论》中提出了“国际价值”的概念和原理。决定国际价值的社会必要劳动时间是各参与国家之间的社会平均劳动时间。国内成本低、劳动生产率高的国家，较少的国内价值可还原为较多的国际价值，增加收入；反之，国内成本高、劳动生产率低的国家，较多的国内价值只能被算做较少的国际价值，减少收入。因此在国际经济交往中，要重视与遵循国际价值的原理与规律，力求降低国内成本，利用先进技术，提高国内劳动生产率与国际竞争力。

马克思在分析商品价值关系时，涉及与劳动生产力或劳动生产率的关系问题，阐述了决定劳动生产力高低的诸因素，包括劳动因素、科技因素、社会因素和自然因素。这些决定因素适用于资本主义，也适用于社会主义。关于劳动生产率的衡量问题，一般表述为同一劳动时间内生产的使用价值量的多少，或单位产品中所包含的劳动时间的多少。就是说，只拿产量与活劳动相比。然而，如果活劳动减少了，但单位产品中的物化劳动耗费相应增加或更多地增加，成本不降低，甚至提高，这样的劳动生产率的提高并无实际经济意义。应当注意到马克思关于劳动生产率的说明：“从社会的角度看，劳动生产率随同劳动的节约而增长。这种节约不仅包括生产资料的节约，而且还包括一切无用劳动的免除。”[①] 显然，劳动生产率的提高，应表现为活劳动和生产资料（物化劳动）的节约。

再从第三个方面来探讨。马克思研究资本积累问题时，提出了决定积累量的诸因素。其中第一个因素即提高对劳动力的剥削程度，当然不适用于社会主义。但社会主义生产中应重视提高剩余产品率，这才有利于提高经济效益与积累率。第二个因素是提高劳动生产力。“劳动生产力是随着科学和技术的不断进步而不断发展的”，劳动生产力的提高，不仅会提高剩余产品率，而且由于商品价值下降，在消费基金减少、消费资料量增加的情况下，积累基金也可以增加。而且，即使在资本价值不变的情况下，生产的物质规模可以扩大。由于生产资料价值的降低，技术含量增加，原有的机器、工具等会由效率更高、更便宜的新的机器、工具所取代。第三个因素是“所使用的资本和所消费的资本之间的差额”的增大，可以增加积累。这实际上是讲折旧基金用于扩大生产的问题。对于社会主义的积累与扩大再生产来说，马克思所阐述的这些积累因素是同样适用的。

马克思关于资本有机构成的理论，对于说明资本主义相对人口过剩、平均利润与生产价格、工农业差别及绝对地租等问题，具有理论前提的意义。我国实行社会主义市场经济，资本主义市场经济发展中出现的矛盾与问题，在某些方面，或轻或重地也会在我国出现。资本有机构成的提高，意味着科技进步和劳动生产率的提高。但在市场经济中，会出现结构性矛盾，就业的难度增大。我国近些年来出现的失业、下岗人员增多，是实行市场经济中难以避免的现象。考虑到技术密集型和资金密集型产业资本有机构成高，而劳动密集型则有机构成低，就业岗位多，我国需要处理好产业结构升级中不同类型产业的关系。资本有机构成高低不同的企业，利润率高低不同，部门之间的竞争，引起资本向利润率高的部门转移，最终形成平均利润率与生产价格。在20世纪五六十年代，我国理论界把平均利润与生产价格看做是资本主义范畴与关系。有些主张我国实行平均利润与生产价格的学者，受到批判。在当前实行市场经济的条件下，市场发挥资源配置的作用，在竞争机制、价格机制、供求机制的作用下，也应形成平均利润与生产价格。如果资

---

① 《马克思恩格斯全集》第23卷，人民出版社1972年版，第578～579页。

本有机构成高的先进行业利润率低，而有机构成低生产技术落后的行业反而利润率高，就不利于产业结构的高度化，不利于科技进步和各部门劳动生产率的提高。

马克思的资本循环与资本周转的理论，分析了加速资本循环与周转的经济意义。我国为提高企业的经济效益，也需要加快资金周转。而加速周转的途径，马克思在《资本论》第二卷第一、二篇中进行了较为具体的分析。比如，缩短产品经历的劳动时间、生产时间与流通时间，减少原材料的储备，缩短劳动时间与生产时间的差距等。生产时间一般会超过劳动时间，如农作物的生产时间多于劳动时间，葡萄酒在窖中发酵，劳动过程中断但仍处于生产过程，制造厂的劳动材料需经化学作用或自然力作用时间，不属于劳动时间。“生产时间和劳动时间越吻合，在一定期间内一定生产资本的生产效率就越高，它的价值增殖就越大。”因此，要“尽可能缩短生产时间超过劳动时间的部分”。[①] 缩短资本停留在流通领域的时间，可以提高资本的生产效率。流通时间的长短，制约着生产资本执行职能规模的缩小或扩大。加速资金周转可节省生产费用与流通费用，提高经济效益。

马克思的社会总资本再生产和流通的理论，包含着社会化再生产的一些一般原理。诸如国民经济按比例发展的原理；简单再生产和扩大再生产条件下两大部类对比关系的原理；社会总产品的实现条件及其价值补偿与实物补偿的原理；还有社会再生产中外延的扩大再生产与内涵的扩大再生产的原理等。这些原理不仅也适用于社会主义再生产，而且更要自觉地遵守与发展这些原理。关于外延与内涵的再生产原理，我国经济学界经常引用和应用。但存在着不完整、不准确的理解情况。马克思曾从两个不同的角度论及外延或内涵的扩大问题。一是从固定资本的折旧基金用于扩大再生产的角度的论述：“如果生产场所扩大了，就是在外延上扩大；如果生产资料效率提高了，就是在内涵上扩大。这种规模扩大的再生产，不是由积累——剩余价值转化为资本——引起的。”[②]有的学者只把这段话的特定说明作为外延与内涵扩大的界定，把场所的扩大与效率的提高截然分开，似乎有生产场所的扩大，就没有生产资料效率的提高；反之，有效率的提高，就没有场所的扩大。然而，在实际生活中不是这样。我国的上海宝钢建设，高速公路的日益

①② 《马克思恩格斯全集》第24卷，人民出版社1972年版，第141、192页。

扩大，既有场所的扩大，又有效率的提高。因为这不属于折旧基金的利用，而是追加投资用于新建企业与工程。

马克思还从剩余价值用作追加资本的另一个角度论述外延与内涵的扩大再生产问题："剩余价值转化为资本，按其实际内容来说，就是规模扩大的再生产，而不论这种扩大是从外延方面表现为在旧工厂之外添设新工厂，还是在内涵方面表现为扩充原有的生产规模。"① 添设新工厂"是外延扩大"，但并不妨碍它利用最先进技术，提高生产效率，是投资形式上的外延扩大，经营方式上的外延与内涵并举。这里把追加投资用于原企业的生产规模扩大，视为内涵扩大，但可以有两种经营方式，一是只增加劳动力和生产资料，规模扩大了，但没有效率的提高；二是进行技术改造与革新，增添先进机器设备，提高效率。不要把外延同粗放经营等同，把内涵同集约经营等同。

马克思关于商品经营资本、生息资本、利息率、信用和虚拟资本、银行资本、汇兑率、级差地租与绝对地租、建筑地段地租等方面的经济理论与思想，撇开其资本主义关系，其中的许多原理可用于考察和分析社会主义的相关经济。限于篇幅，这里不展开论述。

最后，从第四方面来看。马克思虽然没有专门论述社会主义经济的论著，但他有许多关于社会主义的经济思想散见于其多种著作中。这里只扼要地讲几点。

1. 马克思在《哥达纲领批判》中，把从资本主义社会转入共产主义社会的历史时期，划分为三个相互联系和不断发展的历史阶段。从资本主义社会到共产主义社会的过渡时期；共产主义社会的第一阶段，即我们现在所说的社会主义社会；共产主义社会的高级阶段，即我们通常所说的共产主义社会。这个划分或设想是一种科学预见，已经为社会历史所证实。所谓过渡到共产主义社会的过渡时期，显然指的是过渡到作为共产主义社会第一阶段的社会主义社会的时期。然而，在我国"左"的岁月，曾把过渡时期宣传为过渡到共产主义高级阶段的时期，从而把整个社会主义社会说成是过渡时期，借以为搞"阶级斗争为纲"制造理论根据。这是重大的理论失误。而且，我国过早地跨越了新民主主义社会，也过早地跨越过渡时期，急于消灭

① 《马克思恩格斯全集》第24卷，人民出版社1972年版，第356页。

一切非公有制经济，带来了很多不利于发展的后遗症。这使我们更好地领会到马克思在《政治经济学批判》序言中所讲的："无论哪一个社会形态，在它所能容纳的全部生产力发挥出来以前，是决不会灭亡的。"同理，无论哪一种经济成分，在它还能容纳和促进生产力的发展时，是不应灭亡的，人为地去消灭它，会自食苦果，最终还得恢复和发展它。我国对待个体经济和私人企业的经验和教训，表明了这一真理。

2. 马克思设想和预见到社会主义的一些经济和社会特征。有些特征曾在我国宣传和实践得比较多，如公有制、按劳分配、消灭剥削、计划调节等。而有些特征则宣传和实践得比较少。在"左"的时期，甚至不宣传或做反面宣传。比如，马克思反复强调社会主义和共产主义制度下，人的全面和自由发展问题，在理论和宣传工作的视野中消失了。近几年来，已注意到和重视这个问题。早在《共产党宣言》中，就提出：代替"资产阶段旧社会的，将是这样一个联合体，在那里，每个人的自由发展是一切人的自由发展的条件"。在《资本论》中，马克思又指出：在取代资本主义社会的"更高级的"社会中，要"以每个人的全面而自由的发展为基本原则"。而实现这一原则，要以生产力和物质条件的发展为"现实基础"。[①] 在《哥达纲领批判》中，马克思论述由社会主义社会转向共产主义高级阶段的必要条件时，提及其中的一个重要条件就是"随着个人的全面发展，他们的生产力也增长起来，而集体财富的一切源泉都充分涌流"。可见，马克思强调个人的全面和自由发展，不是仅仅从人文的角度去考虑，而且是与生产力的高度发展和财富源泉的充分涌流联系在一起的。

再比如，社会主义的要求和任务之一，是要尽快地发展生产力和满足人们的需要，实现共同富裕。这在马克思主义创始人的著作中，是很明确并作过突出论述的。在《共产党宣言》中就指出，无产阶级取得政治统治后，要"尽可能快地增加生产力的总量"。马克思在1857~1858年的《经济学手稿》中又说：在新社会制度中，"社会生产力的发展将如此迅速"，"生产将以所有人的富裕为目的"。[②] 这里，把迅速发展生产力作为必要条件，把共同富裕作为目的。在我国"左"的时期，把强调发展生产力作为"唯生

① 《马克思恩格斯全集》第23卷，人民出版社1972年版，第649页。
② 《马克思恩格斯全集》第46卷（下），人民出版社1980年版，第222页。

产力论”批判，把强调满足人们生活需要，实现富裕的主张，当做“经济主义”、“好行小惠”批判，只宣传和只能讲“为革命而做工”、“为革命而种田”。改革开放以来，邓小平恢复和发展了马克思的理论思想，强调社会主义的根本任务是解放和发展生产力，根本目的是要实现共同富裕。搞社会主义如果离开了这两条，那就只能实行贫穷的公有制，贫穷的按劳分配，短缺的计划调节，一句话，普遍贫穷的社会主义。然而，贫穷不是社会主义。

搞社会主义也不能离开公有制经济。社会主义公有制，是归劳动群众所有的公有制，与私有制社会中为皇室服务的某些官办经济或由垄断资本控制的国有经济，不是一回事。马克思很重视社会主义运动中的所有制问题，并把所有制看做是一定社会制度的基础，主张社会主义实行全社会的公有制。在1872年写的《土地国有化》一文中，明确提出：“生产资料的全国性集中将成为自由平等的生产者的各联合体所构成的社会的全国性的基础。”他指出，生产资料的公有，将彻底消灭劳动和资本的对立关系，并最终消灭工农业中的资本主义生产。实行公有制才能消灭阶级“赖以存在的经济基础”。社会主义实践证明，一些生产力落后的国家建设社会主义，不可能完全实行全社会的公有制，但不能忽视国有制的作用，也不能用资本主义国家的国有制功能来界定社会主义国家的国有制功能。社会主义的国有制经济，是保证社会主义的整体利益、长远利益和全社会利益的必要条件。马克思说：“事情必须这样来处理，使社会（即首先是国家）保持对生产资料的所有权，这样合作社的特殊利益就不可能压过全社会的整体利益。”① 我国实行公有制为主体、国有经济为主导、多种所有制经济共同发展的基本经济制度。强调国有经济的主导作用十分必要，它对多种形式的公有制经济和多种形式的私有制经济，起一种引导、导向和领导的作用。

马克思还论述了社会主义实行按劳分配，国民经济运行按需要进行计划调节，增强计划性与自觉性、减少盲目性与自发性等问题，还特别论述：“社会发展、社会享用和社会活动的全面性，都取决于时间的节省。一切节约归根到底都是时间的节约。……社会必须合理地分配自己的时间，才能实现符合社会全部需要的生产。因此，时间的节约，以及劳动时间在不同生产部门之间有计划的分配，在共同生产的基础上仍然是首要的经济规律。这甚

---

① 《马克思恩格斯全集》第36卷，人民出版社1980年版，第416～417页。

至在更加高得多的程度上成为规律”,[①] 这表明，马克思认为在社会主义的共同生产中，合理地进行劳动资源（包括活劳动与物化劳动）配置，节约劳动时间，是比以往社会更为重要的“首要的经济规律”。节约和缩短劳动时间，增加休闲时间，有利于人们从事自己所需要的各种活动，有利于各个人的全面和自由的发展。但这首先要以生产力的发展和财富的增长为条件。

不言而喻，对待马克思的经济思想，要有两方面并重的态度。一方面，要继承、坚持与运用，因为马克思主义既是我们进行革命的理论依据，也是进行社会主义建设的思想指导。另一方面，马克思主义不是静止的，而是不断发展的科学。它不是宗教教义，而是世界观与方法论，它的经济学说首先是研究经济现象、经济利益关系和揭示经济规律的方法。我们要运用马克思主义的立场、观点与方法，研究和分析国内外不断变化与发展的实际经济情况，而不拘泥于他在一定情况下所做的个别论断和具体结论。马克思自己就讲，我们不想教条式地预定未来，我不主张我们树立起任何教条主义的旗帜。因此，我们不能本本主义、教条主义地对待马克思的经济学说。

① 《马克思恩格斯全集》第46卷（上），人民出版社1979年版，第120页。

《资本论》的现代指导意义①

摘要： 当今，无论是认识现代资本主义，还是建设现代社会主义，马克思100多年前发表的《资本论》所阐述的马克思主义经济学基本原理，仍然具有重要的理论指导作用。马克思研究了共产主义社会的两个阶段，以及从低级阶段向高级阶段的过渡问题。还分析对包括社会主义在内的几个或一切社会都适用的一般原理和规律，如生产力与生产关系相互关系的规律、社会再生产诸环节间的相互关系、商品生产及其规律等。马克思针对资本主义提出的原理与规律，如果抽去资本主义的特定关系，对社会主义也有意义，如决定积累量的诸因素、资本有机构成、资本循环与资本周转等。马克思在研究资本主义经济和商品生产等问题时，对社会经济发展历史趋势所做的预见和对未来社会主义的设想，对社会主义建设具有直接意义。

马克思在100多年前发表的《资本论》，是一部伟大的政治经济学著作，在人类历史发展中产生了巨大的影响，这种影响仍将继续。《资本论》以严密的逻辑揭示了资本主义经济的内在矛盾及其历史趋势，科学地阐述了人类社会发展的一般规律，揭示了市场经济的一般规律。在主要分析资本主义经济内在矛盾的同时，又合乎逻辑地推导出了社会主义社会的某些基本特征和经济规律。在当今，无论是认识现代资本主义还是建设现代社会主义，《资本论》所阐述的马克思主义经济学原理都仍然具有重要的理论指导作用，马克思经济学说的重要地位和理论力量仍然不容置疑。

---

① 本文原载《南京大学学报》2006年第2期。原是为洪银兴教授等编著的《〈资本论〉的现代解析》一书做的序言。

一、《资本论》对认识现代资本主义的理论指导作用

《资本论》出版100多年来，特别是二战以来，随着生产力的进一步发展，科学技术的突飞猛进和劳动生产率的大幅提高，适应新生产力发展的需要，资本主义在经济关系、经济运行和经济发展等方面，都发生了巨大的变化——尽管资本主义的本质没有变。因此，马克思分析自由竞争资本主义的经济学说也需要发展。这种发展可以在马克思学说的基本原理与方法的指导下进行，而不是简单否定其原理与方法。

资本主义经济经历的几百年中，一直处于不断发展变化之中。马克思曾对他所面对的资本主义进行了深入的分析与研究。比如，他看到了资本主义出现的股份制和工人合作社。他认为股份制是那种以"社会集中为前提的资本直接取得了社会资本……的形式，而与私人资本相对立，并且它的企业也表现为社会企业，而与私人企业相对立。这是作为私人财产的资本在资本主义生产方式本身内的扬弃"。[①] 这种形式的扬弃，马克思称之为"消极扬弃"，因为它触动不了资本主义制度本身。不过应看到股份制在由资本主义所有制转向劳动者的公有制中的积极意义。在股份制内，职能已经同资本所有权分离，资本主义生产极度发展的这个结果，是资本再转化为生产者的财产所必需的过渡点，不过这种财产不再是各个互相分离的生产者的私有财产，而是联合起来的生产者的财产，即直接的社会财产。之所以把股份制看作是资本主义私有制转向社会主义公有制的"过渡点"，是因为股份制既然由"私人资本"发展为"社会资本"，通过资本集中发展为"生产规模惊人地扩大了"的大公司，比起分散的千千万万个资本主义小企业来，在条件成熟时，更容易转变为劳动者的公有制；社会主义公有制，应是以社会化的大规模生产为基础的所有制。

"私人资本"发展为"社会资本"，并不意味着资本主义社会的股份制，已是公有制经济。因为"这种向股份形式的转化本身，还是局限在资本主义界限之内；因此，这种转化并没有克服财富作为社会财富的性质和作为私人财富的性质间的对立"。就是说，还没有截断私人财富的根本。

---

① 马克思：《资本论》第3卷，人民出版社2004年版，第494～495页。

马克思高度评价了资本主义生产方式内出现的工人合作工厂，认为这是对资本主义旧形式“打开的第一个缺口”。因为在工人合作工厂中，劳动与资本的对立被扬弃了。生产资料归工人联合体所有，并用自己的劳动进行增殖。这种从资本主义工厂制度中产生的合作工厂，是一种“新的生产方式”，是对资本主义生产方式的积极的扬弃。它表明，工人群众可以自己组织没有资本家的合作工厂。只要工人利用自己的生产资料进行生产，就可以摆脱资本与劳动的对立。

马克思对信用在资本主义生产中的作用，给予高度重视与评价。他指出：信用是利润率平均化的中介；可使流通费用减少，这表现在三个方面：（1）相当大的一部分交易完全用不着货币；（2）流通速度提高了；（3）金币为纸币所代替。另外，信用促进了股份公司的成立。在现代社会经济中，信用的作用更大地提高了。运用马克思关于信用作用的提示，研究加强信用建设推进现代社会经济的发展，具有重要的现实意义。

运用马克思的观点与分析方法，我们可以研究与分析当代资本主义经济中的一些新现象与新特点。例如，在经济运行方面，有一些发达国家将计划调节机制引入市场经济，将“看不见的手”与“看得见的”手相结合，改变自由竞争时期资本主义自发发展中的无政府状态，缓和经济危机；在劳资关系方面，劳动时间缩短，工人的劳动条件和生活条件改善，社会建立起较完善的社会保障体系，吸收工人代表参加公司管理等；在分配关系方面，重视处理公平与效率的关系，征收高额遗产税和累进税；在资本组织形式和经营方式方面，股份制进一步发展，从垄断资本主义，到国家垄断资本主义，到跨国公司等；工人合作工厂进一步发展与扩大，农民合作社也在一些发达资本主义国家建立和发展，理论工作者应当重视和进行研究。但所有这类新现象和新特点，没有改变资本主义的本质。因而马克思分析资本主义经济关系的基本原理和所揭示的规律，依然适用于当代资本主义。同时，上述新现象和新特点，都可以归结为在资本主义生产方式内，包括消极扬弃和积极扬弃的新社会经济因素在不断增长与扩大。而且都是适应生产力发展要求进行自我调整的结果，是新的生产力发展引起生产关系变化的表现。

如果说，马克思把股份制和工人合作工厂看作是转向新社会制度的过渡点，那么，当代资本主义出现的一系列新现象与新特点，无非是增加了一些新的过渡点，并扩大了原有的过渡点罢了。这种过渡点有两重作用：一是有利于促进生产力的发展，缓和资本主义内在矛盾；二是对资本主义表现出肯定中的否定。所谓肯定，是指通过自我调整与完善，再现其继续发展的活力；所谓否定，是指包括消极扬弃与积极扬弃在内的自我扬弃的新社会经济因素在发展与扩大。这正是马克思辩证唯物主义与历史唯物主义所揭示的社会历史发展规律的体现。

随着生产力发展和生产关系的发展与变革，上层建筑的作用与职能也会相应发生变化。马克思预见到了资本主义股份制的发展会在一定部门形成垄断。而垄断的形成与发展，要求国家干预经济。一般认为，在1929～1933年世界经济大危机后，凯恩斯提出了国家干预。其实，马克思在《资本论》中已认识到，垄断资本的出现，就“要求国家的干预”。所不同的是，马克思从理论上分析和认识国家干预的必要与必然趋势，而凯恩斯则是在大危机后的实际生活中从提供政策依据方面提出国家干预的必要。资本主义转向社会主义可以有不同的途径与方式，以往是采用暴力方式，但马克思并没有讲过“暴力革命是普遍规律”，讲过暴力是助产婆，没有胎儿助产婆也无用。在新的世纪中，向社会主义转变，可能有新的途径与方式。资本主义经济运行也不再是完全盲目性和自发性的过程。不少资本主义国家如日本、法国等，在二战后实行经济计划，将计划调节引入市场经济运行中。在新的社会经济条件下，发达资本主义国家，表现出有容纳生产力进一步发展的生命力。资本主义内部将会出现更多的和更显然的向社会主义转变的新因素，使资本主义自我扬弃的新的社会经济因素的扩大为生产力发展提供了新的余地，从而使资本主义转向社会主义具有了更为坚实的社会经济基础。

二、《资本论》对现实社会主义建设的直接理论指导作用

《资本论》虽然是着重研究资本主义经济及其运动规律的，马克思没有留下专门研究社会主义经济的论著，但它所阐明的某些原理和规律，它的方法论，对于研究社会主义经济关系、经济运行和经济增长与发展，依然具有理论和现实意义。我们可以从以下四个方面来分析。

（一）有关社会生产与再生产的一般原理和一般规律，对包括社会主义在内的一切社会都适用

马克思关于生产力与生产关系相互关系的原理与规律，对包括社会主义在内的一切社会都有适用性。在我国社会主义事业的发展中，在对待这一原理与规律上，既有负面的教训，也有正面的经验。我国曾脱离生产力落后的国情，急于消灭一切私有制经济，建立单一的公有制经济，过早地超越了新民主主义阶段，给我国的经济发展和社会主义事业造成了严重的损失。根据生产关系一定要适合生产力状况的原理，改革开放以来，明确我国处于社会主义初级阶段，在公有制为主体条件下恢复和发展了非公有制经济，实行按劳分配与按生产要素分配相结合，促进了生产力的发展和社会经济的繁荣。

马克思关于社会再生产诸环节间相互关系的原理，对处理好社会主义国民经济中的生产、分配、交换与消费的关系具有理论与实际意义。在诸环节中，生产具有支配和决定作用。关于这个方面，过去在理论和实际工作中强调得比较多，但是对于分配、交换与消费在一定程度上对生产的决定作用，则认识不足，往往只轻描淡写地讲一句“反作用”了结。然而，马克思的有关原理是：“一定的生产决定一定的消费、分配、交换和这些不同要素相互间的一定关系。当然，生产就其单方面形式来说也决定于其他要素。”就是说，其他环节或要素对生产也会起决定作用。所谓“单方面形式”的决定作用，是相对于生产在总体上和多方面形式上的决定作用而言的。比如，消费不能从总体上对其他诸环节及其相互关系起决定作用，但对生产这一方面来说可起决定作用。马克思指出：“消费的需要决定着生产。”改革开放以来，我国通过扩大内需来拉动经济增长，明显地体现了消费需要对生产的决定作用。马克思还提出：“没有生产，就没有消费；但是，没有消费，也就没有生产，因为如果没有消费，生产就没有目的。”并论述了“消费从两方面生产着生产”的道理：一方面，“产品只有在消费中方成为现实的产品，例如，一件衣服由于穿的行为才现实地成为衣服；一间房屋无人居住，事实就不成其为现实的房屋”。无论是资本主义还是社会主义国家，如果出现了超常的生产过剩，大量产品积压，不能被用于消费，它们就不是现实的产品，等于没有生产，其实还不如没有这部分生产，因为它浪费了资源。另

一方面，“消费创造出新的生产的需要，……消费创造出生产的动力。”① 这一原理也表明，生产应根据社会的消费需要而进行，生产规模与生产结构应与消费需要的规模与结构相一致。同理，交换与分配也会在“单方面形式”上决定生产。市场扩大，交换范围扩大，生产规模也就扩大。允许私人资本参与分配，才有私人资本参与生产。这种关系在现实生活中是表现得很明显的。

（二）关于商品生产及其规律的一般理论，适用于社会主义商品经济

马克思分析商品生产所揭示的有关经济规律，如价值规律、价格运动规律、供求规律、竞争规律、货币流通规律等在社会主义商品经济和市场经济中依然存在和发生作用。

马克思的商品生产及其规律和劳动价值理论，适用于一切商品经济。商品与价值，并不具有特定的社会经济性质。我们讲资本主义商品生产、社会主义商品生产，是指在资本主义条件下或社会主义条件下的商品生产。资本主义制度下的商品价值关系会反映资本主义经济关系。因为资本主义各方面的经济交往关系都要借助于或通过商品价值关系实现。同样，社会主义条件下的商品价值关系会反映社会主义经济关系。因为社会主义的生产、分配、交换和消费关系，也都要通过商品价值关系来实现。但商品与价值本身是一种中性的范畴与关系。马克思明确指出：“作为商品进入流通的产品，不论是在什么生产方式的基础上生产出来的——不论是在原始共同体的基础上，还是在奴隶生产的基础上，还是在小农民和小市民的生产的基础上，还是在资本主义生产的基础上生产出来的——都不会改变自己作为商品的性质。”② 商品、货币、价值，都不具有阶级性，不能与特定性质的社会经济划等号，也不能用商品经济来说明和判断任何生产方式的特点。马克思一再批评詹姆斯·穆勒“企图把资本主义生产当事人之间的关系，归结为商品流通所产生的简单关系，从而否认资本主义生产过程的矛盾”，强调指出：“商品生产和商品流通是极不相同的生产方式所具有的现象，尽管它们在范围和作用方面各不相同。因此，只知道这些生产方式所共有的抽象的商品流通的范

① 《马克思恩格斯选集》第2卷，人民出版社1995年版，第9页。

② 马克思：《资本论》第3卷，人民出版社2004年版，第362页。

畴，还是根本不能了解这些生产方式的不同特征，也不能对这些生产方式作出判断。”①

马克思关于劳动和劳动价值的理论，在社会主义经济中需要深化认识和发展。马克思重视劳动在创造价值和财富中的重要作用。无论是体力劳动还是脑力劳动、简单劳动还是复杂劳动、一般劳动还是科技劳动与管理劳动、雇佣劳动还是自由劳动，都在马克思的劳动理论与劳动价值论的视野之中。我国在社会主义建设事业中，要尊重各种劳动，发挥各种劳动的积极性。在当前新的形势下，要特别重视科技工作和经营管理者的高级复杂劳动。劳动价值论并不存在资本主义的和社会主义的属性区分，它既适用于简单商品经济，也适用于资本主义和社会主义商品经济。马克思曾设想，社会主义条件下商品生产消亡了，劳动不再形成价值。但实践证明，社会主义经济依然是商品经济，商品经济的充分发展是社会经济发展不可逾越的阶段。我国的商品经济还较落后，需要大力发展，生产商品的劳动依然会形成价值。马克思的劳动价值论不能否定。马克思是在资本主义完全实行以按资分配为核心的按生产要素分配的制度中，创立劳动价值论的。通过劳动价值论与剩余价值论阐明生产要素收入的源泉。我国当前实行按劳分配为主体，按劳分配与按生产要素分配相结合的分配方式，劳动价值论同样可以说明多种分配收入的源泉，不能由按生产要素分配引出“要素价值论”，否定劳动价值论。

马克思在分析商品价值关系时，涉及与劳动生产力的关系问题，阐述了决定劳动生产力高低的诸因素，包括劳动因素、科技因素、社会因素和自然因素。这些因素既适用于资本主义也适用于社会主义。关于劳动生产率的衡量问题，一般表述为同一劳动时间内生产的使用价值量的多少或单位产品中所包含的劳动时间的多少。就是说，只拿产量与活劳动相比。然而，如果活劳动减少了，但单位产品中的物化劳动耗费相应增加或更多地增加，成本不降低，甚至提高，这样的劳动生产率的提高并无实际经济意义。应当注意到马克思关于劳动生产率的说明：“从社会的角度看，劳动生产率随同劳动的节约而增长。这种节约不仅包括生产资料的节约，而且还包括一切无用劳动的免除。”② 显然，劳动生产率的提高，应表现为活劳动和生产资料（物化

---

① 《马克思恩格斯全集》第23卷，人民出版社1972年版，第133页。

② 马克思：《资本论》第1卷，人民出版社2004年版，第605页。

劳动）的两方面节约。

我国的经济活动已融入世界经济之中。在国际贸易关系中，国内商品价值会转化为国际价值。马克思在《资本论》中提出了“国际价值”的概念和原理。决定国际价值的社会必要劳动时间是各参与国家之间的社会平均劳动时间。国内成本低、劳动生产率高的国家，较少的国内价值可还原为较多的国际价值，增加收入；反之，国内成本高、劳动生产率低的国家，较多的国内价值只能被算作较少的国际价值，减少收入。因此在国际经济交往中，要重视与遵循国际价值的原理与规律，力求降低国内成本，利用先进技术，提高国内劳动生产率与国际竞争力。

（三）马克思研究资本主义提出的一些原理与规律，如果抽去其资本主义的特定关系，对社会主义也有意义

马克思研究资本积累问题时，提出了决定积累量的诸因素。其中第一个因素即提高对劳动力的剥削程度，当然不适用于社会主义。但社会主义生产中应重视提高剩余产品率，这才有利于提高经济效益与积累率。第二个因素是提高劳动生产力。“劳动生产力是随着科学和技术的不断进步而不断发展的”，劳动生产力的提高，不仅会提高剩余产品率，而且由于商品价值下降，在消费基金减少、消费资料量增加的情况下，积累基金也可以增加。而且，即使在资本价值不变的情况下，生产的物质规模也可以扩大。由于生产资料价值的降低，技术含量增加，原有的机器、工具等会由效率更高、更便宜的新的机器、工具所取代。第三个因素是“所使用的资本和所消费的资本之间的差额”的增大，可以增加积累。这实际上是讲折旧基金用于扩大生产的问题。对于社会主义的积累与扩大再生产来说，马克思所阐述的这些积累因素是同样适用的。

马克思关于资本有机构成的理论，对于说明资本主义相对人口过剩、平均利润与生产价格、工农业差别及绝对地租等问题，依然具有理论指导的意义。我国实行社会主义市场经济，资本主义市场经济发展中出现的矛盾与问题，在某些方面，或轻或重地也会在我国出现。资本有机构成的提高，意味着科技进步和劳动生产率的提高。但在市场经济中，会出现结构性矛盾，就业的难度增大。我国近些年来出现的失业、下岗人员增多，是实行市场经济中难以避免的现象。考虑到技术密集型和资金密集型产业资本有机构成高，而劳动密集型则有机构成低，就业岗位多，我国需要处理好产业结构升级中不同类型产业的关系。资本有机构成高低不同的企业，利润率高低不同，部门之间的竞争，引起资本向利润率高的部门转移，最终形成平均利润率与生产价格。在上世纪五六十年代，我国理论界把平均利润与生产价格看作是资本主义范畴与关系。在当前实行市场经济的条件下，市场发挥资源配置的作用，在竞争机制、价格机制、供求机制的作用下，也应形成平均利润与生产价格。如果资本有机构成高的先进行业利润率低，而有机构成低生产技术落后的行业反而利润率高，就不利于产业结构的高度化，不利于科技进步和各部门劳动生产率的提高。

马克思的资本循环与资本周转的理论，分析了加速资本循环与周转的经济意义。我国为提高企业的经济效益，也需要加快资金周转。而加速周转的途径，马克思在《资本论》第二卷第一、二篇中进行了较为具体的分析。比如，缩短产品经历的劳动时间、生产时间与流通时间，减少原材料的储备，缩短劳动时间与生产时间的差距等。生产时间一般会超过劳动时间，如农作物的生产时间多于劳动时间，葡萄酒在窖中发酵，劳动过程中断但仍处于生产过程，制造厂的劳动材料需经化学作用或自然力作用时间，不属于劳动时间。“生产时间和劳动时间越吻合，在一定期间内一定生产资本的生产效率就越高，它的价值增殖就越大。”因此，要“尽可能缩短生产时间超过劳动时间的部分”。[①] 缩短资本停留在流通领域的时间，可以提高资本的生产效率。流通时间的长短，制约着生产资本执行职能规模的缩小或扩大。加速资金周转可节省生产费用与流通费用，提高经济效益。

马克思的社会总资本再生产和流通的理论，包含着社会化再生产的一些一般原理。诸如国民经济按比例发展的原理；简单再生产和扩大再生产条件下两大部类对比关系的原理；社会总产品的实现条件及其价值补偿与实物补偿的原理；还有社会再生产中外延的扩大再生产与内涵的扩大再生产的原理等。这些原理不仅适用于社会主义再生产，而且更要自觉地遵守与发展这些原理。关于外延与内涵的再生产原理，我国经济学界经常引用和应用。但存在着不完整、不准确的理解情况。存在两种误解：其一是将外延与内涵的理解简单化；其二是误将外延与粗放等同，内涵与集约相等同。马克思曾从两

---

① 马克思：《资本论》第2卷，人民出版社2004年版，第141页。

个不同的角度论及外延或内涵的扩大问题。一是从固定资本的折旧基金用于扩大再生产的角度的论述："如果生产场所扩大了，就是在外延上扩大；如果生产资料效率提高了，就是在内涵上扩大。这种规模扩大的再生产，不是由积累——剩余价值转化为资本——引起的。"① 有的学者只把这段话的特定说明作为外延与内涵扩大的界定，把场所的扩大与效率的提高截然分开，似乎如有生产场所的扩大，就没有生产资料效率的提高；反之，有效率的提高，就没有场所的扩大。然而，在实际生活中不是这样。我国的上海宝钢建设，高速公路的日益扩大，既有场所的扩大，又有效率的提高。因为这不属于折旧基金的利用，而是追加投资用于新建企业与工程。

马克思还从剩余价值用作追加资本的另一个角度论述外延与内涵的扩大再生产问题："剩余价值转化为资本，按其实际内容来说，就是规模扩大的再生产，而不论这种扩大是从外延方面表现为在旧工厂之外添设新工厂，还是在内涵方面表现为扩充原有的生产规模。"添设新工厂"是外延扩大"，但并不妨碍它利用最先进技术，提高生产效率，进行集约经营，是投资形式上的外延扩大，经营方式上集约经营。马克思这里把追加投资用于原企业的生产规模扩大，视为内涵扩大，但可以有两种经营方式，一是只增加劳动力和生产资料，规模扩大了。但没有效率的提高；二是进行技术改造与革新，增添先进机器设备，提高效率，进行集约经营。不要把外延同粗放经营等同，把内涵同集约经营等同。

马克思关于商品经营资本、生息资本、利息率、信用和虚拟资本、银行资本、汇兑率、级差地租与绝对地租、建筑地段地租等方面的经济理论与思想，撇开其资本主义关系，其中的许多原理也适用于考察和分析社会主义的相关经济。

（四）马克思在研究资本主义经济和商品生产等问题时，对社会经济发展历史趋势所做的预见和对未来社会的设想，对社会主义具有直接意义

马克思虽然没有专门论述社会主义经济的论著，但他有许多关于社会主义的经济思想散见于其多种著作中。《资本论》中关于社会主义制度的某些论述，属于科学社会主义的理论体系。

---

①② 马克思：《资本论》第2卷，人民出版社2004年版，第182、256页。

马克思认为，资本主义社会向共产主义社会发展的历史时期，可以划分为三个相互联系和不断发展的历史阶段：从资本主义社会到共产主义社会的过渡时期；共产主义社会的第一阶段，即我们现在所说的社会主义社会；共产主义社会的高级阶段，即我们通常所说的共产主义社会。这个划分或设想是一种科学预见，已经为社会历史所证实。所谓过渡到共产主义社会的过渡时期，显然指的是过渡到作为共产主义社会第一阶段的社会主义社会的时期。在转向社会主义的过渡时期，以公有制取代私有制，是一个逐渐的历史过程。生产力高度发达的国家，转变过程可以快一点；而原来生产力较落后的国家，转变过程会更长一些。马克思在《政治经济学批判》序言中指出："无论哪一个社会形态，在它所能容纳的全部生产力发挥出来以前，是决不会灭亡的。"可见，无论哪一种经济成分，在它还能容纳和促进生产力的发展时，是不应灭亡的，人为地去消灭它，会自食苦果，最终还得恢复和发展它。我国对待个体经济和私人企业的经验和教训，表明了这一真理。

马克思设想和预见到社会主义的一些经济和社会特征。马克思反复强调社会主义和共产主义制度下，人的全面和自由发展问题。在《资本论》中，马克思指出：在取代资本主义社会的"更高级的"社会中，要"以每个人的全面而自由的发展为基本原则"。而实现这一原则，要以生产力和物质条件的发展为"现实基础"。[①] 马克思在论述由社会主义社会转向共产主义高级阶段的必要条件时，提及其中的一个重要条件就是"随着个人的全面发展，他们的生产力也增长起来，而集体财富的一切源泉都充分涌流"。可见，马克思强调个人的全面和自由发展，不是仅仅从人文的角度去考虑，而且是与生产力的高度发展和财富源泉的充分涌流联系在一起的。再比如，社会主义的要求和任务之一，是要尽快地发展生产力和满足人们需要，实现共同富裕。这在马克思主义创始人的著作中，是很明确并作过突出论述的。马克思认为，无产阶级取得政治统治后，要"尽可能快地增加生产力的总量"。马克思说：在新社会制度中，"社会生产力的发展将如此迅速"，"生产将以所有人的富裕为目的"。[②] 这里，把迅速发展生产力作为必要条件，把共同富裕作为目的。

---

① 马克思：《资本论》第1卷，人民出版社2004年版，第683页。

② 《马克思恩格斯全集》第46卷（下），人民出版社1980年版，第222页。

搞社会主义不能离开公有制经济。社会主义公有制，是归劳动群众所有的公有制。《资本论》中提出生产资料共同占有，重新建立联合起来的个人所有制。马克思很重视社会主义运动中的所有制问题，并把所有制看作是一定社会制度的基础，主张社会主义实行全社会的公有制。马克思在《论土地国有化》一文中，明确提出："生产资料的全国性集中将成为自由平等的生产者的各联合体所构成的社会的全国性的基础。"他指出，生产资料的公有，将彻底消灭劳动和资本的对立关系，并最终消灭工农业中的资本主义生产。实行公有制才能消灭阶级"赖以存在的经济基础"。社会主义实践证明，一些生产力较落后的国家建设社会主义，不可能完全实行全社会的公有制，但不能忽视国有制的作用，也不能用资本主义国家的国有制功能来界定社会主义国家的国有制功能。社会主义的国有制经济，是保证社会主义的整体利益、长远利益和全社会利益的必要条件。马克思说："事情必须这样来处理，使社会（即首先是国家）保持对生产资料的所有权，这样合作社的特殊利益就不可能压过全社会的整体利益。"① 我国实行公有制为主体、国有经济为主导、多种所有制经济共同发展的基本经济制度。强调国有经济的主导作用十分必要，它对多种形式的公有制经济和多种形式的私有制经济，起一种引导、导向和领导的作用。

马克思还论述了社会主义实行按劳分配，国民经济运行按需要进行计划调节，增强计划性与自觉性、减少盲目性与自发性等问题，还特别论述："社会发展、社会享用和社会活动的全面性，都取决于时间的节省。一切节约归根到底都是时间的节约。……社会必须合理地分配自己的时间，才能实现符合社会全部需要的生产。因此，时间的节约，以及劳动时间在不同生产部门之间有计划的分配，在共同生产的基础上仍然是首要的经济规律。这甚至在更加高得多的程度上成为规律"，② 这表明，马克思认为在社会主义的共同生产中，合理地进行劳动资源（包括活劳动与物化劳动）配置，节约劳动时间，是比以往社会更为重要的"首要的经济规律"。节约和缩短劳动时间，增加休闲时间，有利于人们从事自己所需要的各种活动，有利于各个人的全面和自由的发展，但这首先要以生产力的发展和财富的增长为条件。

① 《马克思恩格斯选集》第36卷，人民出版社1974年版，第416～417页。

② 《马克思恩格斯选集》第46卷（下），人民出版社1972年版，第222页。

三、结　语

《资本论》所提供给我们的更重要的是方法论，是世界观。它的某些原理，需要随着时代的发展而发展，不能当作凝固不变的教条。但任何严肃的学者，都会尊重《资本论》的学术地位和生命力。对待马克思的经济思想，要有两方面并重的态度。一方面，要继承、坚持与运用，因为马克思主义既是我们进行革命的理论依据，也是进行社会主义建设的思想指导。另一方面，马克思主义不是静止的，而是不断发展的科学。它不是宗教教义，而是世界观与方法论，它的经济学说首先是研究经济现象、经济利益关系和揭示经济规律的方法。我们要运用马克思主义的立场、观点与方法，研究和分析国内外不断变化与发展的实际经济情况，而不拘泥于他在一定情况下所做的个别论断和具体结论。马克思自己就讲，我们不想教条式地预定未来，我不主张我们树立起任何教条主义的旗帜。因此，我们不能本本主义、教条主义地对待马克思的经济学说。

洪银兴教授等人的新著《〈资本论〉的现代解析》，立足马克思经济原理，又从现代社会经济发展的角度，对马克思的经济思想进行了深入、系统地挖掘和研究。这是一件非常有意义的工作，对我国马克思经济学说的发展是一个很好的推动。洪银兴教授不仅系统地学习和研究过《资本论》，而且系统地学习和研究过西方经济学，同时还一直关注并思索着自上世纪80年代开始的我国经济改革。在这样的知识结构和时代背景下，对《资本论》进行现代解析显然是会卓有成效的。

在新的历史条件下，发展马克思主义经济理论，不仅要坚持马克思主义经济原理，而且要联系当今社会经济实践来发展，要与时俱进。坚持与发展是互为条件、相互促进的。在坚持中发展，在发展中坚持。不坚持马克思主义经济原理，谈不上对马克思主义经济理论的发展；但是，如果脱离现实而一味地从本本上坚持马克思主义经济原理，同样谈不上对马克思主义经济理论的发展。只有将二者有机结合起来，才可能真正地发展马克思主义经济理论。《〈资本论〉的现代解析》正是从二者结合的角度做了非常有益的探索。该书是专门挖掘马克思建设新社会理论和思想的著作，书中所揭示的马克思的相关理论和思想在以往出版的同类著作中是没有提及的。该书的结构与内容，不仅考虑到《资本论》本身的逻辑体系，而且考虑到现时代的实际、人类文明的演进，特别是我国改革开放现实的理论需要和现代经济学发展的特征。我相信，读者会对这本源于实践又与《资本论》逻辑紧密联系的著作备感新奇和兴趣的。

《资本论》所揭示的社会主义经济的基本特征[①]

马克思的《资本论》，是专门研究资本主义经济关系、揭示资本主义经济运动规律的一部科学巨著。它为工人阶级进行社会主义革命即消灭资本主义制度和建立新的、社会主义制度，提供了科学的理论根据。

现在的问题是：在我国工人阶级通过革命斗争，已经消灭了阶级剥削制度，建立了社会主义制度的今天，学习和研究《资本论》还有没有现实意义呢？回答是肯定的。

《资本论》这部伟大著作的写成迄今虽已一百多年，但它并不是像某些人所认为的那样，已经过时了，只能作为历史文献去参考了。它依然保持着生命力，继续放射着真理的光芒。它不仅仍然是我们观察、分析和研究当代资本主义经济的理论基础，而且对于我们研究社会主义经济问题，也有现实的指导意义。

《资本论》中虽然没有专门的章节研究社会主义经济问题，但是它在分析商品货币关系和资本主义经济关系时，为了进行对比或论证上的需要，曾多次提及未来新社会中的某些经济特征或规律。有关这方面的论述，充分显示了马克思的科学预见性。对这些科学预见，我们应在完善和发展社会主义经济制度的过程中，给予足够的重视。

其次，《资本论》中也提出了一些适用于一切社会形态的一般经济原理或经济规律。例如，关于劳动者和生产资料相结合的特定方式决定着特定的社会经济时期的原理，关于生产关系决定分配关系的原理等。我们在研究社

① 本文原载《〈资本论〉与社会主义经济》文集，人民出版社1983年版，原标题为《资本论和社会主义经济的基本特征》。

会主义有关的具体经济问题时，应当重视和运用这些一般的原理。

再次，《资本论》中所阐明的有关商品货币关系的理论及其规律，对于我们研究社会主义制度下的商品生产和货币流通问题，有重要的理论意义。不仅如此，我们讨论社会主义制度下计划调节和商品经济的关系问题，计划调节和市场调节的关系问题，价值规律在社会主义经济中的作用问题，人民币的实质和职能问题，等等，都需要首先以理解和把握《资本论》中所阐明的有关商品经济的一系列原理和规律为前提。

最后，《资本论》固然是专门分析资本主义经济关系的性质、特点及其运动规律的，但是，马克思在分析问题时的视野要更广阔些，他把资本主义生产看作是社会生产的一个历史的暂时的阶段和形式。社会生产是社会经济生活存在和发展的永恒的条件，它不断发展和前进着，它有自己的一般条件和规律。资本主义生产也要以一般社会生产的条件和规律为基础。马克思指出："资本主义生产过程是一般社会生产过程的一个历史规定的形式。而社会生产过程既是人类生活的物质生存条件的生产过程，又是一个在历史上经济上独特的生产关系中进行的过程。"① 正因为这样，《资本论》在分析资本主义生产及其经济关系时，必然会涉及到社会生产特别是社会化大生产的一些一般条件和规律。这不仅是资本主义生产的基础，也是社会主义生产的基础。比如，《资本论》第二卷分析社会资本的再生产和流通时所论述的一些有关的条件和规律，如果抽去其所带有的资本主义关系的性质，对于社会主义再生产也是适用的。我们学习马克思关于资本流通过程特别是社会资本再生产的理论，就是要从中认识和掌握社会主义再生产也必须以之为基础的社会再生产的一般条件和规律，以便把我国的社会主义再生产过程搞好。

本文不准备全面地论述《资本论》对研究社会主义经济的意义，只提出其中的两个重要问题来进行探索。

一、《资本论》和社会主义经济的基本特征问题

《资本论》第一卷第一章在分析商品拜物教产生的原因时，为了说明在未来的新社会中不存在商品拜物教，对新的社会经济制度的特点做了说明。

---

① 《马克思恩格斯全集》第25卷，人民出版社1975年版，第924~925页。

那里把这种新的制度称作“自由人的联合体”。马克思说：“让我们换一个方面，设想有一个自由人联合体，他们用公共的生产资料进行劳动，并且自觉地把他们许多个人劳动力当作一个社会劳动力来使用。”①

这里所说的“自由人的联合体”，是指摆脱了被剥削被奴役地位的、在人身上和经济关系上都是自由的劳动者的经济联合体。它事实上指的是共产主义社会，包括它的低级阶段和高级阶段在内。有的同志认为它只是指社会主义社会，有的则认为是指共产主义社会的高级阶段。我认为都不大符合原意。我们在下面的分析中将表明这一点。

马克思在这里指明了共产主义经济的第一个特征是生产资料“公共”所有。其他一切经济特征都是以此为基础而表现出来的。由于生产资料是公有的，所以，人们只能“用公共的生产资料进行劳动”。这样就必然会引出另一个特征来，即自由的劳动者“自觉地把他们许多个人的劳动力当作一个社会劳动力来使用”。这指的是社会对劳动力实行统一支配，从而消除了劳动的私人性质，使自由人的劳动具有了直接社会劳动的性质。同时，既然是“自觉地”统一使用社会劳动力，也就表明，劳动是有计划地进行的。

马克思在说明上述问题后，接着指出：“这个联合体的总产品是社会的产品。这些产品的一部分重新用作生产资料。这一部分依旧是社会的。而另一部分则作为生活资料由联合体成员消费。”②

由于生产资料归公共所有，总产品自然也归社会所有。总产品从其用途来看，无非是两类：一类是生产资料，另一类是消费资料。前者只能用于生产消费，因而依旧直接归社会公有；后者只能用于生活消费，因而必须分配给社会成员以满足其物质和文化生活的需要。这里，事实上是简要地说明了共产主义经济的第三个特征，即生产的目的是直接满足社会成员的消费需要。在1857—1858年的经济学手稿中，马克思还说过：当工人群众自己占有自己的剩余劳动的时候，“生产将以所有的人富裕为目的”③。这里明确地提出了社会主义和共产主义生产的目的。

社会总产品中的生活资料部分，究竟通过什么分配方式来满足社会成员

---

① 《马克思恩格斯全集》第23卷，人民出版社1975年版，第95页。“自由人的联合体”在郭大力、王亚南翻译的《资本论》中被译作“自由人的公社”。

② 《马克思恩格斯全集》第23卷，人民出版社1975年版，第95页。

③ 《马克思恩格斯全集》第46卷（下），人民出版社1980年版，第222页。

的消费需要呢?

《资本论》指出:“仅仅为了同商品生产进行对比,我们假定,每个生产者在生活资料中得到的份额是由他的劳动时间决定的。”[①] 劳动时间“是计量生产者个人在共同产品的个人消费部分中所占份额的尺度”。[②]这里实际上讲的是共产主义社会的第一阶段即社会主义阶段的分配方式即按劳分配方式。如果说,前面几个特征是共产主义两个阶段所共有的,那么,按劳分配方式则是社会主义社会所特有的。也可以说,这是社会主义经济的第四个特征。

《资本论》还进一步说明了在共产主义经济中,社会有计划地调节生产、实行经济计划的问题:“劳动时间的社会的有计划的分配,调节着各种劳动职能同各种需要的适当的比例。”[③]这是社会主义经济的第五个重要特征。这一特征在共产主义高级阶段同样存在。

所谓计划调节,就是有计划地分配社会劳动时间于不同的生产部门。当然,由于社会经济生活是多方面的,社会劳动不仅需要有计划地分配于物质生产部门,也需要有计划地分配于非物质生产部门。不过,物质生产是社会经济生活的基础,所以,《资本论》的这个地方讲计划调节,指的是调节物质产品的生产。要知道它是在前面讲了社会总产品(包括生产资料和消费资料)的生产和分配问题后,接着讲劳动时间的有计划分配的,指的是“生产者”的劳动时间的有计划分配。也就是说,通过社会对生产者的劳动时间的有计划的分配,来调节“各种劳动职能同各种需要的适当的比例”。这表明,计划调节的依据,是社会成员的“各种需要”,而不是计划部门或某些人的主观意志或愿望。实行计划调节,就是要按照社会成员的“各种需要”,有计划地分配社会劳动,使劳动时间在不同部门间的分配,同社会对各部门的产品的需要成比例。

从马克思的上述说明中,可以看出,所谓“自由人的联合体”,并不是专指共产主义的高级阶段。因为这里提到了按劳分配方式,而实行按劳分配方式的社会,只能是社会主义社会。可见,那种认为“自由人的联合体”只有在共产主义高级阶段才能存在的见解,是不妥当的。

那么,是否可以得出结论说,这里所讲的“自由人的联合体”是专指

---

①②③ 《马克思恩格斯全集》第23卷,人民出版社1975年版,第95~96页。

社会主义社会呢？因为这里没有讲按需分配，而只讲到按劳分配。

我认为，也得不出这样的结论。要知道，《资本论》中在论述“自由人的联合体”的经济特征时，并没有说，在这种联合体内只能实行按劳分配方式。它是这样提出分配问题的：消费资料只能在联合体成员间进行分配。至于采取什么样的分配方式，要依生产方式和生产者的发展状况而定。“这种分配的方式会随着社会生产机体本身的特殊方式和随着生产者的相应的历史发展程度而改变。”① 这就是说，在“自由人的联合体”内，分配方式并不是固定不变的。随着联合体内生产方式的发展和改变，随着生产者自身的发展和改变，分配方式也会发展和改变。这里所以先提出按劳分配方式来，“仅仅为了同商品生产进行对比”。

《资本论》中所论述的“自由人的联合体”的经济特征，除按劳分配一条只适用于社会主义社会外，其他各条都适用于共产主义社会的两个阶段。我们也可以认为，这里比较概括地论述了社会主义经济的基本经济特征。而其中最重要的是生产资料公有制、按劳分配、计划调节。经济计划中最核心的问题是对社会总生产实行有计划的调节。

公有制和按劳分配是社会主义经济的重要特征，这一点，在理论界的认识是比较一致的。但对经济计划是不是社会主义经济的重要特征，认识就不同了。有的同志认为，社会主义经济最根本的特征就是两条：公有制和按劳分配。至于经济计划，有没有都不影响社会主义经济制度的存在。他们常常引证列宁的这样一句话作为论据：“人类从资本主义只能直接过渡到社会主义，即过渡到生产资料公有和按劳分配。”② 似乎列宁就是把社会主义经济制度的特征仅仅归结为这样两条。其实，列宁在这里并不是全面论述社会主义的经济特征，而只是在研究党的名称时从侧面涉及到这个问题。列宁指出，“社会民主党”这个名称在科学上不正确，应该叫做共产党。因为这个党是要实现共产主义的。虽然共产主义社会不能直接达到，而只能直接达到社会主义社会，但党必须看得更远些，要看到“社会主义必然会渐渐成长为共产主义”。列宁只是在说明这个问题时，才提到上述社会主义的两个特征。之所以只提这两个特征，是因为它们可以说明，从资本主义直接过渡到

---

① 《马克思恩格斯全集》第23卷，人民出版社1975年版，第95页。

② 《列宁选集》第3卷，人民出版社1972年版，第62页。

的社会主义社会，既同资本主义社会相区别，又同共产主义社会（高级阶段）相区别。社会主义不同于资本主义的最根本之点，是用生产资料公有制代替了资本主义私有制。社会主义不同于共产主义（高级阶段）的根本点，就是实行按劳分配，而不是实行按需分配。而当列宁讲到共产主义时，只说“在共产主义的旗帜上写的是：‘各尽所能，按需分配’”。[①] 这与马克思在《哥达纲领批判》中的提法一样。难道共产主义高级阶段的经济特征只是这一条吗？难道分配方式能够成为一个社会形态的决定一切的特征吗？人们有时会这样提出问题。其实，强调共产主义旗帜上写的是“各尽所能，按需分配”，也只是同共产主义的低级阶段即社会主义社会相比较而言。因为如我们在前面介绍马克思关于“自由人的联合体”的论述时所看到的那样，共产主义两个阶段的经济特征，除分配方式上的差别外，其他许多方面都是相同的。列宁在讲社会主义时，强调按劳分配，在讲共产主义时，强调按需分配，而不提经济计划，就是因为计划是两个阶段共有的特征。可是当我们正面阐述社会主义经济制度的特征时，就不应当不讲经济计划这一条。马、恩、列是很强调这一条的。马克思在《资本论》第2卷中也讲过：“如果我们设想一个社会不是资本主义社会，而是共产主义社会，……问题就简单地归结为：社会必须预先计算好，能把多少劳动、生产资料和生活资料用在这样一些产业部门而不致受任何损害，这些部门，如铁路建设，在一年或一年以上的较长时间内不提供任何生产资料和生活资料，不提供任何有用效果。”[②] 恩格斯在自己著作的许多地方也一再强调社会主义经济中将实行对生产的计划调节。例如，在《反杜林论》中讲“一旦社会占有了生产资料，……社会生产内部的无政府状态将为有计划的自觉的组织所代替”。[③] 列宁同样强调说：“没有一个使千百万人在产品的生产和分配中最严格遵守统一标准的有计划的国家组织，社会主义就无从设想。”[④] 经典作家讲得如此明确，他们把经济计划同社会主义作为不可分割的东西联系在一起，怎么能否认经济计划是社会主义经济的一个特征呢？离开了经济计划，就会出现生产无政府状态，公有制和按劳分配也会受到破坏而不能真正实现。马恩的著作中，没有计划经济一词，只讲过计划调节。列宁讲过计划经济。是指有计划

---

①④　《列宁选集》第3卷，人民出版社1972年版，第62、545页。

②　《马克思恩格斯全集》第24卷，人民出版社1972年版，第350页。

③　《马克思恩格斯全集》第20卷，人民出版社1971年版，第307～308页。

按比例地发展。

有的同志认为，社会主义=公有制+商品生产+按劳分配。这里，不把经济计划而是把商品生产作为社会主义的构成部分和特征，我觉得值得斟酌。如所周知，商品生产存在几千年了，它在资本主义制度下发展到最高阶段。怎么能把存在于几个社会形态中的经济形式作为社会主义的构成部分和特征呢？商品生产甚至构不成资本主义经济的特征，虽然资本主义经济要以商品经济的存在为其现实的基础，商品构成资本主义经济的细胞。有些资产阶级经济学者企图把资本主义经济关系归结为商品经济关系，用商品经济说明资本主义经济的特征。对此，马克思给予了批评。他指出："商品生产和商品流通是极不相同的生产方式都具有的现象，尽管它们在范围和作用方面各不相同。因此，只知道这些生产方式所共有的抽象的商品流通的范畴，还是根本不能了解这些生产方式的不同特征，也不能对这些生产方式作出判断。"① 作为资本主义生产方式特征的，是劳动力成为商品。马克思这样讲：使资本主义生产方式"和其他生产方式相区别的，不在于生产商品，而在于，成为商品是它的产品的占统治地位的、决定的性质。这首先意味着，工人自己也只是表现为商品的出售者，因而表现为自由的雇佣工人……"② 我们讲社会主义经济制度的特征，是与以往的社会制度首先是与资本主义制度相比较而言的。突出商品生产这个"特点"，并不能把社会主义制度同以往的社会制度区别开来，反而是把它们的共同之处提了出来，用共同点模糊了它们的不同点。而实行经济计划却是反映社会主义制度摆脱了生产的自发性和无政府状态。

有的同志说，把商品生产作为社会主义经济的特征，是相对于共产主义高级阶段而讲的。我认为，如果是比较共产主义两个阶段的区别，那么，就不必讲社会主义或共产主义高级阶段的经济特征是什么，而只讲两个阶段的区别是什么就行了。这个问题，马克思在《哥达纲领批判》已经讲过了。两个阶段的根本区别，就是作为共产主义低级阶段的社会主义社会，"是刚刚从资本主义社会中产生出来的，因此它在各方面，在经济、道德和精神方面都还带着它脱胎出来的那个旧社会的痕迹。"③

---

① 《马克思恩格斯全集》第23卷，人民出版社1972年版，第133页。

② 《马克思恩格斯全集》第25卷，人民出版社1974年版，第994~995页。

③ 《马克思恩格斯选集》第3卷，人民出版社1972年版，第10页。

如果要正面阐述社会主义经济制度的特征，我们就没有必要把“旧社会痕迹”的存在也作为一个特征。难道我们能说，脑力劳动和体力劳动的差别以及整个旧分工的存在，劳动还没有成为生活的第一需要等，是社会主义经济制度的特征吗？既然是旧社会就存在的东西，就不应构成新社会制度的特征，它们不能反映社会主义经济的本质属性。同样，商品生产也是旧社会存在过的经济形式，尽管在社会主义制度下有必要保存和发展它，但它并不能反映社会主义经济制度的本质属性，不能构成社会主义制度的本质特征。凡是构成社会主义经济制度的特征的东西，也是显示社会主义经济制度优越性的因素。例如，生产资料公有制，社会主义生产的目的，经济计划，按劳分配等，都是社会主义的重要特征，它们同时也是显示社会主义优越性的重要方面。而商品生产本身并不能显示社会主义制度比以往社会制度的优越性，因为它本来就不是社会主义制度所特有的东西。

在我国社会主义建设过程中，曾有过忽视发展商品生产的教训。在我国目前所进行的经济体制的改革中，重视利用商品生产的经济规律，重视利用市场机制的作用，是必要的。所有社会主义国家，在进行经济体制改革时，必然会提出发展商品经济的问题，要把社会主义经济同商品经济结合起来，发挥市场的作用。但是，正如社会主义经济管理体制同社会主义经济制度虽然有密切关系但又不是一回事一样，社会主义经济虽然有必要采取商品经济形式，但商品经济不是社会主义经济的本质属性。在社会主义社会中，存在着保存商品生产的客观必然性，否定这种必然性，试图人为地取消商品生产，会给社会主义经济带来损害。发展商品生产和商品流通，对于发展社会主义经济有重大意义。这是问题的一方面。另一方面，有必要说明，我们目前重视商品经济，强调应重视价值规律和商品经济的其他规律的作用，重视发挥市场调节的作用，这大都是属于经济体制改革方面的问题。固然，经济体制搞不好，社会主义经济制度的优越性也不能充分表现出来，但它毕竟不等于社会主义经济制度本身。而社会主义经济制度的特征，则是社会主义经济制度本质属性的表现，无论削弱和忽视它的重要特征的哪一点，都会直接损害社会主义经济制度本身。因此，可以说，社会主义经济不是自然经济，也不是产品交换经济，而依然是商品经济。但不能把社会主义经济，归结为商品经济，将商品经济当作社会主义的本质属性。因为个体手工业经济也是商品经济，资本主义经济更是商品经济。

二、《资本论》和按劳分配问题

马克思主义的按劳分配思想，最早就是在《资本论》中提出来的。在马克思和恩格斯的早期著作中，还没有把共产主义社会划分为两个阶段的思想，因而也不可能提出与两个不同阶段相适应的不同的分配方式。他们的早期著作中曾认为，在消灭资本主义制度以后的新社会中，只能实行按需分配，人们的智力和才能上的差别，不应引起消费需要上的差别。在马克思和恩格斯合写的《德意志意识形态》一书中，是这样讲的："共产主义的最重要的不同于一切反动的社会主义的原则之一就是下面这个以研究人的本性为基础的实际信念，即人们的头脑和智力的差别，根本不应引起胃和肉体需要的差别；由此可见，'按能力计报酬'这个以我们目前的制度为基础的不正确的原理应当……变为'按需分配'这样一个原理，换句话说：活动上、劳动上的差别不会引起在占有和消费方面的任何不平等，任何特权。"[①] 这里，马克思和恩格斯是认为，从资本主义可以直接过渡到共产主义，还没有认识到必须先经历一个实行按劳分配的共产主义低级阶段，因而否定了"劳动差别"同"占有和消费"差别之间的任何联系。

然而，在《资本论》第1卷第一章第四节中，讲到未来的"自由人的联合体"时，则提出了按劳分配问题。对马克思这里的有关论述，理论界还有不同的理解。有一种意见认为，马克思在这里虽然提出了按劳分配，但这只是一种"假定"，而没有肯定。认为只是在《哥达纲领批判》中，才把共产主义社会划分为两个阶段，从而才相应地肯定了按劳分配是第一阶段的分配方式。

我认为，这样理解问题，未必准确。在《资本论》中，马克思事实上已经放弃了直接过渡到按需分配的设想。他明确讲道：在"自由人的联合体"中，"分配的方式会随着社会生产机体本身的特殊方式和随着生产者的相应的历史发展程度而改变"。然后，紧接着就提出了按劳分配问题。显然，马克思认为，在实行按需分配之前，先要有一个实行按劳分配的阶段。

这里需要探讨的问题是：《资本论》在提出按劳分配时，为什么要在前

① 《马克思恩格斯全集》第3卷，人民出版社1960年版，第637～638页。

面加上“仅仅为了同商品生产进行对比，我们假定，……”这样的语气呢？是不是仅仅随意假定有一个实行按劳分配的阶段呢？我理解不是这样。

为了弄清楚这个问题，必须首先明确，《资本论》中讲的“自由人的联合体”，并不是只指社会主义阶段，而是也包括共产主义高级阶段在内。如果把它只理解为社会主义，那对“假定”的理解就只能限定在社会主义内部了，自然就是“假定”社会主义社会实行按劳分配了。其实，马克思的意思是说，在“自由人的联合体”中，随着生产方式的不同，分配方式也不同。可以是实行按劳分配的联合体，也可以是实行按需分配的联合体。而为了便于同商品生产相对比，我们假定，摆在我们面前的考察对象是实行按劳分配的联合体。这个“假定”，有比如、设想的意思。并不意味着马克思在这里没有肯定未来的社会主义社会要实行按劳分配。

其次，有必要弄清楚，马克思在这里提到按劳分配时，为什么说是“仅仅为了同商品生产进行对比”呢？

要知道，《资本论》是在分析商品拜物教产生的原因时，提出为了同商品生产进行对比，而考察按劳分配的。它说明，在以私有制为基础的商品生产中，必然存在商品拜物教，而在一个用公共的生产资料进行劳动的自由人的联合体中，“人们同他们的劳动和劳动产品的社会关系，无论在生产上还是在分配上，都是简单明了的”①，即不会存在商品拜物教。② 即使在共产主义的低级阶段，在实行按劳分配的情况下，在人们之间的劳动互换关系上，存在着同商品生产关系相似之处——实行等量劳动相交换的原则，但只要不存在商品生产，就不会有商品拜物教。因此，仅仅为了同商品生产条件下的商品拜物教进行对比，《资本论》才要阐明实行按劳分配的自由人的联合体，以表明这种联合体没有商品拜物教。

不过，在《资本论》第1卷第1章中，只是抽象地提到将按劳分配同商品生产相对比，而没有具体讲两者有什么可比较的共同之处。在《哥达纲领批判》中才具体地说明：在按劳分配的等量劳动交换中，“通行的就是调节商品交换（就它是等价的交换而言）的同一原则”。③ 虽然如此，可以

---

① 《马克思恩格斯全集》第23卷，人民出版社1972年版，第96页。

② 在社会主义的现实经济生活中，特别是在还保存商品经济的情况下，是否还存在商品拜物教，属于另外的问题。

③ 《马克思恩格斯选集》第3卷，人民出版社1972年版，第11页。

说，在《哥达纲领批判》中有关按劳分配的基本思想，在《资本论》中已经初步形成了。不仅在商品生产关系和按劳分配关系的相互比较问题上是如此，在共产主义两个阶段的划分问题上也是如此。虽然从字面上看，《资本论》中没有明确讲共产主义包括两个阶段，但既然提出，“自由人的联合体”中的分配方式会随生产方式的发展而变化，既然明确提出会经历一个实行按劳分配的阶段，同时马克思又一直把实现“各尽所能，按需分配”的原则作为共产主义的最高理想，事实上也就是把共产主义划分为两个阶段了。

还有一个问题需要说明一下。马克思在《资本论》中所以要拿按劳分配同商品生产相对比，是因为他预计在实现了生产资料公有制的共产主义社会（包括其低级阶段）中，商品生产不再存在。在《资本论》中马克思是把商品生产同私有制联系在一起的，他认为，消灭了私有制，商品生产也就不再存在。有的同志说，马克思没有把商品生产同私有制联系在一起，没有认为在社会主义制度下不存在商品生产。我觉得这未免有点武断。《资本论》中明确地讲：“在商品生产中，生产资料归私人所有”①，“只有独立的互不依赖的私人劳动的产品，才作为商品互相对立”。②在《资本论》中，这类话很多。在《哥达纲领批判》中，进一步指出：“在一个集体的、以共同占有生产资料为基础的社会里，生产者并不交换自己的产品；耗费在产品生产上的劳动，在这里也不表现为这些产品的价值。”③ 所谓“生产者并不交换自己的产品”，也就是生产者不把产品作为商品来交换。既然产品不是商品，所以他们生产产品的劳动也不再表现为价值。

社会主义的实践，证明在社会主义阶段还必须保存和发展商品生产和商品交换。我们既不能以教条主义的态度对待马克思主义理论，认为既然马克思和恩格斯讲过，在社会主义社会中不再存在商品生产，便要求进入社会主义以后消除商品生产和货币流通，或是如有的学者硬说，我国目前的社会主义经济中不存在商品生产和货币，硬说我国的货币就是马克思讲的劳动券。也不能反过来根据社会主义经济中存在商品生产的事实，就硬是要“论证”经典作家从来就认为在社会主义社会存在商品生产。

---

①② 《马克思恩格斯全集》第23卷，人民出版社1972年版，第684、55页。

③ 《马克思恩格斯选集》第3卷，人民出版社1972年版，第10页。

关于在共产主义第一阶段要实行按劳分配而不存在商品货币关系的思想，在《资本论》第二卷中讲得更为明确和具体。它写道："在社会公有的生产中，货币资本不再存在了。社会把劳动力和生产资料分配给不同的生产部门。生产者也许会得到纸的凭证，以此从社会的消费品储备中，取走一个与他们的劳动时间相当的量。这些凭证不是货币。它们是不流通的。"[①] 这就是说，在共产主义的低级阶段，由于生产资料归"社会公有"，商品货币关系不再存在。按劳分配的实现，不需要借助于商品和货币关系，而是可以直接实现：生产者在为社会进行了劳动后，从社会得到一种载明作了多少劳动的"凭证"，——也许是一种纸的凭证，然后他以这种"凭证"从社会设立的消费品储备中，领取一定的消费品，其中包含的劳动量，与"凭证"上记载的劳动量相当。

这里关于按劳分配的论证，同《哥达纲领批判》中的论述是完全一致的。《哥达纲领批判》中是这样讲的：每个生产者"所给予社会的，就是他个人的劳动量。…… 他从社会方面领得一张证书，证明他提供了多少劳动（扣除他为社会基金而进行的劳动），而他凭这张证书从社会储存中领得和他所提供的劳动量相当的一份消费资料。"拿这段话与上面所引的《资本论》第2卷中的话相比，只是多了这样一层意思：劳动证书上所记载的劳动，是指"扣除他为社会基金而进行的劳动"后的劳动部分。但并不能由此推断，《资本论》中不主张扣除为社会的劳动。在《资本论》第1卷中，已经说明，用于按劳分配的产品只是"个人消费部分"。用作生产资料的部分是社会公有的。《资本论》中所以没有明确提出社会扣除部分，不过是因为它只是从侧面涉及按劳分配问题，因而没有明确论述有关的各个细节罢了。所以，从按劳分配思想史的发展来看，《哥达纲领批判》中的有关的主要思想，在《资本论》中已基本上具有了。

根据《资本论》中所提出的按劳分配思想，我们对按劳分配的理论和实践，进一步作一些分析和研究。

第一，在实行按劳分配的条件下，劳动时间"是计量生产者个人在共同产品的个人消费部分中所占份额的尺度"[②]。但是，每个生产者在个人消

---

① 《马克思恩格斯全集》第24卷，人民出版社1972年版，第397页。
② 《马克思恩格斯全集》第23卷，人民出版社1972年版，第96页。

费品总量中所占有的“份额”，怎样由劳动时间来计量呢？从《资本论》中的论述来看，是由生产者个人所提供的劳动“在共同劳动中所占份额”决定的。比如，一个生产者为社会提供的劳动份额，占社会总劳动的万分之一，那么，他从个人消费品总量中占有的份额也是万分之一。也就是说，二者是同比例的。但是，这只是个一般的大体上的原则，而不是绝对化的规定。《资本论》中对这个问题的说明是留有余地的。它是这样讲的：“劳动时间又是计量生产者个人在共同劳动中所占份额的尺度，因而也是计量生产者个人在共同产品的个人消费部分中所占份额的尺度。”① 它清楚地说明，前一种份额决定后一种份额，两种份额的比例是一致的。但并没有说绝对一致。对于一般的生产者来说，他们各自为社会提供的劳动量，不会有很大的差别。即使他们的劳动量相差一、两倍，消费品的分配即劳动报酬也相应地相差一、两倍，也是完全可以的。但是，也会有一些特殊的情况，比如，有的生产者依靠自己的特殊技能和熟练程度，或是由于某项重大的发明创造，可以使产品几倍、几十倍地提高。在这种情况下，劳动份额同报酬份额就不能完全地同比例。因为那样会造成分配上的过大的事实上的不平等。这类生产者所提供的较多的社会劳动，应有较大的比例作为社会扣除。虽然对于一般的生产者来说，出于他们的劳动差别不是很大，作为社会扣除的部分可以是同比例的。

第二，按劳分配同商品交换虽然有其可比较的方面，即都遵守等量劳动交换的原则，但不能如有些学者所理解的那样，把按劳分配理解为按劳动创造的价值分配，也不能认为按劳分配是价值规律在分配领域中的延伸。《资本论》中既然预计在公有制度下，商品价值关系不再存在，它怎么会把按劳分配同价值关系或价值规律联系在一起呢？虽然在社会主义的现实经济生活中，商品价值关系还存在，但不能把按劳分配关系同商品价值关系相混同，不能把按劳分配中的等量势动相交换同商品经济中的等价交换相混同。它们是不同经济领域中的不同问题，反映着不同的经济关系。等价交换，是按照决定商品价值的社会必要劳动时间进行交换。这种社会必要劳动时间，不仅要取决于社会平均的劳动熟练程度和劳动强度，而且要取决于“社会正常的生产条件”，即正常的生产资料条件。即使在主观的劳动条件相同的

---

① 《马克思恩格斯全集》第23卷，人民出版社1972年版，第96页。

情况下，仅仅由于客观的生产条件即生产资料的状况不同，不同的商品生产者，他们相同的个别劳动时间可以被计算为不同的社会必要劳动时间。也就是说，在商品价值关系中，商品生产者可以凭借所占有的不同的生产资料，而从等价交换关系中获得不同的经济收入。在按劳分配关系中，情况与此不同。既然在公有制内部，生产者在生产资料面前是完全平等的，他们就不应因各自所使用的生产资料的不同，影响到分配收入上的差别（因使用先进技术装备而需要生产者有更多的技术知识的情况除外）。按劳分配关系中的等量劳动交换，与生产资料的装备状况无关。这里的劳动只是由平均的劳动熟练程度和平均劳动强度所决定的社会劳动。即它既不同于决定商品价值的社会必要劳动，也不同于实际的个别劳动。如果按实际个别劳动来分配，就是不管劳动差别如何，只要劳动时间相同，劳动报酬就一样。那样的话，就是从理论上肯定平均主义了。

有必要指出：拿按劳分配与商品生产相对比时，可以抽出在这两种关系中通行的同一原则，即等量劳动相交换的原则。但不能把按劳分配关系的实质归结为一个等量劳动相交换。更不能把社会主义生产关系的实质归结为等量劳动相交换。那样不但不能揭示反而模糊了社会主义生产关系的实质。马克思在《哥达纲领批判》中强调按劳分配中通行的是等量劳动相交换的平等原则，是针对哥达纲领中宣传抽象的“公平分配”、“平等权利”的观点而讲的。是要说明，按劳分配中的等量劳动相交换的平等权利，不过是在商品等价交换中就存在的平等权利，它是一种资产阶级权利。如果现在把按劳分配和整个社会主义关系的实质归结为一个等量劳动相交换的关系，那就是归结为资产阶级的平等权利了，显然是不正确的。

第三，在社会主义阶段必然要实行按劳分配，这究竟是由什么原因决定的？我觉得我们目前的一些政治经济学教科书和其他有关的论著中的说明，似乎不完全符合《资本论》以及马、恩的其他著作中的有关论述。

在研究按劳分配这一分配的具体形式由什么决定以前，有必要先研究一下一般的分配关系由什么决定的问题。人们容易这样作出论断：分配关系是由生产资料所有制决定的，这当然没有错。马克思在《哥达纲领批判》中讲过：“消费资料的任何一种分配，都不过是生产条件本身分配的结果。”马克思这里只不过是说：消费资料的任何一种分配，都是以一定的所有制为前提的。要改变分配关系，必须首先改变所有制关系即生产条件的分配。马克思这样讲，并不是全面或正面论述分配关系由什么决定，而是批判哥达纲领中把消费品分配当作事物的本质并把重点放在它上面的观点的。也就是说，工人阶级政党要实现社会主义，要使工人阶级摆脱被剥削的地位，就不能把重点放在“公平分配”上，而是在经济上必须首先改变生产条件的分配关系。只要所有制关系改变了，分配关系也会相应地发生变化。但社会主义公有制不能直接决定按劳分配，原始公社公有制实行平均分配，共产主义公有制实行按需分配。

有的著作中认为分配关系是由生产力决定的。其实，生产力并不能直接决定分配关系。生产力的变化只有通过所有制的变化和生产过程中的关系的变化来影响分配关系的变化。

应该注意到《资本论》中关于决定分配关系的经济原因的专门论述。第三卷第五十一章的题目就是《分配关系和生产关系》，这里分析了二者之间的相互关系。它指出：“这些一定的分配形式是以生产条件的一定的社会性质和生产当事人之间的一定的社会关系为前提的。因此，一定的分配关系只是历史规定的生产关系的表现。”[①] 又说：“所谓的分配关系，是同生产过程的历史规定的特殊社会形式，以及人们在他们生活的再生产过程中互相所处的关系相适应的，并且是由这些形式和关系产生的。……每一种分配形式，都会同它由以产生并且与之相适应的一定的生产形式一道消失。”[②]这些话说明，分配形式（分配关系）取决于或产生自生产形式（生产关系）。所谓生产形式，又包括这样两个方面：一是“生产条件的一定社会性质”。生产条件，是指生产的物质条件（生产资料）和生产的劳动力条件。这种生产条件在不同的历史时期具有不同的社会性质。而生产条件的不同的社会性质，使生产过程表现为“历史规定的特殊社会形式"。二是人们在直接生产过程中形成的关系，也就是与生产条件的社会性质相适应的生产关系。这两个方面的特殊形式即特定的生产形式，决定着特定的分配形式。举例来讲，如果生产资料成为资本，劳动力成为商品，从而劳动表现为雇佣劳动，这时，生产条件就具有资本主义的社会性质。与此相适应，直接生产过程中的生产关系就是资本家剥削工人的剩余价值的关系。上述两个方面，就构成资本主义的生产形式。而资本主义的生产形式就决定了资本主义的分配形式。

---

①② 《马克思恩格斯全集》第25卷，人民出版社1974年版，第997、998~999页。

资本主义的分配形式或关系，就是资本家获取利润，工人取得工资，土地所有者收取地租。这是三种不同的收入形式。而利润以资本为前提，工资以雇佣劳动为前提，地租则以大地产为前提。上述三种收入形式不过是资本主义生产关系即三个阶级的生产关系的表现。

生产条件的一定的社会性质，要以生产条件的分配性质即所有制性质为前提。“资本（包括作为资本的对立物的土地所有权）本身已经以这样一种分配为前提：劳动者被剥夺了劳动条件，这些条件集中在少数个人手中。”[①]但是，生产条件的特定社会性质的涵义，比生产条件分配性质的涵义要更广泛一些。它实际上还包括生产资料和劳动力相结合的特殊方式。

从马克思在《资本论》中的说明可以看出，虽然生产条件的分配即所有制性质在整个社会生产过程和生产关系体系中具有决定作用，但分配关系不能仅仅用所有制来说明。马克思在论证分配形式的决定条件时，总是把生产条件的分配作为前提，而同时又强调整个生产形式对分配形式的决定作用。

因此，我们研究社会主义制度下决定按劳分配的条件时，也不能仅仅从所有制来说明，更不能把生产力的状况作为直接的决定条件和根本原因。社会主义公有制只能说明消费品必然要在劳动人民内部分配，消除不劳而获和劳而不获的关系；生产力水平不高，也只能说明还没有具备实行按需分配的物质基础。两者都不能说明为什么不可以平均分配，而一定要实行按劳分配。为了说明这个问题，必须从社会主义的生产形式中去寻找原因。也就是说，要考察以社会主义公有制为前提的生产资料和劳动力相结合的特殊方式以及社会主义直接生产过程中的社会经济关系。

在社会主义制度下，生产资料不再是用以剥削和统治劳动者的手段，而是成为为劳动人民生产财富以满足其物质文化生活需要的手段。劳动者成为生产资料和生产的主人。生产条件的这两个方面在不同的程度上直接结合在一起了。生产条件的社会主义性质，决定了人们在直接生产过程中的关系是劳动者之间的平等的、互助合作的关系。另一方面，如《哥达纲领批判》所指出的，在社会主义阶段，还存在着旧社会的痕迹。从经济上说，这种旧痕迹就是：旧的分工还存在；劳动还没有成为生活的第一需要，主要还是谋

---

① 《马克思恩格斯全集》第25卷，人民出版社1974年版，第994页。

生的手段（不仅是生存的手段，也是个人从社会获取消费品的手段）；劳动者还没有获得全面的发展，等等。在上述生产形式下，个人消费品的分配形式，必然要排除剥削与被剥削的关系，排除凭生产资料的占有而获取收入的可能，必然会有利于劳动者；同时，又必然要求在劳动和个人收入之间有一种内在的确定的联系，要求劳动差别实现为劳动报酬上的差别。这就决定了按劳分配的历史必然性。

只有这样理解问题，也才能够较好地理解《资本论》第一卷第一章中的这样一句话：在自由人的联合体中，“分配的方式会随着社会生产机体本身的特殊方式和随着生产者的相应的历史发展程度而改变。”① 说分配方式取决于社会生产的特殊方式，这比较好理解。而说分配方式“会随着生产者的相应的历史发展程度而改变”，则似乎有点费解。有的甚至把这层意思完全忽略过去。其实，《资本论》中讲的这层意思，是有其特定含义的。它与《哥达纲领批判》中讲的由按劳分配过渡到按需分配的条件是一致的。这些条件如旧的分工的消失，从而脑力劳动和体力劳动的分工也消失；劳动者全面发展等，都同时意味着生产者自身的发展。而生产者的发展，又离不开社会经济条件和生产关系的发展。它们是密切结合在一起的。

让我们回头来再讨论一下用生产力来直接说明按劳分配的必然性有什么问题。

有的同志着重从社会主义阶段生产力水平还不高来说明按劳分配的必然性。他们认为：公有制是实行按劳分配的前提条件，而生产力的状况是实行按劳分配的根本原因。由于在社会主义公有制下，生产力的发展水平还不足以实行按需分配，所以唯一可能的，只有按照劳动进行分配。可是，生产力的水平不够高，并不能说明为什么不可以比如按人口分配或按劳动力分配或是按出工数分配，而一定要按劳动量来分配。有的著作中说，平均分配只是在原始社会中由生产力极低的状况决定的，社会主义社会的生产力水平远远超过了原始社会，所以不能实行平均分配。这种把不同公有制形式下的不同的分配方式，归结为由不同的生产力水平直接决定的论点，未必科学。原始社会的平均分配，也不能仅从生产力极低来说明。生产力极低是物质条件，而直接决定分配关系的是生产关系。在任何社会形态中，生产力对分配关系

---

① 《马克思恩格斯全集》第23集，人民出版社1972年版，第95页。

的作用都需要透过生产关系来实现。事实上，直接决定原始社会平均分配关系的是在氏族的血缘亲属关系基础上形成的平等的生产关系。氏族成员在同自然界斗争中相依为命，关系平等。而且“共产制的家庭经济和氏族都知道它们对于老年人、病人和战争残废者所负的义务。大家都是平等、自由的”[①]。正是这种平等的关系决定了消费品的平均分配。在共产主义高级阶段上，生产力有了极大的提高。但仅只具备了这个物质条件，并不能直接决定按需分配的实现。试想，如果不是消灭了旧的分工，不是劳动者已获得全面发展，不是劳动已成为生活的第一需要，按需分配能够实行吗？马克思在说明实行按需分配的条件时，并没有只强调生产力的发展水平，甚至没有首先提出这个问题。他首先提出的是：“迫使人们奴隶般地服从分工的情形已经消失，从而脑力劳动和体力劳动的对立也随之消灭”；其次是：“劳动已经不仅仅是谋生的手段，而且本身成了生活的第一需要”；最后才提出“随着个人的全面发展生产力也增长起来，而集体财富的一切源泉都充分涌流。”[②] 请注意：这里讲生产力的增长问题时又强调了要以“个人的全面发展”为前提，也就是把生产力的增长同旧社会痕迹的消除直接联系了起来，而且这里讲生产力的增长，也只是把它作为物质条件提出的。

有的著作中为了论证生产力对按劳分配的决定作用，引证马克思的这样一句话：“就对象说，能分配的只是生产的成果。”[③] 这有点文不对题。因为这句话只是要说明，生产什么才能分配什么，生产多少才能分配多少。而不是要说明生产力对分配关系或分配形式的决定作用。紧接在上面所引马克思的那句话的后面，才是说明决定分配形式的是什么：“就形式说，参与生产的一定形式决定分配的特定形式”。显然这里所强调的还是生产形式（生产关系）决定分配形式（分配关系）。

许多著作中还引证恩格斯的“分配方式本质上毕竟要取决于可分配的产品的数量”[④] 这样一句话来论证生产力对分配形式的直接决定作用。然而究竟该怎样理解恩格斯的这句话，还值得探讨。如果把这里讲的分配方式理解为各个社会所特有的分配方式比如资本主义分配方式或社会主义分配方式

① 《马克思恩格斯选集》第4卷，人民出版社1972年版，第93页。
② 《马克思恩格斯选集》第3卷，人民出版社1972年版，第12页。
③ 《马克思恩格斯选集》第2卷，人民出版社1972年版，第98页。
④ 《马克思恩格斯选集》第4卷，人民出版社1972年版，第475页。

等，那就会产生这样的问题：目前某些发达资本主义国家的“产品数量”比我国社会主义社会还多，为什么它们实行的是资本主义分配方式，而我们实行的是社会主义按劳分配或按劳分配为主体的方式呢？这是难以用可分配的产品数量的决定作用来说明的。我理解：所谓分配方式本质上取决于可分配的产品的数量，是指社会主义社会中按劳分配的具体方式会发展变化而言的。在恩格斯批评的参加《人民论坛》上辩论的人们看来，“‘社会主义社会’并不是不断改变、不断进步的东西，而是稳定的、一成不变的东西，所以它应当也有个一成不变的分配方式。”① 显然，恩格斯的意思是说：社会主义社会自身在“不断改变、不断进步”着，产品的数量在不断增多，社会主义的分配方式也会随之不断改进。这里讲的是同一社会主义社会内部，按劳分配的具体形式会随着产品数量的增加而不断改变和进步，而不是讲由社会主义社会改变为共产主义社会，由按劳分配改变为按需分配的条件问题。

我并不是忽视或否定社会主义制度下生产力的状况对分配方式的制约作用，而是说不应当把它看作是直接决定按劳分配的原因。直接决定分配关系的是生产关系。

最后，我想讲一下，当我们肯定按劳分配关系是社会主义的分配关系，它由社会主义的生产关系所决定的同时，还须重视马克思强调指出的这样一点：按劳分配并没有超出“资产阶级权利的狭隘眼界”，按劳分配中存在的等量劳动相交换的平等权利，“按照原则仍然是资产阶级的权利”。把这里讲的“资产阶级权利”说成是资本主义因素是错误的。但忽视马克思的这些说明，把按劳分配的积极作用讲得绝对化和片面化，也会在理论上和实际经济生活中产生某种消极的影响。按劳分配是社会主义阶段必须实行的分配原则，但它并不是社会主义劳动者的行为准则，特别不是马克思主义者、共产党人的行为准则。共产党人和一切先进分子不是也不应当仅仅是为了获取相应的报酬而劳动和工作的。即使对广大劳动者来说，也不应当是仅仅为追求报酬而劳动，要将自己的劳动奉献与祖国的繁荣富强，与社会主义的远大目标，与工人阶级的历史使命联系起来。按劳分配自身，不能产生出共产主义的崇高思想和献身精神来，它不能超出人们的“资产阶级权利的狭隘眼

---

① 《马克思恩格斯选集》第4卷，人民出版社1972年版，第475页。

界”。如果离开了以共产主义思想为核心的社会主义精神文明，离开了劳动者的思想觉悟的提高，片面追求个人物质利益，就会产生一切“向钱看”、斤斤计较乃至损害国家利益和集体利益的经济主义和利己主义倾向。在这种情况下，按劳分配原则也难以真正得到很好的贯彻。即使按劳分配能够获得正确实现，它也不是马克思主义的最高目标和理想。马克思在《哥达纲领批判》中正是为了针对把“平等权利”、“公平分配”等当作工人运动的最高目标和理想，才强调指出，按劳分配中的等量劳动相交换的平等权利，按照原则不过是资产阶级的权利，还存在事实上的不平等，这还是一种不可避免的“弊病”等。马克思的这些说明，我们在从事经济理论工作和实际工作时，是切不可忘记的。

《资本论》与我国社会主义初级阶段[①]

——《〈资本论〉专题研究与讲解》序

可以这样说：宣传《资本论》过时论或无用论的人，并没有真正掌握这部著作的基本理论和方法，有的人甚至没有认真读过它。从他们贬低或抹杀《资本论》的科学价值和现实意义的论著中，就可以清楚地看出这一点。

《资本论》不是九天玄女娘娘赐给薛仁贵的天书：碰到困难时，只要向它焚香求助，就会告诉你解决困难问题的现成答案。要求《资本论》提供解决所有社会主义现实问题的现成答案，或是因没有这种现成答案就说它无用，或加以贬低，这本身就是违反马克思主义精神的。恩格斯在谈到对马克思的理论应注意的特征时指出："马克思的整个世界观不是教义，而是方法。它提供的不是现成的教条，而是进一步研究的出发点和供这种研究使用的方法。"[②] 革命导师们一再强调说，马克思主义不是教条，而是行动的指南。列宁曾深刻地指出：从一般真理的单纯逻辑发展中去寻找具体问题的答案，这是把马克思主义庸俗化。

自《资本论》第一卷问世以来，已经历了整整120年的岁月。马克思将社会主义从空想变成科学，在《资本论》中得到了完整的体现。有了科学社会主义，才有社会主义实践，由一国的实践发展为多国的实践。而各国的社会主义革命和建设的实践，首先是以马克思所揭示的社会经济发展规律和所阐明的历史唯物主义原理为理论基础的。如果没有马克思在自己的著作特别是在《资本论》中充分阐明资本主义社会经济的内在矛盾及其运动规

① 本文原载《经济纵横》1987年第11期。原标题为"《资本论》与当代"。

② 《马克思恩格斯全集》第39卷，人民出版社1975年版，第406页。

律和发展趋势，揭示资本主义社会形态发展为社会主义社会形态的历史必然性，就不可能有社会主义实践。而没有社会主义实践，也就不可能有目前风行社会主义国家的经济和政治体制的改革。

社会主义革命、建设和体制改革，都需要遵循马克思所阐明的生产力和生产关系相互关系的规律，即生产力决定生产关系，生产关系要适合生产力的状况。在《资本论》第二版中，引用了俄国的考夫曼对马克思的研究方法的正确描述，其中一个重要思想是："生产力的发展水平不同，生产关系和支配生产关系的规律也就不同。……这种研究的科学价值在于阐明了支配一定社会机体的产生、生存、发展和死亡以及为另一更高的机体所代替的特殊规律。"这一规律也就是生产关系一定要适应生产力的状况的规律。新中国成立以来，我国所经历的"左"的错误，都是违反这一规律的结果。在进行社会主义革命的三大改造中，就存在未很好考虑我国当时生产力十分落后的状况而急于实现所有制改造的情况。接着又脱离开我国生产力的实际水平而急于在短期内实现经济上"超英赶美"，搞大跃进；在经济关系上急于"跑步进入共产主义"，搞人民公社化。那种违反客观经济规律的主观盲干的"左"的错误，给我国的经济生活造成了十分严重的损失。但是由于长期没有清醒认识到这违反了马克思主义的基本理论，以至于以后又搞"穷过渡"，搞公有制的不断升级，搞"割资本主义尾巴"……，追求社会主义的大、公、纯，完全背离了马克思主义关于生产力的决定作用和生产关系要适合生产力的状况的原理。

总结新中国成立三十多年来我国社会主义实践的经验教训，也借鉴其他社会主义国家的经验，我们党深刻认识到了当前比较落后的生产力对我国所处的社会主义历史阶段的决定作用，明确提出，我国处于社会主义初级阶段。一切"左"的和右的思想根源，主要是没有认清或脱离了我国这个最基本的国情。与过去按照马克思主义经典著作中所提的社会主义模式来搞社会主义相比，这是认识上和理论上的一种创新，一种突破。经典著作中的社会主义社会，既无私有制经济成分，更无以雇佣劳动关系为基础的私营企业，也没有讲过多种经营方式。而我们在社会主义初级阶段，却存在以公有制经济为主体的多种经济成分和多种经营方式，无论在所有制关系、分配关系和交换关系中，都存在一定的以私有制为基础的非社会主义经济成分。从这方面看，我们搞社会主义确实不能也不应教条主义地从书本出发。但如果有人据此认为马克思主义经典著作不能解决我国社会主义的现实问题，或是认为我国的社会主义现实离开了马克思的科学社会主义理论，那就不对了。从根本方面看，我国实践中的社会主义，正是以马克思的历史唯物主义思想，以生产力和生产关系相互关系的基本原理为理论依据的。可以说，我们在社会主义理论和实践中的创新和突破，是在马克思主义的基本理论和方法指导下实现的。马克思主义本身要求人们根据它的基本理论和基本方法，结合不断变化着的实际，探索解决新问题的答案，从而同时也发展马克思主义本身。列宁说得好："我们并不苛求马克思或马克思主义者知道走向社会主义道路上的一切具体情况。这是痴想。我们只知道这条道路的方向……至于具体情况，实际情况，那只有千百万人的实践经验才能表明。"①

我国的社会主义现代化建设和体制改革，从根本方向、根本性质和基本方法来说，依然要以马克思主义为指导。《资本论》作为马克思的主要著作，在这方面不是过时、无用，而是可以发挥其积极作用。前面所讲的生产力的决定作用和生产关系要适合生产力状况的原理的指导意义，只不过是其中的一个例子而已。

《资本论》中的许多具体理论，对于研究社会主义经济问题也有理论意义和实际意义。我国现在要大力发展社会主义商品经济，要建立有计划的商品经济体制。《资本论》中所阐明的有关商品货币的基本理论和一系列的经济规律如价值规律、供求规律、竞争规律、纸币流通规律等，对于我国社会主义初级阶段的商品经济也有适用性。关于决定劳动生产力的诸因素以及决定积累和利润率的诸因素的分析，关于资本循环与周转的阐述，关于社会再生产比例关系以及价值补偿和实物补偿的理论，关于内涵扩大再生产与外延扩大再生产的论述，关于生产价格、银行及利息、信用制度、地租等经济关系及其规律的揭示，……等等，对于研究同商品经济相统一的社会主义经济，都有现实意义。其中有些原理和规律，可以直接应用于或适用于社会主义经济，有些虽然是直接分析资本主义经济运动而得出的结论，但只要撇开体现于其中的资本主义关系，那些反映社会化大生产和发达的商品经济的有关范畴和规律，对于我们研究社会主义经济同样具有理论指导意义。

在《资本论》中，还有许多对社会主义社会的科学预见。这些预见的

---

① 《列宁全集》第25卷，人民出版社1958年版，第273页。

主要部分表明了社会主义的质的规定和基本特征，其中有的已被社会主义实践所证明。例如，社会主义公有制，对社会生产的自觉的有计划的调节，为满足社会成员需要而生产，按劳分配等，就是如此。这些方面是社会主义经济应有之义，应当坚持。事实证明，《资本论》中有关这方面的预见是科学的，正确的。在《资本论》中还有些关于社会主义和共产主义的重要思想，需要我们进行研究和探索。例如，马克思认为，代替资本主义的“更高级的”社会形态中，要“以每个人的全面而自由的发展为基本原则”。① 这个基本原则的具体内容和实际条件是什么？我们以往的社会主义理论和实践很少研究它。这是作为与过去社会形态特别是资本主义社会形态相对立的原则而提出来的。而且是作为社会主义（乃至共产主义）所具有的重要社会特征和基本原则提出来的，值得我们重视和探讨。

目前世界上多数国家还处于资本主义体系之中。我国实行开放政策，要同资本主义打交道。我们必须对现代资本主义有深刻的认识和了解。在这方面，《资本论》对资本主义本质关系及其经济规律的揭示和有关的基本理论并没有过时。需要运用《资本论》中的有关理论和方法，研究和探讨现代资本主义出现的新情况和新问题。在这方面我们同样做得很不够。

资本主义国家的许多学者，包括马克思主义者和资产阶级学者，也在认真研究《资本论》。连近代法国资产阶级经济学家埃米尔·雅姆也这样说：“恐怕卡尔·马克思的著作不仅在苏联，就是在西欧，迄今为止没有一个时代像我们这个时代这样，对它这么感兴趣”。日本的马克思主义学者，正在通过研究《资本论》，运用《资本论》中所揭示的经济规律和所阐明的基本理论，教育工人和劳动人民。

因此，无论从哪方面来看，所谓《资本论》过时论或无用论等都是不对的。我国作为社会主义国家，不但不应放弃对《资本论》的学习和研究，而是应该将这种学习和研究提到一个新的、更高的水平。

牟振基、韩淑颖、柳玉德等几位多年从事《资本论》教学和研究的同志，适应社会对《资本论》学习和研究的需要，编著了《〈资本论〉专题研究与讲解》一书，它是按专题系统地讲解《资本论》的，它不同于按《资本论》的篇、章、节进行讲解或注释的著作。采用这种形式的长处是，可

---

① 《马克思恩格斯全集》第23卷，人民出版社1972年版，第649页。

以突破按章节讲解的局限性，便于更系统、连贯和集中地阐述某一专题，也便于更好地理论联系实际。

与此相联系，本书具有这样一些特点：

1. 每个专题都包含着理论创立过程、主要内容和基本理论体系、在整个《资本论》理论体系中的地位和现实意义这样三个部分。

2. 每个专题都突出了它的普遍意义和现实意义，引导读者运用《资本论》的基本原理去探讨我国社会主义实践中的重大理论问题和实际问题。

3. 对有关的一些重要理论问题以及有争论的问题提出了自己的独立看法，不回避问题。当然这些看法是否完全科学，还有待于通过进一步研究和讨论加以鉴别。

《资本论》与中国特色社会主义经济理论体系的发展①

摘要：《资本论》虽然是着重研究资本主义经济及其运动规律的，但它所阐明的某些一般原理和揭示的经济社会发展规律，特别是它的方法论，对于中国特色社会主义经济理论的发展和创新具有重要的理论与现实意义。应当强调的是，《资本论》所提供给我们的是认识世界的立场、观点和方法，而不是现成的教条，《资本论》的理论也需要在实践中随着时代的发展而不断发展。

140年前，马克思出版了光辉的著作《资本论》，这一伟大著作科学地阐明了资本主义经济的运动规律及其内在矛盾和历史趋势，用科学理论揭示了人类社会从资本主义转向社会主义的历史必然性，使社会主义从空想转变为科学，《资本论》所揭示的科学理论是我们认识世界和改造世界的强大思想武器，也是我们进行社会主义建设和改革开放的重要理论指导。

《资本论》虽然是着重研究资本主义经济及其运动规律的，但它所阐明的某些一般原理和揭示的经济社会发展规律，特别是它的方法论，对于中国特色社会主义经济理论的发展和创新具有重要的理论与现实意义，这主要表现为以下几个方面：

1.《资本论》充分体现和证明了历史唯物主义的基本原理，这些原理为我们认识当代资本主义和社会主义经济的运动规律提供了世界观和方法论。在《资本论》第一卷第二版跋中，马克思赞同别人对他的唯物史观的

① 本文原载《经济学动态》2007年第12期，与张宇合写。

这样的说明：马克思把社会运动看作受一定规律支配的自然历史过程，这些规律不仅不以人的意志、意识和意图为转移，反而决定人的意志、意识和意图。生产力发展的水平不同，生产关系和支配生产关系的规律也就不同，从这一观点出发，马克思揭示了支配着一定社会机体的产生、生存、发展和死亡以及为另一更高的机体所代替的特殊规律。[①]《资本论》以资本主义经济为研究对象，深入阐述了人类社会的发展是一个自然的历史过程，有力地证明唯物史观是科学的真理。列宁说："自从《资本论》问世以来，唯物主义历史观已经不是假设而是科学证明了的原理。"[②] 在《资本论》中，马克思通过价值和使用价值、抽象劳动和具体劳动、价值规律的物质内容和社会形式、劳动者与生产资料结合的技术形式和社会形式、劳动的一般过程和价值的增值过程、资本的技术构成和资本的价值构成、商品的交换和货币的流通、物质形态的再生产和价值形态的再生产等一系列既对立又统一的经济范畴，深入而具体地阐述了生产力与生产关系相互作用的机制和过程，为我们认识现实经济生活的运动规律提供了科学的分析范式。《资本论》既深入揭示了资本主义劳资关系的本质和矛盾，又从人类社会的发展是自然历史过程的角度说明资本主义兴衰的内在机理，"一个社会即使探索到了本身运动的自然规律，——本书的最终目的就是揭示现代社会的经济运动规律，——它还是既不能跳过也不能用法令取消自然的发展阶段"[③]，根据这一观点马克思提出不要资本家和地主个人对资本主义社会经济关系负责的观点："我的观点是更不能要个人对这些关系负责的。"[④]这与以往我们在革命和建设中要剥削阶级的后代为其祖辈的经济关系负责的"唯成分论"是不相容的。马克思运用生产力与生产关系相互关系的原理构建的世界观和方法论，对于我们进行革命、建设和改革开放，认识和研究当代资本主义特别是认识和研究中国特色的社会主义经济，也具有根本的指导意义。根据这一基本理论，我们党制定了社会主义初级阶段的基本路线和基本纲领，提出了社会主义的根本任务就是解放和发展生产力、党必须始终代表中国先进生产力的发展要求的重要思想，为发展中国特色社会主义奠定了理论基础。《资本论》系统阐述了随着生产力和生产方式的变迁，资本主义所有制形式和生产关系的具体

---

①③④ 马克思：《资本论》第1卷，人民出版社1975年版，第23、10、11页。

② 《列宁选集》第1卷，人民出版社1995年版，第10页。

形式不断演化的过程，论述了所有权和经营权的分离以及法律上的所有权与经济上的所有权的分离的现象。我们进行改革也是在马克思关于生产力和生产关系相互关系的原理和以公有制为基础指导下进行的，我们要在坚持社会主义基本制度的前提下，自觉调整生产关系和上层建筑的某些方面和环节，来适应生产力发展的要求。

2.《资本论》揭示了有关社会生产与再生产的一般原理和一般规律。马克思认为，任何社会生产都包括两个方面，具有二重属性：一方面是人与自然的物质变换过程，反映社会生产的一般属性；另一方面是人与人之间的社会关系，反映了社会生产的特殊属性。因此，在研究资本主义经济的运动过程的时候，马克思总是结合着对生产力的分析，对社会生产和再生产的一般规律从多方面进行了深入的探讨。

例如，在分析商品价值量决定因素时，马克思对于影响劳动生产力的基本因素作出了科学概括，指出“劳动生产力是由多种情况决定的，其中包括：工人的平均熟练程度，科学的发展水平和它在工艺上应用的程度，生产过程的社会结合，生产资料的规模和效能，以及自然条件”。[①] 这些分析揭示了劳动生产力（也是生产力）发展的决定因素和一般规律。我们发展生产力和提高劳动生产率，也要重视发挥这些因素的作用，并力求使这些因素有效配置和不断提高其利用效率。

在分析相对剩余价值的生产过程时，马克思深入地研究了协作的性质和作用、工场手工业的起源、工场手工业内部的分工和社会内部的分工、机器的构成及其发展、大工业和农业等重要问题，马克思的这些分析细致而深入，是研究社会生产力发展和技术变迁的光辉典范。这些分析虽然是从资本主义经济发展角度阐述的，但也客观反映了分工协作和机器大工业发展的客观规律和生产力发展的一般规律。马克思对生产力发展规律的研究是其他任何流派的经济学理论从来都没有做过的，这些理论对于我们研究和把握当代科技革命和生产力变革的新趋势具有重要参考价值。

马克思的社会总资本再生产和流通理论，包括社会化再生产的一些一般原理。诸如国民经济按比例发展的原理，社会再生产划分为生产资料生产和消费资料生产两大部类的原理；简单再生产和扩大再生产条件下两大部类对

---

① 马克思：《资本论》第1卷，人民出版社2004年版，第53页。

比关系的原理；社会再生产中外延的扩大再生产与内涵的扩大再生产的原理；粗放型增长和集约型增长的原理等。这些原理是构建马克思主义宏观经济理论的重要的基础性理论，适用于社会主义社会的再生产过程，对于我们搞好宏观调控具有重要意义，而且应自觉地遵守与发展这些原理。

马克思关于社会再生产诸环节间相互关系的原理，对处理好社会主义国民经济中的生产、分配、交换和消费的关系具有理论与实际意义。在作为《资本论》导言的《〈政治经济学批判〉导言》中马克思对再生产各个环节的关系做了精辟的分析，他指出，在社会再生产诸环节中，生产在总体上具有支配和决定作用，一定的生产决定一定的消费、分配、交换和这些不同要素相互间的一定的关系；而另一方面，分配、交换和消费对生产也有“单方面”决定作用，它们之间是一个有机的整体。马克思的这些科学论述对于我们认识现实经济生活具有重要的方法论意义。当前中国经济中的许多问题，如增加居民的收入和扩大国内需要、提高我国的国际竞争力、保持宏观经济和金融体系的稳定性等，都归根到底取决于社会经济的协调健康可持续的发展。当前我们应强调扩大内需，通过扩大内需推动经济增长。这里需要特别重视马克思关于生产和消费关系的论述。按照马克思的观点，消费归根到底取决于生产，因此，扩大内需的关键，首先是要发展生产增加就业，只有生产发展就业增加了，居民的收入才会增加，消费需要才会扩大。其次，要形成合理的收入分配关系，解决居民收入差距过大的问题，而这在很大程度上又取决于生产环节中初次分配的状况，特别是工资与利润的分配关系。第三，市场和交换的扩大取决于分工的扩大，而分工的发展则又取决于劳动生产率的提高和产品与技术的创新，因此要不断进行产品与技术的创新以创造更多的市场和需要。另一方面，分配、交换和消费诸环节对生产的发展又具有重要的推动作用。当前，为了促进国民经济的又好又快发展，必须深化收入分配制度的改革，无论是初次分配还是再分配都要处理好公平与效率的关系，在经济发展的基础上更加关注社会公平。

3. 《资本论》揭示了商品生产和市场经济的一般规律，这些规律同样适用于社会主义市场经济。认为《资本论》主张社会主义实行计划经济，对研究社会主义市场经济没有指导意义的观点是一种误解。事实上，《资本论》研究对象恰恰是一种特殊的商品经济或市场经济即资本主义市场经济，为此就需要首先阐明有关商品经济和市场经济的许多一般规律，诸如价值规律、供求规律、货币流通规律、价格运动规律、市场竞争规律等。这些一般规律在社会主义市场经济条件下仍然发生作用。商品经济本身并不具有特定的社会性质，它可以与多种社会经济相结合。商品经济与生产力是相互促进、共同发展的。我们的发展与改革，是与对马克思主义的商品经济理论的正确认识和运用分不开的。

马克思的劳动价值论是马克思主义经济学的理论基石，对于我们认识社会主义市场经济发展规律具有重要科学价值。马克思吸取了古典经济学的劳动价值论的合理因素，并对其进行了根本的改造，建立了自己科学完整的价值理论。马克思科学地说明了商品的二因素，阐明了使用价值、交换价值和价值之间的关系，首创了劳动二重性理论，建立了完善的商品价值量决定的理论，创立了交换价值或价值形式的理论，揭示了商品的价值、价格、供求关系之间的多种社会关系，揭示了市场价值和价格运动的规律，科学地阐明了随着社会关系的变化而进行价值转型理论。马克思价值和价格理论对于我们科学认识和研究当代资本主义和社会主义市场经济同样具有重要的科学价值。

马克思重视劳动在创造价值和财富中的重要作用。无论是体力劳动还是脑力劳动、简单劳动还是复杂劳动、一般劳动还是科技与管理劳动、雇用劳动还是自由劳动，都在马克思的劳动价值论的视野之中。我们在社会主义建设事业中，要尊重各种劳动，发挥各种劳动的积极性。马克思通过劳动价值论和剩余价值论阐明了资本主义经济中诸生产要素收入的源泉。我国当前实行按劳分配为主体、按劳分配与按生产要素分配相结合的分配方式，劳动价值论同样可以说明多种分配收入的源泉，不能由按生产要素分配引出“要素价值论”，否定劳动价值论。

马克思对资本主义市场经济的分析，如果抽去资本主义经济关系，在许多方面也反映了现代的发达市场经济的一般规律。比如，马克思关于资本有机构成和生产价格的理论，对于社会主义市场经济也具有相当的适用性。在社会主义市场经济中，随着科学技术的进步和资本有机构成的提高，也会出现待业人员增加的社会问题，对于这一问题我们要给予高度重视。在社会主义市场经济中，各种类型的企业都要追求利润，因此，价值规律作用的结果也会出现利润平均化和价值转化为生产价格的趋势，资本根据利润率的高低在各部门之间的流动，并在这一过程中实现资源的合理有效的配置。马克思的资本循环与资本周转的理论，分析了加速资本循环与周转的途径和意义，对于社会主义市场经济中如何加快资金周转和提高企业的经济效益具有参考价值。马克思关于商品经营资本、生息资本、利息率、信用和虚拟资本、银行资本、汇兑率、级差地租与绝对地租、建筑地段地租等方面的经济理论与思想，对分析社会主义市场经济也具有借鉴意义。

4.《资本论》系统和全面地揭示了资本主义经济的运动规律，掌握这些规律对于我们科学认识和正确处理与资本主义经济的关系具有重要指导意义。有观点认为，《资本论》是研究资本主义经济的一种批判的理论，而不是建设的理论。这种观点是不正确的。

第一，马克思主义是我们认识世界的世界观和方法论，坚持马克思主义的指导并不是要坚持其中的每一个具体的观点或结论，而主要是坚持马克思主义的立场和方法论原则，并以此为指导研究当代资本主义经济的发展和变化，研究中国社会主义经济的改革与发展，用发展着的马克思主义指导新的实践。作为科学的世界观和方法论，作为唯物史观科学理论的具体化的范式，马克思的《资本论》既可以用来揭示资本主义关系的本质及其运动规律，作为批判旧社会制度的武器，同样也可用于指导社会主义经济建设。

第二，从总体上看，当代世界经济仍然是资本主义的世界经济体系，资本主义的经济关系和经济规律支配着当代世界经济的运行与发展，随着经济全球化的日益发展和我国日益融入世界经济体系，正确认识和处理与资本主义的关系问题也更加重要。因此，把握《资本论》的有关理论，科学认识当代资本主义经济的本质和运行规律，有助于我们健康有效地推进对外开放，处理好与资本主义世界经济体系的关系，大胆学习和利用资本主义的先进经验，同时警惕和防范资本主义的消极影响，特别是销蚀力量的渗透。

第三，社会主义与资本主义并不是毫不相关的截然对立的两种社会形态。众所周知，马克思恩格斯作为科学社会主义的创始人，与历史上空想社会主义者根本不同，他们不是从人类公平、正义等理性原则出发来批判资本主义，并在此基础上构想未来的理性王国，而是依据历史唯物主义的科学方法，通过对资本主义生产方式内在矛盾和运动规律的深刻分析，从中发现否定资本主义经济关系的种种物质和社会的因素，揭示了资本主义向社会主义过渡的历史趋势。《资本论》深刻地揭示了商品经济产生的根源及其内在的固有的矛盾，阐明了商品经济的自发性、盲目性和拜物教的性质，特别是深刻地揭示了以雇佣劳动为基础的资本主义市场经济的根本矛盾以及资本主义生产方式演变的历史趋势。从这一个方面看，科学认识资本主义经济的运动规律，可以使我们更好把握资本主义发展历史趋势和资本主义向社会主义过渡的历史轨迹，从而也可以使我们更好地把握中国特色社会主义的历史方位和世界意义。

第四，如前所述，资本主义经济运动的规律中包含了社会化大生产和发达市场经济一些一般要求，如关于增加积累和扩大再生产的方法，关于扩大再生产中内涵与外延型、集约与粗放型的界定和相互关系，关于利用和改进分工协作、利用科技进步以提高劳动生产率，关于加快资本循环周转的方法等，关于利润平均化和生产价格的理论等等，这些原理和规律如果抽去资本主义经济的特定关系，也适用于社会主义市场经济，在这类问题上并不总要区分姓“社”姓“资”的问题。

我国从计划经济转向市场经济，有利于资源配置合理化和促进生产力的发展，同时，也会面临市场经济自身内在的一些矛盾和问题，如自发性、盲目性、拜物教等。在社会主义初级阶段，我国实行的是以公有制为主体、多种所有制经济共同发展的基本经济制度，包括私营经济在内的非公有经济在一定时期会得到比较迅速的发展，与私营经济相适应的资本主义市场经济中的一些矛盾和问题，如失业、贫富分化、经济波动等也会在一定程度上在我国经济生活中表现出来，对此我们要有清醒的认识。马克思的《资本论》对这些问题产生的内在机理、演变的趋势及其可能解决的方法的分析，对于我们搞好社会主义市场经济也具有重要价值。

第五，《资本论》对人类社会发展的历史趋势所做的预见和对未来社会的设想，对社会主义经济建设具有直接的指导意义。《资本论》虽然没有专门论述社会主义经济的篇章，但是马克思在研究资本主义经济的发展趋势和与资本主义经济进行对比时，对未来社会的一些基本特征做了多方面的探讨和论述，提出了大力发展生产力，实现个人自由全面发展，实行生产资料的社会占有，实行按劳分配，有计划按比例地发展国民经济，实现社会成员的共同富裕等重要思想。

马克思反复强调，人的全面自由发展是共产主义社会的基本原则和基本目标，在取代资本主义社会的更高级的社会中，要“以每个人的全面而自由的发展为基本原则”。[①] 在《资本论》中，马克思还提出了生产资料公有制的思想，指出“设想有一个自由人联合体，他们用公共的生产资料进行劳动，并且自觉地把他们许多个人的劳动力当做一个社会劳动力来使用。在那里，鲁滨逊的劳动的一切规定又重演了，不过不是在个人身上，而是在社会范围内重演”。[②]马克思还提出了重建个人所有制的重要思想，在“协作和对土地及靠劳动本身生产的生产资料的共同占有的基础上，重新建立个人所有制”。[③]马克思的这个思想是对生产资料公有制从另一个角度所做的说明。马克思还论述了社会主义经济的节约劳动和有计划发展规律，指出“一切节约归根结底都是时间的节约。正像单个人必须正确地分配自己的时间，才能以适当的比例获得知识或满足对他的活动所提出的各种要求，社会必须合理分配自己的时间，才能实现符合社会全部需要的生产。因此，时间的节约，以及劳动时间在不同的生产部门之间有计划的分配，在共同生产的基础上仍然是首要的经济规律。这甚至在更加高得多的程度上成为规律”。[④] 他还指出，在自由人的联合体中，社会生产的基本要求是：“社会化的人，联合起来的生产者，将合理地调节他们和自然之间的物质变换，把它置于他们的共同控制之下，而不让它作为盲目的力量来统治自己；靠消耗最小的力量，在最无愧于和最适合于他们的人类本性的条件下来进行这种物质变换。”[⑤] 马克思的这个思想和我们当前强调的节约资源、统筹协调、可持续发展的理论是一致的。

第六，《资本论》的理论是中国特色社会主义经济理论体系的重要基础。马克思的《资本论》为中国特色社会主义的建设提供了科学的世界观、方法论和理论基础，指明了未来社会主义社会的基本特征、社会主义革命的目标和方向，是我国社会主义革命和社会主义建设的重要指南。马克思关于社会主义经济理论的科学性已被后来的社会主义实践所证实，他们关于社会主义生产资料公有制、按劳分配、有计划按比例发展等科学理论，已经通过革命与建设实践而变为现实。改革开放以来，中国共产党坚持把马克思主义的基本理论与中国的新的国情和新的实践相结合，系统地回答了我国社会主义经济建设的一系列基本理论问题和实践问题，形成了中国特色社会主义经

---

①②③ 马克思：《资本论》第1卷，人民出版社2004年版，第683、96、874页。

④ 《马克思恩格斯全集》第46卷（上），人民出版社1979年版，第120页。

⑤ 马克思：《资本论》第3卷，人民出版社1975年版，第926页。

济理论的完整体系。这一理论体系一方面坚持了《资本论》提出的科学的世界观、方法论和基本的经济理论，坚持了《资本论》中提出的包括人的全面发展、生产资料公有制、有计划发展等在内的关于社会主义经济的基本理论，另一方面，又根据我国的实际和时代的特征赋予其鲜明的中国特色，它的主要内容包括以人为本、全面协调可持续发展的科学发展观；以公有制为主体、多种所有制经济共同发展的社会主义初级阶段的基本经济制度；社会主义基本制度与市场经济相结合的社会主义市场经济体制；以按劳分配为主体、多种分配方式并存和公平与效率统一的收入分配制度；坚持对外开放、积极参与经济全球化进程与独立自主、自力更生和维护国家经济安全相结合的开放战略等，它与包括《资本论》在内的马克思主义经典作家的思想是一脉相承而又与时俱进的，是中国化的马克思主义。中国特色的社会主义经济建设的伟大成就充分体现了马克思《资本论》的科学价值。

应当强调的是，《资本论》所提供给我们的是认识世界的立场、观点和方法，而不是现成的教条，《资本论》的理论也需要在实践中随着时代的发展而不断发展。坚持马克思主义指导的关键，是要用马克思主义的基本原理和方法分析中国特色社会主义建设中出现的新情况和新问题，在实践中不断丰富和完善中国特色的社会主义经济理论，在这一问题上需要把握以下几点：

（1）马克思主义经典著作中的某些重要观点，由于种种原因过去被忽视或简单化了，如关于科技劳动和管理劳动作为生产劳动创造商品价值的观点，关于市场价值、供求、价格的运动规律的分析，关于“人的自由全面发展”的观点，关于国际价值和世界市场的理论，关于多种产权及其内部构成关系的观点等，这些观点的重要价值目前已经日益为人们所认识，需要我们从现实出发进一步加以研究和阐释。

（2）马克思主义经典作家的论述中有一些与当时现实相符，但随着经济与社会的发展变化，已与当前现实不符的具体观点，应当实事求是地加以改变。例如，《资本论》中讲作为世界货币的只能是贵金属货币，这符合当时的实际，目前金本位崩溃的条件下，美元等纸币也可充当世界货币，需要理论上予以阐明。《资本论》关于未来社会不存在商品货币观点的理论，需要根据实践的发展加以修正。

（3）我们在社会主义实际中遇到的新情况和新问题，面临的新任务，应当以马克思主义理论为指导进行与时俱进的新的探索与研究，做出科学的说明，如走新型工业化道路、建立和完善社会主义市场经济体制、参与经济全球化和实行对外开放、落实科学发展观和构建社会主义和谐社会等问题，这些问题马克思当年是不可能做具体设想的，从实践出发深入研究这些问题是当代马克思主义者的任务。

（4）要准确理解和把握《资本论》的基本理论，当前特别需要澄清和纠正对马克思主义经济学的一些误解、错解与曲解：如，把马克思在《资本论》第一卷中提出的重建个人所有制的理论曲解为是建立个体私有制，人为地随意割裂马克思经济学的内在的有机联系，用《资本论》第3卷的理论否定第1卷的理论，把作为意识形态的马克思主义和作为科学体系的马克思主义割裂开来，认为西方经济学是纯粹的科学的经济学，而马克思主义经济学则只是一种意识形态而不是一种科学体系，否定马克思主义经济学是科学性和意识形态的有机统一。

（5）应当区分哪些是需要长期坚持的马克思主义理论的基本原则和基本观点，哪些是需要随着实际情况变化而改变的具体观点，哪些是附加于马克思的甚至错解了的东西，特别是要划清科学社会主义同空想社会主义、小资产阶级社会主义以及民主社会主义根本区别，坚持在科学社会主义理论的基础上发展和创新中国特色的社会主义理论。

胡锦涛同志在中共十七大报告中指出，中国特色社会主义道路之所以完全正确、之所以能够引领中国发展进步，关键在于我们既坚持了科学社会主义的基本原则，又根据我国实际和时代特征赋予其鲜明的中国特色。我们要从新的实践出发不断深入学习、研究和发展包括《资本论》在内的马克思主义经济学的经典著作，发展着的马克思主义将指导中国特色社会主义取得新的更加辉煌的成就。

在弄懂和把握马克思主义的基础上坚持和发展马克思主义①

摘要：马克思主义中国化、时代化与大众化，是当代中国马克思主义理论工作者的历史使命。在这一过程中，我们首先要真正弄懂和把握马克思主义，既不能通过任意曲解马克思主义基本原理来否定马克思主义，也不能搞教条主义、本本主义，搞句句是真理，将马克思主义凝固化，甚至将自己僵化的、错解的观点加之于马克思主义。只有通过认真学习和研究，才能真正理解马克思主义，才能发展和创新马克思主义，才能将其与中国的发展实践相结合，实现马克思主义的中国化与大众化。理论工作者不仅要真正弄懂马克思主义，还要将马克思主义通俗化和普及化，使之更加贴近实际、贴近群众，只有这样，才能实现马克思主义的大众化。

中国社会科学院马克思主义研究院成立五年来，做了大量的工作，取得了很好的成绩，它的学术影响和社会影响，在全国越来越大。我国许多高等学校和研究机构也都相继成立了马克思主义学院或研究院，这其中，中国社会科学院马克思主义研究院可以说起到了一个引领、带头的作用。马克思主义研究院成立五周年大会的顺利召开，表明我们十分重视马克思主义理论工作。对于马克思主义理论工作，我觉得应该做好四个方面的工作：第一，要认真学习、研究、弄懂、把握马克思主义，这是第一步，是根基性工作。第二，要应用好马克思主义，用马克思主义之矢，射中国革命、发展与改革实

① 本文原载《经济纵横》2011年第11期。是2010年12月24日在中国社会科学院庆祝马克思主义研究院成立五周年大会上的讲话录音记录整理稿。作者校改时有所增删。

际之的。第三，要发展马克思主义，也就是我们所讲的马克思主义中国化、马克思主义时代化。要在应用中求发展，在发展中重应用。第四，要实现马克思主义大众化。在马克思主义的“三化”即马克思主义中国化、时代化与大众化的过程中，我们首先要重视和做好的工作，是真正弄懂和把握马克思主义。

一、弄懂和把握马克思主义是实现马克思主义“三化”的前提

有些人不读马克思主义，不懂马克思主义，或任意曲解马克思主义，却又大肆否定和批判马克思主义，这是一种非科学、非理性的做法。例如，有的学者曲解马克思的劳动价值论，硬说马克思只承认体力劳动创造价值，否定脑力劳动、科技劳动创造价值，认为劳动价值论只适用于原始的物物交换，主张用要素价值论、供求价值论、效用价值论取代劳动价值论。这是完全错误的见解。同时，也有人好像很尊重和认同马克思主义，但没有和不去很好地、认真地研究马克思主义，没有系统地、科学地把握马克思主义的基本原理和方法，甚至误解和错解马克思主义，却在那里自我应用和“发展”马克思主义。有的人从支持私有制或私有化的角度来错解和“发展”马克思、恩格斯、邓小平的理论。也有人从本本主义、教条主义的僵化立场来“坚持马克思主义”，甚至坚持被他误读的“马克思主义”。这方面的问题都有害于马克思主义（包括发展着的马克思主义）。对此，我可以举很多例子。例如，现在私有化的思潮很浓厚，坚持该思潮的学者也常常引证马克思、恩格斯的著作和邓小平理论为依据，来宣传自己的思想，但是往往都是错解或曲解。比如，改革开放以来直到现在，有的人有意无意，也可能是没有真正弄懂，错解了马克思的一个观点，即他们引证马克思的所谓“普照的光”做论据，进行发挥，论证自己的见解。马克思在《政治经济学批判》导言里讲到“普照的光”，有人解读说，马克思的意思是：任何社会都有多种经济成分，其中，占主体地位的经济成分就是“普照的光”，其他经济成分会在“普照的光”照耀下改变自身的性质。这也就是说，我们的公有制为主体就是“普照的光”，其他的个体经济、私营企业、外资经济等私有制经济成分，在“普照的光”即占主体地位的公有制照耀下，其社会性质会

统统改变为社会主义经济。有人在报刊上宣传这个“道理”，现在也还有人继续这样讲，仍然认为我国多种经济成分中的私有制经济都是社会主义性质的。这其实是个误解。一些从事马克思主义理论工作的学者也这样理解马克思“普照的光”，这就更不对了。马克思的原意是什么呢？马克思在《政治经济学批判》导言中讲政治经济学的方法时，谈到政治经济学体系建立的问题，主要是讲资本主义政治经济学的体系、结构怎么安排，经济范畴的先后顺序怎么排列。马克思的《资本论》的体系、结构和经济范畴，恰恰表明和印证了他的“普照的光”的观点。我们知道，资本主义之所以成为资本主义，并不是因为产生了商业资本、借贷资本，这类资本远在奴隶制、封建制时代就存在，而是因为产生了产业资本（工业资本），由于产业资本的产生，资本主义制度才得以建立。因此，在资本主义社会，工业资本才是马克思所讲的“普照的光”。《资本论》第 1 卷中的货币转化为资本，实际上就是转化为产业资本。资本主义以前就存在的借贷资本、商业资本和其他经济形式，在资本主义工业资本的照耀下，其职能从属于工业资本，成为资本主义的借贷资本、资本主义的商业资本、资本主义的土地私有制、资本主义的地租。“普照的光”讲的就是这个道理。所以，马克思的政治经济学在研究资本主义经济制度时，首先研究的是工业资本，然后才研究商业资本、借贷资本、土地所有制和地租等问题。有人错解了“普照的光”的本意后，就以此为据，认为我们现在的私有制经济统统都是社会主义性质的经济，这明显是对马克思思想的错解。

还有学者用错解恩格斯和邓小平的有关论述，为搞私有化提供理论支持。有些学者硬说国有经济不是社会主义经济，非公有制经济才是社会主义经济。还有学者将国有经济称作国家社会主义，将私有制经济称作民办社会主义。“国家社会主义一天天烂下去，民办社会主义一天天好起来。”这种论述值得商榷。《共产党宣言》里讲到，无产阶级取得政权以后，首先把生产资料掌握在国家手里。恩格斯在《反杜林论》里讲到国家所有制时明确提出：“无产阶级将取得国家政权，并且首先把生产资料变为国家财产。”马克思专门写过一篇名为《论土地国有化》的文章，马克思、恩格斯的其他著作中也都讲过社会主义国有经济的问题。此外，社会主义初级阶段的基本经济制度也被有些学者错解。他们认同上述学者对两种社会主义的分类，也宣称非公有经济是人民社会主义，而国有经济是国家社会主义，是非社会主义经济。前不久，一位学者讲“国有经济不是社会主义经济”，并引证恩格斯《反杜林论》中的话做论据。《反杜林论》中讲过：“自从俾斯麦致力于国有化以来，出现了一种冒牌的社会主义，把任何一种国有化，甚至俾斯麦的国有化，都说成是社会主义的。”他引证这句话来否定我国国有经济的社会主义性质。然而，应当弄清楚的是，恩格斯批判的是“冒牌社会主义”。恩格斯指出：“如果把俾斯麦的国有制说成是社会主义，那么拿破仑、梅特涅该是社会主义的创始人了。”恩格斯是批判把资本主义社会的国有经济、把俾斯麦的国有制说成是社会主义。而我国一些学者竟把它普遍化，移植到社会主义的中国来，变异成一切国有制都不是社会主义经济，并说这是恩格斯早就解决了的问题。我国的国有经济是不是社会主义经济？从马克思、恩格斯、列宁到毛泽东、邓小平，都明确认为，无产阶级取得政权以后的国有经济就是社会主义经济。对此，我国宪法和中央文件都有明确规定。一些学者既错解恩格斯的话，来否定我国国有经济的社会主义性质，又错用邓小平的理论做根据，宣扬私有制经济才是社会主义经济。邓小平指出，判断的标准主要是三条“是否有利于”。这里的标准是判断什么的标准？那些学者硬要把它解释成是判断姓“社”姓“资”的标准。发展非公有制经济，符合三条“有利于”的标准，即有利于发展社会主义社会生产力，有利于增强社会主义国家综合国力，有利于提高人民的生活水平。既然发展非公有经济符合这三条标准，那些学者就因此得出结论说，它们都是具有社会主义性质的经济，而国有经济却不是社会主义经济。根据这样的解读和论断，当然要发展私有制经济，削弱国有经济，搞“国退民进”，认为这才是改革与发展的道路。按照这种理论，搞私有制就是搞社会主义，那搞公有制经济还干什么呢？发展国有经济还有什么作用？理论界这一类问题很多，他们否定国有制，妖魔化国有企业，贬损公有制经济，为私有化提供理论支持，这是很危险的。可见，要坚持和发展马克思主义，实现马克思主义的“三化”，必须要以真正弄懂和把握马克思主义为前提。

二、马克思主义的“三化”需要破除教条主义的僵化观点

我们也要看到，在坚持和发展马克思主义过程中还存在本本主义和教条主义的东西。劳动价值论是马克思主义的基本理论，如前所述，有的学者大

肆曲解并否定和批判这一理论，我对此进行了系统反驳，主张要继承和坚持劳动价值论。但劳动价值论也要发展。马克思的经济理论需要中国化、时代化，需要发展与创新。然而，我们看到，有人借口恩格斯讲过马克思的《资本论》是一个完整的艺术整体，不能少讲，不能舍去任何部分，也不能增添任何新的见解，进而坚持只能限于物质生产劳动创造价值，如果有谁主张劳动价值论应有所发展、有所拓宽，主张一定的某种非物质生产劳动也可以纳入生产价值的生产劳动之中，就批判这是否定马克思主义经济理论。但是，我们现在看到，世界上多数国家的商业、服务行业所占比重越来越大，有的国家第三产业产值占总产值的比重可以达到60% ~70%，非物质生产劳动所占比重越来越大，而物质生产劳动所占的比重越来越小。难道说占比重很大的非物质生产领域中的全部劳动者，他们的收入统统都是来源于物质生产领域的工人创造的剩余价值？如要坚持这一观点，就应提出论证与论据，说明这些占比重很大的非物质生产领域的收入通过什么渠道分割物质生产劳动创造的剩余价值。马克思论述商业和借贷部门的利润和工资是来源于产业工人的剩余价值时，是运用数字演算的公式说明的，而当代社会经济中，有许多为生活服务的行业并不为物质生产部门服务，怎能瓜分其剩余价值？我们看到，马克思主义经济学家，大多数都主张应拓宽和发展劳动价值论。但究竟非物质生产劳动的哪一部分创造价值，哪一部分不创造价值，有不同的看法，这一点可以探讨。比如，有的学者主张第三产业的劳动都创造价值，或一切精神生产、文化生产的劳动都创造价值。对于这个问题，我不主张拓展得那么宽，例如，我认为科技部门、设计部门、商业部门的劳动创造价值，但不认为银行获取存贷款利差是自己创造的价值，也难认同教师讲课都创造价值，本文对此不进行具体的论述。但有人拘守不能超越物质生产劳动一步的价值理论，如果超越一步，就批评其是否定劳动价值论、反马克思主义。然而，他们又提不出任何论据来论证自己的观点。占比重越来越大的非物质生产劳动（主要是指服务劳动），通过什么渠道获得物质生产劳动创造的剩余价值？他们没有也难以说明。此外，应当注意到马克思在《资本论》和其他著作中很多重要的思想，我们编写的政治经济学教材中没有体现；同时，有些可以不讲的内容，我们的政治经济学教材中相关内容却很多。我曾经讲过，比如资本总公式及其矛盾的问题，苏联的教材曾经有这方面的内容，我们的教材也有。后来连苏联的政治经济学教材也不讲了，而我们有的教材到现在还保留着。当然，愿意继续保留也是可以的，这不是根本性的问题。问题的关键是马克思阐述的诸如财富论、供求规律、竞争规律、市场价值与市场价格的变动规律、工农业发展关系的规律等等，反而没有写进教材。我们应该重视这方面的问题，类似资本总公式的矛盾一类问题在政治经济学教材中可以不讲，类似马克思的财富论、供求规律、竞争规律等重要思想应该加以补充。事实上，中外许多政治经济学教材已经不讲如资本总公式的矛盾等内容了。有学者因此站出来批判，认为资本总公式的矛盾是马克思的重大发现，它使社会主义走出了黑暗中的摸索，所以不讲是错误的。实际上，历史唯物主义和剩余价值论才是马克思的两大重要贡献，这两大发现使社会主义成为科学，资本总公式的矛盾并非两大发现之一。有的学者竟公然否定和颠倒马克思的贡献，这是完全错误的。我觉得，教条主义和本本主义毕竟还遵守马克思的“教条”与“本本”，而有的学者的教条主义和本本主义，不是马克思主义本来意义上的本本，而是被他错解、曲解了的本本，甚至还认为，马克思主义没有基本原理与非基本原理之分。然而，我们需要系统学习和弄懂的，正是马克思主义的基本原理。毛泽东同志讲：“我们学的就是这些马克思列宁主义的基本原理。”胡锦涛同志在中共十七大报告中讲：“我们党把坚持马克思主义基本原理同推进马克思主义中国化结合起来。”目前，全国新设的马克思主义理论一级学科下的二级学科，就有“马克思主义基本原理”。

三、关于马克思主义“三化”问题

上述两方面的问题都有害于马克思主义的发展。因此，马克思主义中国化、时代化与大众化的过程中，就应该正本清源，还马克思主义本来面目。究竟马克思主义本意是什么？邓小平理论本意是什么？对这些问题都存在来自“右”的和“左”的误解、错解、曲解。邓小平讲的三条“是否有利于”，不是判断姓“社”姓“资”的标准，其本意是判断改革开放是非得失的标准，中央有关文件中不断明确解读这个问题，后来将它解读为判断我们一切工作是非得失的标准。我觉得在这方面，我们必须认真学习和研究。只有真正弄懂和把握马克思主义，才能发展与创新马克思主义，才能正确运用马克思主义。

（一）关于马克思主义中国化问题

中国特色社会主义道路，中国特色社会主义理论体系，这本身就是马克思主义中国化，就是马克思主义的发展。如何在已有的这个大框架下，具体地进一步做一些添砖加瓦的工作，这是马克思主义理论工作者的任务。从事经济理论教学与研究工作的学者，应当系统研究中国特色社会主义经济理论体系，这是中国特色社会主义理论体系的基础性内容。

（二）关于马克思主义时代化问题

马克思主义时代化是个系统工程，需要马克思主义经济理论工作者和其他理论工作者来很好地做这个工作，这方面的研究空间也很大。比如，GDP的增长与大小是否代表价值的增长与大小？中国劳动力是世界上占比最大的，美国的劳动力比我国少得多，但是我们的 GDP 总量比美国要小得多，若按人均 GDP 计算，我国只及美国的1/10，这里的 GDP 反映的究竟是劳动创造的价值还是使用价值？GDP 究竟代表什么？是价值的指标还是使用价值的指标？显然，GDP 不是价值指标。现在一个国家的价值总量，已无法用纸币统计出来。按不变价格计算的 GDP，是使用价值的变动状况。现在黄金不再作为货币进行流通，而是作为与其他商品一样的特种商品进入流通，并且黄金的价格大幅度提高。在金本位下，美元与黄金挂钩，当时一盎司黄金只兑换 35 美元，现在一盎司黄金涨到 1 400 多美元，而且还在继续涨。黄金本身的价值与价格是什么关系？怎样规定？用马克思的劳动价值论和价格理论如何研究和说明这些问题？过去马克思讲价值、价格及其与货币的关系时，贵金属被视为货币，而现在全世界都使用纸币，用纸币规定价格。纸币本身没有价值，它究竟能不能反映商品价值？怎样反映？《资本论》中讲：贵金属本身有价值，所以可以作为价值尺度。而现在，事实上是自身没有价值的纸币能否起价值尺度的作用的问题。如果答案是肯定的，那么怎样论证？如果难以肯定，可以认为，纸币发挥的是价格尺度的职能。商品标价人民币多少元，就是用纸币衡量商品价格。马克思没有讲过“价格尺度”，但根据实践的发展，我们无妨用这个概念。黄金、纸币相互之间及其与商品价值、价格之间究竟是什么关系？这些关系如何梳理？这也是一个时代化的问题，但目前在理论界还是空白，我们到现在还没有很好地研究它。另外，《资本论》中讲到，只有贵金属货币才能执行世界货币的职能。但是现在美元、日元等发达国家的纸币正在执行世界货币的职能，为什么会是这样？这也需要有透彻的理论说明。这些只是一些例子，马克思主义时代化方面的问题还有很多很多。总之，马克思主义经济学怎么样时代化，这是一个很重要而难度又很大的任务。

（三）关于马克思主义大众化问题

马克思主义大众化就是用马克思主义理论指引群众，使马克思主义变成精神的和物质的力量。马克思主义大众化需要理论的通俗化、普及化、贴近实际、贴近群众。中宣部理论局组织编写的《理论热点面对面》一类著作，确实语言生动活泼、通俗易懂，能够指引群众。但是，要使我们的教材、我们的论文、我们的著作能够大众化，使群众容易理解、容易接受，还需要做很多工作，任重而道远！为此，必须要做到两点：第一，遵循科学的马克思主义，反对被“左”的和“右”的思潮变异了的东西。第二，要使马克思主义真正能够联系中国的和时代的实际，能够说明和解决实际问题，而不是空话、套话、大话、废话连篇。只有这样才能使马克思主义真正贴近群众，群众才会乐于接受马克思主义。

用马克思主义的理论逻辑分析国际金融危机[①]

由美国次贷危机引发的金融危机，呈现出了与以往资本主义经济危机不同的特点，这种不同是资本主义基本矛盾在运行形式上显示出的差别。从危机的根源上说，这次金融危机并未超越马克思关于经济危机的理论逻辑，资本主义用以缓和生产相对过剩的金融创新和暂时促进需求的货币政策，并不能从根本上解决资本主义基本矛盾的激化。对于危机不同以往的特点，应依据马克思的危机理论进行分析，分清危机的现象与本质、表层原因与深层原因、诱致性原因与制度性原因。为应对国际金融危机对我国的冲击，我国采取了有力和有效的举措，率先走出了危机的缠绕，但许多西方国家，经济复苏迟缓，还没有走出危机的阴影。对这次危机的理论认识，还需要进行深入的马克思主义分析与研究，并研讨保障我国经济社会安全的有关部署与策略。

一、当前金融危机呈现出的新特点与新情况

这次由次贷危机引发的金融危机，是美国自 1930 年代大萧条以来最严重的一次危机。由房地产泡沫破灭引发的一系列恶果，对美国经济造成了巨大的冲击。这次危机引发的经济衰退，与相距近 80 年、历时达数年之久的大萧条相比，存在着某些相似之处：

首先，就金融系统遭受灾害的深度与广度而言，两者极为相似——在两者之间的任何一次危机中，都不曾出现过如此多的金融机构陷入恐慌：许多

① 本文原载由俞可平、王伟光、李慎明主编的《全球金融危机与马克思主义》一书，与孙咏梅合写，重庆出版社 2011 年版。

国家的银行、保险公司、住房贷款抵押机构，几乎无一例外地受到波及。金融危机将整个金融市场推入了灾难。

在1929年爆发的经济危机大萧条中，美国经济生产总值的损失按1920年代的价格水平计算，达到了3600亿美元！上千万个家庭失去了收入，美国农场的总收入从1929年的60亿美元急跌到1932年的20亿美元。这次次贷危机中，美国付出的代价也很巨大。据统计，美国的世界500强企业在2007年盈利达6452亿美元，2008年仅为989亿美元，下跌幅度达84.7%；亏损企业达128家，亏损额高达5193亿美元。保险业巨头美国国际集团亏损993亿美元，住房贷款抵押机构房利美和房地美分别亏损587亿美元和501亿美元。不但像花旗、美林这样的大金融机构受损，而且美国的实体企业遭受的损失也是惊人的，美国的汽车业就是受害者之一。据统计，通用汽车公司亏损309亿美元，福特汽车公司亏损147亿美元，摩托罗拉公司亏损42亿美元。[①] 在次贷危机的冲击下，雷曼等实力雄厚历史悠久的大企业纷纷破产，而许多亏损严重的大企业（如房利美和房地美），也仅仅是由于政府注入大量资金才免于倒闭。

在上次大萧条中，对银行倒闭的担忧促使存款人提前支取存款，银行为此不得不抛售资产变现，大规模抛售给银行带来了巨大损失，并导致很多小型银行的倒闭。在这次美国次贷危机中，恐慌心理依然扮演了重要角色：从最初对贝尔斯登旗下两只基金的抛售到其后股市的大幅下跌，投资者的恐慌情绪成为对美联储的最大冲击。而在数轮暴跌之中，银行股的损失最为惨重——到目前为止，美国、欧洲的大多数银行股价都缩水了一半以上。而美国具有百年历史的雷曼兄弟公司的破产使债权人蒙受高达750亿美元的损失。国际货币基金组织最新《全球金融稳定报告》作出估计：全球各银行和其他机构持有的、源自美国的信贷资产的潜在损失为2.8万亿美元。

两次大危机的另一个相似之处，是房地产市场的崩溃。上次大萧条开始之时，所有住宅中大约一半都被抵押了。在1934年的美国《城市住宅金融调查》显示，被调查的22个城市中，一半多的城市违约比例超过了38%，甚至有的地方达到了50%～60%，债务人普遍破产。而当前金融危机中房地产市场同样遭受巨大冲击：早在2006年，美国实体经济中住宅市场的不

① 资料来源于美国《财富》杂志2009年4月19日公布的数据。

景气就相当明显，住宅建造量占 GDP 之比直线下滑，从最高的约 6.5%，下降到 2008 年的 3.9%，这一势头至今还没有止住。除了房地产建造量的下降，住宅被抵押也是一个重要的表现，说明人们开始动用固定资产应对危机。

然而，这次金融危机与上次的大萧条相比，更多的是出现了一些前所未有的新的特点：

第一，上次大萧条最先爆发于实体经济领域，由于生产过剩、商品滞销导致实体经济领域大量的生产能力闲置，工厂倒闭，然后危机进一步蔓延至银行业等虚拟经济领域。而这一次危机不是首先直接在实体经济领域爆发，而是首先从以金融领域为起点的虚拟经济领域爆发。在这之前，亚洲金融危机，拉美危机，俄罗斯危机，都属于虚拟经济危机，不过这一次这一特点更加明显。虚拟经济危机对实体经济产生的伤害，更多地表现在出口锐减，出口企业大量倒闭，失业人数攀升，人们收入减少，市场有效需求不足，通货紧缩，经济因缺乏动力而呈现出衰退迹象。据统计，随着危机的蔓延，美国大部分地区出现了失业率上升和消费支出不景气的情况。2008 年年初以来，美国新增失业人数约 75 万余人。美国的失业率持续居高。美国《华尔街日报》网站报道：美国失业率，由 2009 年 7 月的 9.4%，上升到 10 月的 10.1%。2010 年 4 月仍高达 9.9%。在俄亥俄州、密歇根州以及宾夕法尼亚州这样的“夕阳工业区”（rust belt），由于金融危机损害了汽车行业的生产，其失业率在全同居首。

第二，二者产生的路径和表现不同。上次大萧条直接表现为生产相对过剩，消费不足；而这次由美国发端的金融危机则表现为消费过度，负债消费，导致信用链断裂。从表面上来看，与大萧条表现形式有异，呈现相反的现象。而从经济危机的根本原因来看，导致危机的根源是同一的，那就是马克思主义创始人所揭示的资本主义生产方式的基本矛盾，即生产的社会化与资本主义私人占有之间的矛盾，其实质是生产相对过剩，充分暴露了资本主义生产关系的局限性。在这次危机中，消费过度和负债消费，使一些明明没有消费能力的人也进入消费领域，银行给这些人提供贷款，即银行家们为获得更多的利润而无限放贷，最终引发资金链断裂。大规模负债消费的实质，是有支付能力的需求不足，如果不是依靠贷款过度消费，就没有支付能力购买房产和其他重要消费品，就会直接表现为生产过剩的经济危机。而贷款消费，造成一种虚假的有支付能力的需求和经济繁荣，掩盖了资本主义生产能力无限增长与有支付能力的需求不足的矛盾。

第三，二者的发展变化过程不同。以往的资本主义经济危机具有周期性特点，即经历危机、萧条、复苏、高涨四个阶段，进入危机有一个发展过程和明显的先期征兆；而此次的金融危机是在没有明显的征兆和发展过程的情况下，突发的一次严重危机。

此外，上次大萧条发生的区域主要是一些发达的资本主义国家，呈现出明显的区域性特征。而这一次始于美国的金融危机，不但使美国、日本、欧盟等世界经济发达的强同纷纷受损，还迅速蔓延至全球，包括社会主义的中国，具有明显的全球化特征。

总的来看，这次危机的破坏程度不会如上次严重，但复苏缓慢。法国《费加罗报》2010 年 10 月 28 日发表的文章认为，“目前的危机尽管不像上个世纪 30 年代的大萧条那样厉害，但这次危机却会持续比较长的时间。至少将需要 10 年时间才能恢复新的经济平衡”。也许 10 年过长了些，但以经济恢复到危机前的水平计算，会创最长衰退史的纪录。

二、当前金融危机产生的根源并未超越马克思的理论逻辑

由于当前金融危机在诸多方面表现得与以往资本主义经济危机不同，一些经济学家认为，马克思对资本主义经济危机的分析已过时了，马克思主义理论在解释当前新的经济问题时，已缺乏说服力。

事实上，这次金融危机的根源并未超越马克思关于经济危机的理论逻辑，因为从经济危机的根本原因来看，导致危机的根源是同一的，即马克思所揭示的资本主义生产方式的基本矛盾：生产的社会化与资本主义私人占有之间的矛盾，其实质是生产相对过剩，这充分暴露了资本主义生产关系的局限性。只不过以消费过度和负债消费为特征的次贷危机，造成一种虚假的有支付能力的需求和经济繁荣，掩盖了资本主义生产能力无限增长与有支付能力的需求不足的矛盾。马克思对危机根源的深刻分析，对我们清醒认识当前的金融危机的实质，具有更加直接的理论与现实意义。

首先，马克思恩格斯关于金融危机的理论，是建立在货币危机理论的基础之上的。马克思认为，货币危机是资本主义商品经济内在矛盾的必然产

物，在货币的流通手段和支付手段的职能中，就蕴涵有危机的可能性。在资本主义制度下，这种可能性会呈现为现实性。在现实中表现为资金支付链条的断裂。商品不能转化为货币，使商品贬值；债务不能转化为现实货币，使债务到期无法偿还；信用货币不足，银行和工厂纷纷倒闭。马克思和恩格斯在论述金融危机时，频繁提到银行利用提高贴现率的办法来阻止或缓和金融危机。在当时实行金本位的条件下，信用货币银行券（纸币）与黄金挂钩，银行券可兑换成黄金。发生金融危机的时候，人们都涌向银行，要把纸币兑换成黄金。银行则提高贴现率（提高票据贴现时由银行扣下的利息的利率），实际上是用以控制黄金的流出。马克思恩格斯所论述的货币危机理论的核心，是支付链条的断裂，信用的破坏和商品的贬值。

在一般情况下，危机常常表现为两种类型：一种是生产过剩的危机，另一种是银行信用的危机。当前的金融危机表面上看似乎不是生产过剩的危机，而是银行信用危机或货币危机，但事实上却与生产过剩的危机有着密不可分的联系，即银行家为了帮助资本家解决生产过剩问题，并从中分割超额利润，设计出了能够超现实买卖商品的金融衍生品，使之成为解决过剩的途径，结果造成了本来手中货币不足、支付能力欠缺的老百姓，在银行家设计的金融衍生品的诱导下超前消费，拉长了信用资金链条。而信用资金链条过长，则为货币危机和整个社会的经济危机埋下了隐患。

资本主义再生产过程是以信用作为基础，当信用突然停止，便要求现金支付直接发挥作用，而现金支付体系若出现问题，危机便会发生。表面上看，美国当前的危机表现为信用危机和货币危机，事实上却是生产过程的危机向信用危机的先期传导，是由信用链条掩盖着的房地产生产过剩的表现。正如马克思所说："一切现实的危机的最终的原因，总是群众的贫穷和他们的消费受到限制，而与此相对比的是，资本主义生产竭力发展生产力，好像只有社会的绝对的消费能力才是生产力发展的界限。"① 马克思又说："在世界市场危机中，资产阶级生产的矛盾和对抗暴露得很明显。"② 马克思还用生动的语言说明经济危机的表现和原因：棉布充斥造成销售市场停滞，工人"当然需要棉布，但是他们买不起，因为他们没有钱，而他们之所以没有

---

① 《马克思恩格斯文集》第7卷，人民出版社2009年版，第548页。

② 《马克思恩格斯全集》第26卷Ⅱ，人民出版社1997年版，第570页。

钱，是因为他们不能继续生产，而他们之所以不能继续生产，是因为已经生产得太多了”[①]。马克思的这些话，对于说明当前的金融危机和实体经济衰退是同样适用的。

其次，当代资本主义制度会加剧虚拟经济的发展，使之与实体经济相脱节。虚拟经济本身并不创造价值，其存在与发展必须依附于实体经济，一旦背离了实体经济，就会从生产和消费领域掏空资金，反而成为伤害实体经济的元凶。正如马克思所指出的：“一旦劳动的社会性质表现为商品的货币存在，从而表现为一个处于现实生产之外的东西，货币危机——与现实危机相独立的货币危机，或作为现实危机尖锐化表现的货币危机——就是不可避免的。”[②] 而实体经济的衰退，又反过来加剧虚拟经济的波动，形成一种恶性循环。当前的美国金融危机是经济过度虚拟化和自由化后果的集中反映。

再次，虚拟经济危机的最终根源，也是实体经济危机的根源。马克思、恩格斯曾对虚拟经济危机和实体经济危机的关系作过论述：第一，之所以会出现作为现实生产过剩危机的先期表现的货币危机，是因为商业和工业危机的一切因素已经存在，货币危机是由商业危机所引起的。第二，就作为生产过剩危机的先期表现的货币危机而言，金融危机是工商业危机的预兆、先声、序幕和第一阶段。对此，马克思恩格斯不但指出，金融危机的根源或根本原因在于生产过剩及其过剩危机；而且还揭示了金融危机作为工商业危机的一个阶段，是工商业危机的最一般的表现，因而金融危机的实质也就是生产过剩危机。第三，金融市场也会有自己的危机，这时，工业中的直接的紊乱对这种危机只起次要的作用，或者不起什么作用。恩格斯还进一步指出，在金融市场中，总的说来是头足倒置地反映出工业市场的运动。根据历史唯物主义的观点，金融市场对工业生产具有反作用。从而金融市场的危机会传导为工业生产过剩的经济危机。

三、资本主义自由市场与社会主义宏观调控：应对金融危机的经验

金融危机的教训表明，完全自由的市场不可能实现经济的有序发展。消

---

① 《马克思恩格斯全集》第26卷Ⅱ，人民出版社1997年版，第596～597页。

② 《马克思恩格斯文集》第7卷，人民出版社2009年版，第585页。

除金融危机的不良影响，必须及时地转变发展方式，既要充分发挥市场配置资源的基础作用，更要发挥政府有效的宏观调控职能。金融然机爆发以来，许多发达国家经济增长率急骤下降，消费需求大量萎缩。与其形成鲜明对比的是，我国采取了“保增长、调结构、促改革、惠民生”的政策措施，应对国际金融危机的冲击取得明显成效，率先实现了经济的总体回升。

国际金融危机发生以来，各国政府采取了一系列的政策措施，以缓解危机。但由于没有也不可能从根本上解决资本主义的基本矛盾，结果是经济复苏缓慢，难以从根本上扭转世界经济危机的不利格局。事实表明，资本主义市场经济在危机面前呈现出了失效的状态。

从美国经济情况看，受金融危机的影响，资本主义国家投资环境恶化，信贷收缩，企业难以在货币市场筹集资金，直接影响到生产和就业，导致了总供给的减少；另一方面，社会总需求大幅下降，消费需求减少。“财富效应”造成的个人和企业的金融财富减少，也直接降低了美国的消费需求。供给和消费的综合作用，使得美国国内生产总值出现了下降。2009 年以来，尽管其各项指标暂时有所缓解，但经济下行局面还没有得到根本的扭转，生产下滑，工人失业人数增加，收入减少与生活水平下降还在持续。自进入经济衰退至 2009 年 7 月，美国就业岗位减少了 700 多万个。到 2009 年 10 月，美国的失业率激增至 10.4%。2009 年 4 月初，号称世界头号富国的美国，出现了 3220 万多靠领取食品券生活的人口，反映了美国经济复苏乏力的状况。

从世界经济情况看，由于美国金融资产贬值，大量持有美国金融资产的各国金融机构都会存不同程度上遭受损失，少数国家的部分金融机构还因损失过大而倒闭。根据亚洲开发银行的报告，这次金融危机使全球金融资产在 2008 年一年中“缩水”50 万亿美元，相当于全球一年的 GDP。同时，美国的信贷收缩，导致其他国家在美国金融市场筹集资金的资金链条中断，影响到一些主要国家的资金供给进而损害其经济增长。此次金融危机对世界经济最明显的影响体现在国际贸易方面。由于美国市场是许多国家重要的商品出口市场，在美国的金融危机导致美国进口大量减少的情况下，其他国家对美国的出口，特别是外向型经济体对美国的出口受到的损害更大，从而使全球经济下滑。2009 年全球经济增长陷入 60 年来第一次负增长。

从资本主义各国应对金融危机的政策措施来看，虽然世界各国都采用了一系列的挽救措施，但对于经济复苏并未产生立竿见影的实效。从美国的情况看，政府首先采用货币手段缓和金融危机的影响，即对金融市场注入资金来帮助信贷机构渡过难关，同时通过降低再贴现率和联邦基金利率的方式来抵消信贷市场收缩的影响。美国国会在2008年10月3日批准了7000亿美元不良资产救助计划（TARP），以向这些机构融通资金。此外，美国还相继采取“货币市场投资者融资工具”计划（Money Market Investor Funding Faeility）、“定期资产支持证券贷款工具”（TALF）等计划，从布什政府的金融救援和货币政策逐步转向奥巴马政府的财政政策。[①] 欧洲国家和日本政府，也采用了手段有所不同的金融救援、财政政策和货币政策。如英国加强了政府干预力度，不仅采用了财政刺激计划和金融援助，还通过“企业实习计划”来缓解就业，通过“企业贷款担保计划”资助企业等；德国则是通过稳定金融市场方案支持金融机构，还直接通过企业援助对企业融通资金来支持企业；法国采取了两轮金融救援计划和260亿欧元的经济刺激计划；而日本政府先后提出了总额为26.9万亿日元和23万亿日元的刺激经济方案，前者用于向所有家庭发放现金补助、增加对农民的补贴、降低失业保险费用缴纳标准和为陷入困境的中小企业提供信贷担保等，后者用于对失业者再就业和失业救济金提供支持及购买企业股权等。

总的来说，资本主义国家出台的应对政策，尽管对缓解危机有一定作用，但没有从根本上化解金融危机的冲击。从有关资料来看，欧盟委员会发布的报告预计欧元区经济增长率2010年将萎缩为－0.1%，欧盟27个国家的失业人数在2010年将达到10.9%。国际劳工组织总干事胡安·索马维亚认为，相对于经济的全面恢复，就业率要恢复到危机前的水平通常需要多花4到5年的时间。诺贝尔经济学奖得主克鲁格曼认为，世界金融危机走向全面复苏至少要两年或更长时间，而美国的经济萧条或将持续5年。

在这次经济危机中，我国率先实现了经济复苏，为全球走出危机的阴影作出了重大的贡献。我国战胜困难的一个最重要条件，就是我国社会主义市场经济所具有的体制优势和在此基础上的强大的宏观调控能力，这是信奉自由市场经济的西方资本主义国家所不具备的优势。我国作为社会主义国家，能够发挥集中力量办大事的效能，社会主义的国有经济包括国有金融机构，

① 李翀：“各国应对美国金融危机的政策比较和我国的政策选择”，《学术研究》2009年第4期。

发挥了有效的宏观调控作用。我国政府的宏观调控优势，主要体现在以下几个方面：

一是宏观调控的时效性强，下手快和准。面对金融危机的冲击，我国的宏观调控体现出“速度”和“力度”的有机统一。如果断采取积极的财政政策和适度宽松的货币政策，迅速出台“国十条”，重点加强民生工程、基础设施、生态环保建设，实行结构性减税，增强消费需求对经济增长的拉动力，同时大范围实施重点产业调整和振兴规划，实行兼并重组，淘汰落后产能，防止重复建设，促进了经济平稳增长。这种快速的、大规模的政府投资，对市场起到了引导和示范作用，从根本上扭转经济趋缓局势，恢复了经济稳步增长的信心和决心。

二是具有较强的针对性。宏观政策的实施一方面着眼于扩大内需和改善民生，推出了诸如提高城乡居民收入水平、汽车家电下乡及“以旧换新”、十大重点产业调整和振兴规划等具体措施，增强了投资和消费这两驾马车的动力。另一方面，新增中央投资，有计划、有步骤地优先安排符合投向并可以迅速形成实物工作量的在建项目，加大投资力度，加快建设进度，并及时启动符合条件的新开工项目，以形成有效的市场需求和有效的经济拉动力。

三是具有较大的灵活性。应对金融危机，我国在宏观层面一方面继续实施适度宽松的货币政策，另一方面也根据形势的发展变化不断进行政策微调。经济刺激政策根据需要适时进行了调整，尤其是货币政策应对新形势的灵活之举，无疑更符合经济形势迅速变化的客观事实。这样，既保持了政策的连续性和稳定性，也增强了宏观调控本身的灵活性。

四、重视实体经济的发展，抑制虚拟经济过度膨胀

这次危机暴露出了市场自身的缺陷，因而应对危机不能依靠自由的市场运作，而是要借助政府的宏观手段。在虚拟经济危机不断侵袭实体经济之时，我们要重视实体经济的发展，构建防范金融危机向中国实体经济蔓延的“防火墙”。我们应从以下几个方面入手：

第一，虚拟经济不能脱离实体经济，二者必须紧密结合。事实表明，虚拟经济离实体经济越远，泡沫越大，泡沫破灭后的灾难也越大。没有实体经济基础的虚拟经济，将是一个危机四伏的经济。这次次贷危机爆发，美国政

府采取紧急措施，一个重要的方面，就是为了缓解金融危机引发的实体经济的危机。西方其他一些发达国家努力救市，也是担心金融危机过多地危及到实体部门。而中国金融业有外汇管制及市场分隔机制，因此金融业受到危机的冲击并不大。与欧美一些西方国家所不同的是，我国面临的危机不是来源于金融业，而是来源于由国外金融危机引发的、我国出口锐减导致的制造业的困难，中国更需要防范由制造业发生危机进而引发更大的金融危机。马克思主义政治经济学告诉我们，脱离了实体经济的支撑，虚拟经济就有可能演变为投机经济，为经济运行带来不断增长的泡沫，美国近年来的网络泡沫和房地产泡沫的最终破灭，就是一个教训。

第二，减少中国实体经济过高的外贸依存度。中国的经济目前呈现出两个特点：一是经济结构的外贸依存度远远高于其他国家；二是对外贸易增长速度呈直线发展。随着美国和整个世界消费市场的恶化，过高的外贸依存度使得我国经济增长的外来压力越来越大。据有关方面测算，美国经济下降一个百分点，中国经济将下降 1.3 个百分点。出口依存度过高，会带来一些不利影响。一是受国外经济形势变化的制约，变数较多。某些发达国家的经济震荡和危机，会直接波及我国，造成损失。二是外贸顺差大，美国等国家不断给我国制造种种摩擦，并为迫使人民币升值施加压力。三是不利于提高国内消费需求，调整和优化内需与外需的经济结构。因此，今后我国转变经济增长方式的重点之一就是减少外贸依存度。

第三，防止美国借美元缩水向外输出通货膨胀，从而达到撇除债务的目的。目前美国累积债务已经达到了 13 万亿美元，逼近其 GDP 的 90% 。对于一般国家而言，通过增收节支，实现财政盈余是解决债务危机的正常途径。但美国财政支出压力巨大，节省开支而消化债务难以实现；况且，由于财政缺口过于庞大，美国政府只能将大量印刷钞票作为“还债”的重要手段。当前，美元贬值与美国经济复苏乏力、失业率高等状况相关，但也是向外输出通货膨胀的工具。为了防止经济二次探底，英联储重启“量化宽松”的货币政策，以向市场注入更多的流动性。在现有存量货币捉襟见肘的情况下，美联储势必会再次按下印钞机的按钮，以加速美元贬值。我国为防范美元过度贬值带来的消极后果，一是要加强监管机制，防止热钱流入，增多通胀因素；二是要加快外向型经济增长向内向型经济增长的转变，以减少对美贸易顺差的增长速度，减少对美元的过度依赖，进而防范美国通过美元贬值转嫁其国内的金融危机隐患。

总之，在全球化的背景下，我们既要防止资本主义国家通过国际货币体系向我国转嫁危机，更要从迷信西方发展模式的思路中解放出来；要认真解决好我国提高有支付能力的需求，特别是提高弱势群体的收入，以扩大内需的问题；要防止虚拟经济超越和脱离实体经济发展，并防范通货膨胀的升温。

用马克思主义理论分析当代资本主义发展的新进程[①]

“二战”以后的50多年来，资本主义国家的社会经济条件发生了变化。出现了一系列的新情况、新现象和新特点。西方有的学者将其称作“新资本主义”。国内外有很多人感到困惑不解的一个问题是，马克思以后的100多年来，主要资本主义国家不但没有像马克思所讲的那样走向灭亡，也没有像列宁所说的走向“垂死”，而且获得了新的发展。发达资本主义50多年来在生产力和科学技术等方面的发展，超过了整个资本主义以往几百年历史中发展的总和。表明它还具有继续存在和发展的生命力。不能不正视和肯定这一历史事实。面对这一事实，我们需要研究：资本主义国家的新情况和新特点是什么，它是怎样产生的；资本主义的本质和内在矛盾是否发生了改变；资本主义最终要转向社会主义的历史规律还是否存在；马克思主义关于资本主义产生、发展和灭亡的基本原理和科学论断是否还应当肯定。

一、当代资本主义的新变化及其根源

资本主义国家的新变化，主要表现在以下几方面：

第一，与以往资本主义经济自发发展不同，资产阶级及其政府在生产力的发展、经济体制和经济运行、产业结构升级、生产关系发展等方面，不断自觉地进行了自我调节和调整。这既是适应生产力发展的需要，是追求利润最大化的需要，也是在社会主义制度出现和发展并与资本主义进行较量的压

---

① 本文原载《北京日报》2000年9月18日，《新华文摘》2001年第1期转载。

力下，为了维护自己生存与发展，不得不进行一些改良与完善，包括借鉴社会主义的一些有效的作法。

第二，在生产力和科学技术加速发展的趋势下，发达资本主义国家在已有的较高生产力和科技发展的基础上，出现了空前的新的科技革命，生产力和劳动生产率大幅度提高。从资本主义发展的不同阶段来看，在自由竞争的资本主义时代，工业年均增长速度为2%左右。进入垄断资本主义后的100年间，工业年均增长率为3%左右。而在国家垄断资本主义下的20世纪五六十年代，年均增长率达到6%。1953～1972年间，发达资本主义国家的国内生产总值年均增长近5%，随着生产力和劳动生产率的提高，发达资本主义国家的社会财富也迅猛增长。

第三，产业结构适应科技进步和需求结构的变化而不断变化和升级，特别是高科技产业部门迅速发展。马克思关于资本主义国家农业长期落后于工业的状况将会根本扭转的科学预见，已经成为现实。1950～1977年间，美国的农业劳动生产率年均增长5.6%，超过了加工工业。正因为农业劳动生产率大幅度提高，美英等发达国家的农业劳动力占总劳动力的比例下降到3%。工农业物质生产部门在国民经济中的比重降低到只占1/3。而金融、商业和服务等部门的比重不断提高，这种情况，正是工农业部门劳动生产率大幅度提高的结果和表现。目前，产业结构已向信息化、高科技化转变。与此相适应，劳动者的科技知识和文化水平有很大提高，向脑力化、知识化、白领化发展。

第四，在经济体制和经济运行方面，已不同于自由市场经济时代的自发发展和运行。而是借鉴社会主义的一些做法，将计划因素（指社会统一计划）引入市场经济，实行政府调控，将市场调节和计划调节结合起来。也就是将“看不见的手”与“看得见的手”结合起来，用“看得见的手”引导“看不见的手”。政府不再是只充当“守夜人”的角色。政府主要利用财政、金融等经济手段调节着资本主义经济运行，使资本主义经济危机趋于缓和。

第五，在随着生产力发展、劳动生产率不断提高、社会财富巨大增长的条件下，资本主义国家具有了物质条件，可以在利润巨额增加的同时，缩短职工的劳动时间、提高劳动者的物质文化生活水平，改善人民的生活环境，以缓和阶级矛盾。资本主义国家也在重视效率与公平的关系，建立了普遍和比较完善的社会保障制度，征收高税率的超额累进税和遗产税。工人阶级的社会政治地位有了提高。有些资本主义国家吸收工人参加管理。有的还明文规定，股份公司的董事会、监事会要有一定比例的工人代表参加。在此历史和社会背景下，19世纪曾蓬勃高涨的工人运动，在“二战”后逐渐陷入了低潮。

第六，一般垄断资本主义发展为国家垄断资本主义，进而发展为国际垄断资本主义。国际市场不断扩大，广泛地开拓了国际贸易空间。大垄断资本跨越国界，在世界各地投资，建立跨国公司。经济国际化达到了一个新的阶段，呈现出经济全球化的趋势。资本主义的新变化和新特点的出现和发展，是有其根源和受客观规律支配的。

二、资本主义发展的历史趋势

从人类社会发展的历史过程来看，由一种新的社会形态取代旧的社会形态，都不是也不可能在短暂的时期内完成的。而且生产力越落后，转变所需的时间也越长。由原始社会转变到奴隶制社会，经过了数千年乃至上万年的过渡时期。由奴隶制度转向封建制度，从西欧封建化的过程来看，从公元一世纪前后就已开始，而到10世纪前后才告完成。经历了约1000年的过渡时期。如果计算到5世纪罗马帝国灭亡、开始进入封建社会的初期阶段，也经历了500年的过渡时期。资本主义因素从14世纪在地中海沿岸产生，到16世纪由封建社会转向资本主义社会，也经历了200多年的过渡时期。如果计算英国资本主义制度直到17世纪通过资产阶级革命才告完成，则经历了约300年的时间。

世界主要资本主义国家转向社会主义，也需要一个较长的历史时期。资本主义的新变化与新发展，并不表明资本主义返老还童、青春永驻。恰恰意味着为转向社会主义正在准备更坚实更雄厚的物质与社会基础。目前，资本主义尽管有了一副新面孔，但其本质并未有根本性变化。资本主义经济制度的基础，仍然是私有制，虽然私有制的实现形式出现了新的模式；资本统治与剥削雇佣劳动的关系仍然是最基础性的关系，虽然劳资之间的矛盾有所缓和；资本主义生产的实质仍然是剩余价值生产，虽然工人的劳动时间缩短，劳动条件有所改善；资本主义的基本矛盾依然存在，周期性的经济危机依然多次爆发，虽然表现形式有所不同，损害程度有所减弱。不过，1987 年被称为“黑色星期一”的美国股市的狂跌风潮，20 世纪 90 年代以来一系列的金融风暴和危机，也曾震撼了资本主义；资本主义国家贫富两极分化的现象依然严重。资本主义发展的不平衡规律依然在起作用。不要一讲资本主义就只看到少数发达国家。全世界有 180 多个资本主义国家和地区，其中绝大多数处于落后、贫困状态。如刚果、扎伊尔等非洲一些资本主义国家长期陷于贫困与落后状态。发达资本主义国家与落后国家之间的矛盾，诸发达资本主义国家之间的矛盾，并没有消除，经常出现争夺与斗争。

既然资本主义的本质和内在矛盾包括其基本矛盾没有根本改变，那么随着生产社会化的不断发展，变革资本主义经济关系的客观要求和趋势便继续发挥着作用。目前，资本主义发展中出现的新现象新特点，应以两个层次上分别考察。一是适应生产力高度发展和生产高度社会化的需要，资本主义生产关系的实现形式和体制模式有必要也必然会相应调整和发展；二是在资本主义的自我调整和发展中，扬弃和否定资本主义自身的某些新的经济因素也在发展。正是这两个层次的变化与发展，为生产力的进一步发展提供了新的空间与舞台。从资本主义发展的历史趋势来看，这两个层次的变化，不是疏远社会主义，而是接近社会主义。这又可从两方面来论述。一方面是，资本主义生产关系的某些新的实现形式和新的资本组织形式，如股份公司、垄断资本组织、国家垄断资本主义、跨国公司等的新发展，是对资本主义进行“消极扬弃”的经济因素。是通向社会主义的有利的阶梯。马克思已见到资本主义社会股份制的发展，并指出：股份公司是作为私人财产的资本在资本主义生产方式本身范围内的扬弃。“应当被看作是资本主义生产方式转化为联合的生产方式（指社会主义生产方式——引者）的过渡形式”。马克思以后的 100 余年来，股份公司有了新的发展，而且不断出现了新的资本组织形式。它们都是转向社会主义的“过渡形式”。因为比起千千万万个小资本来，大股份公司、大垄断资本特别是国家垄断资本转向社会所有制要方便和容易得多，马克思之所以把股份公司看作是对资本主义私人财产的“消极扬弃”，是因为作为新的资本组织形式，它不会直接触动资本主义制度本身。但由于私人资本转变为社会资本，就为转向社会主义提供了有利的社会经济条件。

另一方面，马克思特别重视新的社会经济因素在资本主义生产方式内部的产生和发展。主要是指他看到的工人合作工厂的出现。他把这种能证明没有资本家参与、工人群众同样可以建立自己的工厂的新经济因素，称作对资本主义的“积极扬弃”。积极扬弃，就是对资本主义制度本身的否定因素在起着作用。马克思指出：“工人自己的合作工厂，是在旧形式内对旧形式打开的第一个缺口。”①

进入20世纪特别近50多年来，资本主义生产方式内的消极扬弃和积极扬弃的经济因素有了很大发展。单从积极扬弃方面看，不仅工人合作工厂得到进一步发展和扩大，而且农民合作社也较快地发展起来。此外，社会保障制度和福利制度的普遍推行与不断完善，高率累进税和遗产税的征收，是对私人资本和私人财产扩张的限制，同样是对资本主义私人占有的一种扬弃——消极的或积极的扬弃。新的经济因素的产生与发展，也具有二重作用。一是有利于其内在诸矛盾包括阶级矛盾的缓和；二是对私人资本主义作了肯定中的否定。马克思曾明确指出：“我把生产的历史趋势归结成这样：它‘本身以主宰着自然界变化的必然性产生出它自身的否定’；它本身已经创造出一种新的经济制度因素……实际上已经以一种集体生产为基础的资本主义所有制只能转变为社会的所有制。”② 又说：“工人阶级……是要解放那些由旧的正在崩溃的资产阶级社会本身孕育着的新社会因素。”③

在21世纪新的100年中，发达资本主义将会适应新生产力和高度生产社会化的需要，在经济关系和经济体制及运行等方面，出现新的变化与特点。“新的经济制度因素”会不断发展与扩大。将不断扬弃和削弱资本主义私有制度本身。新的经济制度因素积累到一定规模时，可以有两种转向社会主义的途径：一是通过工人阶级革命取得政权，利用新的经济制度因素，建立社会主义制度。二是经过较长期的自然发展过程，通过部分质变的不断积累逐渐转向社会主义。正如同以往社会经济制度的变革与更替那样。

苏联东欧原社会主义国家发生剧变、社会主义运动遭受巨大挫折处于低潮的今天，有些人出现了“信仰危机”，不相信或怀疑社会主义终将取代资本主义的历史规律。西方有的论著中提出由社会主义过渡到资本主义的命题。然而西方一些有见识的学者，也在继续提出和研究资本主义的历史命运

---

① 《马克思恩格斯全集》第25卷，人民出版社1975年版，第497～498页。

② 《马克思恩格斯全集》第19卷，人民出版社1965年版，第130页。

③ 《马克思恩格斯选集》第3卷，人民出版社1995年版，第60页。

问题。美国麻省理工学院经济学教授、当代著名经济学家莱斯特·瑟罗在其1996年出版的《资本主义的未来》一书中，用大量篇幅研究和抨击了当代资本主义的严重缺陷。他指出："商业周期之于资本主义犹如地震之于地球的地质，是内在的。资本主义向来就有商业周期现象，将来也会有。"他预言，资本主义"全球金融市场迟早会经历一场类似90年代日本股市崩溃或者相当于30年代美国股市崩溃的大崩溃"。他认为资本主义衰退"是资本主义的一个部分，它们不可能被消除"。作者在论述资本主义的诸弊端时，同时指出："这并不奇怪。资本主义一出世就有这些问题了。它们是该体制的一部分。它们导致了社会主义、共产主义和社会福利国家制度的问世。"瑟罗不是从历史唯物主义和社会发展规律来论述资本主义转向社会主义问题，而是从资本主义的内在矛盾与弊端着眼认为将导致社会主义和共产主义，并且，他并不是社会主义的支持者。这是他的理论局限性。但他看到资本主义不是美好的永恒的制度，而是要导致一种新的社会制度。对资本主义发展的历史趋势的这一认识是值得肯定的。

正确对待马克思主义经济学与西方经济学的关系①

我国是由共产党领导的社会主义国家。党的指导思想是马克思主义，既包括马克思主义创始人的科学理论，也包括后继者发展了的马克思主义。从经济理论与实践的方面说，无论经济学的教学与研究，还是社会主义经济建设与改革开放，都应以马克思主义的经济理论为指导，而不是也不应以西方经济学为指导。这样讲，并不意味着忽视甚至排斥对西方经济学的研究与掌握。从经济学的教学与研究以及经济实践来说，应首先学好用好马克思主义经济理论。高校经济学专业的师生，要较为系统和深入地学习和掌握马克思主义经济学，应注意以下三点：

第一，无论对马克思列宁主义的原创理论，还是对毛泽东思想、邓小平理论等，都需要完整、准确地把握原意，尽可能消除加予其上的误解、错解甚至曲解。目前，这方面存在的问题很多：既存在不读马列、不懂马列，却在那里使劲地否定和批判马列的现象；也存在不读马列、不懂马列，却自称是发展马列、创新马列的现象。需要正本清源，澄清理论是非。

第二，马克思的经济学，是一个博大精深的宝库，需要很好研究与发掘，我们现在的政治经济学教科书，大都是在浅层次上转述马克思的经济学基本原理和思想，而且由于理解不准确，还存在着转述走样的情况。特别是马克思、恩格斯有许多重要经济思想，对社会主义经济发展和体制改革具有现实的理论指导意义，但过去注意和重视不够。比如，社会主义制度下人的全面自由发展问题，马克思曾在《资本论》和其他著作中作为重要原则提

① 本文原载《理论视野》2006年第3期。

出来，但以往我们的经济学教学与研究中很少涉及。近年来，党中央的有关文献中提出了人的全面发展问题，理论界才开始重视研究与宣传。再比如，《资本论》第3卷第10章中，马克思论述的市场价值、市场价格、供求规律、竞争规律等理论思想，比《资本论》第1卷所阐述的价值与价格理论在内容上拓展和丰富了很多，对研究我国社会主义市场经济很有理论和现实意义，但这一章的内容比较难懂，不少经济理论和实际经济工作者没有读过，或者虽然读过而没有读懂，甚至误解和错解，在政治经济学教学与教科书中也没有反映。在经济学的教学中，重视马克思的劳动价值论是必要的，但以往对马克思的财富论几乎没有反映，而财富论对社会主义实现人的全面发展和根本目的——共同富裕来说，具有重要的理论意义和实际意义。

第三，马克思主义经济学是开放的、发展的经济学，马克思和恩格斯一再反对把它们的理论当作教义和教条。需要首先学习和把握的是马克思主义的立场、观点和方法。什么立场？工人阶级的立场，劳苦大众的立场，为人民群众解放而奋斗的立场，科学社会主义的立场，为穷苦群众讲话和谋利益的立场。马克思把自己的经济学称作劳动的经济学，把资产阶级经济学称作资本的经济学。究竟是替劳动说话，为劳动的利益献计献策，保护和发展劳动的利益，还是替资本说话，为资本的利益出谋划策，损害劳动的利益。这是两种经济学和两类经济学家的分野。什么观点？科学性和阶级性相统一的观点，理论与实践相结合的观点，揭示人类社会经济发展规律的观点，阐明资本主义经济关系的本质及其产生发展和终将为社会主义所取代的观点，有关社会主义经济关系本质、经济运行、经济发展的基本观点。什么方法？辩证唯物主义与历史唯物主义的方法，吸收前人的科学成果、去伪存真的方法，历史与逻辑既相一致又有区别的方法，进行科学抽象的方法。

马克思主义经济学与西方经济学，作为劳动的经济学和资本的经济学的分野来说，两者的理论体系和根本观点是相对立的。但是，两者在另外一方面，又有相通和相容的地方。马克思主义经济学与西方经济学都具有意识形态属性，二者的对立主要体现在这个方面。不过，无论马克思主义经济学或西方经济学又具有分析工具的属性。例如，西方经济学研究经济增长与发展，分析通货膨胀与紧缩，研究市场配置资源的机制与作用，研究制度创新、管理创新、科技创新的途径与方法，研究市场机制与计划机制相结合的原理，研究政府宏观调节的内容与方法，等等，对于我国社会主义经济建设与发展，对于社会主义市场经济的建立与完善，对于深化经济体制改革，具有程度不同的借鉴意义。但是，在借鉴与运用过程中，又不能照搬照套。即使作为分析工具，西方经济学的分析对象，主要是资本主义经济，对于社会主义经济来说，并不完全适用。例如，怎样发展和完善公有制为主体、多种所有制经济共同发展的社会主义初级阶段的基本经济制度，怎样发展和完善按劳分配为主体、多种分配方式并存的分配制度，怎样使社会主义公有制与市场经济相结合，怎样搞好搞活公有制经济，怎样通过社会主义经济体制的改革与发展，实现社会主义的本质，即解放生产力，发展生产力，消灭剥削，消除两极分化，最终达到共同富裕，等等，只能在发展着的马克思主义特别是邓小平理论和党中央的正确理论指导下来进行和实现。西方经济学是无能为力的。从总体上说，我国的改革开放和经济建设是在发展着的马克思主义指导下进行的，而不是由西方经济学为指导的。即使在某些方面借鉴西方经济学的理论与方法，也没有和不应以西方经济学为主导。但是，有的学者却认为我国的改革与发展应以西方经济学为指导；某些理论工作者和实际工作者有意无意地离开邓小平理论和中央的正确理论与政策的指导，落入新自由主义的窠臼，主张改掉公有制经济特别是国有经济，实现私有制化。这方面的问题，应引起应有的注意。

对于马克思主义经济学与西方经济学的关系，我很赞赏陈岱孙先生的十六字原则："弘扬马列，锐意创新，借鉴西学，体察国情。"这是给一部经济学著作的题词，是从经济学的角度讲的。"弘扬马列"，表示要发扬光大马列主义经济学，以马列主义经济学为主导；"锐意创新"，表示不能教条主义、本本主义地对待马克思主义经济学，而是要重视理论创新与发展；"借鉴西学"，就是主张借鉴与汲取西方经济学中可为我所用的某些理论与方法，"借鉴"，就是表示不能成为主体和主导；"体察国情"，表示对西方经济学不能照搬照套，应根据我国社会主义国情和社会经济条件，有借鉴，有吸收，有摒弃，有批判。

对高校的经济学专业来说，既应学好、学深马克思主义经济学，具有坚实的马克思主义经济学理论基础；也要学懂和系统掌握西方经济学。应在马克思主义经济学的指导下去研究和掌握西方经济学的理论体系和基本内容。迷信和崇尚西方经济学、将西方经济学真理化、将我国经济学的教学与研究引向西方化的人，往往并没有真正弄懂弄通西方经济学。只有既较系统和深入地学习与掌握了马克思主义经济学，又较系统地了解和掌握了西方经济学，才能正确辨别理论是非，有分析、有鉴别、有取舍。

即使批判西方经济学中的某些错误观点，也不能简单化，也要先弄清其原有涵义。目前理论界无论肯定或否定“经济人假说”的某些学者，都将其解释为人的本性都是自私自利的，一切行为都是出于自私的动机。并认为这是滥觞于亚当·斯密的理论。其实，斯密在《国富论》中是说，在买卖关系中，是要讲利己的。每个人都从利己的打算出发，达到相互利益的统一。这是就资本主义私有制市场经济中的商品买卖关系而言的。在资本主义私有制市场经济中，企业追求利润最大化，个人追求私人利益最大化，这是客观事实。而且在私有制下，每个私有者都会保护和追求自己的私人利益。斯密并没有讲：人的天性就是自私的，在一切社会活动中，包括政治生活、公务活动、人际交往中，人们的行为都出于自私自利的打算。即使在社会主义条件下，有些好人可以见义勇为，或慷慨解囊，救助他人。但当他们进入商品市场进行买卖活动时，都会选择质优价低的商品，维护和争取增大自己的利益，即利己而非利他。然而，这种利己行为不应扩大到一切非商品关系的社会生活中。如果把“经济人”解释为“人不为己，天诛地灭”、“人为财死，鸟为食亡”的自私自利之辈，并将其作为正面的理论给我们的学生、干部和工农群众灌输，那会贻害无穷。

不少学者忧虑：近年来，在教学与研究中，马克思主义经济学存在被边缘化的趋势，这是事实。这有客观原因，也有主观原因。苏联东欧原社会主义国家解体与剧变；社会主义运动走向低潮；我国实行改革开放，发展个体、私营经济和外资企业，实行社会主义市场经济，这与马克思主义创始人的理论不一致；加之有些人公开和批判马克思主义，宣扬西方经济学的科学性和合理性。所有这些，不可避免地从意识形态上给马克思主义经济学带来严重的负面影响。在这种情况下，马克思主义理论工作者的责任不是降低而是增大。

理论一旦掌握群众就会变成物质的力量。需要从主观原因上进行反思：为什么在以马克思主义作为指导思想的共产党的领导下，在社会主义现阶段，马克思主义在一些部门弱化？为什么在解放前高校的经济学教学中，大学生们对普遍开设的西方经济学课程并不热衷，而对进步教授开设的马克思主义经济学却反映热烈，易于接受？为什么在社会主义的新中国，情况竟会倒了过来？这些现象为什么存在，有没有我们主观上的原因？如果从事马克思主义经济学教学与研究的学者，能够适应我国社会主义经济发展和改革开放的需要，与时俱进地发展马克思主义经济学，锐意进行理论创新、体系创新、方法创新，能够运用它来说明和解决现实经济问题，人们就容易接受它、重视它、应用它。它的生命力就会不断增强，就会重新和进一步掌握群众。在党中央实施马克思主义理论研究和建设工程的大好时机下，发挥主观因素的积极作用，减弱客观因素的消极作用，应是我们的责任所在。

继承和发展马克思主义政治经济学[①]

提高马克思主义政治经济学的教学与研究水平，编写出符合时代要求、充分反映马克思主义经济理论发展新成果的教材，需要处理好几个问题。

一、把握继承与创新的关系

政治经济学教材既要准确、完整地再现马克思主义经典作家的科学理论，继承和坚持其基本原理和方法，又要根据新的实践加以不断创新。比如，政治经济学的研究对象问题。马克思政治经济学主要研究资本主义生产关系及其发展规律。尽管马克思也阐述过资本主义社会生产力的发展过程、资本主义经济的运行机制等，但这是服从于对资本主义生产关系的研究的。马克思没有任务为资本主义怎样搞好经济发展和经济运行提供理论支持。当代中国的马克思主义政治经济学是为社会主义建设、为经济发展、为改革开放服务的。研究社会主义生产关系的规定性，研究它产生、发展和成熟的过程及其规律，是其基础性内容。同时，还要研究资源配置，研究社会主义经济体制和经济运行机制，研究社会主义经济增长与发展的方式、途径及其规律。不能简单地断定西方经济学研究资源配置，而马克思主义政治经济学只研究生产关系。当代中国马克思主义政治经济学的研究对象还应涵盖当代资本主义。当今时代是资本主义与社会主义两种制度并存的时代，社会主义需要借鉴和利用发达资本主义国家管理社会化生产、发展和调节现代市场经济的有益经验与成果。因此，当代马克思主义政治经济学既要研究当代资本主义生产关系的新发展，也要研究在新科技革命和新生产力发展条件下当代资

① 本文原载《人民日报》2004 年 8 月 3 日。

本主义经济运行和发展的新情况、新特点，研究具有自我扬弃意义的趋向社会主义的新经济因素的发展。

马克思主义政治经济学的许多基本原理需要继承和坚持，也需要随着时代的发展而发展。比如，生产关系一定要适合生产力的状况和要求的原理具有普遍意义，但马克思所能认识到的是社会主义以前的情况：社会生产关系与生产力的不适应，一般表现为生产关系落后于生产力的发展。而社会主义实践表明，人们社会自觉性和主观能动性的增强，可能变异出主观随意性，从而出现脱离生产力的实际水平、人为拔高社会主义生产关系和超越发展阶段的情况，这种拔高的和超阶段的生产关系从相反的方面不适应甚至损害生产力的发展。政治经济学应从理论上总结这方面的教训。又如，劳动价值论是马克思政治经济学的基石，这一理论从总体上说是科学的，必须坚持。供求价值论、效用价值论、生产要素价值论等都是站不住脚的。但劳动价值论也需要发展。生产劳动的内涵需要拓宽。物质生产劳动创造财富和商品价值，这是劳动价值论的基础性内容，但随着社会经济结构的新变化和新发展，一概否定非物质生产领域的劳动创造商品价值的功能，会显得缺乏现实说服力。

二、把握“源”与“流”一脉相通的关系

马克思主义政治经济学的创新与发展，要以准确完整地把握其基本概念和基本原理的原意为前提，不能不认真研究马列而妄谈发展马列。理论创新是“流”，不能割断其与“源”的传承关系。社会主义的根本任务是发展生产力，最终目的是实现共同富裕。这是经典作家一再强调的，但在我国的特定历史时期，在政治经济学教材与教学中却没有得到应有的反映。《共产党宣言》提出，无产阶级取得政权后，要“尽可能更快地增加生产力的总量”。在1857~1858年经济学手稿中，马克思又强调，在社会主义制度下，“社会生产力的发展将如此迅速……生产将以所有的人富裕为目的”。科学社会主义不是贫穷的社会主义，社会主义要消灭贫穷。邓小平同志指出：“社会主义的本质，是解放生产力，发展生产力，消灭剥削，消除两极分化，最终达到共同富裕。”这是对科学社会主义思想的继承和发展，既是坚持，又有创新。社会主义实行公有制和按劳分配，这也是马克思主义理论的

“源”，而我国社会主义初级阶段实行公有制为主体、多种所有制经济共同发展；按劳分配为主体、多种分配方式并存，则是马克思主义发展中的“流”。

随着社会主义实践的发展，出现了一些新的概念和提法，应弄清和把握其科学含义。例如，社会主义初级阶段的经济、“社会主义市场经济”同“社会主义经济”之间的联系与区别是什么？社会主义初级阶段的基本经济制度同社会主义经济制度是同一概念，还是既相联系又有区别的两个概念？这些问题需要在马克思主义政治经济学中给予回答。

三、拓宽政治经济学的研究范围

这包括两个方面：一方面，马克思经济学说中的一些重要思想，在教材和教学中应有更好的反映。例如，《资本论》和其他著作中关于市场价值和市场价格的运动规律以及供求规律、竞争规律等的论述，对研究商品经济和市场经济具有现实意义；经典作家关于科技劳动和管理劳动在社会经济发展、创造使用价值与价值中的作用的论述，也有重要的现实意义；马克思对产权理论也有系统的论述，这些应有较充分的研究和反映。

这里特别提一下马克思的财富论问题。马克思的价值论与财富论，是从不同角度提出的两个重要理论。人们重视对劳动价值论的研究是必要的，但忽视对财富论的研究则是不应该的。马克思曾指出，在社会主义社会，商品生产消亡了，劳动不再形成价值，价值理论也就失去其经济基础，而财富论则会有更重要的理论和实践意义。社会主义要创造条件，使“一切财富的源泉充分涌流”。社会主义实现共同富裕，靠的是财富的大量增加。财富的生产离不开劳动要素，但财富的增加并不与劳动成正比，而是与劳动生产率的提高成正比。劳动生产率的提高取决于许多因素，其中最重要的是科技进步及其在生产中的应用。马克思指出，“随着大工业的发展，现实财富的创造较少地取决于劳动时间和已耗费的劳动量”，较多地“取决于一般的科学水平和技术进步，或者说取决于科学在生产上的应用”。因而，在社会主义条件下，重要的不是延长人们的劳动时间，提高劳动强度，以创造更多的价值，而是应用新的科技，提高劳动生产率，用更少的劳动时间生产出更多的财富。而且，财富的概念也会在内涵上发生变化。财富的本意是物质和精神产品、是使用价值，而随着生产力的发展和社会经济的进步，马克思认为，"可自由支配的时间"的增加，将成为社会财富的尺度。劳动时间的缩短、可自由支配时间的增加、社会财富的大幅增长，也是人的自由而全面发展的条件。

另一方面，当代知识经济、信息经济的发展，新科技革命的推进，经济全球化的演变，都在越来越大的程度上影响着生产力和生产关系的发展，影响着经济结构和经济运行秩序的调整，需要政治经济学作出新的理论研究和分析。

四、把握坚持与借鉴的关系

在政治经济学的教学与研究中，坚持马克思主义并不排斥而是需要借鉴和汲取西方经济学的有益成果。但是，对西方经济学不能照搬照套，特别要反对用西方经济学包括庸俗经济学来否定和取代马克思主义经济学。

在政治经济学的学科建设中，一方面，需要组织力量，深入、系统地研究马克思主义经济学的基本原理和方法，需要分清哪些是必须长期坚持、并结合新的实际加以丰富发展的基本观点，哪些是必须破除的对马克思主义的教条式的理解，哪些是必须澄清的附加在马克思主义名下的错误观点。要用科学的态度对待马克思主义的经济学说。另一方面，也需要组织力量，研究和分析西方经济学体系中哪些是为资本主义制度辩护的思想观点；哪些是似是而非的没有科学价值的东西；哪些是对经济增长与发展、对管理社会化大生产、对发展市场经济和调节经济运行有理论和实际价值的概念、原理和方法。对于后者，马克思主义经济学应当加以借鉴和汲取，作为丰富和发展自己的必要因素。

五、清理对马克思主义原理的误解和错解

在这方面存在的问题较多。如，误认为马克思的劳动价值论是体力劳动价值论。其实，马克思的劳动价值论是肯定包括科技劳动、管理劳动和其他脑力劳动都创造商品价值的。又如，错解马克思关于"普照的光"的思想，以为任何社会都有多种经济成分，占主体或主导地位的经济成分是普照的

光，在普照的光下，其他经济成分都改变了其原有的特点和性质，并以此解释和规定我国多种经济成分的性质。其实，马克思的原意，是讲资本主义政治经济学的体系结构的安排和经济范畴的顺序问题。使资本主义成为资本主义的，是产业资本的产生与发展，因而产业资本首先工业资本是“普照的光”。因此，《资本论》首先研究的是工业资本。资本主义以前就存在的商业资本、借贷资本、土地所有制等，都成为从属于产业资本、具有资本主义特点与性质的经济形式。

在政治经济学的教材与教学中，还存在颠倒马克思著作原意的现象。例如，某些教材把货币的本质定义为“作为一般等价物的特殊商品”。强调货币是“特殊商品”，而其他商品都是一般商品。而马克思的原意恰恰相反。《资本论》明确指出：“既然其他一切商品只是货币的特殊等价物，而货币是它们的一般等价物，所以它们是作为特殊商品来同作为一般商品的货币发生关系。”经典作家讲的如此明确易懂，为什么我国的有关教材和论著会作出与马克思原意相反的论断呢？追根溯源，这种错解来自原苏联的教材与论著。

长期附加于马克思主义名下的错误论断，会成为一种先入为主的习惯势力，清理起来颇不容易，但必须清理清楚，这样才真正有利于对马克思主义经济学的继承与发展。

政治经济学教材可以不讲“资本总公式的矛盾”[1]

提出这个问题，可能会遭致同行们的异议。因为把“资本总公式的矛盾”作为剩余价值理论的切入点，已是马克思主义经济学百余年来的传统观念与方法。对“资本总公式的矛盾”提出问题，主张将其淡出政治经济学教材，会被有的学者认为有损剩余价值理论。然而笔者认为，这是一种先入为主的见解。不从“总公式的矛盾”切入，不但不会削弱反而有利于消除疑点，更简明地阐述和把握剩余价值理论。马克思的劳动价值理论和剩余价值理论，是马克思政治经济学体系的基石。百余年来直到今天，尽管不断有人在否定和责难它，但由于这一理论具有深刻的科学内涵，因而是难以动摇或被驳倒的。而用以反对它的种种经济理论特别是价值理论，如效用价值论、边际效用价值论、供求价值论、生产要素价值论等，尽管不断有人接力式地宣传，目前国内也有人推崇，但由于其缺乏科学内涵和理论说服力，因而是站不住脚的。

对于马克思的经济理论，包括劳动价值理论和剩余价值理论，既要坚持与继承，又要发展与创新。坚持与继承，不是照搬照套，搞“句句是真理”。我们常讲要学习马克思主义的立场观点与方法。什么立场？科学的立场，人民大众利益的立场，科学性和阶级性相统一的立场。什么观点？理论与实践相统一的观点，构成马克思主义理论体系的基石和支柱的具有真理性的基本观点。什么方法？主要是辩证唯物主义和历史唯物主义的方法。至于马克思经济理论中的某一具体原理或对某一原理的具体表述，也可能存在需

① 本文原载《教学与研究》2006 年第 3 期。

要后人完善和修改的地方。马克思的主要经济学著作《资本论》第1卷的1版和2版，德文版和法文版，在某些具体论述上就有差异，曾多处修改而不断完善。第3版和第4版出版时恩格斯又根据法文版做了改动。

马克思建立了科学的劳动价值理论，就顺理成章地会发展为剩余价值理论。既然劳动价值论已经阐明，商品价值的惟一源泉是劳动，不言而喻，资本家所获取的作为价值增殖的剩余价值，自然也是来源于劳动。政治经济学从劳动价值论进入剩余价值论，需要有个过渡性论述，需要讲简单商品生产与资本主义商品生产的不同，前者是后者的历史前提。简单商品生产是个体劳动创造价值，资本主义商品生产是集体劳动创造价值与剩余价值。资本主义生产是资本与雇佣劳动相结合的生产，因而要以货币转化为资本和劳动力成为商品为前提。从分析劳动力商品及其与资本相结合就可以转入剩余价值生产。但是，《资本论》第1卷第2篇“货币转化为资本”（只有1章即第4章，章目与篇目相同），首先用两节篇幅分别论述了“资本的总公式”和“总公式的矛盾”。绕了个论述生动的大弯子，然后才提出劳动力成为商品是货币转化为资本、产生剩余价值的前提条件。我们的政治经济学教材和教学，长期以来都是按照《资本论》的这一逻辑顺序和内容进行讲解的。

笔者认为有必要对“资本总公式”和“总公式的矛盾”提出一些需要斟酌的问题。如果不讲这两个问题，直接从货币转化为资本，劳动力成为商品进入剩余价值生产，岂不是更简明些。讲这两个问题，反而产生一些疑点。

第一个问题，关于两种流通形式的区别问题。

在“资本的总公式”一节中，提出“作为货币的货币”流通形式和“作为资本的货币”的流通形式的区别点，也就是简单商品流通形式和资本流通形式的区别点。前者的公式是 W—G—W，后者的公式是 G—W—G′。前者是为买而卖，没有价值增殖，后者是为卖而买，产生了剩余价值。这样讲，存在两个问题：其一，在 G—W—G′流通公式中，没有生产过程，只是个商品买卖过程，并非产业资本的流通形式，与第一篇中所论述的劳动价值理论隔离开了。其二，W—G—W 这一流通公式基本上适用于个体农民的买卖关系，而小手工业的商品流通形式，也应是 G—W—G′，与资本流通形式相同。其收回的货币应大于其支出的货币。其支出的货币用于购买原材料和劳动资料等，而出售商品收回的货币，由于其生产和出售的新商品中凝结了自己和家人的劳动，形成了新的价值，因而应大于其垫付的货币。因此，把简单商品流通公式只确定为 W—G—W，并用以对比资本流通公式，说明二者的区别，在阐述和论证上有值得重新考虑之处。

第二个问题，用 G—W—G′作为资本的总公式，是否完全合理、准确？

我们知道，G—W—G′这本是商业资本的流通公式。而产业资本的流通公式是 $G—W\left\langle\begin{matrix}A\\Pm\end{matrix}\right.\cdots P—W'—G'$，借贷资本的流通公式则是 G—G′。显然，商业资本的流通公式不能代表产业资本的流通公式，因为它没有产业资本所进行的生产过程。而且，商业资本购买和出卖的是同一商品，而产业资本购买和出卖的则是不同的商品。商业资本也不能代表借贷资本的流通公式。因为借贷资本并不买卖商品，即没有 W 这个中间环节。

为什么要用 G—W—G′作为资本的总公式或一般公式呢？马克思有个说明：“为了贵卖而买，即 G—W—G′，似乎只是一种资本即商人资本所特有的形式。但产业资本也是这样一种货币，它转化为商品，然后通过商品的出售再转化为更多的货币。在买和卖的间歇，即在流通领域以外发生的行为，丝毫不会改变这种运动形式。最后，在生息资本的场合，G—W—G′的流通简化地表现为没有中介的结果，表现为一种简练的形式，G—G′，表现为等于更多货币的货币，比本身价值更大的价值。因此，G—W—G′事实上是直接在流通领域内表现出来的资本的总公式。”[①] 显然，读者从这个说明中难以领悟为什么商业资本的流通公式既能代表产业资本的流通公式，又能代表生息资本即借贷资本的流通公式。如果说，一切资本的流通公式都是流回的货币大于预付的货币，即货币转化为更多的货币，都是“将本求利”的，那么为什么不把生息资本的流通公式 G—G′作为资本的总公式呢？显然，如果这样，“资本总公式的矛盾”也就无法提出并进行剖析了。

---

① 马克思：《资本论》第 1 卷，人民出版社 2004 年版，第 181 页。

第三个问题，商业资本的流通公式G—W — G′，是否存在矛盾？

什么是“资本总公式的矛盾”学界存在不同的理解。有人认为，这一矛盾就是马克思讲的：“资本不能从流通中产生，又不能不从流通中产生。它必须既在流通中又不在流通中产生。”① 这样理解并不准确。“总公式的矛盾”，马克思自己已做了说明：“货币羽化为资本的流通形式，是和前面阐明的所有关于商品、价值、货币和流通本身的性质的规律相矛盾的。”②其实，只要用马克思关于商业资本和商业利润的理论来理解问题，就会使“矛盾”化解。我们知道，从奴隶社会到封建社会、到资本主义社会，到社会主义社会，都存在商业资本。商业资本家的行为就是贱买贵卖。它买卖的是同一商品。批发商从生产者那里买来商品，加价卖给零售商，零售商再加价卖给购买者。这是经济生活中人们所熟悉的情况，并不存在难以解释的矛盾。不需要从这种“矛盾”中引出劳动力成为商品来。远在奴隶社会和封建社会，就存在和发展着商业资本，其流通公式也是G—W—G′，试问，那时是否存在“资本总公式的矛盾”呢？要知道，那时劳动力还未成为商品，还没有产业资本，除了用贱买贵卖说明商业利润的来源外，并不需要用别的途径来加以说明。当然，商业利润的最终来源，按马克思的劳动价值论是来自商品生产者的劳动创造的价值。但这已属于资本流通公式以外的问题了。

要知道，《资本论》中用劳动力商品及其价值增殖来解决“资本总公式的矛盾”时，已经超出和变异了G—W—G′的流通公式了。因为把劳动力商品拉进来，就成为$\text{G—W}\left\langle\begin{array}{l}\text{A}\\ \text{Pm}\end{array}\right.$了，而商业资本的流通公式不可能是$\text{G—W}\left\langle\begin{array}{l}\text{A}\\ \text{Pm}\end{array}\right.\text{—G}'$。引进劳动力商品，必然需要进入生产过程，从而购买的商品与出卖的商品就不是相同的了，就变成产业资本的公式了。但产业资本的流通公式即$\text{G—W}\left\langle\begin{array}{l}\text{A}\\ \text{Pm}\end{array}\right.\cdots\text{P}\cdots\text{W}'\text{—G}'$，马克思是在《资本论》第二卷中

---

①② 马克思：《资本论》第1卷，人民出版社2004年版，第193、182页。

讲资本的循环与周转时才提出的。因此，将商业资本的流通公式作为资本的总公式或一般公式，提出“资本总公式的矛盾”，又要在G—W—G′的流通公式范围内找寻解决矛盾的出路，在逻辑上似存在不顺当之处。如果不讲“资本的总公式”和“总公式的矛盾”，直接从劳动价值论发展到剩余价值论，即从简单商品生产者的个体劳动创造价值，到劳动力成为商品，到资本主义商品生产中雇佣劳动创造价值和剩余价值，岂非在理论逻辑上更简单明了？

有必要讲一下：由斯大林倡导编写的苏联《政治经济学教科书》中，就没有讲“资本总公式的矛盾”。但照样讲清了货币变为资本，劳动力成为商品，剩余价值生产等问题。

第四个问题，劳动价值论的适用范围要不要拓宽？

“资本总公式的矛盾”是以只有物质生产劳动创造价值，流通领域的买卖行为不创造价值为既定理论前提的。而近几年来在关于深化对劳动价值论的认识与研究中，在马克思主义经济学者内部，不少学者提出，应根据社会经济发展的新的实践，发展劳动价值论。认为劳动创造价值不应当只限于物质生产劳动。现代经济生活中，物质生产劳动在社会总劳动中所占的比重日益减少，而非物质领域的劳动所占的比重在增加。有的学者主张“第三产业”的劳动都创造价值，教师、文艺工作者、党政人员等也都创造价值，有的不主张把生产价值的劳动拓宽得过广，主张只是部分非物质生产劳动创造价值。

笔者赞同需要拓宽生产价值的劳动范围，但不主张一切非物质领域的劳动都是生产劳动，都与物质生产劳动一样创造价值，而主张只是部分非物质生产劳动形成价值。这里，需要先把讨论的范围限定在与资本总公式的矛盾相联系的范围。“总公式的矛盾”的前提是流通领域不创造价值，因为等价交换与不等价交换都不会使总价值增殖。根据传统的劳动价值论，商业雇工的劳动不创造价值，商业利润和商业雇工的工资都是来源于产业工人创造的剩余价值。多少年来政治经济学教学和教材都是这样论述的。然而这里存在一个似乎没有引起人们注意的问题，即商业资本所经营的商品价值总量与其所实现的价值总量不一致的问题。

应当肯定，商业工人的劳动力与产业工人的劳动力一样，作为商品都有价值。因此，商业资本家既要为购买产业资本生产的商品支付相应的价值，也要为购买商业劳动力支付其价值。按照传统理论的阐述，假定产业资本生产商品的价值为8000，出售给商业资本家的价格为7000，即让渡剩余价值1000，再假定商业工人的劳动力价值为500，以工资形式支付。商品价值8000加劳动力价值500，总价值为8500。按照传统理论论述，商业资本家按商品价值8000出售，可获得产业资本让渡的剩余价值1000，其中500支付工资，500为商业利润。由于商业工人的劳动不创造价值，所以商业资本支付的劳动力价值不是像产业工人那样由商业工人的劳动再生产出来，而是由产业工人创造的剩余价值让渡来的500予以补偿。但是，产生了问题：商业资本家按照与物质商品价值一致的价格出售，商业工人的劳动力价值没有在商品出售价格中实现。其结果是商品出售价格8000永远小于总价值8500（商品价值8000＋商业工人劳动力价值500），即500的价值永远不能实现。政治经济学要回答和解决这一问题和矛盾，就需要发展劳动价值论，就不能简单重复传统的论述：流通领域一概不生产价值（生产过程在流通领域的继续除外）。

要想解决这一问题和矛盾，就得承认商业工人的劳动也会创造价值。但可以提出两种思路：一种思路是，商业工人的劳动只创造自己劳动力的价值，而商业利润是由产业资本转让的一部分剩余价值。商业工人销售商品的劳动比起产业工人的劳动来，一般地说，劳动强度较低，劳动闲空较多，从而劳动消耗少，创造的价值较少。他既要再生产出自己劳动力的价值，又为商业资本家实现商业利润即由产业资本转让的剩余价值。第二种思路是，商业工人的劳动力价值和商业利润，都是由商业工人的劳动创造的，其必要劳动再生产出劳动力的价值，其剩余劳动生产出商业利润。这样，就得改变产业资本让渡给商业资本剩余价值的传统观点，那就是产业资本家将所生产的价值8000的商品出售给商业资本家，而商业工人再生产出劳动力的价值500，并生产出剩余价值500（假定m'为100%）。商业资本出售的商品价值则为9000。如果产业资本家自己生产，自己销售，他会获得产业工人和商业工人共同创造的剩余价值，他所销售的商品价值则不是8000，而是9000。这只是一种探索性思路，能否成立，需要深入研究。

这样讲，是否会动摇或损害劳动价值论呢？我认为丝毫不会。既不会改变劳动是价值的惟一源泉的原理，也不会改变价值量由社会必要劳动量决定的原理。它依然是与效用价值论、供求价值论、生产要素价值论等相对立的理论。在一定程度上拓宽劳动价值论的范围，反而更容易说明现实问题。目前，经济发达国家的非物质生产领域的劳动已占总劳动的百分之六七十或更高，如果继续认为如此庞大的非物质生产领域的劳动群体的价值收入，都是来源于占人数比例较少的产业工人创造的剩余价值，似乎在道理上难以说通。

从这个意义上说，“资本总公式的矛盾”也需要淡出政治经济学的教材与教学。

但是，我不赞同一切非物质生产领域的劳动都生产价值的观点。比如演员排练，运动员集训，士兵操练付出劳动，虽很必要和重要，但并不生产价值。党政和公检法部门的劳动，并不存在商品关系，不会形成商品价值。即使是商业性的为生活服务的劳动，也很难说都创造价值。服务劳动力也有价值，但有价值并不等于创造价值。比如，消费者去买商品，商品都有价值，但商品的价值量是既定的，不会创造出新价值。同样，消费者购买某些服务，这种服务劳动力虽也有价值，但其服务并不都创造新价值。其劳动力价值由购买者（消费者）的支出而获得实现。比如，很难说幼儿园的阿姨讲“排排坐，吃果果”也创造价值，也很难说舞厅、卡拉 OK 之类的服务也创造价值。更不要说色情服务决不是创造价值的生产劳动了。服务劳动的性质不同，是否属于创造价值的生产劳动，需要区别看待。为生产服务的劳动不言而喻会创造价值。有些为生活服务的劳动比如饮食业、修理业、装修业等，自然也创造价值。

精神生产劳动，如设计劳动、科技劳动、绘画劳动、报刊出版劳动、创作劳动等，既生产精神财富，也作为高级复杂劳动，会创造更大的价值。但观点对立的教师或其他社会科学工作者，比如，一个反对和批判马克思主义，主张私有化、资本主义化，另一个坚持马克思主义，主张完善和发展社会主义。双方的言论、论著是否都创造价值？显然应是否定的。所以，难以肯定一切教师和社会科学工作者的劳动，都是生产价值的劳动。而且，如果教师与学生不是商品关系，也就不存在价值关系。

这类具体的经济理论问题，在马克思主义经济理论工作者内部，也难取得一致意见，需要进一步研究与探讨。

关于“政治经济学”的理论思考①

一、政治经济学过时了吗？

政治经济学这门学科，在我国常常被望文生义地理解为是既讲政治又讲经济的学科，或是被理解为要突出其政治性的学科。在中学乃至大学，多年来将政治经济学作为政治课来教学，连“政治经济学”这个名称，也被认为是马克思主义专用词。这就更加重了这门学科的政治化色彩。有人对“政治”有自己的看法，将政治性与科学性对立起来，于是认为政治经济学是政治，而非科学。这里存在着误解和偏见。

其实，政治经济学这个学科的名称，不是马克思的发明，马克思只是沿用了资产阶级经济学家曾普遍使用过的这一名称。早在1615年，法国重商主义者蒙克莱田就出版了名为《献给国王和王太后的政治经济学》的著作。这里所用的“政治”概念，与我们现在一般使用的政治一词的含义不同，它是指国家范围或社会范围的意思。政治经济学，其原意是研究国家范围或社会范围的经济问题，突破了原来只局限于研究家庭经济或只作为某一学说的组成部分的格局。后来的许多经济学家把自己的有关经济著作称为政治经济学。例如，1817年出版了英国资产阶级古典经济学的完成者李嘉图的《政治经济学及赋税原理》，1819年出版了法国古典经济学的完成者西斯蒙弟的《政治经济学新原理》，1820年出版了英国庸俗经济学创始人马尔萨斯的《政治经济学原理》。以后庸俗政治经济学的著作相继出版，如詹姆斯·穆勒的《政治经济学纲要》、麦克库洛赫的《政治经济学原理》、萨伊的《政治经济学概论》、李斯特的《政治经济学的国民体系》等。目前流行的萨缪

① 本文原载《经济评论》1999年第2期。

尔森的《经济学》，其实也是政治经济学。无论是在马克思的著作中，还是在西方经济学著作中，都曾将“政治经济学”和“经济学”作为通用词使用过。加上“政治”一词，并不表示把政治问题作为研究对象。目前，随着经济学科的发展，经济学分支学科不断增多，于是，政治经济学被纳入理论经济学的范畴，以与应用经济学、管理经济学科相区别。

我国高等学校开设的政治经济学，是马克思主义和有中国特色的社会主义政治经济学。有人就以为现在政治经济学这门学科是专属于马克思主义和社会主义的。在目前马克思主义与社会主义运动处于低潮时期，有的经济学家想将“政治经济学”改为“经济学”。其中有的是只想换个名称，似乎“经济学”更好听点，可淡化“政治”色彩。有的则认为政治经济学已经过时，想用西方经济学取代政治经济学。也就是要马克思主义经济学退出我国大学讲坛。这种想法和做法是不适当的。且不说我国是社会主义国家，宪法规定了马克思列宁主义的指导地位，即使在资本主义国家，比如日本，一些著名大学的经济学专业，也把马克思主义经济学作为经济学Ⅰ，把西方经济学作为经济学Ⅱ来开设。日本学者对马克思的经济学著作（包括《资本论》）的研究相当广泛和深入，成果很多。日本学者山口勇教授近年在东京发表论文《“社会主义市场经济论”与马克思的经济学—哲学思想》，特意向中国提出：随着社会主义市场经济的日益完善和类似西方的矛盾的产生，为了科学地分析和克服这些矛盾，“就要加强对《资本论》的研究。《资本论》不只是社会科学的经典，还是逻辑学，劳动者阶级自觉的哲学。”欧美国家的一些经济学家甚至在基本理论上反对马克思经济学说的经济学家，也不能不肯定马克思经济学的重要地位和理论生命力。如熊彼特在其著作《资本主义、社会主义和民主主义》中说：大多数创作“经过一段时间，短的不过饭后一小时，长的达到一个时代，就完全湮没无闻了。有些却不。……伟大这个词无疑适用于马克思的道理。……对于马克思理论来说，这种非难或甚至精确的反驳，由于不能致命地损毁它，只起了显示这个理论力量的作用”。罗宾逊夫人在《马克思、马歇尔和凯恩斯》一书中批评正统派由于拒绝向马克思学习，“在很大程度上陷于荒唐可笑”。她认为，马克思的“扩大再生产模式，为研究储蓄和投资的问题，以及研究资本品的生产和消费品的需求之间的平衡，提供了一种极其简单而又不可缺少的研究方法”。西方国家的经济学家对马克思经济学的正面评价可以引证很多，仅从上面引证的一些言论便可以看出，我国有的经济学家简单否定马克思主义经济学是多么轻率！

马克思主义不是教条，不是让人们背诵的教义，也不可能要求它提供我国改革与发展中所需要解决的一切问题的现成答案，它所提供的是观察与分析经济现象的基本原理和方法。马克思主义包括它的经济理论不是静止的、停滞的，而是不断前进和发展的。高等学校的政治经济学教材，既要传授马克思主义创始人的经济理论的基本原理和方法，更要运用马克思主义的立场、观点与方法，去研究当代资本主义经济的新现象、新问题和新特点，特别是研究我国社会主义经济建设、经济增长与发展、经济体制改革、经济制度完善等多方面的问题。要随着资本主义经济的发展与变化，随着社会主义经济实践过程，发展和创新马克思主义经济学。我国应适应社会主义初级阶段的需要，适应建设有中国特色社会主义的需要，建立有中国特色的社会主义政治经济学。现在，我国的政治经济学教学与研究内容已经有了很大的拓宽，并且吸收了西方经济学中的一些合理的部分。发展中的马克思主义经济学，特别是有中国特色的社会主义经济学，不可能也没有理由被西方经济学所取代。现在，我国高校经济类学科已普遍开设西方经济学课程，给予西方经济学以应有的地位。难道马克思主义包括有中国特色的社会主义政治经济学，反倒没有地位甚至要取消其存在吗？这与我国以马克思主义为指导思想的社会主义国家的性质相容吗？

二、政治经济学的意识形态特点

我国的社会主义经济体制改革和社会主义经济的增长与发展，需要有中国特色的社会主义经济理论指导，而改革与发展的实践，又推动着有中国特色的社会主义经济学的发展。这种理论与实践的相互促进与发展，其意义会远远超越中国的国界。这一点，连外国学者也看到了。日本学者伊藤诚在其新著《市场经济与社会主义》一书中讲得很清楚："随着逐步进行经济改革的成功，中国作为社会主义大国，对于苏联崩溃后的世界其他社会主义各国以及解放斗争来说，其重要性明显增加了。看来中国向社会主义市场经济路线的过渡及其良好的经济业绩，对采取同样方针的波兰和匈牙利的民主社会主义政党的复兴和重新掌权将产生重大影响。对中国的经济改革，从马克思学派的观点来看，也有进行充分研究和理论化的必要。”对中国乃至对世界有意义的，是马克思主义政治经济学的中国化和现代化，而非经济学的全盘西方化。照搬照套西方经济学，在中国是行不通的。何况西方经济学有许多流派，它们相互批评、相互诘难，甚至相互否定。宣传西方经济学真理论、科学论，其本身就是非科学、非理性的。即使从表面逻辑来说，难道相互诘难和否定的西方经济学各流派都是正确的科学的？美国萨缪斯在《剑桥经济学杂志》1995 年第 19 卷发表了《制度经济学的现状》一文，其中谈到制度主义者指出了“新古典主义在对纯粹市场的概念及其应用方面都是错误的。”新古典主义者“创造出了自发的、自由的市场独立地运作于人类行为和控制之外这样的一种幻像。与此相反，制度主义者强调，市场经济本身就是社会控制的一个系统。”“制度主义者坚持认为，资源配置的最终决定因素不是某种抽象的市场机制，而是制度，特别是权力结构，后者构建了市场，同时市场又对它产生影响。”显然，这种相互对立和否定的观点，不可能都具有科学性和真理性。我们可以借鉴西方经济学不同流派中的合理部分，但如果认为这些相互对立的不同流派都是科学，对我国都具有普遍适用性，那不啻于一个人把市场上不同型号的鞋子都买来供自己穿，未免显得荒唐可笑。

过去，苏联（目前流行“前苏联”的提法。是否要讲“前明朝”、“前清朝”呢?）政治经济学教科书讲“政治经济学的阶级性与党性”，我们也长期照讲不误。政治经济学的“党性”是什么？它具有哪个党的党性？难道它是专属于哪个党派的学科么？我是长期有疑问的。但如果认为政治经济学没有和不应有阶级性，特别是认为西方经济学不存在意识形态和阶级性问题，对社会主义国家具有普遍意义，那就违反事实了。当然，无论马克思主义经济学还是西方经济学，并不是其所阐述的每个原理和规律都有阶级性，否则就谈不上借鉴西方经济学了。但是，不能否认政治经济学的意识形态特点。马克思的劳动价值理论、剩余劳动和剩余价值理论，论证了资本家剥削雇佣工人、地主剥削农民的阶级关系。而西方庸俗经济学如萨伊的“三位一体公式”（资本创造利润、利息，土地创造地租，劳动创造工资）则宣扬阶级利益和谐、各自凭生产要素创造自己的价值收入。尽管这种理论早在 100 多年前就受到马克思的批判，但它由于代表资本主义的利益，总是在以不同的形式传播着，甚至赤裸裸地用以为资本主义制度辩护。如现代西方经济学美国学派的创始人克拉克在其所著的《财富的分配》一书中明确地讲：资本主义“社会有没有权利维持现状，以及它能不能照样地继续存在，都要看这个论点（指三位一体公式——引者）能否成立”。“工人阶级的福利情况，取决于他们收入的多寡。……如果他们创造的财富很少，但全部归他们所有，他们也许就不会想到革命。假使他们觉得他们生产了巨额财富，而所得的仅仅是一部分，那么他们之中的许多人，就一定会变成革命者，全体工人也将都有革命的权利。许多人指责现在的社会制度，说它‘剥削劳动’。……如果这种说法被证实，那么，每一个正直的人都应当变成社会主义者。”“如果实际工资等于劳动的全部产物，利息等于资本的产物，利润等于调和工作的产物，那么财产就在它产生的时候得到保障了。”请看，西方经济学家的立场和阶级性多么鲜明，其意识形态多么强烈！

政治经济学是经济科学，不是政治学，但从它所表现的立场、阶级性和意识形态来说，它在一定程度上又具有政治性。马克思主义政治经济学对于人们认识社会经济发展规律、树立正确的人生观和世界观、识别政治方向和理论是非，具有重要作用，在这个意义上也表现出它的政治意义，这是与科学性相统一的政治性。但是，马克思主义政治经济学最好不要作为“政治课”来开设。那样，就会不断随着政治风向转，跟着政治气候变。一会儿讲计划经济是社会主义的特征，市场经济是资本主义的特征；一会儿又讲计划经济是社会主义经济一切弊端的根源，市场经济最有利于生产力的发展。这使政治经济学失去稳定性、独立性和科学性。政治经济学应是经济专业的基础理论课，应相对独立地进行探索、研究和创新。对非经济类专业，它应是理论课，而非政治课。政治课可以开设别的有关课程，以突出党和国家的有关理论、路线、方针和政策等。

三、马克思主义经济学与西方经济学的区别

有的学者提出这样的意见：不应区分马克思主义经济学和西方经济学。其理由是：马克思、恩格斯也是西方人，因而他们的经济学也应算作西方的；“西方经济学”这个概念是苏联搬来的，苏联以原东德的地域划线，把原东德西面的国家称作西方国家，因而把这些国家的经济学称作西方经济学，这不科学。应当用“现代经济学”概念取代“西方经济学”概念。

我认为，这种意见和观点，缺乏理论和事实根据，其道理难以站得住脚。

第一，“西方经济学”这个概念不是从苏联搬来的，苏联一直称之为“资产阶级经济学”。我国过去也随之称作“资产阶级经济学”。改革开放以来，我国经济学界在新形势下为淡化“阶级”色彩，以便更好地介绍和借鉴当代西方国家的经济学说，便将其改称为“当代西方经济学”或“现代西方经济学”。或是将原称作“资产阶级经济学”的全部学术和流派，统称为“西方经济学”。不应离开我国经济学研究的历史事实，进行无根据的、纯主观的判断和评论。第二，“西方国家”、“西方经济学”、“西化”等概念，不是地域概念，它们是“主要资本主义国家”、“资产阶级经济学”、“资本主义化”的同义语。例如，所谓“西方七国首脑会议”，包括地处东方的日本在内，指的是经济发达的七个主要资本主义国家。同样，“西方经济学”不是简单地从地域上界定的，而是指与马克思主义经济学相对而言的资产阶级经济学。马克思曾将两者概括为“资本的经济学”和“劳动的经济学”。连西方国家的经济学家在从与马克思主义经济学相对立的角度谈问题时，也常把自己的经济学称作西方经济学。第三，将资本主义国家称作“西方”，将社会主义国家称作“东方”，并不是我国和其他社会主义国家的学者或政治家的专用语，美、英、日等资本主义国家的学者、新闻媒体和政治家同样如此。所谓“西方国家”、“西方世界”等概念，绝不是从苏联搬来的。资本主义国家使用这些概念，同我国使用这些概念的含义是一样的。如萨缪尔森《经济学》（第14版）上册第4页就讲“西方的资本主义国家和东方的社会主义国家……”甚至于“西方经济学”概念，在资本主义国家的经济学著作中同样明确使用，也不是从苏联搬来的。西方国家也没有和不会因为马克思是西方人，就把他的经济学说归到西方经济学中。在他们那里，马克思主义经济学和西方经济学是泾渭分明的。第四，所谓“西方经济学”概念不科学，主张改称“现代经济学”云云，表面上看，似乎是要取消马克思主义经济学与西方经济学之间的界限，实际上是认为只有西方经济学是科学，是对西方和东方都具有普遍适用性的现代经济学。然而，只要实事求是地认真考虑一下，就不难弄清这样一个基本问题，即：我国社会主义经济制度的发展与完善，社会主义经济建设和改革开放大业的推进，究竟是需要和应当以有中国特色的社会主义经济理论即发展了的马克思经济学为指导，还是应以派别林立、相互矛盾的西方经济学来指导？西方经济学没有为我国提供“什么是社会主义、怎样建设社会主义”的理论，没有提供有关社会主义初级阶段的理论，没有提供“三步走”的经济发展战略，没有提供我国怎样由传统计划经济体制转向社会主义市场经济体制的理论，没有提供我国怎样搞改革开放、建立经济特区的理论，也没有提供我国怎样坚持以公有制为主体、国有经济为主导、多种经济成分共同发展的理论，等等。只要中国是社会主义国家，就需要建立马克思主义与中国实际相结合、与时代特点相结合的有中国特色的社会主义政治经济学，因而马克思主义经济学与西方经济学的区别，在我国就会继续存在。我并不主张将这两种经济学截然对立起来，事实上两者并不是完全相互排斥的关系。众所周知，作为马克思经济学大厦基石的劳动价值论，还是来源于英国资产阶级古典经济学的价值理论，是斯密和李嘉图的劳动价值论的继承和发展。我也不反对使用“现代经济学”概念，但它应包括现代马克思主义经济学和现代西方经济学两者。现代马克思主义经济学不排斥借鉴和吸收现代西方经济学中某些合理的、对我们有用的部分，包括某些概念、原理和方法，但这与盲目照搬、搞经济学西方化、用西方经济学排斥马克思主义经济学，是完全不同的两回事情。

四、关于政治经济学教科书的建设问题

苏联教科书以及在改革开放启动之前中国流行的政治经济学教材，早已退出了中国大学政治经济学教学的讲坛。关于政治经济学教科书的建设，是改革开放以来我国经济学界，尤其是高校政治经济学教学和科研工作者一直关注的重大课题。人们作了许多艰辛的探索和尝试，不断更新内容和体系框架，出版了数百部不同版本的教材，这些尝试性工作所付出的辛勤劳动以及在某些方面取得的进展是不应和不能轻易地抹煞的。但从现有的经过修订的各种版本的政治经济学教材看，不尽人意之处主要体现在以下两个方面：(1) 缺乏内在的逻辑体系。一般都分为资本主义部分和社会主义部分，资本主义部分又分垄断前资本主义与垄断资本主义两部分，不同部分明显地缺乏内在的逻辑一致性。垄断前资本主义部分基本上属于马克思《资本论》的缩写本，垄断资本主义部分逐渐突破了列宁《帝国主义论》的框架与内

容，但叙述多而理论性弱，内在规律性研究不够，而社会主义部分则多是根据中国经济发展和经济体制改革实践尤其是根据各个时期的中央文件精神编撰的。因而，在基本概念、基本分析框架及其结论等方面，不能保持前后的一致性。（2）缺乏基本的稳定性和科学发展的相对独立性。这一缺陷鲜明地体现在政治经济学社会主义部分，在相当大的程度上，属于“政策解释学”和“政策宣传学”，随着中央文件和政府政策的变化而不断变化。几乎是中央每开一次有关的重要会议，政治经济学教科书就要赶快跟着修改一遍，不断地进行着修修补补。

不解决现有教材的上述两个根本性问题，就不可能产生一部具有内在逻辑统一性、相对稳定性和独立性的政治经济学教科书。在笔者看来，就目前的条件下，在短期内形成一本高质量的具有“三性”（稳定性、相对独立性、科学性）特性的教材还较困难，这有待于中国经济学界进一步努力探索。目前，并不需急于去创建一套全新体系、全新框架、全新内容，而应为新体系、新框架、新内容的建立做些基础性工作。

第一，切实注重基本理论研究。现有教科书缺乏内在逻辑的统一性，主要根源在于对现实问题研究过于具体和对策化，缺乏基本的科学抽象和理论深度。资本主义部分虽然在概念上、逻辑推理上、整个构架上，具有科学的抽象性和理论深度，然而，长期照搬照抄《资本论》也不是好办法。在社会主义部分则更显得不足。作为教材，是理论研究成果的综合反映，而不是经济对策研究的转述。因而与其急于构筑新体系，不如从基本概念、基本理论研究做起，当理论深度、科学抽象达到了一定的层次，就为新的理论逻辑体系的建立打下了基础。

第二，尝试打通资本主义部分和社会主义部分。当然我们要以马克思主义理论为指导，但坚持马克思主义并不等于经济学教科书特别是社会主义部分就一定按照《资本论》的体例撰写。“两张皮”不能较好融合的事实表明，原有的体例很难实现逻辑体系的一致性。运用马克思的科学抽象法、逻辑与历史相一致的方法从基本概念入手，寻找一个较好的切入点，构建一个新的分析范式和理论逻辑发展线索，形成一个具有较严密的逻辑体系的政治经济学框架，从而既能解析和把握资本主义经济的内在规律，又能把握和反映社会主义经济的运行规律。经济范畴是特定经济关系在理论上的抽象。建立一门新的学科，应有新的范畴作为其体系结构的基本因素和阶梯。社会主义经济学或有中国特色的社会主义经济学，应有自己特有的经济范畴。恩格斯在《资本论》英文版序言中说："一门科学提出的每一种新见解，都包含着这门科学的术语的革命"。几十年来，社会主义经济学在这方面收效甚微。

第三，政治经济学不是政治学。政治经济学尽管从所表现的立场、阶级性和意识形态，在一定程度上具有政治性，但它毕竟首先应该是作为一门科学而发挥其作用，必须具有自身的独立性。它不是政治学，更不是政策解释学、政策宣传学和思想政治教育读本。在过去直至目前，政治经济学大多作为"公共政治课"在大学开设，政治经济学一般也用作干部和群众提高政治思想觉悟的教材。不言而喻，马克思主义政治经济学对于提高人们的马克思主义理论水平、认识和把握社会经济发展规律、识别政治方向和辨别理论与政策是非，具有重要作用。从这个意义说，它具有政治性。但这是从理论高度和深度上、从世界观的转变上起作用的。如果把它作为政治思想课，就必然要围绕着意识形态领域的变化、中央文件精神和政府政策的变化而旋转，从而政治经济学缺乏相对独立性和稳定性就势成必然。如前所述，政治经济学应是经济专业的基础理论课；非经济类专业，也是理论课，而非政治常识课；对于干部和普通群众，也应从掌握或了解经济理论科学的角度出发学习政治经济学，而不是从政治宣传和政策解释的角度出发去学习。只有这样，才能够为政治经济学研究的独立性、科学性和相对稳定性提供一个良好的环境条件。

第四，关于政治经济学的研究对象。马克思主义政治经济学是突出研究生产关系的，因为马克思的政治经济学是用来剖析和研究资本主义社会经济的，其任务是阐明资本主义社会经济的内在矛盾和客观规律，揭示资产阶级剥削无产阶级榨取剩余价值的本质关系。马克思和恩格斯没有必要为资本主义社会的生产力和生产关系的发展献计献策，提供理论和对策依据。尽管《资本论》中也论述了资本主义经济运行机制，特别是市场机制，论述了价值规律配置资源的作用，论述了资本主义经济增长与发展的规律和提高经济效益等问题，然而，这诸方面的论述，是服从于研究和阐明资本主义生产关系的，并没有将其作为独立的和并列的研究对象。社会主义政治经济学，也要研究社会生产关系，这方面研究得还很不够。但我们目前的任务是要为社会主义经济建设和经济体制改革提供理论服务，把经济学的研究对象仅仅限于生产关系就不够了，可以把研究对象扩展为“经济利益”。生产关系也属于经济利益关系，但经济利益的内容更为丰富。“经济利益”不仅包括生产关系，也包括资源配置方式、经济运行机制、经济增长和发展的根本途径与客观规律等。忽视这些方面的经济利益的研究，社会主义政治经济学是跛足的，也是缺乏生命力的。

五、经济理论研究应求真求实

要完整准确地把握和运用马克思主义导师的理论思想，包括马、恩、列、毛、邓的理论思想，以及以此为指导的中央文献中的有关思想。一方面要反对教条主义与本本主义；另一方面也要注意读书不求甚解、把被误解和曲解了的理论思想，当作“好箭”，来射中国当前改革与发展之“的”的倾向。近些年来，不准确地引用马克思主义经典著作中的一些话来论证和指导实践的现象大量存在。且不细说“左”的理论与政策盛行时期，如何曲解马克思、列宁的一些论述，仅改革开放以来，把误解和曲解了的某些理论用来“联系实际”的情况，就数不胜数。有些“理论家”很有本领，今天这股风来了，他引经据典为这股风论证；明天另一股风来了，他又引经据典为另一股风论证。

改革开放以来，我国调整所有制结构，在公有制为主体的条件下发展多种所有制经济。这在马恩著作中是找不到现成答案和直接理论根据的，这是建设有中国特色社会主义理论的创造。不同所有制经济的社会性质是什么，也需要以马克思主义为指导进行新的探讨与说明。然而多年来，在研究和论述多种所有制经济共同发展及不同经济成分的社会性质时，许多人把马克思的一段话误解了，并造成了广泛的以讹传讹的影响。这段话是：“在一切社会形式中都有一种一定的生产决定其他一切生产的地位和影响，因而它的关系也决定其他一切关系的地位和影响。这是一种普照的光，它掩盖了一切其他色彩，改变着它们的特点。”① 人们把这段话的内容误解为：在一切社会制度中，都有多种经济成分存在。其中占主导地位的经济成分是普照的光，决定着其他经济成分的地位和影响，改变着其他成分的特点和性质。有人以

---

① 《马克思恩格斯选集》第2卷，人民出版社1995年版，第24页。

此论证我国目前的私营经济、外资企业等非公有制经济都是社会主义经济。

马克思的这段话被整个地理解错和引用错了。这段话根本没有涉及一切社会是否存在多经济成分的问题。它是在《〈政治经济学批判〉导言》中专门讲“政治经济学的方法”时出现的。讲的是研究资本主义经济的政治经济学，其体系结构如何建立，经济范畴该按什么次序排列的问题。这里所讲的“一切社会形式”，首先和主要是指由一切资本主义经济范畴所反映的社会形式，如工业资本、商业资本、借贷资本及其利润、利息，以及土地所有权、地租等。马克思指出：资本主义政治经济学从人口开始是错误的。从地租、土地所有制开始，似乎是再自然不过的，但也是错误的。资本主义社会之所以成为资本主义，是由于产业资本首先是工业资本的产生和占支配地位。因而先于资本主义存在的土地所有制和地租、商业资本与商业利润、借贷资本与利息等社会形式，都成为从属于工业资本、由工业资本决定其地位和影响的社会形式。工业资本成为“普照的光”，改变着其他社会形式的特点和性质。因而，土地所有制和地租、商业资本、借贷资本及其利润、利息等，都具有了资本主义的特点和性质。因此，《资本论》中经济范畴的地位顺序，是先研究工业资本的产生及其规定性，然后依次研究其他社会形式。弄清了马克思前述一段话的真实含义，就会弄明白，引用它来论证一切社会制度都有多种经济成分，我国发展的非公有制经济由于公有制的存在便都是社会主义经济，多么牛头不对马嘴。从历史事实来看，并不是一切社会制度都存在多种经济成分。原始社会的两三百万年中有什么多种经济成分？人类社会将来要进入共产主义（高级阶段），那时还会有私有制经济？另外，即使有些社会存在多种经济成分，也不会具有同一的社会性质。例如，资本主义经济在封建社会制度内部开始产生与发展时，还占统治地位的封建主义经济不会决定与影响其资本主义的性质。资本主义就是资本主义，不会具有封建主义性质。可见，坚持和发展马克思主义，必须首先弄懂马克思主义。应处理好掌握、坚持与发展马克思主义的关系。“掌握”，包括学习，弄懂和运用。

不准确地引用被误解和曲解了的马列的话来论证自己的观点，谈不上“发展”与“创新”。

我国实行公有制为主体、多种所有制经济共同发展的方针。非公有制经济的性质究竟是社会主义的还是非社会主义的？对此理论界存在着不同的看法。但都应该摆事实、讲道理，有分析、有论证，不要把主张公有制是社会主义经济、非公有制（私有制）是非社会主义经济的观点，简单扣上“‘左’的流毒”的政治帽子。要知道，在这个问题上，从马克思主义大师们到我国多代领导人及中央有关文件中的观点，是始终如一的。那就是：社会主义经济是公有制经济（或讲公共所有制、社会所有制），私有制经济是非社会主义经济。邓小平在其著作中没有提及私营企业，但他明确指出：“外资是资本主义经济”。[①] 邓小平把“公有制经济”同社会主义经济作为涵义相同的概念使用。他既讲“我国是以社会主义经济为主体的”，[②] 又讲“我们的制度是以公有制为主体的”。[③]

十五大报告提出：“非公有制经济是社会主义市场经济的重要组成部分”。不少人将这个新的论断等同于“非公有制经济是社会主义经济的重要组成部分”。其实，“社会主义市场经济”同“社会主义经济”是既有联系又有区别的两个不同的概念，不应等同或混同起来。十五大报告中没有讲非公有制经济都是社会主义经济。如果一切非公有制经济都是社会主义经济，所谓坚持社会主义经济为主体或公有制为主体，也就失去其根据了。至于社会主义市场经济，是由公有制为主体的多种所有制经济的市场行为共同构成的。这是正确的。我不但现在这样肯定，过去也是如此。令人不解的是，有位研究人员晓亮先生近年来在多种场合和刊物上讲，他早就提出非公有制经济是社会主义市场经济的组成部分，但受到了卫某人的批判。这完全不符合事实。我同他争论的是另外的问题。我发表于 1993 年第 6 期的北京市委主办的《阵地》杂志上的论文，明确提出：“社会主义市场经济体制，是由以公有制为主体的多种经济成分共同构成的。”并对此进行了论证。在 1994 年 4 月 11 日《太原日报》上我又讲：“社会主义市场经济是指以公有制为主体的多种经济成分共同发展的市场经济。就是说，非公有制经济的市场行为也纳入了社会主义市场经济范畴之中。虽然从市场主体来看，非公有制经济是非社会主义性质的经济，多种经济成分的商品经济会形成统一的市场。市场机制没有‘社’‘资’的区分。市场对不同经济成分都一样起资源配置的作用。根本不存在社会主义市场机制配置社会主义经济的资源、非社会主义市

① 《邓小平文选》第 2 卷，人民出版社 1994 年版，第 235 页。

②③ 《邓小平文选》第 3 卷，人民出版社 1993 年版，第 65、172 页。

场机制配置非社会主义经济资源的问题。”我还讲了，“非公有制经济在建立社会主义市场经济中的积极作用。”提出三点：“（1）是建立社会主义市场经济体制的先导；（2）有利于市场的发育，市场机制与市场体系的发展与健全；（3）有利于市场竞争的展开和统一的市场形成，迫使公有制经济转换经营机制。”我是一直把“社会主义市场经济”同“社会主义经济”区分开来论述的，十五大以前和以后都是这样。

繁荣和发展我国的经济科学，需要较宽松的环境，需要“百花齐放、百家争鸣”方针的贯彻，也需要理论工作者和学者们有严肃负责的态度，在讨论和争鸣中要讲职业道德，应如实把握对方的论点和论据。不要断章取义，歪曲别人原意，甚至颠倒黑白，无中生有，进一步扣帽子、打棍子。要排除学阀作风。为了增强讨论和争论的科学性、准确性和透明度，转述别人的论点和论述，应引用原文，并注明出处。为辨明是非，申述自己发表过的观点，也应引原文，说明出处，以克服和防止理论工作中的假冒现象。胡编乱造、信口开河、缺乏职业道德的学风，成不了学派，为任何严肃的学者所不取。

在对待非公有制经济问题上，应将其社会性质同其地位和作用区分开来。我认为与其指“资”为“社”，不如为“资”正名，肯定资本主义经济的作用。在过去“左”的错误下，急于“让资本主义绝种”。什么“割资本主义尾巴”呀，“兴无灭资”呀，打击之，消灭之。其实，从中国的国情出发，在社会主义初级阶段，让非公有制经济有较大的发展，对我国的经济发展是有利的。

正确对待资本主义、要在一个长时期中发展资本主义经济的思想，在我国改革开放以来，已成为现实。我们不必讳言资本主义，要改变一种陈旧的惯性式的思维倾向和方式：在“左”的形势下，当要排斥某种事物时，就把本不姓“资”的东西打成姓“资”，如个体经济姓“资”，商品经济姓“资”，限制之，排挤之，甚至将本姓“社”的事物如按劳分配，打成“资”的基础，要在“无产阶级专政下加以限制”。而在新形势下，当要肯定和发展某一事物时，又把本不姓“社”的东西，定为姓“社”，甚至指“资”为“社”。似乎只有这样，才能名正言顺发展非公有制经济。其实，只要肯定了非公有制经济的地位和重要作用，即使是资本主义经济，也可以名正言顺地发展。正如毛泽东在《论联合政府》中所讲的：共产党人“不但不怕资本主义，反而在一定条件下提倡它的发展”。在我国现阶段，资本主义经济还有其进步作用。1949 年 5 月，毛泽东和刘少奇以中共中央名义致东北局的电文中说，应克服“左”倾错误，包括“强调限制资本主义，而不强调一切有益于国计民生的私人资本主义生产在目前和今后一个长时期内的进步性，建设性与必要性”[1]。肯定上述私人资本主义经济的“三性”就可为“资”正名。我讲为“资”正名，就是在这个意义上讲的。

① 《毛泽东经济年谱》，中共中央党校出版社1997年版，第264页。

20世纪马克思主义政治经济学（资本主义部分）在中国的传播与发展[①]

研究20世纪资本主义政治经济学在中国的传播与发展，事实上也就是研究马克思主义政治经济学资本主义部分在20世纪的中国所经历的传播途径和发展状况。这应包括两方面的内容：一是马克思列宁主义创始人和国外马克思主义者研究资本主义的经济学著作在中国的传播和影响；二是中国的马克思主义者对资本主义政治经济学的阐述与发展。资本主义政治经济学在中国的传播与发展经历了不同阶段。

一、20世纪上半期的传播与发展

（一）20世纪初到新文化运动前的情况

马克思主义政治经济学在中国开始传播的时间，要比马克思主义的科学社会主义在中国开始传播的时间晚一些。1902年，在《新民丛报》上发表了梁启超的《进化论革命者颉德之学说》一文，提及马克思是“社会主义泰斗”。接着在1903年和1904年在同一刊物上简要地转述了《资本论》的某些观点，他是从贬义上来评介的。在此期间，外国学者论述马克思的著作也逐渐被引进翻译出版。1903年2月，由赵必振翻译的日本福井准造著的《近世社会主义》一书出版，该书在介绍社会主义思潮的同时，介绍了马克思以《资本论》为代表的政治经济学的主要内容，包括劳动价值论和剩余

① 本文原载《经济评论》2011年第2期，与陈享光合写。

价值论。评介《资本论》是当代伟大的著作和社会主义的根据。不过介绍得不够准确，且以文言文论述，增加了理解和把握上的障碍。1905 年 11 月，同盟会在日本办的机关刊《民报》第 2 期，发表了蛰伸（朱执信）的《德意志社会革命家列传》，其中提到马克思的《资本论》。用 3000 字介绍了劳动价值论和资本与剩余价值理论。作者介绍说，马克思认为资本家是“掠夺者”、“盗贼者”，“剥削劳动者以自肥”，是依仗“不当权势”进行剥削。显然，作者对《资本论》的介绍，也存在不准确之处。除开资本原始积累过程外，事实上马克思是依据价值规律所要求的等价交换原则论述资本家无偿占有雇佣工人的剩余价值的。并未从“盗贼者”、“不当权势”出发论述资本家与雇佣工人的关系。作者还对《资本论》作了不正确的评论。引用庸俗经济学家的话，宣传所谓劳动生产的积蓄，“是为资本之始”。用以否定马克思所论述的资本原始积累是用血与火的文字载入人类编年史的。

1912 年《新世界》第 2 期发表了蛰伸的译述《社会主义大家马儿克（即马克思）之学说》。其中有《资本论之概略》的论述，是我国第一次直接以书名介绍《资本论》的文章。在《新世界》第 2 期还同时刊载了煮尘的辑述：《社会主义讲演集——第二章社会主义之起源》，其中介绍了马克思的一些经济思想。但主要是按辑述者自己的理解转述的。

当时介绍和传播马克思主义经济学的人，并不是马克思主义者，他们对马克思经济思想的理解和介绍非常肤浅，有些介绍还不准确，甚至有的持不同见解。当时是把马克思主义经济学当作一种新思潮、新学派客观地介绍进来的。当时，中国的无产阶级还没有登上政治历史舞台，中国共产党还没有建立，因此，马克思主义政治经济学还只在一般知识分子的小范围中传播，社会影响甚微。不过，从社会效果的客观评价来看，它毕竟起了一种传播信息的作用，使中国人知道了马克思，知道了《资本论》，知道了马克思主义政治经济学的某些原理。

值得一提的是，孙中山先生的民生主义是受到马克思的经济学说的影响而提出的。他对《资本论》给予肯定的评价：“厥有德国麦克司（马克思）者出，苦心孤诣，研究资本问题，垂三十年之久，著为资本论一书。阐发真理，不遗余力。……遂成为有条理之学理。研究社会主义者，咸之所本。”“麦氏之说，则专论资本，谓资本亦为人造，亦应属公有。”孙先生把“现代经济者”分为新旧两派，旧经济学派如亚当·斯密派，新经济学派如马克思派。马克思派的学说“为多数工人谋其生存幸福也”是“救拯社会疾苦之学说”。[①] 他认为，自己提倡的民生主义，与马克思的社会主义是一致的。

（二）从新文化运动到新中国建立时期的情况

系统引进和传播马克思主义政治经济学，是在“十月革命”、特别是“五四”运动以后。在此时期，我国既大量翻译出版国外的马克思主义政治经济学著作，也陆续出版中国学者撰写的政治经济学著作。

在传播马克思主义经济学方面，李大钊当时起了重要作用。他是最先接受马克思主义的重要人物之一。1919 年冬，他把“五四”运动中的左翼分子集合起来，成立了秘密的“马克思主义研究会”，他在 1919 年主编《新青年》时，开辟了《马克思主义研究专号》，并发表了他的《我的马克思主义观》，文中指出：马克思主义是唯物史观、经济学说与社会主义理论的统一。同年，《晨报副刊》在李大钊的主持下开辟了《马克思主义研究专栏》，连载了马克思的《劳动与资本》（即《雇佣劳动与资本》）译文，接着又连载了考茨基的《马氏资本论释义》（即《马克思的经济学说》）译文。1920 年，上海《国民》杂志第 2 卷第 3 号刊载了由费觉天翻译的《马克思底资本论自序》（即《资本论》第 1 版序言）。

李大钊发表的《我的马克思主义观》对马克思主义包括其中的政治经济学进行了科学评价。他提出：现在正是社会主义经济学改造世界的新纪元，而马克思是社会主义经济学的鼻祖。评述了近代经济学各学派的观点和地位，“从前的经济学，是以资本为本位，以资本家为本位。以后的经济学，要以劳动为本位，以劳动者为本位了”。[②] 揭露了资本帝国主义经济上的掠夺性，并阐述了社会主义经济制度的特征，提出了从资本主义向社会主义的过渡。这篇文章还介绍了《资本论》中的一些重要理论，如劳动价值论、余工价值说（剩余价值论）、生产价格论、资本集中与垄断理论等，1922 年，李大钊还撰写了《马克思经济学说》一文，简要论述了马克思的主要经济理论。

---

① 孙中山：《总理全集》第 3 集，上海民智书局 1930 年版，第 101 ~ 119 页。

② 《李大钊选集》，人民出版社 1959 年版，第 176 页。

周恩来在20世纪20年代传播马克思主义经济学方面也起过积极作用。1920年，他在天津被捕，他在狱中开办讲演会，系统讲授马克思主义经济学的“余工余值说（剩余价值论）”以及“资本集中说”等。

陈独秀在传播马克思主义经济学方面的作用也应肯定。1922年，他发表的《马克思学说》和《社会主义批评》两篇论文，阐述了马克思的剩余价值理论和资本主义必然灭亡的历史趋势。他称赞马克思是一个伟大的经济学家。此外，曾留学日本的几位先进青年如李达、杨匏安等在传播马克思主义经济学方面也起过重要作用。

1921年中国共产党成立，马克思主义的经济学著作被更多地和系统地翻译出版。1922年北京《今日》第1卷第4号发表了《哥达纲领批评》，1922年商务印书馆出版了《价值价格与利润》（即《工资、价格与利润》）。1921年9月，根据党中央一大的决议，在上海成立了人民出版社，先后出版了陈望道翻译的《共产党宣言》和李汉俊翻译的《工钱劳动与资本》（即《雇佣劳动与资本》等。1930年，上海昆仑书店出版了陈启修（陈豹隐）翻译的《资本论》第1卷第1分册（即第1篇）；同年，上海昆仑书店出版了吴黎平译的《反杜林论》；1931年，上海神州国光社出版了郭沫若译的《政治经济学批判》。除马克思恩格斯的有关著作外，列宁研究资本主义的经济学著作也引入我国。如1929年上海启智书局出版了刘埜平译的《资本主义最后阶段，帝国主义论》；1930年，上海春秋书店出版了彭苇秋等译的《俄国资本主义的发展》。1932~1933年，北平东亚书店出版了潘冬舟译的《资本论》第1卷第2、第3分册（即3~4篇），可将其与陈启修译的第1分册相衔接。随后，侯外庐与王慎明翻译的《资本论》第1卷，先于1932年由北平国际学社出版，后于1936年以玉枢署名出版上下册合订本。《资本论》全3卷的翻译出版，是由郭大力和王亚南完成的，于1938年由读书生活出版社出版。马克思的《剩余价值学说史》（考茨基编）1~3卷，也由郭大力翻译，于1949年由中华书局出版。

20世纪自20年代到40年代，外国学者介绍和论述马克思《资本论》的著作也大量翻译过来陆续出版。如1920年社会主义研究社和新文化书局出版了李汉俊译的马尔西所著《马格斯资本论入门》。李季译的博洽德所著《通俗资本论》，社会科学社于1926年至1929年出过四版。1929年，上海晨曦书店出版了刘野平译的河上肇的《〈资本论〉入门》第1卷上册之一、二。1930年和1932年，大江书店和神州国光社先后出版了施复亮译的高昌素之的《资本论大纲》。1930年上海未名社出版了陆志青译的山川均所著《马克思资本论大纲》，1933年，上海辛垦书店又出版了傅烈的译本。1930年，上海联合书店出版了吴曲林译的爱德华耶费宁所著《马克思〈资本论〉研究纲要》。1939年，读书生活出版社出版了章汉夫和许涤新译的闵斯的《恩格斯论〈资本论〉》。1949年，哈尔滨新中国书局出版了徐坚译的列昂节夫所著《论马克思资本论》。此外，还有其他一些以《资本论》为基本内容的经济学著作翻译出版。如日本河上肇的《马克思经济学底基础理论》，由陈雪帆和施复亮翻译，在大江书店于1930年出版。作者的《资本家社会的解剖》中译本，以《经济学大纲》的书名于1949年由三联书店出版。

苏联是第一个建立社会主义制度的国家。因此，我国学术界和出版界对苏联学者的政治经济学著作，尤为重视。苏联学者撰写的资本主义政治经济学在中国传播较广、影响较大的是列昂节夫所著的《政治经济学》。该书的中译本于1936年由苏联外国工人出版社出版。1949年解放社依此版本在中国出版，以后又重印几次（1953年又由人民出版社出版第2版。1974年又以三联书店名义重印，译文略有改动，为第三版）。

中共中央一贯重视包括政治经济学在内的马克思主义理论教育。1942年2月28日中央政治局通过的《中共中央关于在职干部教育的决定》，要求干部除学习政治科学等外，还要学习经济科学。而“经济科学以马克思主义的政治经济为理论材料”。新中国成立之前作为干部必读书之一的政治经济学读本，就是列昂节夫的《政治经济学》。该书的特点是通俗易懂。其内容包括前资本主义的社会形态，但主要是论述资本主义经济制度的。基本理论以《资本论》和列宁的《帝国主义是资本主义的最高阶段》为依据，但又联系到社会主义，例如，第一章“什么是政治经济学”中，第六、七两小题就是“政治经济学与社会主义建设”、“两个世界——两种制度”。另外，还增添了一些有关现实经济关系的论述。例如，在第四章“资本主义剥削的实质”的最后一题，论述了帝国主义在殖民地所实行的奴隶制剥削。有些论述，由于通俗生动，容易留给读者深刻印象，例如，在讲资本主义经济危机时，一开始不是讲抽象的道理，而是采用了故事式的描述。“一个煤矿工人的儿子问母亲道：现在天气这样冷，你为什么不生火炉呢？母亲答道：因为我们没有煤。你父亲现在失业，我们没有钱买煤。儿子又问：‘妈妈！父亲为什么失业呢？’妈妈回答说：‘因为煤炭太多了。’”从总体上说，列昂节夫的这本著作，是一本比较好的马克思主义政治经济学普及读物。

另一本比较有影响的著作，是由施存统翻译的波格丹诺夫的《经济科学大纲》。该书先由新青年社于1927年出版，继由上海大江书铺于1929年出版，到1932年共印发六次。作者对全书的内容修改过多次，初版于1897年在俄国发行，到1906年已出了九版。中译本是根据作者于1919年经过有较大修订的版本翻译的。全书内容除序论外，共三篇，分别为“自然自足社会”、“商业社会”和“社会化的有组织的社会”。依次论述了前资本主义社会、资本主义社会和社会主义社会。对资本主义又分别论述了“商业资本主义”、“工业资本主义”、“金融资本主义时代”。该书属于广义政治经济学。列宁曾对此书作过评论，有肯定，也有批评。

还有一本由苏联拉皮多斯（即拉比杜斯）和阿斯托罗维将诺夫（即奥斯特罗维季扬诺夫）著的《政治经济学》，在我国出过几版。最早由陆一远译的中译本于1929年出版。该书的特点是按照《资本论》的基本结构原理论述资本主义经济，同时联系苏联经济。例如在第三篇《工资》中的第二章就讲《苏联的工资》，差不多在每篇中都插入一章苏联的相应的经济范畴及其关系。

在此期间，中国学者也陆续出版了研究和介绍《资本论》的论著以及自己撰写的政治经济学著作。如王右铭（王思华）的《大众资本论》和《资本论解说》先后于1947年和1948年分别由上海生活书店和东北财经出版社出版。陈豹隐的《经济学讲话》于1933年由北平好望书店出版，主要是资本主义政治经济学的基本内容，并涉及苏联过渡时期经济和旧中国的经济问题。黄宪章的《经济学概论》于1934年由现代书局出版，其主要内容是《资本论》的有关原理。沈志远的《经济学大纲》于1934年由北平经济学社出版。其内容既研究和论述“商品资本主义经济”，也研究和论述社会主义计划经济。该书到1949年共出版十一版。新中国后又以《新经济学大纲》的书名重新出版。是新中国前有影响的一部马克思主义政治经济学著作。狄超白的《通俗经济学讲话》于1936年在上海新知书店出版，其内容主要是资本主义政治经济学。邓克生的《新经济学讲话》于1940年在桂林写读出版社出版，主要论述商品、货币、资本主义产生、剩余价值、经济危机和帝国主义必然灭亡等。薛暮桥的《经济学》于1946年在上海新知书店出版，该书内容包括前资本主义和资本主义经济，并力求使其内容中国化，论述了殖民地半殖民地的旧中国的经济特点。

新中国前的旧中国是一个半殖民地半封建的社会。虽然不是资本主义社会制度，但属于世界资本主义体系。新中国建立前的30年代和40年代，出版了一批研究中国经济问题的著作。有的著作认为中国的社会性质已是资本主义的。如任曙的《中国经济研究绪论》和严灵峰的《中国经济问题研究》就持这种观点。

依据马克思主义观点分析旧中国社会经济特点并具有学术价值和社会影响的，是1944年由50年代出版社出版的王亚南的《中国经济论丛》，该书系统地揭示了旧中国的半殖民半封建的社会性质。还针对抗日战争时期物价飞涨、生产萎缩的经济形势，进行了有深度的分析和评论。作者指出：中国是一个工业落后的半封建的次殖民地的国家，产业还受着商业的支配，不能用物价高涨来刺激生产，这反而会制约生产，变作商业资本扩大的条件。如果一个国家的工业建设所需诸条件没有具备，公营私营都是没有希望的。旧的社会因素不革除，新的建设工程就无法顺利发展。技术性的条件，只有具备了一定的诸社会条件下，才能有效的利用起来。需要一个关系到整个社会改革的问题的解决。

王亚南的另一部马克思主义重要经济学著作《中国经济原论》于1946年在经济科学出版社出版，书中正确地指出：我们研究政治经济学，是为了要对中国社会经济改造有所贡献。应创立一种特别具有改造中国社会经济的性质与内容的政治经济学，还特别指出：他写本书的主要目的，是力图把帝国主义支配下的半封建半殖民地的中国经济作为整体研究对象，来揭露其内部矛盾及其向着毁灭之路迈进的辩证发展规律。《中国经济原论》论述了旧中国的七种基本形态：中国的货币形态，中国的资本形态，中国的利息和利润形态，中国的工资形态，中国的地租形态，中国的经济恐慌形态。以此表明半殖民地半封建的中国的社会经济的特点和规律性。该书1947年由上海生活书店再版（新中国建立后，又由三联书店出版第三、四版，1957年由人民出版社出第五版时，将书名改为《中国半封建半殖民地经济形态研究》）。

二、1949~1976年马克思主义政治经济学的曲折发展

新中国建立之初，我国经济学者为适应学习和研究马克思主义政治经济学的需要，翻译和出版了大量马克思主义政治经济学方面的经典著作。20世纪50年代翻译和出版的主要有：马克思：《资本论》，郭大力、王亚南译，北京三联书店，1950年；《价值价格与利润》，王学文等译，北京三联书店，1950年；《政治经济学批判》，郭沫若译，上海群益出版社，1951年；《剩余价值学说史》，郭大力译，北京三联书店，1951年；《政治经济学批判之导论》，郭大力译，中国人民大学出版社，1953年；《经济学——哲学手稿》，何思敬译，北京人民出版社，1956年；《资本主义生产以前各形态》，日知译，北京人民出版社，1956年；马克思：《雇佣劳动与资本》，中央编译局译，人民出版社，1965年；《政治经济学批判序言导言》，徐坚译，北京人民出版社，1964年；《工资、价格和利润》，中央编译局译，1964年；列宁：《帝国主义论》，北京群众出版社，1950年；《帝国主义是资本主义的最高阶段》，唯真译，北京人民出版社，1951年（1959年该书由中央编译局翻译，北京人民出版社出版）；《俄国资本主义的发展》，曹葆华译，北京人民出版社，1952年；《土地问题理论》，曹葆华译，北京人民出版社，1954年；《市场理论评述，再论实现问题》，麦园、方钢译，北京人民出版社，1956年。

这一时期翻译出版了外国主要是苏联出版的教科书和研究资本主义的专著。1950年中国人民大学成立后，即着手翻译出版苏联政治经济学教材。1950~1951年，由中国人民大学印刷厂内部出版了称作16分册的政治经济学教程。它是由苏联一批著名经济学家如奥斯特罗维强诺夫、列昂节夫等编著，由何匡、秋江、侯敏之、富澜等分头翻译的。该教程后由三联书店公开发行。这套教材的第一分册是《政治经济学的对象与方法》；第二分册是《资本主义以前的诸社会经济形态》；以下是垄断前资本主义部分，共11分册；帝国主义部分共3分册。在我国产生过较大影响的是随后出版的由斯大林主持和指导、由苏联科学院经济研究所编写的《政治经济学教科书》（中央编译局译，北京人民出版社，1955年）。此教科书在我国不但曾作为高校的通用教科书，而且全国干部都曾组织学习。该书在我国50年代共翻译出

版了第 1 ~3 版。此外，还出版了苏联巴什科夫著的《政治经济学》（张奔流、翟松年译，北京人民出版社，1955 年）。这些著作主要介绍马克思主义政治经济学的基本原理，主要以马克思的《资本论》和列宁的《帝国主义论》为蓝本，阐述马克思主义政治经济学关于自由竞争资本主义和垄断资本主义的基本理论。

与此同时，我国还翻译出版了一些专题性研究的著作，主要是苏联等国对马克思主义政治经济学基本原理和列宁关于帝国主义问题研究的著作，如《商品生产和价值规律》，科兹洛夫著，徐俊人译，中国人民大学出版社，1955 年；《剩余价值、利润》，康斯坦丁诺夫、柯尔加诺夫著，常彦卿译，北京人民出版社，1956 年；关于资本积累问题的研究著作有：《为什么资本家发财而工人贫穷——资本主义积累的一般规律》，捷尔诺莫尔吉克著，孙本义等译，四川人民出版社，1957 年；《资本主义积累的一般法则》，苏联大百科全书选译，崔平译，北京人民出版社，1954 年；《资本积累》，［德］卢森堡著，彭尘瞬等译，北京三联书店，1959 年。关于再生产问题的著作有：《社会资本再生产》，［苏］托克马拉耶夫著，中共中央高级党校政治经济学教研室译，中国人民大学出版社，1956 年；《关于政治经济学教科书中的马克思列宁主义理论的基本原理》，［苏］左托夫著，吴振坤等译，高等教育出版社，1956 年；《列宁关于资本主义再生产理论的发展》，［苏］莫拉契利夫斯卡亚著，黄澄中、华严译，上海中华书局，1951 年。关于资本主义政治经济学其他问题的著作有：《从现代材料看马克思的平均利润和生产价格理论），［苏］魏戈德斯基著，胡世凯等译，北京三联书店，1958 年；《资本主义制度下的国民收入》，［苏］巴里采夫，陈东旭译，北京人民出皈社，1955 年；《马克思和恩格斯完成的政治经济学的革命》，［苏］列昂节夫著，赵木斋译，上海人民出版社，1956 年；《〈资本论〉注释》三卷本，［苏］卢森贝著，赵木斋等译，三联书店，1963 年。此外，1958 ~1960 年还翻译出版了卢森贝的《政治经济学说史》三卷本，由李侠公、郭从周等译，三联书店出版。该书用马克思主义观点评介了从重商主义到蒲鲁东的经济理论与思想。

关于帝国主义经济问题的译著主要有：《世界资本主义体系的总危机及其在战后时期的尖锐化》，［苏］柯兹诺夫著，朱贞译，上海立信会计图书用品社，1953 年；《帝国主义》，［苏］列昂节夫著，方琏译，北京人民出版社，1954 年；《现代资本主义的寄生性和腐朽性的加强》，［苏］阿列克谢耶夫著，孙世英译，北京时代出版社，1954 年；《什么是帝国主义》，［苏］阿尔祖曼年著，杨静远译，北京人民出版社，1955 年；《垄断资本主义》，［苏］左托夫著，吴振坤等译，北京高等教育出版社，1956 年；《垄断资本主义——帝国主义》，［苏］谢莫钦柯著，复旦大学政治经济学教研室译，上海复旦大学，1957 年；《国家垄断资本主义》，［苏］库兹明诺夫著，胡世凯译，北京人民出版社，1957 年；《垄断资本主义（帝国主义基本特征概论）》，［苏］德拉基辽夫等著，国际关系研究所编译室译，世界知识出版社，1965 年。这些著作主要是阐述作者对马克思列宁主义政治经济学基本理论的理解，并结合当代资本主义发展的情况，阐明马克思主义政治经济学原理的正确性。

这一时期西方国家出现了新的经济现象，资产阶级经济理论也出现一些新的经济思潮，如“人民资本主义”、“可调整的资本主义”等。为认识和了解西方国家出现的新的经济现象和资产阶级经济发展的动态，这一时期我国翻译出版了一些介绍和批判资产阶级政治经济学的著作，如：《美国资产阶级反动经济学批判》，［苏］阿尔捷尔著，陈大维译，北京时代出版社，1952 年；《现代资产阶级政治经济学的基本倾向》，［苏］阿列克谢耶夫，林华译，上海人民出版社，1956 年；《“可调整的资本主义”批判》，［苏］阿尔捷尔著，上海中苏友好协会资料室译，上海人民出版社，1958 年；《现代英国资产阶级政治经济学批判》，［苏］布留明著，北京大学经济系译，北京三联书店，1956 年；《“计划资本主义”理论的破灭》，［苏］阿里捷尔著，张贤务、陈慧译，北京人民出版社，1956 年；《现代资本主义》，［德］桑巴特著，李季译，商务印书馆，1958 年；《关于“人民资本主义”的神话》，［苏］布留明、德沃尔金著，莆允南译，上海人民出版社，1958 年；《论现代资产阶级政治经济学》，［苏］布留明著，潘文院译，北京三联书店，1960 年：《人民资本主义批判》，［美］布迪希著，马清槐译，北京商务印书馆，1960 年；《帝国主义》，［英］霍布森著，纪明译，上海人民出版社，1960 年；《论现代资产阶级政治经济学的危机》，［苏］布留明著，钟元昭等译，北京三联书店，1961 年；《政治经济学中的修正主义的批判》，［苏］津钦科著，庄正译，北京三联书店，1960 年；《“人民资本主义”的理论和实践》，［德］法比容凯著，何渝生译，商务印书馆，1962 年；《劳动价值学说的研究》，［英］米克著，陈彪如译，商务印书馆，1963 年；《繁荣与萧条——对周期运动的理论分析》，［美］哈伯勒著，朱应庚等译，商务印书馆，1963 年；《政治经济学与资本主义》，［英］道布著，松园等译，北京三联书店，1962 年。

我国经济学者在这一时期也出版了许多关于资本主义政治经济学基本原理的著作，主要是介绍马克思主义政治经济学的基本常识，特别是介绍马克思《资本论》和列宁《帝国主义论》中关于自由竞争资本主义和垄断资本主义的基本原理。这方面的主要著作有：《政治经济学》，薛暮桥著，新华书店，1950 年；《政治经济学教程》，王思华著，三联书店，1950 年；《政治经济学教程绪论》，王学文著，新华书店，1950 年；《政治经济学讲话》，狄超白著，北京三联书店，1951 年；《政治经济学讲话》，蒋学模著，北京开明书店，1952 年；《政治经济学教科书讲座》，1955～1956 年由中国青年出版社分 15 分册陆续出版（主要内容包括：商品生产、商品和货币；资本主义的简单协作和工场手工业；资本主义的机器时期；资本和剩余价值；资本主义的基本经济规律；工资；资本积累和无产阶级的贫困化；资本的循环和周转；平均利润和生产价格；商业资本和商业利润；借贷资本和借贷利息、货币流通；地租、资本主义制度下的土地关系；帝国主义的基本经济特征和历史地位）；《〈资本论〉典故注释》（上），沈志求等编著，中国人民大学出版社，1962 年。

为学习马克思主义政治经济学，我国经济学者还出版了一些专题性的研究和辅导著作：（1）关于政治经济学的对象、方法和特点的研究，如：《政治经济学的研究对象和方法》，刘及辰著，北京十月出版社，1951 年；《政治经济学的对象》，洪文达著，上海新知识出版社，1956 年；《马克思主义政治经济学的特点》，王学文著，北京科学出版社，1958 年；（2）关于商品生产和价值规律方面著作，如：《什么是商品》，汪旭荘著，上海华东人民出版社，1954 年；《商品生产和货币》，洪文达、周有光著，上海新知识出版社，1956 年；《价值及价值规律在各种社会制度下的作用》，朱剑农著，湖北人民出版社，1956 年；《谈谈商品生产与价值规律》，刘毅敏编，河南人民出版社，1956 年；《马克思关于价值形态的理论》，王崇禹著，上海人民出版社，1958 年；《谈谈商品》，千家驹著，北京人民出版社，1958 年。这些著作一方面介绍了马克思主义政治经济学关于商品生产和价值规律的基本原理，另一方面探讨了资本主义商品和社会主义商品的区别，说明商品生产和价值规律在不同社会制度下的不同作用，有的作者如千家驹等认为，资本主义商品生产不可避免地导致经济危机，社会主义商品生产则可以为社会主义建设事业服务。(3) 关于资本主义生产方式问题的研究专著，如：《资本与剩余价值》，孙怀仁著，上海华东人民出版社，1954 年；《资本积累与无产阶级贫困化》，洪文达著，上海华东人民出版社，1954 年；《利润与平均利润》，汪旭莊著，上海华东人民出版社，1956 年；《资本主义的再生产》，孙怀仁著，上海华东人民出版社，1954 年；《平均利润和生产价格》，洪文达著，上海新知识出版社，1956 年；《认识资本主义剥削的本质》，上海人民出版社辑，上海人民出版社，1956 年；《资本、剩余价值和资本积累》，汪旭莊等著，上海新知识出版社，1956 年；《资本的循环和周转》，漆琪生著，上海新知识出版社，1956 年；《资本主义制度下的国民收入、社会资本的再生产和经济危机》，苏绍智著，上海新知识出版社，1956 年；《资本的原始积累》，杨恩正著，上海新知识出版社，1957 年；《社会资本再生产与经济危机》，季陶达著，天津人民出版社，1957 年；《论资本主义基本经济规律及其在资本主义各个阶段中的具体形式》，陈其人著，上海人民出版社，1957 年。还有一些作者从比较的角度考察了资本主义生产方式，这方面的著作主要有：陶大镛著的《现代资本主义和社会主义的基本法则》（中国青年出版社，1955 年）；陈其人编著的《两种社会制度下生产与消费的关系》（上海人民出版社，1955 年）。(4) 关于帝国主义及总危机理论的研究，如：《什么是帝国主义》，陶大镛著，上海华东人民出版社，1954 年；《帝国主义的经济特征和历史地位》，蒋学模、陈其人著，上海新知识出版社，1956 年；《帝国主义有哪些经济特征》，孙执中著，北京三联书店，1956 年；《资本主义国家发展不平衡问题》，宋则行著，北京人民出版社，1957 年；《资本主义总危机论》，沈志远著，上海华东人民出版社，1953 年；《斯大林关于资本主义体系总危机的理论》，陶大镛著，中国青年出版社，1954 年；《什么是资本主义总危机》，谷书堂著，北京三联书店，1957 年。

这一时期出版了一些批判资产阶级经济理论的著作，主要是：《现代资产阶级经济理论的批判》，商务印书馆资料室编，商务印书馆，1961 年（该书介绍了西方的凯恩斯主义理论、福利国家理论、“人民资本主义”、新自由主义和现代资本主义的垄断与竞争的理论，并对之进行了批判）；《资产阶级经济危机理论批判》，宋承先著，上海人民出版社，1962 年；《对现代反马克思主义经济理论的批判》，"经济译丛"编辑部编，科学出版社，1959 年；《凯恩斯就业理论的批判》，彪如著，湖北人民出版社，1957 年；《资产阶级价值学说批判》，陈其人著，上海人民出版社，1957 年；《驳"资本主义优越论"》，宣学经编著，上海人民出版社，1958 年。另外，1965 年，由人民出版社出版了鲁友章和李宗正主编的《经济学说史》，被作为高等学校文科教材。作者运用马克思主义经济学的观点评析了西方国家有关政治经济学的理论与思想及其发展变化，在国内有较大影响。

"文革"十年，受极"左"思潮的影响，学术界无法客观地研究当代资本主义出现的新情况和新问题，对来自国外的研究成果也采取了一概排斥的态度，致使这一时期对资本主义经济的研究几乎处于停滞状态，除出版少量政治经济学普及读物外，专门研究资本主义经济的专著几乎没有。这期间，一些出版社曾先后出版一些政治经济学基础性读物，如上海人民出版社、四川人民出版社、河北人民出版社等多家出版社在 1972～1973 年间出版了《学点政治经济学》；人民出版社、天津人民出版社、上海人民出版社等出版社在 1975～1976 年也先后出版了《学点政治经济学》、《政治经济学问题解答》等基础性读物，河南人民出版社、吉林人民出版社、四川人民出版社、北京人民出版社、江苏人民出版社等还出版了《资本主义经济危机》和关于资本主义经济危机的知识性读物。这类读物反映了"文革"时期的理论思想倾向，带有"左"的印记。

"文革"期间，我国自己编写出版的政治经济学教材为数很少。由徐禾等编的《政治经济学概论》，在"文革"前曾由中国人民大学出版社内部出版，1973 年由人民出版社正式出版，该书在国内产生了较大的积极影响。这是文革期间国内出版的唯一的一部有质量的政治经济学教材。它较全面和系统地阐述了马克思主义政治经济学的基本原理，曾被许多院校广泛选用，日本和德国有翻译本。此外，南开大学政治经济学系经济研究所编辑出版了《政治经济学：资本主义部分》、《政治经济学：帝国主义部分》（1976 年出版）等。这期间，为配合政治学习的需要，一些工人理论组和高校曾组织编写了《资本积累和无产阶级的贫困化》（北京光学仪器厂工人理论组、北京师范大学政教系政治经济学组编，北京人民出版社，1975 年）、《帝国主义一定灭亡》（南京大学马列主义教研室政治经济学组编，人民教育出版社，1975年)、《帝国主义是无产阶级革命的前夜》（南开大学政治经济学系等组编，天津人民出版社，1975年）等读本。

三、改革开放后政治经济学的广泛发展

“文革”结束之后，逐渐恢复了马克思主义政治经济学的地位，学术界开始重视对资本主义经济问题的研究，注意吸收和借鉴外国经济学者的研究成果，结合当代资本主义发展的实际，从不同的角度对资本主义发展中理论和实践问题进行研究和探讨，推动了马克思主义政治经济学理论的发展。

我国学术界本着解放思想、实事求是的态度，研究资本主义经济问题。这一时期的研究有两个基本特点，一是开始注意吸收、借鉴国外包括发达国家对资本主义研究的成果；一是把坚持与发展相结合，在坚持马克思主义政治经济学基本原理的基础上，运用马克思主义政治经济学的方法和原理分析当代资本主义发展出现的新情况和新问题，以丰富和发展资本主义政治经济学。

这期间出版了大量资本主义政治经济学教科书和有关论著，其中影响较大的主要有:《政治经济学：资本主义部分》（上、下册)，于光远、苏星主编，人民出版社，1977~1978年（在“文革”前曾出版过上册)；《政治经济学》，蒋学模主编，上海人民出版社，1980年；《政治经济学——帝国主义部分》，中国人民大学世界经济教研室编写小组编，中国人民大学出版社，1980年；《政治经济学——资本主义部分》，北京大学经济系政治经济学第一教研室编，吉林人民出版社，1980年；《政治经济学：资本主义部分》，南方十六所大学《政治经济学教材》编写组编，四川人民出版社，1980年；《政治经济学教程》，宋涛主编，中国人民大学出版社，1982年；《政治经济学》（上、下卷)，宋涛主编，人民出版社，1983~1985年；《政治经济学》，宋涛、卫兴华、吴树青等编，红旗出版社，1984年；《广义政治经济学》（第二、三卷)，许涤新著，北京人民出版社，第二卷1985年出版，第三卷1988年出版；《政治经济学：垄断资本主义部分》，魏埙主编，天津人民出版社，1985年；《政治经济学（资本主义部分)》，魏埙主编，北方十四所高等院校编写组编，陕西人民出版社，1986年；《政治经济学原

理》，卫兴华、顾学荣主编，经济科学出版社，1989 年。这一时期，资本主义政治经济学的内容一般包括商品和货币、资本和剩余价值、资本积累、资本循环和周转、社会资本再生产和流通、平均利润和生产价格、商业资本和商业利润、借贷资本和利息、地租、帝国主义基本经济特征及其历史地位、战后资本主义的一些新的发展等，其体系框架基本是按照《资本论》体系架构构建的。不同版本的教材其基本内容大同小异。

1980～1981 年，许涤新主编的《政治经济学词典》由人民出版社出版，共三卷，第一卷包括导论、前资本主义和资本主义；第二卷为帝国主义部分；第三卷为社会主义部分。在编写中动员了全国近百所高校和研究单位的数百位经济学者参加编写，该词典在 80 年代在国内有广泛影响。

随着我国改革开放的不断深入，我国经济学界不断扩大对外学术交流，对资本主义经济的现实有了更加深入的了解，因而也不断深化了对资本主义经济的认识，编辑出版了大量反映当代资本主义经济现实的教材和研究当代资本主义经济的专著，这些教材和专著从不同层面对资本主义特别是战后资本主义经济出现的新的经济问题和经济现象进行了分析研究。我国学者对现代资本主义的研究主要集中在现代资本主义的新变化、这些变化产生的影响及原因、经济全球化与现代资本主义的关系、现代资本主义的性质及其发展的未来趋势等。此外，对马克思主义资本主义政治经济学一些基础理论进行了专题研究。

我国学术界普遍认为，战后的资本主义与资本主义的前几个历史阶段相比，产生了重大变化，进入了一个新的发展阶段。尽管理论界在对一些具体状况的分析上有这样或那样的不同阐述，但基本的判断是一致的。首先，随着新的技术革命的形成和发展，生产力获得了巨大发展，主要资本主义国家的经济保持了高速增长。资本主义生产力的巨大发展相应引起资本主义生产关系的调整，推动了私人垄断资本向国家垄断资本的转变。其次，产业结构向三次产业、高科技化和信息化转变，第三产业和高新技术产业迅速发展，新经济初见端倪。第三，就业结构发生了深刻变化，知识工人增多，非知识工人减少，以知识分子为主体的中间阶层不断扩大。第四，随着生产力的迅速发展和资本主义生产关系调整以及一些改良主义政策措施的实施（如推行“社会福利政策”、“工人持股”和“工人参与管理”等），工人阶级和劳动人民的收入有所提高，生活状况有所改善。第五，虽然战后也出现短期的动荡和危机，但其冲击力相对较弱，资本主义世界保持了一个较长时期的相对稳定。第六，生产、资本和金融日益国际化，经济全球化成为一个趋势。

对于资本主义经济发展过程中产生上述新变化的原因，我国学者分析和研究的视角和侧重点有所不同。一种意见认为，资本主义发展的一些新变化应当从资本主义基本矛盾运动中去寻找。生产力的发展推动现代资本主义生产关系的调整和资本主义生产方式的变化。现代资本主义的种种新变化归根到底是由于生产力的发展引起的。有学者强调，资本主义自身仍然具有较强的社会适应性和发展潜能，在一定范围内能够通过生产关系的调整和政策的改良适应生产力发展的需要。另有学者认为，资本主义的新变化从根本上说是由生产力的发展引起的，是资产阶级在制度允许的范围内所作的调整和改良，而且这种调整和改良在很大程度上是其内部的社会主义运动和外部社会主义国家的兴起和发展对它影响、与它斗争的结果。

在如何看待现代资本主义种种新变化的性质问题上，理论界存在很大分歧。但多数学者认为，现代资本主义的最大变化在于一般垄断转变为国家垄断，这是资本主义生产关系的重大调整，这种调整反过来推动了科学技术革命和生产的发展。资本主义生产关系的这种调整并没有改变资本主义的性质，没有消除资本主义的基本矛盾，以生产资料私有制为基础的资本主义生产关系与生产力之间的矛盾和资本主义固有的种种矛盾仍将存在，不仅如此，而且随着社会经济的发展资本主义社会还产生了种种新的矛盾和问题，如劳动者不适应这一转变而失业；劳动者因知识高低不同扩大工资差距而发生的新的分化；大企业集团利用信息和技术优势加强对社会经济的垄断和支配；社会两极分化加剧；效率与公平之间的反差更加突出等等。资本主义基本规律仍在起作用，而且有些规律的作用如资本积累规律、发展不平衡规律等的作用将更加突出。

如何看待经济全球化及其影响，是我国理论界近年来研究的热点问题。理论界认为，经济全球化已成为国际经济发展的一种趋势。一些学者认为，战后由于社会生产力的发展，第三次科技革命的推动，世界经济发展呈现出这样一些特点：（1）国际分工以水平为主；（2）世界商品贸易迅速增长，规模不断扩大；（3）世界市场体系日益完善发达；（4）对外直接投资大幅增加，产业资本愈来愈国际化；（5）各国对外经济联系向全方位、多元化方向发展；（6）发展中国家成为独立的经济主体。所有这些表明，世界经济已进入一个新的发展阶段即经济全球化阶段。有学者指出，从经济全球化的进程看，推动全球化的力量主要来自现代资本主义技术革命和世界市场的扩大。技术进步克服了空间的障碍，市场的扩大为经济生活的扩大提供了强大动力。两者相辅相成，技术为市场的整合和深化提供了物资保证，而市场则为技术创新提供了需求动力。在这一过程中，现代资本主义国家的调节发挥着重要作用。在一定意义上，当代经济全球化是在当代资本主义主导下的全球化，全球化问题实际上也是当代资本主义特别是发达资本主义的问题。一些学者强调，由于经济全球化是在西方国家的主导下实现的，有关规则的制定也必然有利于西方国家，因而，经济全球化并不是导致全球繁荣和共同富裕，而是会加剧两极分化。

这一时期我国学者以当代资本主义经济为研究对象的教材和论著出版了很多，其中比较有影响的主要有：魏埙主编《当代资本主义经济探索》（河北人民出版社，1988 年）、吴大琨主编《当代资本主义：结构、特征、走向》（上海人民出版社，1993 年）、许征帆主编《怎样认识当代资本主义》（中国人民大学出版社，1990 年）、陶大镛著《战后资本主义经济特征》（湖南人民出版社，1981 年）和李琮著《当代资本主义的新发展》（经济科学出版社，1998 年）。《当代资本主义经济探索》一书对当代资本主义生产关系的变化、科技革命与资本主义经济结构、宏观调节、中小企业的发展、劳动力价值、现代金融资本、地租、资本主义货币体系、资本主义经济危机及周期、垄断资本国际化与民族经济的发展、资本积累的历史趋势等问题进行了较深入的探讨。《当代资本主义：结构、特征、走向》一书以现代科技革命和国家垄断资本主义为主线，从结构、特征和走向等方面对当代资本主义中出现的新现象和新问题进行了全面、系统、深刻的分析，对当代西方经济学宣扬的资本民主化、中产阶级化和经济制度趋同等理论，作了深刻的马克思主义的评析。该书在结构上设置了“史的研究”、“所有制形式”、“经济体制和运行机制”、“分配制度”、“阶级结构”、“世界体系”和“历史走向”等七篇二十五章，体系新颖，结构严谨。该书曾荣获国家教委人文社会科学和北京市哲学社会科学优秀成果一等奖。《怎样认识当代资本主义》一书作者以马克思主义为指导，对当代资本主义的社会性质、基本矛盾、所有制形式、分配关系、经济运行机制、阶级状况和社会走向等问题进行了分析。《战后资本主义经济特征》分三篇对现代资本主义的基本经济特征、现代资本主义的经济增长及其腐朽性和现代资本主义条件下的无产阶级的贫困化等问题进行了分析。《当代资本主义的新发展》是一部理论与实际相结合的好书，该书以马克思列宁主义为指导，对当代资本主义的一系列新现象和新特征进行了系统的考察与研究。内容丰富，有论有据，涉及发达资本主义国家高科技的发展，向信息经济的转变，企业制度的新变化，经济模式的演变，经济全球化与地区化，发展中国家向发达资本主义的发展，当代资本主义危机的新特点，当代资本主义发展的大趋势等。在许多重要问题上，作者提出了一些颇有见地的见解。研究当代资本主义的著作还有：《资本主义经济概论》，邓国春主编，河南大学出版社，1988 年；《当代资本主义经济》，解德源、何长凝主编，辽宁人民出版社，1988 年；《当代资本主义经济导论》，华民著，华东师范大学出版社，1989 年；《现代资本主义经济》，王俊宜等编著，北京大学出版社，1989 年；《资本主义经济概论》，顾雪生等主编，上海翻译出版公司，1991 年；《资本主义经济》，赵志清主编，福建人民出版社，1993 年；《当代资本主义的新发展》，张秋舫主编，经济科学出版社，1993 年；《当代资本主义经济研究》，逄秀贞等编，山东大学出版社，1993 年；《当代资本主义若干经济问题》，郑春成、方成族主编，厦门大学出版社，1993 年；《资本主义经济教程》，白暴力主编，陕西人民出版社，1995 年；《资本主义经济概论》，钱淦荣主编，北京大学出版社，1994 年；《资本主义经济概论》，张六虎、刘淑珍主编，中国商业出版社，1995 年；《现代资本主义论》，陶大镛主编，江苏人民出版社，1996 年；《当代资本主义经济》，刘启民主编，中国轻工业出版社，1996 年；《当代资本主义经济与政治》，余家驹等编，辽宁人民出版社，1996 年；《现代资本主义经济》，席德培、杨启栋主编，西北大学出版社，1996 年；《资本主义经济新编》，蒋国祥主编，华东师范大学出版社，1998 年。

我国出版的研究帝国主义或垄断资本主义的著作主要有：《战后帝国主义基本经济特征的发展》，肖德周等编，广西人民出版社，1980 年；《论当代帝国主义经济》，红旗杂志社国际部编，红旗出版社，1982 年；《现代垄断资本主义经济》，仇启华主编，中共中央党校出版社，1982 年；《帝国主义浅论》，王启荣著，湖北人民出版社，1983 年；《论当代帝国主义》，《经济研究》编辑部编，上海人民出版社，1984 年；《今日帝国主义经济》，周建平、徐桂华著，江苏人民出版社，1984年；《当代帝国主义经济》，褚葆一、张幼文著，安徽人民出版社，1985年；《现代国际垄断资本关系》，吴健著，中共中央党校出版社，1987年；《当代帝国主义经济》，宋涛主编，经济科学出版社，1988年；《当代帝国主义经济问题研究》，李达昌著，四川人民出版社，1991年；《当代垄断资本主义》，龚维敬著，上海三联书店，1991年；《当代帝国主义理论》，蔡中兴著，上海三联书店，1992年；《论国家垄断资本主义》，宋涛、陈耀庭主编，安徽人民出版社，1992年；《垄断资本主义概论：马克思主义的帝国主义理论、历史与当代》，马健行等著，山东人民出版社，1993年；《发达资本主义经济中的垄断与竞争：垄断资本理论研究》，高峰著，南开大学出版社，1996年。其中宋涛教授主编的《当代帝国主义经济》以列宁关于“垄断是帝国主义经济的实质”的基本理论为指导，从资本主义基本矛盾的现实运动考察当代帝国主义经济的发展和变化。该书根据帝国主义经济发展的历史和现状，以“垄断”为主线，按照私人垄断、国家垄断和国际垄断以及当代垄断资本主义的历史走向来设置体系结构，全书共十三章，较为系统地阐述了当代帝国主义经济现象的内在联系和运动的客观规律性，特别突出地加强了对国家垄断资本主义和现代科学技术革命如何加深了资本主义基本矛盾的分析和论述。在分析和论述问题方面，把理论和实际相结合，把坚持和发展马克思主义相结合，对当代帝国主义经济中出现的新现象和新问题作出了实事求是的解释和概括。该书是国家教委“七五”期间博士点重点课题和文科重点教材之一，曾荣获国家教委优秀教材奖和北京市哲学社会科学优秀成果一等奖。

高峰教授著的《发达资本主义经济中的垄断与竞争：垄断资本理论研究》一书，以《资本论》的辩证逻辑为指导，根据战后资本主义经济出现的新情况和统计材料进行系统的实证分析，在吸收、借鉴国内外关于垄断资本研究成果的基础上，从垄断的形成和发展、垄断势力和垄断竞争、垄断价格的垄断利润、垄断竞争的后果等方面，对当代资本主义中的垄断与竞争进行了系统的研究，提出了一些创新的见解。关于垄断的形成，作者认为，生产集中只是垄断形成的必要条件，垄断资本形成的原因在于资本的个性和资本积累过程中的内在矛盾。关于垄断势力，作者认为垄断势力的基础特征是控制。从单个企业来看，垄断势力体现在市场结构、市场行为和市场绩效三个方面；与此同时，作者从公司绝对规模、总体集中程度和混合联合发展三个方面，更深入地论证了垄断势力的经济表现。关于垄断竞争，作者认为，垄断竞争是以垄断资本为主体或为主要方面的竞争形式，它首先表现为垄断资本与非垄断资本之间的竞争；其次表现为垄断部门之间的竞争，主要包括同一部门垄断企业之间的竞争和不同部门垄断企业之间的竞争。垄断资本主义条件下仍然存在数量众多的小企业之间的自由竞争，但已退居次要地位。关于垄断价格，作者认为垄断价格应区分为垄断生产价格和垄断市场价格，强调垄断生产价格是本质范畴，认为垄断价格的基本特性是高价格、相对稳定和具有刚性，并强调垄断价格仍要受价值规律和一般市场条件的制约。作者认为，由于垄断竞争与自由竞争并存，在垄断部门之间和非垄断部门之间分别出现了利润率平均化的趋势。利润率的二重平均化是利润率平均化规律在垄断资本主义条件下的特殊表现形式。关于垄断的经济后果，作者认为主要体现在微观和宏观两个方面，其微观方面的后果主要指垄断对企业经济效率和技术革新的影响，理论分析和经验研究表明这种影响有积极的方面，也有消极的方面，主要取决于企业、部门和国家的垄断程度。其宏观影响包括对资本主义经济增长的影响、对宏观经济运行的影响和对社会资源使用的影响等。

改革开放以来，我国经济学者结合当代资本主义发展的实际情况加强了对资本主义政治经济学基本理论问题研究，出版了许多优秀科研成果。高峰教授撰写的《资本积累理论与现代资本主义：理论和实证的分析》（南开大学出版社，1991 年）就是其中之一。该书结合现代资本主义发展的实际，研究了马克思的资本积累理论，主要考察了资本有机构成理论、相对过剩人口理论和一般利润率下降趋势规律三个主要方面。该书把马克思主义经济理论与现代资本主义经济实际紧密结合，通过以长期统计资料为根据的实证分析探讨了资本积累过程中若干趋势规律在当代资本主义经济发展中作用和变化。作者首先分析了马克思积累理论的渊源和形成，并结合西方学院派和马克思主义学派的有关研究和争论，结合现代资本主义发展的实际情况，深入讨论了有关范畴、原理的确切含义和科学性，同时运用系统的长期统计资料来验证积累过程中的有关长期趋势，深入研究了影响资本积累的经济条件在当代所发生的重大变化，以及这些变化的原因和后果。关于资本有机构成理论，作者结合马克思的经济学手稿，深入论述了资本有机构成与资本价值构成的联系与区别，从资本主义技术进步、资本技术构成和资本价值构成三个层次动态地分析了资本有机构成变动的内在机制，详细论证了资本主义技术进步必然具有节约活劳动的主导倾向的深层原因，利用长期统计分析，第一次为检验资本有机构成的长期动态提供了比较全面的经验数据。关于相对过剩人口理论，作者深入论证了应从剩余价值规律和资本积累规律的统一来理解资本主义相对人口产生的必然性，分析了相对过剩人口数量的决定和相对过剩人口的规模变动的长期趋势以及决定这种变动趋势的主要原因。关于一般利润率下降的规律，作者考察了资本有机构成、剩余价值率和反映产品实现条件的生产能力利用率三种基本变量的合力及其消长对利润率变动的决定性作用，并以长期统计资料为依据，结合战后实际经济变动，深入探讨了三个基本变量在一般利润率长期波动和周期波动中的机制作用。

我国经济理论界对资本主义政治经济学基本理论问题专题研究主要集中在对资本理论、财产关系、分配关系、资本积累理论、一般利润率下降规律、无产阶级贫困化和经济危机等理论问题的研究上，这方面的著作主要有：《政治经济学研究》（一），卫兴华著，求是出版社，1987 年；《政治经济学研究》（二），卫兴华著，陕西人民出版社，1987 年；《资本理论：价值、分配与增长理论》，柳欣著，陕西人民出版社，1994 年；《资本理论与当代资本主义经济分析》，胡金元主编，化学工业出版社，1998 年；《金融资本论》，吴大琨主编，人民出版社，1993 年；《当代资本主义的财产制度》，胡坚等著，福建人民出版社，1993 年；《当代资本主义收入分配制度》，陈炳才著，福建人民出版社，1994 年；《当代资本主义分配关系研究》，王小琦等著，经济科学出版社，1996 年；《马克思的资本主义本质理论与当代现实》，赵汇著，中国人民出版社，1996 年；《西方世界的拯救：现代西方收入分配制度变迁与贡献》，韩保江著，山东人民出版社，1998 年；《无产阶级贫困化理论研究》，蒋学模等著，中国社会科学出版社，1981 年；《无产阶级贫困化的理论与实际》，仇启华等著，中国社会科学出版社，1982 年；《论一般利润率下降规律》，陈恕祥著，武汉大学出版社，1995 年；《战后国家垄断资本主义条件下的经济周期与危机》，熊性美等主编，经济科学出版社，1992 年；《资本主义经济危机与经济周期》，吴大琨著，辽宁人民出版社，1986 年；《经济长波论：对资本主义实际经济长期波动研究》，赵涛著，中国人民大学出版社，1988 年；《世界经济危机》，姚廷纲、汪鸿鼎著，经济科学出版社，1988 年；《资本主义经济周期：理论与预测》，薛敬孝主编，人民出版社，1992年；《垄断资本概论》，马健行等著，山东人民出版社，1993年（此书获国家教委首届人文社会科学成果研究优秀成果奖，获1999年国家社会科学基金优秀成果奖）；《经济周期研究》，王洛林主编，经济科学出版社，1998年；《经济周期波动的分析与预测方法》，董文泉等著，吉林大学出版社，1998年；《现代资本主义的经济关系和运行特征》，高峰主编，南开大学出版社，2000年。

《资本论》是研究资本主义的经典著作，为研究当代资本主义提供了理论指导，我国学术界一直重视对《资本论》的研究，特别是80年代，我国学界出现了学习和研究《资本论》的高潮。1977年，福建人民出版社出版了陈征撰写的我国第一套完整的《〈资本论〉解说》，系统地阐述了《资本论》的基本思想和作者对《资本论》的研究成果，并陆续出版了陈征主编的《资本论》研究丛书，包括：《马克思的经济理论——试从纵的方面对〈资本论〉研究》；《对〈资本论〉若干理论问题争论的看法》（上、下）；《〈资本论〉与社会主义经济》；《〈资本论〉与当代资本主义》；《〈资本论〉辩证法探索》（上、下）；《评介国外部分学者对〈资本论〉的研究》。为配合80年代初全国干部学习《资本论》第二卷的需要，卫兴华、胡钧和吴树青应邀编述了《〈资本论〉第二卷简要本》，由中国社会科学出版社出版，1981年；1983年，马克思百年忌辰，为缅怀和纪念马克思，山东人民出版社出版了《〈资本论〉研究丛书》，内容包括关于《资本论》原理及手稿的研究，关于《资本论》的结构、逻辑、方法、创作史和传播史的研究，关于《资本论》中的哲学、文学、数学、管理科学的研究，关于运用《资本论》原理对现代资本主义经济和社会主义经济的研究，关于《资本论》与科学社会主义、与马克思开创的共产主义的关系、恩格斯对《资本论》的贡献、列宁对《资本论》的实践和发展的研究，对当代国外《资本论》研究的评介，以及《（资本论）词典》等，共24种、30册。同年中国《资本论》研究会组编了《〈资本论〉与社会主义经济》，该书由人民出版社出版。1981~1986年由中国《资本论》研究会编辑、江苏人民出版社出版了7辑《〈资本论〉研究资料和动态》；1983年，人民出版社出版了鲁友章、李宗正主编的《经济学说史》下册，其中集中论述了“马克思恩格斯创立无产阶级政治经济学”和“列宁对马克思主义政治经济学的发展”；1982~1984年，北京师范大学经济系编辑多卷本《〈资本论〉研究论丛》，选编了自新中国建立至1984年研究《资本论》的一系列论文，内部出版；1980~1986年，北京大学经济系编写了《〈资本论〉释义》三卷本；1995年，中国金融出版社出版了汤在新主编的《〈资本论〉续集探索——关于马克思计划写的六册经济学著作》。

随着我国市场经济的不断发展，我国理论界加强了对资本主义市场经济及运行机制的研究，出版了许多这方面的专著，主要有：《当代资本主义宏观经济调节》，佟福全、李玉平主编，中国物价出版社，1992年；《市场、国家、国际协调：资本主义市场经济是如何运行的》，陈秀山、雷达著，中国青年出版社，1993年；《当代资本主义的市场经济》，华民著，福建人民出版社，1994年；《现代西方市场经济是如何运行》，佟福全著，中国物价出版社，1994年；《西方发达国家的市场经济》，龚士其主编，中国轻工业出版社，1994年；《外国现代市场经济》，江春泽主编，人民日报社出版社，1994年；《资本主义条件下的市场经济》，陈恕祥著，湖北教育出版社，1995年；《现代资本主义市场经济运行机制》，陈耀庭、巫宁耕主编，军事科学出版社，1995年；《资本主义市场经济：原理、运行及模式》，朱碧芳、王吉平编，武汉测绘科技大学出版社，1996年。其中陈耀庭、巫宁耕主编的《现代资本主义市场经济运行机制》一书是一部体现我国研究资本主义市场经济及运行机制的成果的专著。该书以马克思主义经济理论为指导，对现代资本主义市场经济体制和运行机制进行了较为全面、系统和深入的分析和探讨，突出了以下三方面的问题的研究：（1）从历史、理论和现实的结合上，探讨和阐明了商品经济发展的两个阶段，揭示市场经济是在商品经济发展的高级阶段上产生、发展起来的。（2）从制度调整、体制转换和机制演进的结合上，探讨了科技革命和生产力发展如何引起资本主义经济制度、经济体制和经济运行机制的调整、转换和演进，阐明了资本主义市场经济经历了自由市场经济和现代市场经济即国家宏观调控下的市场经济两个发展阶段。（3）从国内市场和国际市场的结合上，探讨和阐明了现代市场经济的基本特征是国家调控和市场机制、国际调节和市场机制的结合，揭示现代资本主义市场经济国内运行和国际运行的同一性和差别性，指明优化配置两种资源和有效利用两种市场的一般途径和不同手段。该书曾获北京市1997年哲学社会科学优秀成果二等奖。

系统论述资本主义市场经济并在国内有较大影响的著作还有邹东涛主

编、兰州大学出版社于1994年出版的《世界市场经济模式丛书》，该丛书包括《世界市场经济模式综合与比较》、《德国市场经济体制》、《美国市场经济体制》以及分别论述法国、意大利、澳大利亚、韩国、印度、东盟国家、非洲、港澳台等市场经济体制模式共15卷本。丛书顾问由腾维藻、刘国光、董辅礽、厉以宁、吴敬琏、卫兴华等担任。李铁映为丛书专门题词。

在改革开放新时期，我国学术界不仅翻译和出版了苏联东欧国家编写的政治经济学教科书和研究当代资本主义的专著，而且还翻译出版了大量西方国家和一些发展中国家研究当代资本主义的著作。翻译和出版的苏联东欧国家研究资本主义政治经济学的著作主要有：《政治经济学教科书》，［苏］鲁缅采夫主编，毛容芳等译，吉林人民出版社，1981年；《政治经济学》，［罗］康斯坦丁内斯库等著，张志鹏等译，人民出版社，1981年；《政治经济学——资本主义和社会主义商品生产理论分析原理》，［南］科拉奇、弗拉什卡利奇著，邵玉环等译，人民出版社，1982年；《政治经济学》，［波］兰格著，王宏昌译，中国社会科学出版社，1987年；《政治经济学》，［苏］麦德维杰夫主编，周新城等译，中国人民大学出版社，1989年；《当代资本主义》，［罗］阿波斯托尔主编，陆象淦、刘开铭译，北京三联书店，1979年；《现代垄断资本主义政治经济学》，［苏］伊诺泽姆采夫主编，杨庆发等译，上海译文出版社（内部发行，上册1978年出版，下册1980年出版）；《列宁的帝国主义论与当代现实》，［苏］伊诺泽姆采夫主编，张承辉等译，中国社会科学出版社，1980年；《马克思经济理论的形成与发展》，［民主德国］图赫舍雷尔著，马经青译，人民出版社，1981年；《国家垄断资本主义共性与特点》，［苏］德拉吉列夫主编，黄苏等译，上海译文出版社，1982年；《科学技术革命与世界价格——资本主义市场价格形成的理论与实践》，［苏］普宁著，赵盛武等译，中国社会科学出版社，1982年；《科学技术革命对资本主义世界经济的影响》，［苏］法明斯基著，戴有振等译，1982年；《帝国主义和资本积累》，卢森堡和布哈林著，柴金如等译，黑龙江人民出版社，1982年；《世界经济和帝国主义》，布哈林著，蒯兆德译，中国社会科学出版社，1983年；《当代资本主义：所有制、管理和权力》，［苏］迈博罗达著，周恒云、张佩贤译，江苏人民出版社，1984年；《卡尔·马克思的伟大发现——劳动二重性学说的方法论作用》，［苏］谢尔盖耶维奇著，睢国余译，北京大学出版社，1984年；《列宁的帝国主义理论与当代政治经济学的发展》，［苏］查戈洛夫主编，复旦大学世界经济教研室译，复旦大学出版社，1987 年；《现代资本主义：经济问题和发展趋势》，［波］明兹著，陈远志等译，北京东方出版社，1987 年；《经济危机和周期的理论与历史》，［苏］门德尔逊著，斯竹等译，三联书店（第一卷 1975 年出版，第二卷 1976 年出版，第三卷 1977 年出版）；《现代资本主义和经济危机》，［苏］瓦尔加著，叶中林等译，三联书店，1975 年。

这一时期翻译和出版的西方国家和一些发展中国家研究现代资本主义的论著主要有：《资本主义与奴隶制度》，［特立尼达—多巴哥］威廉斯著，陆志宝等译，北京师范大学出版社，1982 年；《国家垄断资本主义》，法共中央经济部编著，宇泉等译，商务印书馆（分上下册，上册 1982 年出版，下册 1983 年出版）；《晚期资本主义》，［比］曼德尔著，马清文译，黑龙江人民出版社，1983 年；《马克思主义的帝国主义理论》，［英］布鲁厄著，仇启华等译，求是出版社，1984 年；《欧洲帝国主义的经济论》，［美］霍加特著，张伯里等译，求是出版社，1989 年；《英国资本主义政治经济学：马克思主义的分析》，［英］阿罗诺维奇等著，复旦大学世界经济研究所译，上海译文出版社，1988 年；《资本主义、价值和剥削：一种激进理论》，［英］霍奇森著，于树生、陈东威译，商务印书馆，1990 年；《社会市场经济的理论与实践》，［德］吉·格拉纳多斯、埃·吉尔克斯蒂斯著，冯文光等译，中央编译出版社，1996 年；《股份制向何处去：法人资本主义的命运》，［日］奥村宏著，张承耀译，中国计划出版社，1996 年；《资本主义的未来》，［德］马克斯·舍勒著，罗悌伦等译，北京三联书店，1997 年；《资本主义的动力》，［法］费尔南·布罗代尔著，杨起译，北京三联书店，1997 年；《资本主义论丛》，［法］费尔南·布罗代尔著，顾良等译，中央编译出版社，1997 年；《资本主义的未来——当今各种经济力量如何塑造未来世界》，［美］莱斯特·瑟罗著，周晓钟译，中国社会科学出版社，1998 年；《国家的作用：21 世纪的资本主义的前景》，［美］罗伯特·赖克著，上海政协编译组译，上海译文出版社，1998 年；《资本主义发展的长波：马克思主义的解释》，［比］欧内斯特·曼德尔著，南开大学国际经济研究所译，商务印书馆，1998 年；《历史资本主义》，［美］伊曼努尔·华勒斯坦著，路爱国、丁浩金译，社会科学文献出版社，1999 年；《新资本主义》，［美］哈拉尔著，黄育馥译，社会科学文献出版社，1999 年；《资本主义反对资本主义》，［法］阿尔贝尔著，杨祖功等译，社会科学文献出版社，1999年；《现代资本主义：三次工业革命中的成功者》，［美］托马斯·K. 麦格劳著，赵文书、肖锁章译，江苏人民出版社，1999年；《公共生活与晚期资本主义》，［英］约翰·基恩著，马音等译，社会科学文献出版社，1999年；《现代经济的蜕变》，［日］伊东光晴著，郑海东译，上海财经大学出版社，1999年；《帝国主义与依附》，（巴西）特奥托尼奥·多斯桑托斯著，杨衍永译，社会科学文献出版社，1999年；《真正的资本主义》，［英］伊凡·亚历山大著，杨新鹏译，新华出版社，2000年。

需要着重指出的是，在新中国建立后马克思恩格斯全集和列宁全集的出版。根据中共中央决定，中共中央编译局翻译、人民出版社自1956年开始陆续出版了《马克思恩格斯全集》，从1955年开始陆续出版了《列宁全集》，并出版了四卷本《马克思恩格斯选集》和四卷本《列宁选集》。1983年，社会科学出版社还出版了由中共中央编译局翻译的法文版《资本论》第一卷中译本；1987年，又由经济科学出版社出版了德文版《资本论》第一卷中译本。这些经典原著中译本的出版，对我国研究和传播马克思列宁主义的经济理论提供了便利条件，起到了重要的推动作用。

第二篇

《资本论》的研究对象和结构问题探讨

《资本论》的研究对象、结构和学习的意义[①]

一、学习《资本论》的意义

当前，在一些高等学校或在一些理论研究单位，有很多人认为《资本论》已经过时，没有重新学习的必要。由于受到某种社会思潮的影响，社会上也出现了《资本论》过时论。有些人还认为，《资本论》或马克思的经济理论是破坏旧世界的一种革命的学说，而不是社会主义建设的学说，所以在社会主义建设时期没有必要去学习和研究它。那么，今天我们为什么要开这门课，学习《资本论》有什么意义，这一问题需要首先加以说明。

从大的方面来说，我们是社会主义国家，我们的整个理论指导是马克思主义。江泽民总书记在“七·一”讲话中，有几个地方谈到了马克思列宁主义的重要意义。比如，他说：“八十年的实践启示我们，必须始终坚持马克思主义基本原理同中国具体实践相结合，坚持科学理论的指导，坚定不移地走自己的路。马克思主义是我们认识和改造世界的强大思想武器，是指导中国革命、建设和改革的行动指南。马克思主义不是教条，只有正确运用于实践，并在实践中不断发展，才具有强大的生命力。”就是说，马克思主义不仅仅是一个批判旧世界的革命的强大武器，而且也是建设社会主义的行动指南。在另一个地方，江泽民总书记又说：“马克思主义是我们立党、立国的根本指导思想，是全国各族人民团结奋斗的共同的理论基础。马克思主义的基本原理任何时候都要坚持，否则，我们的事业就会因为没有正确的理论基础和思想灵魂而迷失方向，就会归于失败。这就是我们为什么要始终坚持

① 本文原载《当代经济研究》2002年第11期。本文系作者于2002年3月6日在中国社会科学院给博士生讲课的录音纪录整理稿。

马克思主义基本原理的道理所在。当然，也要强调不能搞本本主义、教条主义，马克思主义有与时俱进的理论品质，不能脱离实际。”也就是说，既要坚持，又要发展。

《资本论》是一部很重要的马克思主义经典著作。它首先是一部经济学著作，同时也是一部哲学的著作。我们从事社会科学研究的同志，特别是学习经济理论的同志，如果没有读过《资本论》，对其基本内容和方法不了解，茫然无知，是不行的。不要说是我们社会主义国家，就是在西方国家，比如在日本，它的一些著名的大学都在学习马克思的经济学。长期以来，在日本的京都大学、九州大学等著名的大学，马克思经济学一直是占指导地位。而我们国家的一些高等学校的经济学科的本科生、硕士生反而不开马克思主义经济学课。法国有的博士生专门研究《资本论》，有些高等学校的导师专门招收研究《资本论》的博士生。西方国家研究马克思的经济学、研究马克思的《资本论》的论著非常多。特别是日本，在某些方面的研究成果比我们要多，研究得比我们深，且非常系统。

我们现在搞社会主义建设，搞改革开放，究竟马克思的《资本论》、经济理论对研究当代的现实问题有没有用？由于当前社会主义运动处于低潮，马克思主义的研究和宣传也似乎处于一种低潮。我们国内贬低、批评、否定马克思主义经济学或整个马克思主义理论的思潮不断地出现。但是，我们却看到了一个比较奇特的反差，就是西方资本主义国家的学术界、政治界对马克思的看法，对马克思主义理论的看法却在不少方面更实事求是一些。大家知道，在进入新千年的时候，英国曾经先后两次推选千年来最伟大的思想家、千年风云人物，其中马克思名列前茅。英国广播公司的评选工作是通过网上的民意测验，根据得票率的高低确定了前四名。其中，一千年最伟大的思想家中马克思高居榜首。英国路透社又从世界各国邀请政界、商界、艺术界和学术界的专家来进行评选千年风云人物，结果马克思仅仅以一分之差位居爱因斯坦之后位居第二位。第一次的评选，不只有政界、商界、学术界，也有平民，所以比第二次要客观一些。路透社在报道评选结果时提出《共产党宣言》和《资本论》在过去一个多世纪中对全球政治和经济思想方面产生了重要影响。这些表明，西方各界是肯定马克思的著作和理论的意义、作用和影响的。在迎接新千年的时候我们还注意到，英国为纪念马克思修整图书馆而花费了不小数目的费用。作为这一图书馆的长期会员之一的英国工党的一名议员发表演说认为，马克思对资本主义的看法是正确的，他将在21世纪继续成为最有影响的人物之一。

我国有的学者并没有系统地、认真地学习过马克思的《资本论》，却发表一些不切实际的评论。我认为，我们无论是坚持、发展，还是怀疑、否定、批评，首先应该对马克思的著作，特别是对他的《资本论》有个真切的认识。只有按马克思的原意理解和把握它，才能谈得上坚持和发展。即使进行否定也才不至于任意曲解。否则，没有搞清它的原意，坚持的就不是马克思主义，发展的也不是马克思主义。否定批评的是被歪曲和失真的马克思主义，而不是真实的马克思主义。现在，不懂马列而“发展”马列者有之，不懂马列而否定、批判马列者也有之。有些人不懂马克思主义，而“发展”马克思主义，或有的人还没有读过马列原著而批评、否定马克思主义。与此相反，西方的一些实事求是的学者却有很多是说公正话的。比如，西方著名的经济学家熊彼特在1942年写的《资本主义、社会主义和民主主义》一书中说，大多数创作“经过一段时间，短的不过饭后一个小时，长的达到一个时代，就完全湮没无闻了。有些却不，……伟大这个词无疑适用于马克思的道理……对马克思理论来说，这种非难或诽谤甚至精确的反驳，由于不能致命地损毁它，而只起了显示这个理论的力量的作用”。还有，罗宾逊夫人批评西方的正统派拒绝向马克思学习，说他们在很大程度上陷于荒唐可笑。她认为，马克思的“扩大再生产的模式，为研究储蓄和投资的问题以及研究资本的生产和消费的需求之间的平衡，提供了一种极其简单而又不可缺少的方法”。

有人认为，我们是搞社会主义市场经济，而《资本论》当中就没有讲过社会主义市场经济，所以《资本论》更过时了。但是，西方国家的一些学者，如日本的一位教授山口勇在东京的一个刊物上发表文章，题目是《社会主义市场经济论与马克思主义经济学——经济学哲学思想》，认为随着社会主义市场经济的日益发展，就会产生类似于西方的矛盾，为了科学地分析和克服这些矛盾，就要加强对《资本论》的研究。《资本论》不仅是社会科学的经典，而且还是逻辑学，是劳动者阶级自己的哲学。这位学者并不是马克思主义者，但他的思想倾向于马克思主义。还有一位叫堤清二的日本学者，也是大企业家，他写了《消费社会批判》一书（已有中译本），对当代资本主义社会进行了批判，而且也进行了自我批判。他在这本书中实际上运用了马克思主义的历史唯物主义观点，认为任何一种社会结构都不可能是永恒不变的，消费社会和信息社会这种后产业社会的出现，也许意味着现行社会体制即资本主义社会体制末期的来临。这本书中，他特别赞扬了马克思的理论，当然包括《资本论》。

我们最近讨论劳动价值论问题，有一位著名大学的经济学院院长出书、写论文否定劳动价值论，认为马克思的劳动价值论只是适应于最原始的物物交换时期，说他的商品劳动价值论没有讲供求关系；还说马克思认为只有体力劳动创造价值，排除科技工作和管理劳动创造价值。我认为这完全是对马克思理论的错误理解。马克思的商品价值理论既适用于简单商品经济，也适应于资本主义和社会主义商品经济。只要有商品生产，他的基础理论都是适用的。他讲了商品交换，也讲了供求关系，特别是在《资本论》第3卷第10章中系统地讲了供求规律、竞争规律、市场价格运动的规律。英国哥伦比亚大学的经济学教授邓肯·K. 弗利写了一篇论文，认为“古典政治经济学家和马克思能够完美地认识供给和需求的理论和方法，为经济理论提供了强有力并富有说服力的论证，令人信服地将供给和需求理论纳入到劳动价值论的框架之中。而建立在供求论基础上的（西方）‘主流’经济学理论，现在却是理论贫乏而且形式烦琐”。这些都表明，西方的一些学者、政治家、老百姓对马克思、马克思的理论和《资本论》的看法在某些方面比我们的一些学者更为公正、更为客观。至于断言马克思排除脑力劳动创造价值，同样不是事实。马克思在自己的论著中多次讲过经理、工程师、工艺师等也是创造价值的生产劳动者。例如，他明确地指出：“所有以这种或那种方式参加商品生产的人，从真正的工人到（有别于资本家的）经理、工程师，都属于生产劳动者的范围。”读点马克思的原著，方能判断理论讨论中的是非对错。

当然，我们学习《资本论》时不能教条主义地、本本主义地学习，而是要运用它的基本理论和方法，研究和分析当代资本主义的现实，研究我国社会主义的建设事业，研究我国的改革开放。

二、运用《资本论》的基本原理和方法研究现实问题

由于这一问题的范围很广，所以这里只能举几个方面的例子，供大家

参考。

我们要学习、把握马克思主义的历史唯物主义原理和辩证法。马克思在《资本论》中指出，社会历史的发展是一个历史的、自然的过程。我建议大家认真地读一遍《资本论》第1卷第1版序言和第2版“跋”。马克思在第1卷第1版序言中说：“我的观点是：社会经济形态的发展是一种自然历史过程。”就是说，社会经济形态的发展是自然的、客观的、必然的一个历史过程。这一历史唯物主义的观点说明了什么问题呢？过去，我们学习马克思主义，对马克思的很多深刻的思想没有很好地掌握，犯了一些错误，特别是“左”的错误。那位前述否定劳动价值论的某院长断言“左”的错误是来源于马克思的劳动价值论，这种武断完全错误。我们在改革开放前，曾长期搞唯成分论，让子孙后代为其祖辈的经济关系负责。在马克思、恩格斯那里是没有这种观点的。马克思、恩格斯曾明确提出过不要让资本主义社会的地主、资本家个人对资本主义剥削关系负责。他们一方面主张阶级、阶级矛盾、阶级斗争，另一方面又从历史唯物主义的观点出发，认为不要让地主、资本家个人对社会历史发展中必然会产生和存在的资本主义的剥削关系负责。因为，整个社会历史的发展是客观的、必然的发展过程，不是某一个资本家、某一个地主或整个资本家地主阶级在主观上犯了错误、道义上出了问题而出现了剥削关系。所以，马克思在第1卷第1版的序言中为了澄清一些理论是非，避免产生一些误解，指出：“为了避免可能产生的误解，要说明一下。我决不用玫瑰色描绘资本家和地主的面貌。不过这里涉及的人，只是经济范畴的人格化，是一定的阶级关系和利益的承担者。”恩格斯也曾在为《资本论》写书评时指出，拉萨尔的全部社会主义在辱骂资本家，而在马克思的《资本论》里却没有谩骂资本家，没有侮辱资本家。马克思清楚地指出了资本主义生产方式的历史必然性。既然是历史的必然，就不能让资本家、地主个人负责。不管个人在主观上怎样超脱各种关系，他在社会意义上总是这种关系的产物。所以，无产阶级革命、社会主义革命，消灭了剥削制度、剥削阶级就够了，而对地主、资本家进行改造就足矣。

马克思在《资本论》第2版“跋”中的很多地方论述了关于生产力与生产关系的历史唯物主义观点，这一思想贯穿于整个《资本论》。过去犯超越阶段、搞人民公社化等“左”的错误，就是脱离生产力与生产关系的相互关系的原理，脱离了现实的国情。我们现在提出社会主义初级阶段的理论，也正是从我国现实的生产力水平出发的。这才是符合马克思主义的理论。所以，我们学习《资本论》，要真正把握马克思的历史唯物主义的基本原理。

马克思在《资本论》第1卷第1章中讲到了商品生产的理论。但是，我想提醒的是，不是像有的学者所说的那样，马克思的商品价值理论就限于《资本论》第1卷第1章，这是错误的。第一章关于商品价值理论仅仅是提出了一个最基本的、初步的劳动价值理论。随着《资本论》以后其他章节的研究的展开，劳动价值理论也逐步地拓宽，而且在马克思、恩格斯的其他著作中商品价值理论也得到了很多补充。但是，即使仅从第1卷第1章的商品价值理论来看，它的很多基本理论对我们研究当前的商品经济，也有重要意义。过去，由于对马克思《资本论》的很多论述没有很好地掌握，因此出现了很多误解。比如，曾经把商品经济当作资本主义来看待。在我们确定要发展社会主义商品经济，提出社会主义是有计划的商品经济时，有的人又认为社会主义经济的本质是商品经济。要么把商品经济说成是资本主义的东西而否定，要么把它当作社会主义的本质关系，我认为这两种理解都是片面的，都不符合马克思的原意。《资本论》在许多地方讲过，商品本身并不具备特定的社会性质。马克思在《资本论》中说："资本家所生产的商品，和独立劳动者或劳动者公社或奴隶所生产的商品没有任何差别。"① 又说，"作为商品进入流通的产品，不论是在什么生产方式基础上生产出来的，——不论是在原始共同体的基础上，还是在奴隶生产的基础上，还是在小农民和小市民的生产的基础上，还是在资本主义生产的基础上生产出来的，——都不会改变自己作为商品的性质。"② 就是说，商品可以在各种各样的制度下生产出来，不管在什么制度下生产商品，它本身的性质不会改变，商品的客观性质就是商品本身的性质，不存在哪种制度下生产的商品就具有哪种制度的问题。把商品经济当作社会主义的本质，这更是一个错误的观点。马克思指出，商品关系根本不能说明任何一种生产方式的特点，更不能说明它的本质。把商品经济划分为姓"社"姓"资"，不符合马克思的原意。

在国内，有的学者一讲产权理论，就想到西方学者，如，科斯定理等。

---

① 《马克思恩格斯全集》第24卷，人民出版社1972年版，第429页。

② 《马克思恩格斯全集》第25卷，人民出版社1975年版，第363页。

其实，马克思比科斯早100多年就创立了系统的产权理论，只不过是我们过去没有认真地研究和系统地分析，从而产生了误解。反而在这方面有所认识的是西方的一些学者。西方一位学者认为，马克思是第一位研究产权理论的社会科学家。我们翻开《资本论》就可以发现，马克思主义在很多地方分析论述了所有权、占有权、使用权和支配权以及它们的相互关系。所以，马克思主义没有产权理论的说法不正确。

在讲到经济增长、经济发展时，涉及所谓外延的扩大再生产还是内涵的扩大再生产、集约型的增长方式还是粗放型的增长方式的问题。对怎样理解内涵的扩大再生产和外延的扩大再生产以及它与集约型的增长方式和粗放型的增长方式的关系，到现在为止，理论界都存在一些误解，甚至有些混乱现象。中央提出转变经济增长方式，由粗放型增长方式转变为集约型的增长方式，这非常正确。而有些学者却简单地认为粗放型增长方式是计划经济的产物，集约型增长方式是市场经济的要求。这不符合历史事实对集约经营、粗放经营等问题，李嘉图等西方经济学家以及其他经济学家都已经讲过。资本主义经济也有集约和粗放的问题。说市场经济只有集约经营，计划经济只有粗放经营，这完全是信口开河。而且，在阐述再生产理论时，对外延的扩大再生产、内涵的扩大再生产等问题有误解。有些学者将内涵的扩大再生产与集约经营相等同；将外延型扩大再生产与粗放经营相等同，这是不对的，不符合马克思的科学观点，我在自己的论著中阐述了这个问题。《资本论》中对这些问题讲得很清楚，但有些人却都搞乱了，应该对其原意进行考察。

我们过去长时期以来都认为社会主义经济是短缺经济，供不应求。确实，所有的社会主义国家在以往长时期中都存在过商品短缺的现象。而我国在改革开放后，这种局面很快就被改变了，由卖方市场基本转向了买方市场。马克思曾经讲过，未来的社会也会存在生产过剩的问题。但他这里讲的生产过剩与资本主义生产过剩是两回事。马克思说，生产过剩是资本主义社会内部无政府状态的一个要素，但是在消灭了资本主义以后的社会生产中，生产资料的生产总额在一个场合必须增加，在另一个场合必须减少。这种情况，只有用不断的相对的生产过剩来补救；一方面要生产出超过直接需要的一定量固定资本；另一方面，特别是原料等等的储备也要超过每年的直接需要（这一点特别是适用于生活资料）。这种生产过剩等于社会对它本身的再生产所必需的各种物质资料的控制。无论是生产资料、机器设备，还是生活资料、原材料，都需要储备。不能需要多少，就正好生产出多少，不存在供给和需求完全一致的情况。在社会主义条件下，这种生产过剩不是像资本主义那样的引起经济危机的生产过剩，而是社会所需要的、作为后备的生产过剩。但在社会主义市场经济条件下，如果搞不好也可能产生像引起资本主义经济危机那样的生产过剩，产能过剩。我们说买方市场有利于生产力的发展，有利于满足广大人民的生活消费需要。但买方市场的生产过剩应该尽量控制在必要的范围内。

马克思虽然没有专门讲述社会主义的特点，但是他在许多地方零零散散地涉及了社会主义的特点。比如，在《资本论》第1卷第1章的第四节中讲商品拜物教时，专门涉及未来自由人联合体的特点，就是社会主义的公有制、按劳分配、计划调节等特点。《资本论》中还讲到了新社会的重要特点——“人的全面自由的发展”问题。马克思说，在代替资本主义的高级的社会形态中，“以每个人的全面而自由的发展为基本原则”。过去我们讲社会主义的特点时不提这一点，没有认识到这一重要特点，但现在已经有所改变。

学习《资本论》，真正掌握其基础理论和方法，有助于我们判断有关的理论是非。例如，我们的政策中，把雇7个人以下的叫做个体经济，把雇8个人以上的叫做私营经济。这本来是个政策的界限，而理论界或实际部门长期以来认为这是根据马克思《资本论》中的界定来划分的。以为马克思讲过，雇8个工人以上就是资本主义，有剥削；雇7个人以下就没有剥削，是个体经济。如果真正读了《资本论》，就可以知道这种理解是错误的。《资本论》中讲过关于雇佣8个人的问题，但那是假定条件下的假定例子。马克思绝没有把是否雇佣8个人以下或以上作为划分有没有剥削、是资本家还是个体经济的标准。再例如，只有读过《资本论》我们才能知道马克思明确认为经营管理者、科技工作者的劳动是生产劳动，是创造价值的。有一种观点认为，马克思的劳动价值论是体力劳动价值论，只有体力劳动创造价值，断言马克思没有讲过经营管理者、科技工作者的劳动创造价值，所以现在提出这一问题是对理论的重大发展。另外一种观点也认为，马克思的劳动价值论不包括脑力劳动，所以不能把经营管理、科技工作者的劳动纳入到生产价值的劳动中去，它们是另外的生产要素。这两种观点都不符合马克思的原意。马克思的《资本论》和其他著作中都明确肯定了脑力劳动者的劳动是生产劳动，是创造价值的。马克思甚至承认连资本家的管理都有二重性，它既有剥削的一面，也有创造价值的一面。过去我们把资本家的收入统统看作是由剥削而来的，这种观点是不准确的。资本家的管理劳动也创造了价值，尽管他是为剥削而管理。

总之，通过以上几个例子我们就可以知道，《资本论》并不像有些人所说的那样过时了或对研究社会主义问题没有用了。我这里仅仅是提出几个例子，如果要从整个《资本论》来讲，这种例子是很多的。所以，《资本论》并没有过时，它仍对我们今天的实践有指导作用。

三、《资本论》的研究对象和体系结构

对于《资本论》的研究对象，在国内多年来一直有争论，没有取得统一的看法。马克思在《资本论》第 1 版序言中说："我在本书研究的，是资本主义生产方式以及和它相适应的生产关系和交换关系。"对这一段话的理解上有很多争议，特别是对这里说的"资本主义生产方式"有很多不同见解。这一序言中马克思还说："本书的最终的目的就是揭示现代社会的经济运动规律。"这就涉及很多学术问题。《资本论》中大量地运用了"生产方式""资本主义生产方式"的概念，究竟"生产方式""资本主义生产方式"指的是什么？《资本论》中用的"生产方式"的概念，与我们过去社会科学所理解的作为基本概念的"生产方式"并不完全一致。《资本论》中所讲的"生产方式"的概念，包含的内容很广泛，它是指用什么样的方式进行生产，可以是生产的技术方式，也可以是生产的社会方式；所谓生产的技术方式，就是生产力方面的方式；所谓生产的社会方式，就是社会关系、经济关系方面的方式。《资本论》中，有时候仅仅是从技术方面来讲"生产方式"，有时候却是从社会方式方面来讲的。而且"资本主义生产方式"这一概念在不同的地方也有不同的用法。作为《资本论》研究对象的"资本主义生产方式"的确定含义应是什么，学界解读分歧，有的主张是生产力，或生产力含义上的劳动方式；有的解读为生产力与生产关系的统一；有的认为是生产关系总和；还有的主张是介于生产力与生产关系之间劳动组织方式，等等。我认为，从整个《资本论》的研究对象来看，马克思在序言讲的"资本主义生产方式"是指与一定的所有制相联系的资本和雇佣劳动相结合的方式。我们一般讲，生产关系的基础是所有制，这在某种意义上正

确。但是马克思并没有简单地仅仅讲所有制是整个生产关系的基础，而是特别重视生产资料和劳动力相结合的方式，把所有制同生产资料与劳动力的结合方式统一起来，把它作为决定社会经济形态的基础。

当然，我们讲《资本论》的研究对象，一般地也把它作为政治经济学的研究对象。我认为，在讲政治经济学的研究对象时，应该注意马克思专门研究资本主义政治经济学的对象与我们研究社会主义政治经济学的对象的统一与区别。有很多人认为，马克思的政治经济学、《资本论》是破坏旧世界的、革命的理论，这当然有一定道理。因为《资本论》要阐明资本主义的剥削关系，给无产阶级提供一个理论武器，让工人阶级起来摆脱剥削、摆脱压迫，用社会主义、共产主义取代资本主义。从这一角度来讲，《资本论》确实是革命的经济理论。但《资本论》不是仅仅限于这些的，马克思研究资本主义时，他的研究对象的侧重点确实是生产关系，是揭示资本主义生产关系的本质，揭示资本与雇佣劳动关系的本质，以及与生产力相联系的资本主义经济运动规律。在社会主义社会，我们的经济学也要揭示社会主义经济关系的本质。我们对社会主义经济关系的本质的研究不是太多，而是太少，而且存在许多非科学的观点。但是，我们的经济学所要解决的问题不应该仅仅限于研究揭示生产关系的本质。因为，我们研究社会主义政治经济学的任务与当时马克思研究资本主义政治经济学时的任务不同。马克思没有必要研究资本主义经济怎样更好地发展、更好地增长。而我们现在是建设社会主义，要发展马克思的理论，要研究社会主义的经济怎样更好地增长与发展，我们采用什么样的经济体制更有利于生产力的发展。我们应该研究经济增长、经济发展的规律，研究经济体制、经济运行机制方面的问题，而不能仅仅限于研究社会主义的生产关系。所以，社会主义政治经济学要拓宽自己的研究对象。《资本论》的任务是给无产阶级提供理论武器，而不是给资本家提供经济发展的方案，所以与社会主义的政治经济学的研究对象不一样。但是，我们也应该看到，马克思不是撇开生产力而孤立地研究生产关系。《资本论》中用很大篇幅阐述了资本主义生产力发展的三个历史阶段：简单协作、分工的工场手工业、机器大工业。但这是服从于生产力决定生产关系的理论论述，服从于研究资本主义的生产关系，服从于最后揭露资本主义经济关系的本质，揭示资本主义产生、发展与最后灭亡的经济运动的规律。实际上，为了研究资本主义的经济关系，马克思不能不涉及研究生产力的问题。但是他不是作为目的来研究生产力，而是为了更好地阐明资本主义经济关系的发展规律。

一些学者认为，只有西方学者有经济机制理论，而马克思没有这方面的论述。《资本论》中虽然没有用“经济机制”一词，但在揭示资本主义经济关系时不能不客观上通过资本主义的经济运行机制来揭示它的经济关系。比如，马克思讲竞争、供求、价格运动，实际上就讲了竞争机制、供求机制、价格运动的机制问题。这样的例子很多，马克思讲很多经济问题时，都涉及了经济运行机制。

马克思在讲《资本论》的研究对象时说，他要研究的是资本主义生产方式以及和它相适应的生产关系和交换关系，没有讲分配关系。是不是可以认为马克思不重视分配呢？很多西方学者的著作都是讲分配问题的，而《资本论》为什么不专门讲分配呢？好像我们的经济学家没有讲清楚这一问题。《资本论》中问题涉及分配问题，但不是从分配的角度论述。比如，工资问题是分配问题，但马克思不是从分配的角度，而是从生产和交换的角度讲的。马克思虽然没有专门讲分配问题，但包含了分配问题，不能说他的理论中没有分配问题，他是从另外一个角度来论述了分配问题。《资本论》第3卷讲剩余价值分配，也属于分配问题。特别是第3卷第51章专设一章，讲《分配关系和生产关系》。

我们现在看到的三卷《资本论》，仅仅是马克思原来计划写作的庞大著作的一部分。《资本论》第3卷第1章分别说明了三卷的对象和结构。第1卷是研究资本主义直接生产过程和它所呈现出来的各种现象；第2卷研究资本的流通过程，既研究了资本的循环和周转过程，又研究了作为再生产的过程。这里讲的“流通过程”是个大概念，与“商品流通”、“货币流通”的“流通”概念不同，是指包括生产与交换过程的资本的不断运动过程，这里讲的“流通”过程与“运行过程”之义相近。第3卷研究资本主义生产的总过程，揭示和说明了作为整体考察时资本运动过程所产生的各种具体的形式。

《资本论》的体系结构是：第1卷阐明了马克思的三个重要理论，即劳动价值论、剩余价值论和资本积累理论。第1篇是研究商品和货币，初步建立了劳动价值理论。商品和货币理论在以后的篇章中逐步地展开和拓宽。第2篇到第6篇阐述了剩余价值理论。第7篇阐述了剩余价值如何转化为资本，即建立了资本积累理论。第2卷第1篇、第2篇讲的是资本的循环和周转，主要阐述了单个资本流通的形式。第3篇是研究社会总资本的流通。第3卷第1篇到第3篇是研究利润和利润率的问题，第4篇到第6篇是研究资本的各种具体形式，如商业资本、生息资本、农业资本等等，并研究了剩余价值在各种资本具体形式下的分配问题。

在理解和把握《资本论》的体系结构时，应弄清有关的两个理论逻辑问题。一个问题是：马克思剖析资本主义经济时，为什么在结构上要从商品开始？这里分析的商品究竟是简单商品还是资本主义商品？或是商品一般？再一个问题是：分析和研究资本主义经济时，为什么不先从土地所有制、商业资本、借贷资本等经济形式开始，而是先从工业资本开始？为什么马克思这里没有采用历史的方法？

关于第一个问题，《资本论》第1卷开宗明义就做了说明："资本主义生产方式占统治地位的社会财富，表现为'庞大的商品堆积'，单个的商品表现为这种财富的元素形式。因此，我们的研究就从分析商品开始。"第一版序言中还指出：研究发育的身体比研究身体的细胞更容易些。"而对资产阶级的社会来说，劳动产品的商品形式或者商品的价值形式，就是经济的细胞形式"，分析细胞形式，"这是显微镜下的解剖所要做的那种琐事。"

既然商品是资本主义财富的"元素形式"或资本主义经济的"细胞形式"，马克思从商品入手剖析资本主义经济，那么，作为分析出发点的商品，似乎是资本主义商品了。可是恩格斯却说，马克思在《资本论》"第一卷的开头从他作为历史前提的简单商品生产出发，然后从这个基础到资本，……他要从简单商品出发"。事实上，《资本论》第1篇《商品和货币》，是研究货币转化为资本前的商品与价值关系及其发展历史过程的，也可以说是研究简单商品生产和商品流通的。不过，分析简单商品与价值关系所得出来的基本原理和一般规律，如价值理论与价值规律、货币流通规律等，对包括资本主义商品生产在内的一切商品生产都是适用的。因此，研究"简单商品"或"简单商品生产"，等于是研究商品一般或商品生产一般，研究这种简单的商品形式或商品一般形式，也就是要研究资本主义经济的细胞形式，或资本主义财富的元素形式。三者的关系不是对立的，而是可以统一的。

关于第二个问题。《资本论》中的逻辑结构和分析方法，在许多具体关系方面，是历史方法同逻辑方法相一致的，即历史从哪里开始，逻辑分析也就从哪里开始。比如，由简单价值形态到货币形态的历史发展与理论分析；由商品流通到资本流通的历史发展与理论分析；由绝对剩余价值生产到相对剩余价值生产的发展与理论分析；由封建主义地租到资本主义地租的发展与理论分析；等等，都体现了历史与逻辑相一致的方法。

但是，当马克思建立资本主义政治经济学体系时，经济范畴的安排顺序，就需要采取逻辑分析的方法。商业资本与商业利润、借贷资本与利息、土地所有制与地租，都先于资本主义制度存在与发展。但是，资本主义政治经济学的体系结构不能从这些经济形式开始，因为它们不是使社会经济具有资本主义性质的决定因素，决定因素是工业资本的产生与发展。因此，《资本论》第2篇《货币转化为资本》，是指货币转化为工业资本。以后各篇讲绝对剩余价值的生产、相对剩余价值生产、资本积累过程等，都是以工业资本为对象的。马克思为在《资本论》中建立政治经济学体系，阐述了政治经济学既不应“从作为全部社会生产行为的基础和主体的人口开始”，也不应从在古代社会和封建社会中处于支配地位的土地所有制和耕作开始的道理。在资本主义社会中，资本——首先是工业资本处于支配地位，农业、土地所有制、地租，都受支配于工业资本。“不懂资本便不能懂地租、不懂地租却完全可以懂资本。资本是资产阶级社会的支配一切的经济权力。它必须成为起点又成为终点，必须放在土地所有制之前来说明。”马克思还指出：在一切社会形式中，都有一种关系支配着其他一切关系的地位和影响。“这是一种普照的光，它掩盖了一切其他色彩，改变着它们的特点。”在资本主义社会中资本——工业资本是决定其他一切关系的“普照的光”。理论界存在一种误解：认为马克思上述一段话是指在一切社会中都存在多种经济成分，其中占支配地位的经济成分是“普照的光”，改变着其他经济成分的特点和性质。这种理解完全离开了马克思的原意，也不符合历史事实与理论逻辑。

在《资本论》的体系结构中，第1卷研究了工业资本的生产过程；第2卷研究了工业资本的流通过程，包括单个资本的流通（资本循环与周转）和社会总资本的流通（总资本再生产的大流通），第3卷除第1～3篇继续研究工业资本中形成平均利润与生产价格外，其他篇章分别研究商业资本与商业利润、生息资本与利息、土地所有制与地租等。这些在资本主义前就存在的经济形式，在工业资本“普照的光”的支配下，都具有了资本主义的特点。从这个体系结构中可以看出，这里并没有采取历史与逻辑相一致的方法。马克思就此特别指出：“把经济范畴按它们在历史上起决定作用的先后次序来排列是不行的，错误的。它们的次序倒是由它们在现代资产阶级社会中的相互关系决定的。这种关系同表现出来的它们的自然次序或者符合历史发展的次序恰好相反。”这是我们把握《资本论》体系结构时应注意到的一个问题。

《资本论》的研究对象探析①

马克思在《资本论》第1卷第1版序言（以下简称《序言》）中写道："我要在本书研究的，是资本主义生产方式以及和它相适应的生产关系和交换关系。"这里所说的"资本主义生产方式"究竟是指什么？对此，经济学界存在种种不同的见解。这个问题所涉及的不仅仅是《资本论》的研究对象问题，而且是整个政治经济学的研究对象问题。有人根据斯大林给生产方式所下的定义，来理解《资本论》中所讲的生产方式的含义，即把它理解为生产力和生产关系的统一。这是不适当的。在《资本论》中，"生产方式"这一概念，在不同的地方有几种不同的含义，不能简单地用斯大林的定义去套。如果"序言"中讲的生产方式，是生产力和生产关系的统一，那么，"资本主义生产方式"已经包括了资本主义生产关系，怎么还说要研究"和它相适应的生产关系和交换关系"呢？那岂不等于说要研究与资本主义生产关系相适应的生产关系吗？这在逻辑上是说不通的。此外，在马克思著作中的许多地方，讲到"生产方式"时，即使单从行文上看，也可清楚地知道，它与斯大林的定义不同，例如："只有在现代生产力和资本主义生产方式这两个要素相互发生矛盾的时候，这种革命才有可能。"② 这里的"资本主义生产方式"，显然不是指生产力和生产关系的统一，不包括生产力在内。它只能是资本主义生产的社会形式。

有的同志看到了把《序言》中讲的"生产方式"理解为生产力和生产关系的统一说不通，便把它解释为生产力。的确，《资本论》有些地方讲"生产方式"，是从生产力的角度讲的。但《序言》中却不是。这可以从以

① 本文原载《经济理论与经济管理》1982年第1期。

② 《马克思恩格斯全集》第7卷，人民出版社1959年版，第514页。

下几方面来判断：第一，如果把生产方式解释为生产力，那么，“资本主义生产方式”就自然是“资本主义生产力”了。然而，生产力自身难道还具有特定的社会性质，存在什么资本主义性质的生产力吗？如果生产力具有资本主义的性质，那么，它与资本主义生产关系就会永远相互适应，还有什么资本主义的基本矛盾呢？生产力是表示人与自然之间的关系的，无论在哪个社会，生产力都是人们在生产中所获得的既得的力量，因而在其发展中具有继承性。如果生产力自身也具有特定的社会性质和阶级性质，那么，在消灭资本主义制度的同时也就要消灭资本主义生产力了。如果这样，与资本主义生产力相对立的社会主义生产力又是什么呢？它从哪里产生呢？显然，这是讲不通的。在资本主义制度下，生产力的利用具有资本主义性质，生产资料作为资本起作用，这是一回事；而生产力自身是否具有资本主义性质，这是另一回事。不能将二者相混同。第二，当《资本论》中单纯从生产力的角度使用生产方式这个概念时，一般不在生产方式前面加上“资本主义”的字眼。例如，第1卷第354页（页码出自《马克思恩格斯全集》第23卷，1972年版，下同）讲：“采用改良生产方式的资本家……当新的生产方式被普遍采用，……”指的是生产力的变革。第350页讲：商品生产者要提高劳动生产力，“他的劳动生产条件，也就是他的生产方式，从而劳动过程本身，必须发生革命。”这里的“生产方式”，就是指劳动的生产条件，也就是这句话的前面所讲的劳动资料或劳动方法。第408页讲：“生产方式的变革，在工场手工业中以劳动力为起点，在大工业中以劳动资料为起点。”这里的生产方式是指劳动者的分工协作和机器的利用。而当《资本论》中使用“资本主义生产方式”这个概念时，多半是从生产的资本主义社会形式着眼的。例如：“资本主义生产方式所特有的人口规律”（第692页），“从封建生产方式向资本主义生产方式的转变过程”（第819页），就是如此。顺便指出，在法文版中，马克思把这句话改为“从封建经济制度向资本主义经济制度的转变”。可见，这里的“资本主义生产方式”一词，就是指资本主义经济制度或经济关系而言。有的地方马克思讲“资本主义生产方式”，则是指资本主义所有制。如第834页讲：“政治经济学家从理论上把资本主义生产方式和它本身的对立面说成是同一的，”在法文版中，这里的“生产方式”一词，被改作“所有制”。第三，紧接在“我在本书研究的，是资本主义生产方式……”这句话的后面，马克思又说，“到现在为止，这种生产方式的典型地点是英国。因此，我在理论阐述上主要用英国作为例证。”说英国是资本主义生产方式的典型，显然是从生产的社会形式即从资本和雇佣劳动的关系来讲的。否则，也就无法理解紧接在下面的这个说明了：“如果德国读者看到英国工农业工人所处的境况而伪善的耸耸肩膀，或者以德国的情况远不是那样坏而乐观地自我安慰，那我就要大声地对他说：这正是说的阁下的事情!”这段话表明，在英国的资本主义生产方式下，工农业工人所处的境况对德国也适用。因而也“正是说的阁下的事情”。第四，《资本论》中研究资本主义生产方式，是为了揭露和消灭这个生产方式。马克思指出：就无产阶级来说，“这个阶级的历史使命是推翻资本主义生产方式和最后消灭阶级”（第 18 页）。显然，无产阶级的历史使命不是要推翻资本主义制度下发展起来的生产力，而是要推翻资本的统治和雇佣劳动制度这种生产方式。第五，没有任何根据可以证明，马克思和恩格斯认为《资本论》或政治经济学的对象包括生产力。马克思明确指出：“政治经济学所研究的是财富的特殊社会形式。”[①] 恩格斯也明确讲过，政治经济学“所研究的不是物，而是人和人之间的关系”。[②] 有些同志引证《政治经济学批判》导言中的第一句话，来证明马克思把政治经济学的对象规定为“生产”即生产力和生产关系两个方面，那完全是出于对马克思原话的误解。《导言》中的第一句话是：“面前的对象，首先是物质生产。”所谓“面前的对象”，并不是指政治经济学的研究对象。如果把它理解为政治经济学的对象，那么，说：“首先是物质生产”，必然还有“其次”，这个“其次”又是什么呢？按此逻辑，似乎政治经济学除研究生产的两方面——生产力和生产关系外，还研究别的对象。其实只要联系《政治经济学批判》导言开篇的二级标题，认真思考一下，就可以明了：《导言》是要考察“生产、消费、分配、交换（流通）”，而生产是其中的起点，所以首先要考察生产（二级标题就是“1. 生产”）。正是根据再生产过程中上述四个环节的地位和相互关系，也根据二级标题所安排的研究进程，才提出“面前的对象，首先是物质生产”这个论断。“其次”要考察是什么呢？那就是进而要考察分配、交换和消费及其相互关系。而且，在《导言》中考察物质生产时，马克思

① 《马克思恩格斯全集》第 46 卷（下册），人民出版社 1980 年版，第 383 页。
② 《马克思恩格斯全集》第 2 卷，人民出版社 1976 年版，第 123 页。

所强调的又是生产的社会方面。指出："在社会中进行生产的个人"，"这些个人的一定社会性质的生产，自然是出发点"（着重点为引者所加）。同时批评了斯密和李嘉图从"单个的孤立的猎人和渔夫"出发研究生产的错误。由此可见，作为《导言》的首先对象的"物质生产"，是一定社会形式下的生产。例如，"现代资产阶级生产——这种生产事实上是我们研究的本题。"① 这里，作为对象的，实际上还是生产的社会关系，而不是生产力。

有的同志把作为《资本论》研究对象的生产方式，解释为劳动方式，如简单协作、工场手工业中的分工协作和机器大工业中的劳动协作等。我认为这种解释也值得商榷。第一，拿简单协作这种劳动方式来说，它在原始公社、奴隶社会中就广泛存在过，在社会主义制度下也同样存在，它并不是资本主义生产中所特有的。因而它本身不能决定资本主义生产关系。第二，研究"资本主义生产方式以及和它相适应的生产关系和交换关系"，首先应当从统一的质的规定性来把握。虽然资本主义的发展经过了由低级到高级的过程，但是无论在哪个发展阶段，资本主义生产方式都具有与非资本主义生产方式相对立的一般的质的规定。正如同资本主义生产关系和交换关系无论在资本主义发展的哪个阶段都具有其相同的质的规定一样。如用"劳动方式"代替《序言》中的"生产方式"，那就等于说，《资本论》研究的对象是资本主义发展不同阶段的不同劳动方式以及与不同劳动方式相适应的不同的生产关系和交换关系。这样一来，贯穿于整个资本主义历史时代的具有统一的质的规定的资本主义生产方式，似乎就没有了，从而统一的"资本主义生产方式"以及与其相适应的统一的资本主义生产关系和交换关系也就不成为《资本论》的研究对象了。这显然是悖理的。

有必要指出：马克思不仅从不同的社会制度来区分资本主义生产方式和非资本主义生产方式，而且从资本主义制度内部区分资本主义生产方式和非资本主义生产方式。他说："靠资本生活的劳动者和靠收入生活的劳动者之间的区别，同劳动的形式有关。资本主义生产方式和非资本主义生产方式的全部区别就在这里。"② 这里，所说的"劳动的形式"，不是生产力含义上的劳动方式，而是指劳动的社会形式。意思是说，凡劳动者以自己的劳动力与

① 《马克思恩格斯全集》第2卷，人民出版社1972年版，第88页。

② 《马克思恩格斯全集》第26卷Ⅲ，人民出版社1975年版，第476页。

资本相交换，“靠资本生活”从而为价值增殖服务的雇佣劳动的生产方式，就是资本主义生产方式；反之，“靠收入生活的劳动者”即个体劳动者的劳动形式，就是非资本主义生产方式。可见，资本主义生产方式，是与雇佣劳动制度相联系的。这个质的规定性，适用于资本主义发展的一切阶段。离开这个统一的质的规定，把资本主义生产方式解释为不同的劳动方式，就会有许多问题说不清楚。

应该注意到，《资本论》所研究的是资本主义生产方式以及和这种生产方式“相适应”的生产关系和交换关系，这个“相适应”，对于理解问题很重要。它表明：只要有资本主义生产方式，就必然要求有资本主义的生产关系和交换关系与它“相适应”，反过来说，资本主义的生产关系和交换关系必然要以资本主义生产方式为前提。这两方面的联系，无论在资本主义发展的哪个阶段都一样存在。如果把“资本主义生产方式”解释为劳动方式，这个“相适应”就无法说通了。难道能够说，简单协作的劳动方式一定要以资本主义生产关系和交换关系与它相适应吗？或者反过来说，资本主义生产关系和交换关系一定要以简单协作的劳动方式为前提吗？甚至分工协作和机器大工业的劳动，也不能说必然地和绝对地要求资本主义生产关系和交换关系与之相适应。中世纪的手工业作坊，也存在分工协作。但那里不是资本主义生产关系。社会主义的生产关系和交换关系同样可以在分工协作和机器大工业的条件下发展。而且资本主义制度下机器大工业的发展，恰恰加深了资本主义的基本矛盾，成为否定资本主义制度的物质力量，成为要求社会主义制度与之相适应的物质基础。诚然，以分工为基础的工场手工业和机器大工业的发展，排挤着封建制的和个体经营的生产方式，促进了资本主义制度的发展。但是不能把这种劳动方式同资本主义关系绝对地联系在一起，它们只是在历史上的一定时期内相结合。总之，简单协作也好，以分工为基础的协作也好，或是机器大工业也好，既可以与资本主义生产关系相结合，也可以与社会主义生产关系乃至未来的共产主义生产关系相结合。而且这三种劳动方式尽管有着根本性的差别，但仍可以建立起同一性质的资本主义生产关系来。当然，在资本主义生产中，随着劳动方式的发展和变化，资本主义生产关系也在扩展和深化，同时其具体形式也会发生一些变化，《资本论》中也考察了这种情况。但这是首先以统一的资本主义生产方式和相应的生产关系的本质和内在规律的揭示为前提的。这种本质和规律，在资本主义生产发展的一切历史阶段上都存在和一样起作用。

有的同志认为，马克思所讲的生产方式，“第一，它是指劳动的方式；第二，它又是指生产的社会形式”①。其实，在马克思的著作中，“生产方式”一词还具有别的含义。不过这里且不讨论这一点。这里的问题是：《序言》中所讲的作为研究的资本主义生产方式究竟是指什么，在他们的论文中没有明确的回答。不过从行文来看，实际上是把上述两方面的含义都包括进去了。作者写道：“马克思对于资本主义生产方式是从劳动方式与生产的社会形式的统一当中去进行研究的。”政治经济学，“要研究的是按马克思的原意理解的生产方式及其相应的生产关系”，因而作者不同意把政治经济学的对象规定为生产关系。

可是，如果把《序言》中讲的生产方式解释为劳动方式和生产的社会形式的统一，同样难以说通。关于不能解释为劳动方式的道理，上面已讲过了。再看所谓生产的社会形式的一面。作者依据《（政治经济学批判）序言》，把生产的社会形式解释为“社会经济形态或社会经济结构”。可是马克思在这里讲的“社会经济形态”或“经济结构”，就是社会生产关系。这样一来，又回到一个圈子里去了：《资本论》或政治经济学研究的是生产关系以及与其相应的生产关系。作者为了摆脱这个圈子，把生产的社会形式同生产关系说成是两回事。他们说，虽然两者“密切联系着”，但“这两者终究还是可以区别开来”。其实这是区别不开的。顺便提一下，在这个问题上，作者误解了《资本论》第 1 卷第 99 页马克思所加的脚注中的一段话：在《（政治经济学批判）序言》中，“我曾经说过，一定的生产方式以及与它相适应的生产关系，简言之，‘社会的经济结构，是有法律的和政治的上层建筑竖立其上并有一定的社会意识形态与之相适应的现实基础。’”作者把这段话中的“生产方式”同“社会经济结构”等同起来，是有失原意的。这段话中的“生产方式”实际上是指生产力。因为这段话中的“一定的生产方式以及与它相适应的生产关系”，不过是转述《（政治经济学批判）序言》中的这样一句话：“同他们的物质生产力的一定发展阶段相适合的生产关系”，接下去说：“这些生产关系的总和构成社会的经济结构……”显然，这里的“社会经济结构”，是指生产关系的总和，而非指“生产方式”

① 马家驹、蔺子荣：《生产方式和政治经济学的研究对象》，载《经济研究》1980 年第 6 期。

（生产力）。作者把生产力含义上的生产方式，理解为生产的社会形式，又进而把它理解为社会经济结构，又说生产的社会形式或经济结构同生产关系有区别，并以此来论证《资本论》和政治经济学的研究对象应首先是生产方式，而不只是生产关系。这样的论证方法似乎不够清晰，不够严密，不够准确。

有的同志认为，《资本论》中的“生产方式”，“系指劳动者运用生产资料进行生产的方式”。而“资本主义生产方式”，据说“是个内涵极宽的质料，它不仅包含着依次更迭的协作、分工和机器。而且包含着内涵窄或较窄的质料，如使用价值、具体劳动、劳动过程等。它本身不是《资本论》的对象”[①]，把《资本论》中的“生产方式”和“资本主义生产方式”规定为这样的内涵，是杂乱和不清晰的，也不准确的。马克思在许多地方是从经济关系的角度来运用“生产方式”这个范畴的。特别是“资本主义生产方式”一词，更基本上是从资本主义经济关系的含义上运用的。这在前面已有过说明。再举一个例子。马克思说：“在资本主义生产方式消灭以后，但社会生产依然存在的情况下，价值决定仍会在下述意义上起支配作用：……”[②] 显然，把这句话中的“资本主义生产方式”解释为“协作、分工和机器”以及“使用价值、具体劳动、劳动过程”等，是完全不对口径的。而且，无论在马克思的哪个著作中，都找不出“资本主义生产方式”具有使用价值、具体劳动一类的含义。不知作者是根据什么这样讲的。

正因为作者把“资本主义生产方式”做了那样的理解，所以便把它排除于《资本论》的研究对象之外，说“它本身不是《资本论》研究的现象”。然而马克思明明讲《资本论》所“研究的，是资本主义生产方式以及和它相适应的生产关系和交换关系”。这里，资本主义生产方式，同生产关系和交换关系，是相并提的，前者具有决定性或基础性的作用，怎么能将它排除于研究对象之外呢？

另外，有的同志认为，马克思使用的生产方式一词，是个多义词，不能作为政治经济学的研究对象。“当它指生产技术、生产社会化以及生产力方面时，它就不是政治经济学的研究对象。而当它指生产关系、经济形态、生

---

① 田光：“论〈资本论〉的对象问题”，载《经济研究》1981 年第 5 期。

② 《马克思恩格斯全集》第 25 卷，人民出版社 1975 年版，第 963 页。

产的社会形式时，则包括在作为政治经济学研究对象的生产关系中，没有必要再列出生产方式了。”[①] 他认为《资本论》序言中的“生产方式”，是指资本主义社会经济形态，即生产关系总和。我认为这种理解也有问题。

第一，否定资本主义生产方式是《资本论》的研究对象，与《序言》中的提法相抵触。从《序言》的提法和行文来看，不能说只有生产关系和交换关系是研究对象，而生产方式则不是。问题在于，如果把这里的“生产方式”理解为生产关系总和，那么，再把它作为与生产关系和交换关系相并立的研究对象，自然就说不通了。

第二，认为《序言》中讲的研究对象“是指和资本主义社会经济形态相适应的生产关系（狭义的）和交换关系”，也不适当。既然社会经济形态是生产关系总和，其中已经包括了生产关系、交换关系和分配关系等，干吗还要在此以外再提生产关系和交换关系呢？怎么能说生产关系和交换关系要与生产关系总和相适应呢？生产关系究竟是同自己相适应呢，还是同交换关系或分配关系相适应呢？都说不通。

那么，作为《资本论》研究对象的具有统一的质的规定的“资本主义生产方式”究竟是什么呢？综合马克思的说明，我认为，《序言》中所提出的要对之研究的“资本主义生产方式”是指社会生产中生产资料和劳动力相结合的资本主义方式，它表现为资本和雇佣劳动相结合的方式。一句话，是雇佣劳动制的生产方式。具体地讲，是以资本主义所有制为基础、采取资本和雇佣劳动形式的生产资料和劳动力相结合的方式。马克思指出：“资本主义生产方式的基础就在于：物质的生产条件以资本和地产的形式掌握在非劳动者的手中，而人民大众则只有人身的生产条件，即劳动力。”[②] “资本主义生产方式是以工人的劳动条件被剥夺为前提。”[③] 这里清楚地说明，一定的所有制形式是资本主义生产方式的基础或前提。马克思还说：“只有在劳动者有人身自由的地方，国家范围内的雇佣劳动，从而还有资本主义生产方式，才是可能的。”[④] 又说：“我们称为资本主义生产的是这样一种社会生产方式，在这种生产方式下，生产过程从属于资本，或者说，这种生产方式以

---

① 杨长福：“关于政治经济学研究对象的几点商榷”，载《经济研究》1981年第1期。

② 《马克思恩格斯选集》第3卷，人民出版社1976年版，第13页。

③ 《马克思恩格斯选集》第25卷，人民出版社1975年版，第694页。

④ 《马克思恩格斯选集》第26卷Ⅲ，人民出版社1975年版，第476页。

资本和雇佣劳动的关系为基础，而且这种关系是起决定作用的、占支配地位的生产方式。[①] 这里马克思又是把资本主义生产方式同雇佣劳动密切联系在一起来叙述的。而且从后一段话来看，资本主义生产方式是从两重含义上使用的：一是指资本主义生产本身；二是指资本和雇佣劳动的关系。而第二重含义的生产方式是起决定作用的生产方式，是整个资本主义生产的基础。

由于一方面生产资料归非劳动者所有，而劳动者的劳动条件被剥夺；另一方面，劳动者具有人身自由，占有自己的劳动力。因而生产资料同劳动力的结合，采取资本与雇佣劳动相结合的方式。这种以资本主义所有制为前提和以雇佣劳动制度为特点的生产资料同劳动力的结合方式，就是《资本论》序言中提出的作为研究对象的资本主义生产方式。正是这种生产方式，决定着相应的资本主义生产关系和交换关系。马克思指出：凡要进行生产，就必须使劳动者和生产资料结合起来，“实行这种结合的特殊方式和方法，使社会结构区分为各个不同的经济时期”。[②] 从第一卷第四章《货币转化为资本》起，开始进入对资本的研究。在这一章中就分析了劳动力的买卖问题，实际上也涉及到了所有制问题和雇佣劳动制度问题。也可以说，《资本论》第一卷第四章一开始进入对资本或资本主义的研究就首先研究了资本主义生产方式问题。正是这种资本与雇佣劳动相结合的“资本主义生产方式”，决定了资本主义的生产关系和交换关系。其实，作为《资本论》研究对象的资本主义生产方式，也是广义的资本主义生产关系的构成部分，不过它是最根本的、基础性的生产关系。而与资本主义生产方式相适应的生产关系，则只是直接生产过程中的关系，即狭义的生产关系。因此，说《资本论》的研究对象是广义的资本主义生产关系，也是完全可以的。

从《资本论》的内容来看，三卷《资本论》都是研究“资本”的。而《资本论》中的“资本”不是劳动方式，而是资本主义生产关系。“资本”又是一种运动，不停地通过生产阶段和流通阶段进行增殖。《资本论》分别研究了资本的生产过程、资本的流通过程和资本主义生产的总过程。研究这些过程，就是要研究资本主义生产关系的产生、发展和必然灭亡的过程；研究资本和雇佣劳动的关系的实质及其歪曲表现；研究剩余价值的生产及其实

---

① 《马克思恩格斯选集》第 47 卷，人民出版社 1979 年版，第 151 页。

② 《马克思恩格斯选集》第 24 卷，人民出版社 1972 年版，第 44 页。

现过程；研究资本主义社会各剥削集团间的关系以及他们剥削工人阶级的不同形式；研究隐藏在资本主义经济现象背后的各个经济规律等。当然，《资本论》研究这些问题时，要涉及生产力，涉及使用价值、劳动过程、劳动方式等。但这只是在研究资本主义生产关系所必要的范围内才联系到它们，是从属于研究资本主义生产关系这一根本对象的。比如，从生产关系的角度研究商品，实际上是研究商品的价值的。使用价值只是作为价值或交换价值的物质承担者才予以考察。研究资本主义生产过程，实质上是研究价值增殖即剩余价值生产过程。至于劳动过程，只是在它作为价值增殖过程的必要条件的范围内才予以考察。马克思明确地指出："正如考察商品的使用价值本身是商品学的任务一样，研究实际的劳动过程是工艺学的任务。"[①] 同样，《资本论》虽考察了简单协作、工场手工业和机器大工业，但着眼点是要阐明：随着分工和生产工具的发展，特别是随着机器大工业的产生和发展，资本对劳动的统治和剥削也扩大和加强了。这同样是从属于对资本主义生产关系的研究的，是要阐明怎样使劳动从"形式上隶属于资本"，发展为"实际上隶属于资本"。并不是把生产力或劳动方式作为研究对象。《资本论》或政治经济学不把生产力作为研究对象，不等于说可以脱离开生产力来研究生产关系，可以不重视生产力的发展状况。那是另外的问题，需要在另外的文章中论述。

---

① 《马克思恩格斯全集》第47卷，人民出版社1979年版，第56页。

《资本论》的研究对象究竟是什么?[①]

——对胡钧同志商榷的商榷

《经济理论与经济管理》1982年第6期，发表了胡钧同志同我商榷的《关于〈资本论〉的研究对象问题》一文。我认为该文存在的问题很多，这里不准备全面加以评论，只想就其中所提出的一个论断进行商榷。这个论断是:《资本论》第1卷第1版序言中讲“我要在本书研究的是资本主义生产方式以及和它相适应的生产关系和交换关系”，这个“资本主义生产方式”就是指资本主义生产力或生产力含义上的劳动方式（协作、分工、机器大工业)。我认为这种解释，不符合马克思的原意。

我们知道，在《资本论》中，“生产方式”，“资本主义生产方式”这种概念使用得很多。在不同的地方，其具体含义不尽相同。但既然这些不同的含义都用“生产方式”一词加以概括，那就表明，它们又具有抽象的共同性。生产方式，就是生产样式，也就是以什么样的方式进行生产。一切生产，不管相互有多大差别，总归离不开生产资料同劳动力的结合。而这种结合，总要通过一定的方式，也就是有一定的结合方式。生产资料同劳动力的结合方式，又包括两个方面：一方面是两者相结合的技术方式；另一方面是两者相结合的社会方式。前者包括：使用什么样的生产资料，采取什么样的劳动方式等，这是属于生产力方面的结合方式，也就是人与自然的关系方面的生产方式。后者包括：生产资料和劳动力的结合采取什么样的社会形式，即人们之间以什么样的社会形式相结合进行生产，这是属于生产关系方面的结合方式或生产方式。

① 本文原载《中国经济问题》1983年第9期。

在马克思的《资本论》和其他著作中，不同地方使用“生产方式”的具体含义之所以不同，就是因为，有的地方是从生产的技术方式即生产力的含义上讲的，而且又可以只从构成生产力的某一要素或某几个要素的角度讲。例如，有时分别只从生产工具或只从劳动力或只从协作、分工等的角度讲。有时又从几个因素或全部因素的统一的角度讲。而有的地方则是从生产的社会方式讲的，而且又可以细分为几种不同的情况，有的只从构成生产关系的基础或决定性环节讲，如只从所有制形式，或只从生产资料和劳动力所采取的社会形式讲；有时又从生产的整个社会关系的统一中讲。有的地方，又把生产的技术方式和社会方式统一在一起讲，也就是从生产力和生产关系的统一的角度讲。但不管怎样讲，不管其具体含义如何，都属于“生产方式”即怎样进行生产的内容。对于上述的任何一条，都可以从马克思的著作中找到证明，但为节省篇幅，就不在这里加以论证了。

在《资本论》中，凡讲“资本主义生产方式”的地方，显然不是只讲生产的技术方式，即生产力，而一般是讲生产的资本主义社会方式。在绝大多数地方，很明确地是从生产的资本主义形式即资本主义生产关系的角度讲的，只有个别地方是从生产的技术方式和生产的资本主义形式的统一讲的，也就是从生产力和资本主义生产关系的统一的角度讲的。现在的问题是：《资本论》第 1 卷序言中提出的要对之进行研究的、有一定的生产关系和交换关系与之相适应的“资本主义生产方式”究竟是什么。

一

要弄清这个问题，不能靠随意摘引马克思著作中的几段话来解决。如前所述，在马克思著作的不同地方，“生产方式”或“资本主义生产方式”有不同的具体含义。随意引用其中的某一含义来解释序言中提出的要对之进行研究的“资本主义生产方式”的确定含义，是不行的。要弄清它的确定含义，应从马克思自己的说明中去把握。而且应从别的地方阐述类似“资本主义生产方式以及与其相适应的生产关系和交换关系”这样的格式的段落中获得诠释和印证。这样的段落有好多处。

例一，“资本主义生产方式是一种特殊的、具有独特历史规定性的生产方式；它和任何其他一定的生产方式一样，把社会生产力及其发展形式的一定阶段作为自己的历史条件，……同这种独特的、历史规定的生产方式相适应的生产关系，……具有独特的、历史的和暂时的性质。”① 这里讲到同资本主义的“生产方式相适应的生产关系”，格式同《序言》中讲的基本相同，但这里的说明较清楚些。

例二，所有权的正当性“要由生产方式本身具有的历史的暂时的必然性来说明，因而也要由那些由此产生的生产关系和交换关系具有的历史的暂时的必然性来说明”。②这里讲生产方式产生生产关系和交换关系，也就是生产方式决定生产关系和交换关系。这同《序言》中讲的格式，实际上也基本相同。因为被决定的东西总是要与决定它的东西相适应。

如果只从《序言》的提法孤立地去理解问题，容易简单化。有学者讲：既然《资本论》研究“资本主义生产方式以及和它相适应的生产关系和交换关系”，“资本主义生产方式”的概念中自然就排除了生产关系和交换关系，留下的只能是生产力或纯“自然关系”了③。可是，从上面所引证的马克思的两段话中显然可以看出，这样的解释是不正确的。因为第一，资本主义生产方式是以一定的“社会生产力及其发展形式的一定阶段”（包括协作、分工、机器大工业）为其历史条件的。这就表明，生产关系与之相适应的“资本主义生产方式”，既不是指生产力，也不包括生产力。二者是不同的东西。生产力只是“资本主义生产方式”的历史条件或基础。从马克思自己的说明中，可以有力地否定硬把生产关系与之相适应的“资本主义生产方式”解释为生产力或“生产力含义上的劳动方式”的意见。而胡钧同志把他的这种见解说成是马克思的原意，显然站不住脚。第二，资本主义生产方式以及与之相适应或者说由它所产生的生产关系和交换关系，都具有“历史的、暂时的”性质。而具有历史暂时性的东西难道能是生产力或“生产力含义上的劳动方式”吗？难道是什么纯“自然关系”吗？都不是。在马克思的著作中，凡讲生产中的“历史暂时性”的东西，都是指生产的社会形式或社会属性，而绝不是指什么“自然关系”或自然属性。虽然生产力在其发展的不同阶段，具有一定的历史特点，协作、分工和机器大工业也是在一定的历史条件下产生的，但是，不能说它们是历史暂时性的东西。它

---

①② 《马克思恩格斯全集》第25卷，人民出版社1975年版，第993、702页。

③ 田光：“试评近年来我国的《资本论》研究”，载《人民日报》1983年4月1日。

们并不随着一定社会经济形态的灭亡而灭亡。至于纯自然关系，更谈不上什么历史的和暂时的性质了。

上面的分析只是证明，《资本论》要对之研究的“资本主义生产方式”不是生产力，不是“自然关系”。但还没有说明它的具体含义究竟是什么。为了说明这一点，同样不能随便把某个地方从某一角度讲的“资本主义方式”的含义，套用于序言中讲的要对之研究的“资本主义生产方式”。而是同样要从与序言格式相同的其他段落中把握马克思自己的说明。这样的段落也是有的。

例如，马克思指出：“李嘉图学派的政治经济学把资本家和雇佣工人之间的这种关系看作某种既定的东西，看作生产过程本身所依据的自然规律。……但是，自从资产阶级生产方式以及与它相适应的生产关系和分配关系被认为是历史的以来，那种把资产阶级生产方式看作生产的自然规律的谬论就宣告破产了。”① 这里的“资产阶级生产方式”是“资本主义生产方式”的同义语，它显然是指被李嘉图看作是生产的自然规律的资本家和雇佣工人的关系。马克思强调指出资本主义“生产方式以及与它相适应的生产关系和分配关系”（格式与《序言》中一样，只是用“分配关系”代替了“交换关系”）都是历史的，具有历史暂时性。把资本主义生产方式看做是生产的自然规律是一种“谬论”。而有的同志包括胡钧却把马克思所批评的“谬论”加之于马克思，说生产关系与之相适应的资本主义生产方式就是自然关系或生产力，或生产力含义上的劳动方式。这显然与马克思的原意正好相反。

也许有人会说，整个资本主义的生产关系、交换关系和分配关系，都贯穿有资本家和雇佣工人之间的关系，为什么要把后者单独抽出来，定为“资本主义生产方式”，而前几种关系是由它来决定或产生的呢？其实，这里所说的资本家和雇佣工人的关系，就是指资本推动雇佣劳动进行生产的社会方式，是生产资料和劳动力相结合的特殊社会形式即资本主义形式。马克思在自己的著作中，经常在这个含义上使用“资本主义生产方式”一词。例如：“我们假定，农业和工业完全一样受资本主义生产方式的统治，也就是说，农业是由资本家经营；这种资本家和其他资本家的区别，首先只在于

---

① 《马克思恩格斯全集》第26卷Ⅲ，人民出版社1975年版，第473页。

他们的资本和这种资本推动的雇佣劳动所投入的部门不同。”① 这里明确说明，所谓农业受资本主义生产方式统治，就是说资本和由资本推动的雇佣劳动投入农业部门。这清楚地表明，资本主义生产方式，就是资本推动雇佣劳动生产的方式。这种生产方式，是通过劳动力作为商品出卖、生产资料成为资本使两者相结合而建立起来的，是以一定的所有制为条件的。它是资本主义经济关系体系的前提或决定性基础。当它形成以后，又贯穿于资本主义经济关系体系的各个方面。这有如所有制是生产关系的基础，但又贯穿于生产关系的各个方面一样。正是在这种意义上，马克思说：“资本和雇佣劳动的关系……是起决定作用的、占支配地位的生产方式。”② 又说，“资本和雇佣劳动的概念问题……是在现代社会制度的入口处出现的基本问题。”③ 进入资本主义社会经济制度入口处的问题，就是《资本论》第1卷第9章在进入对资本主义直接生产过程中的关系进行研究前，所阐述的生产资料与劳动力相结合、资本主义方式——资本与雇佣劳动相结合的方式，即不能将它同生产力或劳动方式划等号，也不能同直接生产过程中的资本主义生产关系划等号。

资本推动雇佣劳动生产的这种资本主义生产方式，也可概括为雇佣劳动生产方式。马克思指出：“劳动作为雇佣劳动的形式对整个过程的面貌和生产本身的特殊方式有决定作用。”④

以一定所有制形式为条件的资本推动雇佣劳动生产的方式，同直接生产过程中的关系即狭义的生产关系、交换关系、分配关系及消费关系等，共同构成资本主义经济关系体系，即广义的资本主义生产关系。可见，讲《资本论》研究资本主义生产方式以及与其相适应的资本主义生产关系和交换关系，同讲《资本论》研究广义的资本主义生产关系及其经济规律是完全一致的。

---

① 《马克思恩格斯全集》第25卷，人民出版社1975年版，第693页。

② 《马克思恩格斯全集》第47卷，人民出版社1979年版，第151页。

③ 《马克思恩格斯全集》第46卷（上），人民出版社1979年版，第290页。

④ 《资本论》第3卷，人民出版社1975年版，第997页。

二

胡钧同志断言，《资本论》所要研究的“资本主义生产方式”就是资本主义生产力和生产力含义上的劳动方式，并强调说：“《资本论》当然要研究资本主义的生产力。”

我在前面已经从马克思自己的说明，论证了生产关系与之相适应的“资本主义生产方式”绝不是生产力。为了把理论是非彻底弄清楚，有必要进一步作一些分析。

1. 如果把《资本论》要研究的“资本主义生产方式”解释为生产力，那么，《资本论》和政治经济学就应把生产力放在研究的首要地位了。因为《资本论》要研究的，“是资本主义生产方式以及和它相适应的生产关系和交换关系”。这里把“资本主义生产方式”放在了生产关系和交换关系的前面。这种表述顺序不是偶然的。既然资本主义生产方式产生或直接决定资本主义生产关系和交换关系，既然要从整体上研究它们，自然也就应当把资本主义生产方式放在研究的首要地位。可是，在马、恩、列的著作中，什么地方讲过《资本论》和政治经济学要研究生产力而且要把它放在研究的首要地位呢？没有，谁都提不出任何有力论据。

胡钧在自己的论著中一再讲政治经济学的对象是生产关系，反对和批评将生产力纳入研究对象中。却把生产力纳入《资本论》的首先研究对象中。难道马克思的政治经济学的研究对象和《资本论》的研究对象是两回事么？

再从《资本论》的内容来看。《资本论》是研究“资本”的。而资本是什么呢？难道不是资本主义经济关系而是生产力或包括生产力吗？三卷《资本论》究竟是研究整个资本主义生产关系呢，还是首先研究生产力，同时也研究生产关系？《资本论》第 1 卷“研究的是资本主义生产过程本身作为直接生产过程考察时呈现的各种现象”。[①] 这“各种现象”不就是经济关系现象难道还包括生产力的现象？第 2 卷研究资本的流通过程。试问其中哪一篇章是研究生产力呢？第 3 卷“要揭示和说明资本运动过程作为整体考察时所产生的各种具体形式”。[②]这“各种具体形式”难道不是资本的具体形式

①② 《马克思恩格斯全集》第 25 卷，人民出版社 1975 年版，第 29 页。

和剩余价值的具体形式，而是生产力的具体形式？

在《资本论》第1卷中，有的地方曾涉及生产力的问题。如第5章第1节讲“劳动过程”，说明了劳动过程的简单要素；第11章到第13章，分别考察了“协作”、“分工和工场手工业”、“机器和大工业”。但能否说，这是在研究生产力呢？不能。马克思明确地讲过：“研究实际的劳动过程是工艺学的任务”[①]，而不是政治经济学的研究任务。《资本论》之所以要讲劳动过程，是因为劳动过程是价值增殖过程的条件，是服从于研究价值增殖过程的需要的。《资本论》中虽然用了3章的篇幅论述“协作”、“分工和工场手工业”、“机器和大工业”，但也不能像胡钧同志所理解的那样，认为这是要研究资本主义生产力或生产力含义上的劳动方式。应当明确：这3章是放在第3篇标题为《相对剩余价值生产》中讲的，是要揭露资本家怎样通过相对剩余价值生产的方法来提高对工人的剥削程度和增加自己的剩余价值的，是要阐明劳动对资本的隶属关系怎样由形式的隶属发展为实际的隶属，资本对劳动的统治和剥削怎样不断扩大和加强的。马克思自己这样归结第4篇的内容：“在资本主义体系内部，一切提高社会劳动生产力的方法都是靠牺牲工人个人来实现的；一切发展生产的手段都变成统治和剥削生产者的手段，都使工人畸形发展，成为局部的人，把工人贬低为机器的附属品，使工人受劳动的折磨，……使工人在劳动过程中屈服于最卑鄙的可恶的专制。”[②]

总之，《资本论》所研究的是全部资本主义生产关系，虽然在有些章节中特别是在第1卷第4篇中是联系生产力来研究资本主义生产关系的，但并没有对生产力本身进行专门研究，只是对生产力的发展状况做了一般的叙述和说明，而且这种叙述和说明也是从属于对资本主义生产关系即相对剩余价值关系的研究的。

2.《资本论》如果是研究“资本主义生产力”以及与其相适应的生产关系和交换关系，那么它一进入对资本主义生产关系的研究，就应当首先或至少同时研究“资本主义生产力”或“生产力含义上的劳动方式”即协作、分工和机器制度。可是在第1卷第2篇《货币转化为资本》，第3篇《绝对剩余价值生产》的共6章中，为什么根本没有涉及所谓“资本主义生产力”

① 《马克思恩格斯全集》第47卷，人民出版社1979年版，第56页。

② 《马克思恩格斯全集》第23卷，人民出版社1972年版，第707～708页。

发展的不同阶段，而只是在第四篇《相对剩余价值生产》中才涉及？

不要以为研究绝对剩余价值生产，只是研究生产力发展较低阶段的资本主义生产关系。绝对剩余价值生产不仅是剩余价值生产的出发点，并且构成资本主义体系的一般基础。研究第3篇《绝对剩余价值生产》所包括的各章的内容，就是要首先从统一的质的规定性上揭示资本主义生产方式和与其相适应的直接生产过程中的关系。这种质的规定性适合于资本主义生产发展的一切阶段，而并不是只与某个具体的历史阶段相适应。第3篇各章分别研究劳动过程和价值增殖过程、不变资本和可变资本、剩余价值率、工作日、剩余价值率和剩余价值量，都是从不同方面揭示整个资本主义发展阶段的最本质的和一般的经济关系的，这种统一的本质关系难以从某个发展历史阶段的生产力或劳动方式说明。而按我们在前面的解释，问题便可以得到清楚的说明。第3篇的各章中，都是以在第2篇就初步阐明了的资本和雇佣劳动相结合的生产方式为始基关系的。绝对剩余价值生产中的一切关系都是由这种"生产方式"产生并与其相适应的。

研究协作、分工和机器制度，只占了3卷《资本论》共98章中的3章的篇幅。即使撇开这3章所研究的内容是不是生产力这点不说，也不能用这3章的内容来概括《资本论》研究的全部内容。怎么能说协作、分工和机器制度就是《资本论》要研究的"资本主义生产方式"以及与其相适应的生产关系和交换关系呢？

看来，胡钧同志并没有完全弄清楚他所引证来作为有力论据的马克思的这段话的原意："（1）货币的发展；（2）协作、分工、机器制度以及和它相适应的社会联系和社会关系是怎样'自然而然地'发展起来的。"① 这段话根本不是像胡钧同志所说的那样，"是序言中讲到的关于《资本论》研究的内容那一段话的具体解释"。这段话根本不是要说明《资本论》的研究内容，而只是马克思要恩格斯在为《资本论》写书评时，注意讲一下《资本论》对实际经济关系的考察是用完全新的、唯物主义的方法进行的。接着举了两个例子：一个是对货币发展的叙述；另一个是协作、分工、机器制度以及和机器制度相适应的社会关系如何发展起来。在所引马克思的那段话的前面，本来还有"例如"一词。这两个例子，恩格斯在为《资本论》写的

① 《马克思恩格斯全集》第31卷，人民出版社1972年版，第410页。

一篇书评中完全引用了，而且意思表达得更具体和清楚。[①] 而胡钧同志竟把只是用以说明《资本论》中所运用的唯物主义方法的两个例子中的一个，当作《资本论》要研究的全部内容的概括，这真有点南辕北辙了。

3. 胡钧同志还引证了几段马克思讲到“特殊资本主义生产方式”的话，作为《资本论》研究的“资本主义生产方式”就是生产力和生产力含义上的劳动方式的论据。然而，他同样误解了这些话。他把“资本主义生产方式”特别是《资本论》序言中讲的作为研究对象的“资本主义生产方式”，同“特殊的资本主义生产方式”简单地混同起来了。

首先，他引证了这样一段话：“相对剩余价值的生产以特殊的资本主义的生产方式为前提；这种生产方式连同它的方法、手段和条件本身，最初是在劳动在形式上隶属于资本的基础上自发地产生和发展的。劳动对资本的这种形式上的隶属，又让位于劳动对资本的实际上的隶属。”[②] 胡钧同志接着解释说：这里所讲的‘特殊的资本主义生产方式’显然就是指以大机器工业为标志的劳动方式说的。”可是在稍后一点的地方又解释说：“为什么把这种生产方式称作是特殊的呢？这是与那种孤立的个人劳动的‘旧的传统劳动方式’相对而言的。”按照前一种解释，“特殊的资本主义生产方式”只是机器大工业的劳动方式，在工场手工业中不存在；而按照后一种解释，则是指简单协作、分工和机器大工业的劳动方式。这两种解释是自相矛盾的，而且都不符合马克思的原意。

第一，在马克思的著作中，相对剩余价值生产以“特殊的资本主义生产方式”为前提。这个“特殊的资本主义生产方式”，首先，不能仅仅解释为机器大工业的劳动方式。它作为相对剩余价值生产的前提，在分工的工场手工业中和机器大工业中都存在。它是指资本主义生产关系下的生产条件的变革（包括分工协作、科学技术的应用、工具的改变和机器的出现等），或新生产条件的资本主义利用。也可以说，是指资本主义生产关系下提高劳动生产力的方式。事实上，这里讲的“特殊的资本主义方式”，就是指特殊的资本主义生产本身。它包括生产的技术方面（生产力）和社会方面（生产关系）。如果像胡钧同志那样，撇开资本主义生产关系，仅仅把它理解为

① 《马克思恩格斯全集》第16卷，人民出版社1964年版，第254～255页。

② 《马克思恩格斯全集》第23卷，人民出版社1972年版，第557页。

“生产力范畴上的劳动方式”。这是把生产力含义上的“生产方式”同“特殊的资本主义生产方式”混同起来了。难道单有生产力或“生产力范畴上的劳动方式”，就会构成“资本主义”生产方式或特殊的“资本主义”生产方式么？难道会有不存在资本主义生产关系的“资本主义生产方式”或“特殊的资本主义生产方式”么？

第二，不能像胡钧同志那样，把与相对剩余价值生产相联系的“特殊的资本主义生产方式”理解为是与“孤立的个人劳动”的方式相对立而言的。按这样解释，简单协作也是“特殊的资本主义生产方式”了。胡钧就是这样认识的，他说：“马克思强调协作、分工、机器大工业这样大规模生产方式是‘特殊的资本主义生产方式’”。其实，马克思根本没有这样讲过。胡钧所引证的话中根本没有这样的文字和意思。要知道，马克思这里讲的“特殊的资本主义生产方式”是同相对剩余价值生产中劳动对资本的实际隶属联系在一起的。而劳动对资本的实际隶属，在资本主义生产的简单协作中并不存在。它开始于分工的工场手工业，完成于机器大工业。

第三，马克思在分析相对剩余价值生产时，使用“特殊的资本主义生产方式”概念，其目的在于说明与生产力的资本主义利用相联系的资本主义关系的发展。依然是从资本主义生产关系的角度着眼的，在《直接生产过程的结果》这一著作中有个小标题是：“劳动对资本的实际上的从属或特殊资本主义生产方式”，可见，“特殊资本主义生产方式”，就是要说明劳动对资本的实际上的从属即隶属，马克思在这个标题中甚至把两者并立起来使用。“特殊资本主义生产方式”或劳动对资本的实际从属固然要以分工、机器大工业和新的工艺为条件，但这里绝不是研究生产力和“生产力范畴上的劳动方式”，而是要研究劳动对资本的从属关系的加深和发展。胡钧同志把作为相对剩余价值生产前提的“特殊资本主义生产方式”只理解为生产力和生产力含义的劳动方式，并用以论证作为《资本论》研究对象的资本主义生产方式就是生产力，是把两个不同的问题混同起来了。

“特殊资本主义生产方式”中的“特殊”是指什么呢？一方面，从生产力来看，劳动过程、生产力发生了变化，具有了特殊性；更重要的另一方面是从生产关系来看，随着新的生产力的出现，劳动对资本的从属关系，资本榨取剩余价值的方式，也发生了变革，同样具有了特殊性，即由绝对剩余价值生产发展为相对剩余价值生产。在《直接生产过程的结果》中有这样一段话："与特殊资本主义生产方式相反，我们把一直到现在所考察的劳动过程对资本的从属……称为劳动对资本的形式上的从属。资本关系作为一种通过延长劳动时间来榨取剩余劳动的强制关系，……是两种生产方式（其中一种是特殊的资本主义生产方式——引者）所共有的，但是特殊的资本主义生产方式还有榨取剩余价值的其他方式。"① 这里清楚地说明，特殊资本主义生产方式既以"通过延长劳动时间来榨取剩余劳动的强制关系"为基础，又有榨取剩余价值的其他方式即特殊方式。"特殊资本主义生产方式包含劳动对资本的形式上的从属。"②因为在相对剩余价值生产中并不排除绝对剩余价值的生产；又包含劳动对资本的实际从属。所谓形式上的从属是指工人失去生产资料和生活资料，不得不从属于资本劳动。所谓实际从属，是指在分工协作和机器大工业中，工人只从事局部的操作，失去了独立生产完整产品的技能，只能在隶属于资本的统治下进行劳动。显然，这里所强调的还是资本与雇佣劳动的关系。

马克思指出：作为生产力的机器，"并不是一个经济范畴"。只有"以应用机器为基础的现代工厂才是生产上的社会关系，才是经济范畴"。③ 又说："现代运用机器一事是我们现代经济制度的关系之一。"④ 显然，《资本论》研究机器大工业，不是要研究不属于经济范畴的机器或生产力，而是研究机器的"现代运用"，研究"以应用机器为基础的现代工厂"。而这个方面，则属于"生产上的社会关系"，是资本主义"经济制度的关系之一"。

马克思主义政治经济学是研究生产关系体系并揭示经济运动规律的科学。《资本论》是要研究资本主义的生产关系及其产生、发展和灭亡的规律。由于生产关系是由生产力决定的，所以研究生产关系时不能离开生产力，而是要联系生产力，要研究生产力决定生产关系和生产关系反作用于生产力的情况。但这不等于要研究生产力本身。胡钧同志断言，《资本论》要研究生产力，不过生产力不是《资本论》研究的对象。他把研究什么同研究对象截然分割为两回事，这没有任何根据。在《资本论》俄译本中，就直接译作"本书研究的对象是资本主义生产方式……"这个问题，我们将在另外的文章中进行讨论。这里只简单提一下：马克思、恩格斯、列宁讲

---

①② 《马克思恩格斯全集》第49卷，人民出版社1982年版，第81、79页。

③ 《马克思恩格斯全集》第1卷，人民出版社1976年版，第128页。

④ 《马克思恩格斯全集》第4卷，人民出版社1976年版，第324页。

《资本论》或政治经济学研究什么，就是指研究的对象是什么。列宁讲："政治经济学决不是研究'生产'，而是研究人们在生产上的社会关系。"[①]所谓不研究"生产"，就是指不研究生产的技术方面，不研究生产力。说不研究生产力，同说研究对象不是生产力和不包括生产力是一样的意思。再看列宁的另一段说明："政治经济学的对象决不是通常所说的那样是'物质的生产'（这是工艺学的对象），而是人们在生产中的社会关系。"[②] 可以清楚地看出：前一段说政治经济学绝不是研究"生产"，后一段说政治经济学的对象绝不是"物质生产"，是完全一样的意思。这里丝毫没有把研究什么同对象是什么作为两回事。

列宁还明确指出："《资本论》就是专门研究现代社会即资本主义社会的经济制度的。"[③]资本主义经济制度，就是资本主义生产关系的总和。而胡钧却说，《资本论》"当然研究资本主义的生产力"，显然同列宁的论断相矛盾。至于胡钧竟把经济制度这个常识性的概念解释为"生产力和生产关系统一"，就不多加评论了。

《资本论》和政治经济学不研究的东西，或者说不作为研究对象的东西，当其成为社会关系的承担者的时候，也可以进入研究的范围。如劳动过程作为价值增殖过程的条件或前提，使用价值作为价值的物质承担者，也进入《资本论》的研究范围之中，但它不是研究对象，或者说《资本论》并不专门研究劳动过程本身和商品的使用价值。这就是说，《资本论》研究什么，同研究对象是什么，是一回事。而研究对象同进入研究范围则不是一回事。"序言"中讲的《资本论》要研究的"资本主义生产方式"，是属于研究对象的问题，而不是属于进入研究范围的问题。胡钧同志却把研究什么同研究对象看做两回事，又把研究什么同进入研究范围等同起来，因而导致了他在《资本论》和政治经济学的对象问题上离开马克思、恩格斯、列宁原意的结论。至于他强调生产力自身会具有资本主义性质的观点，限于篇幅，这里就暂不作评论了。

① 《列宁全集》第3卷，人民出版社1959年版，第42页。

②③ 《列宁全集》第2卷，人民出版社1961年版，第166页、44页。

马克思主义政治经济学对象问题再探讨①

目前，马克思主义政治经济学在教学与研究中，碰到这样那样的问题与困惑：在外部，有来自非马克思主义的质疑与挑战；在内部，存在对基本原理认识与理解上的种种分歧；在所处环境中，有来自社会主义运动处于低潮时期马克思主义受到的冷漠；在实践中，有来自发展与改革需要提高解决实际经济问题能力的要求。所有这些都加重了马克思主义经济理论工作者的责任。

面对时代的要求与任务，需要坚持与发展马克思主义经济学，需要经济学的理论创新。这又要以研究和弄懂马克思经济学的基本原理与方法为前提。在研究中还需要弄清究竟哪些基本原理是必须长期坚持并随着时代的发展而发展的；哪些是被误解、错解甚至曲解而需要对理论是非进行澄清的；哪些是附加于马克思名下非科学的、错误的见解需要摒弃的。既不能教条主义地继承与坚持，也不能不切实际地去发展与创新，还不能把本是正确的见解硬说成是附加的错误的东西。因此，必须对马克思主义经济学的基本原理与方法进行深入系统的研究，把握其真谛，并结合实际予以发展。

我们要探讨的是马克思主义政治经济学研究对象的问题。

一、作为《资本论》研究对象的“资本主义生产方式”究竟是指什么？

作为《资本论》研究对象的“资本主义生产方式”究竟是指什么？这是多年来一直存在分歧的一个理论问题。它既涉及对马克思研究对象本意的

① 本文原载《马克思主义研究》2006 年第 1 期。

正确把握，也涉及社会主义政治经济学究竟应研究什么的问题。一般认为，马克思主义政治经济学的对象是社会生产关系，是揭示社会经济规律。也有学者认为政治经济学应把生产力的研究放在首要地位，其理论根据是：马克思在《〈政治经济学批判〉导言》中一开始就讲“摆在面前的对象，首先是物质生产”。有的学者引证《资本论》第1卷第1版序言中的话：“我要在本书研究的，是资本主义生产方式以及和它相适应的生产关系和交换关系”，认为既然马克思的经济学首先要研究资本主义生产方式，然后才研究由这种生产方式决定的生产关系和交换关系，因而据此提出一般教材与教学中讲政治经济学的研究对象是生产关系并不符合马克思的原意。但资本主义生产方式究竟是指什么，又有种种不同的理解。最近看到一份转发的研究成果，其中提出，作为《资本论》研究对象的“资本主义生产方式”是指生产力，并批评说，过去把马克思主义政治经济学的对象理解为研究生产关系，不研究生产力，是附加在马克思名下的错误观点。

应当肯定，马克思的政治经济学的对象，是着重研究资本主义生产关系、揭示资本主义经济规律的。它固然也考察了资本主义所经历的从简单协作、分工的工场手工业，到机器大工业的发展，考察了生产力和科学技术的发展，也事实上论述了资本主义市场经济体制和运行机制的特点及其发展变化，但这些考察和论述都是服从于揭示资本主义生产关系的实质及其发展与变化的，是揭示资本主义经济运动规律所需要的。马克思在《资本论》和其他有关著作中，系统地论述了随着科技进步和生产力的发展，资本主义生产关系主要是资本与雇佣劳动的关系怎样相应地发展和加深，怎样由劳动对资本的形式上的隶属，发展为实质上的隶属；适应生产力发展的需要，资本主义市场经济体制与运行机制怎样发展与变化，怎样由所有权与经营权相统一的业主制逐步发展为两权完全分离的股份制，生产力和资本主义生产关系的发展，产生了什么样的矛盾，怎样为未来转向社会主义准备了物质的和社会的条件。总之，马克思是紧密结合生产力的发展变化，生产条件的发展变化，来研究资本主义经济关系的本质、矛盾及其表现形式和发展趋势的。并通过对资本主义经济的分析，预见到未来新社会制度的一些基本特征。但是，马克思并没有把生产力本身作为政治经济学的研究对象。认为马克思讲过研究对象“首先是物质生产”，是张冠李戴式的误解。

马克思《〈政治经济学批判〉导言》的第一节，是“生产、消费、分配、交换（流通）”。其第一目是“生产”，接着讲“摆在面前的对象，首先是物质生产”。显然，这里并不是指政治经济学的对象首先是物质生产，而是说明：在进一步阐述生产与消费、分配、交换诸环节之间的关系前，首先要分析和阐述“生产”自身。有“首先”就有其次，其次就是接着分析生产与消费、生产与分配以及生产与交换的关系。即使专门分析生产时，马克思一开始就强调“在社会中进行生产的个人，——因而，这些个人的一定社会性质的生产，当然是出发点”。这里所强调的是生产的社会性质即社会关系，是以生产的社会关系作为“出发点”的。同时还批评了斯密和李嘉图把“单个的孤立的猎人和渔夫”作为研究的出发点，称其为“属于18世纪的缺乏想象力的虚构”，“是鲁滨逊一类的故事”。可见，马克思在这里分析生产，是着重于生产的社会关系方面，而不包括生产的自然方面。他还明确说明：“政治经济学所研究的是财富的特殊社会形式。”① 恩格斯也明确指出：“经济学所研究的不是物，而是人和人之间的关系。”② 列宁也强调说明：“政治经济学决不是研究‘生产’，而是研究人们在生产上的社会关系，生产的社会结构。”③ 我国是社会主义国家，社会主义政治经济学的任务与马克思专门研究资本主义的政治经济学的任务不同，既要研究怎样发展和完善社会主义生产关系，又要研究怎样更好更快地发展社会主义经济，发展生产力，所以，马克思主义政治经济学的对象也要发展。但是，这里是讨论《资本论》和马克思政治经济学的对象问题，必须按马克思著作的原意来说明。

这里又涉及对马克思在《资本论》第1卷序言中的一句话的理解与把握问题：“我在本书研究的，是资本主义生产方式以及和它相适应的生产关系和交换关系。”这里的“资本主义生产方式”究竟是指什么？首先应肯定，在《资本论》和马克思的其他著作中，“生产方式”的含义，不是斯大林所定义的生产力与生产关系的统一。它是含义比较广泛的概念，用在不同的地方有不同的具体含义。但概括起来，是指生产的技术方式和社会方式。有时专指生产的技术方式，即用什么样的工具和其他条件进行生产。有时专指生产的社会方式，即在什么社会关系下进行生产。生产的技术方式一般属

---

① 《马克思恩格斯全集》第46卷（下），人民出版社1980年版，第383页。

② 《马克思恩格斯全集》第2卷，人民出版社1995年版，第44页。

③ 《列宁选集》第1卷，人民出版社1995年版，第188页。

于生产力范畴，不具有阶级关系和特定的社会性质。而且，在讲技术生产方式时，一般不在“生产方式”前加“资本主义”这一定语。例如，《资本论》论述相对剩余价值生产时，说明要提高劳动生产力就需要改变劳动资料和劳动方法，也就是改变生产方式。“不改变他的劳动资料或他的劳动方法，或不同时改变这二者，就不能把劳动生产力提高一倍。因此，他的劳动生产条件，也就是他的生产方式，从而劳动过程本身，必须发生革命。”[①]这里讲的“生产方式”，是特指生产中所用的劳动资料和劳动方法，统称“劳动生产条件”。这种“生产方式”就是从生产力的含义上讲的，不具有资本主义性质。因而在“生产方式”前没有冠以“资本主义”定语。当讲“资本主义生产方式”时，特别冠以“资本主义”，便表示具有资本主义性质。有时指资本主义经济制度，有时指资本主义所有制，有时指生产资料与劳动力相结合的方式。决不会是专指生产力。例如，“从封建生产方式向资本主义生产方式的转变过程”[②]就是指从封建经济制度向资本主义经济制度的转变。在法文版中，马克思就是改用这句语言表达的，即用“资本主义经济制度”取代了“资本主义生产方式”。又如，马克思讥讽“资本的献媚者政治经济学家从理论上把资本主义生产方式和它本身的对立面说成是同一的”[③]，这里所讲的与资本主义生产方式的对立面，是指与资本主义所有制相对立的个体劳动者所有制，前者是在剥夺后者的基础上建立起来的。在法文版中，马克思将此处的“资本主义生产方式”，具体化为“资本主义所有制”。再如，在《资本论》第1卷第2版跋中，马克思讲：无产阶级的“历史使命是推翻资本主义生产方式和最后消灭阶级”，显然，这里的“资本主义生产方式”不能解释为资本主义生产力。一是生产力不具有阶级属性和资本主义属性；二是无产阶级不存在推翻资本主义制度下发展起来的生产力的问题，只能在继承已有生产力的基础上，进一步解放和发展生产力。在《资本论》中，只有少数几处从生产力与资本主义生产关系的统一的角度讲“资本主义生产方式”，但绝不能离开资本主义生产关系解读资本主义生产方式。主张“资本主义生产方式”是生产力或劳动方式的学者，难以在《资本论》中找出一个例证。

回过头来再探讨《资本论》第1版序言中所讲的“我在本书研究的，

---

①②③ 《马克思恩格斯全集》第23卷，人民出版社1972年版，第350、819、834页。

是资本主义生产方式……”究竟是指什么。通过上面的分析可以排除理解为生产力的观点。将其解释为“资本主义所有制”，也讲得通。正是在资本主义所有制的基础上形成了与其相适应的生产关系和交换关系。但是，从《资本论》的论述和逻辑结构看，作为其研究对象重要内容的“资本主义生产方式”，不仅仅指资本主义所有制。所有制是生产关系的基础，这是马克思主义经济学家所认同的一般原理。然而人们往往忽视，马克思在阐述所有制的基础性作用时，一般是与生产资料和劳动力的结合方式紧密联系在一起的。因为一定的生产资料所有制，要采取和表现为一定的生产资料与劳动力相结合的方式。在不同的结合方式的基础上，建立起不同的生产关系体系即经济制度。马克思十分重视这个问题，他强调指出：“不论生产的社会形式如何，劳动者和生产资料始终是生产的因素。……凡要进行生产，就必须使它们结合起来。实行这种结合的特殊方式和方法，使社会结构区分为各个不同的经济时期。”① 这就是说，不同的社会经济结构即经济制度，是由生产资料和劳动力的不同结合方式来区分的。生产因素相结合的特殊方式，一方面要以生产因素不同的所有状况为条件，另一方面，它又决定着所有制的性质。比如，对于奴隶制度、封建制度、资本主义制度，根据什么区分？它们都是以一定的所有制为基础的，似乎可以用不同的所有制来说明。但是，对于奴隶制所有制、封建主义所有制、资本主义所有制，又是根据什么来区分呢？为什么都是不劳动者占有生产资料，有的定位为奴隶主，有的定位为封建主，而有的则定位为资本家呢？离开生产资料与劳动力的特殊结合方式是无法说明这个问题的。如果非劳动者占有生产资料并占有劳动者，劳动者失去人身自由，只是作为会说话的工具在主人的皮鞭棍棒下与生产资料相结合，劳动者就是奴隶，所有者就是奴隶主。因而其所有制的性质就是奴隶制所有制，这就决定了奴隶制经济制度的存在。如果是非劳动者占有生产资料，劳动者以租佃者的身份，在超经济强制下与所有者的主要生产资料——土地相结合，劳动者就是农奴或佃农，生产资料所有者就是封建地主，这就是封建主义所有制，在此基础上就形成了封建主义生产关系体系即封建主义经济制度。如果所有者的生产资料以资本的形式存在，而劳动者采取雇佣劳动的形式，生产资料与劳动力相结合的特殊方式是资本与雇佣劳动相结合，

① 《马克思恩格斯全集》第24卷，人民出版社1972年版，第44页。

这样，所有者就是资本家，劳动者就是雇佣工人，在此基础上就建立起资本主义生产关系体系即资本主义经济制度。

正因为一定的生产资料所有制与生产资料和劳动力相结合的特殊方式密不可分，所以，马克思和恩格斯把资产阶级占有资本和由资本支配雇佣劳动，作为资本主义制度的基础和条件。《共产党宣言》中强调说明："资产阶级生存和统治的根本条件，是财富在私人手里的积累，是资本的形成和增殖；资本的条件是雇佣劳动。"① 马克思十分重视资本和雇佣劳动形式对资本主义制度的决定作用，他指出："已无须重新论证资本和雇佣劳动的关系怎样决定着这种生产方式的全部性质。"又说："劳动作为雇佣劳动的形式对整个过程的面貌和生产本身的特殊方式有决定的作用。"② 在《哥达纲领批判》中，马克思也讲："资本主义生产方式的基础是：生产的物质条件以资本和地产的形式掌握在非劳动者手中，而人民大众所有的只是生产的人身条件，即劳动力。"③

从以上的分析可以看出，马克思把资本主义所有制以及资本和雇佣劳动相结合的特殊方式，看作是资本主义生产关系体系（总和）即资本主义经济制度的基础或决定条件。由此可以判断，作为《资本论》研究对象的"资本主义生产方式以及和它相适应的生产关系和交换关系"其具体含义究竟是什么了。在马恩著作中，生产关系有广义狭义之分。广义的生产关系包括所有制、生产资料与劳动力的结合方式，直接生产过程中的关系，以及交换、分配、消费等关系。而狭义的生产关系，是指直接生产过程中的关系。上述《资本论》研究对象中的"生产关系"就是狭义的生产关系，因为它后面接着有"交换关系"，前面有作为其基础和条件的"资本主义生产方式"。而《资本论》所研究的资本主义生产方式以及和它相适应的生产关系和交换关系，则是广义的资本主义生产关系，即资本主义生产关系体系或资本主义经济制度。

《资本论》的体系结构也体现出它的具体研究对象。《资本论》第 1 卷第 1 篇研究"商品和货币"，是为进一步研究资本主义经济关系提供理论准备。从第 2 篇开始进入对资本主义经济的研究。但从第 3 篇开始才进入对资

① 《马克思恩格斯全集》第 1 卷，人民出版社 1995 年版，第 284 页。

② 《马克思恩格斯全集》第 25 卷，人民出版社 1974 年版，第 995、997 页。

③ 《马克思恩格斯全集》第 3 卷，人民出版社 1995 年版，第 306 页。

本主义直接生产过程的研究，包括对剩余价值生产过程和以后篇章对资本积累过程的研究。第2篇“货币转化为资本”，事实上论述了资本主义直接生产过程的前提条件：与资本主义所有制相联系的资本与雇佣劳动的形成及其通过交换过程的结合。货币转化为资本的前提是劳动力成为商品。而马克思认为，劳动力成为商品，其劳动就是雇佣劳动。货币所有者购买生产资料和劳动力，以流通过程作媒介进入生产过程，就是生产资本与雇佣劳动相结合的关系。可见，资本与雇佣劳动相结合，就是资本主义经济中生产资料与劳动力相结合的特殊方式。正是由于这种相结合的特殊方式，决定了生产关系和交换关系的资本主义性质。马克思用形象的语言描述了这种情况：一离开G—W这个商品交换领域，走向生产领域，“就会看到，我们的剧中人的面貌已经起了某些变化。原来的货币所有者成了资本家，昂首前行；劳动力所有者成了他的工人，尾随于后。一个笑容满面，雄心勃勃；一个战战兢兢，畏缩不前，象在市场上出卖了自己的皮一样，只有一个前途——让人家来鞣”①。

由此可见，将作为《资本论》研究对象的“资本主义生产方式”解释为生产力，并据此批评将政治经济学的对象规定为社会生产关系，不包括生产力，是附加于马克思的错误观点，是多么武断与简单化。其实是批评者将自己的错误理解附加于马克思了。

通过以上分析可以看出，将作为《资本论》研究对象的“资本主义生产方式”，理解为资本主义所有制和资本与雇佣劳动相结合的方式，符合马克思的原意，也符合《资本论》的篇章结构安排。

还有一个与政治经济学研究对象相关的问题，需要说明一下。有些学者在教学与研究中常常提到马克思在《〈政治经济学批判〉导言》中所讲的再生产的四个环节：生产、分配、交换、消费，认为马克思政治经济学的研究对象，就是这四个环节或四方面的经济关系。有的还主张政治经济学教材也可以依此分篇。其实这里存在着误解。再生产的四个环节或方面的规定，并不是马克思独立提出的。他在《〈政治经济学批判〉导言》中是评论和批评前人在关于生产、分配、交换、消费的内涵及其相互关系上的肤浅理解。他并不赞同以此来安排政治经济学的体系结构和章节的划分，他说：“在詹姆

---

① 《马克思恩格斯全集》第23卷，人民出版社1972年版，第200页。

斯·穆勒那里有一些不适当的章节划分：《论生产》，《论分配》，《论交换》，《论消费》。"[1] 又说，没有一个古典经济学家遵照这个习惯，即首先是考察生产，其次是交换，接着是分配，最后是消费，或者用其他的方法排列这四个项目。的确，无论作为古典经济学家的亚当·斯密，还是李嘉图，分别在其著作《国民财富的性质和原因的研究》和《政治经济学赋税原理》中，都没有上述的篇章划分。需要弄清的问题是，为什么马克思不赞成詹姆斯·穆勒那样划分政治经济学的篇章呢？我理解，首先，在马克思的经济学著作中，作为研究对象的经济关系的内涵，要更为丰富。比如商品流通是资本的起点，劳动力成为商品是货币转化为资本的条件，都是在资本主义的生产、分配、交换等诸环节之前就存在的事情。社会分工及其发展，既出现于资本主义开始之前，也存在于其生产之中。关于资本的原始积累，更存在于资本主义生产、分配、交换、消费之前。特别是马克思所重视的生产资料与劳动力相结合的特殊方式，资本与雇佣劳动相结合的方式，按照上述再生产四环节的分篇也是包摄不了的。因此，尽管马克思在《〈政治经济学批判〉导言》中分析了生产、分配、交换与消费问题，但他的主要政治经济学著作《资本论》并没有依此建立体系结构。再者，马克思之所以要专门分析再生产的四个环节，是因为此前的经济学著作中对它们之间的关系存在肤浅的认识，有必要对其相互关系进行符合实际的科学分析，以纠正前人认识上的偏颇。

二、关于"生产力—生产方式—生产关系"的理解问题

在关于马克思主义政治经济学对象的研究与讨论中，涉及到马克思在《政治经济学批判》序言中的一个著名原理是否科学或需要修正的问题。序言中讲，"人们在自己生活的社会生产中发生一定的、必然的、不以他们的意志为转移的关系，即同他们的物质生产力的一定发展阶段相适合的生产关系。这些生产关系的总和构成社会的经济结构"[2]。按照通行的理解，生产力决定生产关系，这是马克思主义历史唯物主义的一个重要原理。但是，从

① 《马克思恩格斯全集》第26卷Ⅲ，人民出版社1974年版，第92页。

② 《马克思恩格斯全集》第2卷，人民出版社1995年版，第32页。

20 世纪 80 年代初到现在，不断有学者认为，应是生产力决定生产方式，生产方式决定生产关系，即生产力—生产方式—生产关系。不应是生产力直接决定生产关系。其理论根据是马克思的有关论述。

马克思在 1846 年 12 月 28 日致安年科夫的信中写道："随着新的生产力的获得，人们便改变自己的生产方式，而随着生产方式的改变，他们便改变所有不过是这一特定生产方式的必然关系的经济关系。"[①] 1847 年，马克思又在《哲学的贫困》中写道："随着新生产力的获得，人们改变自己的生产方式，随着生产方式即谋生的方式的改变，人们也就会改变自己的一切社会关系。"[②]

在 1980 年《经济研究》第 6 期发表的《生产方式和政治经济学的研究对象》一文中，就引证马克思的以上论述，提出生产力—生产方式—生产关系的公式，认为直接决定生产关系的是生产方式，而不是生产力。作者把生产方式解释为"第一，它是指劳动方式；第二，它又是指生产的社会形式"。不过该文没有明确回答《资本论》序言中，作为研究对象的"资本主义生产方式"是什么。我认为，无论将其解释为"劳动方式"（分工、协作等）或解释为生产的社会形式，或解释为二者的统一，都难以讲得通。"劳动方式"本身并不具有资本主义属性，因而不能用以解释"资本主义生产方式"。至于"生产的社会形式"，属于社会生产关系的范畴，其规定性是多方面的。该文作者并未说明其具体含义。

《中国社会科学》1997 年第 2 期发表的《论政治经济学或经济学的研究对象》（以下简称《对象》）一文中，同样引证了马克思上述关于生产力—生产方式—生产关系的论述。该文同时结合《资本论》研究的对象是"资本主义生产方式以及和它相适应的生产关系和交换关系"，认为直接决定生产关系的不是生产力，而是生产方式。这样理解是否准确，后面再谈。不过，作者对作为《资本论》研究对象的"资本主义生产方式"的解释，我认为是能够成立的，与我的理解相一致。文中说："马克思所说的'资本主义生产方式'是指生产的资本主义的社会形式，即资本主义条件下的劳动者和生产资料相结合以生产人们所需要的物质资料的特殊方式，也就是雇佣

---

① 《马克思恩格斯〈资本论〉书信集》人民出版社 1976 年版，第 17 页。

② 《马克思恩格斯全集》第 1 卷，人民出版社 1995 年版，第 142 页。

劳动和资本相结合以生产人们所需要的物质资料的特殊方式。”需要进一步弄清楚的是，生产资料与劳动者相结合的方式，资本与雇佣劳动相结合的方式，究竟是独立于生产关系即经济关系之外、属于生产力与生产关系的中介范畴，还是属于生产关系体系的基础性范畴，从而属于广义生产关系范畴的组成部分呢？如果属于前者，生产力就不能直接决定生产关系，那么，作为历史唯物主义的一个重要原理的生产力决定生产关系，就不能成立了。《对象》一文是按照前者的涵义理解的，认为：“马克思根据自己的生产力—生产方式—生产关系原理在1867年出版的《资本论》中，对1859年问世的《政治经济学批判》序言中的生产力—生产关系原理作了重大修改。其中最重要的是把《政治经济学批判》序言中的‘同他们的物质生产力的一定发展阶段相适应的生产关系’，修改成‘一定的生产方式以及与它相适应的生产关系’[①]。马克思的这一修改十分重要。修改后的原理表明：第一，不是生产力直接决定生产关系，而是一定历史发展阶段的生产力决定和生产力相适应的生产方式，一定的生产方式决定和生产方式相适应的生产关系。第二，成为社会的经济结构或经济基础的，是生产方式以及和它相适应的生产关系，而不只是生产关系。”

这里涉及怎样准确理解和把握马克思的有关理论的原意问题。

第一，我认为，不存在《资本论》对《政治经济学批判》“作了重大修改”的问题。首先，马克思早在《资本论》出版（1867年）以前的1846年和1847年，就提出生产力—生产方式—生产关系的理论思想，而《政治经济学批判》及其序言出版于1859年。远远晚于1846、1847年提出生产方式的时间。试问：《序言》中讲了同物质生产力相结合的生产关系，没有以生产方式作中介，是否以“生产力—生产关系”这一原理修正了以前讲的“生产力—生产方式—生产关系”的原理呢？《资本论》中重提生产力—生产方式—生产关系，是否又是对《政治经济学批判》序言中的“生产力—生产关系”的修正呢？马克思的一个历史唯物主义的重要原理会这样自我否定之否定么？其次，“重大修改”说难以成立。从理论和实践来看，可以认定：一定阶段的生产力，决定了资本主义所有制以及与其紧密相连的资本与雇佣劳动相结合的生产方式，即资本主义生产方式，在此基础上建立起资

---

① 《马克思恩格斯全集》第23卷，人民出版社1972年版，第99页注（33）。

本主义生产关系体系。这就是"生产力—生产方式—生产关系"的理论逻辑。但只要承认所有制以及与其相联系的生产资料与劳动力相结合的方式是生产关系体系的基础，因而属于广义生产关系的组成部分，所谓"重大修正"说就不会提出了。因为两种提法实质上是一致的。用马克思早于《政治经济学批判》序言十多年前就已提出"生产力—生产方式—生产关系"说，来否定十多年后"序言"中的"生产力—生产关系"说，在逻辑上是难以说通的。

第二，所谓《资本论》对《政治经济学批判》序言中的"生产力—生产关系"原理做了重大修改的根据是："序言"中的提法是"同他们的物质生产力的一定发展阶段相适应的生产关系"，《资本论》中将其修改成"一定的生产方式以及与它相适应的生产关系"①，这里存在着误解。如果真是要修改的话，应是把《序言》中的"生产力—生产关系"修改成"生产力—生产方式—生产关系"，而不能抛去生产力，修改成"生产方式—生产关系"。离开生产力的决定作用，就没有历史唯物主义了。《资本论》中的注(33)只是转述《序言》中的原理。即将两者作为同义语使用。前已说明，在《资本论》中，生产方式是个多义词，有时是指生产的技术方式，指生产力，例如，在第1卷第10章讲相对剩余价值时，就多处在生产力涵义上使用生产方式概念。马克思提出：要增加相对剩余价值，就得降低劳动力的价值，就需要提高有关产业部门的生产力。"不改变他的劳动资料或他的劳动方法，或不同时改变这二者，就不能把劳动生产力提高一倍。因此，他的劳动生产条件，也就是他的生产方式，从而劳动过程本身，必须发生革命。"② 这里所讲的生产方式的革命，就是指劳动资料与劳动方法的变革，即生产力的变化。在本引文的后面讲超额剩余价值时，还一再使用"采用改良的生产方式"，"当新的生产方式被普遍采用"，"采用新的生产方式"，都是指生产力涵义上的生产的技术方式。

在《资本论》中，"生产力—生产关系"同"生产力—生产方式—生产关系"，其基本原理是一致的，并不存在后者取代和修正前者的关系。如果读一下《资本论》第1卷第2版跋，就可以理解得更清楚了。

---

① 《马克思恩格斯全集》第23卷，人民出版社1972年版，第99页注(33)。

② 《马克思恩格斯全集》第23卷，人民出版社1972年版，第350页。

马克思引证了俄国考夫曼对自己研究方法的大段评论，认为：这位作者先生把他称为我的实际方法的东西描述得这样恰当。考夫曼评介马克思的理论观点时写道：生产力的发展水平不同，生产关系和支配生产关系的规律也就不同。马克思是完全肯定考夫曼对自己的理论观点和方法的转述与评介的。而考夫曼这里所评介的，正是马克思所主张的生产力—生产关系的原理。

由此可见，马克思的生产力决定生产关系的这一历史唯物主义的重要原理，是完全正确的科学的，不存在进行重大修改的问题。

三、政治经济学的研究对象需要发展

马克思的政治经济学主要是研究资本主义生产关系即经济关系及其运动规律的，他之所以把研究对象定位为经济关系，取决于当时他的经济学的任务。马克思的经济学是与“资本的经济学”相对立的“劳动的经济学”，也可以说是劳动解放的经济学。其任务是揭示资本主义经济关系的本质，特别是资本和劳动的对立，揭示资本主义经济制度产生、发展、成熟及其衰亡的客观规律，为科学社会主义提供理论支持，为工人阶级的解放斗争提供理论武器。马克思经济学的任务不是为资本主义社会生产力的发展、经济增长、劳动生产率的提高出谋划策；不是为资本主义缓和经济危机、治理通货膨胀、搞好资源配置、完善经济运行、提高经济效益、缓和经济矛盾等提供理论和对策。但是，马克思的政治经济学，又绝不是孤立地、就事论事地去阐述几条资本主义生产关系，去干巴巴地表述几条商品生产和资本主义的经济规律。《资本论》比较系统地阐述了资本主义国家生产力的发展过程和所经历的不同阶段，阐述了提高生产力与提高利润率的决定因素，阐述了决定资本主义积累的因素，阐述了资本主义市场经济中市场机制如供求机制、竞争机制、价格机制、利率机制等的各自作用和相互作用，阐述了价值规律调节生产和流通也就是市场机制配置资源的机理，阐述了市场价值和市场价格的运动规律，阐述了货币流通和纸币流通的规律，阐述了社会资本再生产的比例关系也就是总供给与总需求的平衡问题，阐述了外延的扩大再生产和内涵的扩大再生产以及粗放经营和集约经营的问题，阐述了经营方式的变化，即由所有者与经营者的统一，到所有者与经营者（经理）的分离，到股份制的发展，等等。总之，马克思经济学的内容是很丰富和精深的。不要认为，马克思的经济学研究对象是生产关系，就不能解决实际经济问题。它恰恰是通过深入实际经济过程来研究和揭示生产关系的。从马克思经济学的丰富内容中，我们可以汲取一系列研究社会主义经济的有关理论思想和方法。

当代马克思主义经济学同样需要研究资本主义经济关系，特别是研究当代资本主义经济关系。但与马克思的研究对象与任务是否完全相同？我认为，既有相同的一面，又有不同的一面。相同的一面是，要按照马克思的基本原理与方法，揭示资本主义经济关系的本质、矛盾、发展规律和历史趋势。尽管当代资本主义出现了一系列新现象、新特点，但其本质并未改变。因此，马克思的资本主义部分政治经济学的对象与任务并没有过时。另一方面，当代马克思主义政治经济学的对象与任务，又有不同的一面。有关研究对象的理论思想需要发展。当代马克思主义经济学除需要深入研究当代资本主义经济关系外，还需要研究随着生产力的新发展和科技革命的新推进，其经济体制、运行机制、经营方式有什么新的变化，资本主义经济怎样通过自我调节与调整，保持了一定的生命力。这是出于两方面的需要，一方面，现在看来，世界资本主义制度的衰亡与转向社会主义是一个很长期的历史过程，需要对其新现象、新特点进行长期跟踪研究，以探求“资本主义私有制的丧钟就要响了，剥夺者就要被剥夺了”的理论预测为什么在短期内难以实现，以发展马克思对资本主义经济研究的理论成果。另一方面，在我国现实社会主义市场经济中，需要借鉴西方市场经济运行的某些经验与教训，需要汲取西方发达国家在发展生产力、促进科技创新、提高劳动生产率、规范市场秩序、加强和完善政府调节等方面对我有用的理论与实践成果。

马克思主义社会主义部分政治经济学的对象，应首先把研究社会主义经济关系放在重要地位。如果搞不清多种经济成分的各自性质，搞不清什么是社会主义经济，什么是非社会主义经济，什么是资本主义经济制度，什么是社会主义经济制度，什么是社会主义初级阶段的基本经济制度，搞不清公有制为主体、国有经济为主导的重要意义和作用，搞不清按劳分配与按生产要素分配的不同性质和区别，搞不清公有制的存在形式与其实现形式的区别，甚至搞不清什么是公有制，那么，什么是社会主义，怎样建设社会主义，又会模糊不清了。在社会主义经济发展的方向与道路的问题上，马克思主义不能不问“姓社姓资”、“姓公姓私”。不让问的结果，只能是弃“社”取“资”、弃“公”取“私”。

社会主义部分政治经济学研究社会主义生产关系，是为了发展与完善这种关系，并借以促进生产力的解放和发展。社会主义政治经济学的任务要为实现社会主义本质服务。不仅要为解放和发展生产力提供理论支持，而且要通过生产力的高度发展，逐步实现消灭剥削、消除两极分化，达到共同富裕的目标。因此，社会主义政治经济学的对象与任务，同作为破坏旧世界、消灭旧制度的理论武器的资本主义政治经济学不完全相同，它要为建设新世界、建立新制度贡献理论智慧。为此，社会主义政治经济学既要研究社会主义生产关系，这方面存在很多混乱观点，需要澄清理论是非，又不能限于研究生产关系，还应研究经济体制与运行机制，研究经济增长与发展，研究增长方式的转变，研究资源配置方式，研究人的全面发展等。

我不赞同这样一种简单的论断：西方经济学的对象是资源配置；马克思主义政治经济学的对象是生产关系。且不讲从经济学说史的角度看，西方经济学的研究对象，不同学派不尽相同。即使讲资源配置，社会主义经济学也需要加以研究。在实行计划配置资源的计划经济年代，政治经济学必然要讲社会主义计划经济。现在实行社会主义市场经济，市场作为资源配置的手段，社会主义部分政治经济学也要将其作为重要课题研究。研究资源配置，既有技术层面的规定，更有经济关系层面的规定。无论计划经济还是市场经济，都有其特定的经济关系内涵。社会主义怎样有效配置资源，涉及人们的经济利益关系，不能将其排除于社会主义政治经济学研究对象之外。

由此可见，马克思主义政治经济学的研究对象，也存在坚持和发展问题。无论资本主义部分政治经济学，还是社会主义部分政治经济学，其研究对象均为经济利益问题。马克思研究资本主义经济关系，是经济利益关系；社会主义部分政治经济学，无论研究生产关系，还是经济体制与运行机制，还是经济增长与发展以及资源配置，都直接涉及经济利益关系或经济利益的增减问题。

作为《资本论》研究对象的“资本主义生产方式”辨析①

马克思在《资本论》第一卷第一版序言中指出：“我在本书研究的是资本主义生产方式以及和它相适应的生产关系和交换关系。”这里所讲的“资本主义生产方式”究竟是指什么？学术界有多种互异的解读：有生产力说、生产力与生产关系统一说、生产关系总和说、生产力含义上的劳动方式说、作为生产力和生产关系中介的资本主义劳动方式说、从经济形态看的资本主义社会说、生产资料与劳动力相结合的社会方式说，等等。

从近几年的有关讨论来看，有两种解读比较凸显。其一是生产力说和劳动方式说；其二是生产资料与劳动力相结合的社会方式说。我持第二种见解。笔者在《经济理论与经济管理》1982 年第 1 期发表的《〈资本论〉的研究对象问题》一文中，提出了这一见解。后来有几位学者也提出相同的见解。近年来，看到有的学者主张生产力说和劳动方式说，不赞同第二种解读，但其所持反对理由，我认为不能成立。他们认为，生产资料与劳动力相结合的社会方式也是生产关系。若按此解读“资本主义生产方式”，《资本论》的研究对象就成为，马克思在该书研究的是“生产关系以及和它相适应的生产关系和交换关系”了，于理不通。这种推论不能成立。它没有分清广义生产关系和狭义生产关系的联系与区别，特别是没有分清生产关系中多层次的内在关系及其主次地位。

笔者认为，要弄清作为《资本论》研究对象的“资本主义生产方式”究竟是指什么，需要首先弄清相关的四个关键性问题：其一，《资本论》

① 本文原载《学术月刊》2012 年第 11 期。原标题是《政治经济学中的几个理论问题辨析》。本文是其中的第 1 部分，选入本书做了增删。

的研究对象和马克思主义政治经济学的对象是统一的。如果马克思、恩格斯、列宁讲政治经济学的研究对象是生产关系（广义的），没有讲过还研究不同于生产关系且决定着生产关系的别的什么例如生产力或“劳动方式”之类的内容，那么《资本论》的研究对象也应如此，不应附加与广义生产关系有别的东西。其二，应弄清《资本论》或政治经济学所研究的生产关系有不同的层次，存在基础层次和非基础层次的关系。其三，《资本论》中广泛应用“资本主义生产方式”和“生产方式”概念，既要弄清这两个概念的联系与区别，又要弄清“资本主义生产方式”的不同含义，特别应弄清作为《资本论》研究对象的“资本主义生产方式”和其他含义的“资本主义生产方式”的区别。其四，从《资本论》的篇章结构安排来辨析马克思在商品货币研究的基础上进入对资本主义经济制度的分析时，究竟是先阐述生产力或劳动方式，再阐述资本主义生产关系和交换关系；还是先阐述生产资料（资本）与劳动力（雇佣劳动）相结合的社会方式这一基础层次范畴，再进一步分析与之相适应的资本主义生产关系和交换关系。这一点很重要，因为《资本论》的体系结构，是体现和印证马克思所讲的《资本论》的研究对象的。下面就这四个方面的问题分别进行辨析。

1. 政治经济学的研究对象是生产关系，这在马克思、恩格斯、列宁的著作中有明确的论述。至于政治经济学特别是社会主义政治经济学的研究对象要不要发展，是另外的问题。在《〈政治经济学批判〉导言》中，马克思指出，他创立的政治经济学是“考察资产阶级经济制度”的。“我考察资产阶级经济制度是按照以下的顺序：资本、土地所有制、雇佣劳动；国家、对外贸易、世界市场。”《资本论》的内容，实际上包括了其中的前三项，考察和研究资本、土地所有制、雇佣劳动，都属于“资产阶级经济制度”，即资本主义经济制度的范畴。而经济制度是生产关系的总和。

《〈政治经济学批判〉导言》阐述了以往经济学在研究生产、分配、交换、消费及其相互关系问题的肤浅的非科学的观点。在分析生产问题时，马克思批评了约·斯·穆勒等认为，“生产”就是“一切生产的一般条件”的观点，强调应重视生产的社会生产关系，“一切生产都是个人在一定社会形式中并借这种社会形式而进行的对自然的占有”。强调生产的“社会形式”，就是强调社会生产关系。并明确指出“政治经济学不是工艺学”，也就是不研究生产的技术方面。马克思还指出："政治经济学所研究的是财富的特殊社会形式。"① 马克思又指出，《资本论》的最终目的就是揭示资本主义社会的经济运动规律。可以看出，这些规律包括诸如价值规律、竞争规律、剩余价值规律、平均利润率规律、级差地租规律、资本主义积累的一般规律、商品生产所有权规律和资本主义占有规律等等，都是经济关系运动的规律，都不是生产力或劳动方式运动的规律。

恩格斯在评介马克思的《政治经济学批判》一书时，也指出，马克思主义政治经济学是研究生产关系的。"政治经济学是现代资产阶级社会的理论分析，因此，它以发达的资产阶级关系为前提。"就是说，是对发达的资本主义生产关系的理论分析。又进一步指出："经济学所研究的不是物，而是人和人之间的关系。"② 列宁也认为：政治经济学是研究人们在生产上的社会关系。又明确指出："马克思的主要著作《资本论》就是专门研究现代社会即资本主义社会的经济制度的。"③

总之，从马克思、恩格斯、列宁的有关论述中可以领会到，他们把《资本论》或资本主义政治经济学的研究对象确定为资本主义的生产关系，其任务是揭示资本主义的经济规律，并不包括生产力或生产力含义上的劳动方式。

2.《资本论》所研究的生产关系是多层次的。学术界一般认为，马克思所研究的生产关系，就是再生产四环节中"生产、分配、交换、消费"中的生产关系。其实，这个四分法不是马克思经济学的构建，是某些资产阶级经济学的构建。马克思并不赞同按此构建政治经济学体系结构，而且在《〈政治经济学批判〉导言》中指出了前人对这四环节内容及其相互关系的肤浅看法，并从生产关系方面进行了深入的科学的分析。但是，不应认为，马克思在《〈政治经济学批判〉导言》中所讲的四环节的生产关系就是《资本论》或政治经济学研究对象的全部。既要区分广义的生产关系（生产、分配、交换、消费四方面的关系）和狭义的生产关系（主要是直接生产过程中的关系），也应研究作为资本主义历史条件和前提的资本原始积累的关系，特别是作为生产关系基础的生产资料所有制关系和生产资料与劳动力相

---

① 《马克思恩格斯全集》第46卷（下），人民出版社1980年版，第383页。
② 《马克思恩格斯选集》第2卷，人民出版社1995年版，第44页。
③ 《列宁选集》第2卷，人民出版社1995年版，第311页。

结合的经济关系。所有制关系是基础层次的关系，这是大家认同的。但是，所有制的基础性决定作用，是通过一定的生产资料和劳动者的特定的结合方式来实现的，否则无法说明，为什么都是非劳动者占有生产资料，劳动者失去生产资料，而会区分为奴隶制度、封建制度和资本主义制度。资本主义之所以成为资本主义，是因为非劳动者占有的生产资料成为资本，而推动生产资料的劳动力变成商品，成为雇佣劳动者。正是资本与雇佣劳动相结合的生产方式，决定着直接生产过程中的资本主义生产关系，也支配着整个资本主义生产关系体系。

直接生产过程中的资本主义生产关系，还进一步区分为不同的层次：资本主义生产中的一般关系、简单再生产中的关系、扩大再生产中的关系、资本积累中商品生产所有权的规律转化为资本主义占有规律的关系、资本主义发展前期劳动在形式上隶属于资本的关系、在分工的工场手工业中劳动开始转变为劳动在实质上隶属于资本的关系、机器大工业后劳动进一步实质上隶属于资本的关系、资本主义发展中的竞争和对抗关系、剩余价值分割中的资产阶级与无产阶级的关系、资本主义发展的历史趋势及其演变关系，等等。在这种多层次的资本主义生产关系体系中，体现着资本主义所有制关系的资本和雇佣劳动相结合的关系，后者起着基础层次的决定性的作用。

通过以上分析，可以看出，资本主义直接生产过程中的关系也是多层次的。不能因为所有制关系以及资本与雇佣劳动相结合的关系也属于生产关系，就否定它们在资本主义生产关系体系中的基础性和决定性作用。

3. 需要对《资本论》中的“生产方式”和“资本主义生产方式”概念按其原有含义进行辨析，最后确定作为研究对象的“资本主义生产方式”应是什么。在《资本论》中，广泛使用“生产方式”和“资本主义生产方式”概念。“生产方式”，就是指采取什么方式进行生产。包括生产的技术方式或工艺方式，也可以说是生产力含义上的劳动方式；也包括生产的社会方式即社会经济关系方式。在《资本论》中，有时只从技术方式含义上使用“生产方式”概念，例如，“现代工业的技术基础是革命的，而所有以往的生产方式的技术基础是保守的”[①]；有时是从生产力和生产关系的统一中应用“生产方式”一词的，例如，“物质生活的生产方式制约着整个社会生

---

① 《马克思恩格斯文集》第5卷，人民出版社2009年版，第560页。

活、政治生活和精神生活的过程"①；有时是从生产的社会形式即生产关系方面讲"生产方式"的，例如，"资本和雇佣劳动的关系怎样决定着这种生产方式的全部性质。这种生产方式的主要当事人，资本家和雇佣工人"②。这里讲的"生产方式"是指资本主义生产方式，即资本主义经济关系。

"生产方式"一词，除包括以上三方面的内涵外，还可以指小生产方式和商品生产关系："劳动者对他的生产资料的私有权是小生产的基础……这种生产方式在奴隶制度、农奴制度以及其他从属关系中也是存在的。"③"对于这个历史上一定的社会生产方式即商品生产的生产关系来说……"④

"生产方式"与"资本主义生产方式"是含义有所区别的两个概念，学界常将二者混同。生产方式前面加上"资本主义"这一定断词，就表明与资本主义生产关系相联系。它在《资本论》中只在两种含义上使用：或是单指也是更多地专指资本主义生产关系，或是指与生产力相结合的资本主义生产关系。前者又可细分为指资本主义经济制度或生产关系体系、资本主义所有制、资本和雇佣劳动相结合的社会方式等。例如，"这个阶级的历史使命就是推翻资本主义生产方式和最后消灭阶级。这个阶级就是无产阶级"⑤。"只有在现代生产力和资本主义生产方式这两个要素互相发生矛盾的时候，这种革命才有可能。"⑥。这两段论述中的"资本主义生产方式"，只能是资本主义生产关系或经济制度。

资本主义生产方式也可以是指与一定生产力相结合的资本主义生产关系，即资本主义生产的技术方式和社会方式的统一。例如，"农业和工场手工业的原始的家庭纽带，……被资本主义生产方式撕断了"⑦。"生产排泄物和消费排泄物的利用，随着资本主义生产方式的发展而扩大"⑧。从马克思、恩格斯的著作来看，多数是从资本主义生产的社会方式，即资本主义生产关系的角度应用资本主义生产方式一词的。从生产力和资本主义生产关系的结合上应用得较少。

关键的问题是，作为《资本论》研究对象的资本主义生产方式是什么？

---

① 《马克思恩格斯选集》第2卷，人民出版社1995年版，第32页。

② 《马克思恩格斯文集》第7卷，人民出版社2009年版，第996页。

③④⑤ 《马克思恩格斯文集》第5卷，人民出版社2009年版，第872、93、18页。

⑥ 《马克思恩格斯全集》第7卷，人民出版社1959年版，第514页。

⑦ 《马克思恩格斯文集》第5卷，人民出版社2009年版，第578～579页。

⑧ 《马克思恩格斯文集》第7卷，人民出版社2009年版，第115页。

前面讲过，马克思、恩格斯、列宁将政治经济学的对象界定为生产关系，固然是指由一定生产力决定的生产关系，但没有在研究对象上附加非生产关系的东西。既然如此，《资本论》研究的对象也不应附加非生产关系的东西，如生产力或生产力涵义上的劳动方式，或兼有生产力和生产关系含义的劳动方式等。如果讲劳动方式，也应区分劳动的技术方式和劳动的社会方式。前者是指应用什么生产资料怎样进行劳动的方式，后者是指通过何种社会形式使劳动者与生产资料相结合的劳动方式，如受资本支配的雇佣劳动方式，在皮鞭棍棒强制下的奴隶劳动方式等。这类劳动方式依然属于生产关系范畴，应是《资本论》和政治经济学的研究对象。雇佣劳动方式，也就是资本与雇佣劳动相结合的方式。

作为《资本论》研究对象的、决定着资本主义直接生产过程的生产关系和再生产过程中的交换关系的"资本主义生产方式"，应是生产关系体系中的基础层次的范畴。马克思、恩格斯明确指出，生产资料所有制是生产关系的基础，还把资本主义所有制称作资本主义生产方式。"资本的献媚者政治经济学家从理论上把资本主义生产方式和它自身的对立面说成是同一的。"① 在法文版中，将这里的"资本主义生产方式"改成"资本主义的所有制"（中译本译作"所有权"）。

在马克思、恩格斯著作中，研究各个社会经济形态，很重视作为社会生产关系基础层次的生产资料和劳动力相结合的社会方式。而中国学术界则对此关注不够。我们只选择马克思的几段话来进行辨析：

不论生产的社会形式如何，劳动者和生产资料始终是生产的因素……要进行生产，它们就必须结合起来。实行这种结合的特殊方式和方法，使社会结构区分为不同的经济时期。在当前考察的场合，自由工人和他的生产资料的分离，是既定的出发点，并且我们已经看到，二者在资本家手中是怎样和在什么条件下结合起来的。② 这段话说明，生产资料和劳动者结合的特殊社会方式，决定着不同的社会经济制度。而与生产资料分离的"自由工人"（雇佣劳动者）在资本支配下结合起来，使其演变为"当前考察的"资本主义经济制度。这种劳动与生产资料分离、资本与雇佣劳动相结合的生产方

① 《马克思恩格斯文集》第5卷，人民出版社2009年版，第877页。
② 《马克思恩格斯文集》第6卷，人民出版社2009年版，第44页。

式，是考察资本主义经济制度“既定的出发点”。

只是由于劳动采取雇佣劳动的形式，生产资料采取资本的形式这样的前提——也就是说，只是由于这两个基本的生产要素采取这种独特的社会形式……雇佣劳动的形式对整个过程的面貌和生产本身的特殊方式有决定的作用。①

生产资料……逐渐转化为资本，而同转化为雇佣工人的直接生产者相对立。……资本主义生产方式正是在这里表现出自己的特征。②

资本主义生产的基础是：生产工人把自己的劳动力作为商品卖给资本家，然后劳动力在资本家手中只作为他的生产资本的一个要素来执行职能。③

（工人将劳动力作为商品出卖），劳动就表现为雇佣劳动。……资本和雇佣劳动的关系怎样决定着这种生产方式的全部性质。这种生产方式的主要当事人，资本家和雇佣工人，本身不过是资本和雇佣劳动的体现者。④

我们称为资本主义生产的是这样一种社会生产方式，在这种生产方式下，生产过程从属于资本，或者说，这种生产方式以资本和雇佣劳动的关系为基础，而且这种关系是起决定作用的、占支配地位的生产方式。⑤

从上述部分引证中，可以看出马克思所讲的两重意思。其一是：资本与雇佣劳动相结合的关系和对立，是资本主义经济制度或生产关系的基础和条件；其二是：资本与雇佣劳动相结合的关系构成资本主义生产方式的特点和性质。就是说，用资本与雇佣劳动相结合的生产方式，来定断资本主义生产方式。另外，马克思在1857—1858年的《政治经济学批判》手稿中还指出：资本和雇佣劳动的关系是资本主义社会制度入口处的基本问题。

从上述分析可以表明，《资本论》所研究的“资本主义生产方式以及和它相适应的生产关系和交换关系”，可以解读为《资本论》的研究对象是：资本与雇佣劳动相结合的资本主义生产方式以及和它相适应的生产关系和交换关系。资本与雇佣劳动相结合的关系，同时体现了作为资本主义生产关系基础的所有制关系。

有的学者主张，作为《资本论》研究对象的资本主义生产方式，是生

①②④ 《马克思恩格斯文集》第7卷，人民出版社2009年版，第998、761、996页。

③ 《马克思恩格斯文集》第6卷，人民出版社2009年版，第427页。

⑤ 《马克思恩格斯全集》第47卷，人民出版社1979年版，第151页。

产力含义上的或生产力与生产关系含义上的劳动方式。如分工协作等，决定着资本主义生产关系和交换关系。这与马克思的论述正好相反。马克思指出："资本主义的协作形式一开始就以出卖自己的劳动力给资本家的自由雇佣工人为前提。"[①] 又说："不剥夺劳动者，不相应地把他们的生产资料转化为资本，劳动的社会生产力的发展、协作、分工以及机器的大规模使用等等，都是不可能的。"[②] 资本主义生产中的分工协作劳动也好，机器大工业也好，都是以资本与雇佣劳动相结合为前提条件的，并不是劳动方式决定了资本与雇佣劳动的结合以及与其相适应的资本主义生产关系。

4. 从《资本论》的篇章安排和体系结构看决定资本主义生产关系的资本主义生产方式究竟是什么。《资本论》第一卷第一篇是商品和货币。因为商品是资本主义的经济细胞或"财富的元素形式"，又是资本主义发展的历史条件，"商品的流通是资本的起点"，所以马克思在进入对资本主义经济制度分析前，要用三章篇幅研究商品货币问题。《资本论》从第二篇起，进入对资本主义经济的研究。第二篇仅一章，篇名《货币转化为资本》。《资本论》第一卷共七篇，只有第二篇仅一章。为什么马克思不把这一章的内容并入"绝对剩余价值生产"的篇章中而要单独以一章成篇呢？自有其理论分析安排上的深刻考虑。

《资本论》第一卷研究的是产业资本的直接生产过程。商业资本、借贷资本远在奴隶社会就存在。只有出现了产业资本，才有资本主义社会经济制度。

产业资本直接生产过程的起点是什么？首先是货币和由货币购入的生产资料转化为资本，同时还需要雇佣工人，也就是购买劳动力商品。马克思把出卖劳动力商品的劳动者称作雇佣工人，其劳动就表现为雇佣劳动。"工人自己也只是表现为商品的出售者，因而表现为自由的雇佣工人，这样，劳动就表现为雇佣劳动。"[③] 这样，才有资本与雇佣劳动的结合。而雇佣劳动是在资本统治和支配下进行生产劳动的。这是剩余价值生产和资本积累的决定性基础。"资本主义生产的整个体系，是建立在工人把自己的劳动力当作商

① 《马克思恩格斯文集》第5卷，人民出版社1979年版，第388页。
② 《马克思恩格斯全集》第23卷，人民出版社1972年版，第834页。
③ 《马克思恩格斯文集》第7卷，人民出版社1979年版，第996页。

品出卖的基础上的"[①]，也就是建立在资本统治雇佣劳动的基础上的。

由此可见，《资本论》第二篇分析货币转化为资本，劳动力成为商品，就是阐明生产资料与劳动力相结合的资本主义生产方式。三卷《资本论》所研究的资本主义的生产过程、流通过程和生产总过程中所体现的生产关系和交换关系，都是由资本支配下的雇佣劳动生产方式为其决定性基础并与它"相适应"的。可见，作为《资本论》研究对象的"资本主义生产方式"应是资本与雇佣劳动相结合、资本统治与支配雇佣劳动的生产方式。这正是《资本论》第1卷第二篇以单章成篇的道理所在，正是这一篇研究了资本主义生产关系和交换关系与之相适应的资本主义生产方式。

还应注意到：《资本论》第3卷中有一个重要的论述，可证明《资本论》的研究对象排除生产力或劳动方式，马克思指出："资本主义生产方式是一种独特的、具有独特历史规定性的生产方式，它和任何其他一定的生产方式一样，把社会生产力及其发展形式的一个既定的阶段作为自己的历史条件，而这个条件……是新的生产方式中已产生的既定基础；同这种独特的、历史地规定的生产方式相适应的生产关系，——即人们在他们的社会生活过程中，在他们的社会生活的生产中所处的各种关系，具有一种独特的、历史的和暂时的性质；最后，分配关系本质上和这些生产关系是同一的，是生产关系的反面，所以二者共有同样的历史暂时的性质。"[②] 如把这段话用图式表示，就是：生产力——资本主义生产方式——生产关系——分配关系。这个图式中的逻辑关系，与《资本论》第1卷序言中的资本主义生产方式——生产关系——交换关系，是一致的。但表述更全面、更明确。因为它表明：资本主义生产方式是以生产力发展的一定阶段为条件和基础的，与资本主义生产方式相适应，产生了生产关系和分配关系。而且明确指出：资本主义生产方式以及和它相适应的生产关系和分配关系，都"具有历史规定性"、历史暂时性。两个图式的差别，只是将交换关系换成了分配关系。这与理解问题的实质无关。

① 《马克思恩格斯文集》第5卷，人民出版社1979年版，第388、第495页。

② 《资本论》第3卷，人民出版社2004年版，第994页。

第三篇

马克思关于生产力、生产劳动和劳动异化理论辨析

把握生产力的内容和发展生产力的途径①

生产力，是社会科学中和经济工作中经常应用的一个重要概念。然而，究竟什么是生产力，它的内容究竟包括些什么？多年来，我国理论界没有统一的认识，也没有全面地、准确地反映马克思的有关论述。目前，在我国集中精力发展社会主义生产的时候，从理论上弄清生产力的内容，绝不是一个无关紧要的概念问题，而是关系到如何根据生产力自身的规定，去把握决定生产力发展的各个因素，以便促进生产力迅速提高的重要的现实问题。

一

生产力，就是生产物质资料的能力或力量。也就是说，撇开生产中人与人的社会关系的一面，一切物质资料生产中所必要的因素，都属于生产力的内容。马克思指出，生产力当然始终是有用的具体的劳动的生产力。具体劳动是生产使用价值的劳动，具体劳动的生产力，就是劳动过程中生产使用价值的一切因素所构成的生产能力。马克思讲过，劳动过程的简单要素是：有目的的活动或劳动本身，劳动对象和劳动资料。但请注意：这里讲的是“简单”要素，而不是劳动过程的全部要素。所谓“简单”要素，就是最必要的抽象的要素，即使在人类社会的早期阶段，人们用棍棒和石器去获取消费资料，也需要这些简单要素。劳动过程的“简单"要素，只构成生产力的“简单"内容而不是其全部内容。随着社会生产的日益发展，决定生产力的因素也发展和增加了，从而生产力的内容扩大了。不仅人们的劳动技能和经验在增长，劳动对象和劳动资料在发展和增加，而且一些新的因素逐渐

① 本文原载《哲学研究》1980年第11期，原题为《生产力的内容和发展生产力的问题》。

成为劳动过程中的日益重要的力量。例如，科学不断发展并在日益扩大的规模上应用于生产；协作、分工在发展，成为提高生产力的重要因素；生产组织和管理的作用，随着生产社会化程度的提高而日益增强；自然力也在以日益更大的范围加入生产过程，成为发展生产力的重要力量。马克思在分析商品生产经济讲到劳动生产力时，明确指出："劳动生产力是由多种情况决定的，其中包括：工人的平均熟练程度，科学的发展水平和它在工艺上应用的程度，生产过程的社会结合，生产资料的规模和效能，以及自然条件。"① 这里没有单提劳动或劳动力，因为前提就是劳动的生产力，从而劳动或劳动力的因素是既定的，而且强调了劳动者的"平均熟练程度"，这包括了劳动者的劳动技能和经验等。至于科学的因素，不但要看它的"发展水平"，而且要看它在生产"工艺上的应用程度"，新的科学发明和创造，如若不应用于生产，也形不成生产力。"生产过程的社会结合"，包括协作、分工、生产组织和管理等。"生产资料的规模和效能"，是指生产资料的数量和质量。"自然条件"包括自然力如风力、水力、阳光等和自然资源。马克思所讲到的这些因素，对于生产力的发展，都有重大作用。

有的同志说，马克思这里讲的是"劳动生产力"，而不是"生产力"，劳动生产力是指劳动生产率，与生产力是不同的概念。这种理解，事实上是斯大林提出生产力二要素论以后才流行起来的。因为如果把决定劳动生产力的诸因素，理解为就是决定生产力的诸因素，那就会与斯大林的生产力定义相矛盾，便只好另作解释。如果翻阅一下 1938 年《联共（布）党史》出版以前的经济学著作，就可以看出，那时并没有把"劳动生产力"同"生产力"当作两个不同的概念。例如，苏联著名经济学家卢森贝在 20 世纪 30 年代初出版的《〈资本论〉注释》一书中，就明确地写道：马克思所讲的决定劳动生产力的多种情况，"所有这些因素构成社会的生产力"②。

从马克思的著作中，可以清楚地看出，劳动生产力同生产力是同一的概念。

例如，马克思阐述了商品的价值量与劳动生产力的关系后，又进一步这样论述："既然生产力属于劳动的具体有用形式，……因此，不管生产力发

---

① 《马克思恩格斯全集》第 23 卷，人民出版社 1972 年版，第 53 页。

② 卢森贝：《〈资本论〉注释》，三联书店 1963 年版，第 71 页。

生了什么变化，同一劳动在同样的时间内提供的价值量总是相同的。但它在同样的时间内提供的使用价值量会是不同的：生产力提高时就多些，生产力降低时就少些。”① 显然，这里的生产力概念同劳动生产力是同义的。在《资本论》中，经常把劳动生产力同生产力作为同义词换用。马克思把劳动生产力又区分为劳动的社会生产力（或社会劳动生产力）和劳动的自然生产力。前者主要是指由分工协作等形成的生产力；后者是指由自然条件和自然资源的利用而形成的生产力。

为了打破多年来形成的一种理论偏见，有必要进一步引证马克思的某些有关论述，以证明马克思所说的劳动生产力的内容，就是生产力的内容。马克思讲过：资本家可无偿利用某些生产力，除劳动的分工和结合外，“科学的力量也是不费资本家分文的另一种生产力。其次，人口的增长，也是……生产力。但只是由于占有资本——尤其是机器体系形式上的资本——，资本家才能攫取这些无偿的生产力：未开发的自然资源和自然力，以及随着人口的增长和社会的历史发展而发展起来的劳动的全部社会力”。②“由协作和分工产生的生产力，不费资本分文”，“结合工作日的特殊生产力都是劳动的社会生产力或社会劳动的生产力。这种生产力是由协作本身产生的”③。从这些话中可以清楚地看出，马克思把劳动过程中的协作和分工、科学力量以及自然资源和自然力等，都看作是生产力。硬说这些只是劳动生产率的因素，而不是生产力的因素，显然是背离马克思的说明的。

马克思为什么要把生产力又称作劳动生产力呢？我理解，有两方面的原因：首先，如前所说，生产力只能是具体劳动的生产力，只是在劳动过程中表现出来的生产力；其次，马克思强调一切生产力都是劳动的生产力，是为了把它同资产阶级经济学的生产力概念区分开来。资产阶级经济学强调土地生产力、资本生产力等并将其同劳动生产力相并列，认为在劳动生产力之外，还有种种可独立起作用的生产力。因而它用土地生产力说明地租的来源，用资本生产力说明利息或利润的来源，等等。李斯特甚至大讲“国家生产力”、“政治生产力”，萨伊则批评斯密抹煞了资本的生产力。资产阶级庸俗经济学是大讲资本生产力的。他们把由协作和分工、科学及自然力等形

①③ 《马克思恩格斯全集》第23卷，人民出版社1972年版，第59～60、423、366页。

② 马克思：《机器·自然力和科学的应用》，人民出版社1978年版，第190页。

成的生产力，都看作是资本的生产力。这是因为，生产力的各个因素都是在资本的统治下结合起来并实现其作用的。于是“社会劳动的一切生产力都表现为资本的生产力”，“就连社会地发展了的劳动的形式——协作、工场手工业……工厂（作为以机器体系为自己的物质基础的社会劳动形式）——都表现为资本的发展形式，因此，从这些社会劳动形式发展起来的劳动生产力，从而还有科学和自然力，也表现为资本的生产力。”①

在马克思主义看来，任何生产力的因素，如果不与劳动相结合，就形不成现实的生产力。协作和分工，离开了劳动过程就不会存在；科学如不应用于生产，不在生产劳动中发挥其作用，就不成其为生产力；生产资料和劳动者虽然始终是生产的简单要素，但是，二者在彼此分离的情况下只在可能性上是生产因素。凡要进行生产，就必须使它们结合起来。也只有与劳动结合起来，生产资料（包括劳动资料和劳动对象）才能成为生产力；至于自然资源和自然力，如果不进入生产过程，不与劳动相结合，它们只不过是潜在的生产力，只有在劳动的支配下成为生产的要素，才会成为现实的生产力。例如，未被用于生产的水力、风力，不是生产力，而当自然力与劳动相结合，如水力被用于发电，风力被用作风磨的动力时，它们就成为生产力。

总之，离开了生产劳动，就不会有现实的生产力。因此，一切生产力，归根到底都是劳动的生产力。

由于理论界长期以来否定劳动生产力就是生产力，否定决定劳动生产力的因素就是决定生产力的因素，把生产力的内容理解得很狭窄，因而在我国的理论工作和实际工作中，生产力的丰富内容，它的许多因素曾在长时期中被粗暴地忽视了，致使我国的生产力的发展成为跛足的东西。例如，片面强调人的因素的作用而忽视物的因素的作用；在物的因素中，片面强调生产工具的作用而忽视原材料、电力和能源等的作用；对于自然资源和生态平衡没有加以很好的保护和利用，反而任意进行破坏；强调“群众运动”，而忽视甚至鄙弃科学技术和科技人员的作用，还不断批判“技术至上”、“专家路线”，甚至曾否定和批判科学是生产力这一马克思主义的论断；强调政治的决定作用，而忽视生产组织和经营管理的作用。当然，造成这种情况，有多方面的原因，主要是极左路线的结果。但是，不能说这与对生产力的内容缺

① 《马克思恩格斯全集》第26卷Ⅰ，人民出版社1976年版，第418、420页。

乏全面的正确的理解无关。

有的同志会说，如果生产力的内容就是劳动生产力的内容，那么生产力同劳动生产率还有什么区别呢？其实，生产力同劳动生产率是内容和形式的关系。生产力的提高必然表现为劳动生产率的提高。马克思说：生产力“事实上只决定有目的的生产活动在一定时间内的效率”。生产力的水平不同，它在同样的时间内提供的使用价值量会是不同的：生产力提高时就多些，生产力降低时就少些。[①] 可见，劳动生产率的高低，是由生产力即劳动生产力的高低决定的。正是由于劳动生产力的变化同劳动生产率的变化，其方向和程度是一致的，因此，在马克思的著作中，有时也在同样的意义上使用这两个概念。

二

多年来，我国理论界对于生产力内容的研究，往往限于二要素和三要素之争。

生产力二要素论把生产力的内容局限于劳动者和生产工具的一个重要论据是：生产力是“人们改造自然和征服自然的能力”。因此，被改造被征服的对象，自然不应包括在生产力概念之中。他们把生产力同战斗力相比，把劳动对象同战斗的对象即敌人相比。说什么正像战斗力只包括自己一方的人员和武器，而不包括敌人这一对象因素一样，生产力只包括劳动者和生产工具，而不包括劳动对象。乍一看来，似乎这个比喻很有道理，但稍作分析就可以看出这个比喻本身是不能成立的。

为要反驳二要素论，就不应该跟着二要素论者的关于生产力的定义和比喻去走。目前流行的所谓生产力就是“人们改造自然和征服自然的能力”的定义就似乎不够完全和科学。马克思恩格斯和列宁都没有这样讲过。马克思说：“劳动过程，……是为了人类的需要而占有自然物。”人们通过生产劳动“作用于他们自身外的自然并改变自然”，是“为了在对自身生活有用的形式上占有自然物质”。[②] 因此，生产劳动同战争是根本不能相类比的行为。战争的目的是摧毁和消灭敌人，因而战斗的对象即敌人的数量越少、质

---

①② 《马克思恩格斯全集》第23卷，人民出版社1972年版，第59～60、208、202页。

量越差（包括兵员和武器），对自己一方越有利，自己越易取得战争的胜利。而生产劳动的目的，则不是要去摧毁和消灭自然，而仅仅是为了人们生活的需要去改变或适应自然，并在有用的形式上占有自然。因此，自然物质或劳动对象的数量越充分、质量越高，对于生产物质资料越有利。从这个事实可以清楚地看出，拿战争同生产相类比，拿战斗力同生产力相比，以排除劳动对象是生产力的因素，是似是而非和不适当的。

劳动对象是生产力的重要因素。生产力，是生产用以满足人的需要的物质资料的能力，也就是通过具体劳动去改变或适应自然并在有用形式上占有自然的能力。它是物质资料生产所必需的主观因素和客观因素的统一。在其他条件相同的情况下，改变并占有自然的能力，要受到劳动对象自身的数量和质量的制约。例如，在没有煤矿的地方，即使有人和工具，也不会有完全的生产煤炭的能力，不会形成现实的采煤的生产力。而且，同样的采煤劳动，在富矿生产或占有煤炭的能力，要高于在贫矿的能力。再如，在没有油田的国家，就不会形成开采石油的生产力。此外，以原料形式存在的劳动对象，也会因它的数量和质量的差异，而直接制约着生产力发展状况的不同。在原材料严重缺乏而未获得解决的情况下，不可能有生产力的顺利和迅速发展。我国的许多企业，经常由于原材料不足，处于吃不饱和开工不足的状态，阻碍着我国生产力水平的有效提高。因此，解决原材料的问题，是迅速发展我国生产力的必要条件。

劳动对象，一种是自然资源，一种是原材料。随着社会生产的发展，第二种劳动对象的种类和规模也在发展。新的原材料如塑料、合成橡胶、合成纤维等，在生产力的发展中起着重要的作用。新的劳动对象会引起新的生产工具和新产品的出现。没有新的合成材料，许多新的工具和技术装备就不能制造。有人说，生产力是社会生产中最革命最活跃的因素，生产工具和劳动力是不断发展和变化的，而劳动对象却往往是不变或几乎是不变的，由此证明劳动对象不属于生产力的因素。这种说法是把劳动对象局限于自然资源，而忽视了经常发展和变化着的原材料。只是在人类社会的原始阶段，人们取得生活资料和生产资料，才主要依存于自然资源，那时劳动对象的变化确实是缓慢的。可是那时的生产工具不也变化很慢么？生产工具的发展史同劳动对象的发展史基本上是一致的。石器时代、青铜时代、铁器时代，就是用制造生产工具的不同材料来划分的。在科学技术和社会生产迅速发展的今天，不仅工业生产中的原材料在不断发展和变化（包括数量、质量、品种等），而且在农业生产中，新的优良品种也不断出现。这种新的优良品种作为劳动对象，对于农业生产力的提高，有着重大的作用。即使在农业生产工具和劳动力不变的条件下，新的品种也可以不断出现并会直接提高农业生产力。例如，“鉴 26”高产冬小麦新品种，具有抗倒、抗病、产量高等特点，而且增产潜力很大。这种高产新品种是科学发展的产物，而不一定是生产工具和直接劳动者本身发生变化的结果。新品种的不断增多和增产能力不断提高，意味着生产农产品的能力的增长，即农业生产力的提高。不能认为，只有劳动力和生产工具才是生产物质资料的能力或力量，而劳动对象只是被动的因素，因而便不构成生产的能力或力量。其实，问题在于：是否经过劳动的物质变换过程，使劳动对象发生变化，具有了满足人们某种需要的能力，不仅经过人类加工的劳动对象，而且自然资源形式的劳动对象，都具有形成适合人们某种需要的产品的能力，否则，它们就不会成为生产的要素。

即使就自然资源形式的劳动对象来说，也不能说它不会变化。自然资源是一回事，它的发展变化确实很慢；但自然资源成为劳动对象却是另一回事，这种劳动对象也随着生产的发展而发展变化着。进入生产过程成为劳动对象的自然资源，范围不断扩大，新的领域不断开拓。人类在原始阶段，把野果、野兽等自然资源作为获取生活资料的劳动对象，把现成的石块作为制造生产工具的劳动对象。以后，才懂得开采矿藏、石油等。生产越发展，科学技术越发展，从自然富源中发现新的劳动对象就会越多。

生产力是人与自然之间的关系。这种关系既是对立的，又是统一的。不能只强调前者而忽视后者。没有人和自然的统一，没有生产的人的因素和物的因素相结合，就形不成生产力。抽去了自然或劳动对象，还有什么人与自然之间的关系呢？还有什么体现这种关系的生产力呢？二要素论者既承认生产力是人与自然之间的关系，又否认这种关系的一方即自然或劳动对象是生产力的因素，这不是逻辑上的矛盾么？

二要素论不仅把劳动对象排除于生产力之外，而且也把生产工具以外的劳动资料排除于外，这同社会生产的实际情况相矛盾。比如，现代生产中所需要的能源即煤炭、石油、天然气、原子能等以及电力，既不是劳动对象，也不是生产工具，而属于劳动资料。但它们同样是工业生产中所必需的物质条件。现在，生产中的正常的能耗，已成为衡量一个国家生产力水平的重要标志之一。从世界范围看，近几十年来，能耗的增长迅速，生产力的发展也迅速。廉价石油的大量供应，曾是发达的资本主义国家生产力较快增长的物质条件。而石油危机则给资本主义世界的经济发展带来了严重的威胁。石油、煤炭等能源以及电力，是生产物质资料的重要推动力量，怎么能将其排除在生产力之外呢？我国近几年来，由于电力缺乏，许多企业经常被迫停工，致使大约20%的工业能力发挥不出来，严重影响我国生产力的发展。由此可见，保证能源和电力的供应，是迅速发展生产力的必要的物质条件。

三

在劳动对象是否是生产力的要素这个问题上，三要素论是正确的。但认为生产力的内容仅仅包括劳动者、工具和劳动对象，则又是很不完全的。

科学是生产力，这是马克思再三讲过的道理。无论生产力二要素论或三要素论，现在恐怕不会反对这个提法了。既然承认科学是生产力，自然也应承认科学是生产力的因素之一。那么为什么还要拘守“二要素”或“三要素”的提法呢？

从一定的角度来看，似乎科学不单独构成生产力的因素，因为科学的发展，会表现为生产工具的改进、劳动者劳动技能的提高和劳动对象的发展。不错，科学的发展及其在生产中的应用，会促进生产力的其他要素的发展。但是，从下述两点来考虑，把科学作为生产力的单独因素来强调是必要的。

第一，这样不至于把科学的发展及其应用淹没在二要素或三要素中，从而模糊和忽视科学在生产中的重大作用。马克思在100多年以前的资本主义制度中，就十分重视科学作为生产力的日益突出的作用。他说：“固定资本的发展表明：一般社会知识，已经在多么大的程度上变成了**直接的生产力**。”[①] 这里所讲的“一般社会知识”，是指科学技术知识，马克思用黑体字说它成为“直接的生产力”。

大工业的发展以力学的发展为前提。力学是大工业的科学基础。18世纪力学在一定程度上臻于完善，导致了产业革命和生产力的突飞猛进的发展。而从19世纪开始的化学、地质学、生物学等农业基础科学的发展，又

① 《马克思恩格斯全集》第46卷（下），人民出版社1980年版，第219～220页。

导致了20世纪资本主义农业的迅速发展。第二次世界大战以来，美国等发达的资本主义国家，在许多重要部门的科研工作中，取得了突破，如原子能利用、集成电路、激光、电子计算机、合成原料、电子通讯等，导致这些国家的生产力即使在资本主义制度下也能够获得巨大的发展。

第二，科学的发展和应用，不仅表现在生产工具和劳动对象的发展和变化上，而且也表现在不断产生新的工艺方面。例如，有的油田采用了早期底部注水、酸化油层和其他新工艺、新技术，使油田始终保持旺盛的生产能力，实现了持续的高产稳产；在一种高密度聚乙烯塑料生产中，改用高效催化剂，生产能力可提高3倍，而成本降低1/3以上；利用爆炸焊接，不受设备和板材尺寸的限制，并大幅提高了焊接的水平；在农业中实行科学种田，可推动农业生产力迅速提高，单就20世纪60年代开始使用化学灭草、目前有些国家已大规模采用这一项来说，就可以大量解放劳动力，大大提高劳动的生产力。

马克思肯定了“科学作为生产过程的独立因素”。[①]自然也就肯定了科学是生产力的独立因素。这是符合生产力发展的客观事实的。

“生产的社会结合”，作为生产力的因素，随着生产的社会化程度的提高而日益重要。它的初级形式和基础是简单协作。这种协作，如马克思所说，不仅是提高了个人生产力，而且是创造了一种生产力。在简单协作的基础上，发展为分工的协作，由此进一步提高了生产力。马克思一再讲，通过分工协作而增进生产力。

随着社会化大生产的发展，生产组织和经营管理的作用日益提高。资本主义大工业发展了200年，它积累了比较丰富的、科学的组织和管理生产的经验。这是人类生产活动的成果。社会主义生产应当继承和吸取它的一切科学的和有用的东西。同时社会主义生产应当自己摸索和创造一套适合现有生产力发展的组织和管理生产的方法，以促进生产力的迅速发展。

生产组织和经营管理问题，是我国目前发展生产力中的一个极其薄弱的环节。这个问题不解决，即使进口和自己生产出再多的先进技术设备，也不能发挥应有的作用，反而会造成大量浪费，拉四个现代化的后腿。

我国目前提倡和实行的工业生产的联合，是“生产的社会结合”的进

---

① 马克思：《机器·自然力和科学的应用》，人民出版社1978年版，第206页。

一步发展。它突破了企业内部生产中的协作和分工、组织和管理的界限。在部门和部门之间，企业和企业之间，地区和地区之间，部门和地区之间，城市和乡村之间，采取各种经济办法联合起来，组织联合企业，扬长避短，会共同促进生产力的发展。也可以说，联合产生新的生产力。

把“生产的社会结合”这个因素并入劳动力因素中，是不适当的。“生产的社会结合”特别是其发展了的形式如上述社会化生产中的组织和管理，生产的联合等，不取决于每个劳动者的状况，它是社会化生产发展的表现和成果。即使劳动者的状况是相同的，生产组织和经营管理的水平也可以有很大的区别，从而会影响到生产力的发展水平高低不同。

劳动过程中的协作、分工以及生产组织和经营管理等究竟属于生产力还是属于生产关系，理论界有不同的认识。协作和分工，是人们在直接的物质生产中结成的劳动关系，因而也是生产中的一种关系。但是，这种关系同具有特定社会性质的生产关系不同。它不是直接的物质利益关系，更不是不同阶级之间的关系，而是在共同与自然发生的关系中，相互协调劳动使其发挥出最有效的能力的关系。这种关系依生产力的存在和发展为转移，而不依特定生产关系的存在或消灭为转移。生产力的发展具有连续性和继承性，协作和分工也具有这个特点。一种生产关系消灭了，被新的生产关系代替了，协作和分工的劳动关系却依然保存了下来。无论是简单协作，还是以分工为基础的协作，都是如此。可见，协作和分工更是生产力的因素。至于资本家阶级怎样利用协作和分工来加强对工人的统治和剥削，旧的社会分工怎样体现旧的社会关系，那是另外的问题，不应与此搅在一起。

生产组织和经营管理具有二重性质。在资本主义生产中，由资本家或其代理人担任这种职能。从一切社会化大生产都需要指挥和监督这方面来说，它属于生产力的范畴；但从资本家组织和管理生产同时是对工人的统治和专制来说，又是一种阶级关系或生产关系。我们把生产组织和经营管理作为生产力来看待，是从前一方面着眼的。我们学习国外的先进的企业管理知识和经验，也是就第一方面即生产力的方面来说的。

最后，我们再分析一下自然状况。在前面分析劳动对象时，已提及自然资源问题。这里，再说明以下几点：

第一，无论是自然资源还是自然力，只有当它进入生产过程成为生产的要素时，才构成现实的生产力的因素。当自然资源如石油、天然气等长年沉睡，人们还不知道开发和利用时，当人们还不懂得把自然力如风力、水力、蒸汽力等用于生产时，它们并不是生产力的因素，至多是潜在的因素。至今尚未探明的矿藏和其他自然资源，也是这样。即使已经探明的自然资源和已发现其用途的自然力，当还未与劳动相结合时，也只是可能的生产力因素，而不是现实的生产力因素。有的同志一听别人说自然资源和自然力是生产力的因素，以为是指全部自然条件，就指责这是地理环境决定论，那是出于误解。

第二，自然资源和自然力被利用的程度，同样标志着人们改变自然和生产物质资料的能力发展的程度。在农业中，自然力早就被利用，成为推动农业生产发展的力量。而在工业中，自然力的大规模的利用，是随着大工业的发展才出现的。“大生产——应用机器的大规模协作——第一次使自然力，即风、水、蒸汽、电大规模地从属于直接的生产过程，使自然力变成社会劳动的因素。”[①] 自然因素在生产中的应用，是同科学作为生产力的发展相一致的。自然科学越发展，自然因素就会在更大的范围和更高的程度上进入生产过程，成为推动生产发展的力量。人类利用和改造自然，同自然因素被利用来形成生产的力量，是一个统一的过程，不能用前者来否定后者。否认被用于生产的自然力是生产力，那无论从理论上或实践上来看，都是说不通的。马克思在批判李斯特关于生产力的错误见解时指出：“为了破除美化‘生产力’的神秘灵光，只要翻一下任何一本统计材料也就够了。那里谈到水力、蒸汽力、人力、马力。所有这些都是‘生产力’”。[②] 这里，把自然力同人力（劳动力）和马力（生产工具）并列在一起，看作都是生产力。

第三，自然因素既然也是生产力发展的因素，就应当很好地开发、利用自然资源和自然力，也应当很好地保护自然资源。破坏自然资源，就是破坏生产力。前些年，我国在极左路线的影响下，大量浪费和破坏自然资源，破坏生态平衡，给我国生产力的发展造成了极为严重的影响。即使还没有进入生产过程的自然资源，它作为可能的生产力，如果遭到破坏，也会损害它向现实生产力的转化，影响到未来生产力的发展。

总之，应当全面地理解马克思关于生产力内容的论述。关于生产力问题

---

① 马克思：《机器·自然力和科学的应用》，人民出版社 1978 年版，第 205 页。

② 《马克思恩格斯全集》第 42 卷，人民出版社 1979 年版，第 261 页。

的讨论，应当跳出二要素或三要素之争的范围。劳动者和生产工具，固然是生产力中的决定性的因素，但是，不能由此忽视生产力的其他因素。我们认为，应当恢复马克思对这个问题论述的本来面目，把科学的发展及其在工艺上的应用，把协作和分工、生产组织和经营管理，把开发、利用和保护自然资源等，作为生产力发展中的因素来看待，充分发挥包括这些因素在内的生产力的一切因素的作用，大力提高我国的生产力水平，以促进四个现代化的实现。

应当从发展的、动态的观点把握生产力的内容。随着社会生产的发展和新的知识领域的开拓，新的因素会进入生产过程，因而构成生产力内容的因素也会不断发展和丰富。目前人们在讨论经济信息是否成为生产力的因素，将来还会有人们在目前难以预见的新的生产力因素出现，在生产力问题的研究上应破除封闭的、凝固的观点。

马克思的生产劳动理论①

摘要：马克思从三种不同的角度考察和阐述了生产劳动和非生产劳动问题：一是从单纯劳动过程考察；二是从资本主义生产过程即劳动过程（物质产品的生产）和价值增殖过程（剩余价值的生产）的统一考察；三是从资本主义生产关系的单纯表现形式考察。作者认为，马克思所说的斯密关于生产劳动的两个定义，其实是斯密对同一个定义的不同方面的说明；在马克思后来的著作中就不再提斯密的两个定义，不再批评斯密把生产劳动同时看作是物化在商品中的劳动的见解了；马克思的生产劳动理论也有一个发展的过程，应全面地和历史地予以把握。

近几年来，在生产劳动与非生产劳动问题的讨论中各派意见都引证马克思的话作为立论根据，因而怎样比较准确地把握马克思理论的原意，是讨论中应该首先弄清的问题。

一、马克思从三种不同的角度考察和阐述了生产劳动和非生产劳动问题

首先，从单纯劳动过程来考察，凡是生产物质产品（使用价值）的劳动，都是生产劳动。马克思说："如果整个过程从其结果的角度，从产品的角度加以考察，那末劳动资料和劳动对象表现为生产资料，劳动本身则表现

① 本文原载《中国社会科学》1983年第6期。获第一届孙冶方经济科学奖论文奖。

为生产劳动。”① 这是“从物质生产性质本身中得出的关于生产劳动的最初的定义”②。

从单纯劳动过程来考察生产劳动，又分为两种情况：一种是个体生产者的劳动过程。这里，劳动的一切职能结合于一身，劳动者要参加劳动的全过程。另一种是社会化的集体劳动过程。这里，劳动的不同职能，分配给不同的劳动者担任；产品成为总体劳动者（有的译作“总体工人”）协作劳动的产物。因而，生产劳动和生产劳动者的概念也随之扩大。从事生产劳动的人，不一定都亲自动手将劳动直接加之于劳动对象，而是只要完成总体劳动中的某一职能就行了。这样，凡是参加物质生产过程的一切成员，包括体力劳动者，也包括脑力劳动者——如工程技术人员、管理人员等，都是生产劳动者。马克思指出：“在特殊的资本主义生产方式中，许多工人共同生产同一个商品；随着这种生产方式的发展，这些或那些工人的劳动同生产对象之间直接存在的关系，自然是各种各样的。例如，前面提到过的那些工厂小工，同原料的加工毫无直接关系；监督直接进行原料加工的工人的那些监工，就更远一步；工程师又有另一种关系，他主要只是从事脑力劳动，如此等等。但是，所有这些……劳动者的总体进行生产的结果——从单纯的劳动过程的结果来看——表现为商品或一个物质产品。”“物质产品是所有这些人的共同劳动的产品”②。在另外的地方又说：在总体劳动过程中，“有的人多用手工作，有的人多用脑工作，有的人当经理、工程师、工艺师等等，有的人当监工，有的人当直接体力劳动者或者做十分简单的粗工，于是劳动能力的越来越多的职能被列在生产劳动的直接概念下。”③

从马克思的上述说明中可以看出，总体劳动并没有改变单纯劳动过程的性质，它依然只是从生产物质产品的角度考察的。这样的总体劳动，既存在于资本主义社会化生产中，也存在于社会主义的社会化生产中。没有离开直接物质生产过程的脑力劳动者，也包括在总体劳动者中。对所谓“直接物质生产过程”，也不能理解得狭隘了。例如，工矿企业以外的产品设计人员；铁路、桥梁设计人员；建筑物设计人员以及为生产服务的科学研究人员等，也是物质生产的参加者，从而也是生产劳动者。但如果从总体劳动者的

---

①② 《马克思恩格斯全集》第23卷，人民出版社1972年版，第205、556页。

② 《马克思恩格斯全集》第26卷Ⅰ，人民出版社1975年版，第443～444页。

③ 《马克思恩格斯全集》第49卷，人民出版社1982年版，第100～101页。

概念中引出物质生产领域以外的歌唱家、教师等等都是生产劳动者的见解，那就离开了马克思的原意。在总体劳动者中，有的直接加工于劳动对象，有的离得远一些，有的则离得更远。但不论离得多远，应都是在直接物质生产领域中起作用。有的同志以为，既然马克思讲离劳动对象的加工远一些的劳动者也是生产劳动者，就等于讲离开物质生产过程无论多远的劳动者都是生产劳动者。这是对马克思的“整体劳动”这一概念的误解。

其次，从资本主义生产过程来考察，资本主义生产的实质是剩余价值生产，因而凡是生产剩余价值的劳动，便是资本主义生产劳动。马克思说：“因为资本主义生产的直接目的和真正产物是剩余价值，所以只有直接生产剩余价值的劳动是生产劳动，只有直接生产剩余价值的劳动能力的行使者是生产工人，就是说，只有在直接生产过程中为了资本的价值增殖而消费的劳动才是生产劳动。”[①] 在这里，没有提物质产品的生产，那是因为，作为生产使用价值的劳动过程，只是价值增殖过程的手段或条件。

不能把生产剩余价值的劳动，同生产物质产品的劳动割裂开来和对立起来。生产物质产品的劳动不一定是生产剩余价值的劳动，但生产剩余价值的劳动必然是在物质生产领域中进行的劳动。不应忘记，商品生产过程是“劳动过程和价值形成过程的统一”，而资本主义生产过程是“劳动过程和价值增殖过程的统一”[②]。离开了生产物质产品的劳动过程，也就不存在价值形成过程和价值增殖过程。这里所讲的“劳动过程”，并不包括精神生产的劳动过程。虽然马克思承认存在精神生产劳动和精神生产力，马克思的全部剩余价值学说表明，剩余价值来源于产业雇佣工人的剩余劳动。《资本论》第一卷讲“资本的生产过程”，就是讲产业资本的生产过程。而产业资本则是在物质生产领域中执行职能的资本。

《资本论》第一卷中对资本主义生产过程的全部分析，包括绝对剩余价值生产、相对剩余价值生产、资本主义简单再生产和扩大再生产等，实际上也是对资本主义生产劳动的分析。这种分析是把生产物质产品的劳动过程作为不言而喻的前提的。事实上，在《资本论》第一卷第五章中已经说明了劳动过程和价值增殖过程的关系。以后的分析都是以此为基础的。顺便提一

① 《马克思恩格斯全集》第49卷，人民出版社1982年版，第99页。
② 《马克思恩格斯全集》第23卷，人民出版社1972年版，第222页。

下：在三大卷《资本论》特别是在专门考察资本主义生产的第一卷中，没有专门章节讲资本主义生产劳动，只是在两个地方（《资本论》第一卷第五章和第十四章）简略地提到过。而早在《资本论》第一卷定稿以前写的《剩余价值理论》（1861～1863 年）第一册中，则用专门的一章——第四章以 180 多页的篇幅讲“关于生产劳动和非生产劳动的理论”，并在《附录》中以一节的篇幅讲“生产劳动和非生产劳动”。在马克思原准备作为《资本论》第一卷的结尾部分的《直接生产过程的结果》一章中，还有专门一节讲“生产劳动和非生产劳动”。只是在出版时，这一章被删去了。在《资本论》中不再用专门章节讲生产劳动和非生产劳动问题，并不意味着马克思对这个问题越来越不重视，而是因为整个《资本论》第一卷已经事实上系统地阐明了资本主义生产劳动，也附带阐明了简单劳动过程的生产劳动。同时，在三卷《资本论》中事实上也阐明了非生产劳动。马克思反复说明，流通过程（不包括生产过程在流通领域中的继续）不创造价值和剩余价值。商业利润和利息无非是商业资本家和借贷资本家比例于各自的资本从产业资本家榨取的剩余价值中分得的一份。恩格斯指出：三卷《资本论》分别讲剩余价值的生产、流通和分配。剩余价值的流通和分配，并不增加剩余价值，它们是以剩余价值生产为基础的。从《资本论》的体系、结构和全部内容可以看出，资本主义生产劳动（生产剩余价值的劳动），就是《资本论》第一卷所阐述的直接生产过程中的劳动，也就是在物质生产领域中生产剩余价值的劳动。

马克思认为：“从简单劳动过程的观点得出的生产劳动的定义，对于资本主义生产过程是绝对不够的。”① 这里讲的是“不够”，就是说还需要补充另外的规定，而不是说与资本主义生产劳动“无关”。这层意思，在《直接生产过程的结果》中讲得很明确：“从单纯一般劳动过程的观点出发，实现在产品中的劳动，更确切些说，实现在商品中的劳动，对我们表现为生产劳动。但从资本主义生产过程的观点出发，则要加上更贴近的规定：生产劳动是直接增殖资本的劳动或直接生产剩余价值的劳动。”② 这就是说，资本主义生产劳动，是在生产商品（指物质的商品）的基础上，“加上”一个“更贴近的规定”。

---

① 《马克思恩格斯全集》第 23 卷，人民出版社 1972 年版，第 205 页注⑦。
② 《马克思恩格斯全集》第 49 卷，人民出版社 1982 年版，第 99 页。

后一个规定并不否定或排除前一个规定，而是以前一个规定为前提的。

资本主义生产劳动是生产物质使用价值的劳动和生产剩余价值的劳动的统一。马克思认为，非物质生产部门的资本也要获得剩余价值，但这只是物质生产部门所生产的剩余价值的分割，如商业资本和借贷资本所获得的商业利润和利息，就只能来自产业资本所转让的一部分剩余价值。

在当前新的经济社会发展的历史条件下，马克思的生产劳动理论也需要发展，这是另外的问题。这里需弄清的是马克思关于生产劳动理论的原意，不要将自己的意见强加给马克思。

有些文章断言，马克思认为，不生产物质产品的劳动如商业买卖劳动也是生产劳动，也创造价值和剩余价值。这与马克思的原意正好相反。如果马克思认为纯粹流通过程也创造价值和剩余价值，所谓"资本总公式的矛盾"就不存在和不会提出来了。而马克思在分析资本总公式的矛盾时指出："如果是等价物交换，不产生剩余价值；如果是非等价物交换，也不产生剩余价值。流通或商品交换不创造价值。"[①] 马克思要我们离开嘈杂的流通领域，跟随货币所有者和劳动力所有者进入生产场所，在那里才会看到剩余价值怎样生产出来。紧接着马克思考察了劳动过程和价值增殖过程，从物质生产领域，说明了剩余价值的产生。

在《资本论》第二卷中，马克思不仅阐明商业利润是由产业工人所创造的一部分剩余价值，而且连商业雇佣工人的工资，即商业可变资本也是由剩余价值补偿的。商业买卖劳动不生产价值和剩余价值，不是因为它不必要存在，而是因为它的性质是非生产的。"在商品生产中，流通和生产本身一样必要，从而流通当事人也和生产当事人一样必要。……然而，这并不是把流通当事人和生产当事人混淆起来的理由。……流通当事人必须由生产当事人支付报酬。"[②] 如果商业买卖劳动也是生产劳动，创造价值和剩余价值，流通当事人的工资，就不应是由"生产当事人支付"了。

有的文章为了论证商业工人的劳动也创造价值和剩余价值，引证马克思的这样一句话："正如工人的无酬劳动为生产资本直接创造剩余价值一样，商业雇佣工人的无酬劳动，也为商业资本在那个剩余价值中创造出一个份额。"[③]

---

① 《马克思恩格斯全集》第 23 卷，人民出版社 1972 年版，第 186 页。

② 《马克思恩格斯全集》第 24 卷，人民出版社 1972 年版，第 144 页。

③ 《马克思恩格斯全集》第 25 卷，人民出版社 1975 年版，第 328 页。

其实，这句话的本意不过是说，商业雇佣工人的无酬劳动，为商业资本从“那个剩余价值”即产业工人生产的剩余价值中占取一份。这并不意味着商业雇佣工人也创造剩余价值。马克思在考察商业资本和商业利润时，曾反复地、明确地指出，流通领域和商业买卖劳动不创造价值和剩余价值。“流通过程是总再生产过程的一个阶段。但是在流通过程中，不生产任何价值，因而也不生产任何剩余价值。”① 这是因为，流通过程不过是商品形式的变化，是同一价值的形式变化，这种变化同价值和剩余价值的创造毫无关系。如果商品出售时，所有者获得了剩余价值，那只是因为剩余价值已存在于商品中，因而是由生产商品的劳动创造的，流通不过是剩余价值的实现而已。

既然流通过程不创造价值和剩余价值，因此，商品买卖职能无论由谁承担，也不会改变它的非生产性质。“如果商品的买和卖，……是由产业资本家自己进行的、不创造价值或剩余价值的活动，那末它们也不可能因为由别的人而不是由产业资本家来完成，就成为创造价值和剩余价值的活动。”②当商人代替产业资本家完成商品买卖职能时是这样，当商人把买卖职能交给商业雇佣工人去完成时，也是这样。“商人作为单纯的流通当事人既不生产价值，也不生产剩余价值，……所以，他雇用的执行同样职能的商业工人，也不可能直接为他创造剩余价值。”③马克思把这个问题讲得如此清楚，怎么能不顾这些论述，不顾马克思关于商业资本和商业利润的整个理论，硬说马克思认为商业买卖劳动也是创造价值和剩余价值的生产劳动呢？

有的文章中把马克思的下述一段话作为商业劳动是生产劳动的论据：“对产业资本来说，流通费用看来是并且确实是非生产费用。对商人来说，流通费用表现为他的利润的源泉，在一般利润率的前提下，他的利润和这种流通费用的大小成比例。因此，投在这种流通费用上的支出，对商业资本来说，是一种生产投资。所以，它所购买的商业劳动，对它来说，也是一种直接的生产劳动。”④把握这段话的原意，需注意这样两点：第一，这段话是在《资本论》第三卷第十七章《商业利润》的末尾讲的，前面已经系统、深入地论证了商业买卖劳动的非生产性质和商业利润的真实源泉，不可能在结尾时提出同前面的全部论证、同马克思的整个经济理论体系相矛盾的论点来。第二，这段话中包括两层意思：（1）对产业资本家来说，流通费用“确实

①②③④ 《马克思恩格斯全集》第25卷，人民出版社1975年版，第311、313、326~327、337页。

是非生产费用”，因而商业买卖劳动也是非生产劳动。因为产业资本家需要从自己首先占有的剩余价值中分出一部分作为商业利润并支付商业劳动的报酬，从而减少了自己的剩余价值。（2）对商人来说，流通费用“表现为他的利润的源泉”。显然这是从表现形式来讲的。实际上，如马克思已指明的，商业纯粹流通费用本身都需要由剩余价值补偿，它不可能是商业利润的真实源泉。只是对商人来说，他靠商业资本（流通费用）获得利润，而且利润的大小同资本或流通费用的多少成比例，因而流通费用也就表现为他的利润的源泉了。这是本质关系被歪曲了的假象。在这种表现形式下，对商业资本家来说，商业劳动，也就成为直接的生产劳动了。我们决不能抛开马克思关于商业利润来源和商业劳动性质的本质说明，而抓住马克思对现象形式的表述，把它当作事物的全部内容和本质。

再次，从资本主义生产关系的单纯表现形式来考察，凡是能给资本家（包括产业资本家、商业资本家、银行资本家等）提供利润的雇佣劳动，就是生产劳动。虽然剩余价值或利润是产业雇佣工人生产的。但是，非生产部门的资本也要获得利润。利润表现为资本的产物，因而一切资本都成为利润的源泉。为资本获得利润服务的一切雇佣劳动，对雇主来说，也就都表现为生产剩余价值的劳动即生产劳动。尽管这是资本主义关系的现象形式，但它依然是资本主义关系的产物。它同样表明，一切资本运动的目的，就是追求利润。表明“劳动的买者和卖者之间的一个十分确定的关系”。[①] 这种生产劳动只是从劳动的一定社会形式来看的，是衍化或派生出来的。正因为这样，某种劳动按其自身性质来说，不创造价值和剩余价值，不是生产劳动，但从社会形式来看，是生产劳动。因此，马克思说：“同一种劳动可以是生产劳动，也可以是非生产劳动。”[②] 例如，密尔顿创作《失乐园》，得到五镑，这五镑既不是在单纯物质生产过程中产生的，也不是在资本主义生产过程中产生的，因而“他是非生产劳动者”。但是，当一个作家被书商雇佣而为书商增加资本的价值即获取利润服务时，他就成为书商的生产劳动者。正是在这个意义上，马克思说：“为书商提供工厂式劳动的作家，则是生产劳动者。”同样，“一个自行卖唱的歌女是非生产劳动者。但是，同一个歌女，被剧院老板雇用，

①② 《马克思恩格斯全集》第26卷I，人民出版社1975年版，第426、432页。

老板为了赚钱而让她去唱歌，她就是生产劳动者，因为她生产资本”。[①] 与此相同的内容，在《直接生产过程的结果》中也有。而且进一步举例说：给别人上课的教师不是生产劳动者，但是如果一个教师同其他人一起作为雇佣劳动者被聘入一个学院，为学院的老板增殖货币，他就是生产劳动者。[②]

有的同志引证马克思讲的这类话，得出结论说：马克思认为在资本主义社会关系中，作家、歌女、教师以及医生、演员……都是生产劳动者，都创造价值和剩余价值。有的文章中甚至由此推论说：在旧中国，为帝国主义资本、官僚资本和民族资本服务的银行、工商企业的一切知识分子，包括经理等高级职员，都是生产剩余价值的产业工人。以此类推，在社会主义社会中，上述一切非物质生产领域中的工作者，更是创造价值和剩余产品的生产劳动者。按照这种观点和逻辑，妓女为老板赚钱，是“摇钱树”，马克思也把她们看作创造价值和剩余价值的生产劳动者或产业工人了。同样，夜总会的舞女和歌女，哪怕是搞黄色的一套，只要能为老板赚钱，就是创造价值和剩余价值的生产劳动者了。反动文人不管是宣扬迷信，恐怖、色情、颓废，还是宣传反马克思主义反社会主义的思想，只要能为书商赚钱，就是生产价值和剩余价值的生产劳动者了。难道这会是马克思的正面观点吗？

其实，关于所谓歌女、教师等是生产劳动者的说明，并不是马克思从正面进行科学分析得出的理论，而是从资本主义生产关系现象形式的角度所做的说明。而且，作家只是对书商来说，歌女只是对剧院老板来说，教师只是对学校的老板来说，才是生产劳动者。因为他们作为雇佣劳动者，给雇主提供了利润。而他们对于雇主以外的其他一切人来说，并不是生产劳动者。这个道理，马克思也做过清楚的说明：“教师对学生来说”不是生产劳动者，“但是对雇佣他们的老板来说却是”。因为老板通过用资本同教师劳动能力的交换可使自己发财。同样，“演员对观众说来，是艺术家”，而不是生产劳动者，但对雇主来说则是生产劳动者。这与前面所讲的商业买卖劳动的性质是一样的。商业劳动对产业资本家和其他人来说，是非生产劳动，只有对商业资本家来说，才是生产劳动。既然这样，难道能够说，歌唱家、教师、演员、商业雇佣工人等，对马克思来说统统都是生产劳动者吗？

---

①③ 《马克思恩格斯全集》第26卷Ⅰ，人民出版社1975年版，第432、443页。

② 《马克思恩格斯全集》第49卷，人民出版社1982年版，第106页。

不应忽视马克思的这样一个重要说明：演员（哪怕是丑角）只要被剧院老板雇用，为老板提供利润，就是生产劳动者。但“这里，生产劳动和非生产劳动始终是从货币所有者、资本家的角度来区分的，不是从劳动者的角度来区分的”。[①] 而有些同志竟把从资本家的角度对生产劳动和非生产劳动的区分，当作从马克思的科学的角度的区分了。

资本主义生产劳动的特点，是生产剩余价值。因而生产剩余价值便成为规定资本主义生产劳动的根本标准，而物质生产劳动本身则不能作为规定的标准（不仅物质生产劳动本身不能反映生产的资本主义关系，而且这种劳动在同收入而不是同资本相交换时就不会成为资本主义生产劳动）。基于上述情况，下面的这样的劳动也会表现为生产劳动，即某些非物质生产领域的劳动，当其作为雇佣劳动能够为老板提供剩余价值，反映资本主义关系时，其表现形式便同物质生产领域生产剩余价值的情况一样。因此，就必然导致这样的结果：从表现形式来看，非物质生产领域的服务活动，如“剧院、歌舞场、妓院”等处的“演员、音乐家、妓女”等，能为老板赚钱，对老板来说，就成为生产劳动者。

本来的规定是：资本主义生产劳动是同资本相交换并生产剩余价值的劳动，它以生产物质产品为前提。现在变成了：凡与资本相交换能为雇主获得剩余价值的劳动就是生产劳动，而不以生产物质产品为前提。前一种生产劳动是科学的规定，后一种生产劳动是前一种的转化形式，是由前一种衍化而来的派生意义上的生产劳动。而一些同志却用后一种转化形式的生产劳动否定科学规定的生产劳动，用派生意义上的生产劳动否定本来意义上的生产劳动。这就误解了马克思的生产劳动理论。

二、从马克思对斯密的生产劳动理论的评论和维护，看马克思的生产劳动理论

马克思的生产劳动和非生产劳动的理论，是在评论资产阶级经济学关于生产劳动理论的过程中，不断发展和完善的。

在《剩余价值理论》中，“关于生产劳动和非生产劳动的理论”一章，

① 《马克思恩格斯全集》第26卷Ⅰ，人民出版社1975年版，第148页。

是从评论斯密的见解开始的。马克思认为，斯密对生产劳动有两种见解，或两个定义：（1）生产劳动是直接同资本相交换的、生产剩余价值的劳动，而非生产劳动则是直接同收入（工资、利润等）相交换的劳动；（2）生产劳动是物化在商品中的劳动。第一种见解是正确的，第二种见解是错误的。[①]

一些同志据此断言，资本主义生产劳动与生产物质商品无关。谁把生产劳动同物质生产相联系，就是重复被马克思批评过的斯密的第二个定义的错误。

应当历史地、全面地把握马克思对斯密的生产劳动见解的评论。

斯密在《国民财富的性质和原因的研究》一书中，在“论资本积累并论生产性和非生产性劳动”的标题下，用专门一章阐述了自己的生产劳动和非生产劳动的理论。细读斯密的原文，并把它同斯密的劳动价值学说相联系去理解，可以看出，斯密关于生产劳动的见解是一贯的和统一的，并不存在相互矛盾的两种见解或两个定义。

斯密所考察的是资本主义制度下的生产劳动。因此这种劳动必然是生产商品、生产价值和剩余价值的劳动。商品，自然是指物质商品。马克思在《资本论》中也是把物质商品作为资本主义的经济细胞的。斯密的定义（马克思所认为的第一种定义）中说：“有一种劳动加到对象上，就能使这个对象的价值增加，另一种劳动则没有这种作用。前一种劳动因为它生产价值，可以称为生产劳动，后一种劳动可以称为非生产劳动。”[②]这里所讲的“劳动加到对象上”，就是加到物质对象上。在商务印书馆出版的斯密原著的中译本中，就译作劳动“加在物上”。生产出物质商品，才能生产出价值和剩余价值。这既是斯密的见解，也是马克思在《资本论》中的见解。

斯密认为，生产价值的劳动，就是劳动者“把自己的生活费的价值和他的主人的利润，加到他所加工的材料的价值上。”斯密把制造业工人的劳动作为生产劳动的例子，而把家仆的劳动作为不生产价值的非生产劳动的例子。“要是雇佣许多制造业工人，就会变富；要是维持许多家仆，就会变穷。”马克思把斯密的这个见解，概括为第一种见解，即生产劳动是生产剩余价值的劳动，或同资本相交换的劳动。显然，斯密在这个见解中，已经包

①② 《马克思恩格斯全集》第26卷Ⅰ，人民出版社1975年版，第146页。

括它是物化在商品中的劳动这个前提了。因为这里不仅要把“劳动加到对象上”，而且是把生活费的价值和利润加到所“加工的材料的价值上”。演员、教师、歌唱家、医生等的劳动并没有这样的特点。

马克思所概括的斯密的第二见解，即生产劳动是物化在商品中的劳动，其实并不是斯密另外提出的一个独立的定义。它不过是用来解释为什么家仆的劳动不能像制造业工人的劳动那样使价值增加。制造业工人之所以能够增加价值提供利润，是因为他的劳动“圈定和物化在一个特定的对象或可以出卖的商品中”。而“家仆的劳动不固定或不物化在一个特定的对象或可以出卖的商品中。他的服务通常一经提供随即消失，很少留下某种痕迹”①。

如果斯密真的把物化在商品中的劳动作为一个独立的生产劳动的定义，那确实是错误的。这是因为：首先，它本来讲的是资本主义经济中的生产劳动，却离开了生产剩余价值或利润的规定，离开了生产的社会形式。“这里就越出了和社会形式有关的那个定义的范围，越出了用劳动者对资本主义生产的关系来给生产劳动者和非生产劳动者下定义的范围。”② 其次，叫到家里来服务的裁缝、家具工人、厨师等，也会把自己的劳动固定在某种物上。但这种劳动并不是生产劳动。因为它是同收入而不是同资本相交换的。再次，有些劳动虽然不物化在商品中，但在劳动结束后，并不象斯密所说的那样，“很少留下某种痕迹或某种以后能够用来取得同量服务的价值。”当演员、音乐家等被老板雇佣，为顾客提供服务时，也可为老板补偿工资并提供利润。马克思从这些方面批评斯密第二个定义的错误，是认为斯密离开了资本主义生产的社会形式，把生产劳动说成是物化在商品中的劳动。可是，事实上斯密是把物化在商品中的劳动作为生产价值和剩余价值的前提来讲的，因而并不存在什么“错误”。要知道，《资本论》中也是把生产物质产品的劳动过程作为剩余价值生产过程的前提的。而斯密正是把两者统一起来说明资本主义生产的规定性的。

这样考虑问题，有助于我们进一步全面理解和把握马克思的有关论述。例如，它既然批评斯密关于生产劳动是物化在商品中的劳动是错误的，为什么后面又说：“把‘生产劳动’解释为生产‘商品’的劳动，比起把生产劳

---

① 前两段和这一段所引斯密的话，都是马克思在《剩余的价值理论》中所引用的，见《马克思恩格斯全集》第26卷第1分册，人民出版社1975年版，第146～152页。

② 《马克思恩格斯全集》第26卷Ⅰ，人民出版社1975年版，第165页。

动解释为生产资本的劳动来，符合更基本得多的观点。”[①] 其实，后面的话表明，马克思正是把生产商品的劳动作为生产剩余价值或资本的劳动的物质基础的，所以它“更基本得多”。马克思所不赞成的只是，把生产商品的劳动独立地作为资本主义生产劳动的定义。在《剩余价值理论》附录中马克思还专门指出：在物质生产的一切领域都属于资本主义生产方式的条件下，“可以认为，生产工人即生产资本的工人的特点，是他们的劳动物化在商品中，物化在物质财富中”。[②]他把这一规定作为生产劳动的“补充定义”。由此可见，马克思并没有把生产物质商品的劳动，排除在资本主义生产劳动的概念之外。而且，在《直接生产过程的结果》和《资本论》中，马克思没有再讲斯密的生产劳动有两种见解，没有再批评斯密的所谓第二种见解。因为在这些后来写作或定稿的著作中，马克思自己把两者有机地统一起来了。

在《直接生产过程的结果》中，马克思明确地指出，资本主义生产劳动是“物化在商品”中的劳动和“直接创造剩余价值的劳动”的统一。“资本主义劳动过程并不消除劳动过程的一般规定。劳动过程生产产品与商品。只要劳动物化在商品即使用价值与交换价值的统一中，这种劳动就始终是生产劳动。可是劳动过程只是资本的价值增殖过程的手段。……直接创造剩余价值的劳动即直接增殖资本的劳动，是生产劳动。”[③] 在《资本论》中，更明确地表明了这一见解。它把资本主义生产规定为“使用价值的生产和剩余价值的生产”的统一[④]，或劳动过程与价值增殖过程的统一。因此，资本主义生产劳动自然是既生产使用价值又生产剩余价值的劳动。这里讲的使用价值是物质使用价值。由于生产使用价值是生产剩余价值的手段或前提，资本主义生产的实质是剩余价值生产，因而资本主义生产劳动，也可以说是生产剩余价值的劳动。

这里有必要分析一下一些同志常用来作为自己的有力论据的几段引语。

其一：“劳动的物质规定性，从而劳动产品的物质规定性本身，同生产劳动和非生产劳动之间的这种区分毫无关系。”[⑤] 这段话并不是说，生产劳动不以生产物质产品为条件。而是说仅仅用劳动的物质规定性，并不能

①② 《马克思恩格斯全集》第26卷Ⅰ，人民出版社1975年版，第165~166、442页。

③ 《马克思恩格斯全集》第49卷，人民出版社1982年版，第100页。重点为引者所加。

④ 马克思：《资本论》法文版，第165页。

⑤ 《马克思恩格斯全集》第26卷Ⅰ，人民出版社1975年版，第150页。

"区分"资本主义的生产劳动和非生产劳动。马克思紧接着举例解释了这段话。例如：饭店里的厨师是生产劳动者。如果这些人作为资本家的家仆去当厨师，尽管他们生产同样的物质产品即食品，也是非生产劳动者。可见，生产同样物质产品的劳动，如果同资本相交换，生产剩余价值，便是资本主义的生产劳动。如果同收入相交换，不生产剩余价值，便是非生产劳动。

其二："对资本来说，构成生产劳动的特殊使用价值的，不是生产劳动的一定有用性质，也不是物化着生产劳动的产品的特殊有用属性。而是生产劳动作为创造交换价值（剩余价值）的要素的性质。"[①] 这里讲的根本不是生产劳动要不要以生产物质产品为条件，而是讲资本主义生产劳动的"特殊使用价值"，不是它物化在产品中的劳动的有用性质，而是它创造剩余价值的性质。

其三："生产工人的概念决不只包含活动和效果之间的关系，工人和劳动产品之间的关系，而且还包含一种特殊社会的、历史地产生的社会关系。"[②] 这段话并没有把生产物质产品的劳动排除在资本主义生产劳动的概念之外，而是包含在其中的。"不只包含"，不等于"不包含"，而是说，除包含这个内容之外，"还包含"一种特殊的社会生产关系。

其四："由上述一切可以看出，生产劳动是劳动的这样一种规定，这种规定本身同劳动的一定内容，同劳动的特殊有用性或劳动所借以表现的特殊使用价值绝对没有关系。"[③]这段话是从"上述一切"论述中衍化出来的。这里讲的"劳动的一定内容"或"劳动的特殊有用性"，既包括物质生产劳动的内容，也包括非物质生产劳动的内容。并不是专讲与物质生产劳动的内容无关。这是从资本主义生产劳动的表现形式来说明"同一内容的劳动可以是生产劳动，也可以是非生产劳动"的。就是说，"同一内容"的物质生产劳动或非物质生产劳动，在与资本相交换时是生产劳动，否则便是非生产劳动。可见，把"与劳动的一定内容无关"理解为马克思主张生产劳动"不以物质生产劳动的内容为条件"，就离开了马克思的原意。

其五："力图用劳动的物质内容来确定生产劳动和非生产劳动的这种企图，有三个来源。（1）资本主义生产方式所特有的和从资本主义生产方式

①③ 《马克思恩格斯全集》第49卷，人民出版社1982年版，第105页。
② 《马克思恩格斯全集》第23卷，人民出版社1975年版，第556页。

的本质中产生出来的拜物教观念：这种观念把经济的形式规定性，如商品，生产劳动等等，看成是这些形式规定性或范畴的物质承担者本身所固有的属性。(2) 就劳动过程本身来看只有以产品（即物质产品，因为这里只涉及物质财富）为结果的劳动是生产的。(3) 在实际的再生产过程中……就财富的形成等等来说，表现在再生产性物品中的劳动与仅仅表现在奢侈品中的劳动之间有很大差别。"①

原文本来是说"力图用劳动的物质内容来确定生产劳动和非生产劳动的这种企图，有三个来源。"可是在一些引证者笔下竟变成了：马克思具体剖析了政治经济学史上"力图用劳动的物质内容来划分生产劳动与非生产劳动这一错误理论的三个来源"。来源中的第 (2) 项内容，也变成了"单纯从简单劳动过程的结果（即物质产品）出发来把握生产劳动。"然后用以批评把生产劳动与生产物质产品的劳动联系在一起的中外学者的"错误"。这也离开了马克思的本意。

这段话的本意究竟是什么呢？联系前后文来看，它根本不是讲"用劳动的物质内容来划分生产劳动与非生产劳动的错误"的来源。试问：把物质生产劳动作为资本主义生产劳动的条件，同第一个"来源"即"拜物教观念"有什么内在联系呢？没有，丝毫扯不到一起。其实，马克思这里提及拜物教观念，不过是要说明，由于资产阶级经济学把资本主义生产方式看作是永恒的生产方式，便把商品看作是产品的属性，把生产的资本主义形式，看作是物质生产的一般属性，从而把资本主义生产劳动看作是劳动的物质内容的属性。总之，把"经济的形式规定性"，看成是这些形式规定的"物质承担者本身所固有的属性"。这正是拜物教观念的表现。在《资本论》第 1 卷第一篇脚注 (32) 中，在讲古典政治经济学的缺点时就讲过："如果把资产阶级生产方式误认为是社会生产的永恒的自然形式，那就必然会忽略价值形式的特殊性，从而忽略商品形式及其进一步发展——货币形式、资本形式等等的特殊性。"在生产劳动问题上，资产阶级经济学（包括古典经济学和庸俗经济学）同样忽略了资本主义生产劳动的特殊性。

至于第二和第三个"来源"，也是要说明资产阶级经济学不知道资本主

---

① 《马克思恩格斯全集》第 49 卷，人民出版社 1982 年版，第 108 页。最后一句中的"有很大差别"似应为"没有很大差别"。

义生产劳动的特殊的历史性质，而把它看作是劳动的物质内容的自然属性。拿第二个“来源”说，由于劳动过程确实是生产物质产品的过程，生产劳动会产生物质产品，因而就把资本主义生产劳动看作是生产物质产品的劳动属性了。例如，重农学派就把资本主义生产劳动同农业劳动划了等号，将其看作是农业劳动自身所具有的属性。

一些同志硬说，马克思认为演员、音乐家、歌唱家、教师、医生、作家等等，都是生产劳动者，甚至幼儿园、婚姻介绍所，也是生产部门。但是，从马克思对斯密的生产劳动理论的全部评论和对其正确观点的维护来看，从他用大量篇幅反驳和批判庸俗经济学对斯密的生产劳动理论的攻击来看，马克思的见解同这些同志的断言正好相反。

马克思赞同斯密不把训练、保持劳动能力的教师、医生服务看作生产劳动。他说：“在任何情况下，医生的服务都属于生产上的非生产费用。”医生和教师劳动的非生产性质，可以从下面的情况看出来：当劳动生产力降低，总价值和使用价值下降时，“如果资本家和工人还想以物质产品的形式消费原先那样大的价值量，他们就要少购买医生、教师等等的服务。如果他们对医生和教师必须继续花费以前那样大的开支，他们就要减少对其他物品的消费。因此，很明显，医生和教师的劳动不直接创造用来支付他们报酬的基金”。① 连自己所得的报酬基金也不能直接创造出来的劳动，显然是非生产劳动。这同“宽派”断言教师、医生也是创造价值的生产劳动者正好相反。马克思还进一步指出：斯密把直接“生产、训练、发展、维持、再生产”劳动能力的教育、医疗等劳动“从他的生产劳动的项目中除去了；……他受某种正确的本能支配，意识到，如果他在这里把后一种劳动（指教育劳动等——引者）包括进去，那他就为各种冒充生产劳动的谬论敞开了大门。”②马克思讲得如此明确，而有的文章却只引用教育是“直接把劳动能力本身生产、训练、发展、维持、再生产出来的劳动”这半句话，来论证马克思认为教育是生产劳动。把马克思所否定的会为各种谬论敞开大门的错误见解，说成是马克思的正面意见，岂不颠倒了是非吗？

庸俗经济学家们一起攻击斯密关于非生产劳动的这种规定：某些最受尊敬的社会阶层的劳动，不生产任何价值，是非生产劳动。如“君主和他的

---

①② 《马克思恩格斯全集》第26卷Ⅰ，人民出版社1975年版，第159、164页。

全部文武官员、全体陆海军，……列入这一类的，还有……教士、律师、医生、各种文人；演员、丑角、音乐家、歌唱家、舞蹈家等等。”[①] 马克思在《剩余价值理论》第四章中的绝大部分篇幅，都是用以反驳各个庸俗经济学家对斯密的攻击的。

例一：加尔涅说：“从劳动对支付其代价的人提供某种享受、某种方便或某种效用来看，一种劳动和另一种劳动一样，都是生产劳动。”他反问道：为什么“诱惑我的嗅觉的香水制造者”应当认为是生产劳动者，而“陶醉我的听觉”的音乐家应当是非生产劳动者呢？马克思借斯密的话回答说：“因为一个提供物质产品，另一个不提供物质产品。”不能用道德观念来规定生产劳动，劳动的“功绩”，同生产劳动的规定无关。[②]

加尔涅又说：认为提琴制造者，风琴制造者是生产的，而以他们的劳动为“准备阶段”的职业（如提琴或风琴演奏员），则是非生产的，难道这不是矛盾吗？马克思反驳说：“如果这样来谈问题，那就会得出结论说：吃粮食的人和生产粮食的人一样，也是生产的。因为，为什么生产粮食呢？就是为了吃。……吃粮食的人会生产脑子、肌肉等等，难道这不是像大麦或小麦一样贵重的产品吗？”[③]

马克思还说：“开药方的医生不是生产劳动者，而配药的药剂师却是生产劳动者，这看起来好像是奇怪的。同样，制造提琴的乐器制造者是生产劳动者，而演奏提琴的提琴师却不是。”这里明确肯定医生和提琴师不是生产劳动者。这并没有什么可奇怪之处。“这只能证明，某些‘生产劳动者’提供的产品，其唯一的目的是充当非生产劳动者的生产资料。……归根到底，一切生产劳动者，第一，提供支付非生产劳动者的资金，第二，提供产品，让不从事任何劳动的人消费。”[④]

例二：施托尔希错误地看待物质生产和精神生产的关系，把一切精神生产都看作是生产劳动。他认为，医生生产健康，教授和作家生产文化，诗人、画家等生产趣味，道德家生产道德，君主的劳动生产安全，等等。马克思以嘲讽的语言反驳说：“同样完全可以说，疾病生产医生，愚昧生产教授和作家，乏味生产诗人和画家，不道德生产道德家，迷信生产传教士，普遍

①②③④ 《马克思恩格斯全集》第26卷Ⅰ，人民出版社1975年版，第151、177～179、179～180页。

的不安全生产君主。”[①] 马克思的意思是说，按照施托尔希的观点，凡是能产生现实的或想象的使用价值的活动或服务，都是生产劳动。那么，疾病、愚昧、不道德、迷信、不安全等也该是生产劳动了。

例三：西尼耳反对斯密的生产劳动理论。他说：“照斯密看来，犹太人的立法者是非生产劳动者。”一个医生开药方把病孩治好，从而使他的生命延续好多年，这个医生难道不是生产持久的结果吗？”[②]关于立法者，马克思说，西尼耳等“如此拘守于自己的资产阶级固定观念，以致认为，如果把亚里士多德或尤利乌斯·凯撒称为‘非生产劳动者’，那就是侮辱他们。”[③]显然，马克思认为亚里士多德一类学者，不管多么伟大，也都是非生产劳动者，这丝毫不包含轻视他们的劳动的意思。关于说医生也是生产劳动者，马克思说：“胡说八道！如果孩子死了，结果同样是持久的。如果孩子的病没有治好，医生的服务还是要得到报酬的。”[④]这又明确地肯定：医生是非生产劳动者。

西尼耳还问到：钢琴制造者要算是生产劳动者，而钢琴演奏者倒不算，虽然没有了钢琴演奏者，钢琴也就成了毫无意义的东西，这不是岂有此理吗？马克思回答说：事实的确如此。钢琴演奏者生产了音乐，满足了我们的音乐感。“但他的劳动并不因此就是经济意义上的生产劳动。”[⑤]我们讲生产劳动和非生产劳动都是从经济意义上讲的。精神生产，如音乐、诗歌，都不是经济意义上的生产。

例四：在《剩余价值理论》“附录”中，马克思批判了关于一切职业都具有生产性的辩护论见解。马克思讥讽他们说，罪犯还生产罪行呢！“罪犯不仅生产罪行，而且还生产刑法，因而还生产讲授刑法的教授，以及这个教授用来把自己的讲课作为‘商品’提到一般商品市场上去的必不可少的讲授提纲。”[⑥] 罪犯还生产警察、侦探、法官、刽子手等。还生产艺术、文艺等。按照辩护论者的逻辑，罪犯也是生产劳动者了。这里马克思明确否定“哲学家生产观念，诗人生产诗，……教授生产提纲”因而是生产劳动者的错误见解。

我这样转述马克思的论述，是因为在一些同志的著作中，对这些讲得十

①②③④⑤ 《马克思恩格斯全集》第26卷第1分册，人民出版社1975年版，第179～180、298、299、415页。

⑥ 《马克思恩格斯全集》第46卷（上），人民出版社1979年版，第264页。

分清楚的论述竟避而不讲，反而把马克思所一再反驳的见解加给马克思。

这并不是说，在关于生产劳动和非生产劳动问题的讨论中，只能重复马克思讲过的话。不，我认为，第一，马克思的有关论述，在多数问题上比较系统、充分，但在有的问题上只是提了一下，并没有展开，需要进一步进行探索。例如，马克思在反驳罗西曲解斯密的意见（说斯密只把体力劳动者作为生产劳动者）时指出："亚当·斯密不是这样看的。他认为从事写作、绘画、作曲、雕塑的人是第二种意义的'生产劳动者'，虽然即兴诗人、演说家、音乐家等等不是这样的劳动者。"[①] 这里讲的是作家写的书，画家完成的画，音乐家发表的歌曲，艺术家完成的雕塑等。这种精神产品也表现为物，同物质产品结合在一起。马克思自己在讲生产商品、生产物质产品的劳动时，也讲过"一切艺术和科学的产品，书籍、绘画、雕塑等等，只要它们表现为物，就都包括在这些物质产品中。"生产商品的劳动，"包括一切以物的形式存在的物质财富和精神财富，既包括肉，也包括书籍"[②]。"第二种意义的生产劳动"同第一种意义的有什么区别，这种生产劳动怎样创造价值，价值量怎样决定等问题，都需要进行研究。而一些同志虽然大讲精神生产劳动创造价值，却没有对这类问题做出任何科学说明。第二，马克思在一百多年前考察生产劳动问题时，非物质生产部门还不很发展，在国民经济中的地位和作用不显得很重要。现在情况变化了。经济发达国家中的精神生产部门和服务性行业大大发展了，非物质生产劳动的比重日益增长。在发展了的新的社会经济条件下，马克思的生产劳动理论怎样具体化，需要进行研究。随着生产社会化的巨大发展，生产劳动的概念似乎也要扩大。例如，为生产服务的某些新兴的行业的生产性质，自不必说。发展了的修理行业（包括对劳动资料的修理和耐用消费品的修理）虽属服务部门，但应当说也是生产性的。第三，在社会主义制度下，生产劳动和非生产劳动怎样划分，马克思没有专门研究过，需要我们进行探讨。第四，如果谁愿意把生产劳动的概念规定的很宽，甚至借鉴于西方的观点，那就讲自己的见解好了，不必去引证马克思的某些实际上并不相关甚至意思相反的话作为根据。不应当把自己的见解强加给马克思。

---

①② 《马克思恩格斯全集》第26卷Ⅰ，人民出版社1975年版，第307、165页。

三、讨论生产劳动和非生产劳动的实际意义

对于生产劳动和非生产劳动问题，不管持何种见解，都应提出一个明确的划分界限或客观标准。

重商学派认为，只有其产品出口给国家带回的货币多于这些产品在国内所值的货币的那些生产部门，才是生产的；重农学派认为，只有农业劳动才是生产的；斯密认为，只有同资本相交换、将劳动物化在商品中并为雇主提供利润的劳动，才是生产劳动；马克思认为，从单纯劳动过程看，生产物质产品的劳动，就是生产劳动，从资本主义生产过程看，以生产使用价值为前提的直接生产剩余价值的劳动，才是生产劳动。上述关于生产劳动的不同见解，也是规定生产劳动的不同标准。这些标准，不管是哪一派提的，都容易把握并用以划分生产劳动和非生产劳动。如果不提出一个明确的、容易把握和运用的标准，只笼统地说，资本主义生产劳动就是为雇主提供剩余价值的劳动，而与是否生产物质产品无关，那么，妓女、反动文人等为雇主赚钱，是否也属于生产劳动？如果不是，界限是什么？有些文章论述社会主义的生产劳动时，断言这种劳动是生产劳动，那种劳动是生产劳动，几乎包括了一切服务行业和精神生产领域，却没有明确说明划分社会主义生产劳动和非生产劳动的标准究竟是什么。有的表面上提了个标准，但实际上可以任意解释，不好把握。例如，说凡是以满足社会日益增长的物质和文化的需要为目的的劳动，就是社会主义生产劳动，而不管是否生产物质产品。按此定义，教育、文化、卫生、体育、商业以及其他许多方面的劳动，都被规定为生产劳动。可是，在社会主义制度下，有哪一种劳动和工作会脱离满足社会日益增长的物质文化需要这一根本目的呢？我们的党政干部不也是在为此而工作吗？要知道，党和政府的政策正确与否，对广大劳动人民物质和文化生活需要的满足程度如何，关系极大。按照一些同志的见解，实际上就几乎不存在或很少存在非生产劳动了，从而也就没有什么必要划分生产劳动和非生产劳动了。

社会主义生产劳动的规定，同社会主义生产目的的规定应是一致的。正如同资本主义生产劳动的规定同资本主义生产目的的规定相一致一样。但讲社会主义生产目的时，“社会主义生产”的内涵究竟是什么，难道不是指工业、农业、交通运输业等物质资料的生产，以及与这些生产相关的部门，而

是还包括一切与生产无关的行业吗？我们讨论社会主义生产目的，难道还包括党政、军警、公检法、宣教、妇联等行业的目的么？没有包括，因而也没有讨论过。

我认为，社会主义的生产劳动，就是为充分满足劳动者的物质和文化生活需要而生产物质文化产品的劳动，是在社会主义生产关系下进行的物质生产劳动，包括体力劳动和脑力劳动，包括从生产单位内部或从外部为直接生产过程提供服务的劳动，如设计、科研等劳动。这种劳动创造的价值既补偿劳动者的生活消费品的价值，又为社会提供一个余额。也需注意到：马克思讲过，生产力分物质生产力和精神生产力。精神生产力生产精神产品。因此生产劳动也可区分为物质生产劳动与精神生产劳动。有的精神生产劳动可创造价值，如出版书籍、可转化为生产力的科技成果，绘画等。有的很难说生产价值，如教师讲课。

不应当把社会所必需的劳动同生产劳动等同起来。不应当用某种劳动的必要性或重要性来论证这种劳动的生产性。这个道理，连斯密都讲得很清楚。在资本主义制度下如此，在社会主义制度下亦如此。说某种劳动是非生产劳动，丝毫不包含对这种劳动贬低的意思。同样，说某种劳动是生产劳动，也不包含这种劳动比非生产劳动高贵的意思。马克思甚至还这样讲：在资本主义制度下，“成为生产劳动者不是一种幸福，而是一种不幸。”①

怎样划分生产劳动与非生产劳动，各派见解都有其理论目的，而且也确实有它的实际意义。重农学派认为，只有农业劳动才是生产劳动，就是主张要特别重视发展农业。斯密克服了重农学派的局限性，认为农业和工业等一切产业部门中与资本相交换的劳动都创造价值和利润，都是生产劳动。因而主张多积累资本，多雇工人，多发展产业部门，因为“雇佣许多工人，是致富的方法，维持许多家仆，是致贫的途径。”② 马克思从物质劳动过程和价值增殖过程的统一中规定资本主义生产劳动，是要揭露剩余价值的真实来源，揭露产业资本与雇佣劳动的本质关系，揭露以此为基础的资本主义各个剥削集团之间分割剩余价值的关系以及他们同各种雇佣劳动之间的关系。主张通过革命手段使劳动者占有自己生产劳动的成果。

---

① 《马克思恩格斯全集》第23卷，人民出版社1972年版，第556页。“生产劳动者”原译作“生产工人”。

② 亚当·斯密：《国民财富的性质和原因研究》上卷，商务印书馆1972年版，第303页。

我们讨论生产劳动和非生产劳动问题，也服从于一定的目的。那就是怎样安排我们的国民经济，怎样处理和安排好物质生产、精神生产、劳务以及其他活动之间的关系，怎样统计我国的国民收入及其分配。物质资料的生产是社会生活的基础。没有工业、农业、交通运输业、建筑业等物质生产部门的首先发展，其他部门是难以迅速发展的。在过去“左”的错误下，我们的商业服务和科、教、文、卫等精神生产部门发展得很不够，有必要重视和促进它们的发展。但是，在“左”的错误下，首先是物质生产部门没有获得应有的发展，因而更加延缓了对社会必要的那些非物质生产部门的发展。今天我们如果脱离开我国物质生产发展的现有状况，想按照经济发达国家的比重发展所谓“第三产业”的情况，去发展我国的非物质生产部门，这种发展如果超出了物质生产部门能够承担的限度，那将会走向反面。

把托儿所、幼儿园、影剧院、银行、信托业、保险业、广告业、婚姻介绍所，以及教育、体育等部门，统统规定为创造国民收入的生产部门，既无理论根据，又无实际意义。发展这些行业不管怎样必要和有益，它们并不能增加国民收入，而是需要从国民收入的扣除中获得补偿。是属于国民收入的再分配问题，而不是属于国民收入的创造问题。如果在我们的经济统计工作中，把许多非物质生产领域甚至非经济领域的收入也作为国民收入，那势必会夸大国民收入总额，把国民收入再分配，当作国民收入本身。不应忘记，马克思在《哥达纲领批判》中讲到共产主义社会中的社会总产品分配问题时，曾强调要从物质生产部门的收入中进行多项社会扣除，其中就包括用于“学校、保健设施等”方面的扣除。如果像一些同志所断言的那样，这些非物质生产部门的劳动同样是创造使用价值和国民收入的生产劳动，那么用于它们的费用就可以从自己创造的国民收入中获得补偿，而不需要从物质生产部门创造的收入中扣除相应的部分了。这与马克思的论述显然是相矛盾的。归入生产部门显然是不适当的。

关于生产劳动和非生产劳动问题[①]

——与于光远、童大林等同志商榷

近几年来，我国经济学界对于生产劳动的非生产劳动问题，展开了热烈的讨论。在讨论中大家都引证马克思著作中的某些话，作为自己的论据。然而马克思在这个问题上的科学见解究竟是什么，似乎见仁见智，存在理解上的不同。我认为，有些理解并不符合甚至颠倒了马克思的原意。由此引申出来的一些有关社会主义经济理论和社会主义实践的论断，自然也值得商榷。

一

有必要先从马克思关于生产劳动和非生产劳动的论述讲起。

《资本论》第一卷第五章的第一节，分析了劳动过程。在这里，马克思从单纯劳动过程（有的译作“简单劳动过程”，但这容易被误解，似乎与复杂劳动过程相对应）的观点提出了“生产劳动”的定义。所谓单纯劳动过程，就是撇开了劳动的社会历史形态，把它作为单纯人和自然之间的物质变换过程来考察。也就是从劳动者利用生产资料生产物质产品（或使用价值）过程的角度来考察。这种能够生产出物质产品的劳动，就是生产劳动。马克思说：“如果整个过程从其结果的角度，从产品的角度加以考察，那末劳动资料和劳动对象表现为生产资料，劳动本身则表现为生产劳动。”[②] 这里明确指出了生产劳动是“从产品的角度加以考察”的劳动。反过来，也可以说，如果生产不出有用的物质产品，这种劳动就是非生产劳动。

---

① 本文原载《经济理论与经济管理》1981 年第 3 期。

② 《马克思恩格斯全集》第 23 卷，人民出版社 1972 年版，第 205 页。

马克思在说明这个问题时，还特别加了一个脚注：从单纯劳动过程的观点得出的生产劳动的定义，对于资本主义生产过程是绝对不够的。为什么不够呢？因为，第一，资本主义生产过程，并不仅仅是一个劳动过程，而且同时是价值增殖过程。因而还需要从价值增殖过程的角度来考察生产劳动问题。第二，资本主义制度下的社会化的许多人共同劳动的过程，同单个劳动者的劳动过程，是有区别的。因此，即使从单纯劳动过程的观点考察生产劳动，在概念上也会有所发展。

在《资本论》第1卷第14章考察《绝对剩余价值和相对剩余价值》时，同第五章相呼应，专门论述了资本主义生产过程中的生产劳动问题。马克思指出：在资本主义生产中，生产劳动的概念，一方面扩大了；另一方面又缩小了。所谓扩大和缩小，是从资本主义生产过程的二重性来看的。首先，资本主义生产过程是劳动过程，但这时的劳动过程不再是单个人的劳动过程，而是许多劳动者结合劳动的过程。这里，劳动的协作性质发展了。因此，“产品从个体生产者的直接产品转化为社会产品，转化为总体工人即结合劳动人员的共同产品。总体工人的各个成员较直接地或者较间接地作用于劳动对象。”① 这时，生产劳动并不一定要直接作用于劳动对象，诸如生产过程的指挥者，产品的设计者，工程师，以及为直接生产过程服务的其他劳动者，如检验员、清洁工等，他们不直接在劳动对象上进行劳动，但他们是整体劳动者的“一个器官”，完成在整体劳动过程中不可缺少的一种职能，因此，他们的劳动也是生产劳动，他们都属于生产劳动者的范畴。这里，生产劳动的规定，与体力劳动和脑力劳动的划分无关。不管是体力劳动者，还是脑力劳动者，只要他们在物质生产过程中，作为整体劳动者的一员，参加了劳动，就是生产劳动者。这时，从个别劳动者来看，他的不直接作用于劳动对象的劳动，同前面讲的生产劳动的最初定义似乎是不对口径的，因为它不直接生产物质产品。但是从整体劳动者生产整体产品的过程来看，上述生产劳动的定义又是完全适用的。由于在分工协作的社会化劳动过程中，某种不直接作用于劳动对象的劳动也是生产劳动，因此，生产劳动的概念便扩大了。

在这个问题上，于光远同志的见解是值得商榷的。他说：“马克思从来

---

① 《马克思恩格斯全集》第23卷，人民出版社1972年版，第556页。

没有认为即使从简单劳动过程的角度上来看的生产劳动仅仅是生产物质资料的劳动。”而是“认为从简单劳动过程的立场上来看，……许多不生产物质资料的劳动也可以是生产劳动”。他断言，马克思认为“作为服务被享受的劳动即现在称之为劳务的东西，同样是从人和自然之间的物质变换的角度来考察的生产劳动。如演员的劳动就是这样”。[①] 于光远同志并没有提出任何确实的论据来证明这个论断。事实上，这个论断同马克思的原意是不一致的。马克思明明指出，从单纯劳动过程的角度来看的生产劳动，是“从物质生产性质本身得出的关于生产劳动的最初定义”。马克思在《资本论》一卷第五章中讲的劳动过程，丝毫没有超出生产物质资料的范围。至于演员的劳动，马克思从来没有撇开生产的社会关系单从劳动过程去判断它是生产劳动。试问，演员在舞台上的演出活动，能说是人与自然之间的关系吗？怎么能说它也是人与自然之间的物质变换过程呢？怎么能从这个角度断定演员是生产劳动呢？即使从资本主义的生产关系来看，服务性劳动，包括演员的劳动，也不能简单地认为是生产劳动。而是只有与资本相交换并提供剩余价值的服务性劳动，才被看作是生产劳动。马克思说：“一个自行卖唱的歌女是非生产劳动者。但是，同一个歌女，被剧院老板雇用，老板为了赚钱而让她去唱歌，她就是生产劳动者。”[②] 在马克思的著作中，“服务”一词甚至与非生产劳动联系在一起，例如，有的标题就是“非生产劳动是提供服务的劳动”。[③]因为“服务”一般是指与收入相交换因而不能提供剩余价值的劳动。

于光远同志从劳动的协作性质出发，把生产劳动的概念做了一层又一层的扩大。他一层远似一层地推论下去。“更远一层研究有关经营管理的经济问题以及它的理论基础的经济学家的劳动也是生产劳动。……以及对制造车床的原理进行研究，以至对车床原理的理论基础进行研究的人，他们的劳动也是参加对劳动对象的处理的劳动，也都是生产劳动。只是一个比一个远一些罢了。”按照这种逻辑，还可以进一步往更远的层次推论下去：经济学家和车床原理研究者的老师，以及他们老师的老师的老师，都为现有的乃至将来的生产过程提供生产劳动。甚至经济学家和车床原理研究者的父母和更远的祖先，他们一层层为养育生产劳动者而付出的劳动，自然也应是生产劳动

① “社会主义制度下的生产劳动与非生产劳动”，《中国经济问题》1981 年第 1 期。

②③ 马克思：《剩余价值理论》第 1 册，人民出版社 1975 年版，第 432 页。

了。牛顿十七世纪在力学、光学和热学等方面的巨大科学成就，对整个人类生产的发展起了意义十分重大的作用。于是三百年来以至以后千万年中，全世界名个工矿企业的生产劳动中，都应包括有牛顿所提供的生产劳动及其制造的价值了。这样推论下去，每个企业的劳动产品和产品的新价值，都不能说是由本企业的劳动者所生产的了，还应该计算层层相关的历代科学技术的发明者、经济学家乃至人类祖先的“生产劳动”。先行者的劳动会成为万世取之不竭的价值的源泉。这样一来，生产劳动的概念就无限扩大了，也就成为难以把握的没有实际意义的东西了。

其实，马克思讲由于劳动协作性质的发展而引起的生产劳动概念的扩大，是有一定的限度的。即使有的生产劳动不直接作用于劳动对象，但它仍然是在物质生产领域中直接为产品的生产服务的。间接作用于劳动对象的生产劳动，却是直接劳动过程整体中的有机构成部分。如果离开直接劳动过程整体，而层层“间接”下去，用以证明远离产品的直接生产过程的经济学家、科学家、教育家、艺术家也是生产劳动者，还以马克思的话为根据，那么，这其实是对马克思从单纯劳动过程的观点来考察的生产劳动的定义的莫大误解。关于这个问题马克思有过很明确的说明：“从单纯劳动过程的结果来看，”在资本主义生产中，“这些或那些工人的劳动同生产对象之间直接存在的关系，自然是各种各样的。例如，前面提到过的那些工厂小工，同原料的加工毫无直接关系；监督直接进行原料加工的工人的那些监工，就更远一步；工程师又有另一种关系，他主要只是从事脑力劳动，如此等等。但是，所有这些……劳动者的总体进行生产的结果……表现为商品或一个物质产品。所有这些劳动者合在一起，作为一个生产集体，是生产这种产品的活机器”，“所有这些人……直接从事物质财富的生产，”[①] 从这段话可以看出，尽管由于分工协作的发展，有些生产劳动者可以同劳动对象“毫无直接关系”，而只有间接的或“更远一些”的关系，但是，第一，他们与其他生产者结合在一起成为“生产集体”；第二，他们“直接从事物质财富的生产”；第三，生产的结果是“物质产品”。至于直接生产过程之外的经济学家、车床原理的研究者乃至演员等，显然不符合这些规定。因此，马克思认为，从单纯劳动过程的角度来看，他们不是生产劳动者。

---

① 马克思：《剩余价值理论》第1册，人民出版社1975年版，第443～444页。

马克思虽然讲过："劳动的物质规定性，从而劳动产品的物质规定性本身，同生产劳动和非生产劳动之间的这种区分毫无关系。"[①] 但这不是从单纯劳动过程的观点来讲的，而是从资本主义生产关系的角度来讲的。从后一方面来看的生产劳动的定义，"不是从劳动的物质规定性……得出来的，而是从一定的社会形式，从这个劳动借以实现的社会生产关系得出来的"。[②]

二

如果说，劳动协作性质的发展使生产劳动的概念扩大了的话，那么，资本主义生产的实质或生产关系又使生产劳动的概念缩小了。资本主义生产的实质是剩余价值生产，"只有为资本家生产剩余价值或者为资本的自行增殖服务的工人，才是生产工人。"马克思还举了物质生产领域以外的一个例子说："一个教员只有当他不仅训练孩子的头脑，而且还为校董的发财致富劳碌时，他才是生产工人。"[③]这类话该怎样正确理解呢？这牵涉到一些重要的理论问题和实际问题。许多同志认为，这是马克思的正面的科学见解。有的同志还据此论证资本主义制度下受雇于资本家的知识分子都是创造剩余价值的生产工人。在这方面有代表性的文章是童大林、吴明瑜、鲍彤同志合写的《关于知识分子问题的笔记》（《人民日报》1979 年 11 月 28 日）。文章中引证了马克思的两段话。第一段是："在学校中，教师对于学校老板，可以是纯粹的雇佣劳动者，……这些教师对学生来说虽然不是生产工人，但是对雇佣他们的老板来说却是生产工人。老板用他的资本交换教师的劳动能力，通过这个过程使自己发财。……在这里，演员对观众说来，是艺术家，但是对自己的企业主说来，是生产工人。"第二段是："密尔顿创作《失乐园》得到 5 磅，他是非生产劳动者。相反，为书商提供工厂式劳动的作家，则是生产劳动者。……一个自行卖唱的歌女是非生产劳动者。但是，同一个歌女，被剧院老板雇用，老板为了赚钱而让她去歌唱，她就是生产劳动者，"作者据此得出结论说，马克思认为，一切被资本家雇佣、为资本家赚钱服务的知识分子，如演员、作家、歌女、科学家、工程师、医生、新闻记者等，"他们都和受雇于资本家的体力劳动者一样，是为资本家创造剩余价值的工

①②③ 马克思：《剩余价值理论》第 1 册，人民出版社 1975 年版，第 150、148、556 页。

人。”联系旧中国的实际情况，作者认为，我国半殖民地半封建制度下的“知识分子中，大量的是生产剩余价值的工人”，“受雇于私人资本家、官僚资本家以及外国资本家的知识分子。……正如马克思所指出的，……就是创造剩余价值的生产工人”。沈培言发表于《光明日报》1980年2月23日的《知识分子的阶级成分和阶级属性》一文，引用了童大林等同志所引证的马克思的话，认为童大林等据此得出的结论是正确的，并强调说：“资本主义社会中很多知识分子，与产业工人处于同样的劳动者的地位，参与剩余价值的生产，受资本家的剥削。这对于我们认识知识分子的阶级成分无疑是一个很权威的科学根据。”

我认为，这种见解是值得商榷的。按照这种见解来分析问题，那末，在资本主义社会和旧中国，为书商写书的国内外的马尔萨斯、庞巴卫克、叶青等，都不是资产阶级知识分子，而是为书商创造剩余价值和受剥削的生产工人了。还有，为书商赚钱而写黄色小说，写反共文章，画春宫画的知识分子，也统统是创造剩余价值的生产工人了。这样一来，在资本主义国家和旧中国，也就压根儿不存在什么资产阶级作家，资产阶级新闻记者，资产阶级历史学家、哲学家、经济学家了，都应该冠之以无产阶级知识分子或生产工人的头衔了。因为书商和报社的老板，也要靠他们赚钱，他们也该是创造剩余价值的生产工人啊！

我认为，马克思在《资本论》第一卷和《剩余价值理论》中关于生产劳动概念缩小了的论述，被许多人整个地误解了。所谓在资本主义制度下只有生产剩余价值的劳动才是生产劳动，非物质生产领域的教员、演员等为校董和老板赚钱时也是生产劳动者的观点，并不是从马克思的立场和学生、观众的立场来看的。而是从资本家、老板的立场来看的。马克思明确指出：“这里，生产劳动和非生产劳动始终是从货币所有者、资本家的角度来区分的，不是从劳动者的角度来区分的。”[①] 就从童大林等同志所引证的那两段话来看，也包含这个意思：教师对于雇用他们的老板来说是生产劳动者（原译为生产工人），而对学生来说则不是。演员“对观众来说”是艺术家，“但对自己的企业主说来”则是生产劳动者。显然，童大林等同志把从资本家的角度来看的生产劳动，是当作是从马克思主义和劳动者的角度来看的生

① 马克思：《剩余价值理论》第1册，人民出版社1975年版，第148页。

产劳动了。

那末，怎样理解马克思对亚当·斯密关于生产劳动的两种定义的评论呢？斯密的第一种定义是：资本主义制度下的生产劳动是创造剩余价值的劳动；第二种定义是：生产劳动是物化在商品中的劳动。马克思认为斯密的第一种定义是正确的，第二种则是错误的。说第一种定义正确，是因为在资本主义制度下，资本主义生产的目的和实质决定了资本家必然这样认识生产劳动问题。这个定义反映了资本主义生产关系。马克思指出：斯密“从资本主义生产的观点给生产劳动下了定义”，“触及了问题的本质，抓住了要领”。而斯密所以会提出第二种定义，是因为在资本主义生产中物化在商品中的劳动自然同时也是生产剩余价值的劳动。马克思说：“只有把生产的资本主义形式当作生产的绝对形式、因而当作生产的永恒的自然形式的资产阶级狭隘眼界，才会把从资本的观点来看什么是生产劳动的问题，同一般说来哪一种劳动是生产的或什么是生产劳动的问题混为一谈”。[①] 所谓“从资本的观点来看”的生产劳动，从资本家的眼光来看的生产剩余价值的劳动；而“一般说来”的生产劳动，就是劳动者从单纯劳动过程的观点来看的生产劳动。不应当把从不同角度来考察的两种生产劳动的概念混同起来。比如，一个劳动者的劳动如果只能维持自己的生活，即再生产出自己的劳动能力来，“从资本主义意义上来说”，这种劳动不生产剩余价值，是非生产劳动。但从一般意义上说，或“绝对地说，这一劳动是生产的”。[②] 由此可见，所谓只有生产剩余价值的劳动才是生产劳动的见解，这是“从资本家的角度”、“从资本的观点”、“从资本主义意义”来讲的。

虽然从资本家的角度看，凡为自己赚钱服务的劳动，都是生产劳动。但从马克思的观点来看，它不一定是真正创造剩余价值的生产劳动。如专门从事商品买卖的商业工人，马克思明确地讲过，他们的劳动是非生产劳动。商业资本家支付给这种商业工人的工资，属于纯粹流通费用，要由剩余价值来补偿。因为马克思认为“买卖时间并不创造价值。”[③] 商业资本的利润是从产业资本所获得的剩余价值中转移过来的一部分。只从事买卖活动的商业工人的劳动不创造或生产剩余价值，而只是实现转移过来的剩余价值。但是从

①② 马克思：《剩余价值理论》第1册，人民出版社1975年版，第422、143页。

③ 《马克思恩格斯全集》第24卷，人民出版社1972年版，第148页。

商业资本家来看，商业工人为他赚钱发财而进行的劳动，是生产劳动；而商业工人则是生产剩余价值的生产劳动者了。马克思的生产劳动理论和价值理论也需要发展。根据当代社会经济的现实发展情况，生产劳动的概念需要拓宽，那是另外的问题，这里是讨论马克思的生产劳动理论，需按其原意来解析。

既然从马克思看来，连从事买卖的商业工人的劳动都是非生产劳动，不创造剩余价值，那末，在官僚资本的贸易公司、外国资本的洋行和一切商业企业中服务的知识分子包括高级职员的劳动，怎么都成了真正的生产剩余价值的生产劳动者了呢？同样，银行资本的利润，也是转移来的。为外国银行和四大家族银行以及一切银行服务的职员，也不创造价值和剩余价值，怎么会成为生产工人呢？

把为资本家赚钱服务的非物质生产领域的知识分子，一律规定为生产剩余价值的生产工人，认为他们的阶级成分同从事体力劳动的产业工人完全相同，这不仅是出于把从资本家看的观点，当作从马克思和劳动者看的观点这种误解，而且还由于夹杂着另外两点误解。

一是从资本主义生产劳动的定义出发，误以为资本家和老板认同的生产劳动就都真的生产剩余价值。其实，所谓资本主义的生产劳动是“生产剩余价值的劳动”，意思不过是说，这种劳动是为提供剩余价值服务即为资本家发财致富服务罢了。这里的“生产剩余价值”一词，并不是从严格的意义上讲的。从资本家来看，他获得的利润是自己资本的产物，并不是剥削自或产生自他所雇佣的劳动者（包括物质生产领域中的劳动者）的劳动；从马克思来看，价值和剩余价值是在生产过程中创造出来的，像流通过程（指纯粹买卖过程，不包括生产过程在流通领域中的继续）和其他非生产过程中的劳动，不创造价值和剩余价值。比如，从事买卖和货币信贷的劳动者，就是这样。但是，这些劳动者为资本家赚钱服务时，也就被看作是生产劳动者。可见，把一切为资本家赚钱服务的知识分子，如作家、记者、银行和商业公司的职员等，都当作是真正“生产剩余价值”的劳动者，是不科学和不适当的。

二是与生产劳动和非生产劳动相对应的概念，应当是生产劳动者和非生产劳动者。可是，在《资本论》和《剩余价值理论》等中译本中，许多地方把“生产劳动者”译作“生产工人”。这并不贴切。在资本主义制度下，歌女、妓女，只要为老板赚钱，就成为生产劳动者。但她们不是“工人”。就是教师、医生、记者、作家，也不会被看作是“工人”。资本家不这样看，马克思也不这样看。而童大林等同志却从一个不大贴切的译文出发，把一切为资本家赚钱服务的知识分子，都定为工人成分，而且是生产工人，产业工人。那样的话，妓女、赌场服务人员，也该划为产业工人了！因为她们对老板来说，也是生产劳动者。

童大林等同志的文章针对“左”的错误，为知识分子说话，其用意是好的。但论证方法和立论的根据是不科学的。尤其是从马克思关于生产劳动和非生产劳动的论述中，直接引出确定资本主义制度中知识分子的阶级成分的理论根据，更是不适当的。把不为资本剥削服务的知识分子，即“自由职业者”，定为“小资产阶级”，而把为外国资本、官僚资本和私人资本服务的知识分子，一律定为“受资本家剥削的生产工人”，这在理论上是不通的，实践上是无益的。我这里只从方法和论据上提出不同意见。这丝毫不意味着对知识分子地位的贬低。资本主义制度下的知识分子的阶级成分，是一个复杂的问题，既不能简单地说一切为资本家服务的知识分子都是资产阶级知识分子，也不能简单地说他们都是无产阶级知识分子或产业工人。需要做具体分析。但这不是本文的任务。

三

从资本主义生产关系或从资本家来看的生产劳动，同从单纯劳动过程或从劳动者来看的生产劳动，很不一致。这与资本主义生产关系中资本和雇佣劳动的对抗性质以及资本主义关系的歪曲表现有关。社会主义制度下的生产劳动与非生产劳动该怎样划分？有的同志主张也分别从劳动过程的角度和从社会主义的生产目的的角度来划分。从后一角度出发，他们把生产劳动的内容扩大了很多。我对此表示怀疑。我们知道，社会主义生产关系并不具有对抗的性质，不采取歪曲的、颠倒的表现形式，因而似乎没有必要因袭资本主义制度下划分生产劳动和非生产劳动的方法。

于光远同志根据资本主义制度下生产劳动和非生产劳动的划分方法，提出了社会主义生产劳动的定义：“是在社会主义生产体系中进行的、不受剥削的、并以满足社会日益增长的物质和文化的需要为目的的劳动”。其中包括教育劳动、生产精神财富的劳动、从事分配和交换的劳动，等等。他认为，我国的商业、科学、教育和文化工作等所以得不到应有的重视，原因之一，就是认为它们是非生产性的。[①] 这个理由似难成立。将军、政府官员等，并不是生产劳动者，但过去和现在都没有不被重视。相反，有的劳动虽是生产劳动，也可以不被重视甚至受一些人的鄙视。某种劳动是否受重视、受尊敬，是否为社会所“迫切需要”，这同它是否生产劳动，没有内在联系。这个问题，在资产阶级经济学中就争论过。斯密认为：“某些最受尊敬的社会阶层的劳动，…不生产任何价值”。“例如，君主和他的全部文武官员、全体陆海军，都是非生产劳动者。……应当列入这一类的，还有……教士、律师、医生、各种文人；演员、丑角、音乐家、歌唱家、舞蹈家等等。”[②] 斯密的这一见解，遭受到庸俗经济学者的责难。如加尔涅反对斯密“把那些在社会上担任最重要职务的人，都归到非生产劳动者里面去。”[③] 庸俗经济学站在资本家阶级的立场说话，把生产劳动的范围扩展得很大，马克思曾给予批判。这个学说史上的争论，我们应该注意到。

于光远同志还认为，要把商业、服务业以及教育科学文化等方面的工作者，看作是工人阶级的一部分，就必须承认他们是生产劳动者。“不从事生产劳动的人当然没有理由必须看作是属于工人阶级的”。这个道理，也似难成立。是否属于工人阶级，是一回事，是否属于生产劳动者，则另是一回事。即使是工人，也有生产工人和非生产工人之分。例如在学校中看门、做警卫的工人，不能排除他们属于工人阶级，但不是生产工人，不是生产劳动者。至于教育、体育、文艺工作者，他们从事脑力劳动，自然也是“劳动者”，而且在我国目前条件下，他们已成为工人阶级的一部分。但并不能由此证明，他们就是生产工人，是生产价值的生产劳动者。

现在，有些曾受到马克思批评和否定的观点，竟作为马克思的东西被提了出来。例如，说教育劳动是生产劳动，因为它使人获得智慧、才能等。说“教育劳动又是为生产培养有相当生产知识和劳动技能的人，使得物质资料的生产能够有必要的人才”。而马克思早就指出：将“直接把劳动能力本身生产、训练、发展、维持、再生产出来的劳动”，从生产劳动中排除出去是

---

① 商业、服务业等，也包括一部分生产性劳动。这里不具体论述。

②③④ 马克思：《剩余价值理论》第1册，人民出版社1975年版，第151、273、164、180、415页。

正确的。因为如果把这种劳动也“包括进去，那他就为各种冒充生产劳动的谬论敞开了大门”。[4]

于光远同志甚至认为，受教育者的学习活动，也是生产劳动。他说：“受教育者接受教育者的传授和训练以及自己独立思考和钻研的活动，也属于这种属于生产劳动的劳动。”如此说来，大、中、小学生都是生产劳动者了。可是，他们既不创造物质财富，甚至不创造精神财富，他们在整个学习过程中都需要国家和家庭花钱培养，他们怎么能成为生产劳动者呢？如果说，这是因为学习活动，使学习者增加或生产了知识和才能，那么，就如马克思所讥讽的，吃粮食也该是生产劳动了。“吃粮食的人会生产脑子、肌肉等等，难道这不是像大麦或小麦一样贵重的产品吗？”[1]

马克思批评了那种把生产劳动的概念扩展得很广泛的见解。有的资产阶级经济学者认为，一切职业都具有生产性。哲学家生产观念，诗人生产诗，牧师生产说教，教授生产讲授提纲，等等，因而都是生产劳动。马克思讽嘲地说，“罪犯生产罪行”也该是生产劳动了。因为“罪犯不仅生产罪行，而且还生产刑法，因而还生产讲授刑法的教授，以及这个教授用来把自己的讲课作为‘商品’投入到一般商品市场上去的必不可少的讲授提纲”。[2]西尼耳责难说：钢琴制造者要算是生产劳动者，而钢琴演奏者倒不算，没有钢琴演奏者，钢琴便成了毫无意义的东西。这不是岂有此理吗？钢琴演奏者生产了音乐，满足了我们的音乐感，不是也在某种意义上生产了音乐感吗？马克思回答说：“事实上他是这样做了：他的劳动生产了某种东西；但他的劳动并不因此就是经济意义上的生产劳动；就像产生了幻觉的疯子的劳动不是生产劳动一样。”[3] 从这里也可以看出，从马克思来看的生产劳动，同从资本家及其辩护士来看的生产劳动，是根本不同的。不应当把庸俗经济学的观点，当作马克思的观点，并据此来规定社会主义制度下的生产劳动概念。

---

①② 马克思：《剩余价值理论》第1册，人民出版社1975年版，第164、180、415页。

③ 《马克思恩格斯全集》第46卷（上），人民出版社1979年版。

马克思“异化”思想的变化和社会主义实践[①]

一、问题的提出

近几年，我国理论界关于“异化”问题展开了热烈讨论，意见很不一致。有些同志认为，马克思“异化”思想是一贯的，并且从马克思的成熟著作如《资本论》中，寻找理论根据。我们搞经济的，研究《资本论》的，过去并没有重视马克思经济理论当中的“异化”概念。这不是偶然的。因为在《资本论》里面，“异化”概念不是个基本概念。从《马克思恩格斯全集》第23卷的中译本看，有五处讲异化，不过有一处译得不很准确，实际上是四个地方。第3卷也有异化概念，用了十来次，在经济学手稿中就讲的更多了。但是，我们读《资本论》的时候，并没有感觉到“异化”是一个重要概念，更没感到有一个“异化”理论；而我们对劳动价值理论、剩余价值理论以及其他的理论和有关概念是比较明确的，因为著作本身就把它们突出出来了。只要我们读《资本论》、读马克思的政治经济学著作，自然就会重视这些概念，重视这些理论。这反映了《资本论》和有关著作中的客观情况。所以经济学界不是很重视异化问题，有其客观原因。但是其他思想界的同志重视了。哲学界、文艺界，有些同志引证马克思的经济学著作，引用《资本论》来论证自己的观点，论证马克思的“异化”思想是一贯的、始终如一的，来论证社会主义本身也在产生“异化”，也有劳动异化，还有

① 本文原是在山东省《资本论》研究会1983年年会上的讲话录音整理稿，原载于《山东经济》1984年第1期。

政治异化、思想异化。人家引证了，你没有注意这些著作中怎样使用“异化”概念，你就没有发言权，就难以辨别是非。我们搞经济理论的同志也应该搞清楚马克思“异化”思想的来龙去脉，它的本质究竟是什么。实际上异化问题不是仅仅作为一个学术问题提出来的，它涉及社会主义制度本身的问题，涉及政治问题。大力宣扬“社会主义异化论”，会给我们思想战线造成一些混乱，会给我们的社会主义事业带来不利的影响，所以现在有必要澄清这个问题。

关于“异化”问题的宣传，也有不同的情况。一种情况是，本来想从理论上探讨一下中国社会主义的发展问题。特别是鉴于我们过去“左”的错误、鉴于十年内乱中林彪、“四人帮”造成的巨大损害，想从理论上进行一些分析，但是偏离了马克思主义历史唯物主义的轨道，而去找出马克思早期著作中的“异化”思想，试图用“异化”理论来说明我们的现实，来概括社会主义社会还存在的种种弊病，结果用“异化”理论代替了马克思的历史唯物主义。

还有一种情况是借用“异化”理论来批判社会主义，认为社会主义存在全面“异化”，在经济领域、政治领域、思想领域都存在“异化”，而“异化”产生于社会主义制度本身。马克思讲资本主义“劳动异化”时指出：物的世界不断增值，人的世界不断贬值。就是说，劳动者生产的财富越来越多，资本力量越来越大，因而物的世界不断增值。同时，工人本身变成了廉价的商品，工人地位恶化，人的世界贬值了。这本来是揭露资本主义对抗关系的，而我们有的同志却大讲社会主义异化，说在社会主义社会还是物的世界在不断增值，人的世界在不断贬值，借用异化概念和理论来批判社会主义。

第三种情况，就是那些所谓的持不同政见者，也大讲“异化”，利用“异化”思想来攻击社会主义，攻击党的领导，攻击人民民主专政，攻击马列主义。外国、台湾的某些别有用心的人，也利用我们国内的“异化”言论来大作文章。现在我们之所以这样重视这个问题，是有必要从思想和理论的高度加以澄清，原因就在这里。

自从1932年公开发表了马克思的《1844年经济学——哲学手稿》以后，西方掀起了“异化”热。右翼社会民主党人、资产阶级学者，利用这部著作来重新评价马克思和马克思主义。因为在这本著作中“异化”概念确是一个中心概念，所以有人抓住它大作文章。西方利用马克思的“异化”概念作文章的也有两种情况。

一种情况是，认为马克思的《1844年经济学——哲学手稿》是马克思主义的理论高峰，是马克思思想最完善的形式。他们在这本著作里发现了一个新的、人道主义的马克思，大讲“异化”的马克思，因为这本著作里讲过共产主义就是人道主义。他们说：马克思后期的思想衰退了，《经济学——哲学手稿》才是代表作。他们用马克思早期的著作否定马克思后来的、成熟的著作；用人道主义的马克思，否定历史唯物主义的马克思，否定科学社会主义的马克思，否定无产阶级革命领袖的马克思。似乎他们从马克思1844年手稿里面听到了福音。因为这里没有用历史唯物主义观点阐明历史发展的必然、资本主义灭亡的必然、通过革命建立社会主义的必然，而是用“异化”说明一切，用此说明人的本质异化，然后人的本质复归，这就变成共产主义了。这种见解还不是成熟的东西，而有人却用捧马克思早期的不成熟的著作的方法来贬低、否定成熟的马克思主义的著作。

另一种情况是，认为马克思的“异化”思想是一贯的，后期的著作也一样，马克思一贯是“异化”论者。他们引证马克思的经济学手稿，引证《剩余价值理论》和《资本论》。这种情况在我国也有，说《资本论》就是用“异化”思想写出来的。

二、马克思“异化”思想的发展和变化

（一）创立历史唯物主义以前的“异化”思想

马克思的“异化”思想确实有一个发展、变化过程。马克思的最早著作，1840年到1843年期间写的著作，也讲“异化”。那个“异化”概念是受了黑格尔“异化”思想的影响，带有唯心主义色彩。

黑格尔的异化是精神异化。黑格尔认为自然界、现实世界是绝对精神的“异化”。他把“异化”和“客体化”作为同义的概念使用，认为人的精神异化或客体化为一个现实世界。这当然是唯心主义的。马克思最早的著作里面还没有形成历史唯物主义，也没有剩余价值学说（这是马克思后来的两大贡献）。

我举一个例子。马克思曾经这样讲：只有当自然“本身被看作是理性的时候，它才完全成为理性的财产。对自然的任何关系本身同时也就是自然的异化”[①]。这里讲“自然的异化”就是指人的精神、人的理性异化为自然，因而自然本身是理性。这种“自然异化”是唯心主义的，受黑格尔的影响很重。后来马克思很快离开了黑格尔的思想，走向了费尔巴哈，又受到费尔巴哈“人本主义”的异化观的影响。什么叫人本主义的异化观呢？费尔巴哈主要是讲宗教异化，认为宗教是人的本质的异化。这是什么意思呢？比如，在《圣经》上讲，上帝是全能的主人，上帝造了人。而费尔巴哈把它倒过来，说不是上帝造了人，而是人根据自己的模样造了上帝，并把它偶像化。人们讲上帝爱人，实际上是把人间的“爱”赋予上帝了，人把人的本质赋给了上帝，上帝爱人了。这是人的本质异化。上帝有无穷的力量，实际上是人将自己的力量赋给了他。所以上帝的本质应该在人中找，是人的本质异化为上帝的本质了。费尔巴哈讲“宗教异化”，批判宗教，这是进步的，但这种进步是建立在人本主义思想基础上的。他认为人应该从上帝那里回到人这里来，不用相信上帝，要相信人自己。

马克思在1844年的《手稿》里，一方面还受费尔巴哈人本主义影响，讲异化；另一方面，他又超过了费尔巴哈，向前进了，最后脱离了费尔巴哈。马克思这样讲：“人的自我异化的神圣形象被揭穿以后，揭露非神圣形象中的自我异化，就成了为历史服务的哲学的迫切任务。”[②] 批判了宗教就是揭露了神圣形象，揭露非神圣形象中的自我异化，就是要揭露现实社会中的异化。马克思说：“于是对天国的批判就变成了对尘世的批判；对宗教的批判就变成了对法的批判，对神学的批判就变成对政治的批判。”马克思要用“异化”概念批判现有的政治、法，也就是批判资本主义社会。另外，马克思超出了黑格尔和费尔巴哈，超出了精神领域的异化。黑格尔的精神异化，费尔巴哈的人性异化，都是精神领域的异化。马克思从这个精神领域的异化，转入到政治、社会领域当中，批判政治、社会领域中的异化。后来，马克思对异化概念的运用愈来愈转入经济领域。

1843年，马克思在《论犹太人问题》一文中就把“异化”概念的运用

① 《马克思恩格斯全集》第40卷，人民出版社1982年版，第174页。

② 《马克思恩格斯全集》第1卷，人民出版社1956年版，第2页。

开始转向经济领域，讲到了钱的异化。马克思说：“钱是从人异化出来的人的劳动和存在的本质；这个外在本质却统治了人，人却向它膜拜。”① 马克思在这里实际上是揭露货币拜物教。虽然这里仍然带有费尔巴哈人本主义的影响，但是，他已经远远超过了费尔巴哈。这里是从物统治人，人对物的膜拜来表示他的异化思想。1844 年，马克思写了《经济学——哲学手稿》就更多地揭露经济领域的异化，特别是系统地讲了“劳动异化”问题。但是有必要说明一下，在《手稿》里面讲“劳动异化”，仍然不是从历史唯物主义、从剩余价值学说出发的，依然没有一个科学的理论基础，还把“异化”作为一个中心概念，作为一个主要方法，想要用“异化”理论解剖资本主义社会。但这里有杰出思想，已经用“异化”理论来揭露资本和雇佣劳动的根本关系，这一点是正确的。这个正确思想，在后来的著作中继承下来并得到发展。值得注意的是，马克思在《经济学——哲学手稿》里已经讲了异化劳动的四个方面，或四个规定：

1. 劳动产品的异化，就是雇佣劳动者所生产出的产品异化了，异化成一种异己的、对立的东西。因为劳动产品被资本家占有后，反过来统治工人：劳动产品异化为资本，成为统治和压迫自己的敌对力量。产品愈多，财富愈多，资本统治工人的权力就愈大。

2. 生产活动本身的异化。就是说劳动本身是一种外在的、强加于劳动者的、不得已的事情。劳动本身不会使劳动者感到幸福、愉快，而是使他们肉体上受折磨，精神上遭摧残；劳动活动本身不是属于劳动者自己，不是由工人个人支配，而是受敌对力量即资本家的支配。

3. 人的类本质的异化，这是前两个方面异化的结果。“类本质”、“人的本质”这些概念是费尔巴哈常用的概念。所谓“类本质”就是人的真正生活内容，也就是人的生活区别于动物生活的那个本质。马克思当时认为，作为人的本质内容，人的生活（包括劳动）应该是自觉的、自由的活动，应该是自由生命力的表现。类本质异化使人失去了生活应有的内容。雇佣劳动者由于劳动异化，他的生活不是人应有的生活，人的生活降为动物的生活。因而人的劳动活动也好，整个生命活动也好，都仅仅变成了一个生存手段，活着就是为了活着，生活就是为了生存，为了保存生命。这一条较多地受了

① 《马克思恩格斯全集》第 1 卷，人民出版社 1956 年版，第 448 页。

费尔巴哈人本主义的影响，运用的也是费尔巴哈的概念。但是，尽管这样，用来说明资本主义社会工人生活的特点还是有它的积极意义。

4. 劳动异化的上述三个方面所造成的直接结果是人同人相异化，也就是工人同资本家的异化。工人和资本家对立，资本家统治压迫工人。

这是劳动异化的四个方面，四个规定。由于马克思当时还没有建立自己的历史唯物主义世界观，还没有剩余价值理论，因而不能用科学理论解剖资本主义，便借助于已经流行的“异化”这个理论武器来批判资本主义。这里“劳动异化”的矛头是指向资本主义、揭露雇佣劳动和资本的对立关系的。马克思在建立历史唯物主义过程中，逐步摆脱了费尔巴哈的影响，并把“异化”概念的运用奠立在科学理论的基础上。

（二）建立了历史唯物主义时的“异化”思想

1845 年马克思写了《关于费尔巴哈的提纲》。这里马克思批判了费尔巴哈从抽象的人出发的错误，批判了费尔巴哈人本主义的异化观。马克思这样讲：“费尔巴哈把宗教的本质归结于人的本质，但是，人的本质并不是单个人所固有的抽象物。在其现实性上，它是一切社会关系的总和。”这里马克思第一次提出，人的本质是社会关系的总和。马克思讲的是现实的人，实践的人，社会的人，应从社会关系中了解人的本质。马克思批判了费尔巴哈人本主义异化观，自然也就同它决裂了。1845 年以后，马克思逐步建立了自己的历史唯物主义。从这以后，马克思再讲“异化”思想，理论基础就改变了，他把“异化”思想服从于历史唯物主义，服从于剩余价值理论了。“异化”思想不再是他著作中的中心概念了，也不是他的一般方法或重要方法了，而是用“异化”概念来说明某些具体问题，特别是用来揭露资本主义的剥削关系，批判资本主义。当马克思把“异化”思想建立在科学理论基础上后，出发点就改变了。这个时候，“异化”概念本身的运用及其意义也就缩小了，成为一个从属的东西了。而且以后，马克思把“异化”概念越来越集中于揭露资本和雇佣劳动的关系了。《资本论》中讲商品拜物教、货币拜物教，没有再用“异化”概念。可早期著作里讲过钱是人的异化。用商品拜物教、货币拜物教代替商品异化、货币异化可以更清楚、更具体地说明问题，它的规定性更明确。我们有的同志把商品拜物教等同于“异化”，这值得研究。《资本论》第 1 卷讲了好多资本和雇佣工人的对立关系，他曾经用了一些专门概念，但没有用“异化”概念。

在19世纪50年代末和60年代，马克思写了大量经济学手稿并写了《资本论》。在这些著作里面，“异化”思想同辩证唯物主义和历史唯物主义的思想结合在一起了。在这些著作里面，过去讲的正确的“劳动异化”思想也被继承下来了，但是摆脱了早期著作中的一些不正确的东西。

第一，这里明确指出劳动异化的基础是资本主义所有制。而《1844年经济学——哲学手稿》里面是用异化说明私有制，说私有制是异化的结果和表现。这里倒过来了，说异化产生于资本主义所有制。

第二，马克思强调说明，“劳动异化”具有历史的必然性和历史的暂时性。谁要讲“社会主义劳动异化”就应遵循马克思的“劳动异化”思想。要么你是讲你自己的，不要声称是根据马克思的思想来讲的。马克思认为“劳动异化”是一种历史必然性和历史的暂时性。所谓历史的必然性是指生产力发展到资本主义阶段所必然产生的现象，这是从历史唯物主义角度分析问题；但它又是历史的暂时性，就是说异化劳动本身会随着其基础的消失而消失，不是永存的。马克思说，异化劳动“这种颠倒的过程不过是历史的必然性，不过是从一定的历史出发点或基础出发的生产力发展的必然性，但决不是生产的某种绝对必然性，倒是一种暂时的必然性，而这一过程的结果和目的（内在的）是扬弃这个基础本身以及过程的这种形式”①

第三，劳动异化“是资本主义生产过程的特征”。这表明，马克思认为社会主义取代资本主义以后，劳动异化不再存在。

就讲这三条，当然马克思讲的还更多。就从这三条说明和前面讲的四个规定来看，什么叫“劳动异化”，不是规定得很明确吗？

有不少文章讲，社会主义社会依然产生“劳动异化”，说这是按照马克思的观点得出的。好吧，请对照一下马克思关于劳动异化的说明同你的论断，看看哪一条能对上号。实际上是对不上号的，是完全相反的。

马克思在为写《资本论》而大量写出的《经济学手稿》里面，“劳动异化”概念应用得比较多，但在《资本论》中就减少了，第1卷只有4处②。都是集中分析批判资本主义的雇佣劳动同资本的关系。在《资本沦》第3

---

① 《马克思恩格斯全集》第46卷（下），人民出版社1980年版，第361页。

② 《马克思恩格斯全集》第23卷，人民出版社1972年版，第473、626、668、703页。

卷中使用“异化”概念的地方多一些，“异化”概念的含义也稍微广一些。有的地方“异化”不是指“劳动异化”，而是指分离或独立化等，例如讲剩余价值异化为利润、利息、地租等几个部分，它仍然是用来揭露资本主义经济关系本质的。为什么第 3 卷使用“异化”概念多一些、运用范围也稍微广泛一些呢？从顺序上看，马克思先写第 1 卷，后写第 2 卷，再写第 3 卷。第 2 卷好像没有讲“异化”概念。可第 1 卷用的“异化”概念少，第 3 卷用得多。这有一个道理，马克思不是出版了第 1 卷后接着再写以后各卷，他是在各卷手稿都写完以后，才整理出版第 1 卷。所以整理修改出版第 1 卷的时间更晚，1867 年才出版第 1 卷。第 1 卷是马克思亲自完成定稿的著作，它最能代表马克思的成熟思想。而且就是第 1 卷出法文版的时候，将德文版中原有的 4 个地方的“异化”概念删掉了 3 个，只保留了 1 处。

《资本论》第 1 卷法文版是 19 世纪 70 年代翻译出版的，是由马克思亲自校订的。70 年代马克思还写了《哥达纲领批判》，里面既讲了资本主义，也讲了社会主义，但是没有用“异化”概念。从这可以看出马克思“异化”思想的发展变化。在他的成熟著作里面，“异化”概念越来越不占有重要地位，70 年代基本不用了。

三、社会主义会产生劳动异化吗？

从以上分析可以看出，马克思的“异化”思想经历了一个发展和变化过程。他并没有把“异化”作一个普遍适用的概念来使用。而我们有些同志大讲社会主义异化，认为社会主义存在全面异化。而且有的认为，社会主义异化根源在于社会主义制度本身。

有的同志大讲“社会主义劳动异化”，他们说，劳动异化就是劳动产品对人统治、劳动与人相分离的现象存在着。有的说，在很大程度上，劳动者个人不能决定、支配自己的劳动产品就是劳动异化。另外有的文章把劳动异化解释得更广泛。他们认为，劳动异化包括部分产品不符合社会需要，劳动的艰苦性，部分劳动者不遵守劳动纪律。有的说，相当多的劳动者，仍然把劳动看作谋生的手段，而不是生活的第一需要，这是劳动异化。有的同志从社会主义存在旧的分工、存在商品货币关系等方面说明社会主义劳动异化。有的文章认为，瞎指挥，不遵循经济规律，片面发展重工业，也是劳动异化。还有的把毁林开荒、围湖造田、环境污染，看作是经济领域的异化，等等。

我们认为，把这些东西叫做“经济领域的异化”、“劳动异化”，是不正确的，有必要对这些观点进行分析，评论，澄清是非。

马克思“劳动异化”概念有它特定内容，有它具体、明确的规定，不应该把它任意扩大。把握马克思“劳动异化”思想，就要明确：“劳动异化”是一种暂时的历史必然。它产生于资本主义私有制，它是资本主义生产的特点。

从马克思所说的“劳动异化”的四个规定来看，“劳动异化”表明经济关系的对抗性质，它是专门说明资本和雇佣劳动的对立关系的。社会主义社会经济本身既然消灭了资本主义私有制，消灭了资本和雇佣劳动的对立关系，“劳动异化”基础、“劳动异化”本身也就自然被扬弃了。马克思明确指出：“随着私有制基础的消灭，随着对生产实行共产主义的调节”，将“消灭人们对于自己产品的异化关系。”[①] 如果社会主义经济中也存在劳动异化，它和资本主义经济还有什么根本区别呢？实际上，把社会主义同“劳动异化”联系在一起，这本身就是违反马克思的“劳动异化”思想的。

认为“社会主义经济中劳动异化和产品异化还存在着，劳动产品对人的统治还保存着”，这样讲是不对的。在社会主义制度下，生产的目的是为了充分满足人民的物质文化生活的需要，社会总产品的分配是有利于劳动者的。个人消费品的分配是按劳分配。承认这个道理，那么你就要承认，劳动者生产的产品越多，劳动者所得的利益也就越多。在社会主义经济领域中，客观上形成了国家、集体和劳动者个人之间的一种根本利益相一致的经济关系。既然根本利益相一致，因此工人创造的产品越多，财富越多，三方面物质利益都会增加。在社会总产品分配中，三方面物质利益关系是同向增长的，这本来是一个十分简单的道理，怎么会产生“劳动异化”呢？

我们的经济工作有时候会离开社会主义的生产目的，离开了社会主义的分配原则，那是工作上的缺点和失误，不是产生于社会主义制度本身，而是违反了社会主义的原则和要求。它没有历史必然性，更不是社会主义经济的特点，那不叫“劳动异化”。缺点就是缺点，错误就是错误。可以通过社会

---

① 《马克思恩格斯选集》第1卷，人民出版社1956年版，第40页。

主义体制的不断完善和工作水平的不断提高而加以改进。而资本主义的“劳动异化”是消除不了的，因为有它的历史必然性。当然社会主义国家、企业和个人也有矛盾，但又是一致的。我们的社会主义总产品要扣除积累基金、社会消费基金，劳动产品有一部分要转化为追加的生产资料和追加的公共消费资料，但这不叫异化。因为这部分产品是用在社会生产和社会消费上，还是有利于劳动者自己的。这不过是长远利益和目前利益、整体利益和个人利益的关系。

在资本主义社会，“劳动异化”是异化为工人的对立面，而没有异化为资本家的对立面。“劳动异化”反而有利于资本家，有利于资本主义的巩固和发展。你讲社会主义的异化，都是指非社会主义的或不利于社会主义的东西，这种东西产生的主体不是社会主义，不构成社会主义的内容和特征，怎么会成为社会主义的劳动异化呢?

说社会主义经济中，劳动异化表现为劳动和劳动者相分离的现象，说劳动者在很大程度上不能直接支配自己的劳动产品。这个道理也不能成立。

我国社会主义条件下，劳动产品不是归劳动者个人占有，劳动者个人也不能直接支配产品。劳动产品是由国家、集体支配。全民所有制产品由国家支配，集体所有制产品由集体来占有和支配。可是在社会主义经济中，如果要求劳动产品归每一个劳动者直接占有，直接支配，那还叫不叫社会主义呢？即使在共产主义社会也不是每个劳动者的劳动产品归自己直接占有，直接支配。能不能把这叫“分离”？你是公有制，不是私有制，公有制就是生产资料公有，劳动产品公有，而不是由每个个人来占有和支配。要求劳动者直接占有劳动产品，直接支配产品，那只有回到小生产那里去。

旧的分工还存在，劳动还没有成为生活的第一需要，这也不是劳动异化，或不会产生劳动异化。

我们现在还存在旧的社会分工，劳动还没有成为生活的第一需要，而主要是谋生的手段。马克思把它叫做“旧社会的痕迹”。它不是从社会主义制度本身产生出来的，而是在旧社会就存在。它也不构成社会主义经济的本质规定或特征。社会主义劳动发展的过程，不是产生和扩大这种旧痕迹。社会主义劳动的发展，社会财富的增加，生产力的提高，反而为消灭旧的痕迹创造了物质条件。

现在理论界对“分工”和“异化”究竟是一种什么关系，还缺乏深入的研究。因为马克思在有些著作里面把“分工”和“异化”联系在一起。既然社会主义还存在分工，而且存在旧分工，好像就应该存在异化了。但是我认为，有必要弄清楚马克思的原意。马克思有时把“分工”和“异化”联系在一起，是因为在马克思早期著作里面，“分工”和“私有制”是同义的。马克思这样讲：“其实，分工和私有制是两个同义语，讲的是同一件事情，一个是就活动而言，另一个是就活动的产品而言。”[①] 你看，他把“分工”和“私有制”是紧紧地联系在一起的。而且，马克思讲的分工不仅仅是劳动分工，还包括为别人劳动和占有别人劳动之间的分工，还包括与这个相联系的劳动与享受的分工，生产和消费的分工。马克思说：“分工不仅使物质活动和精神活动、享受和劳动、生产和消费由各种不同的人来分担这种情况成为可能，而且成为现实。”[②]这就是“分工”的原意。这样的分工，当然会产生异化。抽象地讲有分工就有异化，社会主义有分工也有异化是不行的。

有人从社会主义还存在商品货币关系，说明社会主义存在异化基础。这也不对。

马克思曾认为，钱是人的劳动的异化。那么社会主义社会也有货币，是不是也是人的劳动异化？不能这样讲。马克思那个时候讲货币、商品是私有制条件下的产物。整个《资本论》里面是把商品、货币关系同私有制联系在一起的。那个时候讲，货币是人的劳动的异化，也是和私有制联系在一起的。而且后来在《资本论》里面，不再讲商品、货币异化了，只讲商品拜物教和货币拜物教。连私有制条件下的商品、货币关系他都不讲异化，我国已进入了社会主义，反而大讲商品、货币异化，有什么根据？难道我们社会主义条件下，商品货币统治着人，是社会主义和劳动者的敌对力量？不是的。

最后，由于我们经济工作的失误，造成了一些损失，产生了消极的后果，但也不是异化。片面发展重工业也好，围湖造田、毁林开荒也好，这些东西都存在，不能否认，但不能把这些叫做“异化”。“劳动异化”产生于资本主义制度本身，只要有资本主义，就有劳动异化，这是历史必然性，这是经济关系本身产生的。在我们社会主义条件下，这些缺点，错误，推而广

---

①② 《马克思恩格斯选集》第1卷，人民出版社1956年版第36、37页。

之，政治上的官僚主义，人民的公仆变成了人民的主人，反过来统治人民（“四人帮”就是例子），思想上个人崇拜……这些是不是产生于社会主义制度本身的必然现象？不是的，它恰恰是违反了社会主义原则的东西。社会主义恰恰要求消除这些弊端，社会主义本质和主体不会产生这些弊病。

总之，用“异化”说明一切，是退到马克思的早前去了。马克思早就前进了，而我们有些同志硬要从马克思前进了的阵地退了回去。想用“异化”概念来解决社会主义的问题，其实什么问题也解决不了，只能造成理论和思想上的混乱。

马克思的劳动异化概念和社会主义现实[①]

一

马克思的异化思想有一个发展过程。在创立唯物主义历史观以前，他从对唯心主义思辨哲学和宗教的批判，转向对现实社会的批判，转向专门运用异化劳动理论揭露资本和雇佣劳动的关系。

马克思对“异化”概念的运用有一个发展和变化的过程。在创立唯物主义历史观以前，马克思先受黑格尔唯心主义异化观的影响，继受费尔巴哈人本主义异化观的影响，曾把“异化”概念作为自己学说的中心概念。当马克思“离开黑格尔走向费尔巴哈”并对黑格尔法哲学进行批判时，一方面，认为家庭、市民社会和国家等是“人的本质的实现”或“人的本质的客体化”,[②] 即人的本质的异化；另一方面，继费尔巴哈对宗教的批判，进一步把异化概念转到经济社会领域，提出：“人的自我异化的神圣形象被揭穿以后，揭露非神圣形象中的自我异化，就成了为历史服务的哲学的迫切任务。”[③]这就是说，马克思的异化思想，从对唯心主义思辨哲学和宗教的批判，进而转向了对现实社会的批判。

1843 年，马克思在《论犹太人问题》一文中，把异化概念的运用转向经济领域，认为“钱是从人异化出来的人的劳动和存在的本质；这个外在本质却统治了人，人却向它膜拜”。[④]在这里，马克思一方面把钱也看作是人的存在的本质的异化，表明他没有摆脱人本主义的影响；但是，另一方面，

---

① 本文原载《光明日报》1983 年 11 月 27 日。

②③④ 《马克思恩格斯全集》第 1 卷，人民出版社 1956 年版，第 293、453、448 页。

他的异化思想发展了，从新的含义上使用异化概念，用以揭露货币拜物教，揭示人与货币之间的关系。这种观点在《1844 年经济学哲学手稿》中有着进一步的说明。货币本是人的社会关系的产物，这一点尽管马克思当时还不很明确，但把货币看作是人的劳动的异化，把异化阐述为“物对个人、产品对生产者的普遍统治”①，人对它屈从膜拜，则是异化思想的重要发展。

值得重视的是，马克思在《1844 年经济学哲学手稿》中，比较系统地论述了异化劳动问题，而异化劳动理论是专门用以揭示资本和雇佣劳动之间的基本关系的。马克思在这部著作中认为，劳动异化表现在以下几个方面：

（1）劳动产品的异化，即雇佣工人的劳动产品，作为一种异己的存在物，成为同生产者相对立的外在的力量。因为工人的产品不归工人自己占有，而是归资本家占有。而资本家占有得越多，他的资本便越大，统治和剥削工人的力量也越大。马克思还这样说明劳动异化：劳动为富人生产了奇迹般的东西，但是为工人生产了赤贫；劳动创造了宫殿，但是给工人创造了贫民窟；劳动创造了美，但是使工人变成畸形……。总之，劳动产品的异化，就是工人的劳动成果变成了同工人相敌对的东西，反过来统治和损害工人自己。

（2）生产活动本身的异化。它是劳动产品异化的基础。生产活动的异化，是指劳动对工人来说是外在的东西。它不是使工人感到幸福，而是感到不幸；工人在生产活动中不是自由地发挥自己的体力和智力，而是使自己的肉体受折磨，精神遭摧残；劳动不属于工人自己，而属于别人：工人的劳动不是自愿的，而是在经济上被迫的和强制的。

（3）人的类本质的异化。这是产品异化和生产活动异化造成的结果。“人的类本质……变成人的异己的本质，变成维持他的个人生存的手段。异化劳动使人自己的身体，以及在他之外的自然界，他的精神本质，他的人的本质同人相异化。”②所谓类本质的异化，是指人的生活失去了自身应有的友谊、爱、情欲等。马克思在这方面的说明，带有费尔巴哈人本主义的影响，但从用以揭示雇佣劳动的性质的角度看，还是具有积极意义的。

（4）劳动异化的上述三方面所造成的直接结果是人同人相异化，即劳动者同他人——资本家相对立。“如果工人的活动对他本身来说是一种痛

---

①② 《马克思恩格斯全集》第 42 卷，人民出版社 1979 年版，第 30、97、99 页。

苦，那末，这种活动就必然给另一个人带来享受和欢乐。”[①] 通过异化劳动，工人生产出站在劳动之外的资本家同这个劳动的关系。

马克思运用劳动异化概念揭露雇佣工人同资本家的关系，这同前人使用的异化概念已有根本的不同。这是马克思思想的重大发展。这种劳动异化思想贯穿于马克思以后的一些经济著作中。

二

马克思的异化思想不是始终如一的。在创立唯物主义历史观以后，他的劳动异化理论进一步发展和变化，说明了劳动异化产生于资本主义所有制，是暂时的历史现象。70年代，在马克思的经济理论中，异化概念已失去其地位和意义。

在19世纪50年代末和60年代，马克思写了大量经济学手稿和《资本论》。在这些著作中，异化思想同辩证唯物主义和历史唯物主义的思想结合在一起了。在这里，马克思既继承了《1844年经济学哲学手稿》中关于劳动异化理论中的正确思想，又进一步将其丰富和发展了。

第一，马克思说明劳动异化不是产生于劳动的物化，而是产生于资本主义所有制。

资产阶级经济学家把资本主义生产方式看作是永恒的自然方式，因此，“在他们看来，劳动的社会权力物化的必然性是跟这些权力同活劳动相异化的必然性分不开的”[②]。似乎只要存在生产物质产品的社会劳动过程，就存在资本和雇佣劳动的关系，劳动的产物就要转化为资本，活劳动就要受物化劳动的统治。马克思批评了这种观点。他指出：“社会财富的越来越巨大的部分作为异己的和统治的权力同劳动相对立。关键不在于物化，而在于异化，外化，外在化，在于巨大的物的权力不归工人所有，而归人格化的生产条件即资本所有。”[③]正是由于工人失去了“物的权力”即占有生产资料和产品的权力，这种权力归人格化的资本即资本家所有，生产资料才成为资本，从而成为劳动者的异己的、对立的力量，才发生劳动的异化过程。

---

① 《马克思恩格斯全集》第42卷，人民出版社1979年版，第99页。

②③ 《马克思恩格斯全集》第46卷（下），人民出版社1980年版，第361、360页。

第二，劳动异化在资本主义条件下具有历史必然性，是生产力发展到一定阶段所必然产生的。但这只是一种暂时的必然性。异化过程的结果，是扬弃异化的基础和异化过程本身。马克思这样讲：异化的颠倒是真实的，不单是存在于工人和资本家的观念中。“这种颠倒的过程不过是历史的必然性，不过是从一定的历史出发点或基础出发的生产力发展的必然性，但决不是生产的某种绝对必然性，倒是一种暂时的必然性，而这一过程的结果和目的（内在的）是扬弃这个基础本身以及过程的这种形式。”①

第三，劳动的异化，“是资本主义生产过程的特征，在这种生产过程中，物化的劳动条件作为异化的和独立化的条件，是与劳动相对立的特殊力量。”② 资本主义再生产过程是物质资料再生产和资本主义生产关系再生产的统一。它不断再生产出日益增多的物质资料和日益扩大的资本主义关系来。物质资料的增长，表现为支配和反对劳动者的力量的增长，表现为资本家统治和剥削雇佣工人的关系的加深和扩大。在机器大工业中，劳动条件和劳动产品与工人相异化的形态，发展为完全的对立。

第四，劳动的客观条件（过去劳动）与活劳动相异化的表现是：（1）过去劳动、自然力和科学的应用成为这样一种武器，这种武器被用来把工人抛向街头，使他们成为失业者；（2）剥夺工人的专业，使劳动片面化和简单化，从而会削弱和压制工人所提出的各种要求；（3）使工人服从资本的统治和纪律。

在《资本论》中，马克思使用异化概念的地方比在《经济学手稿》中减少了。在《资本论》第1卷中，使用异化概念的地方只有少数几处。而且在马克思亲自修订的法文版《资本论》第1卷中，删去了德文版中原有的三处异化概念，只保留了一处。具体情况是：（1）德文版中讲：“资本主义生产方式使劳动条件和劳动产品具有的与工人相独立、相异化的形态，随着机器的发展而发展成为完全的对立。”③ 在法文版中将“相异化”删去了。（2）德文版中讲：“那种以生产资料的形式参与活劳动过程的过去劳动所取得的不断增长的重要性，就被归功于这种劳动的同工人本身相异化的形态，即它的资本的形态”④。在法文版中这句话改为“这些智者不是把过去劳动

---

① 《马克思恩格斯全集》第46卷（下），人民出版社1980年版，第361页。

② 《马克思恩格斯全集》俄文版第48卷，第83页。

③④ 《马克思恩格斯全集》第23卷，人民出版社1972年版，第473、668页。

以劳动资料形式给予活劳动的越来越大的帮助归功于创造产品的工人，而是归功于占有产品的资本家”。在这里，马克思删去了异化一词，而意思则表达的更明确了。(3) 德文版中讲：“随着科学作为独立的力量被并入劳动过程而使劳动过程的智力与工人相异化”①；在法文版中则改为：“使生产的科学力量作为敌对的力量与生产者相对立”，将异化一词删去了。(4) 德文版中讲：工人“进入过程以前，他自己的劳动就同他相异化而为资本家所占有，并入资本中了”②。法文版中的句子与此相同，保留了异化概念。这也是法文版《资本论》第1卷中惟一使用异化概念的地方。

从德文版《资本论》第1卷中异化概念的使用，可以看出：它只限于用来揭露工人和资本家的对立关系。无论是讲劳动条件和劳动产品与工人相异化；或是讲过去劳动作为资本同工人相异化；或是讲劳动过程的智力独立化为归资本家占有的科学力量与工人相异化；或是讲工人的劳动并入资本与工人相异化，都是讲工人的劳动（包括过去劳动和活劳动）异化为异己的、对立的力量。不仅是体力劳动的异化，也包括智力的异化。从法文版《资本论》第1卷来看，马克思基本上不使用异化概念了。这表明，到19世纪70年代，在马克思的经济理论中，异化概念已失去其地位和意义了。在1875年写的《哥达纲领批判》中，没有再提异化一词。

有必要说明：《资本论》第3卷中使用异化概念的地方要比第1卷中多些，含义也稍广泛一些。例如，有的地方讲“剩余价值的不同部分互相异化”③，是指剩余价值分割为相互独立的不同部分即利润、利息、地租等形式。但是，第一，《资本论》第3卷初稿的写作要早于第1卷的整理和定稿时间。从第3卷的写作到第1卷的整理，异化概念的使用趋于减少。第二，在第3卷中也主要是从劳动异化的角度使用异化概念的。即使在个别地方从剩余价值转化为不同的独立形式的含义上使用异化一词，但也没有超出分析资本主义剥削关系的范围。

三

马克思并没有把异化作为一个普遍适用的概念来使用。劳动异化既是产

---

①② 《马克思恩格斯全集》第23卷，人民出版社1972年版，第708、626页。

③ 《马克思恩格斯全集》第25卷，人民出版社1974年版，第938页。

生于资本主义经济关系本身的必然的和历史的现象，又是资本主义经济关系的根本内容和特征。认为社会主义社会存在全面异化，没有任何理论和实际根据。

从以上的分析可以看出，马克思的异化思想经历了一个发展和变化的过程。他并没有把异化作一个普遍适用的概念来使用。而我们有的同志却把异化概念搬到社会主义社会中，认为社会主义社会存在全面的异化，即在经济领域、政治领域、思想领域都存在。这没有任何理论和实践根据。在这里，我们着重探讨社会主义经济领域有没有异化的问题。

按照马克思主义观点，经济的异化的集中表现是劳动异化。而如前面所述，马克思认为劳动异化是一种暂时的历史现象，它的基础是以一定生产力发展水平为条件的资本主义所有制。并指出，劳动异化过程的结果和内在目的是扬弃这个基础和异化劳动自身。马克思在《1844 年经济学哲学手稿》中就指出："共产主义是私有财产即人的自我异化的积极的扬弃"①。当时，还没有将共产主义社会分为两个历史阶段，因而实际上包括了社会主义阶段私有财产和异化的扬弃。在《德意志意识形态》一书中，马克思和恩格斯明确指出："随着基础、即私有制的消灭，随着对生产实行共产主义的调节（这种调节消灭人们对于自己产品的异化关系），供求关系的统治也将消失，人们将使交换、生产及其相互关系的方式重新受自己的支配。"②

有的同志认为，马克思这样讲是没有"完全摆脱空想的成分"。有的同志则进一步提出，社会主义制度本身会产生异化，包括劳动异化。他们说：社会主义"劳动者与劳动产品的异化还存在"。但是，从马克思关于劳动异化内含的说明和社会主义的现实状况来看，这种意见是不妥当的。就劳动产品来说，没有任何理由认为，在社会主义经济中，劳动者的劳动产品会成为劳动群众的异己的、敌对的力量。否则，社会主义经济同资本主义经济就没有根本的区别了。如果说，资本主义私有制和追求剩余价值的生产目的，决定了资本家和雇佣工人之间的经济利益的根本对立，那么，社会主义公有制和充分满足劳动群众日益增长的物质文化需要的生产目的，社会主义的按劳分配原则，则决定了社会主义国家和集体所有制同劳动者个人之间的经济利

① 《马克思恩格斯全集》第 42 卷，人民出版社 1979 年版，第 120 页。

② 《马克思恩格斯全集》第 1 卷，人民出版社 1956 年版，第 40 页。

益的根本一致。劳动产品的日益增加，是不断提高劳动者物质、文化福利的物质保证。劳动群众的劳动产品越多，社会财富越充足，他们的收入也越随之提高。社会主义的劳动产品并不转化为统治和剥削劳动者的资本。即使剩余产品的一部分要作为追加的生产资料，表现为固定资产和流动资产，它们依然属于劳动人民所有，是更好地实现社会主义生产目的的需要，是符合劳动者的长远利益和整体利益的。

就劳动过程来说；社会主义的劳动过程是社会主义再生产的前提。而社会主义再生产是物质资料再生产和社会主义生产关系再生产的统一。物质资料的增加，生产力的发展，有利于社会主义生产关系的巩固和发展。而社会主义生产关系的再生产，则是自身的不断发展和完善的过程。它并不会自发地再生产出与社会主义相敌对的东西来。

有的同志把分工的存在、“不能自由选择职业”等现象称作劳动异化。其实，这是生产力和科学文化发展不够的表现，它们只是旧社会的遗迹，并不是从社会主义劳动过程中异化出来的东西。至于把商品不足从而所谓货币的支配权力受限制，说成是经济异化，更难说通，这并不是社会主义条件下必然存在的情况。这些现象不仅不会随着劳动过程的进行、随着劳动产品和劳动资料的日益增加而不断产生和扩大，恰恰相反，活劳动和物化劳动的不断扩大及其生产率的提高，会为缩小和最后消灭它们创造条件。何况它们根本不是统治社会主义劳动者的敌对力量！

也不能把毁林开荒、围湖造田、破坏生态平衡以及其他经济工作中的失误所造成的损害，称作社会主义经济的异化。这不过是违反自然规律和经济规律、主观主义地蛮干所造成的恶果。有些重大失误，并不是社会主义经济中的必然现象，而是本来可以避免的人为的错误。也有某些失误只是由于缺乏经验和不认识客观规律而难免造成的。不管哪种情况，称之为经济异化是不适当的。因为它们不是社会主义经济应有之义。如果说这是异化，那是谁和谁的异化呢？是劳动产品的异化吗？是社会主义生产活动的异化吗？是物化劳动即生产资料的异化吗？是人与人的异化吗？都不是。如果把人们任何经济活动的失误都叫做异化，那么，从原始社会到未来的共产主义社会，经济异化会永远存在了。连资本家企业倒闭，也是异化了。这样一来，马克思所说的劳动异化是历史的暂时的必然性的道理被否定了。代之以异化普遍存在的观点了。这不仅违反马克思的原意，而且也模糊了社会主义经济同资本主义经济的界限。甚至在社会主义中，经济异化的方面比资本主义还要多了。

更不能把经济犯罪行为称作社会主义经济异化。经济犯罪是反社会主义的行为，不是由社会主义经济自身产生的。贪污盗窃、投机倒把、走私贩私……等违法活动，是旧社会留下来的病毒，是社会主义要打击和消灭的对象。它同社会主义经济没有内在联系。

有的同志只从异己的意义上讲社会主义异化，把一切不利于社会主义或违反社会主义原则的经济、政治现象称作社会主义异化，因为它们对社会主义是异己的。这样理解问题，并不符合马克思的异化思想。马克思讲资本主义经济中的劳动异化，是指劳动异化为与自己敌对的资本，资本只对劳动者说是异己的力量。但它并不是资本主义的异己力量，而是资本主义应有的内容。劳动的产物作为资本反过来统治和剥削劳动者，这既是产生于资本主义经济关系本身的必然现象，又是资本主义经济关系的根本内容和特征。也正因为如此，随着资本主义经济关系的消灭，劳动异化也会消灭。如要讲社会主义异化，这种异化也应是产生于社会主义自身，而且应构成社会主义关系的根本内容和特征。但是，社会主义异化论者所举的那些异化例证，都不符这样两条标准。弄清了这一点，也就容易弄清不但讲社会主义劳动异化或经济异化是无根据的；就是讲社会主义政治和思想的异化也是无根据的。例如，在政治领域中人民的公仆有时滥用人民赋予的权力反转来做人民的主人；在思想领域中，存在个人崇拜。这些事实是不能否认的，应当加以防止和克服。但它们是违反社会主义原则的旧的东西。它既不产生于社会主义制度，又不属于社会主义政治和思想的内容。因此，也不能由此证明社会主义异化的存在。至于在我国目前社会主义社会中是否存在其他性质的即非社会主义的异化，还有哪些异化的残余和后果，那是需要另外探讨的问题，这里就不多谈了。

为什么劳动还没有成为生活的第一需要？[①]

在社会主义社会，劳动还没有成为生活的第一需要，这究竟是属于社会经济条件问题，还是属于思想意识问题，存在着两种对立的看法。有些论著认为，社会主义社会的大多数劳动者，之所以还没有把劳动当作生活的第一需要，是由于他们的思想觉悟还不高，特别是由于资产阶级的思想意识还影响着他们。“四人帮”插手编写的上海《社会主义政治经济学》讲到这个问题时是这样说的：“劳动对大多数人来说，还没有成为生活的第一需要，他们还不能立即‘学会不需要任何法权规范而为社会劳动’；特别是由于社会主义社会始终存在着阶级和阶级斗争，剥削阶级总是通过各种渠道散布‘好逸恶劳’、‘不劳而获’等丑恶思想毒害劳动人民。因此，不计报酬的共产主义劳动态度，不可能在短期内普遍树立起来。”把劳动是否成为生活的第一需要，仅仅归结为一个思想意识和劳动态度问题，这是一种地地道道的历史唯心主义的货色。

在从原始社会到社会主义社会的漫长历史时期中，劳动都不是人们生活的第一需要。这是一种具有历史必然性的社会经济现象，而绝不是一个单纯的思想意识问题。把劳动还没有成为生活的第一需要仅仅同阶级和阶级斗争的存在联系在一起，把它看作是剥削阶级思想对劳动人民毒害的结果，是没有任何根据的。

马克思在《哥达纲领批判》中提出，劳动本身成为生活的第一需要，是过渡到共产主义高级阶段的条件之一。但马克思当时设想，作为共产主义初级阶段的社会主义社会，是没有阶级和阶级斗争的社会，不过它在各方面都还带着脱胎出来的那个旧社会的痕迹。而劳动还没有成为生活的第一需

① 本文原载《光明日报》1978年11月11日。

要，就是这种旧痕迹之一。列宁在《国家与革命》中进一步阐述了马克思的观点，也没有把劳动还不是生活的第一需要同剥削阶级的存在及其对劳动人民的思想毒害联系在一起。

再从历史事实来看：在原始社会的二百万年历史时期中，并不存在阶级和阶级斗争，不存在剥削阶级对人们的思想毒害问题。可是，在原始社会，生产力十分低下，劳动并没有成为生活的第一需要。

我们不能把某些人由于受剥削阶级思想影响而轻视劳动、好逸恶劳的现象，同劳动还没有成为生活的第一需要完全混同起来。对于厌恶劳动的人来说，自然谈不上劳动是生活第一需要的问题。但即使是尽其所能地积极劳动的人，也不等于说劳动已成为他生活的第一需要。在旧社会，广大个体劳动者，他们或是为生活所迫，或是受竞争规律的强制，也会尽力劳动，但劳动对他们说来仅仅是谋生的手段，丝毫都谈不上是生活的第一需要。在社会主义制度下，工农群众为建设社会主义而积极热情地劳动，也不等于说劳动已成为生活的第一需要。

所谓劳动成为生活的第一需要，如恩格斯在《反杜林论》中所指出的："生产劳动给每一个人提供全面发展和表现自己全部的即体力的和脑力的能力的机会，这样，生产劳动就不再是奴役人的手段，而成了解放人的手段，因此，生产劳动就从一种负担变成一种快乐。"劳动成为生活第一需要的根本条件，是生产力的高度发展。在社会主义社会中，劳动者的地位根本改变了，不再为剥削阶级劳动了，但是，由于生产力的水平还不够高，从而旧的分工依然存在，人们还不能获得全面发展，劳动时间比较长，任务比较繁重。在这种社会经济条件下，生产劳动不可能成为一切社会成员的生活第一需要。只有当生产力高度发展；旧的社会分工被打破，从而脑力劳动和体力劳动的重大差别被消除；劳动者获得全面发展，可以自由转换劳动；劳动时间大大缩短；科学技术高度发展大大减轻了劳动过程中的体力耗费。只有在这种条件下，劳动才会不仅是谋生的手段，而且同时成为生活的第一需要。斯大林指出："只有把这一切先决条件（指过渡到共产主义的基本条件——引者）全部实现之后，才可以希望，劳动将在社会成员心目中，从累赘变成'生活的第一需要'。"①

---

① 斯大林：《苏联社会主义经济问题》，人民出版社 1961 年版，第 52 页。

“四人帮”及其舆论工具空谈使劳动成为生活的第一需要，避而不谈高度发展生产力这个最根本的先决条件。却提出使劳动成为生活的第一需要的途径，是批判“剥削阶级意识形态”。可是，如果离开大力发展生产力这个根本条件，不关心整个社会的科学技术和文化水平的提高，不关心劳动者的全面发展，而只去批判“修正主义”和“剥削阶级意识形态”，那么，这永远不可能使劳动成为生活的第一需要。“四人帮”及其舆论工具如此颠倒事物的性质，就是要一方面借此把“批判”的矛头指向所谓受剥削阶级好逸恶劳思想影响的广大劳动群众；另一方面，把贯彻执行按劳分配、实行奖励制度的广大干部，打成修正主义、走资派，横加迫害。他们在理论上，从经济领域跳到思想领域，把经济的决定作用偷换为思想决定作用；在实践上，他们采用违反经济生活的思想政治手段取代解决经济问题的经济手段，进而对劳动群众和干部实行“全面专政”。而“四人帮”自己一伙则成了君临于全党全民之上的思想觉悟最高、最最革命的至圣先师。江青不是公开宣称，劳动对她已成为生活的第一需要了么？其实，这里包藏着他们篡党窃国的狼子野心。

可见，在劳动怎样成为生活的第一需要问题上宣扬历史唯心主义，理论上和实践上都是有害的。

第四篇

马克思的商品·价值·财富和剥削理论探讨

试析马克思、恩格斯否定社会主义存在商品生产的依据①

在马克思和恩格斯的著作中，对未来社会主义社会曾提出这样的预见和论断：一旦在全社会实现生产资料公有制，商品生产将会消失，从而与商品生产相联系的价值、价格、货币、市场等也同时消失。也有的学者提出，马克思、恩格斯并没有否定过社会主义社会存在商品和价值关系。对此，本文也将做些讨论。

一、马克思、恩格斯否定社会主义存在商品生产和市场关系的原因探析

现在需要探讨的是，为什么马、恩认为社会主义社会不再存在商品生产和市场关系？他们对未来社会的具体特点和情况，本来是持科学的、严谨的态度，不愿去描绘和设计什么详细的蓝图与方案，不愿由此去束缚后人的手脚。但在未来社会的商品生产和市场关系问题上，却明确地表明了自己的认识和理论。在他们看来，这是有关社会主义经济关系规定性的重大理论和实践问题，正如同他们认为社会主义要消灭私有制，实行公有制，实行按劳分配，以所有人的富裕为目的等一样。

马、恩之所以认为社会主义社会不存在商品生产，探求其原因，似可归结为以下几个方面：

其一，在一定程度上受空想社会主义者的影响。马克思和恩格斯将社会主义由空想变为科学，因此，科学社会主义与空想社会主义有根本的区别。

① 本文原载《中国社会科学》1998 年第 2 期，原标题为《马克思、恩格斯商品生产理论的再探讨》。

但在社会主义社会商品生产的命运问题上，二者都持否认的见解。只是空想社会主义者将其作为一种对未来设想的现象加以描述，而马、恩则从经济理论上进行了分析论证。

最早的英国空想社会主义者托马斯·莫尔在其《乌托邦》一书中描述了未来新社会中消除了商品货币关系的分配制度：每户家庭生产出的东西，均运放到一定的房屋去，各种物品依类归仓入库。每户家庭再去申请和领取各自家庭需要的一切。“不付钱，也不付任何代价”。由于物品充裕，能够保证需要，没有人会申请和领取超过需要的东西。

意大利的空想社会主义者康帕内拉在他的《太阳城》一书中描述：“太阳城人民自己不做生意”，他们只与外国商人进行产品交换，或用货币买外国商品，而且交易只在城外进行，以免败坏城内的风俗。

法国空想社会主义者摩莱里在其《自然法典》中说：“按照神圣法律的规定，公民之间不得买卖或交换。”摩莱里还把商品买卖与市场分割开来，即消灭了商品买卖但还保留市场。实际上是指产品送取之地。“需要蔬菜或水果的人，可以到公共市场去取一日的用量；生产这种产品的人将它们送到公共市场。”可见，这种“市场”已经失去其原有的含义，不再是作为商品交换场所的市场。

英国空想社会主义者温斯坦莱对商品买卖的看法和批评更为尖锐。他说：“人类开始买卖之后，就失去了自己的天真和纯洁，因为这时人们开始用自己的仿佛是天赋的权利互相压迫和愚弄。”“这种买卖过去带来并且现在仍然带来纠纷和战争，人类已经吃足了买卖的苦头。当欺骗性的买卖思想没有同国王权力的残余一起肃清的时候，世界各国的人民永远不能学会把剑铸成犁，把矛铸成修剪花木的剪刀，永远也不会停止打仗。”他认为，未来新社会中“不再有买卖”。因而也“不再需要法学家了”。①

英国伟大空想社会主义者欧文提出的理想社会——合作公社中，实行按需分配，“这种社会的成员将通过简易、正常、健康和合理的工作。生产出满足其消费欲还有余的为数极多的剩余产品。因此可以让每个人都随便到公社的总仓库去领取他所要领取的任何物品”。② 因而公社内部不存在商品货

① 《温斯坦莱文选》中文版，商务印书馆 1965 年版，第 100 ~ 102 页。

② 《欧文选集》（上），商务印书馆 1965 年版，第 347 页。

币关系。欧文把货币的存在与富人对劳动者的剥削联系起来。他说："现在，货币成了一种最流行的欺诈工具。富人利用外行人所不了解的手法，利用货币从那些用繁重的劳动创造出最宝贵财富的人手里夺取这种财富，所以货币也使社会上即使不是最有害的成员，也是最无用的成员得以积累和享用财富。"① 可以看出，空想社会主义者之所以设想未来新社会中不存在商品货币关系，大体上是出于两方面的考虑：或是认为以公有制取代私有制后，不再需要经过商品市场来相互买卖产品；或是把商品货币关系同欺诈、剥削、压迫甚至战争联系在一起。认为后者是前者的必然结果。

马克思和恩格斯同样认为，在消灭了生产资料私有制、代之以公有制的社会主义和共产主义社会中，商品货币关系将失去其存在的条件。他们也认为，在剥削制度中，特别在资本主义社会中，商品与货币可以作为剥削劳动者的手段。商品作为商品资本、货币作为货币资本，成为获取剩余价值的手段。但是他们没有也不会把商品货币关系看做是产生和存在剥削与压迫制度的根源，更没有也不会把商品货币自身看做具有资本主义属性。

其二，马克思和恩格斯所了解的历史上的商品货币经济，特别是在现实中所看到的资本主义商品货币经济，其运行过程具有很大的自发性与盲目性。而且，资本主义经济运行的周期性经济危机、无政府状态、相互厮杀和尔虞我诈的竞争以及资本主义的各种矛盾等，都是通过商品货币经济的运行表现出来的。所以，许多生活在资本主义社会的思想家，不仅是马克思和恩格斯，甚至一些杰出的资产阶级思想家如爱因斯坦，着眼点都侧重于商品货币经济的消极面。爱因斯坦把资本主义社会的失业和"悲惨的贫困"及社会秩序的混乱，都与商品经济联系在一起。马克思从货币的流通手段和支付手段的职能中就已看出，商品流通中买卖过程的脱节和支付环节的脱节，潜藏着资本主义经济危机的抽象的可能性。他们认为，在简单商品中就包含着资本主义一切矛盾的萌芽。他们是从资本主义经济运行和商品经济运行的统一中把资本主义经济的弊端同商品经济联系在一起。

商品经济②不是资本主义经济，但资本主义经济必然是商品经济，而且是发展了的商品经济。二者像是鱼与水的关系：资本主义经济是鱼，商品经

---

① 《欧文选集》（下），商务印书馆1965年版，第30页。

② 在马、恩的著作中，没有使用商品经济一词。但他们讲的商品生产与商品流通及货币流通等，实际上就是商品经济。

济是水。资本主义经济一天也离不开商品经济。马克思指出，商品是资本主义经济的细胞，是资本主义社会财富的元素形式。因此，资本主义经济运行与发展中的一切积极面与消极面，都同时表现为商品经济运行的积极面与消极面。马克思与恩格斯既论述了其积极面，也论述了其消极面。关于其消极面，如马克思和恩格斯在《共产党宣言》中指出：资产阶级“使人和人之间除了赤裸裸的利害关系，除了冷酷无情的‘现金交易’，就再也没有任何别的联系了……它把人的尊严变成了交换价值，用一种没有良心的贸易自由代替了无数特许的和自力挣得的自由”。“它把医生、律师、教士、诗人和学者变成了它出钱招雇的雇佣劳动者。”① 这里，马、恩把资本主义经济危机称作“商业危机”。“在商业危机期间，总是不仅有很大一部分制成的产品被毁灭掉，而且有很大一部分已经造成的生产力被毁灭掉。”②

在《共产党宣言》出版的1848年，马克思的政治经济学体系还未建立。对商品和货币的理论分析是在以后的经济学著作中进行的。但在《共产党宣言》中，只从资本主义经济关系与商品经济关系紧密联系、资本主义经济运行与商品经济运行紧密联系、资本主义经济的消极面与商品经济现象紧密联系这种现象关系出发，就已经提出：“共产主义要消灭买卖、消灭资产阶级生产关系和资产阶级本身。”③

在19世纪的五六十年代，马克思建立了自己的新的政治经济学理论体系，包括商品货币理论。也对未来社会主义社会的所有制关系、分配关系、经济调节机制等提出了一些预见和论述。这时，马、恩对社会主义和共产主义社会将不存在商品货币经济的设想，就具有了更多和更深的理论色彩了。

其三，马、恩的商品生产理论认为，商品生产产生与存在的前提条件是社会分工和私有制（不同所有者的存在）。社会分工使不同生产者需要互通有无，而私有制或不同所有者的存在，使这种互通有无的交换，只能采取商品交换形式。而商品交换必然要遵从“商品生产所有权的规律”。那就是，相互承认和尊重交换对方的所有权，权利平等，等价交换。

马克思分析商品时，一般将其与私有制相联系，认为商品是私人劳动的产品，进行商品交换时，“必须彼此承认对方是私有者”④。马克思这里强调

---

①②③ 《马克思恩格斯选集》第1卷，人民出版社1995年版，第275、278、288页。

④ 《马克思恩格斯全集》第23卷，人民出版社1972年版，第102页。

私有制、私有者，实际上强调的是不同的所有者或不同所有权。在马克思的研究范围内，私有者和不同所有者基本上是同一的。因为马克思所知道和看到的从奴隶社会、封建社会到资本主义社会的商品生产，都是以私有制为基础的。而私有制就是最典型、最清晰的不同所有者的存在。弄清这一点，有助于我们了解为什么马克思又讲“商品生产从而商品流通也能够在不同的共同体之间产生，或者在同一个共同体的不同机构之间产生”①。共同体之间的商品生产和流通，是指不同公有制之间的商品关系。如果把马克思讲的私有制是商品生产的条件、商品是私人劳动的产品理解得绝对化，不是将其理解为实际上是指不同所有者，就无法理解马克思所讲的共同体之间的商品生产与流通了。会认为两者是相互矛盾的论断。

既然马克思把私有制或不同所有者的存在作为商品生产和流通的前提条件，那么，按照必然的逻辑，他会认为，一旦消灭了资本主义私有制和一切私有制，由社会占有了全部生产资料，不同所有者也就不再存在，商品等价交换关系将由按劳分配的等量劳动相交换所取代。马克思和恩格斯设想的完全的社会主义的所有制，是全社会占有一切生产资料的公有制。不仅私人经济没有了，连部分劳动者的集体所有制也不存在了（他们认为，这种所有制只存在于社会主义建成以前的时期）。在这种社会所有制下，人们只能通过向社会提供劳动，直接从社会储存中领取消费品。或是按照各自所提供的劳动量去领取（社会主义）；或是按照各自的需要去领取（共产主义）。在这样的生产与分配关系中，不需要“价值”插手其间，也就没有商品生产和市场存在的余地了。

其四，在全社会占有生产资料的社会主义社会中，私人劳动和社会劳动的矛盾，或局部劳动与社会劳动的矛盾，不再存在。每个生产者的劳动，在社会生产按照社会资源和社会需要进行计划调节的情况下，自始就成为社会总劳动的一部分，因而每个社会成员的劳动，都直接是社会劳动，而不再需要迂回曲折地通过市场把社会劳动表现为价值形式。计划调节取代市场调节将促进国民经济的按比例发展。

当我们探求马克思主义创始人为什么会认为社会主义社会要消灭商品生产和流通时，仅仅局限于从私有制的消灭、公有制的建立这一平面去把握是

---

①《马克思恩格斯全集》第47卷，人民出版社1979年版，第37页。

不够的。马、恩分析商品生产存在的原因或商品生产消亡的根据时，在深层次上的理论分析，是紧扣生产者的劳动怎样表现为社会劳动这一问题，也就是“生产的社会性”如何确立的问题。为了说明这一问题，马克思研究了两种不同的情况。第一种情况就是存在私有制或不同所有者的情况；第二种情况是共同所有和共同生产的情况。在第一种情况下，劳动社会性的媒介作用来自商品交换、交换价值、货币，它们是同一关系的表现。在第二种情况下，前提本身起媒介作用，也就是说，作为生产的基础的共同性是前提，单个人的劳动一开始就成为社会劳动，因此不需要去交换产品。在第一种情况下，生产的社会性通过商品交换，通过这些商品的交换价值才事后确定下来。在第二种情况下，生产的社会性是既定前提，每个个人直接参与社会劳动并分享公共产品勿须以互相独立的劳动或劳动产品之间的交换为媒介。

二、所谓马克思、恩格斯没有否定社会主义社会存在商品经济的理由难以成立

有的学者提出，马克思和恩格斯并未否定社会主义社会中商品与价值关系的存在。但这个论断缺乏可信的根据。相反，马、恩否定社会主义存在商品生产和货币的论述却有很多。这里没有必要全部引证。为了辨明理论是非，有必要引证重要的几条。如前所述，远在1848年出版的《共产党宣言》中，就提出“共产主义要消灭买卖”。这里所讲的共产主义，包括社会主义在内。马克思在1857～1858年的政治经济学批判手稿中也讲：“设想在交换价值，在货币的基础上，由联合起来的个人对他们的总生产实行监督，那是再错误再荒谬不过的了。”[①] 这里所说的“联合起来的个人”，就是指在社会主义和共产主义公有制基础上联合起来的生产者。马克思写于1875年的《哥达纲领批判》中再次明确说明：“在一个集体的、以生产资料公有为基础的社会中，生产者不交换自己的产品；用在产品上的劳动，在这里也不表现为这些产品的价值，……因为这时，同资本主义社会相反，个人的劳动不再经过迂回曲折的道路，而是直接作为总劳动的组成部分存在着。”[②] 这里既肯定了在生产资料公有制的社会中，人们不再把产品作为商品“交

---

① 《马克思恩格斯全集》第46卷，人民出版社1979年版，第105页。

② 《马克思恩格斯选集》第3卷，人民出版社1995年版，第303页。

换"，从而生产中耗费的劳动也不再采取价值的形式，即不再存在商品价值关系。而且说明了为什么会是这样，那就是因为在公有制下个人劳动可以直接实现为社会总劳动的组成部分，不需要通过市场交换，通过价值关系来实现。

恩格斯在写于 1843 ~ 1844 年的《政治经济学批判大纲》中就提出："在私有制消灭之后，就无须再谈现在这样的交换了。"① 在 1847 年写的《共产主义原理》中也说："……私有制将自行灭亡，金钱将变成无用之物。"②这就表明，随着私有制的消灭，商品交换和货币亦将消亡。在写于1876—1878 年的《反杜林论》中，同样明确地讲到："一旦社会占有了生产资料，商品生产就将被消除"。又说："社会一旦占有生产资料并且以直接社会化的形式把它们应用于生产，每一个人的劳动，无论其特殊的有用性质是如何的不同，从一开始就直接成为社会劳动。……不需要著名的'价值'插手其间。"③

马克思和恩格斯关于未来社会主义社会中商品、价值、货币等都将消亡的思想和论述，是如此明确无误，怎么能说他们没有这种观点呢?

有人说，马克思、恩格斯所讲的社会主义社会商品生产将要消亡，是指资本主义商品生产将要消亡，而非指任何商品生产将要消亡。这个论断也不能成立。第一，在马、恩的著作中，讲社会主义消灭私有制，并不仅指消灭资本主义私有制，而是要消灭一切私有制。同样，他们认为，社会主义将要消除商品生产，不仅指消除资本主义商品生产，而是要消除任何以私有制为基础或以一切不同所有者存在为基础的商品生产。在我们前面所引证的马、恩的有关论述中，他们没有在他们认为将要消除的"商品"、"商品生产"、"交换价值"、"价值"、"货币"、"买卖"等概念的前面，加上"资本主义"一词。第二，在马、恩看来，不言而喻，资本主义经济消灭了，资本主义商品经济也就不存在了。因而用不着把两者分开，去单独论述资本主义商品生产及有关 经济形式的消亡问题。再说，马、恩认为在社会主义公有制下之所以会消除商品生产及有关经济形式，是因为个人劳动会直接实现为社会劳动即社会总劳动的组成部分，不需要再通过市场、借助于商品价值关系来实

---

①② 《马克思恩格斯全集》第 1 卷，人民出版社 1956 年版，第 605、241 页。

③ 《马克思恩格斯选集》第 3 卷，人民出版社 1995 年版，第 633 页。

现。显然，这是一种一般论断，而非专就资本主义商品生产而言的特殊论断。第三，马克思既把资本主义经济与商品经济紧密联系在一起，又不将两者等同起来。他清楚地说明了商品生产是几个不同的社会经济形态中共有的东西。并在《政治经济学批判》和《资本论》中一再批评詹姆斯·穆勒企图把资本主义关系归结为商品流通关系的错误。指出"经济学辩护士的方法"的特征之一是"企图把资本主义生产当事人之间的关系，归结为商品流通所产生的简单关系，从而否认资本主义生产过程的矛盾。但商品生产和商品流通是极不相同的生产方式都具有的现象，尽管它们在范围和作用方面各不相同。因此，只知道这些生产方式所共有的抽象的商品流通的范畴，还是根本不能了解这些生产方式的不同特征，也不能对这些生产方式作出判断"。[①] 固然资本主义一天也离不开商品经济，但不能用商品经济去说明资本主义。不能用极不相同的生产方式中都存在的商品货币现象，去判断和说明某一生产方式的特征。有的学者在自己的论著中说，马克思把商品经济看做是资本主义的东西。这完全是一种误解。马克思从来没有将商品生产和流通等同于资本主义的。商品生产与商品流通、价值、货币等，自身并不具有特定的社会属性，因而能够与多种生产方式相结合，无论与哪种生产方式相结合，都不会改变自己的性质。马克思指出："不论商品是建立在奴隶制基础上的生产的产品，还是农民的产品（中国人、印度的农奴），还是公社的产品（荷属东印度），还是国家生产的产品（如从前在俄罗斯历史上出现的以农奴制为基础的国家生产），还是半开化的狩猎民族的产品等等，它们总是作为商品和货币，同表现产业资本的货币和商品相对立。"[②] 显然，不能把存在于许多种生产方式中的商品和货币，同作为产业资本的形式的商品（资本）和货币（资本）相混同。马克思自己却是反对把商品经济等同于资本主义经济的。即使在资本主义经济中，即使商品、货币作为资本存在的形式，商品、货币自身的一般性质也不会改变。正如马克思所说："作为商品进入流通的产品，不论是在什么生产方式的基础上生产出来的，——不论是在原始共同体的基础上，还是在奴隶生产的基础上，还是在小农民和小市民的生产的基础上，还是在资本主义生产的基础上生产出来的，——都不会改

---

① 《马克思恩格斯全集》第23卷，人民出版社1995年版，第133页。
② 《马克思恩格斯全集》第24卷，人民出版社1995年版，第126~127页。

变自己的作为商品的性质。”①

既然马克思和恩格斯认为：（1）商品生产存在于多种不同的生产方式中；（2）多种生产方式中的商品具有共同的性质，这种性质不会随社会性质的变化而变化；（3）资本主义生产与商品生产既有联系又有区别。那么，他们不会认为商品经济具有资本主义性质。他们论述未来社会主义社会中不再存在商品生产，也就不可能是专指资本主义商品生产，而是指具有共同性质的任何商品生产，即商品生产本身。商品是使用价值与价值的统一。不存在使用价值与价值是资本主义的，还是封建主义的或其他主义的区别问题。商品经济的基本规律是价值规律，也不存在资本主义商品生产的价值规律、小商品生产的价值规律、奴隶或农奴生产的商品的价值规律、原始共同体生产商品的价值规律的区分问题。价值规律的内涵是一样的，与特定的社会性质无关，只与商品经济有关。

有的学者为了论证马、恩并未否定社会主义社会中存在商品生产，也引证马、恩的一些话作为依据。然而，笔者认为这些论据并不能证实他们的论断。

引证之一。马克思讲过：“商品交换是在共同体的尽头，在它们与别的共同体或其成员接触的地方开始的。”② “产品发展成为商品，是由不同共同体之间的交换，而不是由同一共同体各个成员之间的交换引起的。”③有人引证这些话进行推理：既然马克思认为商品经济可以与公有制的共同体相结合，为什么不可以与社会主义公有制相结合呢？这个论据难以成立。首先，“共同体尽头”的商品交换，还只是萌芽状态的商品关系。当时连商品生产还没有出现，它是第二次社会大分工甚至是第一次社会大分工以前的商品交换，那时还没有货币，没有商品流通，因而还称不上是商品经济。其次，所引证的话是讲共同体之间商品交换，即不同的公有制单位之间引起的交换。而马、恩原来预计，社会主义社会将实行全社会占有生产资料的统一的公有制，不存在多种公有制形式，因而也不会存在不同公有制之间的商品交换。

引证之二。马克思讲过：“在资本主义生产方式消灭以后，但社会生产依然存在的情况下，价值决定仍会在下述意义上起支配作用：劳动时间的调

①③ 《马克思恩格斯全集》第25卷，人民出版社1995年版，第363、198页。
② 《马克思恩格斯全集》第23卷，人民出版社1995年版，第106页。

节和社会劳动在各类不同生产之间的分配，最后，与此有关的簿记，将比以前任何时候都更重要。”[1] 恩格斯也讲过：“在决定生产问题时，上述的对效用和劳动支出的衡量，正是政治经济学的价值概念在共产主义社会中所能余留的全部东西。”[2] 但只要按照马、恩的原意去理解他们的上述两段话，就不会认为他们是要说明在社会主义和共产主义社会中依然存在商品价值关系。

马克思并没有简单地说，在资本主义生产方式消灭以后的社会主义社会中，价值决定仍起支配作用。而是说价值决定仍会在“下述意义上起支配作用”，那就是：社会对劳动时间进行计划调节、合比例地分配社会劳动于不同生产部门、加强对劳动耗费和劳动分配的簿记核算。这里讲的“价值决定”，只是就它所体现的社会劳动的内容而言的，并不是从它原有意义上即社会劳动所采取的价值形式来讲的。大家知道，“价值决定”的内容就是社会必要劳动或社会劳动。马克思认为，在社会主义公有制下，作为劳动的社会形式的价值消亡了，但作为价值或“价值决定”的内容的社会劳动的调节、分配和核算，比以往任何社会更为重要。

再看恩格斯所讲的那段话。它本意是要说明在共产主义（含社会主义）社会中，决定生产（生产结构及生产规模等）时，一要考虑产品用以满足社会需要的效用，二要考虑生产产品的劳动支出。也就是要比较经济效益。恩格斯说，这就是价值概念“所能余留的全部东西”，这同样不是指“价值”本身即价值这种劳动的社会形式仍然保留下来。人们应当注意到，恩格斯的那段话，本是在《反杜林论》中的一个脚注，而脚注的正文，正是论述：社会一旦占有生产资料，每个人的劳动从一开始就成为直接的社会劳动，产品中包含的劳动量社会可以直接地知道。因此，“社会也不会赋于产品以价值。”社会必须“来安排生产计划。……各种消费品的效用（它们被相互衡量并和制造它们所必需的劳动量相比较）最后决定这一计划。人们可以非常简单地处理这一切，而不需要著名的‘价值’插手其间”。[3] 显然，恩格斯是在论述实现了生产资料全社会占有的社会主义社会中，商品、价值将消亡时加上那个脚注的。脚注与正文的观点不可能是相反的。它只不过用

---

① 《马克思恩格斯全集》第25卷，人民出版社1995年版，第963页。

②③ 《马克思恩格斯选集》第3卷，人民出版社1995年版，第661、660～661页。

以说明，当社会主义社会“价值”消亡后，会“余留”下什么，那就是在生产中要衡量产品的效用（使用价值）与劳动支出的效益关系。

总之，无论从什么角度出发，断言马克思和恩格斯没有否定社会主义存在商品经济是没有根据的，因而是站不住脚的。

三、马克思和恩格斯用计划调节排除商品经济和市场调节的理论的探析

应当承认，马、恩预计社会主义不存在商品经济的理论，在当时的历史条件和认识水平上是合乎理论逻辑和顺理成章的。但他们的这种理论认识在社会主义实践中未能实现，而且曾给社会主义经济发展带来某种消极影响。所有社会主义国家的实践证明，社会主义是不能消除商品经济的，而且需要大力发展。于是，社会主义国家的理论家就有必要而且已经不断进行了探讨：为什么马、恩的理论预见同社会主义实践不一致？是他们当时作出理论预见时所依据的条件，在实践中的社会主义还不具备，还是他们当时的理论认识本身还有不足之处？理论家或政治家（包括斯大林和毛泽东）们大都是从前者着眼做说明的。比如，有的说：马、恩所预计的社会主义是全社会占有一切生产资料，不存在多种公有制的形式。而实践中的社会主义还存在国家所有（全民所有）和部分劳动群众集体所有的不同公有制形式，所以还需要保存商品经济。然而这种解释不能完全说明问题。社会主义国家的全民所有制内部也存在商品经济，这不能用不同公有制形式的存在来说明。还有的说：马、恩所预计的社会主义社会是在生产力发达的资本主义基础上通过革命建立起来的，而实践中的社会主义，是在生产力落后的国家实行的，所以还不能消除商品经济。这个解释也难成立。1848 年出版的《共产党宣言》中就提出：“推翻全部现存的社会制度”即资本主义制度，经过一个过渡时期转向共产主义社会（含社会主义社会）。当时最发达的资本主义国家是英国。而英国的生产力水平并不比我国目前的生产力水平高。根据美国保罗·肯尼迪所著《大国的兴衰》一书中提供的资料，1850 年，即《共产党宣言》发表后两年，英国的国民生产总值为 125 亿美元（以 1960 年美元价格为标准，下同），人均 458 美元。直到 1880 年，英国的国民生产总值也只为 235 亿美元，人均 680 美元。远远低于解体前的社会主义苏联和原东欧的

捷克、民主德国等社会主义国家的生产力水平。我国到下个世纪中叶，人均国民生产总值可达16000美元或更高，会远远超过19世纪末的英国。即使我国发展到社会主义高级阶段，生产力的水平超过了现在好多倍，也不能消除商品经济。假使现在美英等发达资本主义国家转入社会主义社会，同样仍需保持商品经济的发展。有的经济学家说，由于我国生产力落后，只能搞“商品社会主义”，待等生产力发展到一定高度以后，就可以消除商品经济，搞“产品社会主义”了。根据我们前面的论述，这种看法是难以成立的。

探讨马、恩预计社会主义商品经济将会消亡的理论观点同社会主义实践不相符合的原因，应主要着眼于社会主义社会的实际经济关系要比马、恩所设想的复杂得多。由于马、恩没有社会主义经济实践，他们所设想和预见的社会主义经济关系要比实际简单得多。例如，他们认为，社会主义制度的人们在生产与分配中的关系是“简单明了的”，每个人的劳动一开始就是直接的社会劳动，每件产品所耗费的劳动，可以直接知道等。但这些“例如”还不是问题的根本方面，这些只不过是由某种理论认识上的不足而必然演绎出来的逻辑推理的环节和结果。

马克思和恩格斯的商品生产和商品流通理论上的一个不足之处，或者说他们预计社会主义社会不存在商品经济的重要理论根源之一是，他们没有研究和考虑过社会主义企业之间在经营管理水平上的重大差别及与此相关的物质利益形成中的重大差别。在社会主义经济中，存在着两方面的社会生产中的差别和经济利益关系的差别。一方面是每个劳动者的劳动差别及相关的个人收入分配上的差别。这个方面的差别，马克思认识很到位，而且在《哥达纲领批判》中进行了具体阐述。这个方面的差别，决定了社会主义公有制经济中按劳分配的必然性。这个问题，马、恩的理论分析是比较清晰的，也与社会主义经济实际相符合。另一方面的差别是，各个公有制企业包括国有企业在经营管理水平上从而在经济利益形成上的重大差别。这方面的差别和问题，在马、恩的著作中没有专门论述。这不是偶然的。追根溯源，在马克思的商品生产理论以及劳动价值理论和剩余价值理论中，就没有对不同生产者在经营管理水平上的差别作为重要问题加以研究过。在决定价值的“社会必要劳动时间”概念中就没有涉及经营管理差别的因素。对未来社会主义国有企业间的经营管理水平的差别更没有考虑过。如果说由劳动差别所引致的劳动者之间经济利益差别，只有通过按劳分配机制实现的话，那么，由不同国有企业间经营管理水平的差别所引致的企业间的经济利益差别，只有通过市场机制、通过商品价值关系来实现。如果各企业间的经营管理水平和经济效益的差别，不能通过商品市场关系实现为各企业间利益差别，就会形成企业“吃国家的大锅饭”，损害企业搞好生产的积极性。马克思没有考虑这一问题。之所以如此，一是因为他们没有也不可能预见到社会主义企业在经营管理方面的复杂性，以为这是一种简单易行的事情。甚至在社会主义企业之间有无经营管理水平上的差别这回事也没有涉及过。二是在马、恩看来，在社会主义社会中，将实行计划调节，不同企业之间不会有物质利益占有上的差别，只有不同劳动者的劳动差别和按劳分配的收入差别。他们预计，在消灭了资本主义制度和商品市场关系的同时，可以通过自觉的、统一的计划调节，实现生产同需要的统一，实现国民经济的合比例发展，马克思说：“要想得到和各种不同的需要量相适应的产品量，就要付出各种不同的和一定量的社会总劳动量。这种按一定比例分配社会劳动的必要性，决不可能被社会生产的一定形式所取消，而可能改变的只是它的表现方式，……在不同的历史条件下能够发生变化的，只是这些规律借以实现的形式。”① 所谓按比例数分配社会劳动，实际上也是讲按比例配置资源。马克思认为，在资本主义社会中，按比例分配社会劳动的表现方式，是市场调节，而在社会主义社会中则是计划调节。他说，在实现生产资料公有制的自由人联合体中，“劳动时间的社会的有计划的分配，调节着各种劳动职能同各种需要的适当的比例”②。未来的新社会是“按照预定计划调节生产的社会”③。在公有制社会中，“这些生产者将按照共同的合理的计划进行社会劳动”④。恩格斯也反复地讲，在废除私有制后，“社会将按照根据实有资源和整个社会需要而制定的计划来管理这一切”⑤。“社会的生产无政府状态就让位于按照社会总体和每个成员的需要对生产进行的社会的有计划的调节。”⑥

在马、恩的著作中，没有使用“计划经济”概念，而是使用“计划调节”、“有计划的调节”等提法。但在社会主义社会中，怎样对社会生产进

① 《马克思恩格斯选集》第4卷，人民出版社1995年版，第580页。

② 《马克思恩格斯全集》第23卷，人民出版社1972年版，第96页。

③ 《马克思恩格斯全集》第25卷，人民出版社1974年版，第291页。

④⑥ 《马克思恩格斯选集》第3卷，人民出版社1995年版，第130、630页。

⑤ 《马克思恩格斯选集》第1卷，人民出版社1995年版，第241页。

行计划调节，他们只是提出一种大的思路，即按照社会需要（包括生产需要和消费需要）有计划地分配社会劳动（包括物化劳动和活劳动）于不同的部门，由社会计划调节国民经济的比例关系。但计划调节的具体内容是什么，是实行指令性计划还是指导性计划？他们没有也不应要求他们提供具体说明。他们设想的单纯计划调节，可以说是一种理想化的调节机制。如果社会主义社会真能建立一种科学的、有效的计划机构，能够比较准确地计算出全社会对各种产品的需要是多少，并通过计划调节能够生产出同社会需要相一致的各种产品，每件产品的所费劳动（包括物化劳动和活劳动）能够准确的、绝对的明了，那么，在经济运行中就不存在供求总量和供求结构失衡的问题了，不存在经济生活中的诸种无序和混乱问题了。这样，经济运行过程确实成为简单明了的事情，也确实比市场调节具有优越性。然而，在社会生产不断发展，人们的消费需要各不相同并经常变化与发展的现实社会主义经济中，计划调节是不可能达到这种理想化的境地的。实践证明，越是详尽的经济计划，是越不精确的。社会任何机构都不可能对千千万万种产品的生产和需要作出精确计算，包罗万象的计划，必然会流于主观主义和官僚主义。计划工作失误造成的浪费是最大的浪费。所有社会主义国家在实行传统计划经济时期都没有能保证实现供求总量和结构的长期均衡，而是长期地、一贯地存在短缺经济状态。并且使国民经济发展越来越减少了活力。但不能由此否定和排除政府的计划调节。资本主义国家如日、法、韩等，二战后都实行经济计划，将计划调节与市场调节相统一起来，以消除或缓解生产无政府状态。我国同样需要将“看不见的手”（市场机制）与“看得见的手”（政府计划机制）结合起来。同时也应肯定，社会主义实践证明，排斥市场调节的传统计划经济，不是有效的调节机制。社会主义社会还需要充分发挥市场调节和市场配置资源的作用，社会主义不但不能消除而且需要大力发展商品经济。

《资本论》第 1 卷第 1 篇商品的性质问题[①]

首先，我觉得提“《资本论》第 1 卷第 1 篇研究的对象是什么性质的商品”，不如提第 1 卷的研究是从什么性质的商品出发的。因为如果讲研究对象的话，第 1 卷的全部内容都是研究“资本的生产过程”的，第 1 篇的研究对象也不能脱离这个总的范围。马克思开宗明义地说，《资本论》的研究之所以从分析商品开始，是因为商品是资本主义社会财富的“原素形式”；或者说，是资本主义经济的“细胞形式”。显然，考察“原素形式”或“细胞形式”，是为了进一步剖析整个资本主义经济形态。其出发点是商品，着眼点却是资本主义生产关系。

那么，作为《资本论》第 1 卷出发点的商品究竟是什么性质的？一种意见认为，它是资本主义社会以前的简单商品，而不是资本主义商品。如王亚南同志的《〈资本论〉研究》（第 48 页、307 页）和陈征同志的《〈资本论〉解说》（第 1 册第 38 页）就持这种见解。另一种意见认为，它不是资本主义以前的商品，而是资本主义商品中抛开其资本主义规定的商品。如河上肇的《〈资本论〉入门》（上册第 77 页）就是这样讲的。骆耕漠同志则把研究的出发点理解为研究的对象。他说：《资本论》第 1 卷第 1 篇“是以资本主义商品经济为对象的，只不过按科学的抽象法暂时舍掉资本商品中的资本关系，而单独先分析它所包含的简单商品这一‘始基’关系而已。……说第 1 章是以‘前资本主义时期’的简单商品经济为对象，这是不对的。”[②]俞明仁同志认为：《资本论》开始分析的不是存在于资本主义以前的小商品

① 本文原载《学术月刊》1982 年第 1 期。

② 骆耕漠：《社会主义商品货币问题的争论和分析》总论，中国财政经济出版社 1980 年版，第 118 页。

生产者的商品，“否则我们就无法理解《资本论》第1章开头那段话”。[①]

我认为，主张《资本论》第1卷第1篇中所讲的商品只是暂时舍去资本关系的资本主义商品，而将其同资本主义以前的简单商品对立起来的见解，并不符合马克思和恩格斯的精神。恩格斯曾明确地讲过：“马克思在第1卷的开头从他作为历史前提的简单商品生产出发，然后从这个基础进到资本，……他要从简单商品出发，而不是从一个在概念上和历史上都是派生的形式，即已经在资本主义下变形的商品出发。”[②] 显然，这里讲的是“简单商品生产”和“简单商品”，并不是在概念上和历史上属于派生形式的资本主义商品。上述有些著作为了将恩格斯的话与自己的解释统一起来，就说恩格斯讲的“简单商品”是从资本主义商品中暂时舍去资本主义关系后留下来的那种商品。然而马、恩讲“简单商品生产”，就是指非资本主义的、在资本主义前就存在的简单商品生产。而且，从文义来看，恩格斯讲的是“作为历史前提的简单商品生产”。所谓“历史前提”，当然是资本的历史前提，是资本主义生产的历史前提，而绝不是别的什么前提。作为资本的历史前提的商品，只能是资本产生前的简单商品，而不能是资本主义商品。

马克思在《资本论》中考察的商品有两种。第1篇所考察的是作为资本的前提的商品，以后的篇章才考察作为资本的产物的商品。而作为资本前提的商品，同作为资产阶级财富元素形式的商品不仅不矛盾，而且是一致的。“元素形式”或细胞形式并不包含特定的社会性质。作为资产阶级财富元素的商品本身，并不体现资本主义的性质，它在资本主义生产以前就存在。正如人体的细胞作为细胞本身在人体之外的动物中或在人类出现以前就存在一样。正因为如此，所以，考察作为资本主义社会元素形式的商品，就是要考察作为资本历史前提的商品。关于这一点，马克思说过，“商品，作为资产阶级财富的元素形式，曾经是我们的出发点，是资本产生的前提。另一方面，商品现在又表现为资本的产物”《直接生产过程的结果》第5页）。“一定范围的商品流通与货币流通，从而商业的一定发展程度，是资本形成和资本主义生产方式的前提、起点。我们把商品就看作这样的前提，我们就从作为资本主义生产的最简单元素的商品出发。而另一方面，商品又是资本

① 俞明仁：《〈资本论〉讲解》第1卷，浙江人民出版社1981年版，第19页。

② 《马克思恩格斯全集》第25卷，人民出版社1962年版，第17页。

主义生产的产物和结果。”“从资本主义生产中出来的商品跟作为资本主义生产出发点的元素、前提的商品，是有不同规定的。”（《直接生产过程的结果》第11页）

从马克思的这些论述可以看出：第一，作为资本形成前提或资本主义生产出发点的商品，是一回事；作为资本主义生产的产物的商品是另一回事。这两种商品的规定性不同。马克思的研究正是从第一种规定性的商品出发的。第二，从作为资本产生前提的商品出发，也就是从“作为资产阶级财富的原素形式”或“作为资本主义生产的最简单的原素”出发。在马克思看来，二者是完全相合的。而有的同志却认为，既然作为研究出发点的商品是资产阶级财富的原素形式，那就只能是资本主义商品，不能是资本主义产生以前的简单商品，这样就把二者完全对立起来了。

研究资本主义以前的简单商品，用以说明作为资本主义经济细胞的商品，这种方法是科学的。正如同马克思为了揭示货币的特点及其迷人的性质，需要从简单价值形式出发进行分析一样，阐明简单价值形式中等价形式的特点，也就阐明了货币的特点。因为个别等价物同一般等价物，从其最简单的规定性来看，二者是共同的。分析资本主义以前的简单商品，就是分析撇开任何特定社会性质的生产关系的单纯商品，它是与一切商品具有共同规定的一般商品。

下面，我们再从《资本论》第1卷前5章的体系结构来看第1篇中研究的商品的性质。

《资本论》第1卷第1章讲商品。第1节分析了商品的使用价值和价值，价值实体和价值量。在分析中所举的例子事实上是扩大价值形式下的物物交换的商品，在整节中，连货币、价格这类范畴都没有专门提及或很少提及。当然，从这种商品交换的分析中阐明的价值关系和规律，适用于所有商品与货币的交换关系，也适用于资本主义条件下的商品关系。所以，这里实际上是分析了一般的商品价值关系。它是从作为资本的历史前提的简单商品出发进行分析的。

恩格斯说：“如果我们从不同的方面来考察商品，并且所考察的是充分发达了的商品，而不是在两个原始公社之间的原始物物交换中刚在艰难地发展着的商品，那末，在我们面前就表现出使用价值和交换价值两个方面”[①]《资本论》第1卷第1章第1节所分析的商品就是这样的“充分发达了的商品”。所谓“充分发达的”并不是发展到最高阶段的意思，即不是指资本主义的商品。而是指真正表现为使用价值和交换价值（价值）两个因素的统一的商品。

第2节分析体现在商品中的劳动的二重性，同样不是从资本主义的商品出发的，而是与第1节所分析的商品的性质相一致。第3节讲价值形式及其发展，是从历史上最初的商品交换讲起的。恩格斯讲：“政治经济学从商品开始，即从产品由个别人或原始公社相互交换时刻开始。”[②]就是指的这个情况。第4节揭露商品拜物教的性质及其秘密，是包括一切私有制度下的商品生产在内的，并不是如有的同志所理解的那样，只有资本主义商品生产才有商品拜物教，并由此论证《资本论》第1卷第1篇讲的商品是资本主义商品。这样的论点和论据都不能成立。马克思明明讲：商品“拜物教是同商品生产分不开的”[③]，而没有说只是同资本主义商品生产分不开。商品拜物教的性质来源于生产商品的私人劳动只有通过交换才能表现其社会性质这种关系，而不是来源于资本主义关系的特殊性质。

第2章阐明了商品交换中的内在矛盾怎样必然导致货币的产生及其过程。显然，这里讲的是货币产生以前和刚产生后的简单商品交换过程，而不是资本主义的交换过程。

第3章阐述货币的职能及其发展。这些职能在资本主义产生以前或以后的货币上都存在，但它仍然是从转化为资本以前的货币出发的。紧接在货币一章后面的第4章《货币转化为资本》，才开始进入对资本主义商品交换关系的分析。它是由作为资本的历史前提的商品到作为资本的产物的商品的联结点。从第5章《劳动过程和价值增殖过程》开始，才进入了对资本主义生产即资本主义商品生产的研究。

从上述《资本论》第1卷前几章的体系结构也可以看出：第1篇的内容还没有涉及资本主义生产，因而不能认为这里讲的商品是资本主义商品。如果认为是资本主义商品，即使加上“暂时舍去资本关系”的规定，也还是

①② 《马克思恩格斯全集》第13卷，人民出版社1962年版，第533～534、533页。
③ 《马克思恩格斯全集》第23卷，人民出版社1962年版，第89页。

把“作为资本前提的商品”当作“资本的产物的商品”了。这两种不同规定的商品相比较，后者是《资本论》分析的主体，前者是出发点。出发点要服从于主体，是为了说明主体，但不等于主体。

产品转化为商品，商品价值转化为货币，货币转化为资本。这既是历史的进程，也是逻辑的进程。《资本论》从作为资本的历史起点的商品出发，就是把逻辑的研究方式同历史的研究方式统一起来。在对商品—货币—资本的分析中，历史的起点之所以同时成为逻辑的起点，是因为：(1) 商品是资本主义生产的原素形式；(2) 存在于简单商品生产中的关系和规律，在资本主义商品生产中依然起作用，而且资本主义特有的关系和规律，要以商品、价值关系及其规律为始基；(3) 劳动价值理论是剩余价值理论的基础和前提。《资本论》第1篇正是要确立劳动价值理论，从而为进一步分析资本主义生产作准备。如果简单商品生产同资本主义生产没有这些内在的逻辑联系，那么，就不会仅仅因为它是资本主义的历史前提，理论的分析就要从它开始。

骆耕漠等同志事实上只是从逻辑的方法上来理解作为《资本论》研究出发点的商品的性质，而完全撇开了历史的方法，撇开了这个问题上逻辑的方法同历史的方法的一致性。他们把作为研究起点的简单商品，看成纯粹是理论上的一种抽象，即从资本主义商品中抽象出来的东西，而不是历史上实际存在过的东西。其实，简单商品同资本主义商品的关系，决不是从不同角度考察的同一种商品的内部关系。即不是同一种商品（资本主义商品）的两重性规定，而是具有不同规定性的两种商品。当然，两种商品具有共性。其共性不在于商品的特殊社会性质，而在于其一般的、简单的性质。因此，分析作为资本历史前提的简单商品所得出来的有关商品价值关系的一切规定和规律，也适用于资本主义商品，而且构成资本主义经济关系及其规律的简单基础或原素形式。弄清这个道理，就可以理解马克思的这样一句话：我由以出发的，只是劳动生产物在今日社会内依以表现的最简单的社会形态，这就是“商品”。骆耕漠同志把这句话作为《资本论》第1卷第1篇的商品是资本主义商品的根据，认为这句话中讲的是“今日社会内”，即资本主义社会内，而且讲了“最简单的”，因而说，由以出发的就是资本主义社会内舍去资本关系的简单商品。这是一种误解。如前所说，作为资本历史前提的商品，同资本主义社会的商品具有共性。因此，分析前者，同分析资本主义社会内劳动产品的最简单形式——商品，是一致的。马克思正是要通过分析前者而概括和说明后者的，而不是相反。有的同志把关系倒转过来了，认为，第1章先研究暂时舍去了资本关系的资本主义商品，从这里“分析出来的简单商品关系及其种种规律，也基本上适用于前资本主义社会中……不发达的商品经济而已”。这就是说：是从分析资本主义商品中的简单关系出发，来说明前资本主义的简单商品的。这样一来，说明前资本主义的简单商品就成为没有现实目的、与分析资本主义生产过程没有内在联系、失去逻辑意义的偶然事情。而且这与《资本论》第1卷第1篇的整个分析过程是不相符合的。

还有，马克思说商品是“劳动生产物在今日社会内依以表现的最简单的社会形态”，这个“最简单的”，并不是指简单商品，而是相对于复杂形态如商品资本而言的。资本主义社会的劳动产品，表现为商品，这是最一般、最简单的现象。如果进一步分析，可以看出，其中包含剩余价值，它是商品资本，而且有的可以转化为生产资本，等等。

由此可见，认为《资本论》作为研究出总的商品是资本主义经济中的商品，其论点和论据都是缺乏说服力和难以成立的。

事实上，《资本论》第1卷所分析的作为资本主义历史前提的简单商品，其规定和规律，适用于一切商品，也适用于资本主义商品。因此，可以认为，这里所分析的简单商品，同商品一般，同作为资本主义生产元素形成的商品是一致的。

关于深化对劳动和劳动价值理论的研究与认识之我见[①]

一、劳动论和劳动价值论的关系

劳动价值论认为，商品的价值是由劳动形成的，劳动是价值的源泉。抽象劳动是价值实体。无疑，从劳动价值论的内容来看，价值与劳动是不可分离的统一体。马克思说："把价值看作只是劳动时间的凝结，只是物化的劳动，这对于认识价值本身具有决定性的意义。"[②]"产品作为价值应该是社会劳动的化身。"[③] 从这层关系来看，深化对劳动价值理论的研究和认识，要以深化对劳动理论的研究和认识为前提和基础。坚持和发展劳动价值论，就需要坚持和发展与其相关的劳动的理论。关于这一点，我们在后面将要谈到。

同时，还应明确，劳动论与劳动价值论又是有区别的，是可以分别研究和论述的理论。

只要人类社会存在与发展，就需要劳动。从这个意义上说，劳动永远是人类社会谋生的手段。在理论工作中，存在一种不准确和不科学的表述，即认为在作为共产主义社会第一阶段的社会主义社会，劳动还是谋生的手段，而到共产主义高级阶段，就成为生活的第一需要。这也就是认为，到了高级阶段，劳动就不再是谋生的手段了。其实，马克思在《哥达纲领批判》中

① 本文原载《南开经济研究》2001年第5期。

② 《马克思恩格斯全集》第23卷，人民出版社1972年版，第243页。

③ 《马克思恩格斯全集》第26卷Ⅲ，人民出版社1974年版，第145页。

的原话是："在共产主义社会高级阶段，……劳动已经不仅仅是谋生的手段，而且本身成了生活的第一需要。"这里讲的是"不仅仅是"，没有讲"不是"。到了共产主义高级阶段，劳动依然是人类社会生存、生活的必要手段或条件。只不过"不仅仅是"罢了，同时它还成为生活的第一需要，即劳动具有两重作用或性质了。

不应把劳动同劳动价值论完全捆在一起。有的劳动创造价值，有的劳动不创造价值。因此，不应提出这样的理论逻辑：承认是劳动，就得承认它创造价值，如果不创造价值，它就不是劳动。在经济学说史上，无论马克思的经济学，还是非马克思主义经济学，都区分生产劳动和非生产劳动。即使讲生产劳动，也不是都创造价值。

长期以来，在我国形成一种不正确的非马克思主义的概念，似乎只有体力劳动才是劳动。科技工作、经营管理、理论工作、学术研究、教学活动，总之，从事脑力工作的，不算是劳动。所谓"下放劳动"、"劳动锻炼"、"劳动改造"、"知识分子劳动化"，都是让你去搞体力劳动。讲劳动人民，就是指工人、农民等体力劳动者，排除了知识分子。这有其历史原因和社会政治原因，以至于在现在的讨论与研究中，还需要提出并强调科技工作与经营管理等也是劳动，而且是复杂劳动。有人还将这看作是理论上的突破与发展。因为根据他们的误解，认为马克思的劳动和劳动价值理论，就是指体力劳动，只有体力劳动才创造价值。

在马克思主义经典作家的论著中，"劳动"是一个含义广泛的概念，并不一定与价值的创造联系在一起。恩格斯在《劳动在从猿到人的转变中的作用》一文中说：劳动"是一切人类生活的第一个基本条件，而且达到这样的程度，以致我们在某种意义上不得不说：劳动创造了人本身。"就是说，在从猿到人的转变过程中，就在劳动了。这种劳动与商品和价值无关。人类在进入原始氏族社会后的两百多万年中，人们也在不断地劳动着，而且劳动不断发展着。但直至原始社会末期以前，不存在商品交换关系，劳动不形成价值。劳动是与人类共存的永恒范畴，而价值则是商品经济范畴，因而是历史范畴。

生产劳动也不一定都是生产价值的劳动。只要生产为人类社会所需要的使用价值或财富的劳动，就是生产劳动。原始人类打猎、采集野果等食物，也是生产劳动，获得了使用价值，但不形成价值。反过来可以说，凡是生产价值的劳动，必然是生产劳动。由此可见，生产劳动，可以是既生产使用价值又生产价值的劳动，也可以是只生产使用价值而不生产价值的劳动。

判断一种劳动的地位高低和作用大小，不应只以是否创造价值和创造价值的多少为标准。当然，在商品经济中，复杂劳动比简单劳动创造的价值更多些，因而其地位和作用要超过简单劳动。但也应知道，无论从马克思主义创始人来看，还是从实际社会经济生活来看，不形成价值的生产劳动甚至非生产劳动，也可以是具有更高社会地位和作用的劳动。论据之一：马克思、恩格斯等曾设想，在未来的社会主义社会和共产主义社会高级阶段中，不再存在商品生产，劳动不再形成价值。但在他们看来，这里的劳动，是摆脱了剥削和奴役的“自由人联合体”的劳动，是作为生产资料的主人和社会的主人的劳动，比起资本主义创造价值和剩余价值的雇佣劳动来，其社会地位和作用要更高一层。论据之二：党政干部、军警人员，他们也付出劳动，甚至是更复杂、更艰巨的劳动。但由于他们既不生产商品价值，也不生产财富，所以马克思认为他们的劳动是非生产劳动。但是，政府部长、军队将军、法院院长等，无论在资本主义社会还是在社会主义社会，其社会地位不但不会低于而事实上是高于创造价值的一般农民和煤矿工人。在目前的理论研究和讨论中，也有人认为党政、军警、公检法部门的劳动，也是创造价值的生产劳动。笔者认为，还没有人拿出有说服力的论证和论据。证明这一论点。要知道，第一，这些部门的劳动，尽管是具有重要社会作用和意义的劳动，但它们不需要通过等价交换来实现其社会必要性，从而不需要也不可能计量其并不存在的劳动价值。第二，党政、军警、公检法等部门在任何社会制度下，都是吃皇粮的，是靠国家财政支出维持的。如果这些部门的劳动，也是创造价值的生产劳动，与国有企业一样，那它们也应上缴国家税利而不应吃财政饭了。

在理论研究和讨论中，还存在一种浅层次的、不应有的误解：如果不承认某种工作是创造价值的生产劳动，他的价值收入就成为剥削收入了。要区分价值创造和价值分配的关系中的几种不同情况：其一，凡是社会所需要的劳动，都应得到相应的收入，这是劳动收入。但是，社会所需要的劳动，有的创造价值，有的不创造价值。无论创造价值或不创造价值的劳动收入，都不存在剥削问题。在马克思看来，有些虽不创造价值但社会所需要的劳动，其收入不仅不存在剥削，还可能是被剥削者。例如，马克思认为，资本主义社会的商业雇员，除从事保管、运输等劳动者外，纯粹为实现商品价值而进行的劳动，是不创造价值的。但这些雇员的劳动，也分为必要劳动与剩余劳动。其必要劳动时间实现的价值，相当于工资收入。其在剩余劳动时间实现的价值，为商业资本家占有。因此，商业雇员的劳动，是受商业资本剥削的雇佣劳动。在马克思看来，教师、医生等劳动是非生产劳动，不创造价值。但他们也要参加价值分配，获得应有的收入。他们收入不存在任何剥削问题。因为他们的劳动是社会所必需的，有重要社会意义的。

其二，要区分劳动收入与非劳动收入在价值创造与价值分配中的不同关系。劳动收入与非劳动收入，都是参与价值分配的结果。劳动收入分为两种：一种是获得自己创造的价值，如资本主义经济中的雇佣工人出卖劳动力所获得的工资收入，个体手工业者和个体农民一类小商品经济中的劳动收入。另一种是虽不创造价值但为社会所需要因而要参加价值分配的收入，如政府官员、军警人员、运动员等的劳动收入。不创造价值但参与价值分配的非劳动收入也分两种情况：一种是具有剥削性质的非劳动收入，即单纯凭借生产资料所有权而占有他人剩余劳动或剩余产品、剩余价值的收入，如资本主义社会的地主、资本家等。另一种是不具有剥削性质的非劳动收入，如劳动者的银行存款利息收入、社会救济收入、彩券收入等。

资本主义企业中的经理、高级科技人员，是不是生产劳动者？他们获得的高薪是不是剥削？资本家如果亲自管理企业，其管理工作是不是劳动？是否也生产价值？多年来是存在一些理论盲点、疑点或误解的。由于将劳动从狭窄的意义上理解为体力劳动，往往将资本主义企业中的经理、高级科技人员推向资产阶级一边。甚至认为他们的高薪收入也是剥削。还有个认识方法问题：即认为，他们作为知识分子，虽然不是资本家，但他们是为资本家阶级服务的，因而也属于资产阶级范畴。如果按照这种理论认识和方法思考问题，就会对我国现实经济生活中的一些情况，作出不科学的判断。比如，我国在现阶段存在外资和私营等企业。在这类企业中工作的经理、科技人员也会被看作是非生产劳动者，甚至是参与剥削的高收入群。当然这种认识是不对的。其实，即使是在资本主义企业或公司中服务的经理层管理人员和高级工程师等科技人员，也是凭自己的劳动获得收入的。他们既参与价值的分配，也参与价值的创造。而且，他们的劳动是比起普通职工来更为复杂和重要的劳动，因而相同劳动时间内，可以创造更多的价值。马克思指出：在许多人共同劳动的社会化生产中，形成一种由分工协作构成的整体劳动。其中每个参与的成员，都是整体劳动者中的一分子。“随着劳动过程本身的协作性质的发展，生产劳动和它的承担者即生产劳动者的概念也必然扩大。为了从事生产劳动，现在不一定要亲自动手；只要成为总体劳动者的一个器官，完成他所属的某一职能就够了。”①

在这些整体劳动者中，既包括体力劳动者，也包括脑力劳动者，如经理等管理人员和工程师等科技人员。马克思还明确而具体地说明：在资本主义企业的整体劳动过程中，“有的人多用手工作，有的人多用脑工作，有的人当经理、工程师、工艺师等等，有的人当监工，有的人当直接的体力劳动者或者做十分简单的粗工，于是劳动能力的越来越多的职能被列在生产劳动的直接概念下。”② 马克思讲的是资本主义国家中的情况。在我国社会主义制度下，无论在公有制经济中还是在非公有制经济中，从事科技工作和经营管理的劳动，都是生产劳动的重要形式，在现代生产中，其地位和作用日益重要。

资本家的管理是否是劳动？如果资本家亲自经营管理自己的企业，其经营管理也是一种劳动。马克思在《资本论》第1卷第23章阐述“利息与企业主收入”时，对资本家的管理，反复使用了“监督劳动”、“指挥劳动”、“管理劳动”、“指挥和监督劳动”等概念。他指出：“凡是直接生产过程具有社会结合过程的形态，而不是表现为独立生产者的孤立劳动的地方，都必然会产生监督劳动和指挥劳动。”并且指出，这种指挥劳动“就像一个乐队要有一个指挥一样。这是一种生产劳动”。不过，资本家的监督和指挥劳动，具有二重性。一方面，是许多人在协作劳动中，过程的联系和统一，相互协调与配合，必然要表现在一个指挥意志和职能上，因而具有生产劳动的性质。另一方面，资本家的管理劳动，是一种剥削劳动，“剥削的劳动象被剥削的劳动一样，是劳动。”关于资本家管理劳动的二重性，马克思在其他著作如《资本论》第一卷第11章《协作》中也论述过。那里还明确说明，资本主义的管理内容之所以具有二重性，是因为它所管理的生产过程本身具有二重性。一方面是制造产品的社会劳动过程，另一方面是资本的价值增殖

① 《马克思恩格斯全集》第23卷，人民出版社1972年版，第556页。

② 《马克思恩格斯全集》第49卷，人民出版社1975年版，第100～101页。

过程。就是说，由于资本主义生产过程是劳动过程与价值增殖过程的统一，因而资本主义管理劳动便是生产劳动与剥削劳动的统一。既然资本家管理企业具有生产劳动性质的一面，因而也创造价值。马克思说：“在产业利润中，也包含一点属于工资的东西（在不存在领取这种工资的经理的地方）。资本家在生产过程中是作为劳动的管理者和指挥者出现的，在这个意义上说，资本家在劳动过程本身中起着积极作用……这种与剥削相结合的劳动，……当然就与雇佣工人的劳动一样，是一种加入产品价值的劳动。”[①] 由此可见，马克思认为，在资本家经营管理企业的条件下，其价值收入，并非全部来自剥削。相当于其工资收入的部分，是管理劳动创造的。不过，资本家参与价值生产的部分，远远小于其参与价值分配的部分。大资本获得巨额利润，是资本增殖的结果，不是管理劳动的产物。

二、财富论与价值论的关系

在经济学说史上，许多经济学家把财富或使用价值与价值混淆在一起。主张劳动价值论的亚当·斯密，虽然区分了商品的使用价值与交换价值，但他把二者都归入“价值”概念之中，看作是价值的两种涵义。他说：“应当注意，价值一词有两个不同的意义。它有时表示特定物品的效用，有时又表示由于占有某物而取得的对他种货物的购买力。前者可叫做使用价值，后者可叫做交换价值。”[②] 萨伊在其《政治经济学概论》中更是把财富与价值交混在一起。其中前两篇的标题《财富的生产》、《财富的分配》，包括了价值的生产与价值分配的内容。他说：“没有实际的内在价值的东西的存在，就没有财富的存在。”“物品的价值就是财富所构成的”。萨伊所说的“财富”，是“具有任何效用的物品”。他又说：“人们所给与物品的价值，是由物品的用途而产生的”，“物品的价值又是测量物品效用的尺度”[③]。显然，在萨伊看来，价值与财富（使用价值）是同生共存的东西。一是价值的存在决定了财富或使用价值的存在。二是物品的用途即使用价值产生了物品的价值。前者是价值决定财富（使用价值）论，后者是效用决定价值论。总之，

① 《马克思恩格斯全集》第26卷Ⅲ，人民出版社1974年版，第550~551页。
② 亚当·斯密：《国民财政的性质和原因的研究》，商务印书馆1972年版，第25页。
③ 萨伊：《政治经济学概论》，商务印书馆1963年版，第58~60页。

他把财富（或使用价值、效用）与价值说成是相互决定的东西。既然他把财富和价值混淆在一起，因而他的生产三要素论，即劳动、资本、土地自然），既是共同生产财富的要素，也是共同生产价值的要素了。美国克拉克是劳动价值论的积极反对者，是要素价值论的支持者。他同样把价值与财富混淆在一起。例如，他说："工人阶级的福利情况，取决于他们收入的多寡。但是他们对其他阶级的态度（以及由此而产生的社会治安问题），要看他们所收入的部分是否等于他们所生产的部分，而不管他们的收入是多还是少。如果他们创造的财富很少，但全部归于他们所有，他们也许就不会想到革命。假使他们觉得他们生产了巨额财富，而所得的仅仅是一部分，那么他们之中的许多人，就一定会变成革命者"①。本来是价值与剩余价值的生产与分配问题，在克拉克的著作中成为财富的生产与分配问题了。他的书名就是《财富的分配》。财富，当然是由诸生产要素共同生产的。将财富混同于价值，于是价值也是由诸生产要素共同创造的了。

将财富或使用价值与价值混同，是中外否定劳动价值论的学者在逻辑方法上的共同特点。我国的一位已作古的受人尊敬的老经济学家，在解放前出版的经济学论著中，为否定劳动价值论，举了这样一个例子："中山公园的大柏树，不锯则价值大，锯之则价值小"。意思是说.公园的参天古树，耗费劳动将其锯倒，其价值反而减少，劳动不但不能增加价值，反而损失了价值。其实，中山公园的大柏树，是供人游览、欣赏之物，具有较高的使用价值，也可以说，具有哲学、文化意义上的较高的欣赏价值。在价值论的研究与讨论中，有时会有人将哲学文化意义上的价值概念与经济学愈义上作为商品经济范畴的价值概念混同起来。比如，我们讲"价值取向、"价值判断"，其含义与我们现在讨论的价值的概念不同。当人们说某文物有很高的艺术价值或收藏价值，某部著作有很高的学术价值，是指它的艺术或学术水平与地位、社会意义与作用而言的。一部平庸的书籍，其书价和收入可能等于或高于一部高水平学术著作。但它的学术价值则很低，甚至没有什么价值。

在我国目前的有关研究与讨论中，也存在将财富或使用价值同价值混淆的情况。这种混淆有两种情况。一种是：将劳动生产率提高从而同一劳动时间内生产的使用价值即财富大幅度提高，理解为价值相应地大幅度增长。一

① 克拉克：《财富的分配》，商务印书馆 1959 年版，第 3 页。

位有影响的学者在其题为《加快收入分配体制改革，深化对劳动和劳动价值论的认识》一文中，引用小平同志的下述一段话，来论证劳动生产率提高，价值会大幅度增加："同样数量的劳动力，在同样的劳动时间里，可以生产出比过去多几十倍几百倍的产品。社会生产力有这样巨大的发展，劳动生产率有这样大幅度的提高，靠的是什么，最主要的是靠科学的力量、技术的力量。"[①] 小平同志的这段话本来讲的是，由于科技进步，发展了生产力，大幅度提高了劳动生产率和产品数量。"产品几十倍几百倍的增加"，是指使用价值即财富的增加，并没有涉及产品价值的同比增加。小平同志这段话是用以论证这样一个道理：自然科学"理论研究一旦获得重大突破，迟早会给生产和技术带来极其巨大的进步。当代的自然科学正以空前的规模和速度应用于生产，使社会物质生产的各个领域面貌一新，……"[②]这些论述是完全正确的。但不应引用小平同志的这些话来论证科学技术大幅度提高劳动生产率，就必然相应地大幅度增加产品价值。这样认识问题. 依然是将使用价值即财富与价值绞在一起了。绞在一起，必然要否定政治经济学的一个基本原理：商品的价值量，与生产商品的劳动生产率成反比。前引作者的论文说："假设在以前，生产某种产品，全社会每年只能生产出1000件，后来由于科研人员的辛勤劳动而发明了一种新的生产工艺，使得同样工人在劳动时间和强度不变的情况下全社会可以生产出3000件同样的产品。那么根据马克思主义经济学的分析，这种劳动生产率的提高的后果是单位产品的价值下降了2/3，而总价值并发生变化，也就是说，科技进步没有创造新的价值。应该说，这一观点是与实际情况不符的，没有说服力"。

马克思关于单位商品价值与劳动生产率成反比的原理真的与实际情况不符和没有说服力么？请看看历史事实和现实事实。英国产业革命中由于将新的科学技术应用于生产，劳动生产率大幅度提高，1820年，英国的工业生产量占到世界工业生产总额的一半。结果，产品的价值和价格随之大幅度下降。1786年，英国每磅棉纱的价格为38先令，1800年降为9.5先令，1830年又降为3先令。这是波特尔于1851年在伦教出版的《国家与进步》一书中提供的资料，可信度高。另根据严中平发表于《经济研究》1955年第1期的论文提供的资料，18世纪到19世纪，英国实现了产业革命，机制棉纱

①② 《邓小平文选》第2卷，人民出版社1994年版，第87页。

和棉布的价格大幅下跌。例如，每百支机制棉纱每磅的市价：1786 年是 38 先令，1829 年下降为 3 先令 2 便士，到 1831 年再降为 2 先令 11 便士。又如机制棉布价格的指数，若以 1820 年为 100，1821 年降为 96.3，1825 年降为 86.3，1830 年为 51.5。即 10 年间价格下降了近一半。这种价格的下降，正是反映了单位商品价值与劳动生产率成反比的运动趋势。

再看现实情况，既可以从国际间劳动生产率和价值关系差别进行横向比较，又可以从一国内劳动生产率和价值关系的变化进行纵向比较。从横向比较来看，经济发达国家的劳动生产率高，其产品的国内价值与价格必然低于发展中国家。比如，美国的汽车比中国自己生产的汽车科技含量高、质量好，但在美国市场或世界市场上的汽车售价远比中国国产的汽车售价低。中国被破获的走私集团，疯狂从发达国家大量走私进口各种商品，正是因为发达国家的商品价值与价格低于中国，可以从巨额差价中获取暴利。再从纵向比较来看，从整体上说，每个国家的劳动生产率是在不断提高的，价值也应相应下降。但是，由于影响价格变动的因素有多种，更由于在金本位制崩溃后世界各国都以纸币充当货币的职能，纸币的发行量可以相当于或高于经济增长率。这样，商品价格总量一般会随使用价值总量的增加而增加，就是说，单位商品价值与劳动生产率成反比的运动趋势，不会直接表现为商品价格随劳动生产率的不断提高而相应下跌，甚至会表现为价格上涨。但是，由于不同生产部门的劳动生产率的提高快慢不同，劳动生产率提高较快的部门，其商品的价格会相对或绝对下降。比如，由于北京养鸡事业的发展，近年来鸡蛋的价格相对便宜，只等于 20 世纪 50 年代自由市场鸡蛋价格的 3 倍左右；而猪肉价格则等于 50 年代的 7 倍左右；带鱼价格则上涨了 10 多倍。有些工业产品由于科技进步和劳动生产率的提高，价格亦在绝对下降。如电脑、彩电、空调等的价格，比 20 年以前乃至 10 年以前下降了好多，而其科技含量则大大提高。国产轿车在近 10 年中价格下降了 40%，而科技含量也在增大。从我国和外国的商品价格运动的趋势看，恰恰是科技进步越快的部门，商品价格相对或绝对下降得也越多。断言由于科技发明劳动生产率提高，价值可以几十倍、几百倍甚至有的说会成千上万倍的增加是没有事实根据的。

如此说来，科技人员的劳动特别是其科技发明就不会增加价值了？他们作为复杂劳动创造的更多的价值表现在哪里呢？

科技工作特别是高科技工作在生产中能够创造出更多的价值。首先，由于科技发明生产出新的性能更高的机器和技术设备，这些新产品的价值或价格一般要比原有的机器设备更高些，其中就包含了科技人员创造的更多的价值。其次，企业中的科技发明，最初是由个别企业实现的。个别企业由于新的科技发明，其企业的劳动生产率高于部门平均劳动生产率，其商品的个别价值低于社会价值，按社会价值出售，可获得超额利润。这种超额利润的产生，就归功于科技人员的劳动与发明。再次，由于新的科学技术的发明与应用，使整个部门的劳动生产率普遍提高，这时，单个商品的价值会降低。但是，在同量的价值中，一般工人的劳动耗费会相对减轻，因而在形成价值中所占的比重相对减少，而科技人员的劳动贡献及其在形成价值中所占比例会相对增加。这是因为，在财富即使用价值的生产中，越来越多地取决于科技进步及其在生产中的应用。马克思说："随着大工业的发展，现实财富的创造较少地取决于劳动时间和已消耗的劳动量，……相反地却取决于一般的科学水平和技术进步，或者说取决于科学在生产上的应用。"① 又说："一旦直接形式的劳动不再是财富的巨大源泉，劳动时间就不再是，而且必然不再是财富的尺度。"。同时"工人不再是生产过程的主要当事者，而是站在生产过程的旁边。"马克思还强调指出："以劳动时间作为财富的尺度，这表明财富本身是建立在贫困的基础上的"。②所谓"直接形式的劳动不再是财富的巨大源泉"，是指处于第一线直接加工于劳动对象的生产劳动在财富的生产中的作用减少了，而科技进步及科技劳动的作用则增大了。科技劳动在财富生产中的作用增大，在价值生产中所起作用的比重也相应提高。最后，有些科技发明与创新，可以在巨大建设工程中节约大量资金，降低建设成本，也等于他们创造了巨大的价值。另外，科技发明与创新的贡献，更在于提高劳动生产率和大幅度增加社会财富。

另一种混淆财富与价值的情况，是用劳动不是财富的唯一源泉，来论证劳动不是价值的唯一源泉，主张其他生产要素和劳动一起共同创造价值。

应当说明一下，马克思把财富与价值是严格区分开来的。他指出，财富的物质内容总是由使用价值构成的。而使用价值只是交换价值或价值的物质承担者，价值中不包含任何一个使用价值的原子。马克思偶尔从价值的含义上使用财富一词时，称之为"抽象财富"。这一概念使用得很少。一般讲财

---

①② 《马克思恩格斯全集》第46卷（下）人民出版社1973年版，第217、218～222页。

富就是指使用价值或产品本身。

马克思和恩格斯一再批评把劳动说成是一切财富的源泉或财富的唯一源泉的观点。不少学者由此认为，马、恩主张劳动和生产资料共同构成财富的源泉，或者说，劳动和其他生产要素都是财富的源泉。有的人认为，既然使用价值是价值的物质承担者，形成使用价值的要素也应是形成价值的要素。

马克思和恩格斯并没有讲过生产资料或各种生产要素都是财富的源泉。马克思在《哥达纲领批判》中，批评了哥达纲领中的一个论断："劳动是一切财富和一切文化的源泉。"马克思说："劳动不是一切财富的源泉。自然界同劳动一样也是使用价值（而物质财富就是由使用价值构成的）的源泉。"恩格斯在《自然辩证法》一书中论述劳动在从猿到人转变中的作用时，一开始就说："政治经济学家说：劳动是一切财富的源泉。其实，劳动和自然界在一起它才是一切财富的源泉，自然界为劳动提供材料，劳动把材料转变为财。"马克思在《资本论》第1卷第1章中更具体地讲："上衣、麻布等使用价值，简言之，种种商品体，是自然物质和劳动这两种要素的结合。如果把上衣、麻布等等包含的各种不同的有用劳动的总和除外，总还剩有一种不借人力而天然存在的物质基础。"正是讲到这里时，他引用了配第的一句名言："劳动是财富之父，土地是财富之母。"这里的"土地"一词是泛指自然的。为什么马、恩不讲劳动和生产资料都是财富的源泉，或是各种生产要素都是财富的源泉，而特意讲劳动和"自然界"或"自然物质"是财富的源泉呢？因为生产财富即使用价值的条件，同财富的源泉是不同涵义的概念。生产资料或各种生产要素都是生产使用价值的必要条件，但它们并都构成使用价值的源泉。源泉是指构成事物的实体或内容的东西。比如，一张木椅，是由木工的劳动借助于生产工具对木材进行加工而制成的。因此，用于生产木椅的各种生产资料，都是必要的条件。但是，构成木椅的实体或内容的，只是木材和劳动。木工用的刨子、锯子、电力、厂房等，并不进入木椅之中。木材最终可以分解为借助于自然成长的树木与劳动，包括伐木、运木、锯木等各种相关劳动。因此，木椅的源泉，是原始木料即自然特质和从伐木劳动到制椅劳动的系列劳动构成的。至于其他生产资料则按其消耗的部分作为物化劳动转移到产品木椅中去。因此，构成使用价值的，归根到底是劳动和自然界。生产资料本身也是由自然界和劳动构成的。机器是由自然物质矿石和系列劳动（采矿、运矿、冶炼、机器制造等劳动）构成的。

耕地是由自然界原生土地和开垦等劳动构成的。如此等等。

至于商品价值，马克思认为，其唯一源泉就是无差别的人类劳动。由于价值寓于使用价值之中，因此，生产使用价值的必要条件，也是生产价值的必要条件。生产使用价值的条件同使用价值的源泉是不同的问题，同样，生产价值的必要条件，不等于价值的源泉。再者，使用价值的源泉与价值的源泉也需要加以区分，不能混淆。自然界是使用价值的源泉之一，但不是价值的源泉之一。难道天然土地、矿石、原始林木等自然物质能成为商品价值的重要源泉？不管是赞成、坚持和发展劳动价值说也好，还是质疑、否定和反对也好，都要首先弄清和把握马克思有关理论的原意和本意。不要把马克思讲的使用价值的源泉说成是劳动与生产资料。再将其加之于价值的源泉，变成了劳动与生产资料共同创造价值。资本、土地和其他生产要素是否与劳动共同创造价值？存在着较多的争论。不管持什么观点，要把马克思的财富论与价值论区别开来；把财富源泉论与价值源泉论区分开来；把生产要素条件论与生产要素价值论区分开来。

三、面对新情况，探求新认识

江泽民总书记在建党80周年的讲话中指出：“马克思主义经典作家关于资本主义社会的劳动和劳动价值理论，揭示了当时资本主义生产方式的运行特点和基本矛盾。现在，我们发展社会主义市场经济，与马克思主义创始人当时所面对和研究的情况有很大不同。我们应该结合新的实际，深化对社会主义社会劳动和劳动价值理论的研究和认识。”

马克思以后的100多年来，世界社会经济发生了新的演变。发达资本主义国家的劳动情况也有了很大的变化，劳动者的地位有所提高。首先，马克思100年多前虽论述了科技工作和经营管理的劳动也是生产劳动，肯定体力劳动和脑力劳动都创造价值。但他所看到的资本主义社会的劳动，还是以体力劳动为主，脑力劳动在社会总劳动中所占比重较小。20世纪特别是二次世界大战后，科学技术有新的发展与突破，实现了新的产业革命，并且继续进行着更加突飞猛进的新的科技革命。生产劳动逐渐由体力劳动为主向脑力劳动为主转化。工人也趋于知识化、技能化、脑力化和白领化。科技工作和经营管理的地位与作用也更显得重要与突出。其次，马克思所看到的资本主义国家工人每天劳动12小时以上甚至16、18小时及没有假日的情况已经大为改观。许多资本主义国家每周劳动5天，共40小时甚至更少，而劳动条件和生活条件也比过去大为改善。例如，美国过去一个世纪以来，劳动者一生的工作时间降低了大约一半，而实际工资则上升了约8倍。再次，劳动结构发生了重大变化，农业、制造业等部门所占劳动的比重逐步减少，而商业服务部门的劳动比重则大幅度增加。马克思所论述的资本主义国家农业落后于工业因而农业资本有机构成低、等量资本形成的价值大于工业的情况，已经改变。美国等发达国家，农业劳动力只占社会总劳动力3%左右，生产的农产品除可满足本国需要外，还需大量出口。农业中的阶级关系也发生了变化。马克思所论述的农业中的三个阶级即大土地所有者、租佃资本家、农业雇佣工人的阶级关系，已发生变化。土地自有自营的家庭农场占了主要地位。适应资本主义新的发展与变化，即使在研究资本主义经济关系和经济运行时，马克思主义创始人的劳动与劳动价值理论也需要丰富与发展。

提出深化对劳动和劳动价值理论的研究与认识，主要是从我国社会主义社会实行社会主义市场经济的现实情况出发的。马克思的劳动与劳动价值理论，以及以此为基础的剩余价值理论对揭示资本主义经济关系的本质与矛盾和阐明资本主义经济运行的特点与规律，具有重要理论意义。对于研究我国的社会经济问题，应结合当前的任务与实际，提出符合实际情况的新的认识与说明。笔者认为，应以新的视角考虑以下问题。

第一，尽管劳动价值论是马克思经济学体系大厦的理论基石，但他并没有也未曾想要用以研究和分析社会主义经济问题。因为马克思主义创始人曾认为，社会主义社会不再存在商品生产和价值关系，劳动不再形成价值，或如恩格斯所说，不再需要“价值”插手其间。他们设想，社会主义社会的经济关系，不再是通过价值、价格等来联系和实现，而是通过使用价值来联系与实现。财富论取代了价值论，按劳分配是消费品的实物分配。因此，在马克思和恩格斯看来，劳动价值论不是社会主义经济学的基石，在社会主义社会将失去其理论和实际意义。然而，社会主义实践证明，社会主义经济依然是商品经济，我国还实行社会主义市场经济。劳动价值理论以及与其相关的价值规律、竞争规律、供求规律、货币流通规律等依然在起着作用。但它的理论和现实意义不是以此为理论基础用以揭示社会主义的根本矛盾和本质关系，主要是对社会主义市场经济的运行，具有指导意义。对于处理价值生产与分配的关系，也有现实指导意义。社会主义的本质不同于资本主义的本质，马克思的两大发现之一即剩余价值规律，本来是用以剖析资本主义本质的。而剩余价值理论是建立在劳动价值理论基础上的。因而离开劳动价值理论，就难以科学地阐明资本主义的本质关系和基本规律。社会主义的本质，按邓小平的论述，是“解放生产力，发展生产力，消灭剥削，消除两极分化，最终达到共同富裕”。实现这一本质，也需要借助于发展商品经济，利用市场机制及其规律，更需要调动广大职工群众的劳动积极性。但关键在于利用先进科学技术，进行科技创新和管理创新，大力提高劳动生产率。在这方面，马克思的劳动财富论具有更重要的理论和现实意义。当今世界，由于纸币完全代替了金属货币，用纸币表现的价格运动往往离开了价值运动的基准线。总价格的运动一般与社会的使用价值即财富总量的增长运动相一致。国民生产总值、国内生产总产值以及人均生产总值等概念，事实上不是价值指标，而是反映为纸币价格的使用价值即财富指标。解放和发展生产力，是解放和发展生产使用价值即财富的能力，而不是解放和发展生产价值的能力。马克思说：劳动生产力越低，生产一件物品的必要劳动时间就越多，该物品的价值就越大。劳动生产力越高，该物品的价值就越小。资本主义国家是通过追求超额利润先提高个别企业的劳动生产率，然后通过竞争提高部门的劳动生产率。社会主义社会，解放和发展生产力是根本任务，共同富裕是根本目的，都直接要求提高增加财富的劳动生产率。所以从社会主义本质出发，重在财富的增长，而非重在价值的增长。也就是重在投入相等或更少的劳动，生产出更多的使用价值即财富，而不是重在投入更多的劳动，生产更多的价值。

第二，随着社会经济的发展和科学技术的突飞猛进，精神生产力和精神生产劳动的地位和作用日益凸显。马克思主义创始人与当时资本主义发展阶段相适应，重在研究和论述物质生产力和物质生产劳动。马克思也提过“精神生产力”这一概念，但没有进一步研究和论述。因为精神生产有许多方面属于上层建筑范围，在马克思看来它们是为资产阶级统治和资本主义经济基础服务的。对于作为发展中的社会主义中国来说，应当把精神生产力和精神生产劳动作为重要课题来研究和探讨。精神生产力，是生产精神产品的能力。科学、技术、哲学社会科学、文化、教育、艺术、音乐、歌剧、字画、舞蹈等，都属于精神生产范畴。我们讲科学是生产力或第一生产力，容易将其只归入物质生产力范畴。其实，科学发明和技术创新以及各种设计（建筑设计、新产品设计等），最初是以精神产品的形式出现的。将其应用于生产，才转化为物质生产力，形成物质产品。马克思把科学既看作是“观念财富”即精神财富，又看作是“实际财富”即物质财富。他说：“科学这种既是观念的财富同时又是实际的财富的发展，只不过是人的生产力的发展即财富的发展所表现的一个方面”[①]。可见，科学的发展同生产力的发展和财富的发展是一致的。

为便于研究社会主义制度下的生产劳动与非生产劳动、财富的生产与价值的生产等问题，笔者主张将全社会的劳动可区分为四类：物质生产劳动；精神生产劳动；服务劳动；社会公务劳动。物质生产劳动可以是既生产物质财富又生产价值的劳动，如生产物质商品的劳动；也可以是只生产物质财富不生产价值的劳动。马克思曾从不同的角度，对生产劳动作了不同的界定。从生产物质产品的角度进行界定，各种具体劳动都是生产劳动。原始社会的两百多万年中，也进行原始形式的物质生产劳动，但不生产价值。即使将来商品生产消亡了，价值关系没有了，也会继续进行物质生产劳动。在现实经济生活中，农民为自己盖房、做衣服，也是物质生产劳动，但不存在价值关系。精神生产劳动，生产精神财富。有的既生产精神财富，又生产价值，如出版书籍、绘画、制作影视和音像产品等；有的只生产精神财富，不生产价值，如学校教师讲课等。有的精神生产可转化为物质生产，如科技发明、设计等。服务劳动，有的是生产价值的生产劳动，如商品运输、包装、保管、餐厅的食品制作；有的则很难说明也是生产价值的劳动，如舞厅、卡拉 OK 等娱乐场所的服务、公厕收费服务等。社会公务劳动，如党政官员、军事人员、警察、公检法干部等的劳动。这种劳动在剥削阶级统治的社会中，是为其统治劳动人民服务的，在社会主义社会，他们的劳动是社会必要的和十分重要的，是发展社会主义和保障人民利益所必须的，但它不是创造价值的生产劳动。其中有些劳动虽不创造价值，但生产精神财富，如提出有意义的理论思想、制定法律法规等。有的则是既不生产价值，也不生产财富，因而属于非生产劳动。但这种非生产劳动，也可以是更高层次的、社会十分需要的劳动。以上四类劳动，都是社会所必需的和有益的劳动。既不能以是否创造

① 《马克思恩格斯全集》第 46 卷（下），人民出版社 1975 年版，第 34～35 页。

价值评论劳动的高低贵贱，也不能以是否是生产劳动来判断其社会意义的大小。

第三，马克思主义创始人对待资本主义私有制和私有企业主的理论认识和政治态度，是根据当时资本主义周期性的经济危机、广大雇佣工人劳动条件和生活条件的恶化、工人运动的蓬勃发展的事实，从生产力的原则出发，提出以社会主义公有制取代资本主义私有制，消灭一切私有制的理论，政治上也把资本家阶级作为敌对的阶级看待。而处于社会初级阶段的新中国，实行公有制为主体、多种所有制经济共同发展的基本经济制度。从“三个有利于”的标准出发，允许和鼓励多种非公有制经济发展。它们的合法经营，有利于社会主义事业的推进。列宁在实行新经济政策时就批评一种观点：社会主义是幸福，资本主义是祸害。他强调可以利用资本主义发展社会主义。我国目前的生产力和人均国民生产总值还比较落后，个体私有制和资本主义私有制经济成分还有广阔发展的余地。私营企业家的管理劳动，作为社会化共同劳动的必要指挥，同样具有增加价值的生产劳动性质的一面。他们如果参与科技工作，则兼有另一种生产劳动的性质。这是马克思讲资本主义社会的资本家时，已经讲清楚的问题。但资本主义大企业的巨额利润，是资本增殖的结果。不能都归之于管理劳动和科技工作形成的价值。应当看到，在资本主义经济中，剩余价值规律依然发生作用。特别应看到，我国日益增多的非公有制经济中，各企业的素质差别很大，不少私营企业和外资企业存在严重损害职工权益的事实，以及不断出现假冒伪劣、坑蒙拐骗现象。我们应对其加强引导和管理。当然，从总体上说，在我国现阶段，发展非公有制经济是必要的，有益的。因而在我国现实条件下，党和政府对自己扶植起来的私营企业，不应将其看作为敌对力量，对私营企业主，在政治和经济上，不应将其看作为对手，而应看作帮手和助手。在政策上一视同仁，平等竞争。不管私营企业主的收入有多少是劳动收入，有多少是非劳动收入，只要是合法经营的合法收入，就应受到保护。因为我国现阶段非公有制经济的地位和作用，作为社会主义市场经济的必要组成部分，与建设有中国特色的社会主义事业联系在一起了。私营企业主与个体经营者的劳动，可以为发展我国社会主义市场经济和建设有中国特色的社会主义做出有益的贡献。

再论深化对劳动和劳动价值论的认识[①]

党中央提出的“十五”计划建议，涉及一些有关的基本经济理论问题。其中，引起经济学界重视并正在进行讨论的一个问题，是深化对劳动和劳动价值理论的认识问题。

一、从两方面深化对劳动和劳动价值论的认识

深化对劳动和劳动价值论的认识，应从两方面入手。一方面要加深对马克思有关劳动和劳动价值理论的研究和理解，全面和准确地把握其思想观点。马克思的有关理论很丰富，有不少重要思想观点在一般政治经济学教材中没有反映出来。特别是诸如关于在“整体劳动”中经理、科技人员、管理人员等的地位与作用的论述；关于资本主义管理劳动的两重性，资本家作为共同劳动的必要指挥者，其指挥或管理劳动也具有生产劳动性质，同样会把价值加入产品中的论点；关于在现代化生产中知识日益成为直接的生产力、现实财富的创造较多地取决于科技进步和科学在生产上的应用的理论；关于价值运动和价格运动的轨迹会有多种情况的说明；等等。这些思想观点至今在有关经济理论和现实问题的讨论中，没有引起应有的注意，甚至出现了对马克思早已讲清楚的重要思想茫然不知，有的还将一些与马克思的本意相悖的观点加之于马克思的情况。我以为，对于马克思关于劳动和劳动价值论的论述，无论是赞同和坚持，还是怀疑和否定，都应首先弄清马克思讲了什么，怎样讲的，原意是什么。总之，应当原原本本地理解和把握。

深化认识的另一方面是应从100多年来发展了的社会经济现实出发，重

① 本文原载《宏观经济研究》2001年第5期。

视新的生产要素，如科学技术、经营管理、信息等在社会经济发展中日益重要的作用；重视随着科技革命和高新科技的发展所引起的劳动结构变化，如劳动者向白领化、知识化、脑力化、技能化发展；重视随着生产力的高度发展和劳动生产率的大幅度提高，发达国家的社会财富在迅猛增长，而劳动者的劳动时间在大大缩短。据萨缪尔森《经济学》（第16版）中提供的资料：美国“过去一个世纪以来，劳动者一生的工作时间降低了大约一半，而实际工资却上升约8倍”。马克思在《资本论》中所描述的英国工人每日劳动时间都在12小时以上、没有节假日、劳动条件恶劣的情况已经改变。目前发达资本主义国家工人的劳动时间每周为40小时甚至更少，工人的劳动条件和生活条件都有很大改善；随着生产力的发展，发达国家人均国民生产总值在迅速增大。从纵向不同时期发展状况来看，1965年，欧洲发达国家人均国民生产总值在1100美元（意大利）到2700美元（瑞典）之间，现已增至2万多到3万多美元之间。日本当时人均国民生产总值仅有876美元，现在增至3万多近4万美元。如果从横向关系来比较，发达国家和发展中国家的工资福利差别十分悬殊。根据萨缪尔森《经济学》中的统计资料，1995年，制造业中的工资和福利（美元/每小时），德国为31.88，日本为23.66，美国为17.20，而印度只有0.71。

中国是世界上人口和劳动力最多的国家，尽管新中国建立特别是改革开放以来经济快速增长，2000年国民生产总值已突破1万亿美元，但也只及美国的1/9。而中国劳动力和所耗费的劳动总量要比美国多几倍。倘按人均国民生产总值计算，差距更为突出。目前中国人均国民生产总值800多美元，而美国约3万美元，相当于中国的37倍。

在国内外社会经济发展已经发生巨大变化的今天，马克思主义的劳动和劳动价值理论遇到了新的问题和挑战。比如：各国国民生产总值或国内生产总值是不是价值量指标？如果是的话，怎样用劳动价值论来说明？为什么中国、印度等国的劳动力和劳动耗费总量远大于美国等国家，而所提供的国民生产总值或国内生产总值却远不如美国等国家？发达国家劳动者并不比发展中国家劳动者耗费劳动时间更多，而前者的人均国民生产总值却大大超过后者。这能否表明是非劳动因素创造了更多的价值？另外，经济统计资料表明，发达国家在国民生产总值增长中，科技贡献率已达60%～80%，这是否意味着科技工作在价值创造中占有60%～80%的份额？

再如，随着生产力的发展，科学技术工作和经营管理作为劳动的重要形式，在社会生产中起着越发重要的作用。这就要求从理论上说明，科技工作者和经营者的劳动也是创造财富和价值的日益重要的生产劳动，理应获得更多的劳动报酬。然而评价科技工作者和经营管理者的劳动贡献，要考虑几种不同的情况：提高劳动生产率增加社会财富（使用价值）的贡献；作为更高级的劳动或复杂劳动比一般劳动创造了更多的价值的贡献；在市场经济中实现商品、实现价值的贡献。

此外还应从我国社会经济发展的现实出发，深化对劳动和劳动价值理论的认识，这必然涉及我国社会主义初级阶段实行的按劳分配为主体、多种分配方式并存、按劳分配和按生产要素分配相结合的制度。要鼓励资本、技术等生产要素参与收入分配，那么其理论依据是什么？是否为要素价值论？能否认为按劳分配的理论依据是劳动价值论，而按要素分配则是否定劳动价值论，承认各种生产要素都是价值源泉？对上述一系列问题，经济学界存有不同看法和争论，需深入探讨。其中许多问题其实都涉及劳动价值理论中的一个基础性问题，即价值运动与价格运动的关系，因而有必要首先弄清。

二、价值运动与价格运动的一致与不一致问题

按照政治经济学的一般原理：价格是价值的货币表现，在供求平衡的条件下，价格会符合价值。价值规律要求价格与价值相一致。但是，什么叫价格与价值相一致？价格与价值是否同方向、同比例地变动才叫一致？对此存在着不同的理解。其实，价格量与价值量一致与否，同价格运动与价值运动一致与否，是问题不同的两个方面，必须区别开来。即使在供求平衡、价格符合价值的情况下，价值的涨落也并不必然导致价格如影随形的变化。如果生产某种商品的劳动生产率提高1倍，其价值降低1/2。作为价值表现的价格，可能不变，可能下降，也可能上涨。研究这个问题，需先从由贵金属货币表现的价格与商品价值的关系谈起。用贵金属货币表现商品价值时，假定供求关系均衡，价格运动与价值运动的关系可有几种不同的组合情况。

第一种情况：商品价值变化而贵金属货币自身价值不变。这样，价值与价格成正比关系而变动。假定生产1件某种商品和生产1元金属货币的社会必要劳动时间相同，则1件商品 =1 元货币。现在，如果生产该商品的劳动

生产率提高了 1 倍，价值相应降低一半，则 1 件商品 =0.5 元货币。反之，如果劳动生产率降低一半，所耗费的社会必要劳动时间增加 1 倍，从而价值增加 1 倍，则 1 件商品 =2 元货币。在这种情况下，价格与价值相一致。价值运动与价格运动依同方向和同比例而变化。

第二种情况：商品价值不变，货币价值发生变化。如果生产贵金属的劳动生产率下降，所耗费的社会必要劳动时间增加 1 倍，从而其价值增加 1 倍，则 1 件商品 =0.5 元货币。反之，如果金属货币自身价值降低一半，则 1 件商品 =2 元货币。即商品价值不变，价格可以下降或提高。这样，价格依然是商品价值的准确货币表现。价格并未背离价值，仍与价值相一致。但价格涨落不反映商品价值量的变化。这时价格的变化与货币自身价值的变化成反比。也就是价格运动与价值运动不相一致。

第三种情况：商品价值与货币价值依同一方向和同一比例变化。在这种情况下，无论商品价值怎样变化，不管下降还是提高，也不管变化的幅度大小，作为价值的货币表现的价格依然不变。可见，那种认为既然价格是价值的货币表现，价值的变动必然反映为价格的相应变动的看法是不能成立的。

第四种情况：商品价值与货币价值可依同一方向但不同程度地发生变化，也可依相反方向和不同程度地变化。这样，价值与价格运动就会出现错综复杂的不一致的情况。但价格依然没有背离价值。

即使以贵金属作为货币之时，由于价值变动可以反映为价格的各种不同组合情况的变动，因而商品价值量也难以绝对地而只能相对地通过价格表现出来。那么，在完全以纸币作为货币的情况下，所谓价格与价值相一致，价值运动与价格运动的关系就更为复杂和迷离不清了。在其他条件和关系不变时，纸币的币值和相应的货币收入无论提高或降低多少倍，都不会改变各方面的利益关系。从而，即使商品价值不变，而用纸币表现的价格也可以增加或减少多少倍。例如，1955 年，我国发行新人民币，置换旧人民币。新旧人民币的折合比率为 1 元等于 1 万元。即各种商品价格和人们的货币收入名义上降到了原来的万分之一，但商品价值关系和人们实际货币收入并未因此而变化。另外，在劳动生产率增长从而商品量增长、单位商品价值量降低的情况下，如果相应地发行了与经济增长相适应的更多的纸币，商品价格可以不变或提高，并没有反映价值的降低。这样，用纸币计算的价格，或用价格计算的国民生产总值、国内生产总值等的绝对量及其增长率，便难以反映价值的绝对量及其增长率。目前，发达国家劳动生产率大大高于发展中国家，用较少的劳动时间可以生产出更多的产品或使用价值。由于劳动生产率的提高只导致单位商品价值降低而商品价格未变甚至有所提高，因而使用价值几倍、几十倍的增长就会表现为商品价格几倍、几十倍的增长，如果价格提高，还会表现为价格量的增长大于使用价值量的增长。弄清楚上述事实与道理，便不难理解，为什么劳动力大大少于中国的美国，其国民生产总值和人均国民生产总值要比中国高好多倍。目前，国内外关于国民生产总值或国内生产总值年均增长率的计算是以可比价格统计的。而对生产总值的计算，一般按现行价格统计，有些经济学著作中也有按可比价格统计的。但不管怎么统计，它都不能直接反映价值的绝对量和价值量的变化，而只能相对地、曲折地、间接地反映。它所直接反映的是以价格（纸币）表现的产出量或使用价值量及其增长率。美国的劳动生产率远远高于中国，因而美国的一个劳动力在一定劳动时间内所生产的产品或使用价值量也远远高于中国。尽管依据马克思主义的劳动价值论，单位商品的价值随劳动生产率的提高而降低，但因其用纸币表现的价格并不相应降低，因而总产出增长多少倍，价格也差不多会增长多少倍，如果价格上涨，则增长倍数更多。由此可见，用可比价格统计的经济增长率和用现行价格或可比价格统计的国民生产总值或国内生产总值，实际上是使用价值量及其增长率的指标，而非作为一般劳动凝结的价值量及其增长率的指标。若从商品使用价值是价值的物质承担者来看，劳动生产率越高，会有越多的使用价值量承担相同的或减少了的价值量。据此可知，用某些发达国家劳动力少而国民生产总值和人均国民生产总值高，中国、印度等国家劳动力多而国民生产总值和人均国民生产总值少，将原本是使用价值指标作为价值指标比较，这本身就是理论上的混淆。以此来怀疑和否定劳动价值论，自然是缺乏科学根据的。

可见，所谓科技进步对经济增长的贡献率，主要是对产品或使用价值增长的贡献率。

三、加深对科技工作和经营管理作为劳动重要形式的认识

马克思主义的劳动价值论不是体力劳动价值论。认为马克思不重视脑力劳动、科技工作和经营管理劳动在价值创造中的作用，毫无根据。即使讲一

般劳动者时，马克思也不认为他的劳动仅仅是体力的支出。他说："我们把劳动力或劳动能力，理解为人的身体即活的人体中存在的、每当人生产某种使用价值时就运用的体力和智力的总和。"[①] 这表明，劳动既是体力也是智力的支出。

马克思的劳动和劳动价值理论，既适用于个体商品生产，也适用于社会化商品生产。但他侧重研究的是资本主义社会化商品生产。有的学者认为马克思的劳动价值论，只是《资本论》第1卷第1章中所论述的理论，只是物物交换时的商品价值理论，不适用于资本主义经济。这完全是一种误解。马克思的劳动和劳动价值论，不限于《资本论》第1卷第1章，也不限于三卷《资本论》，在他的《剩余价值理论》和大量经济学手稿中，也多有论述。马克思的劳动价值论是其剩余价值论的基础，恰恰是为研究和阐明资本主义经济关系及其运动规律，作为基础性的基本理论而提出的。

资本主义社会化生产中的劳动过程，不同于集各种劳动职能于一身的个体劳动，它是一种分工协作的共同劳动即"总体劳动"。在总体劳动中，不仅直接加工于劳动对象的劳动是生产劳动，凡与生产产品直接间接有关的劳动，包括科技人员和管理人员的劳动，都是"总体劳动"中必要的构成部分，都是生产劳动，都创造价值。在马克思的著作中明确地论述了这种思想观点。他指出："随着劳动过程本身的协作性质的发展，生产劳动和它的承担者即生产劳动者（原译作'生产工人'，改译为'生产劳动者'更准确。下同——引者）的概念也就必然扩大。为了从事生产劳动，现在不一定要亲自动手；只要成为总体劳动者的一个器官，完成他所属的某一种职能就够了。"[②]又说："许多劳动者共同生产同一个商品；……这些或那些劳动者的劳动同生产对象之间直接存在的关系，自然是各种各样的。例如，前面提到过的那些工厂小工，同原料的加工毫无直接关系；监督直接进行原料加工的工人的那些监工，就更远一步；工程师又有另一种关系，他主要只是从事脑力劳动，如此等等。……所有这些劳动者合在一起，作为一个生产集体，是生产这种产品的活机器。"[③] 这里明确点出，工程师等的脑力劳动是总体劳动的组成部分，从而属于创造价值的生产劳动。马克思还有更为明确地说

①② 《马克思恩格斯全集》第23卷，人民出版社1972年版，第190、556页。

③ 《马克思恩格斯全集》第26卷Ⅰ，人民出版社1974年版，第443～444页。

明：在总体劳动过程中，“有的人多用手工作，有的人多用脑工作，有的人当经理、工程师、工艺师等等，有的人当监工，有的人当直接的体力劳动者或者做十分简单的粗工，于是劳动能力的越来越多的职能被列在生产劳动的直接概念下”。[①]

不仅在企业内部直接间接为生产服务的各种劳动是生产劳动，即使在企业外部直接间接为生产服务的脑力劳动，如从事建筑、技术、产品设计等的劳动，用于生产的科技发明和创新的劳动，也是生产劳动。马克思不仅肯定科学技术在生产产品和价值中的作用，还特别重视它在创造社会财富中日益重要的具有决定性的作用。他说：“随着大工业的发展，现实财富的创造较少地取决于劳动时间和已耗费的劳动量，较多地取决于在劳动时间内所运用的动因的力量，而这种动因自身——它们的巨大效率——又和生产它们所花费的直接劳动时间不成比例，相反地却取决于一般的科学水平和技术进步，或者说取决于科学在生产上的应用。”[②] 科学技术在生产中的贡献，要区分两个方面。一方面，科技工作作为生产劳动参与价值的创造。而且，科技工作是一种复杂劳动，它比普通工人的劳动可创造更多的价值。因此科技人员应获得较多的劳动报酬。高级科技工作或高新科技工作应获得更高的报酬。另一方面，是不断创新的科学技术在创造社会财富中的巨大作用。一个国家的富有程度，人民生活水平的提高程度，不是简单取决于劳动者和劳动时间的增加（并不排除多劳动，多收入），而是取决于同等的和较少的劳动耗费，生产出日益增加的社会财富即使用价值。这就要依靠科技进步。科技越发展，直接劳动在创造社会财富中的作用便相对越小。正如马克思所指出的：“一旦直接形式的劳动不再是财富的巨大源泉，劳动时间就不再是，而且必然不再是财富的尺度。”同时，劳动者“不再是生产过程的主要当事者，而是站在生产过程的旁边”。[③]

要把马克思的劳动价值论和劳动财富论既相统一又区分开来。对研究市场经济关系及其规律来说，价值和价格理论及其运动规律是重要的。对于发展生产力和提高人民生活水平来说，财富论具有更重要意义。而从社会主义分配关系来讲，价值论与财富论都有意义。不过，价值的创造与价值的分配

---

① 《马克思恩格斯全集》第49卷，人民出版社1982年版，第100~101页。

②③《马克思恩格斯全集》第46卷（下），人民出版社1980年版，第217、218页。

是不同的两回事。价值的创造是价值分配的基础，但不是分配制度的理论依据。按劳分配并非以劳动价值论为理论依据，而是由公有制、劳动的性质和差别以及生产力状况综合因素决定的。按生产要素分配，取决于要素所有权，不能由此直接导出所谓要素价值论。

评价科技工作者的劳动贡献，仅仅依据他们的复杂劳动所创造价值的多少是不够的，还应看他们在创造社会财富中的重要作用。科技工作者的一项重要发明创造，可能提高劳动生产率几倍、几十倍，或是生产出一种经济效益很高的新产品。因而还应根据他们在增加社会财富中的贡献给予更多的报酬。假定某种科技发明使某一生产部门的劳动生产率提高了5倍。虽然同量社会必要劳动形成的价值没有或少量增加，但在用纸币表现的价格不变的条件下，价格总量则增加5倍。假定工人平均货币工资因此而提高3倍，企业收入的增加超过5倍，那么科技发明者的报酬即使提高8倍、10倍也不为过。据新闻媒体报道：武汉大学一位生命科学院的教授作为红桃K集团的技术负责人，个人资产已超过1.3亿元，还有一幢400多万元的别墅和一辆价值80万元的轿车，真正成为靠科技和知识先富裕起来的脑力劳动者，充分实现了知识的价值。①

劳动生产率与单位商品的价值量成反比而变化，马克思称之为商品生产的一般规律。但从现实经济生活现象来看，劳动生产率提高后，许多商品的价格并不随之同比降低，而是不变或者有降有升。于是有人根据价格是价值的货币表现的原理，误将价格看作是商品价值量的绝对表现，从而否认马克思关于“商品的价值是与体现在商品中的劳动量成正比，与这一劳动的生产力成反比”的原理或规律。如果承认劳动价值论，就不能否认这一原理。否则必然导致对劳动价值论的否定。价值的降低并不必然伴之以价格的同比降低，但这一原理在现实经济生活中也并非没有体现。如某些生产部门的劳动生产率的提高快于或高于社会平均劳动生产率的提高，它的商品价格会相对和绝对地下降。世界上最初铝的价格高于白银，而现在的铝制品则便宜得很。中国目前的商品价格比20世纪50年代平均上涨了好多倍，但手表、收音机等的价格相对和绝对地降低了。70年代的电器产品如彩电、电脑、手机、电冰箱、影碟机等的价格，同现在相比，显然要高得多。随着科技进步

---

① 见《深圳特区报》2000年2月24日。

和劳动生产率的提高，电器产品的质量在提高，而价格则不断下降。这正反映了劳动生产率提高单位商品价值下降规律的作用。如果从横向关系比较，发达国家劳动生产率特别高的部门的产品如轿车等，尽管其工资水平比我国高得多，但其产品的国内价格比我国同类产品要低得多。一些不法分子敢于冒险大量走私汽车等外国商品，正是追求这种较大差价形成的巨额利润。这同样可以证明劳动生产率与价值关系的原理。

怎样评价经营管理的劳动？随着社会化生产的发展和科技革命的不断推进，经营管理的作用也愈加显得重要。马克思肯定了生产管理的必要性，肯定了厂长经理等的管理劳动（也称之为“指挥劳动”和“监督劳动”）也是生产劳动，但他不可能预见到在当今社会经济发展新形势下经营管理的复杂性和所面临的巨大挑战。如果从贡献来看，也应重视两个方面：一是从生产管理角度看，一个优秀管理人员在组织生产中的作用和所创造的价值要远胜于一个普通职工。但评价经营管理者的劳动，除此而外，还要看他在实现商品从而实现价值方面的重要作用。这方面的重要性，在市场经济体制下比在传统计划经济体制中更加凸显。马克思曾预计社会主义制度下不存在商品交换关系，因而不存在商品和价值的实现问题。企业的经营管理按计划进行，因而比现在的情况要简单得多。在我国社会主义市场经济条件下，一个高素质的厂长经理，可以使国有企业扭亏为盈、团结广大职工不断创新、不断扩大市场占有率和提高经济效益，为企业和国家做出重大贡献。而一个低素质的厂长经理，可以把一个好端端的国有企业搞垮。精明能干的企业家，可以使产品在市场上实现的价值超过企业创造的价值。反之，一个无能的经营管理者，其产品在市场上实现的价值会小于企业创造的价值，甚至因货不对路而根本不能实现。因此，确定经营管理劳动的报酬，不仅要根据它在商品和价值生产中的作用，还应根据它在商品和价值实现中的贡献。目前，我国国有企业厂长经理的劳动报酬很不规范，差别很大，不能反映贡献的大小，亟待完善。对国家做出重大贡献的企业家，应给予重酬，并保证其退下来后能过较富裕的生活，以减少和消除“五八”、“五九”现象，并保护一批优秀企业家。特别面对经济全球化、科技革命大潮和我国加入世贸组织的机遇与挑战，面对日益激烈的竞争，用好人才、留住人才，已成为关键之点。这个问题处理不好，国有单位的人才将会流失更多。据新闻媒体报道，辽宁国企已出现人才空洞。151 户国企中的工程技术人员比 10 年前下降 25.7%，人才流失增加1.3倍。一线专业技术工人也减少很多。这使企业人才素质下降，青黄不接，国有企业新技术、新产品开发能力下降。而“人才流失的重要原因是待遇偏低”。辽宁的这种现象在全国具有代表性，应引起有关部门的密切关注并采取有效措施。

四、私营企业家的管理工作是不是生产劳动

在我国社会主义初级阶段，实行公有制为主体、多种所有制经济共同发展的基本经济制度。除外资企业和个体经济外，私营企业也日益发展起来。截至2000年11月底，我国私营企业已达到170万户。怎样认识私营企业家的管理工作？私营企业家管理企业特别是高科技企业也是一种劳动，是指挥劳动，是高级劳动。现在的问题是，这种劳动是不是生产劳动？能否创造价值？

马克思在《资本论》中论述资本主义企业中的管理劳动时，没有明确定断它是否属于形成价值的生产劳动。但从马克思论述资本主义企业管理的二重性中，可以看出马克思的认识倾向。他说：一切大规模的社会劳动或共同劳动，都需要指挥，以协调各个人的劳动。就像乐队需要一个指挥一样。“这是一种生产劳动，是每一种结合的生产方式中必须进行的劳动。”[①] 另一方面，资本家之所以成为生产指挥者，因为他是资本家。他进行管理与指挥，是为了获得雇佣工人创造的剩余价值。

在有些著作中，认为马克思所讲的资本家作为社会劳动指挥者的劳动服从于管理的第二重性质，是属于剥削劳动。因此，认为资本家的一切收入都是剥削。考茨基在他还是马克思主义理论家时所写的《马克思的经济学说》一书中，也持这种见解。此书曾译成多国文字，影响较大。考茨基用形象的比喻写道：“有人说，资本家领导了生产，他获得报酬是应该的。这种说法使我们回忆起一个故事。有一个男孩，他见到一棵长满苹果的苹果树。……苹果的诱惑力一时无法抑制，男孩就费了许多力气，爬过篱笆。但他还没有来得及走到苹果树下，果园主人就出来了，问他凭什么权利要摘苹果。男孩回答说‘我凭良心应该得到苹果。我爬过了篱笆。苹果是我做了艰难工作

① 《马克思恩格斯全集》第25卷，人民出版社1974年版，第431页。

的奖赏。’像这个男孩只有爬过篱笆方能摘到苹果一样，资本家一般地也只有作为生产领导者才能得到剩余价值。”考茨基用这个男孩偷苹果的故事否认了资本家作为社会化生产指挥者的劳动是生产劳动，也应得到报酬。

在目前讨论深化对劳动和劳动价值论的认识中，也有的学者认为，根据马克思的观点，资本家的全部收入都是剥削工人的剩余价值。其实，这并非马克思的原意。马克思指出：在资本家的“利润中也包含一点属于工资的东西（在不存在领取这种工资的经理的地方）。资本家在生产过程中是作为劳动的管理者和指挥者出现的，在这个意义上说，资本家在劳动过程本身中起着积极作用。……这种与剥削相结合的劳动……当然就与雇佣工人的劳动一样，是一种加入产品价值的劳动。”[①] 显然，马克思在这里明确肯定资本家作为生产指挥者的劳动，也是形成商品价值的生产劳动。我国的私营企业，是在党的改革开放政策鼓励下发展起来的。私营企业家正常的管理劳动属于高级劳动，比一般职工的劳动可以形成更多的价值。如果他们同时从事科技工作，兼有管理与科技工作的职能，就是倍加的生产劳动。但是私营企业家特别是大中型私营企业家的收入，除了相当于工薪收入部分外，还有更多的资本利润。这种利润是否来源于资本创造的价值？理论界有不同的看法。这涉及到资本主义经济中是否存在剥削的问题，这是已争论了一两百年的老问题，又成了现在的新问题。1989 年《中共中央关于加强党的建设的通知》中提出：“私营企业主同工人之间实际上存在着剥削与被剥削的关系。”否定这一点，也就否定马克思主义和科学社会主义。不过，马克思又肯定资本家的资本在推动生产力发展中的重大作用。认为只有当作为固定资本的机器在生产中被使用，“表现为科学在工艺上的应用的时候，只有到这个时候，资本才获得了充分的发展，……资本又推动和促进生产力向前发展。”[②] 并且认为资本主义剥削方式比以往的剥削方式有利于生产力的发展。他指出：“资本的文明面之一是，它榨取剩余劳动的方式和条件，同以前的奴隶制、农奴制等形式相比，都更有利于生产力的发展，有利于社会关系的发展，有利于更高级的新形态的各种要素的创造。”[③] 马克思的分析是科学的，实事求是的。我们应运用马克思的分析方法，对我国目前私营企业存在

---

① 《马克思恩格斯全集》第 26 卷Ⅲ，人民出版社 1973 年版，第 550～551 页。

② 《马克思恩格斯全集》第 46 卷（下），人民出版社 1980 年版，第 211 页。

③ 《马克思恩格斯全集》第 25 卷，人民出版社 1974 年版，第 925～926 页。

和发展的必要性，它的地位、作用和性质进行研究。现实和实践的发展冲破了原有理论概念的框框，需要有新的认识、新的分析、新的理论概念。提出“深化对劳动和劳动价值理论的认识”，也属于这种范畴的问题，需要我们作出新的探索。

劳动价值论的坚持与发展问题[①]

摘要：对于劳动价值论问题，既不赞同错解、曲解和否定马克思劳动价值论的观点，也不赞同用本本主义、教条主义的态度固守只有物质生产劳动创造价值的理论观点，而是主张坚持和发展劳动价值论，如商业劳动和某些精神生产劳动可以创造价值。我认为，不应该区分资本主义社会的劳动与劳动价值论和社会主义社会的劳动与劳动价值论，劳动价值论是统一的。经济学的价值概念是商品经济概念，所以创造价值的劳动应该体现商品经济关系，劳动的重要性不能用是否创造价值来衡量。

劳动价值论问题既是马克思主义的基本原理问题，又是国内外经济学家不断讨论和争论的一个问题。特别是在我国社会主义市场经济建设过程中，究竟劳动价值论还适用不适用，学术界对此，曾经进行了热烈的争论，我也写过一系列论文。对于劳动价值论问题，我既不赞同错解、曲解和否定马克思劳动价值论的观点，也不赞同用本本主义、教条主义的态度固守只有物质生产劳动创造价值的理论观点，而是主张坚持和发展劳动价值论。

一、劳动价值论的坚持问题

关于劳动价值论的讨论，我认为应首先明确两个前提：第一，不应该提出要区分资本主义社会的劳动与劳动价值论和社会主义社会的劳动与劳动价值论问题，两者应该是统一的，不能分割开来。因为马克思的劳动价值论是

① 本文原载《经济纵横》2012年第1期。

统一的，简单商品生产也好，资本主义商品生产也好，社会主义商品生产也好，价值论的基本原理和商品经济的规律应该是统一的，不应该在资本主义条件下是一回事，到社会主义条件下又是另一回事，不能这样区分。第二，经济学的价值概念是商品经济概念。恩格斯在《反杜林论》中批驳了杜林的所谓“绝对价值”观，指出：马克思研究的“只是商品的价值”，“经济学所知道的唯一的价值就是商品的价值”。[①] 不要把表现为交换价值或价格的商品价值，同哲学上使用的价值概念混同起来。如，价值取向、价值观、学术价值、人生价值等，与商品价值不是一回事。也不能把日常生活中所讲的某一事物对人有用处、有意义就有价值，与经济学的价值概念相混同。

我之所以主张要坚持、继承马克思的劳动价值论，就是因为它比西方经济学所讲的供求价值论、要素价值论、效用价值论、边际效用价值论更科学。西方经济学的供求价值论和效用价值论甚至不考虑和计算成本问题，这明显与事实本身不符。马克思的劳动价值论中，商品价值是由 C + V + m 构成的，里面是包含成本（C + V）的，是成本价值与增殖价值之和，这是符合实际的。本来，价值理论争论的实质应是商品价值的源泉问题，特别是表现为利润、利息、地租等形式的剩余价值（m）的来源是什么，但是供求价值论和效用价值论把问题实际上变异为包括成本在内的整个商品价值（C + V + m）都是由供求或效用决定的。不同商品的成本大小不同，是客观存在的，在正常情况下，商品价值和价格总要高于成本，成本大小能单纯由供求或效用来决定吗？因此，我认为应该继承、坚持马克思主义劳动价值论。劳动价值论既是理论学术问题，又是具有政治意义的问题。如果说资本能够创造价值，土地也能够创造价值，那就意味着过去地主所获得的租金是由土地创造的，而不是由农民的劳动创造的；资本家获得的利润是由资本创造的，而不是由雇佣工人的劳动创造的；也就是说，剥削没有了。可如果没有剥削，还讲什么要消灭剥削和剥削制度？还讲什么用社会主义公有制取代资本主义私有制？美国经济学家克拉克在《财富的分配》中讲：“许多人指责现在的社会，说它‘剥削劳动’……如果这种说法证实，那么，每一个正直的人都应当变成社会主义者”。如果工人阶级知道他们创造的财富或价值“很少，但全部归他们所有，他们也许就不会想到革命”。当然，不能只从

---

① 《马克思恩格斯文集》第 9 卷，人民出版社 2009 年版，第 206 ~ 323 页。

这个方面肯定劳动价值论。我们还要看马克思的劳动价值论是不是科学，其理念与观点是否建立在科学的基础上。某些人认为劳动价值论是虚假的东西、错误的东西，对此，我们就要去证明劳动价值论是建立在科学的基础之上，还得回来研究劳动价值论的科学性，说明劳动价值论是阶级性与科学性的统一。这个问题学界已有很多论述，我也做过阐述，这里继续讲几点。

首先，生产不同商品的生产资料和劳动耗费不同，其价值和价格的高低便不相同，因此，不能由供求关系和效用大小决定商品价值和价格的大小。亚当·斯密在其《国民财富的性质和原因的研究》一书中就否定了效用价值论，指出：效用即使用价值很大的东西，往往具有很小的交换价值，甚至没有交换价值，比如水。当然，斯密所处时代还没有瓶装、桶装矿泉水出卖，人们食用的井水、河水也不用付费。但即使是现在买卖的矿泉水，一桶矿泉水的价格也远远小于一桶汽油的价格。斯密又指出：交换价值很大的东西，往往具有极小的使用价值，甚至没有使用价值，如金刚石。有人用水供大于求、金刚石求大于供的供求价值论反驳斯密，这其实也表明效用价值论解释这些现象的失败，所以只能转而用供求价值论来辩护了。但供求价值论也是不成立的。小轿车再供过于求，儿童车再供不应求，一辆小轿车的价格总会大于一辆儿童车的售价。同样，不管供求关系如何，一斤牛肉的价格总是高于一斤高粱米的价格。再说，当商品供求平衡时，价值又是如何决定的呢？由效用价值论进一步发展的边际效用价值论同样也不能成立。假如一个人能吃五个馒头，按照边际效用价值论的观点，则第一个馒头的效用最大，其他四个馒头的边际效用依次降低，而馒头的价值或价格是由边际效用最低的第五个馒头来决定的。边际效用价值论是主观唯心主义的价值论。然而，市场上每个馒头的售价都是一样的，并且是既定的，不由吃馒头时的饥饱程度来决定。难道第六个馒头的边际效用为零或负数时，市场上的馒头价格会因此为零甚至是负数吗？

其次，在西方经济学的价值理论中，容易使人困惑的是“要素价值论”。马克思认为，生产资料作为物化劳动，只转移旧价值而不能创造新价值，新价值的唯一源泉是人的活劳动即抽象劳动。而生产要素价值论认为，使用先进技术设备、先进生产工具，既能增加使用价值，也创造了新价值，劳动、资本、土地（自然界）共同创造价值。如何证明非劳动要素只是创造价值的条件，而不是价值的源泉呢？对这一问题，我们的政治经济学教材一般没有分析和说明，只有论断而没有论证。而没有论证和论据的论断是难以服人的。在作为非劳动要素的生产资料只转移旧价值而不创造新价值的问题中，对转移旧价值的事实不会有争论，问题是怎样证明生产资料不是与劳动一起共同创造新价值呢？要回答这一问题，我想从两个方面来说明：

第一，随着科技进步和劳动生产率的提高，单位商品价值和价格降低的事实，在历史上和现实中都是存在的，使用价值与价值量的运动并不是同方向、同比例发展的，总的趋势是，商品价值和价格总量的增加低于商品使用价值总量的增加。例如，最初铝制品的售价高于银制品，而当生产铝的劳动生产率大幅提高后，铝的使用价值量随之大幅增加，但其单位商品售价则大幅降低，因而铝制品价值总量的增加远远低于其使用价值总量的增加。再如，英国工业革命完成后，其劳动生产率大幅提高，这意味着单位商品中包含的活劳动量减少了，从而单位商品的价值和价格降低了。1786 年，英国每磅棉纱的售价为 38 先令，1800 年降为 9.5 先令，1830 年再降为 3 先令，只及 1786 年的 7% 左右。从我国现实生活来看，尽管 30 多年来许多商品的价格增加了 10 多倍，但诸如汽车以及包括电脑、电视、冰箱等在内的家电产品，其科技含量不断提高，而售价却不断降低。售价降低的原因主要不在于其所耗费的原材料和机器设备的减少，而在于劳动生产率的提高和劳动量的减少，即同量劳动所生产的产品数量的增加。

第二，非劳动生产要素是否创造价值，可从中外农业生产的实际状况得到说明。如果非劳动要素与劳动要素一样都创造价值，那么，农业生产中非劳动要素的比例要比工商业更高，创造的价值也应更多。应注意到，农业劳动比一般工商业劳动更繁重，而且农业劳动中的非劳动要素除土地、劳动资料（无论是镰刀、锄头、驴马，还是现代农业机械）外，还离不开自然力如阳光、水分、风力等。但中外农业生产的收益都不如工业部门，都需要政府的补贴。现在我国不仅免除了农业税赋，而且根据种植面积给予财政补贴，但农业生产的收益依然相对较低。如果非劳动要素一样创造价值，那么农民的收入和生活水平就更应该高于城镇职工，然而实际情况正好相反。这表明，农业的非劳动要素并没有创造价值。

二、劳动价值论的发展问题

对于劳动价值论要不要发展，也是目前存在不同看法的一个比较大的问题。有些学者坚持马克思讲的只有物质生产劳动才能创造价值的观点。马克思确实认为只有物质生产劳动才能创造价值，确切地说，马克思是认为只有商品经济的物质生产劳动才能创造价值，认为商业劳动不创造价值，借贷行为也不创造价值，商业职工的工资也是从产业工人创造的剩余价值里边转移过来的一部分，商业利润同样是产业资本创造的剩余价值的转移部分；其他非物质生产劳动就更不用说了，都不能创造价值。马克思的原意确实是这样的。但是目前从世界范围的经济发展形势来看，非物质生产劳动所占比重越来越大。发达国家所谓的第三产业里包含了一部分物质生产劳动，比如运输、保管等，但更多的是非物质生产劳动，它们占的比重越来越大，有的已占到60%～70%。社会越发展、越进步，物质生产劳动所占比重就越小。我国第三产业比重也在不断增加，尽管还没有达到发达国家70%或更高的水平，但是也在朝着这个方向发展。提高广大人民的休闲和文化生活水平，增加就业，发展以服务业为主的第三产业，是重要途径之一。那么，我们还能坚持只有物质生产劳动才能创造价值的论断吗？难道占比例越来越大的非物质生产部门的收入，包括职工的收入、业主的收入，统统都是由物质生产部门的劳动所创造的剩余价值转移过来的吗？这是一个难以说明的问题。坚持这种观点的学者也没有能够提供任何的论证和论据。马克思讲，商业利润和商业职工的工资都来源于产业劳动的剩余价值，并且可以用数字来演算和说明。不管这个演算现在能否得到认同，起码可以看出马克思已运用数字演算来阐述自己的观点。由于商业资本是为产业资本服务的，借贷资本也是为产业资本服务的，它们之间有着内在关系，所以还是可以说商业利润和商业职工的工资、利息和银行职工收入都是产业劳动的剩余价值的转移。然而，现在的许多服务行业是在为生活服务，而不是为生产服务，不是为产业资本服务的。马克思在世的时候，服务行业主要是为有钱的资产阶级服务的，很少为穷人服务。而目前的服务行业范围越来越广，它不仅为富人服务，也为劳动人民服务，为普通人服务。那么，现在服务行业中服务劳动的收入是从哪里来的呢？如果还说是从产业劳动创造的剩余价值转移而来，那么就需要用数字来演算一下，才能知道是如何转移的。但是还没有人像马克思那样来演算，也没有办法来证明。因为许多为生活服务的行业同产业部门没有内在联系，不存在由产业部门转移剩余价值的渠道问题。

在发展劳动价值论问题上，目前大多数马克思主义经济学家主张要拓宽劳动价值论的范围，主张某些非物质生产劳动也能创造价值。但是，对于拓宽到什么程度，存在很大的分歧。有的学者认为，所有第三产业都创造价值，如，蒋学模同志认为："如果把马克思的劳动价值学说的内涵框死在这样狭隘的理解里（指"只有物质生产部门的劳动才是生产劳动，才创造价值"——引者），那就成了一种僵化的教条，就难以用来说明现代市场经济中的许多现象"，"马克思的劳动价值论需要丰富和发展。……应该把传统观念中的那些非物质生产部门如科研、教育等部门中的某些'非物质生产劳动'也纳入创造价值的生产劳动范畴中来"。"从总体上看，第三产业各部门的劳动也创造价值"。[①] 宋则行同志认为，"我国第三产业的劳动可视为生产劳动"，具体包括邮电、通讯业、商业、物资供销、金融、保险业、房地产业、旅游业、咨询服务业、教育文化、新闻、卫生、体育、国家机关、党政机关、社会团体、军队、警察等。[②] 胡代光同志认为，"在现实世界，我们要丰富和发展马克思主义"。以服务业为主的第三产业，包括公用事业的服务，如"商业、金融、保险等流通方面的服务、教育和新闻、广播电视等信息方面的服务；还有专业性服务、行政管理和个人服务等。从总体上说来，……大部分也需要视为生产劳动"。但他认为，"政府、军警、公检法部门的社会公务活动则不能属于生产劳动"。[③] 刘诗白教授认为："经济生产中的生产物，不论是物质产品，还是精神产品；不论是实物形态的产品或非实物形态的产品，……，只要它是使用价值，具有满足人的需要的属性"，投入的社会劳动就会"形成价值"。谷书堂教授也主张扩大创造价值的劳动范围。他说："包括第三产业相当大的一部分大致都可归入生产部门，也就是创造价值的劳动部门。"但他认为，"党务部门、军警政法部门以及基础科研和社会义务教育等事业部门"的劳务，尽管也非常重要，但

---

① 蒋学模："现代市场经济条件下如何坚持和发展劳动价值学说"，《经济学动态》1996 年第 4 页。

② 宋则行："服务部门劳动也创造价值"，《经济学家》1996 年第 6 期。

③ 胡代光："如何深化对劳动和劳动价值理论的研究和认识"，《马克思主义与现实》2001 年第 5 期。

“不创造价值”。[①] 魏埙教授认为：“商业劳动也创造价值，文艺演出是满足人们生活所必要的，因而都是生产劳动，都是形成价值的劳动。”[②] 程恩富教授认为，除生产物质商品的劳动创造价值外，从事商品场所变更的劳动、生产精神商品的劳动、从事劳动力商品服务的劳动都创造价值，如邮电、教育、社会科学、文学艺术、广播影视、讲课、表演、医疗、体育、美发等劳动都创造价值。杨圣明认为，人类社会正迈向服务经济时代。绝大多数发达国家的服务部门已经成为最大的产业，美国甚至高达75%左右。一般地讲，“凡是服务劳动，都创造价值”。但具体说，用于买卖的时间不加入价值。“医生和教师的劳动不直接创造用来支付他们报酬的基金”。“有些服务劳动创造价值，而另一些服务劳动则不创造价值。金融、保险、电讯等服务劳动也应列入创造价值的范围之内”。陈征教授认为，精神劳动生产精神产品，包括有形和无形产品，如音乐，教育等劳动也创造价值。这些学者都执意于发展探索，都主张拓宽劳动价值论，但拓宽的范围又不一致。

当然，也有少数学者坚持只有物质生产劳动创造价值，甚至批评主张拓宽的观点，认为拓宽就是否掉了劳动价值论，就是否掉了马克思主义。有的学者如胡钧教授反对我在《经济纵横》和《当代经济研究》发表的论文中所讲的下面这些话：“对马克思的劳动价值论，既要继承与坚持，又要发展与创新，自然也主张拓宽劳动价值论”，“用本本主义的态度研究和捍卫马克思的劳动价值论，表面上看起来是坚定地坚持马克思主义，实际上是有害于马克思主义的发展”，“不能对任何伟大人物包括马克思搞‘凡是’，句句是真理”。他反对我所主张的拓宽劳动价值论的这些话，主张只有物质生产劳动创造价值，不能超越一步。尽管多数马克思主义经济学家主张应拓宽劳动价值论，但他对此断言，这是“对马克思劳动价值论的本身缺乏正确理解”。难道这么多著名马克思主义经济学家主张拓宽劳动价值论，都是对马克思劳动价值论缺乏正确理解？他反对拓宽劳动价值论的理论依据，是大量转述马克思的物质生产劳动创造价值、非物质生产劳动不创造价值的论述，然后得出结论说：“将形成价值的生产劳动的外延扩展，到非物质生产领

---

① 谷书堂：“求解价值总量之‘谜’两条思路的比较”，选自逄锦聚等《社会主义劳动与劳动价值论研究》，南开大学出版社 2002 年版。

② 魏埙：“马克思劳动价值论的继承和发展”，选自逄锦聚等《社会主义劳动与劳动价值论研究》，南开大学出版社 2002 年版。

域，……，这种认识不符合劳动价值论的科学本意，因而是错误的看法”。按照这种观点和逻辑，也就谈不上马克思主义的发展与创新了。因为如果要发展与创新，就不能字字句句都“符合”马克思论述的“本意”，不能搞“句句是真理”。事实上，如果认为只有物质生产劳动创造价值，反对拓宽劳动价值论，那么必然导致马克思劳动价值论对现实解释力的减弱，使其很难解释许多现实问题。我主张拓宽劳动价值论，但不主张拓展得太宽。我尊重上述诸学者对拓宽劳动价值论的观点，作为探讨性的研究，可以相互交流。但我难以认同把党政人员、军警的劳动统统都当成创造价值的生产劳动的观点。因为要说创造不创造价值，首先应该肯定一点，即价值要体现商品经济关系，只有属于商品经济关系的生产劳动，才能创造价值。如果不能体现商品经济关系，比如我们每个家庭会自己做饭、洗衣服、搞家务劳动，给自我服务，这能创造价值吗？显然不能，更不会将其计入 CDP 之中。然而，如果是到外面的餐厅吃饭，服务人员生产食品就会创造价值；到洗衣店洗衣服，洗衣劳动就会创造价值，因为它们都体现了商品经济关系。因此，我认为，不宜把劳动价值理论拓宽到非商品经济领域去。政府党政公务人员、公检法部门和军警等的服务，也不是商品关系，也不创造价值。如果这些劳动都创造价值，也就用不着靠财政拨款、“吃国家财政饭”了。这些部门的劳动收入是由社会再分配决定的。有人认为，否定某种劳动创造价值，就是看轻了该种劳动的重要性。其实，不能把创造价值和不创造价值作为衡量劳动的重要性的标准。不创造价值的劳动可以是社会很重要的劳动，比如我们党政军部门的高级决策层领导的劳动很重要，但不属于商品生产范围，不应该说它也创造价值。发达国家的统计部门可以将其统计进去，认为所有的收入都是自己创造的价值，但马克思主义不能这样看。党政军部门很重要，党政军的劳动有些是关系国家兴衰和命运的，但它并不是创造价值的生产劳动。把是否创造价值作为衡量劳动重要不重要的分野，这是一个误解。

我主张拓宽劳动价值论。我认为，商业劳动可以创造价值，这与《资本论》的论述不同。对此，我坚持认为：我们应当既坚持又发展马克思的劳动价值论，马克思的话并不是句句都是真理，任何伟大的人物，政治家也好，学者也好，他们的话不可能句句是真理。讲马克思主义的发展与创新，讲马克思主义的时代化，包括劳动价值论的发展与创新和时代化，不能排斥探讨马克思的理论里面有没有某些考虑不周的地方。我觉得，大家在看马克思所讲的商业劳动不创造价值这一观点时，没有注意到一个问题，也就是在《资本论》的论述中，商业雇佣劳动力的价值事实上没有最后实现的问题。商业的雇佣劳动力也有价值，商业资本家购买商业工人的劳动力也要付出工资。商业资本家从产业资本家那里购买商品，要支付低于商品价值的那个价格。但是这里容易忽略一个问题，就是按马克思的说法，商业资本家出卖商品的收入，仅仅是产业资本家卖给他的商品的那部分价值加上让渡的剩余价值，这是按产业劳动创造的商品价值出卖，而商业工人劳动力的价值没有算进去。如果把商业工人的劳动力价值也算进去，加上商业资本家购买产业资本的商品的那部分价值，再加上商业利润（产业资本让渡的那部分剩余价值），这个总价值与按马克思的演算公式中出卖商品的价值就不一致了。马克思的演算公式没有实现商业工人劳动力的价值，商业工人劳动力的价值用产业工人的剩余价值弥补了。这样的话，商业资本家实际上最后出卖的这个价值，没有包括商业工人劳动力的价值，出卖的价值小于原本的价值总额。这个问题大家都没有注意到。按照传统理论，用公式来演算：假定商业资本家购买产业资本家的商品时支付了7 000元，而商品的原价值为8 000元，产业资本家让渡给商业资本家1 000元的剩余价值，作为为产业资本家服务的报酬。商业资本家购买商业工人的劳动力，假定价值为500元。商业资本家按商品价值8 000元出售，其中500元剩余价值用于支付商业工人的工资，剩下500元剩余价值是商业利润。这种传统计算方法有个漏洞，即商业工人的劳动力价值没有在商品最后销售中实现。商品的价值为8 000元，商业工人的劳动力价值为500元，总价值应是8 500元。而售价只有8 000元，有500元没有实现。如果承认商业劳动也创造价值，这个矛盾就不存在了。新的演算公式是：产业部门将价值7 000元的商品卖给商业部门，商业工人创造了1 000元的剩余价值，商品按8 000元出售，其中500元为商业工人的劳动力价值，另外500元为商业利润。其实，马克思讲过：商品从生产出来到最后消费的全过程都创造价值。那么这一全过程就应包括商业劳动创造的价值。我认为，商业劳动可以创造价值。商业劳动也包括保管、搬运等劳动，马克思是承认这类劳动创造价值的。商店既要保管和内部运送商品，售货员也要保管好自己柜台的商品，也要搬运商品，所以也创造价值。如果产业资本家自己出卖产品，自己开商店，雇商业工人，他所出卖商品的价值就应当等于原来生产的价值加上商业劳动力的价值和商业劳动创造的剩余价值；这也是可以用数字来计算的。但是对劳动价值论的拓宽问题，我觉得不宜把范围拓得太宽。一是非商品经济的劳动，即使它很重要，也不创造价值。二是创造价值的劳动应该是对社会有用或有正面意义的，不能说凡是对某些消费者有使用价值的劳动或服务，都创造价值。多数学者会肯定，诸如走私、贩毒、赌博，甚至买通黑社会人员制造暴力，这些也要付出劳动，但这些劳动会给社会整体带来危害，所以它们是不能创造价值的。

对于借贷资本形成的借贷关系是否能够创造价值的问题，目前不少马克思主义者认为能够创造价值，但我不是很理解。为什么呢？纸币本身既无价值也不会创造价值，而且没有劳动就不可能创造价值。人们把货币贷放给别人，获得利息，这不是自己劳动创造的价值，而是从别人创造的价值中转移出来的。进一步将个人借贷关系放大为银行存贷关系，银行的利润是银行的存款与贷款的差额收入，是别人创造的价值的一部分转移给它的。这个差额本身当然是由劳动创造的，但是不是由银行创造的呢？如果说是金融关系创造的，这一点不太好说明。还有，教师的劳动是否创造价值呢？我也是大学教师，我愿意我的讲课能够创造价值。但给学生上课时，教师与学生之间是不是商品关系？我认为，不应该把教师与学生之间的关系看成是商品货币关系。公办学校也主要依靠财政拨款，而我认为凡是靠财政拨款的，都不应该看做是创造价值的生产部门。如前所述，党政部门、社会团体、公检法和军队都依靠政府财政拨款，这说明它们自己不能创造价值，否则也就不需要政府拨款了。学校分为私立学校和公立学校，公立学校主要靠财政拨款，民办学校则主要依靠收学生的学费。那么民办学校的教工是否创造价值？这一点需要探讨。但可以肯定的是，教育不应该完全商业化。我认为，教师与学生之间的关系不能当成商品关系。师生教学不应是买卖关系，不能完全商业化。还有，对于社会科学、理论工作是否创造价值，理论界的观点分歧很大。在学术界，有的坚持马克思主义，有的要否定马克思主义；有的强调发展中国特色的社会主义，有的否定社会主义，认为资本主义比社会主义好。这些完全对立的观点都创造价值吗？有的人还擅长于宣传一些错误的东西，这也能创造价值吗？所以，是不是一切的精神生产劳动都创造价值，应该进一步研究，有很多问题还需要讨论。另外，有价值的东西不等于就能创造价值。我们去买馒头，馒头有价值，但它自己不能创造价值。有些服务有价值，但是不是一切服务都创造价值？买的东西有价值，不等于它创造价值。

我觉得，要发展马克思主义，其中一些难点我们到现在也没有把它说清楚。比如说，土地质量有好有坏，耕种优等土地比劣等土地生产的产品多，价值也多。那我们就会碰到这样一个问题：我们国营的农场以及过去的人民公社、生产队，应该怎么计算劳动报酬？一个职工或者社员被分配到优等土地上劳动，另一个职工或者社员被分配到劣等土地上劳动，两者产量高低不同，那能不能说分配到优等土地劳动的成员所生产的更多的产品价值全是由他自己劳动创造的，所以应给他更多的报酬，分配到劣等土地劳动的成员生产的产量和价值少，给他的报酬就应该少些？能不能这样分配呢？实践中是不会这样的。过去的记工分方法，不管是在优等土地还是劣等土地劳动，一般一天都记十个工分。那么怎么说明优等土地生产更多的产品和更多的价值，是由优等土地上劳动创造的？他创造的价值多为什么不能获得更多的报酬呢？这个问题难以说清。有很多问题需要我们进一步研究，研究如何用劳动价值论来说明我们的现实问题，这就需要我们发展劳动价值论，需要我们认真思考。总之，劳动价值论本身还有一些空白点，还有许多需要我们去很好地研究和讨论的地方。

我把劳动分成四类：第一类是物质生产劳动。马克思讲生产劳动也主要是讲物质生产劳动。物质生产劳动又分两类，一种是商品关系中生产价值的物质生产劳动；另一种是非商品关系中不生产价值的物质生产劳动，如自然经济中的生产劳动、家务劳动等。属于商品经济的物质生产劳动，既创造财富又创造价值；不属于商品关系的劳动，虽然也生产使用价值，也是生产劳动，但不创造价值。原始社会中，劳动也生产物质产品，但他们不知价值为何物。现代社会的家务劳动也创造使用价值，但是不体现商品关系，所以也不创造价值。如果妻子因做饭洗衣，丈夫每天支付给妻子100元，那么这种货币支付等于从这个口袋移入另一口袋，并没有新价值的产生。因此，要把握价值体现的是商品经济关系。有的物质生产劳动创造价值，有的物质生产劳动不创造价值。第二类是精神生产劳动。马克思主要讲的是物质生产劳动，因为物质生产部门的资本与雇佣劳动关系最典型地体现出资本主义的经济关系和阶级关系以及资本主义经济发展规律。现在精神生产劳动越来越重要了。因此，生产劳动概念应扩展范围。生产精神产品的劳动是精神生产劳动，精神生产劳动有的也会创造价值，如科技、设计、出版、工艺、美术等方面的劳动。第三类是商业服务劳动，前面已有论述。第四类是社会公务劳动，包括党政军、公检法的劳动。这些劳动都是很重要的，但不创造价值。对马克思的劳动价值论，既要坚持又要发展。而对其发展应包括两个方面内容：一是将马克思的理论中已经包含但没有凸显的观点加以凸显。如，马克思明确讲过，科技劳动和脑力劳动、管理劳动都创造价值。我们过去对此没有给予应有的理论重视，导致有的学者甚至认为马克思的劳动价值论就是体力劳动价值论。现代生产中，科技劳动和管理劳动已经成为引领全局的劳动。因此，应当突出其在创造价值和财富中的意义。二是不固守只有物质生产劳动才是生产劳动，才创造价值的观点。生产劳动的概念也可以拓宽。有的精神生产劳动创造价值，有的不创造价值。既是非物质生产劳动又是非精神生产劳动的商业劳动和某些服务劳动也可以是创造价值的生产劳动。发展和创新劳动价值论，会碰到很多问题，需要我们很好地来讨论和深入研究。

怎样把握价值决定和两种含义的社会必要劳动时间的关系[①]

两种含义的社会必要劳动时间及其关系

有些文章认为,《资本论》第1卷中所讲的社会必要劳动时间,只是分析单个商品时提出的,只是就生产一个使用价值来说的,不考虑社会需要量。这是第一种含义的社会必要劳动时间。而在《资本论》第3卷中分析以社会需要为前提的商品总量时,就提出了第二种含义的社会必要劳动时间。[②] 考察价值决定,不能不考虑商品的社会需要量,因而第二种含义的社会必要劳动时间就要决定价值。

上述见解值得商榷。

考察商品价值量怎样决定,当然要考察单个商品或一定量商品的价值决定。但这并不意味着对单个商品进行孤立的考察,也不意味着不考虑社会需要量。《资本论》第1卷讲原有意义上的社会必要劳动时间即第一种含义的社会必要劳动时间,是从一个部门的全部商品着眼的,是考察同类商品中每个商品或一定量商品所包含的社会必要劳动时间。决定价值的第一种含义的"社会必要劳动时间是在现有的社会正常的生产条件下,在社会平均的劳动熟练程度和劳动强度下制造某种使用价值所需要的劳动时间"。[③] 这里,已把

① 本文原载《经济研究》1984年第1期。

② 指按社会需要合比例地分配于各个生产部门的必要劳动时间,即在商品量符合社会需要的情况下,一定生产部门所必要的劳动时间。

③ 《资本论》第1卷,人民出版社1975年版,第52页。

同一生产部门内不同商品生产者的客观生产条件（生产资料）和主观生产条件（劳动熟练程度和劳动强度）的差别加以平均化。因此，考察单个商品的价值决定，离不开对整个部门总商品的劳动耗费和价值决定的考察。单个商品的价值量，不过是总商品的价值总量的可除部分。无论考察第一种含义的社会必要劳动时间或是第二种含义的社会必要劳动时间，都是如此。

考察第一种含义的社会必要劳动时间，也要以一定的市场社会需要为前提。离开这种社会需要就没有商品交换，也就没有商品的价值决定问题。不过，《资本论》第1卷第1章考察商品价值决定和社会必要劳动时间的规定时，是以全部商品都可以正常销售出去从而供给和需求相一致为假定条件。即使把供求不平衡的关系加进来，也不会改变价值由社会必要劳动时间（第一种含义的）决定这一本质规定。在供求异常不平衡的情况下，所影响于社会必要劳动时间的，只是社会必要劳动时间的确立界限由平均条件移位于优等或劣等条件，而根本不会否定价值由第一种含义的社会必要劳动时间决定的原理。

断言《资本论》第1卷中只考察单个商品，不考虑商品总量和社会需要，从而只考虑第一种含义的社会必要劳动时间，不涉及第二种含义的社会必要劳动时间，是不符事实的。在《资本论》第1卷第3章中就讲到："社会对麻布的需要，像对其他各种东西的需要一样，是有限度的，如果他的竞争者已经满足了这种需要，我们这位朋友的产品就成为多余的、过剩的、因而是无用的了。……假定市场上的每一块麻布都只包含社会必要劳动时间。即使这样，这些麻布的总数仍然可能包含耗费过多的劳动时间。如果市场的胃口不能以每码2先令的正常价格吞下麻布的总量，这就证明，在全部社会劳动时间中，以麻布的形式耗费的时间太多了。其结果就像每一个织布者花在他个人的产品上的时间都超过了社会必要劳动时间一样。"[①] 这段话中实际上涉及了社会需要量和第二种含义的社会必要劳动时间。有的文章断言："第二种含义的社会必要劳动时间存在以后，第一种含义的社会必要劳动时间就不能决定商品价值了。"[②] 如果真是那样的话，《资本论》第1卷第1章中所提出的社会必要劳动时间决定价值的原理，就是毫无意义的东西了。第

① 《资本论》第1卷，人民出版社1972年版，第125～126页。

② 王永治、王振之："价格与供求"，《经济研究》1983年第6期。

3 章的内容就成为对第 1 章的否定了。事实上，马克思的劳动价值理论的基本原理，正是在第 1 章中确立的。以后的篇章中有关价值问题的论述，只是以此为基础的进一步说明和补充，而不会否定或改变这些基本原理本身。在实际经济生活中，两种含义的社会必要劳动时间是同时出现的。在理论分析上，马克思也没有把二者割裂开来，并不是先考察没有社会需要、没有总商品量的第一种含义的社会必要劳动时间，再考察与社会需要的总商品量相联系的第二种含义的社会必要劳动时间。马克思在阐明价值由第一种含义的社会必要劳动时间决定时，是假定投入某一部门商品生产上的总劳动时间符合第二种含义的社会必要劳动时间。而在论及第二种含义的社会必要劳动时间时，没有也不可能撇开第一种含义的社会必要劳动时间。

两种含义的社会必要劳动时间是什么关系呢？有必要指出，马克思在考察第一种含义的社会必要劳动时间时，是以不同生产条件从而不同个别劳动时间的存在为前提的。而在涉及第二种含义的必要劳动时间时，则撇开个别劳动时间的差别，假定每个商品只包含社会必要劳动时间。在这个假定条件下，第二种含义的必要劳动时间等于第一种含义的必要劳动时间与社会需要量之乘积。只有先确定第一种含义的必要劳动时间，才能确定第二种含义的。例如，社会需要皮鞋 1 万双，假定每双鞋只包含社会必要劳动时间 10 小时，第二种含义的社会必要劳动时间则为 10 万小时。在第一种社会必要劳动时间既定的条件下，第二种社会必要劳动时间的多少，依社会需要量的变动为转移。它是应当投入的社会所必要的劳动时间，而不一定是实际投入即现实存在的社会劳动时间。

在考虑到同一部门内存在生产条件差别从而个别劳动时间差别的情况下，两种社会必要劳动时间的确定就要复杂一些。如果供求是一致的，则总商品量的个别劳动时间总和，等于第二种社会必要劳动时间。而第一种社会必要劳动时间只是其可除部分，即等于平均劳动时间。如果供求不一致，价值决定的方法就要发生变化。在一般地不一致而非异常地不一致的情况下，比如在市场供给一般地超过需求的情况下，单个商品的必要劳动时间根据具体情况可能不是总商品量的平均劳动时间，而只是符合社会需要的商品量平均劳动时间。举例说：假定生产皮鞋的生产条件有三类：甲类生产 2000 双，每双个别劳动时间为 8 小时；乙类生产 6000 双，个别劳动时间为 10 小时；丙类生产 2000 双，个别劳动时间为 12 小时。总商品量为 10000 双，总劳动量10万小时。在供求一致的条件下，这10万小时就是第二种含义的社会必要劳动时间。每双鞋所包含的社会必要劳动时间则为10小时［（2000×8+6000×10+2000×12）÷10000］。如果社会需要仅为8000双，则供给超过需求2000双。生产这2000双的劳动是过多的劳动，不应参加社会必要劳动时间的平均化过程。由于是供过于求，显然生产条件最差的丙类的个别劳动时间，应被摒除于社会必要劳动的平均化过程之外。这时，第二种含义的社会必要劳动时间应为76000小时（2000×8+6000×10）。而第一种含义的社会必要劳动时间或每双鞋的社会必要劳动时间则为9.5小时（76000÷8000）。在上述两种情况下，两种含义的社会必要劳动时间的规定，实际上是一致的。只不过一个是从符合社会需要的商品量总体予以规定，另一个是从个别商品予以规定而已。但两种必要劳动时间的总量，在第一种情况下是一致的，在第二种情况下是不同的［第一种含义的社会必要劳动总量为95000小时（10000×9.5），第二种含义的社会必要劳动时间为76000小时］。

弄清楚上面所讲的道理，也就容易较准确地理解马克思下述这段话了："价值不是由某个生产者个人生产一定量商品或某个商品所必要的劳动时间决定，而是由社会必要的劳动时间，由当时社会平均生产条件下生产市场上这种商品的社会必需总量所必要的劳动时间决定。"① 这段话的意思，同《资本论》第1卷第1章所讲的决定价值的社会必要劳动时间是一致的。它包含三层意思：（1）价值不是由生产商品的个别劳动时间决定，而是由社会必要劳动时间决定；（2）社会必要劳动时间是指当时平均生产条件下所耗费的必要劳动时间；（3）平均条件下的必要劳动时间，是指生产社会所必需的商品总量所必要的平均劳动时间。第三点意思在《资本论》第1卷第1章中虽然没有明确指出，但既然以供求一致为前提，也就包含在内了。这段话虽然涉及第二种含义的社会必要劳动时间，但它不仅不否定而且也不改变价值由社会必要劳动时间（第一种意义的）决定的基本原理。

在供求关系异常不一致的情况下，社会必要劳动时间就会等于劣等条件或优等条件下的个别劳动时间，而不是平均条件下的平均劳动时间。马克思说：如果商品量过小，"市场价值就总是由最坏条件下生产的商品来调节，

① 《资本论》第3卷，人民出版社1975年版，第722页。

如果这个量过大，市场价值就总是由最好条件下生产的商品来调节，因而市场价值是由两端中的一端来规定的”①。这只是在异常情况下的特殊现象。在农业和采掘业中，由于存在对土地的经营垄断，商品的价值由劣等条件的劳动耗费决定，就不是暂时的特殊现象。② 在上述情况下，第一种含义的社会必要劳动时间的确定，同第二种含义的社会必要劳动时间的确定，就无直接联系了。

第二种含义的社会必要劳动时间决定价值吗？

主张两种含义社会必要劳动时间共同决定价值或第二种含义的社会必要劳动决定价值的见解，并没有提出有科学根据的论证来。其具体说明又各有区别。

有的文章中说，使用价值是价值的前提，超过社会需要的商品，没有使用价值，因而生产这部分过多的商品的劳动，不形成价值。以此证明第二种含义的社会必要劳动时间决定价值。

不错，没有使用价值的东西，没有价值。如果谁生产了废品，对人毫无用处，他的劳动不形成价值。但是，不能由此推断，超过社会需要量的商品等于废品，一律没有价值，其中包含的劳动，根本不形成价值。马克思并没有这样说过。超过社会需要量的商品部分，只是从量上说显得过多了，超过了市场需要。不等于说它们在质上对人毫无用处。比如，在发生生产过剩的经济危机时，商品量超过了社会需要量，但不等于说，过剩的粮食，失业工人吃不得，过剩的牛奶，穷人喝不得；使用价值是价值的物质承担者，这是从质的关系讲的；超过社会需要量的商品，造成社会劳动的浪费，这是从量的关系讲的。但是，这种社会劳动的浪费，究竟是从什么意义讲的？是指同生产废品一样，不形成价值；还是指因供过于求，价格低于价值，从而价值收入减少，其结果，如同超过第一种含义的社会必要劳动时间不形成价值一样。请看看马克思自己的说明：

---

① 《资本论》第3卷，人民出版社1975年版，第207页。

② 在当前发达的资本主义国家如美国，农产品的产量已超过国内的需求而需要有相当大的部分出口的情况下，农产品的市场价值是否仍由劣等地的个别劳动耗费决定呢？我认为不再是这样，这时农产品价值的确立方法会同工业产品的价值确立方法趋于一致。

“如果某种商品的产量超过了当时的社会需要，社会劳动时间的一部分就浪费掉了，……因此，这些商品必然要低于它们的市场价值出售，……如果用来生产某种物品的社会劳动的数量，和要满足的社会需要的规模相适应，……这种商品就按照它的市场价值来出售。”① 这里明确说明，商品量超过社会需要，便低于价值出售，如与社会需要量相适应，便按价值出售。可见，这里讲的不是价值决定问题，而是价格同价值的关系问题，即价值的实现问题。

有些文章引证马克思的下面一段话来论证部门产品总价值由第二种含义的必要劳动时间决定：“如果某个部门花费的社会劳动时间量过大，那末，就只能按照应该花费的社会劳动时间量来支付等价。因此，在这种情况下，总产品——即总产品的价值——就不等于它本身所包含的劳动时间，而等于这个领域的总产品同其他领域的产品保持应有的比例时按比例应当花费的劳动时间。”有的文章据此断言：“这里明确指出，在供过于求的情况下，总产品的价值按需要量计算。”② 这样理解问题是不对的。价值量的大小怎么能“按需要量计算”呢？如果在商品量既定的条件下，商品的价值量会随需要的变化而相应变化，劳动价值论还怎么能坚持呢？

只要不是断章取义地而是与上下文联系起来去理解上面所引证的那段话，就不难弄清，这里所讲的依然是：当商品量超过社会需要时，价格便低于其价值。在那段话的下面紧接着说：“如果原来生产4000码布，现在生产6000码，而6000码的价值是12000先令，那末，它们还按8000先令出卖。每码的价格将是$1\frac{1}{3}$先令，而不是2先令，即比价值低$\frac{1}{3}$。因此，在商品的使用价值已定时，商品价格降低到商品价值以下的事实证明，虽然花费在产品的每一部分上的只是社会必要劳动时间，……但花费在整个这一生产部门中的社会总劳动量过多了，超过必要量了。”这就清楚地告诉我们，如果按社会需要生产4000码布，每码价值2先令，共为8000先令。如果生产了6000码，超过了社会需要，花费了过多的劳动，但每码的价值仍为2先令，共计12000先令。不过价格只等于4000码的价值即8000先令。即价格低于价值1/3。显然，这不是讲价值决定而是讲价值实现或对价值的“支付”

① 《资本论》第3卷，人民出版社1975年版，第209页。

② 纪显举：“论两种含义的社会必要劳动时间共同决定价值”，《经济研究》1983年第6期。

问题。

如果认为某种商品的价值总量由两种必要劳动时间共同决定或由第二种含义的社会必要劳动时间决定，必然会把供求关系作为价值决定的重要因素，价格同价值必然总相一致。比如，社会需要布4000码，每码的必要劳动时间为1小时，第二种含义的社会必要劳动时间则为4000小时。每小时形成价值2先令，总价值为8000先令。如果不管布的产量超过了社会需要多少，其总商品的价值量都等于8000先令，那样的话，单个商品的价值量会同产量即供给量依反比例而变化。比如，如果生产了8000码，每码的价值下降为1先令。如果生产了16000码，则每码的价值下降为0.5先令，等等。尽管每码布所包含的第一种含义的社会必要劳动时间不变，但其价值量随商品供给量的增加而同比例减少。反之，如果布的产量不足社会需要，比如，生产2000码，按照“共同决定论”或第二种含义的必要劳动决定价值的见解，每码布的价值应提高为4先令（8000先令÷2000）。如生产了1000码，则每码布的价值提高为8先令。总之，在每码布所包含的第一种含义的社会必要劳动时间不变（1小时）的条件下，相对于社会需要的产量（供给量）越小，单个商品的价值便越大。这样，还有什么价格与价值的背离问题呢？

应该正确地理解马克思的这种论断：如果某个部门花费的劳动时间量过大，那就“只能按照应该花费的劳动时间量来支付等价”。这里讲的是“支付”等价，即交换时只能支付这么多的价值。而不是指决定总价值量。又说：“在这种情况下，总产品——即总产品的价值——就不等于它本身所包含的劳动时间，而等于这个领域的总产品同其他领域的产品保持应有的比例时按比例应当花费的劳动时间。”这里所讲的“总产品的价值”，联系上下文看，显然是指所支付的或所实现的价值，而非被决定的价值。

从以上的说明可以看出，价值只能由第一种含义的社会必要劳动时间决定，而不能同时由或只由第二种含义的社会必要劳动时间决定，这是因为：

第一，当商品量小于社会需要量的情况下，在现实中并不存在第二种含义的社会必要劳动时间，价值怎么能由这种现实中不存在的劳动时间决定呢？说由它决定，实际上就是说由供求关系决定。

第二，当产量大于社会需要时，虽然其中包括有与社会需要量相符的部分，从而总劳动量中包括有第二种含义的社会必要劳动时间部分，但在假定每个商品的个别劳动时间等于社会必要劳动时间的条件下，价值除由第一种含义的社会必要劳动时间决定外，怎么还会同时再由第二种社会必要劳动时间决定呢？举例说，社会需要布 8000 码，生产每码的社会必要劳动时间为 1 小时（价值 2 先令）。第二种含义的社会必要劳动时间为 8000 小时。但实际生产了 1 万码，第一种含义的社会必要劳动时间总和为 1 万小时，超过第二种含义的社会必要劳动时间。试问，这时的价值怎样决定呢？每码布的价值只能由 1 小时社会必要劳动时间（第一种含义的）决定，等于 2 先令。而第二种含义的社会必要劳动时间并不会对价值再起另外的决定作用。它只是决定价值实现的程度。那就是 2 万先令的价值只能实现为 1.6 万先令，等于与社会需要相一致的商品量（8000 码）的价值。而不是像"共同决定论"所认为的那样，1 万码布的价值由 2 万先令降低为 1.6 万先令。

第三，如果供求相一致，社会需要布 8000 码，产量也是 8000 码。两种社会必要劳动时间在总量上相等，为 8 个小时。每码的社会必要劳动时间为 1 小时，这既是第一种含义的社会必要劳动时间，又是第二种含义的社会必要劳动时间分摊于每码布的可除部分。这似乎是由两种必要劳动时间共同决定。其实，仍然是由第一种含义的必要劳动时间决定的，第二种必要劳动时间并不能再起另外的决定作用。两种必要劳动时间相重合，只能决定价格同价值相一致，即价值全部实现而已。

第四，把生产条件的差别从而个别劳动时间和社会必要劳动时间的差别加进来考察，基本道理也不会改变。在商品量超过社会需要的情况下，决定商品价值的平均必要劳动时间，如前所述不应是全部个别劳动时间总和的平均，而应是与社会需要相一致的，比如优等和中等条件所产商品的劳动时间的平均。如果优等条件的产量可以满足需要，中等条件也不参加平均，如果优等和部分中等条件的产量可满足需要，则由它们的平均劳动时间作为社会必要劳动时间。但这时决定价值的，依然是第一种含义的社会必要劳动时间，不过它同第二种含义的社会必要劳动时间分摊于社会需要量的各个商品上的部分相一致。后者并不起另外的独立的决定作用。

这里，价值决定问题涉及供求关系。但任何价值决定都要以一定的供求关系为前提。供求关系的特定状况，会影响到社会必要劳动时间（第一种含义的）由哪种劳动时间确定，即具体的确立界限，从而会影响到社会价值的具体规定界限，但这并没有超出原有意义的社会必要劳动时间决定价值的范围。

有些主张第二种含义的社会必要劳动时间决定价值的文章，从《资本论》第3卷第10章中找寻理论根据。[①] 在第10章中，马克思先“抽象地叙述市场价值的确定”，即假定供求一致的情况下，决定商品价值的不同的生产条件的三种组合状况。

第一种，商品的很大数量是在中等生产条件下生产出来的，最好条件和较坏条件各生产相等的一小部分。这时，市场价值（社会价值）就由中等条件的劳动时间来决定。

第二种，商品总量不变，但较坏条件下生产的商品量占大多数。这时，“价值就由在较坏条件下生产的大量商品来调节”[②]。请注意：这里讲的是“调节”，而非决定。因为这时的平均必要劳动时间只能接近于而不是等于较坏条件的个别价值。

第三种，最好条件下生产的商品量占大多数。“价值就由在最好条件下生产的那部分商品来调节。”（同上）但社会价值只是接近于而不是等于最好条件下的商品的个别价值。

上述三种情况能说明什么呢？有的文章中反问道：根据这种情况，“怎么能说第二种含义的社会必要劳动时间与价值决定没有直接关系呢？”并说，在第二种情况下，即由较坏条件调节商品价值时，“商品总量的社会价值，会高于它们的个别价值总和”；而在第三种情况下，即由较好条件调节商品的价值时，“商品总量的社会价值，会低于它们的个别价值总和”[③]。

其实，上述三种情况所说明的市场价值确立方法，同《资本论》第一卷中所讲的社会必要劳动时间决定价值的原理，是完全一致的。无论价值由中等条件决定，还是由最好或较坏条件调节，都是由平均必要劳动时间决定，即社会必要劳动时间等于个别劳动时间总和的平均数。商品总量的社会价值，等于它们的个别价值总和。根本不存在高于或低于个别价值总和的事。因为这里的前提条件是供求关系一致，因而单个商品的社会价值只是个别价

---

① 谷书堂、杨玉川：“对价值决定和价值规律的再探讨”，载《经济研究》1982年第1期；纪显举：“论两种含义的社会必要劳动时间共同决定价值”，载《经济研究》1983年第6期。

② 《资本论》第3卷，人民出版社1975年版，第204页。

③ 谷书堂、杨玉川：“对价值决定和价值规律的再探讨”，载《经济研究》1982年第1期，第20页。

值总和的平均。

上述三种情况也根本不能说明第二种含义的社会必要劳动时间决定价值。只不过由于商品总量符合社会需要量，第二种含义的社会必要劳动时间与第一种含义的必要劳动时间总和相等而已。在《资本论》第一卷中，没有讲价值由优等或劣等条件调节。因为在一般情况下，中等条件的产量占大多数，因而社会必要劳动时间等于或接近于中等条件的个别劳动时间。即使在特殊情况下，优等或劣等条件的产量占大多数，也不会改变价值由平均必要劳动时间决定的一般原理。

《资本论》第3卷第10章中，还讲到在“供给极大地超过了需求”时，社会价值由最好条件下生产的商品的个别价值决定。反之，如果供给量过小，而“需求非常强烈，以致当价格由最坏条件下生产的商品的价值来调节时也不降低，那末，这种在最坏条件下生产的商品就决定市场价值”。这就是说，不管最好条件或最坏条件的产量是否占多数；当供求关系异常不平衡时，社会价值就会由最好或最坏条件下生产的商品的个别价值决定。

有些文章根据上面的论述断言，第二种含义的社会必要劳动时间决定价值。这同样缺乏说服力。

比如，社会生产皮鞋1万双，其中2000双由优等条件生产出来，每双个别劳动时间8小时；6000双由中等条件生产出来，每双个别劳动时间10小时；2000双由劣等条件生产出来，每双个别劳动时间12小时。如果全部符合社会需要，社会必要劳动时间为10小时。第二种含义的社会必要劳动时间为10万小时。如果每小时劳动形成价值1元，则每双鞋的社会价值为10元。总商品的价值为10万元。现在假定产量和生产条件不变，但需要量增加为2万双，极大地超过了社会供给，每双鞋的社会必要劳动时间由劣等条件决定，即为12小时（12元）。而第二种含义的社会必要劳动时间则是个不确定数。如仍按现有条件下的平均必要劳动时间总和计算，则为20万小时。但它如何决定每双鞋的价值为12元或商品总价值为12万元呢？是难以说明的。进一步来考察：如果社会需要增加为4万双、8万双……，第二种含义的社会必要劳动时间也随之同比例增加为40万小时、80万小时，但不管怎样增加，只要鞋的产量和生产条件不变，每双鞋的价值仍由劣等条件决定，为12元。总商品的价值仍为12万元。只不过价格会随需要的增加而提高。可见，在这种情况下，社会需要量从而第二种含义的社会必要劳动时间的增加，无论对单个商品的价值或对总商品的价值都不起决定作用。决定价值的仍然是第一种含义的社会必要劳动时间。

马克思还讲过："社会劳动时间可分别用在各个特殊生产领域的份额的这个数量界限，不过是整个价值规律进一步发展的表现，虽然必要劳动时间在这里包含着另一种意义。"① 有的文章引用这段话来证明第二种含义的社会必要劳动决定价值，也缺乏说服力。要弄清这段话的原意，必须弄清"整个价值规律进一步发展的表现"究竟是什么意思。如果把价值规律同价值决定划等号，把商品按价值交换排除于价值规律的要求之外，就容易把这段话理解为"另一种意义"的必要劳动时间决定价值了。

价值规律是商品按照由社会必要劳动时间决定的价值进行交换。离开商品按价值交换，孤立地讲价值由什么决定还有什么意义呢？商品按价值交换的一个重要条件是供给和需求相一致。但供求怎样才能一致呢？在《资本论》第三卷中专门分析了这个问题，那就是社会劳动时间要按比例地分配于各个特殊生产部门。所谓"按比例"，就是按社会需要的比例。也就是生产各个特殊生产部门的产品所费的总劳动时间要符合另一种意义的必要劳动时间。可见，这里提出"价值规律进一步发展的表现"和"另一种意义"的必要劳动时间，是要说明商品按价值交换的根本条件。而不是要说明价值怎样决定，更不是要说明价值由第二种含义的社会必要劳动时间决定。

① 《资本论》第3卷，人民出版社1975年版，第717页。

马克思主义经典作家的“剥削”观与我国现实①

近来，理论界在讨论劳动价值理论的问题中，涉及“剥削”问题，见解很不一致。有人说：剥削“指的是一种应当否定的负面社会现象，尤其是在我国，确认某人存在剥削，几乎等于宣判了该人政治上的死刑”。有人说：过去认为“一切非劳动的报酬都是对劳动所创造的价值的剥削，因而是不道德的，应当受到谴责。可是按照生产要素创造价值论，就不能说存在剥削”。有的虽承认剥削，只是指在劳动力价值以下给付工资或以其他非法手段获取收入。有的学者持相反意见。讨论中事实上涉及马克思主义经典作家怎样看待“剥削”问题和怎样认识我国现实经济中的实际情况。

一、马克思恩格斯关于“剥削”的基本观点

什么是“剥削”？马克思主义经典作家认为，凭借生产资料所有权无偿占有劳动者的剩余劳动（或剩余产品、剩余价值）就是剥削。“凡是社会上一部分人享有生产资料垄断权的地方，劳动者，无论是自由的或不自由的，都必须在维持自身生活所必需的劳动时间以外，追加超额的劳动时间来为生产资料的所有者生产生活资料。”② 奴隶主直接剥削奴隶的剩余劳动，农奴主以劳役地租或实物地租的形式剥削农民的剩余劳动或剩余产品，资本家则以货币形式剥削雇佣工人的剩余价值，“无偿劳动的占有是资本主义生产方

① 本文主要部分发表于《经济学动态》2002 年第 3 期。

② 《马克思恩格斯选集》第 2 卷，人民出版社 1995 年版，第 197 页。

式和通过这种生产方式对工人进行剥削的基本形式”[①]。马克思和恩格斯讲资本主义剥削，不是指资本家压低工资、在劳动力价值以购买劳动力商品，而是指通过等价交换，按价值购买劳动力，劳动力使用中创造的价值大于劳动力的价值，形成剩余价值，以资本价值增殖的形式出现，为资本家无偿占有。将工资压低到劳动力价值以下或以其他手段压榨雇佣工人，是超越正常范围的剥削。

在社会主义革命过程中，强调要消灭剥削制度和剥削阶级，因而一讲“剥削”或讲“资本主义剥削”，人们就会很自然地认为是应铲除的坏事。而且很容易从道义的角度，即从公道不公道、正义不正义、道德不道德的角度，持批判态度，甚至将其与罪过罪恶联系起来。其实，马克思主义经典作家没有也不会从道义的原则出发去抨击和否定剥削制度或剥削现象。他们是严格地以历史唯物主义的观点去看待和评析剥削问题的。在这个问题上应研究和把握经典作家的以下有关观点：

1. 马克思认为：“社会经济形态的发展是一种自然历史过程。”所谓“自然历史过程”，就是客观的必然的历史发展过程。剥削制度的产生、存在与发展，一种剥削方式被另一种剥削方式所取代，剥削制度和剥削现象的最终被消灭，没有剥削关系的新社会制度的产生与发展，都不是出于人们主观愿望的结果，不能从人们的思想意识和道义观中去寻找其原因。而应从生产力的发展和生产力与生产关系的相互作用中去探求其根源。应从社会经济形态发展的客观规律性即“自然历史过程”中予以说明。既然剥削的存在和剥削方式的更替，是不依人的意志为转移的自然历史过程，因此，马克思强调说明：“同其他任何观点比起来，我的观点更是不能要个人对这些关系负责的。”[②] 就是说，不要资本主义社会的“资本家和地主”个人对资本主义剥削关系负责。恩格斯在《英国工人阶级状况》一书中也说：“英国的社会主义（即共产主义）正是从不归咎于个别人的原则出发的。”

2. 剥削的产生是生产力发展到一定程度的产物，剥削的存在又是生产力发展不够的结果。在原始氏族社会的两三百万年中，由于生产力极端低

---

① 《马克思恩格斯选集》第3卷，人民出版社1995年版，第365页。

② 《马克思恩格斯全集》第23卷，人民出版社1972年版，第12页。

下，没有剩余产品，因而没有产生剥削的物质基础。在原始社会末期，生产力发展到一定程度，出现了占比重很少的剩余产品，才有了产生私有制、阶级和剥削的可能。于是出现了奴隶制度。由奴隶制度到封建制度，再到资本主义制度，不同剥削方式的发展和更替，都是适应生产力发展要求的客观过程。剥削制度和剥削现象的消灭，需要生产力的高度发展。恩格斯在《卡尔·马克思》一文中指出：新的历史观说明了，剥削阶级的存在，“这只是因为在人类发展的以前一切阶段上，生产还很不发达，以致历史的发展只能在这种对立形式中进行。”在《反杜林论》中又说：剥削阶级和被剥削阶级“到现在为止的一切历史对立，都可以从人的劳动的这种相对不发展的生产率中得到说明。”正因为这样，马克思设想，社会主义革命将首先是在几个生产力发达的资本主义国家取得胜利。然而，实际发展的结果是，在特殊历史条件下，一些生产力落后的国家取得了革命胜利。根据历史唯物主义原理，这类国家不能急于消灭一切私有制和剥削现象。毛泽东的新民主主义理论和他的“红色资本家”的称谓（曾误作为刘少奇的提法进行批判），就是在这种历史背景下提出的。我国过早地超越新民主主义制度，急于消灭个体经济和资本主义经济成分，要让资本主义在中国绝种。实践证明，这不利于生产力和社会经济的发展，造成了长远的消极后果。我国确认社会主义初级阶段的现实国情，实行公有制为主体、多种所有制共同发展的基本经济制度，也首先是从我国生产力的现状出发的。生产力决定生产关系的历史唯物主义原理，在社会主义社会依然适用。

3. 不应抽象地、孤立地评判私有制与公有制、剥削与非剥削的是非好坏。正因马克思主义经典作家不是从道义原则而是从生产力原则出发作为评判社会制度与阶级行为好坏的标准，所以他们没有也不会抽象地、孤立地讲私有制绝对的坏，公有制绝对的好，剥削绝对的坏，没有剥削绝对的好。否则，奴隶制度取代原始氏族制度（私有制取代公有制，剥削制度取代无剥削的平等制度）就成为道义上应受谴责的历史倒退了。且听听恩格斯怎样评价奴隶制度的出现吧：“讲一些泛泛的空话来痛骂奴隶制和其他类似的现象，对这些可耻的现象发泄高尚的义愤，这是最容易不过的事情……但是，这种制度是怎样产生的，它为什么存在，它在历史上起了什么作用，关于这些问题，我们并没有因此而得到任何说明。如果我们深入地研究一下这些问题，我们就不得不说——尽管听起来是多么矛盾和离奇——在当时的情况下，采用奴隶制是一个巨大的进步。”① 采用奴隶制的巨大进步表现在哪里呢？恩格斯说：只有奴隶制才使农业和工业之间的更大规模的分工成为可能，才有古代世界的繁荣和希腊文化的发展。没有奴隶制就没有罗马帝国，没有现代的欧洲。从一定意义上说，“没有古代的奴隶制，就没有现代的社会主义”。这就是马克思主义创始人从生产力原则出发，作出的判断和得出的结论。

4. 剥削方式也有先进落后之分。人类社会发展史上，出现过奴隶制、封建制和资本主义三种不同的剥削方式。三种剥削方式究其内容，都是无偿占有劳动者的剩余劳动，但所采取的方式各有特点。奴隶制是最残酷最野蛮的剥削方式，其劳动秩序和纪律是用皮鞭棍棒来维持的。封建制剥削方式比奴隶制要进步一些，因为超经济强制或人身依附的锁链稍宽松了一些。农民有自己的经济领域，在这个领域中的劳动会具有主动性和积极性。资本主义剥削方式基本上是建立在经济强制基础之上的。摆脱了超经济强制的束缚，劳动者的人身具有了自由。因此，资本主义剥削方式，比起奴隶制和封建制的超经济强制的剥削方式来，具有显明的进步性。马克思指出：“资本的文明面之一是，它榨取剩余劳动的方式和条件，同以前的奴隶制、农奴制等形式相比，都更有利于生产力的发展，有利于社会关系的发展，有利于更高级的新形态的各种要素的创造。”② 奴隶制和封建制的剥削与被剥削关系，固然也是人类社会发展必经的“自然历史过程”。但对现代社会说来，已是过时的不利于生产力发展和社会进步的剥削方式，因此，从总体上被消灭了。我国在社会主义现阶段，允许和鼓励多种所有制经济共同发展，绝不包括也不允许奴隶制和封建制的所有制经济的存在与发展，但中外资本主义经济成分，在相当长的时期内还有容纳生产力发展的广阔余地。

在我国新民主主义革命时期，在消灭官僚资本和封建土地所有制过程中，一直强调要保护民族工商业或民族资本主义。尽管认为资本主义要获取剩余价值，存在剥削，但只要在合法范围内，就允许并予以保护。新中国建立前夕，刘少奇在天津市与工商业家座谈会上的讲话中，曾讲过一段后来受到指责与批判的话：“现在好些人怕说剥削，但剥削是一个事实……你是代

① 《马克思恩格斯选集》第 3 卷，人民出版社 1995 年版，第 524 页。

② 《马克思恩格斯选集》第 25 卷，人民出版社 1995 年版，第 925 ~ 926 页。

表股东、代表资方在工人身上剥削剩余价值的，一块钱也是剥削。有这个事实，只好承认。但是，认为‘剥削多，罪恶大……’因而苦闷，这种想法是错误的。今天在我国资本主义的剥削不但没有罪恶，而且有功劳。封建剥削除走以后，资本主义剥削是有进步性的。今天不是工厂开得太多，剥削工人太多，而是太少了。你们有本事多开工厂多剥削一些工人，对国家人民都有利，大家赞成……今天资本主义剥削是合法的，愈多愈好。”① 尽管“剥削有功”的提法不大科学，但他肯定新中国需要资本主义经济成分有一个发展阶段，从稳定工商业家的思想认识出发，既承认其剥削事实，又否定剥削是“罪恶”，指出资本主义剥削方式有进步性，是合法的。这是将马克思主义的剩余价值理论与中国的实际结合起来，是马克思主义的中国化。

二、怎样认识我国私营企业中的劳动收入与非劳动收入？

我国目前的私营企业已有180多万户②，还在继续发展与扩大。它们是在党的政策鼓励下发展起来的。怎样看私营企业主的劳动与收入？首先，私营企业的发展，符合“三个有利于”的标准，即使百亿富翁，也要依法保护。其次，私营企业主的管理劳动或指挥劳动，也具有生产劳动性质的一面，同样创造价值。他们如果参与科技工作，科技劳动同样创造价值。而且，高层管理劳动与高科技劳动，是高级复杂劳动，比一般劳动会创造更大的价值。因此，私营企业的这种收入，是劳动收入，而非剥削收入。另外，经营管理好，从而经济效益好，发展很快的企业，往往还得益于获得机会收入。由于熟悉市场状况，掌握信息及时，应对竞争和市场变化有效，商品实现的价值，可以大于其生产的价值。

但是，不少私营企业会有巨额利润收入，有的成为亿万富翁，几十亿、几百亿富翁，这不能都归之于企业主的劳动收入和机会收入。很大部分是资本收入，是资本价值增殖的结果，这属于非劳动收入。只要这种非劳动收入是合法的，就会得到保护。因为它属于通过“诚实劳动和合法经营”先富起来的范畴。

---

① 《刘少奇论新中国经济建设》，中央文献出版社1993年版，第107页。

② 2014年已达1000多万户。

我国日益增多的私营企业，其素质参差不齐。有一部分私营企业，文明管理，奉公守法，要求自己和家人严格；热心于社会公益事业，扶危济困，报效社会。并尊重和关注企业职工的权益。应该得到更多的鼓励和赞誉。

但是，也应看到，不少私营企业存在这样那样的不正当的或违法谋利行为。偷税漏税、制假售假、坑蒙拐骗、违法开矿、严重侵犯雇工权益等现象大量存在，特别是有些私营和外资企业野蛮管理、严重侵犯工人权益的事实，虽时有披露，还未引起应有的重视。

私营企业有没有剥削？这是目前人们所关注并且议论纷纷的一个十分敏感的论题，它已经不限于一个学术问题。有的学者已发表论著明确认为不存在剥削。如果像有的学者那样，认为资本、土地以及各种生产资料，作为生产要素都各自创造价值，当然，只要不违法违规，就不存在剥削了。有的学者论证我国社会主义现阶段不存在剥削的理论思路是："马克思所分析论述的剩余价值和剥削，是有历史前提的。这是指，在资产阶级绝对占有生产资料和工人阶级只能出卖劳动力历史前提下，整个社会生产过程发生的一般情况，是一个阶级对另一个阶级进行剥削剩余价值的过程。当这个历史前提不再存在，工人阶级成为国家领导阶级的时候，再把剩余价值及其剥削作为整个社会生产过程中发生的一般情况，就是背理的了。"① 这个理论见解值得商讨：第一，马克思"所分析论述的剩余价值和剥削"，并没有上文所讲的那种"历史前提"。如果认为，只有资产阶级在全社会绝对占有生产资料，是"整个社会生产过程发生的一般情况"，才有资本主义剥削，那么，当资本主义经济已在封建社会内部产生与发展，但资产阶级还未在全社会绝对占有生产资料时，资本主义企业难道就是没有剩余价值和剥削？旧中国的民族资产阶级，还没有在全社会"绝对占有生产资料"，是否也不存在剩余价值与剥削？马克思恰恰认为，只要存在资本主义企业，不管它在全社会是占统治地位，还是只占少数，都存在剩余价值生产。马克思指出，资本主义生产是"劳动过程与价值增殖过程的统一"。价值增殖就是剩余价值生产。哪怕只存在少数乃至个别资本主义企业，也同样如此。第二，认为只要"工人阶级成为国家的领导阶级"，就不再有剩余价值和剥削的观点也难证实。按此见解，新中国一建立，工人阶级成为国家的领导阶级，民族资产阶级的企

① "用实践和科学的态度发展马克思劳动价值论"，《光明日报》2001年11月6日。

业中就不存在剩余价值与剥削了。若果如此，刘少奇为什么还要在天津座谈会上肯定剥削是事实，提出“剥削有功论”呢？如果作者的本意是指新中国不再存在“整个社会生产过程”的剩余价值和剥削情况，那就离开了讨论的前提。讨论的前提本来就是我国目前未成为“整个社会生产过程的一般情况”或未占统治地位的私营企业的非劳动收入的来源问题。私营企业的非劳动收入，是不是剩余价值？是否来源于雇佣工人的剩余劳动？如果不是，来源于什么？应正面回答这个问题。第三，断言私营企业不存在剥削，与有目共睹的事实不符。且撇开是否存在正常的合法的剥削问题不谈，非正常的违反劳动法严重侵犯雇工权益的野蛮剥削行为，难道就视而不见？让我们举几个报刊上公开报道的事例。《光明日报》2001 年 6 月 14 日以《私营企业职工盼望“工会保护”》的报道：某市 800 来家私营企业，建工会的只有 8 家。“私营企业主不执行劳动法，不签订或不履行劳动合同……工人在试用期内工资很低，试用期到了，用谁不用谁，全凭业主一句话……由于没有签订合同，企业主可以逃避劳动合同规定的责任。”“职工劳动时间长，劳动强度大，工资低，缺乏必要的安全保护措施，是私营企业普遍存在的问题……职工每人每天工作 10～12 小时的现象较为普遍，许多私营职工根本没有休息日，有的私营企业非法雇用童工。不少私营企业不重视安全生产，工伤事故频繁。女工在怀孕和哺乳期，工作定额也不能减少。女工生育带薪休假的待遇，在大多数私营企业得不到执行。”《工人日报》2001 年 7 月 19 日报道：浙江有 516 家私营企业严重违法用工，两月来整治“周扒皮”，为 8 万职工讨回了被拖欠、克扣的血汗钱 6415.6 万元。《香港商报》（深圳办的报纸）2001 年 8 月 14 日以“私企奴役劳工现象严重”的标题报道说：“随着中国大陆私营企业的迅猛发展及流动人口的增加，奴役劳工现象正在上升。非法的强迫劳动多发生在农村及私营企业发达地区”，“同拐卖妇女不同，买卖年轻男人的问题几乎没有出现在官方媒体上”，“河北省定州四面村，有一个肮脏的农村工厂，生产建筑砖块。最近一年多来，这个工厂却控制了 27 个‘奴隶’，这些人被迫在高温下劳动 12 个小时，没有工资，也不准离开。住在塑料布的棚子里。当其中一个人逃到附近麦田里时，砖厂经理骑摩托车追上，用绳子把他拖回工棚，当着其他人的面把他打死”。还以《汉正街“童工作坊”暗无天日》的标题，报道了武汉市汉正街一些私人作坊对男女童工的残酷剥削，工作和生活条件十分恶劣，有的作坊的童工一天劳动15小时，“两年未得分文工钱”。这些报道只是冰山的一角。但已可以看出，在当前的理论宣传中，硬说私营企业没有剩余价值剥削，多么不符合事实。

当然，我们不能因噎废食，不能以偏概全。上述现象既不能代表私营企业的全部，也不影响我们多种所有制经济共同发展的基本制度和方针政策。它只是说明，我们应面对事实，加强对一些私营企业的引导、教育、管理和监督，保护职工的合法权益。不要无原则地简单宣传私营企业没有剩余价值剥削。否则，上述现象更会不被人们重视与关注，不但不会减少和消除，还会为患更烈。

笔者也曾调查参观过一些搞得很好的私营企业，有的企业主的事迹相当感人。没有必要刻意宣传他们是剥削者，对他们为社会做出的贡献应充分肯定和予以鼓励。

总之，众多的私营企业的素质不同，层次不同。既需要有一视同仁、平等竞争的统一政策，又应根据良莠不齐的差异，区别对待。不要说好都好，说坏都坏。

笔者认为，从我国社会主义初级阶段的现实出发，根据“三个有利于”的标准，正面鼓励非公有制经济的发展是必要的。为此，在一般情况下，理论与宣传工作可不张扬私营企业的剩余价值剥削问题。只要合法经营，只要承认其资本或生产资料所有权，他们就应得到合理的回报。既然生产使用价值和价值离不开资本、土地等生产要素，这类生产要素又具有稀缺性，并被特定的经济主体所占有，就不能无偿使用。即使是国有企业，国家也要凭借所有权，从企业获得除一般税收以外的经济收入。因此，资本要获得收入，在国有经济中也存在，只不过是不凸显罢了。马克思主义创始人的观点是：当资本主义剥削制度已经不适合生产力进一步发展的时候，用社会主义公有制取代资本主义私有制和一切私有制，使生产要素完全归社会或劳动人民所有，剩余产品不再被私人占有，剥削现象不再存在。然而我国的社会经济发展水平，还没有达到这个地步。

关于资本主义私营企业有无剥削的问题，即使是西方经济学著作中也并不是一概否认。例如，在西方具有权威性的《新帕尔格雷夫经济大辞典》（以下简称《大辞典》）中列有“剥削”一条，其中在“资本主义与剥削”一节中，讲了这样的内容：资本主义社会“是一种阶级社会，其中资本家阶级的统治建立在对大量社会生产资料的占有和控制基础之上……工人阶级，他们不得不依靠为资本家阶级劳动而生活。马克思精辟地指出这种关系的生产的一般社会条件是整个工人阶级被使唤从事剩余劳动，因为这种剩余劳动构成资本家利润的基础，而这种利润使得资本家阶级乐于并得以继续雇佣工人……资本主义有它的历史特点这就是它的剥削关系几乎完全被交换关系的表面现象所掩盖”。“为玄妙的生产函数、完全竞争和一般均衡理论所团团围住的正统经济学，往往力图回避这些问题。事实上它主要关心的是构筑和美化一个理想化的资本主义形象”《大辞典》批评说：企业使用称为资本和劳动的‘生产要素’制造产品并按计算出来的对总产品所增加的贡献（即边际产值）向每一要素付酬”。“应该注意的是，这种概念把物（资本）和人的力量（劳动）置于平等的地位，都称之为生产要素……从而得以否认在资本家和工人之间存在任何阶级差别的事实……最后，由于资本和劳动都是物，就不能说它们受到剥削。只有在某些生产要素的报酬与其边际产值不相等的情况下，这一要素的所有者才可称之为被剥削。在这一意义上，剥削的定义是‘要素报酬’的实际价值和理论价值的差距。更为重要的是，按上述剥削定义，原则上可同样适用于利润和工资两方面。这样，资本主义就成了资本家也可能像工人被资本家剥削那样被工人所剥削。至此剥削的概念就被降到完全没有意义的地步。”这里之所以大段引证《大辞典》中的论述，是为了可以从这里清楚地看出，某些学者关于私营企业乃至所有资本主义经济不存在剥削，有的话，只是“要素报酬”超过了其“边际价值”，并声称工人也会剥削资本家的理论见解，只不过是重复连《大辞典》也不赞成和予以否定的、西方早已存在的一种理论观点而已。

在我国具体现实情况下，不公开强调宣传“剥削论”，有利于非公有制经济的发展，但如果理论和宣传工作突出宣扬“生产要素价值论”和“无剥削论”，否定劳动价值论与剩余价值论，则会产生深远的严重的政治上自我否定的消极后果。不仅马克思主义经济学和科学社会主义会被彻底否定，中国共产党领导的消灭地主富农阶级的民主革命和进行三大改造的社会主义革命，以及搞公有制为基础或为主体的有中国特色的社会主义，乃至共产党的建立和发展本身，都失去了原有的理论支持，成为多余的不应有的事情了。共产党人应十分严肃地对待这个问题。

马克思怎样看待资本家和地主个人①

在《资本论》第1卷第1版序言中，马克思特意写了这样一段话："为了避免可能产生的误解，要说明一下。我决不用玫瑰色描写资本家和地主的面貌。不过这里涉及的人，只是经济范畴的人格化，是一定的阶级关系和利益的承担者。我的观点是：社会经济形态的发展是一种自然历史过程。不管个人在主观上怎样超脱各种关系，他在社会意义上总是这些关系的产物。同其他任何观点比起来，我的观点是更不能要个人对这些关系负责的。"

这段话写在序言中，显然是要强调说明，《资本论》在揭露资本家、地主（这里讲的地主不是封建地主，而是资本主义关系中的地主）同雇佣工人的阶级剥削和阶级对抗关系，阐明资本主义经济关系的各方面的同时，是怎样以彻底的历史唯物主义的观点，看待资本家和地主个人的。马克思的这一思想，具有重要的理论意义和实际意义，值得我们重视。

马克思为什么说"为了避免可能产生的误解"，在这里"要说明一下"呢？可能产生什么误解呢？这是针对《资本论》出版时的情况讲的。当时，人们从某些空想社会主义者和小资产阶级社会主义者的著作中所看到的是，从所谓道德和正义的观点对资本主义制度以及资本家和地主发出的愤怒和谴责，似乎资本主义剥削制度是产生自资本家和地主个人的主观意志，产生自他们的不道德和不正义。因而通过规劝和教育就可以说服剥削者改弦易辙，给人民带来福音。而《资本论》的内容则与此不同。马克思在这里把资本主义经济关系只是作为一种具有客观必然性的一定历史阶段的关系加以分析。他以严峻的科学态度，揭明了资本主义产生、发展和必然灭亡的规律，丝毫没有从道义上涉及资本家和地主个人的责任。当时的《资本论》的读

① 本文原载《经济问题》1983年第3期。

者，有可能误解马克思的态度和方法。所以马克思声明，他“决不用玫瑰色描写资本家和地主的面貌”。我们知道，《资本论》无情地揭露了资本家剥削雇佣工人的实质和方法，以及他们对剩余价值的无厌的贪求。工人“只要还有一块肉、一根筋、一滴血可供榨取”，“吸血鬼就决不罢休”①。尽管这样，马克思并不把剥削关系归咎于资本家个人的品德。因为“这里涉及到的人，只是经济范畴的人格化，是一定阶级关系和利益的承担者。”资本家只是资本的人格化。资本只有在不断地运动中吮吸工人生产的剩余价值，才能继续维持和扩大自己。这就推动资本家不断地去榨取剩余价值。正是一定的阶级关系和利益，决定着它的承担者即资本家的经济活动。在马克思看来，“社会经济形态的发展是一种自然历史过程。”也就是不依人的意志为转移的必然的历史过程。资本主义经济形态，自然也是社会历史必经的过程。无论哪个人，不管他的道德品质如何，主观动机如何，只要他在资本主义经济形态中成为资本家或地主，就必然要剥削工人，榨取剩余价值。同样，一个劳动者，只要他失去了生产资料，在资本主义经济形态中，他就只能成为雇佣工人，受资本家和地主的剥削。因此，“不管个人在主观上怎样超脱各种关系，他在社会意义上总是这些关系的产物”。在不具备一定的社会条件，不存在资本主义生产关系的地方，即使有人想剥削雇佣劳动，甚至人为地创造条件，以维持自己资本家的地位，最终也会失败。《资本论》中举例论证了这个问题。英国经济学家“威克菲尔德在殖民地（指自由移民所开拓的处女地——引者）发现，拥有货币、生活资料、机器以及其他生产资料，而没有雇佣工人这个补充物，没有被迫自愿出卖自己的人，还不能使一个人成为资本家。”②。威克菲尔德感慨地看到，皮尔先生把共值5万镑的生活资料和生产资料从英国带到澳洲的斯汪河去，还带去了3000名男工、女工和童工。可是一到目的地，皮尔先生竟连一个替他铺床或到河边打水的仆人也没有了。因为那里有许多未被占有的土地可以自由地去耕种，于是他们很快变成了独立的劳动者。

正是从彻底的历史唯物主义观点出发，马克思指出：“同其他任何观点比起来，我的观点是更不能要个人对这些关系负责的。”也就是不要资本家和地主个人对资本主义关系负责，不归咎于个人。

---

①②《马克思恩格斯全集》第23卷，人民出版社1972年版，第334～335、834页。

也正是根据这种历史唯物主义的观点，马克思把剥削制度、剥削阶级同剥削者个人区分开来。无产阶级的历史使命是消灭剥削制度和剥削阶级，从而消灭人剥削人的经济关系，但并不消灭原来的剥削者个人，而是要在剥夺了他们的生产资料以后，将其改造成为自食其力的劳动者。

恩格斯在为《资本论》第1卷写的书评中这样讲："拉萨尔的全部社会主义在于辱骂资本家，……在这里（指《资本论》——引者）我们看到的情况恰恰相反，马克思先生明白地指出了资本主义生产方式（他对现代社会阶段就是这样称呼的）的历史必然性。"[①] 在《英国工人阶级状况》一书中恩格斯也明确地讲过："无产阶级对他们的奴役者愤怒是必然的，是正在开始的工人运动的最重要的杠杆；但是共产主义比这种愤怒更进一步，因为它并不仅仅是工人的事业，而是全人类的事业。没有一个共产主义者想到要向个别的人复仇，或者认为某个资产者在现存的条件下能够有不同于现在的行动。英国的社会主义（即共产主义）正是从不归咎于个别人的原则出发的。"[②]

《英国工人阶级状况》是1845年出版的。它是恩格斯的早期著作。但是不要个人对经济关系负责，不归咎于个别人的观点，是正确的。这不仅如前所述，马克思在《资本论》中进一步阐述了同样的观点，它体现在《资本论》的整个内容中，而且恩格斯为《英国工人阶级状况》所写的1892年德文第二版序言中，讲到本书的总的理论观点"和我现在的观点绝不是完全一致的"时，曾指出了某些不完全一致的地方，但对不归咎于个别人的观点并未提出任何修改意见。那里着重补充说明的是这样一点：在本书的末尾，"很强调这样一个论点：共产主义不是一种单纯的工人阶级的党派性学说，而是一种最终目的在于把连同资本家在内的整个社会从现存关系的狭小范围中解放出来的理论。这在抽象意义上是正确的，然而在实践中在大多数情况下不仅是无益的，甚至还要更坏。既然有产阶级不但自己不感到有任何解放的需要，而且全力反对工人阶级的自我解放，所以工人阶级就应当单独地准备和实现社会革命"[③]。

共产主义要解放全人类的思想，在马、恩的著作中一再提到过。毛泽东同志也曾强调指出：无产阶级只有解放全人类才能解放自己。当然，无产阶

---

① 《马克思恩格斯全集》第16卷，人民出版社1964年版，第255~256页。
② 《马克思恩格斯全集》第2卷，人民出版社1957年版，第586页。
③ 《马克思恩格斯全集》第4卷，人民出版社1958年版，第276页。

级的解放，被剥削者的解放，同资本家的解放，剥削者的解放，在具体含义上是有质的不同的。但共产主义要“把连同资木家在内的整个社会从现存关系的狭小范围中解放出来的理论”本身，并不错误。问题在于，在无产阶级取得政权以前，在同资产阶级进行斗争的时候，强调这一理论，而且从这一理论出发，想通过温和的手段实现革命，那么，在实践中的“大多数情况下”，会是无益的，甚至是有害的。而在《英国工人阶级状况》一书的结尾部分中，正是有一些和平斗争的论述。那里写道：“无产阶级所接受的社会主义思想和共产主义思想愈多，革命中的流血、报复和残酷性将愈少。在原则上，共产主义是超乎资产阶级和无产阶级之间的敌对的；……假如能够在斗争展开以前使无产阶级共产主义化，那么斗争就会很和平地进行。”恩格斯在经过近50年的阶级斗争的实践后，在为该书所写的德文版序言中，修正了这种提法。因为资产阶级不会因为共产主义要解放包括他们在内的整个社会，就会自愿接受解放，相反地他们要全力反抗无产阶级的革命斗争。在这样的情况下，进行暴力革命，包括流血的、残酷的斗争，就不可避免。

在我国无产阶级早已取得政权，而且通过民主革命和社会主义革命，消灭了封建土地所有制和资本主义所有制的条件下，重视共产主义要解放包括资本家和地主在内的整个社会的理论，重视马克思主义不要资本家和地主个人对旧的经济关系负责、不归咎于个人的思想，在实践中则不会有害，而是会有益处。当然，不要个人负责，是指不要他们对一般的剥削关系负责。如果谁有超出一般剥削关系之外的罪恶，那是另外的问题，不属于本题的研究范围。

在党的十一届三中全会以前的许多年中，在对待已被改造了多年的资木家和地主及其子女的问题上，存在着“左”的思想和政策。不但要原来的剥削分子个人对过去旧制度下的经济关系负责，而且要他们的子子孙孙对其祖辈的经济关系负责。这种思想和政策，是违背马克思和恩格斯的思想和理论的，是对社会主义事业不利的。党的十一届三中全会以来，落实了对原来的地、富、资方人员及其子女的政策，正是回到了马克思主义的正确轨道上来。它有利于社会主义事业的发展。这绝不是什么混淆了阶级阵线，放弃了马克思主义的阶级观点。这个问题，只有提高到马克思主义理论的高度进行理论宣传，才能辨别是非，以理服人，收到较好的效果。

关注马克思的财富论及其现实意义[①]

近几年来，我国理论界展开了对劳动价值论的深入研究，这是有必要的和有益的。然而对马克思的财富论在社会主义制度下的理论价值和现实意义，多年来没有引起应有的注意。笔者认为，在新的历史条件下，在社会主义制度下，马克思的财富论的实践意义更为重大，需要更加重视和深入研究。

财富论适用于社会主义

马克思的劳动价值论适用于一切商品经济，包括小商品经济、资本主义商品经济和社会主义商品经济。而马克思的财富论的适用范围更广，它适用于一切社会，更适用于社会主义和共产主义社会。马克思曾预计，社会主义制度下商品生产消亡了，但作为使用价值的财富将更为丰富与发展。社会主义要最终实现使“集体财富的一切源泉充分涌流”，达到“以所有人的富裕为目的”。在马克思的著作中，价值与财富是两个既相联系又有区别的概念。财富是由使用价值构成的。人类社会的生存与发展，依存于财富的生产。社会经济越发展，社会的财富越增进；而社会财富越增进，人类社会也越发展，二者相互依存相互促进。在商品经济条件下，使用价值是价值的物质承担者。价值是历史范围，而使用价值则与人类共存，是非历史范畴。由使用价值构成的财富，以产品的形式直接存在，而价值则不然，在发展了的商品经济中，价值只能通过货币表现自己的存在。人们重视价值，归根到底，并不在于价值自身，而在于作为价值表现物的货币可以转化为相应的财

① 本文原载《人民论坛》2004年第1期。

富即使用价值。正因为这样，在现实经济生活中，往往把货币也作为财富。马克思从价值形态上讲财富时，称其为“抽象财富”，意指可以转化为各种具体财富的一般财富。

劳动不是财富的惟一源泉

马克思认为，劳动是价值的惟一源泉，但不是财富的惟一源泉。生产财富的要素，既包括劳动，也包括生产资料。《资本论》中讲生产使用价值的劳动过程的“简单要素”是：劳动、劳动对象和劳动资料。按照马克思的财富论，生产越落后，劳动生产率越低，劳动作为生产要素的作用也越大。反之，生产力越发展，劳动生产率越高，劳动在生产财富中的作用越小。这是因为，财富的生产与劳动生产率成正比，而劳动生产率的提高，主要靠科技的进步和应用，生产工具的变革，劳动熟练程度和劳动技能的增进，劳动组织的改进，管理水平的提高等。特别应重视科学技术的发展，在推动劳动生产率提高和财富的增进中的决定性作用。马克思指出：“随着大工业的发展，现实财富的创造较少地取决于劳动时间和已耗费的劳动量，较多地取决于劳动时间内所运用的动因的力量，而这种动因自身——它们的巨大效率——又和生产它们所花费的直接劳动时间不成比例，相反的却取决于一般的科学水平和技术进步，或者取决于科学在生产上的应用。”他又说：“一旦直接形式的劳动不再是财富的巨大源泉，劳动时间就不再是，而且必然不再是财富的尺度。”同时，“劳动者不再是生产过程的主要当事者，而是站在生产过程的旁边”。[①]

“可自由支配的时间”成为财富尺度

社会主义的根本目的，是全体人民的共同富裕，富裕的内容，包括生存资料、发展资料与享受资料。而这些内容，都是由使用价值即财富构成的。从人民生活质量与水平的提高来说，重要的不是通过劳动者增加劳动时间、提高劳动强度，以创造更多的价值。而是力求用相对较少的劳动耗费，生产

---

① 《马克思恩格斯全集》第46卷（下），人民出版社1980年版，第217～218页。

出更多的财富，以满足其物质文化需要。同时，社会的进步，人们生活质量的提高，不仅表现为物质文化水平的提高，而且还表现为人的全面发展和劳动时间的减少，表现为休闲时间即可自由支配时间的增加。马克思对此有过明确的说明：在社会主义社会，“社会生产力的发展将如此迅速，以致尽管生产将以所有人的富裕为目的，所有的人的可以自由支配的时间还是会增加。……那时，财富的尺度绝不再是劳动时间，而是可以自由支配的时间。以劳动时间作为财富的尺度，这表明财富本身是建立在贫困的基础上的”①。可自由支配的时间增加，社会财富的增长，劳动时间的缩短，有利于人的全面发展。这取决于生产力的发展特别是劳动生产率的提高，而具有决定性意义的是科学技术的创新与革命。

在新的社会历史条件下，出现了下述两个新的社会经济因素，需要我们进一步重视对财富论的研究。

财富论的新意义

其一，金本位制崩溃后，全世界都以纸币执行货币职能。价格运动的轨迹已难以反映价值运动的轨迹。本来，即使在金属货币流通的条件下，价格也不能绝对地而只能相对的反映价值的变动。因为价值表现为价格的具体情况，要取决于商品和贵金属货币自身双方价值变动的不同组合关系。纸币本身没有什么价值，只是一种价值符号，从长时期来看，由纸币表现的商品总价格呈上涨趋势。再者，在市场经济条件下，纸币流通会产生通货膨胀，价格的巨大变动会更加脱离价值的实际。

目前，各国的GNP和GDP的增长率以不变价格计算，所反映的实际上并不是价值变动指数，而是使用产值即财富增长的指数。我国的人口与劳动力大于美国几倍，而我国的GDP总量只及美国的1/9，若按人均GDP计算，中国只及美国的约1/30或更少。这里所反映的不是劳动创造价值的悬殊差别，而是由于劳动生产率高低悬殊所生产的财富总量和人均财富量的差别。我国要缩小与发达国家的经济差距，增加人均GDP，不应通过大量增加物化劳动和活劳动的投入以增加产出。如果劳动投入100，产出120；投入

---

① 《马克思恩格斯全集》第46卷（下），人民出版社1980年版，第222页。

200，产出220；投入300，产出300。虽然总产出增加了，GDP总量也增长了，但劳动生产率和经济效益降低了，这种高投入、低产出的增长方式，不但不能增加反而会降低人均GDP。我国大跃进和“农业学大寨”时期就是走的这种经济增长途径。而按照马克思的财富论，应是低投入高产出，主要依靠科技进步提高劳动生产率，提高人均产出率，从而增加社会财富总量和人均财富占有量，这样才能缩小我国与发达国家的经济差距，提高人均GDP。这就需要我们切实转变增长方式，走集约增长方式之路。

其二，目前出现的经济全球化，使国际贸易的地位和比重空前提高。在国际商品关系中，商品价值量要由世界范围的社会必要劳动时间来决定。这与资本主义前简单商品经济中的商品价值量由地区范围的社会必要劳动时间决定不同；也与资本主义国家国内统一市场形成后商品价值由全国范围的社会必要劳动时间决定不同。我国是发展中的社会主义国家，进出口总额不断提高，由于我国目前的劳动生产率远远落后于发达国家，生产商品的国内必要劳动时间便远远多于发达国家，较多的国内价值只能被计算为较少的国际价值。因此，仅靠增加国内劳动耗费以增加国内价值，其意义已日益减少。在新的国际关系形势下，财富论的意义更为凸显。当务之急，是重视科技的发展与应用，重视劳动生产率的提高，重视科技人才与管理人才的作用，以便在相同的或更少的劳动时间内，生产出更多的财富，这样才能提高我国的国际经济竞争力，也才能获得更多的国际价值。

第五篇

马克思的货币理论辨析

《资本论》中货币流通规律公式的探讨[①]

最近拜读了几篇有关马克思的货币流通规律公式问题的讨论文章，特别是拜读了王惟中、洪大璘两同志发表在《学术月刊》1982 年第 5 期上的《怎样理解马克思的货币流通规律公式》（以下简称《公式》）一文，颇受启发。《公式》从德文词义以及马克思关于货币流通规律的表述的发展史，从对各种不同解释的对比和分析中进行论证，表明了作者探讨学术问题的认真和深入的学风，值得学习。

但是，对于《资本论》中货币作为流通手段和支付手段时的货币流通规律公式的表述，我认为还有进一步探讨的必要。这里讲一下自己的理解。

让我们来分析一下《资本论》中的这一段话："现在我们来考察一定时期内的流通货币的总额。假定流通手段和支付手段的流通速度是已知的，这个总额就等于待实现的商品价格总额加上到期的支付总额，减去彼此抵消的支付，最后减去同一货币交替地时而充当流通手段、时而充当支付手段的流通次数"[②]。在讨论中争论最多的是怎样理解"最后减去……流通次数"这句话，因为"总额"和"次数"不是同名数，不能加减。于是，有的同志认为：这里所说的减去同一货币重复流通的次数，显然是笔误，应是除以"流通次数"。用马克思在说明上的"笔误"，来解决这个疑难问题，似乎有点简单。其实，这里根本不存在什么"笔误"问题，提不出任何笔误的证据。不能因为在现行的许多政治经济学教科书中，关于货币作为流通手段和支付手段的货币流通公式，都是除以货币流通速度，就断定马克思把"除以"误写为"减去"了。

① 本文原载《学术月刊》1985 年第 1 期。

② 《马克思恩格斯全集》第 23 卷，人民出版社 1972 年版，第 159 页。

有的同志肯定马克思的公式中‘减去”……没有错，只是认为减去“流通次数”译文不切。但究竟译作什么好，其说不一。有的说，德文“Anzahl Umläufe”中的“Anzahl，一字，既可译为‘次数”，也可译为“数量”。只要把“流通次数”改译为“流通数额”，那么不同名数不能相加减的问题就可以得到解决。而《公式》一文则力排此议，认为改译为“流通数额”也不对。因为上述两个德文字中，“次数”或“数额”写在前面，而“流通”写在后面，“数额”（Anzahl）虽是个名词，但可作形容词来作为“流通”（Umläufe）的定语。因此认为，原译的“流通次数”，可改译为“一定数量的流通”。

在《资本论》中译本中，无论是郭大力和王亚南的译本，还是编译局的译本，都把“Anzahl Umläufe”译为“流通次数”，这并没有错。《资本论》法文版、俄文版和英文版中的这段译文与中译本基本相同。法文版中讲：“最后减去同一货币既执行流通手段职能又执行支付手段职能的二次或多次的使用。”① 这里“二次或多次的使用”，也就是使用二次或多次，同“流通次数”没有什么区别。如果说，“次数”同“总额”是不同名数的话，“使用”同“总额”更是不同名数。《公式》一文认为，法文版译为“二次或多次的使用”正确，而中文版译为“流通次数”则错误，似无多少根据。

在俄译本中，“最后减去……流通次数”一段话是这样写的：“наконец，минус число оборотов，в которых одни н те Жe деньгн〔Geldstück〕функунонируют попеременно то как среΩство обраШения，то как средство платеЖa”②。这与中译本一样。“минус число оборотов”是“减去流通（周转）数”。这里，“流通数”或“流通数量”同“流通次数”并无区别，都是指流通过程自身的数。从上述俄文句子的文法看得很清楚，“流通数”不是指流通的货币数量（或流通速度所代替的货币数量），而是指这样的流通数，即同一货币交替地时而作为流通手段时而作为支付手段的周转数即次数。“оборог”一字包含“流通”、“周转”之意。“周转数”同“周转次数”意思完全相同。译作“流通数量”反而含义不清，易被误解。

上述同一段话，在英文版中是这样写的：“minus finally the number of

---

① 马克思：《资木论》法文版中译本第 1 卷，人民出版社 1975 年版，第 120 页。

② 马克思：《资本论》俄文版第 1 卷，人民出版社 1949 年版，第 146 页。

circuits in which the same piece of coin serve in turn as means of circulation and of payment"[①]。这里，同样译作最后减去"流通数"（周转数），而这个"流通数"从全句的文法看，也是指流通自身的次数，而不是指流通速度所代替的货币数量。

因此，认为译作"流通次数"不对，主张改译为"流通数量"的意见，并不能解决问题，反而在理解上离开了原意。

《公式》一文主张把"流通次数"或"流通数"改译为"一定数量的流通"，也值得商榷。首先，如果说减去"流通次数"是不同名数的减，不好理解的话，那么，减去"一定数量的流通"也是不同名数的减。要知道，"流通"并不是数词，而是抽象名词，是指一种过程，更难以加减。其次，德文"Anzahl（次数）Umläufe（流通）"虽然"次数"在前，"流通"在后，但并不能据此断定不应译为"流通次数"或"流通数"。俄文"Число Оборотов"，也是"数"在前，"流通"在后。"流通"用的是第二格，是用以定断"数"的，因而只能译"流通数"。英文"the number of circuits"也是"数"在前，"流通"在后。从文法上看，显然"流通"也是定断"数"的，因而同样只能译为"流通数"。

那么，怎样解决减去"流通次数"的问题呢？我理解，《资本论》中的"最后减去同一货币交替地时而充当流通手段、时而充当支付手段的流通次数"，是一个省略句，是指减去流通次数所代替（节省）的货币量。这类省略句紧接在"最后减去……"的前面同样存在："减去彼此抵消的支付"，"支付"同"总额"也不是同名数，但一看就明白，是指减去彼此抵销的支付总额，把"总额"省略了。

现在进一步研究"同一货币交替地时而充当流通手段、时而充当支付手段的流通次数"究竟是什么意思？怎样减去？许多讨论文章中把它理解为货币作为流通手段和支付手段时的全部货币流通次数即速度，《公式》一文也是这样。我看这不符合《资本论》的原意。正因为《公式》一文是那样理解问题的，所以它把《资本论》法文版中关于货币流通公式的表述："假定流通手段和支付手段的流通速度是已知的，这个总额就等于待实现的商品价格总额加上到期的支付总额，减去彼此抵消的支付，最后减去同一货

① 马克思：《资本论》，英文版第1卷，第156页。

币既执行流通手段职能又执行支付手段职能的二次或多次的使用。”① 用如下的数学公式来表示：

$$G = P + F - S - G (U - 1)$$

公式中的 G 代表流通中所需的货币量，P 代表待实现的商品价格总额，F 代表到期支付总额，S 代表彼此抵消的支付总额，U 代表流通速度。

用这样的数学公式表示《资本论》中货币作为流通手段和支付手段时的流通规律公式，存在以下的问题：

它没有表示出原公式中的这句话：“假定流通手段和支付手段的流通速度是已知的。”按照上述数学公式，《资本论》中的这句话成为多余的了。

在马克思的著作中，讲到货币流通规律时，凡提出货币流通速度一定或已知——不管货币是作为流通手段还是作为支付手段，都意味着这种流通速度在货币流通规律公式中是作为除数。货币作为流通手段时的货币流通规律公式已说明了这一点。马克思关于货币流通规律公式表述的发展史也能说明这一点。比如，在《政治经济学批判》一书中，关于货币流通量的规律是这样讲的：“研究简单流通时所得出的流通中的货币量的规律，因支付手段的流通而发生了重大的改变，在一定的货币流通速度下，——不论货币是作为流通手段或作为支付手段，——一定时期内流通中的货币总量决定于待实现的商品价格总额，〔加上〕同一时期中到期的支付的总额，减去彼此抵消的支付。”这里还没有《资本论》中的那句话：“最后减去同一货币交替地时而充当流通手段、时而充当支付手段的流通次数。”没有这句话时的货币流通公式该怎样用数学公式表示呢？可否表示为：$G = P + F - S$ 呢？显然不可以。因为它没有把“一定的货币流通速度”及其作用表示出来。公式应是这样：$G = \frac{P + F - S}{U}$。试问：《资本论》中对货币流通公式做了补充，加上一项“最后减去……流通次数”后，是否由此能把上一公式中的除数 U 抛掉，变成 $G = P + F - S - G (U - 1)$ 呢？或者能否说，加上一项“减去……流通次数”，同没有减去这一项一样，仍然是 $G = \frac{P + F - S}{U}$ 呢？不存在这样的道理。然而，《公式》一文正是这样处理问题的。我们看：

$G = P + F - S - G (U - 1) = P + F - S - GU + G$。此式可化为：$GU = P +$

① 马克思：《资本论》法文版中译本，人民出版社 1975 年版，第 120 页。

F - S

$$G=\frac{P+F-S}{U}$$

显然，这个公式回到了《政治经济学批判》中的货币流通公式，看不出从《政治经济学批判》到《资本论》关于货币流通公式在表述上的发展。《资本论》中增加的“最后减去同一货币交替地时而充当流通手段、时而充当支付手段的流通次数”一项，成为毫无特定内容的、没有存在意义的、有无都一样的东西了。

之所以会产生这样的问题，是因为在《公式》一文看来，在《资本论》关于货币流通规律公式的表述中，“流通手段和支付手段的流通速度”，同“同一货币交替地时而充当流通手段、时而充当支付手段的流通次数”，是一回事情。许多同志是这样理解问题的，争论的焦点也正在这里。

我认为，《资本论》中关于货币流通规律公式的表述，涉及货币流通速度的三种情况：一是货币作为流通手段的流通速度；二是货币作为支付手段的流通速度；三是同一货币交替地时而作为流通手段时而作为支付手段的流通速度。在《资本论》第二版以前的马克思的经济学著作中的货币流通规律公式，只涉及前两种流通速度，没有考虑第三种速度。在《资本论》第二版中，才加入第三种速度。

假定在货币流通中，一部分货币只作为流通手段，另一部分货币只作为支付手段。作为流通手段的货币的流通公式是：

$$\frac{\text{待实现的商品价格总额}}{\text{流通手段的流通速度}}$$

而作为支付手段的货币的流通公式是：

$$\frac{\text{到期支付总额}-\text{彼此抵销的支付总额}}{\text{支付手段的流通速度}}$$

如果考察一定时期内货币作为流通手段所需要的货币量和作为支付手段所需要的货币量之和，那么，货币流通规律公式则为：

$$G=\frac{P}{U_1}+\frac{F-S}{U_2}$$

但是，无论从理论上说，或是从实际经济生活来看，在一定时期内的货币流通中，固然会有一部分货币只充当流通手段，一部分货币只充当支付手段，同时也总会有一部分货币既充当流通手段，又充当支付手段。《资本论》中把后一种情况补充到货币流通规律公式中去，就使内容更全面了。

《资本论》中关于货币作为流通手段和支付手段时的货币流通规律公式，可表示如下：

$$\text{一定时期内的流通货币量}=\frac{\text{待实现的商品价格总额}}{\text{流通手段的流通速度}}+\frac{\text{到期支付总额}+\text{彼此抵消总额}}{\text{支付手段流通速度}}-\text{同一货币交替地时而充当流通手段时而充当支付手段的流通次数〔所代替的货币量〕}$$

或表示为：

$$G=\frac{P}{U_1}+\frac{F-S}{U_2}-G_1U_3$$

其中 U_1 表示流通手段流通速度；U_2 表示支付手段流通速度；U_3 表示货币交替地时而充当流通手段，时而充当支付手段的流通速度即次数；G_1 表示既执行流通手段职能又执行支付手段职能的同一些货币。

这里需要弄清楚的是，所谓同一货币交替地时而充当流通手段时而充当支付手段的流通次数究竟是指什么。

假定甲用货币 100 作为流通手段购买乙的商品，乙用这个货币 100 支付丙，丙用此 100 又去购买丁的商品，丁再用此货币 100 支付戊。如用符号——→表示流通，用……→表示支付，上述关系可表示如下：

甲 $\xrightarrow{100}$ 乙　　　乙→$\overset{100}{\cdots\cdots}$→丙

丙 $\xrightarrow{100}$ 丁　　　丁→$\overset{100}{\cdots\cdots}$→戊

在此例中，同一个 100 的货币，交替地时而作为流通手段时而作为支付手段两次：$G_1U_3=100\times2=200$

我的这个解释，是根据马克思对整个公式的表述，特别是根据《资本论》中所举的例子作出的。紧接在“最后减去同一货币交替地时而充当流通手段、时而充当支付手段的流通次数”的后面，有这样一段话：“例如，一个农民卖谷物得到 2 镑，在这里，这 2 镑起着流通手段的作用。他在支付日把这 2 镑用来支付织布者先前交给他的麻布。这时，这 2 镑起着支付手段的作用。接着织布者又拿现金去买圣经，于是这 2 镑又重新充当流通手段，如此等等。”①

这个例子，正是用以说明上面所讲的同一货币交替地时而充当流通手段、时而充当支付手段的具体含义的。货币只重复作为流通手段的情况不包括在内；货币只重复作为支付手段的情况也不包括在内。

弄清了上面的问题以后，让我们回头来对《资本论》中关于货币充当流通手段和支付手段职能时流通中所需货币量的公式，举例说明如下：

设待实现的商品价格总额（P）为1000，到期支付总额（F）为400，彼此抵销的支付总额（S）为100，流通手段的流通速度为4，支付手段的流通速度为3，同一些货币（G_1）即100交替地充当流通手段和支付手段的流通次数（U_3）为2。代入公式即为：

$$G=\frac{1000}{4}+\frac{400-100}{3}-100\times2=250+100-200=150$$

上面的公式中，把货币充当流通手段的货币流通公式，同货币充当支付手段的货币流通公式分开来并列考察，是因为这样便于把货币流通速度的三种不同情况明显地表示出来。也可以采取另外的表示方法，比如，先求出货币分别充当流通手段和支付手段的平均流通速度，去除 $P+F-S$，再减 G_1U_3；还可以求出三种不同流通速度的平均速度，作为除数，去除 $P+F-S$。

可见，目前政治经济学教科书中所流行的如下的货币流通规律公式是正确的：

$$流通中所需货币量=\frac{\begin{matrix}待售商品\\价格总额\end{matrix}-\begin{matrix}赊售商品\\价格总额\end{matrix}+\begin{matrix}到期支\\付总额\end{matrix}-\begin{matrix}互相抵销\\的支付总额\end{matrix}}{货币流通平均速度（次数）}$$

但是，在政治经济学教学或研究中，人们往往不能把这个流行的公式同《资本论》中所表述的公式统一起来。以为这两种公式的内容是不同的，甚至觉得《资本论》中的公式不好理解。因而或是武断地说马克思有笔误；或是争论译文上的“错误”；有的想从其他方面找寻出路，而反过来又认为目前教科书中流行的公式有问题。

也许有的同志会问：目前政治经济学教科书中流通所需货币量的公式，有减去“赊售商品价格总额”这一项，而在《资本论》的公式中则没有，

---

① 马克思：《资本论》第1卷，人民出版社1975年版，第159页。

怎么能说两个公式是一致的呢？其实，《资本论》中讲的待实现的商品价格总额，是指需要用现款买卖的商品价格总额，赊售的部分已预先撇开了。而我们现在教科书中的公式中的待售商品价格总额，则既包括用现款买卖的部分，也包括赊售部分。因而添上减去赊售商品价格总额，也是合理的。这不是一个实质性的问题，而是个次要问题，不值得进行讨论。

最后，简要地评论一下日本著名马克思主义经济学家河上肇在《〈资本论〉入门》一书中对《资本论》中关于货币流通规律公式的具体说明："在一定时间内充作流通手段所必要的货币额相当于在这个期间内用现金买卖的商品价格的总和上，第一，加上这个期间到期应支付的总额，第二，减去互相抵消的支付额，再除以作流通手段和支付手段的货币的流通速度，最后由所得的商中再减同一枚货币时而作流通手段时而用作支付手段结算出来的金额。"[①] 这个说明基本上是正确的。只是在开头讲"在一定时间内充作流通手段必要的货币额……"应是"充作流通手段和支付手段所必要的货币额"。这恐怕是行文中的疏忽，而其余部分的说明的正确，则反映了作者对《资本论》理解得深刻。而《公式》一文认为河上肇的说明中既"除以流通手段和支付手段的货币的流通速度"，又减去"同一枚货币时而作流通手段时而用作支付手段结算出来的金额"，是错误的。理由是既然减去"同一枚货币时而作流通手段时而用作支付手段结算出来的金额"，就不能又"除以流通手段和支付手段的货币的流通速度"。并断定：河上肇"错误的原因在于"：把同一货币时而当作流通手段、时而当作支付手段流通的货币额排除于货币流通速度计算之外。其实，河上肇的高明之处恰正在于：他根据《资本论》的表述，把货币分别作为流通手段和支付手段的流通速度，同同一货币时而充作流通手段、时而充作支付手段的流通速度区分开来了，而其他著作中却将它们混为一谈。

① 河上肇：《〈资本论〉入门》（上），中译本，人民出版社1988年版，第370页。

货币有没有阶级性？[①]

在许多有关货币流通问题的著作中，提出了货币具有阶级性的论点。苏联《政治经济学教科书》第二版中也说："在以人剥削人为基础的各个社会形态里，货币具有阶级性，它是占有他人劳动的手段。"[②] 这里用来说明货币的阶级性的论据是："它是占有他人劳动的手段。"或如另一本著作中所说的那样："货币的阶级性表现于：货币是占有别人劳动的工具，是人剥削人的工具。"[③] 可见，说明货币的阶级性的论据是共同的。

但是，我觉得用这一论据来断定货币具有阶级性，理由似乎不充分。我对这种论点是有怀疑的。

的确，在人剥削人的社会中，货币在剥削阶级手里成为占有他人劳动的手段，是剥削工具。但如果由此来证明货币的阶级性，那么，土地、原料、生产工具、牲畜等一切生产资料，在以人剥削人为基础的各个社会里，也同样成为剥削阶级占有他人劳动的手段，它们也该具有阶级性了。但大家知道，生产资料本身所具有的性质只是物质属性，而不是阶级属性。生产资料之成为剥削工具，是一定社会生产关系的产物，而不是导源于生产资料本身的属性。正如马克思所说：纺纱机器是用以纺棉花的机器。只有在一定的关系下，它才成为资本。即成为资本家进行剥削的工具。

同样，货币之成为剥削工具，也是由一定的社会生产关系所引起来的，而不是导源于货币本身的属性。从货币的产生、货币的本质和职能中，我们是不能看出货币具有什么剥削性质或阶级性的。货币是商品交换过程发展的

---

① 本文原载《新建设》1958 年 3 月号。

② 苏联科学院经济研究所编：《政治经济学教科书》（上），人民出版社 1956 年版，第 81 页。

③ 布列格里：《资本主义国家底货币流通与信用》中国人民大学 1953 年版，第 30 页。

自发产物，是作为一般等价物的商品。作为价值的一般体化物，它是计量社会必要劳动耗费量的尺度。货币的本质和职能，并不会随着它转移到不同阶级和不同人们的手中而发生根本的变化。它并不是专门为某个阶级服务的工具，而是为一切商品生产者和其他需要买卖的人们服务的一般等价物。

从构成货币的材料来看，无论是初期的家畜、贝壳、毛皮、布帛、鱼钩、盐等等，还是以后的铜、银、金等金属，它们本身都是劳动生产物，它们并不具有任何阶级性质。无论在剥削阶级手中还是在被剥削阶级手中，它们都是作为一定的财富而存在。作为货币，它们又都是作为价值的独立体化物而存在。一头牛、一匹布，作为货币商品，在奴隶主手中，或是小生产者手中，尽管它可以有不同的用处，但它的本质并不会改变。一块黄金或白银，在封建主手中也好，在农民手中也好，作为货币，它们都是一般等价物，是交换价值的独立存在形态。从这里怎样能看出货币的阶级性呢？

某些商品发挥货币的作用，并不是产生于统治阶级的意志。货币的本质和职能，不是统治阶级所赋予的。货币作为一般等价物，既可为奴隶主、封建主、资本家服务，也可为小商品生产者、农奴和工人阶级服务。在任何社会，货币的基本职能对于一切被卷入到商品经济关系中的人们是统一的、共同的。如果说货币有阶级性，那么，在一定的社会中，它应该是只能为某一阶级服务，而不能为一切商品生产者服务。因为一定的阶级性，是不能与一定的阶级分离的。比如，我们说，法律是有阶级性的，在封建社会，法律是为封建主服务的，是统治和剥削农奴的工具；在资本主义社会，法律是为资产阶级服务的，是统治和剥削工人阶级的工具。至于货币却不是这样。我们是否能说：在剥削阶级存在的社会中，货币是专属于剥削阶级的，比如，在封建社会中，货币是专属于封建主阶级；在资本主义社会，货币是专属于资产阶级？恐怕是不能这样说的。因为事实上，在这些社会中，被剥削阶级和既不受剥削也不剥削别人的某些人们也是使用货币的。货币在被剥削阶级手中，并不是祸害，而是利益。当然，被剥削阶级手中的货币，可能是通过被剥削而获得，比如，工人手中的货币工资，是出卖劳动力的价格，因而在这种货币身上，体现着资本和雇佣劳动间的关系，即剥削和被剥削的关系。但是这种关系并不是寓于货币本身，而是产生于资本主义制度。即使资本家发给工人的工资不是货币，而是实物，问题也没有什么变化，实物工资也同样体现着资本同雇佣劳动之间的剥削和被剥削的关系，但不能由此证明，实物本身具有剥削的性质，具有阶级性。

固然，将货币用来干什么，对于不同的阶级是不同的，资本家可以用来作为资本进行剥削，工人可以用来购买生活资料以维持自己的生活，但这并不是货币具有阶级性的证明，恰恰相反，是货币没有阶级性的证明。因为这里货币并不是在任何情况下都作为剥削的工具，它仅在剥削阶级手中时是剥削的工具，当转到被剥削阶级手中或其他小生产者手中时就不再是剥削的工具了。货币在资本家手中是资本，但到工人手中时就成为自己的劳动收入，不再有资本的性质，不再是剥削的工具。

货币对于不同的阶级可以有不同的用处，而并不会改变货币自身的属性。正如同一根绳子，人们可以用来晾衣服、捆东西，为生活服务；统治剥削阶级也可以用来逮捕或吊打劳动人民和革命志士，为统治阶级的利益服务。然而这并不会改变绳子本身的属性，不能由此证明绳子具有阶级性。

如果说，货币具有阶级性，那么，应该从理论上阐明这样一些问题：货币在剥削者手中和被剥削者手中以及不受剥削的个体生产者手中，其阶级性是共同的呢？还是不同的？或是只在剥削者手中时才有阶级性，而在其他人们手中便没有阶级性了呢？

如果说，货币在任何人手中都具有共同的阶级性，那么这种共同的阶级性又是什么？是否哪个剥削阶级占统治地位，货币就是属于哪个剥削阶级的性质呢？比如，在资本主义社会中，是否在资本家、工人、小生产者手中的货币都具有共同的资产阶级的阶级性质呢？如果是这样，那么，在工人和小生产者手中的货币的资产阶级性质又表现在什么地方呢？

如果说，货币在不同阶级人们的手里有不同的阶级性，那么是否说，同一枚货币在资本家手中具有资产阶级性，在工人手中具有无产阶级性？难道说同一枚货币可以有不同的阶级性？这与阶级性这一概念本身是否矛盾？

如果说，货币只在剥削者手里时才有阶级性，在其他人手中便没有阶级性，那么同一枚货币时而有阶级性，时而没有阶级性，这与阶级性这一概念的含义又符合吗？

我觉得，无论怎样解释，货币的阶级性是无法说清楚的。

如果说，货币具有阶级性，还有另一个问题就更不好解释。马克思说过："人曾经屡次把奴隶形态上的人，当作原始的货币材料。"[①]这种"奴隶形态上的人"，当然是以"人剥削人为基础的"，按照货币具有阶级性的主张者的论据，奴隶形态上的人作为货币材料，在奴隶主阶级手中，该具有奴隶主阶级的阶级性了。奴隶具有奴隶主阶级的阶级性！这种理论逻辑恐怕是谁也不会赞同的。

货币有没有阶级性，从实际生活中也可以看出来。有阶级性的东西，比如，专门维护资本主义剥削制度的法律、政治、政策等，在资本主义制度被消灭后，也随着被废除。但作为货币的贵金属，却不会被废弃，它仍然可以代表财富或价值的绝对体化物而被工人阶级所接收。即使它不再作为金属铸币在国内流通，但它仍然可以在观念上执行货币的价值尺度的职能，可以在国际市场上作为世界货币发挥作用。

如果我们所讨论的，不是货币的本质和基本职能，而是货币的形式，那么在不同的制度下，货币的形式的确是不同的。是否可以说，货币的形式是具有阶级性的呢？

即使从货币的形式上也难以看出它的阶级性。

货币从块状发展为铸币后，曾经采取过各种各样的形式，如方形的、刀形的、圆形的等等。而且在铸币上，最先由商人，以后由国家打上了各种各样的印记，在不同的政权下和不同的朝代，可以有不同的铸币形式，或是形状及印记都不同，或是形状同而印记不同。但铸币的这种不同，也仅仅是限于形式的不同。这种形式上的差别，毫不影响于货币的实质，更不会赋予货币以一定的阶级性质。很难说明某一阶级必须采取哪一种货币形式才符合于本阶级的利益。即使是在同一个阶级统治下的国家，在不同的朝代，甚至在同一个朝代的不同时期，也可以采取不同的铸币形式。

以上我们所考察的是作为价值之独立存在的真实货币，而没有考察作为货币符号或价值符号的纸币。现在，我们再进一步考察一下纸币有没有阶级性的问题。

有些同志认为，纸币是具有阶级性的，比如，无产阶级革命胜利后，旧的国家政权所发行的纸币要统统被废弃。革命战争时期，国民党统治区不使用人民政府发行的纸币，解放区也不使用国民党政权发行的什么法币或金圆券等。看来一定的纸币似乎是为一定的统治阶级服务的，这不就证明了纸币

① 马克思：《资本论》第1卷，人民出版社1953年版，第75页。

的阶级性?

但是,纸币首先只是货币的符号,纸币的真正流通,是在17世纪末才开始的,而货币的流通却有了4000年以上的历史。不能用纸币的某些特点来概括整个货币的性质。

马克思说过,纸币具有纯粹象征的性质,它一般是由国家的强制力而通用的。纸币的发行是有利于统治阶级的利益的。一定的纸币,随着一定政权的灭亡而被废弃。从这方面看,纸币与货币商品的确有着根本性的不同。但我们应该把货币制度、货币政策同纸币本身区别开来。发行纸币有利于统治阶级以及一定的纸币依存于一定的国家权力,这是说明了货币制度和货币政策的阶级性质,但没有说明纸币本身的阶级性。在资本主义国家,使用纸币的不仅仅是剥削阶级,也有被剥削阶级,在工人、农民手中,纸币仍然是代表他们的一定的财富,他们利用纸币来获得他们所需要的商品,而工人阶级也可以利用这种纸币来作为革命活动的经费。同样地,在从资本主义向社会主义的过渡时期中,资本家也可以利用无产阶级政权发行的纸币进行剥削活动,他们手中的货币也可以代表资本和剩余价值。这就是说,从总的方面来看,纸币的发行是有利于和服务于统治阶级的,但从生活中的具体方面来看,纸币本身又可以服务于不同的阶级。

当然仅仅这样说,还不足以说明纸币没有阶级性,即使专门维护资本主义利益的法律、议会等上层建筑——它们无疑是具有阶级性的——也可被无产阶级利用其某些部分和因素来为无产阶级革命事业而进行合法的斗争。但问题是在于这种法律、议会本身就是体现和保护资产阶级利益的东西,它们不会代表被剥削阶级的利益,不会时而在这个阶级手中、时而在另一个阶级手中对不同的人们执行共同的职能。纸币则不然,纸币本身是在不同阶级的人们手中不断流转的,它不断地改变所有主并为各种各样的所有主服务;作为货币符号,它的性质和职能在一切人们手中是共同的,在不同人们的手中,它可以代表不同人们的利益,它不是固定地专门维护和代表某一阶级的利益的,因而从纸币本身的性质和职能里也看不出它的阶级性。

有人引证列宁的这样的一句话:“货币是向一切劳动者征收贡物的凭据。”① 作为货币具有阶级性的理论根据之一,这是很不妥当的。列宁是在

① 《列宁全集》第29卷,人民出版社1956年版,第123页。

1919 年 5 月“全俄社会教育第一次代表大会”上讲到这句话的，这里所说的货币已是苏维埃政权下的货币，剥削阶级仍可利用这种货币作为“向一切劳动者征收贡物的凭据”。在苏维埃政权初期，发行了一定数量的纸币，剥削投机分子利用这种纸币作为剥削的工具，但是否能由此证明，为剥削阶级利用的苏维埃货币具有资产阶级的阶级性呢？显然是不能的。

也许有人会问：如果纸币没有阶级性，为什么新政权要废除旧政权所发行的纸币呢？

我的见解是这样：

第一，废弃旧纸币、发行新纸币，这在同一阶级性的政权下也是常有的事，无论是资本主义国家或社会主义国家都如此，旧纸币的废弃，不能证明纸币有阶级性。

第二，无产阶级政权所以要废除旧政权发行的纸币，并不是因为旧纸币本身在人民手中是代表剥削者的利益，而是因为要废除旧的货币制度和货币政策使然。本身没有内在价值的纸币是以一定政权下的货币制度和政策为前提、依靠政府的行政权力而流通的。如果纸币与黄金白银一样具有价值，本身就是一定的财富，那么它就不必凭借国家权力而流通，旧政权的消灭也不会使它被完全废弃，正如同黄金白银不会随着旧政权的消灭而被废弃一样。因此，革命政权废除旧政权所发行的纸币，不是因为这种纸币本身有什么阶级性，而是因为它本身没有独立的价值，它依旧政权的强力而存在，也随旧政权的消失而消失。

第三，纸币本身虽无价值，但它却代表金属货币的价值，从而在人民手中代表他们自己的利益。因此，革命阶级取得政权后，对待人民手中的这种旧纸币不能像对待其他维护旧政权利益的法律、政治制度等那样，可以不付任何代价地将其直接废除或摧毁，而是必须通过按照一定的比例，用新的货币或货币符号来兑换、收回旧纸币的办法，加以废止。不然就会损害人民的利益。从这里也可看出纸币本身并没有什么阶级性。

货币的本质是特殊商品还是一般商品？①

这里提出的是一个常识性问题，似无讨论的必要。然而，长期以来并没有得到正确的说明，许多经济学著作中关于这个问题的提法，同马克思和恩格斯的提法并不一致。

在经济学著作中，讲到货币的本质时，一般都说，货币是作为一般等价物的特殊商品。例如，许涤新同志主编的《政治经济学辞典》“货币”条中的定义是“充当一般等价物的特殊商品”。林与权等同志编的《资本主义国家中的货币流通与信用》一书中说：“货币是商品；但它与普通的商品不同，是特殊的商品。”② 北京大学经济系编的《政治经济学（资本主义部分）》中也讲：“货币的起源表明，货币的本质无非是一般等价物，是从商品世界分离出来并固定充当一般等价物的特殊商品。”③ 《经济研究》1963年第9期《马克思的货币学说》一文中讲得更为明确：“自从交换过程中出现货币以后，商品界就分化为两极，一极是作为货币的特殊商品，另一极是一般商品。”类似的提法在其他许多经济学著作中普遍的存在着。

我们认为，上述这些提法值得斟酌。

在商品交换关系中，从简单的价值形式发展为扩大的价值形式以后，进入交换的商品日益增多。在商品世界中，每种商品都有其特殊的自然形态，或特殊的使用价值形态。因此，每种商品都是特殊商品。在扩大的价值形式中，每种商品都与其他许多特殊商品发生社会关系，也就是通过其他各种使用价值的特殊形式来表现自己的价值。各种特殊商品，当它们作为表现其他

① 本文原载《学术月刊》1981年第6期。以化名署名。

② 林与权等编：《资本主义国家中的货币流通与信用》，中国人民大学出版社1980年版，第18页。

③ 北京大学经济系编：《政治经济学（资本主义部分）》，吉林人民出版社1980年版，第108页。

商品的价值的材料时，就是特殊的等价物。特殊等价物的“特殊”，同特殊商品的“特殊”是一样的意思。如果把千差万别的各种商品叫做“一般商品”，还怎么能把扩大价值形式中的一系列的作为等价物的商品称作特殊等价物呢？

当价值形式发展为货币形式后，货币作为一般等价物成为一般商品。但货币总是由具有某种特殊使用价值的商品来充当的，因此它本来也是特殊商品。不过，当这种商品成为货币时，就增添了一层新的外衣，它是货币商品。作为货币商品，它表现一切商品的价值，代表一切商品。因而从它的本质和职能来看，它成为一般商品。马克思说：“等价形式同这种特殊商品的自然形式社会地结合在一起，这种特殊商品成了货币商品，或者执行货币的职能。”① 乍一看来，似乎马克思把“这种特殊商品”同货币划了等号，似乎把货币说成是特殊商品。其实不然。这里所说的“特殊商品”是指在货币形成之前就存在的特定商品而言的。这种商品同千千万万种特殊商品本来是一样的。作为货币商品的金，从它的自然属性看来，具有特殊的使用价值，因而也是特殊商品。但从作为货币的社会属性看来，它是一般商品。一旦一般等价形式和这种特殊商品结合在一起，赋予它新的职能——固定地充当一切商品的一般等价物，那么它就从商品世界分离出来成为货币商品了。马克思讲“这种特殊商品成了货币商品”，正好表明“特殊商品”同“货币商品”具有不同的含义，由前者到后者有一个发展和转化的过程。

再从马克思的说明来看，明确指出：货币是一般商品，其一切商品则是特殊商品，马克思指出：“既然其他一切商品只是货币的特殊等价物，而货币是它们的一般等价物，所以它们是作为特殊商品来同作为一般商品的货币发生关系。”② 马克思还特别为这句话加了一个脚注，肯定了维里的《政治经济学》一书中提出的一句话：“货币是一般商品。”表明这一观点已由前人提出，马克思赞同。马克思这段话的逻辑是：“既然”其他一切商品是特殊等价物，“所以”就是特殊商品；“既然”货币是一般等价物，“所以”它是一般商品。二者是相一致的。马克思又说：“只是因为某种特定的商品成了这样的材料（指货币材料——引者）所有其他商品都用它的价值来衡量，

---

①②《马克思恩格斯全集》第23卷，人民出版社1972年版，第85、108页。

它也因此成了一般的商品。”① 从这段话中可以看出，货币之所以成为一般商品，是因为它是衡量其他一切商品价值的统一的、一般的尺度，也就是说，因为它是一般等价物。恩格斯也指出：货币“即其余一切商品都可以和它交换的普遍商品”②。可见，所谓一般商品，也就是它可以用以交换其他一切商品，代表一切商品。这个“一般”含有“普遍”的意思。

马克思还讲过：“正像交换价值在货币上作为一般商品与一切特殊商品并列出现一样，交换价值因此也作为特殊商品在货币上（因为货币具有一个特殊的存在）与其他一切商品并列出现。”③ 这里的第一句话同样肯定了货币是一般商品，其他一切商品则是特殊商品；而第二句话又说货币也作为特殊商品出现，似乎与第一句话相矛盾。其实这不是从货币的本质来讲的，而是从另外的角度讲的。货币总是以一定的特殊使用价值为其材料而存在的。例如，作为货币材料的金银自身，本来也是商品世界中的一种特殊商品，它取得货币身份后，这种“特殊商品”的原有性质并未消除，只是增加了作为一般等价物的一般商品的规定。因此，货币商品既与其他一切商品并列出现，又区别于其他一切商品。

我们应该把两方面的问题区别开来：一方面，货币作为货币，作为一般等价物，它是一般商品；另一方面，货币是在一般等价物的职能固定在某种特殊商品（即特殊使用价值）身上时，才出现的。作为货币材料的特殊存在，是特殊商品。因此，货币作为从商品世界分离出来充当一般等价物职能的商品，其使用价值是二重的：既具有特殊的使用价值，因而是特殊商品；又具有一般使用价值，是一般等价物，因而是一般商品。

弄清了这个道理，才可能理解和把握马克思在《政治经济学批判》中的有关论述。在那里马克思写道：“作为一般等价物分离出来的商品也把它的使用价值二重化了。这个分离出来的商品除了它作为特殊商品所具有的特殊使用价值以外，还获得了一种一般使用价值。……于是，在这个商品上解决了商品本身所包含的矛盾：它既要作为特殊使用价值，同时又要作一般等价物，因而作每个人的使用价值，一般使用价值。”又说，在商品交换中，一切商品“作为特殊商品同一个作为一般商品的特殊商品对立起来”。马克

① 《马克思恩格斯全集》第25卷，人民出版社1974年版，第584页。

② 《马克思恩格斯全集》第4卷，人民出版社1976年版，第109页。

③ 《马克思恩格斯全集》第46卷（上），人民出版社1979年版，第95页。

思这里虽然讲的是一般等价物问题，但完全适用于货币。有的同志被这里所讲的“作为一般商品的特殊商品”弄糊涂了，不知道究竟该说货币是一般商品还是特殊商品，或是随便怎么说都可以。其实，从马、恩的说明来看，当讲到货币的本质或给货币下定义时，只能说货币是一般商品。只是在考察作为货币的商品所具有的使用价值的二重性时，才又说它同时是特殊商品。而所谓“特殊商品”并不是就货币自身的社会规定性来说的，而是就其物质内容来说的。至于同货币相对立的一切商品，马克思则只说它们是特殊商品，而从来没有讲它们是一般商品。

为什么这个问题长期以来在经济学著作和教学中没有被弄清楚呢？不外是由于下面的原因：

1. 受了苏联政治经济学著作的影响。苏联的许多经济学著作中就把货币说成是特殊商品。例如科兹洛夫主编的《简明经济学辞典》中讲货币是“从大批商品中分离开来的一种特殊商品”。当时，认为苏联的理论著作是马克思主义的、准确的。因而将其中包括某些不准确部分的东西，想当然地、长期地当作正统的、正确的东西流传下来。再加上长期以来，有时理论工作走“捷径”，缺少系统地、深入地学习和把握马克思主义的经典著作，以致有不少违背经典著作原意的东西，却被当作马克思主义的真理，以讹传讹，习以为常。

2. 把货币的特殊社会职能同特殊商品在概念上混为一谈。货币作为一般等价物，具有特殊的社会职能，“充当一般等价物就成为被分离出来的商品的特殊社会职能”。[①] 所谓货币的特殊社会职能是要说明，在商品世界中，只有分离出来作为货币的那种商品，才起一般等价物的作用。这种社会职能是其他一切商品所没有的。所以是“特殊”的职能。但货币的社会职能的“特殊”性是一回事，货币的本质属性的“一般”性是另一回事。不应当用前者代替后者。货币是“一般”等价物，是“一般”商品，这正是货币区别于其他一切商品的“特殊”之处。考察的角度不同，对“一般”和“特殊”的看法也就不同。

3. 按照日常用语中“普通”的东西也可以称为“一般”的，而不普通的就是“特殊”的这种习惯，把货币以外的一切商品看作是普通的商品，

---

① 《马克思恩格斯全集》第23卷，人民出版社1972年版，第104页。

从而称之为一般商品；而货币既然被认为不是普通商品，便是特殊商品。许多经济学著作中所说的货币“不是普通商品，而是特殊商品”，就是按照这个逻辑引出来的。我们认为，不能用日常用语中的习惯提法，来代替科学范畴。说货币是一般等价物，是一般商品，并不意味着货币是普通等价物和普通的商品。说其他一切商品是特殊商品，也不意味着它们都是不普通或不平常的商品。把习惯用语用于科学范畴，就会产生混乱和颠倒。

走出货币是“特殊商品”的错解①

在某些政治经济学教材和教学中，在一些有关的论著中，讲到货币的本质时，定义性地说货币是固定充当一般等价物的“特殊商品”。认为其他一切商品都是一般商品，只有货币是“特殊商品”，并把这种观点加诸马克思。然而，在马克思的著作中，根本不存在货币是充当一般等价物的“特殊商品”的论断。恰恰相反，马克思的原意是：货币是充当一般等价物的“一般商品”，而其他商品各有其特点，是特殊等价物，因而是特殊商品。这里，“一般商品”的“一般”，是与“一般等价物”的“一般”相对应；而“特殊商品”的“特殊”，是与“特殊等价物”的“特殊”相对应。为了彻底弄清理论是非，我们需要稍多引证一些经典著作中的有关论述，以供学界研究和辨别。

在《资本论》第1卷第2章中，马克思明确指出：“既然其他一切商品只是货币的特殊等价物，而货币是它们的一般等价物，所以它们是作为特殊商品来同作为一般商品的货币发生关系”。为了表明视货币为“一般商品”的见解前人已经提出，马克思特别用脚注（44）说明：在维里的《政治经济学研究》中就讲过“货币是一般商品”。在《资本论》法文版中译本的相同地方是这样讲的：“货币在它们（指其他一切商品——引者）面前充当一般商品，而它们在货币面前只代表特殊商品。”

所谓“一般商品”，不能理解为“普通商品”。这里的“一般”不是与“普通”含意相同的用语，而是指具有普遍适用性、可代表或交换一切商品，是哲学上的“一般”概念。如“一般规律”是普遍规律之义。

在《资本论》第1卷第3章中，马克思又指出：货币作为支付手段的

① 本文原载《光明日报》2004年9月14日，原题为《货币是“特殊商品”?》。

职能，使“货币变成契约上的一般商品”。因为它不同于商品流通领域中现实的诸多特殊商品。在《资本论》第3卷第32章中讲：货币作为独立的价值形式，“所有其他商品都用它的价值来衡量，它也因此成了一般的商品”。

在《剩余价值理论》中，马克思分析供求关系时指出：在一定的时刻，“对一般商品即货币”的需求，“大于对所有特殊商品的需求”。[①] 同样将货币界定为“一般商品”，并且使用了黑体字。

在《经济学手稿》中，马克思也一再讲货币是一般商品，他说：“货币的属性是……同特殊商品并存的一般商品”，“货币是和其他一切商品相对的一般商品”。[②] 又说：“货币由于是每一种特殊商品在观念上或在实际上采取的一般形式，因而是一般商品”，货币“在一般等价物这一规定中已包含着一般商品的概念规定，而货币只有作为一般商品才能实现为世界铸币。”[③]

由于长时期中流传着货币是“特殊商品”的界定，又把“一般商品”理解为“普通商品”，于是总觉得货币与普通商品不同，应有它的独特特点，因而容易接受货币是“特殊商品”的提法。现在反过来说货币是“一般商品”，其他商品是特殊商品，有人在认识上还存有疑惑。其实，只要把货币的本质属性，同货币的特殊社会职能区别开来，就容易理解了。马克思讲货币是充当一般等价物的一般商品，是从其本质属性着眼的。而讲货币的社会职能时，就需要突出它的特殊职能，正如马克思所指出：“充当一般等价物就成为被分离出来的商品的特殊社会职能。这种商品就成为货币。”[④]

马克思讲的货币，是贵金属货币。贵金属金银原也是商品世界的一员，是具有自己特点的特殊商品，当这种特殊商品固定充当一般等价物时，它就成为一般商品。但作为货币的金银，并未失去其使用价值的自然特殊性，从其自然特点看，它依然是一种特殊商品。所以，马克思也讲：其他商品“作为特殊商品同一个作为一般商品的特殊商品对立起来”。[⑤] 又

---

① 《马克思恩格斯全集》第26卷Ⅱ，人民出版社1973年版，第576页。

② 《马克思恩格斯全集》第46卷（上），人民出版社1979年版，第90页。

③ 《马克思恩格斯全集》第46卷（下），人民出版社1980年版，第434~435、438页。

④ 《马克思恩格斯全集》第23卷，人民出版社1972年版，第104页。

⑤ 《马克思恩格斯全集》第13卷，人民出版社1962年版，第37页。

说："货币自命为一般商品，但是，由于货币的自然特点，它又是一种特殊商品"。①

讲货币是"一般商品"，表示它是代表一切商品、具有普遍适用性的普遍商品。恩格斯就直接使用"普遍商品"概念："货币，即其余一切商品都可以和它交换的普遍商品。"②

从以上说明可以看清：从本质属性看，货币是一般商品；从社会职能看，货币是具有特殊职能的商品；从自然特点看，货币也是特殊商品。

在经典作家的著作中，关于货币的属性是一般商品的论述如此多多，如此明确，为什么在我国的有关教材和论著中，却流行着与马克思的原意相反的论断呢？追根溯源，是来自苏联有关教材与论著的错解。在全国解放前的根据地就出版了在我国影响较大的列昂节夫的《政治经济学》中译本，解放后又多次重印。书中就讲"货币是一种特殊商品"。新中国成立的初期，我国翻译和使用苏联的政治经济学教材和有关论著，其中有的也讲货币是特殊商品。由于当时迷信苏联教材是完全马克思主义的，对其中错解的东西也接受下来，以讹传讹，甚至流传至今。其实，后来苏联的有关教材和论著，也放弃了货币是特殊商品的提法。如苏联《政治经济学教科书》（1~3版），就只讲"货币是充当一切商品的一般等价物的商品"。我国有些政治经济学教材，例如，20世纪60年代徐禾等编的《政治经济学概论》，只讲货币"是固定充当一般等价物的商品"。1982年由宋涛主编出版、作为中央广播电视大学教材的《政治经济学》中，明确提出："货币是固定充当一般等价物的一般商品。"1985年，于光远、苏星等主编出版的《政治经济学·资本主义部分》，也放弃了"特殊商品"的界定，还引证了《资本论》中所讲作为特殊商品的其他商品与作为一般商品的货币发生关系的一段话。我在1981年用化名发表在《学术月刊》第6期的《货币是特殊商品还是一般商品？》一文，还马克思的原意，否定了货币是"特殊商品"的流行观点。尽管如此，近几年来，出版的多本政治经济学新教材和某些教材修订版中，甚至在上级部门颁发并公开发表的政治经济学教材通用提纲中，还继续传播货币是作为一般等价物的"特殊商品"的错解。

---

① 《马克思恩格斯全集》第46卷（上），人民出版社1979年版，第185页。

② 《马克思恩格斯选集》第4卷，人民出版社1995年版，第111页。

货币的属性问题，虽然不是一个重大的理论问题，但可以由小见大，使我们看出：长期附加在马克思名下的对其理论的误解和错解，会先入为主地成为一种“习惯势力”，清理起来并不容易。这方面存在的问题颇多。为了繁荣发展马克思主义，对于一切附加于马克思主义的错误观点。需要认真做一番清理。这也是哲学社会科学的重要任务之一。

货币的本质规定究竟是什么？[①]

——评《超越货币本质“一般论”与“特殊论”的对立》

半个多世纪以来，我国许多经济学论著中涉及马克思主义的货币理论时，将货币界定为“固定充当一般等价物的特殊商品”。我在一些论著中指出，马克思恰恰反复地讲过：货币作为一般等价物，是“一般商品”，获得了许多学者的认同。然而也有的人对此心存疑问，或是发表文章质疑。

《教学与研究》2004 年第 11 期发表了《超越货币本质“一般论”与“特殊论”的对立——对马克思主义政治经济学教科书中一个变化的质疑》（以下简称《超越》）一文。拜读后深感作者在理论认识上，在对马克思论述的理解上和对学术资料的掌握上，都存在不少问题，需要进一步进行讨论，以辩明理论是非。

一、混淆概念和逻辑混乱的“超越”

首先，从《超越》一文的标题看，无论正标题或副标题，就值得提出质疑。本来讨论的本题是：货币的本质或其质的规定性，究竟是作为一般等价物的“特殊商品”，还是作为一般等价物的“一般商品”，马克思的原意究竟是什么？而作者却混淆和转换了概念，变成了“一般论”（“一般性”）和“特殊论”（“特殊性”）的关系。文中说：“在马克思那里，货币作为一般等价物，既具有‘一般性’规定，又具有‘特殊性’规定，是‘一般’和‘特殊’的辩证统一”。

---

① 本文原载《当代经济研究》2005 年第 2 期。

我们知道，任何事物都具有一般性和特殊性，可以说是一般性和特殊性的统一。一般性寓于特殊性之中，比如“人”，就是个抽象的一般性概念。无论男人，女人，中国人，外国人，白种人，黑种人，既然都是“人”，就具有区别于非人的共性即一般性，既有自然和生理特点上的共性，又有社会意义上的共性，即人能制造和运用生产工具进行劳动。另一方面，任何人，都是作为具体的人而存在。不仅男人区别于女人，黄种人区别于白种人。而且几十亿人口每个人都有自己的生理和心理特点，即特殊性。但如果讲人的本质，既不能用这种一般性也不能用这种特殊性来说明。也不能说人的本质是一般性和特殊性的统一。人的本质如马克思所说，“不是单个人所固有的抽象物，在其现实性上，它是一切社会关系的总和”[①]。拿货币来说，从一定意义上也可以说它具有一般性和特殊性。从横向的比较看，各国有各国的货币；从纵向的历史发展看，不同时代有不同时代的货币。但既然都是货币，就具有货币的共性即一般性，即都能用以购买商品，充当价值尺度、流通手段和支付手段等。但不同国家和不同时代的货币又各具特点。英镑不同于美元，刀币不同于银元。因此，货币又各有其特殊性。从这种意义说，货币也可以说是一般性与特殊性的统一。但是，如果是讲货币的本质规定，就不能滥用什么“一般性”与“特殊性”的统一。讲事物的一般性和特殊性，大都是从事物内部的相互关系着眼的。比如，讲劳动的二重性，既是抽象劳动即一般劳动，又是具体劳动即特殊劳动，是一般和特殊的统一。这是就各种劳动内部的关系讲的。而货币作为“一般商品”，是从货币同非货币的众多商品这种外部关系讲的。在这种关系中，货币是作为“一般商品”同作为“特殊商品”的其他非货币的众多商品相对立。这是两种不同类型的一般与特殊的关系，不应混为一谈。事物的本质，只能是一种规定，而不能是两种相反的对立的规定。讲货币的本质，只能是固定充当“一般等价物”的规定，而不能说，既是一般等价物，又是特殊等价物，是两者的统一。货币作为一般等价物，本来也是作为商品而存在，但既然是固定充当一般等价物的商品，它就是作为“一般商品”与商品世界的其他千万种特殊商品相对立。而《超越》一文却从货币的一般等价物规定中，引出货币的两种规定性：“一般性”规定和“特殊性”规定，是两种规定的统一。作者实际上

① 《马克思恩格斯选集》第1卷，人民出版社1995年版，第56页。

是认为，货币的本质，既是固定充当一般等价物的“一般商品”，又是固定充当一般等价物的“特殊商品”。依此说来，货币的本质竟然具有两种相反的和相对立的规定性了。作为具有哲学博士学位的作者，应当说明，是否任何事物或某种事物的本质会具有相反的、相对立的两种规定性呢？恐怕哲学理论中没有这个原理吧？然而作者竟把这种奇特的观点强加给马克思，说“在马克思那里”就是如此。作者并没有也不可能提出任何有说服力的论证和论据。他们所引证的马克思的几句话，被完全错解了，我们将在后面对此进行辨析。

《超越》一文的副标题是“对马克思主义政治经济学教科书中一个变化的质疑”，质疑什么呢？作者说：“20 世纪 80 年代初一些经济学辞典和教科书中较为普遍的界定是‘货币充当一般等价物的特殊商品’。……进入 90 年代后，许多政治经济学教科书中关于本质的认识则发生了变化，把货币规定为‘固定充当一般等价物的商品，原来限定货币商品的‘特殊’两字消失了。”关于消除“特殊”两字的教材，作者引证了我和顾学荣主编的《政治经济学原理》。显然，作者是质疑（不赞同）有关教科书中只讲货币的本质是“固定地充当一般等价物的商品”，不再讲货币是“特殊商品”的本质规定了。也就是说，作者是主张继续讲“货币是充当一般等价物的特殊商品”这种本质规定的。然而，作者又不得不承认他所看到的我在《北京日报》所引证的马克思讲过的话：货币作为一般等价物，是“一般商品”。所以他才主张货币的质的规定性既是“一般商品”，又是“特殊商品”，是二者的统一，所谓“一般和特殊的辩证统一”，既然如此，按道理说，作者也就不应该继续支持货币的本质是“充当一般等价物的特殊商品”的界定，不应该“质疑”和反对既不讲“一般商品”也不讲“特殊商品”，只讲货币是“固定充当一般等价物的商品”的界定。按他自己设定的逻辑，应该是既“质疑”只讲“特殊商品”，也“质疑”只讲“一般商品”才对。然而作者并没有贯彻自己的逻辑，而是只“质疑”放弃“特殊”二字的界定，实际上是主张继续讲货币是充当一般等价物的“特殊商品”。请看作者的这样一段话：“从发生学上讲，货币不是一般商品，而恰恰是特殊商品……因而对理解货币商品的本质来说更为重要，更为根本。在此意义上，与其说货币是一般商品，毋宁说货币是特殊商品。”应当指出：作者对马克思有关货币本质的这种理解和辩解，与马克思的原意是完全相悖的。作者标榜“超越”，“超越”了什么呢？什么都没有！只是对错解和颠倒马克思理论观点的某些见解进行逻辑混乱的辩护。

二、《超越》一文关于货币的本质是“特殊商品”的论据不能成立

《超越》强调货币本质“特殊论”。它说：“‘特殊论’也非空穴来风，也有其赖以立论的文本依据。”其“依据”是所引马克思的三段话。一段是：“一旦交换达到一定的发展阶段，这种形式（指一般等价形式——引者）就专门固定在一个特殊种类的商品上，或者说结晶为货币形式。”①可以肯定地讲，作者错解了马克思的原意，这里所讲的一般等价形式“固定在一个特殊种类的商品上”是指作为一般等价物的商品如金银，原来同其他商品一样，都各自是商品世界的一种特殊种类的商品，即各自具有其自然特点。它成为货币后，依然保持其特殊的自然特点。但这不是从货币的本质规定性来讲的，而是从货币产生的历史角度和货币材料的自然特点而言的。在货币产生以前，一般等价物因地域和时期的不同，可以由这种或那种特殊商品充当。最后一种特殊商品从商品世界的众多特殊商品中分离出来，马克思称作被其他商品排挤出来，“这种排挤最终限制在一种特殊的商品上”，一般等价形式“同这种特殊商品的自然形式社会地结合在一起，这种特殊商品成了货币商品”②。显然，马克思这里所讲的成为货币的“特殊商品”，是从其“自然形式”，而不是从货币的社会形式，不是从其本质规定性来论述的。

《超越》所依据的另一段话是：“一般等价形式专门同一种特殊商品结合在一起，即结晶为货币形式。”③这段话的含义与上一段相同。并不是说，某种商品成为货币后就成为特殊商品。而是说当某种具有特殊自然形式的特殊商品，专门充当一般等价形式时，就成为或“结晶为”货币形式。

《超越》所依据的另一段话是：“一种特殊商品由于其他商品的共同行动而分离出来，被用来表现这些商品各自的价值。于是这一商品的自然形式就成为具有社会效力的等价形式。从此，充当一般等价物就成为被排挤出来

①③　马克思：《资本论》法文版中译本，中国社会科学出版社1983年版，第68~69、73页。

②　《马克思恩格斯全集》第3卷，人民出版社1972年版，第85页。

的商品的特殊社会职能，这种商品就成为货币。”① 这段话所讲的“特殊社会职能”，不能混同于“特殊商品”。如果混同，试将“特殊商品”代入“特殊社会职能”，句子就变成这样：“充当一般等价物就成为被排挤出来的商品的特殊商品”。显然是文理不通，意思混乱的。货币的本质规定是一回事，货币的社会职能是另一回事。货币的本质规定，就是“固定充当一般等价物的商品”。或者更延伸一点：就是“固定充当一般等价物的一般商品”。而讲货币的职能，是指货币所起的作用。马克思讲货币的本质和职能，都是就贵金属货币说的。金银之所以能作为货币，与其自然属性相关，“‘金银天然不是货币，但货币天然是金银’，这句话已成为金银的自然属性适于担任货币的职能而得到证明”。于是，货币商品的使用价值二重化了。也就具有了两种特殊的使用价值：一种是从其自然属性产生的，如金可以镶牙，可以做首饰等；另一种是从社会属性产生的，即：“由它的特殊社会职能产生的形式上的使用价值”②。所谓“特殊的社会职能”，就是指金银商品可以起一般等价物的作用，其特殊职能的具体化就是货币的价值尺度、流通手段……等职能。货币的“职能”是从货币的本质规定引出来的，是货币本质的表现。也可以说，货币作为“一般等价物的一般商品”，是货币商品的“特殊社会职能”。

请《超越》一文的作者注意：马克思正是在讲到货币商品具有“特殊的社会职能”时，紧接着在下面强调说明：“既然其他一切商品只是货币的特殊等价物，而货币是它们的一般等价物，所以它们是作为特殊商品来同作为一般商品的货币发生关系。”这段话用“既然……所以”的因果关系的句式，把问题讲得很清楚了：“既然”其他一切商品在货币面前只是充当“特殊等价物”，“所以”它们是“特殊商品”。“既然”货币是其他一切商品的“一般等价物”，“所以”货币是“一般商品”。显然，与“特殊等价物”相对应的只能是“特殊商品”；而与“一般等价物”相对应的只能是“一般商品”。而《超越》一文却硬要说，与“一般等价物”相对应的是“特殊商品”。并将其强加给马克思。

---

① 马克思：《资本论》法文版中译本，中国社会科学出版社 1983 年版，第 68～69 页。

② 《马克思恩格斯全集》第 23 卷，人民出版社 1972 年版，第 108 页。

三、还马克思关于货币本质规定的原有界定

马克思关于货币作为一般等价物是“一般商品”的论述很多很多。《超越》一文的作者只看到我在《北京日报》2003 年 7 月 21 日的文章中所引的马克思的一段话，就以为只限于此。其实，马克思曾一再地，反复地论述这个问题。为了辩明理论是非，还马克思学说观点的本意，有必要对马克思的有关论述稍多引证一些，以便进一步交流和澄清问题。

在《资本论》法文版中译本第 1 卷第 2 章中，马克思讲：“货币在它们（指其他一切商品—引者）面前充当一般商品，而它们在货币面前只代表特殊商品。”就是说，在商品世界中，货币商品与其他一切商品相对立，是以货币作为“一般商品”与千万种其他“特殊商品”相对立的形式出现。在《资本论》第 1 卷第 3 章中，论述货币的支付手段职能时，马克思又讲，这时“货币变成契约上的一般商品”。也就是说，与货币作为流通手段不同，作为流通手段，货币是现实的一般商品（一般等价物）；而作为支付手段，不需要现实的一般商品出现，只是作为契约上的一般商品（一般等价物）存在。

在《资本论》第 3 卷中，马克思又讲：“货币作为独立的价值形式和商品相对立……只是因为某种特定的商品成了这样的材料，所有其他商品都用它的价值来衡量，它也因此成了一般的商品。”①

在《剩余价值理论》一书中，马克思在分析供求关系时特别指出：在一定的时刻，“对一般商品即货币”的需求，“大于对所有特殊商品的需求”②。这是指在供过于求特别在生产过剩的经济危机时期的情况。这里，马克思讲“一般商品即货币”，是把货币与一般商品作为含义相同的概念使用了。

在《经济学手稿》中，马克思也一再讲货币是“一般商品”。他指出：“货币的属性是……同特殊商品并存的一般商品”，“货币是和其他一切商品相对的一般商品”③。这里，明确地将“一般商品”定位为“货币的属性”

---

① 《马克思恩格斯全集》第 25 卷，人民出版社 1975 年版，第 845 页。

② 《马克思恩格斯全集》第 26 卷Ⅱ，人民出版社 1973 年版，第 576 页。

③ 《马克思恩格斯全集》第 46 卷（上），人民出版社 1979 年版，第 80 页。

即货币的本质规定。又说："货币由于是每一种特殊商品在观念上或实际上采取的一般形式，因而是一般商品。"货币"在一般等价物这一规定中已包含着一般商品的概念，而货币只有作为一般商品才能实现为世界铸币"①。显然，马克思清楚地说明，在货币固定充当一般等价物的本质规定中，就已包含了货币是一般商品的规定。

在长时期中，理论界在有关货币本质的理解和论述上，出现了颠倒马克思原意的错解情况，把货币商品界定为特殊商品，而把货币商品以外的其他一切商品界定为一般商品。之所以会出现这种情况，产生自三种原因：一是新中国成立前后从苏联引进的某些经济学教材和论著中，曾将货币的本质界定为固定充当一般等价物的特殊商品。当时，我们对苏联教材有一定程度的迷信，以为完全是马克思主义的，全盘接受下来。其实，苏联后来出版的有关教材中，也改正了原有的提法。二是从习惯用语中，容易接受货币是特殊商品的说法。人们往往习惯于从"普通"的含义上理解和运用"一般"一词。在日常生活中，被称作"一般"的东西，往往是指普通的、大路的东西。比如说这本书写得一般，那个人的学术水平一般，多少还带有点贬义。而马克思讲"一般等价物"、"一般商品"的"一般"，是从哲学意义上界定的。"一般"，具有普遍适用的意思。比如，讲"一般规律"是指普遍适用的规律。同理，讲货币是"一般商品"，是指它代表一切商品，在与商品交换中具有普遍适用性。恩格斯就直接用"普遍商品"概念。他说："货币，即其余一切商品都可以和它交换的普遍商品。"② 三是如果不去系统地和完整准确地理解和把握马克思的有关论述，容易从马克思的不同层次和不同角度的论述中，混淆"一般商品"与"特殊商品"的界定。把作为货币材料（金银）具有其自然特点意义上的"特殊商品"，当作作为货币本质属性的"特殊商品"；或是把货币作为一般等价物的"特殊社会职能"，与"特殊商品"相混淆。即使金银成为货币后，它原有的自然特点，或原作为特殊商品的特点，依然存在。马克思有时把货币的本质规定，同作为货币材料的特殊规定结合起来进行论述，例如：其他商品"作为特殊商品同一个作为一般商品的特殊商品对立起来"。③ 这句话容易被误解为货币的本质规定是一

① 《马克思恩格斯全集》第46卷（下），人民出版社1980年版，第434、438页。

② 《马克思恩格斯全集》第4卷，人民出版社1995年版，第111页。

③ 《马克思恩格斯全集》第13卷，人民出版社1962年版，第37页。

般商品和特殊商品的统一。《超越》一文的作者如果知道马克思还讲过这句话，一定会作为自己见解的有力依据。然而，马克思这里讲货币是“作为一般商品的特殊商品”，并不是将二者都作为货币的本质规定。“一般商品”是从本质规定讲的；“特殊商品”是从其自然特点讲的。请看马克思自己的说明：“货币自命为一般商品，但是，由于货币的自然特点，它又是一种特殊商品。”①

四、关于对货币本质规定认识是非的历史考察

《超越》一文说：20世纪80年代初一些经济学辞典和教科书中普遍将货币界定为“充当一般等价物的特殊商品”。进入90年代后，许多政治经济学教材中，只讲货币的本质是“固定地充当一般等价物的商品”，“特殊”两字消失了。这表明作者根本不了解也不去掌握有关的学术历史资料。

从有关马克思主义经济学的早期教材和著作来看，并不是都讲货币是固定充当一般等价物的特殊商品，例如日本著名的马克思主义经济学家河上肇于1932年出版的《〈资本论〉入门》一书中，就完全按照《资本论》的原意进行论述，没有讲货币的本质是“特殊商品”。另外，河上肇在20世纪20年代著述的《经济学大纲》中，关于货币形态是这样讲的：一般等价形态“最后变得固定在某种特殊的商品上面的时候，这个特定的商品就变成了货币”。这里所讲的“特殊商品”，是从货币材料的自然特点，而不是从货币的本质来讲的。

在我国读者中较早发生过显著影响的政治经济学教材，是苏联列昂节夫著的《政治经济学》。该书中译本解放前就在革命根据地发行，解放后又多次重印，该书强调“货币是一种特殊商品”。解放后，中国人民大学建立政治经济学教研室，并培养该专业研究生，所需教材是由中国人民大学印厂内部印发的。翻译自苏联的政治经济学“十六分册”（后由三联书店出版）。其中《商品生产》分册，是科兹洛夫所著，中国人民大学1950年内部出版。该书关于货币的界定是这样讲的：“货币无非就是一般等价物，就是等价价值形式与其使用价值已牢固结合的特种商品。货币就是经常起着一般等

① 《马克思恩格斯全集》第46卷（上），人民出版社1979年版，第185页。

价物的作用的商品。”这段论述具有模糊性，如果只从后一句打重点号的话看，其界定是准确的。但从前一句话看，则又讲货币是“特种商品”。而且，我们当时做研究生时听苏联专家讲课，所接受的就是货币是固定充当一般等价物的特殊商品的道理。何况当时国内有的老经济学家也在自己的著作中这样论述。如经历坎坷的沈志远先生的《新经济学大纲》（1949 年解放版）中给货币下的定义是：“表现为一切其他商品的共同交换价值的那种特殊商品，或者说，通用作为一切其他商品之交换价值的一种特定的商品，就是货币。”显然，这里也是没有分清作为货币材料的“特定的商品”，与作为货币本质属性的商品不是“特殊商品”，而只能是“一般商品”这两个不同层面的问题。不过，在货币本质规定的界定上，苏联后来的通用教材中有一个重要的改变，但一直没有引起我国学界的注意。那就是由斯大林倡导编写的，当时具有权威性的《政治经济学教科书》（苏联科学院经济研究所编，我国于 1955 年、1956 年、1959 年先后翻译出版了该书第 1 版至第 3 版，人民出版社出版）已放弃了货币是特殊商品的界定。第 1 版的表述是：“货币是充当一切商品的一般等价物的商品，它本身体现着社会劳动，并表现为商品生产者之间的生产关系。随着货币的产生，商品界分为两极：一极是一切普通商品，另一极是起货币作用的商品。”第 2 版和第 3 版的界定比第 1 版简化了一些：“货币是充当一切商品的一般等价物的商品，它本身体现着社会劳动，并表现出商品生产者之间的生产关系。”

这部苏联《政治经济学教科书》，曾在我国作为高校教学和干部学习的通用教材。按理说，应该注意到关于货币本质规定的这个变化。然而我们大家都忽略过去了，依然“先入为主”地按原来的界定去讲。特别应该提及的是：《教学与研究》为配合当时全国学习苏联《政治经济学教科书》的需要，连载了对该书的“名词简释”。接着，中国人民大学出版社以分册形式出版发行，发行量很大，多次印刷。这部“名词简释”以“计斋”的化名编写与发表。实际上是由徐禾同志率头，由人民大学政治经济学专业的几位教师编写，由我统一修订，最后由徐禾定稿而成的（徐禾同志生病住院后，第 2 版由我修订定稿）。在解释“货币”一词时，我们依然将其界定为“特殊商品”。在《〈政治经济学教科书〉名词简释》第 2 分册（1956 年第 1 版，1959 年第 2 版）中，是这样写的：“货币是交换发展过程中自发地从商品界分离出来一种特殊商品，它起着一般等价物的作用”，“货币是特殊的商品，是作为一般等价物的商品。”由于这部《简释》（第二分册）发行量很大（1959 年 12 月第 2 版 1 月内连印 5 次计 51 万册以上），影响也大，因而对货币是特殊商品的不科学界定，在全国起了负面影响，我对此是有责任的。

不过，后来在编写教材和教学与研究中，认识到了问题的所在。由徐禾同志主持编写 1963 年完成的《政治经济学概论》（先由中国人民大学出版社出版，后由人民出版社于 1973 年、1983 年修订和再版）中，一开始就抛弃了货币是特殊商品的界定。明确写道：“货币无非是一般等价物，是固定充当一般等价物的商品。”

1981 年我用化名在《学术月刊》第 6 期发表了《货币是特殊商品还是一般商品?》一文，按照马克思的原意进行了说明。1982 年，由宋涛任主编、我任副主编的中央广播电视大学教材《政治经济学》中，明确提出“货币是固定充当一般等价物的一般商品”。此后，有些有影响的经济学教材中的有关提法，也相应地做了改变。例如，于光远和苏星主编的《政治经济学·资本主义部分》，在 1961 年人民出版社的版本中，是这样讲的：“货币也是商品，而它和一般商品不同，它是充当一般等价物的特殊商品。”但在 1985 年的版本中，抛弃了原来的提法。改为“货币也是商品，但它和一切其他商品不同，它是固定地起一般等价物作用的商品”。而且还特别引用了马克思的原话：货币出现以后，“其他一切商品只是货币的特殊等价物，而货币是它们的一般等价物，所以它们是作为特殊商品来同作为一般商品的货币发生关系”。

现在还有一些政治经济学教材和论著及辞典中，继续从本质规定上讲货币是“特殊商品”，并加诸于马克思。当别人提出这与马克思的原意相悖时，还有如《超越》作者那样，出来为之辩护。这只说明，某些“先入为主”的错误的理解与认识，会在一些人的头脑中扎根，成为理论认识上的一种“习惯势力”，清理起来颇有阻力。然而，以小喻大，为了正确地坚持和发展马克思主义经济学，必须清除一切附加在马克思名下的错误观点。

五、最后的几句话

《超越》一文的作者在其文章中表露出这样几点做学问上的问题：第

一，既不去较系统和深入地学习和研究马克思论著中的有关论述和理论观点，又不去搜集所涉及的问题的学术历史资料。在理论观点和对所引马克思话的解释上，表现出随意性和盲目性。第二，在学术交流与讨论中，显示出一种傲慢、武断和自负的态度。例如，作者说："与其说货币是一般商品，毋宁说货币是特殊商品。将货币商品的一般性和特殊性割裂开来，这是货币观上的形而上学；视一般性为货币商品的本质，这可以说是一种舍本逐末的货币观。"听听这种批评的口气有多大！他是把自己没有弄清楚的马克思的有关观点，批评为"形而上学"、"舍本逐末"的货币观。第三，空话连篇还引出常识性的纰误。作者用大量篇幅不完全准确地转述与所讨论的本题无关的常识性的东西，如讲什么价值通过交换价值表现呀；价值形式的发展过程如何呀；什么是相对价值形式、什么是等价形式呀；什么是个别等价物、特殊等价物、一般等价物呀……而作者归结等价物的发展阶段时，是这样讲的：从"个别等价物"发展到"特殊等价物"，然后从"特殊等价物"发展到"一般等价物"，最后从"一般等价物"发展到"货币等价物"。本来，政治经济学的常识告诉我们，从一般价值形式到货币形式的过渡，并没有发生质的变化。货币就是固定在特定商品上的一般等价物，并不存在从"一般等价物"发展到"货币等价物"的说法。难道还存在超越"一般等价物"的"货币等价物"？

第六篇

弄清马克思的股份制理论和我国的股份制实践

简论所有制与股份制的联系与区别[①]

摘要：股份制是一种资本组织形式，它与所有制是两个不同层面的问题，两者存在性质和地位的不同。股份制可以是资本主义私有制的实现形式，也可以是社会主义公有制的实现形式。我们不能把公有制的实现形式同公有制形式等同起来，从而否定国有经济和集体经济这两种公有制形式的存在；也不能把公有制的实现形式同公有制性质等同起来，从而推导出股份制就是完全公有制性质。

股份制经济是随着资本主义生产社会化的发展而产生和逐渐发展起来的。英国1600年成立的东印度公司，已初步具有股份制的基础特征，马克思称之为“现代股份公司的前驱”。[②] 19世纪后半期，股份公司在主要资本主义国家获得了较为广泛的发展。因此，马克思已看到了股份公司的日益推广及其在经济生活中的作用，并从理论上对其进行了分析和评论。

股份制是一种资本组织形式或资产经营形式，它同所有制是两个不同层面的问题，两者存在性质和地位的不同。一定的生产资料所有制是一定的社会生产关系的基础，属于经济制度的范畴，具有特定的社会经济性质，如封建主义所有制、资本主义所有制、社会主义所有制等。在资本主义私有制的基础上，建立了资本主义生产关系体系即资本主义经济制度，在社会主义公有制的基础上，建立起社会主义生产关系体系即社会主义经济制度。马克思和恩格斯指出：资本主义私有制以及资本与雇佣劳动，是“资产阶级赖以

---

① 本文原载《当代财经》2004年第2期。

② 《马克思恩格斯全集》第23卷，人民出版社1972年版，第343页。

生产和占有产品的基础"[①]；而在社会主义制度中，"生产资料的全国性的集中将成为自由平等的生产者的各联合体所构成的社会的全国性的基础"[②]。恩格斯在一封信中指出：社会主义制度与资本主义制度的"有决定意义的差别"，就在于前者是在实行"生产资料公有制……的基础上组织生产"[③]，而后者则是建立在生产资料私有制基础之上。

正因为生产资料所有制是社会经济制度的基础，社会主义制度要以公有制为基础，无论马克思主义创始人还是社会主义的创建与改革者，都一贯重视社会主义运动和发展中的公有制问题。邓小平指出："社会主义的经济是以公有制为基础的。"我国社会主义初级阶段，实行多种所有制经济共同发展，"但是始终以社会主义公有制为主体"。邓小平一再强调这一原则："一个公有制占主体，一个共同富裕，这是我们所必须坚持的社会主义的根本原则。"[④] 我国《宪法》也规定："中华人民共和国的社会主义经济制度的基础，是生产资料的社会主义公有制。"我国把公有制为主体、多种所有制经济共同发展，确立为我国社会主义初级阶段的"一项基本经济制度"。

股份制与所有制不同。虽然股份制是在资本主义所有制基础上产生和发展起来的，但它不属于特定所有制或经济制度范畴。在资本主义所有制基础上，先是建立起所有权与经营权相统一的独资企业，继而产生了合伙企业。适应社会化大生产的需要，又产生了股份公司。这是资本组织形式或资产经营形式的发展与变化，是资本主义私有制实现形式的变化，而不是资本主义私有制本身的根本改变，不是由私有制变成公有制。

股份公司是资本主义生产方式中出现的新事物。它有利于资本主义经济的发展，有利于生产要素的配置，有利于资本主义经济关系的调整与扩展，也有利于为转向社会主义创造条件。马克思就此做过积极的评论。

首先，有些全社会的大规模的项目建设，靠单个私人资本的积累是不够的。正如马克思所说："假如必须等待积累去使某些单个资本增长到能够修建铁路的程度，那么恐怕直到今天世界上还没有铁路。但是，集中通过股份

① 《马克思恩格斯选集》第1卷，人民出版社1995年版，第284页。
② 《马克思恩格斯选集》第3卷，人民出版社1995年版，第130页。
③ 《马克思恩格斯选集》第4卷，人民出版社1995年版，第693页。
④ 《邓小平文选》第3卷，人民出版社1993年版，第110页。

公司转瞬之间就把这件事完成了。”①

其次，股份制使私人资本发展为社会资本。马克思说：股份制“在这里直接取得了社会资本（即那些直接联合起来的个人的资本）的形式，而与私人资本相对立。……这是作为私人财产的资本在资本主义生产方式本身范围内的扬弃”②。这表明，股份制这种新的资本组织形式促进了资本主义经济关系的新发展。它又包含两层意思：一是由“私人资本”转为“社会资本”。不要将这一论断误解为由私人所有转为社会所有。所谓“私人资本”，是指原来单个资本家自己所有并自己经营的资本；而“社会资本”是指将多个资本家的个人资本联合起来统一经营的资本。即由私人资本发展为公司资本，但公司范围联合的资本，还是归各个资本家所私有的，并未改变资本主义私有制的根本性质。需要弄清：资本联合不等于资本公有。资本所有者依然要凭借资本所有权获得收入。二是股份制是私人财产的一种扬弃。这并不是指私有制的消灭。这里讲的“私人财产”，是指原由单个资本家所经营的私人企业。股份制是一种社会化企业，表现为“社会企业”。股份制使私人企业转为社会企业，因而是“私人财产”的扬弃。“扬弃”也不等于消灭，是既有否定又有保留之意。否定的是私人资本的单个经营，保留的是私人资本的所有权和收益权的继续存在。

再次，资本主义社会的股份制，有利于未来向社会主义过渡。马克思指出：“资本主义的股份企业，也和合作工厂一样，应当被看作是由资本主义生产方式转化为联合生产方式的过渡形式。”③“联合生产方式”是指公有制基础上的劳动者联合的生产方式。股份制企业作为一种社会化的资本组织形式，比起分散存在的大量小私人企业来更有利于向公有制的社会主义过渡。不过，需要明确：这里所讲的“过渡形式”，不是指在资本主义生产方式内的事情，而是指未来由资本主义生产方式向社会主义生产方式转变中的一种“过渡形式”。

股份制并没有也不可能改变企业的资本主义性质。它虽然在一定程度上缓解了生产社会化和资本主义私人占有的矛盾，但它不能克服而且还发展了社会资本（或社会财富）与私人占有（或私人财富）之间的矛盾。马克思

---

① 《马克思恩格斯全集》第23卷，人民出版社1972年版，第688页。

②③ 《马克思恩格斯全集》第25卷，人民出版社1975年版，第493、498页。

强调指出："这种股份式的转化本身，还是局限在资本主义界限之内；因此，这种转化并没有克服财富作为社会财富的性质和作为私人财富的性质之间的对立，而只是在新的形态上发展了这种对立。"①

不应误解和错解马克思有关股份制的论述。认为资本主义社会的股份制已是公有制。曾喧嚣一时的牟其中的南德集团所发行的《南德视界》报，雇用一些"理论家"使劲地鼓吹这种观点。受到了严肃的学者的批评。

马克思在指出资本主义股份制的积极作用的同时，也指出其消极的一面："一小撮董事不需要特别巧妙的办法，只要用巨额的红利安慰公司的股东，用骗人的报告书引诱存户和新股东，就能把公司的资本侵吞。"② 又指出，资本主义股份公司"再生产出了一种新的金融贵族，一种新的寄生虫，……并在创立公司、发行股票和进行股票交易方面再生产出了一整套投机和欺诈活动。""因为财产在这里是以股票的形式存在的，所以它的运动和转移就纯粹变成了交易所赌博的结果；在这种赌博中，小鱼为鲨鱼所吞掉，羊为交易所的狼所吞掉"。③

由于股份制是在资本主义制度下产生和发展起来的，在长时期中，人们容易将股份制理解为资本主义的东西，认为社会主义社会不能搞。此外，西方国家和俄罗斯等独联体国家，认为社会主义国家将国有大中型企业实行股份制，就是搞私有化。何况苏联东欧等原社会主义国家发生巨变，走向私有化和资本主义化，也是与实行股份化交织在一起的。

其实，股份制仅仅作为资本的组织形式或资产的经营形式，不存在姓"资"姓"社"问题。资本主义可以用，社会主义也可以用。既可以是资本主义私有制的实现形式，也可以是社会主义公有制的实现形式。社会主义国有企业搞股份制，并不等于私有化。断言是搞私有化的推理，是以这样的发展结果为预计和依据的：国有大中型企业在转轨中如果一开始出卖给私人，私人吞不下，买不起；而且公开搞私有化，阻力大。应是先搞股份制，然后再把国有股一部分一部分地切块出卖给私人，最后国有企业就不存在了，实现了私有化。然而我国国有企业实行股份制，并不是必然沿着这条途径往下走，我国不能这样走。我国既要保持一部分国有企业，还可以在一些实行股

① 《马克思恩格斯全集》第25卷，人民出版社1975年版，第497页。
② 《马克思恩格斯全集》第12卷，人民出版社1972年版，第55页。
③ 《马克思恩格斯全集》第25卷，人民出版社1975年版，第496~497页。

份制的原国有企业中保持绝对控股或相对的控股权，而且可以参股于许多股份制企业，以扩大公有制的支配与作用范围。

我国改革开放以来，在国有制经济中产生和发展起股份制，对于搞活国有经济起了积极作用。党的十六届三中全会提出：要“大力发展国有资本、集体资本和非公有资本等参股的混合所有制经济，实现投资主体多元化，使股份制成为公有制的主要实现形式”。我们需要准确地理解和把握这一指导思想。

首先，不要把“公有制的实现形式”同“公有制形式”等同起来。社会主义公有制的形式有国有经济、集体经济和国有、集体经济相互联合等形式。而公有制的实现形式则是指公有制经济所采取的资本组织形式。诸如承包制、租赁制等也曾作为公有制的实现形式。现在把股份制这种混合所有制经济作为公有制的主要实现形式，并不是否定国有经济与集体经济这两种公有制形式的存在及其社会主义公有制的性质。

其次，不要把公有制的实现形式同公有制性质等同起来。不能从股份制是公有制的主要实现形式，推论出股份制就是完全公有制性质。三中全会《决定》所讲的作为公有制主要实现形式的股份制，是国有资本、集体资本和非公有资本（即私有资本）参股的混合所有制经济。显然，国有资本、集体资本属于公有制性质，而私有资本属于私有制性质。所谓混合所有制经济，就是公有制经济与私有制经济相混合存在的一种经济。如果是外资企业或私营企业组建的股份制，没有公有制经济参与，它就是私有制经济的实现形式，并不是混合所有制经济，更不具有公有制性质。

关于股份制的性质问题，前几年曾有过“姓公”、“姓私”的争论。其实，股份制作为一种资本组织形式，其本身并不固定具有“公”或“私”、“社”或“资”的属性。是“公”是“私”，取决于入股资本的所有制性质，特别取决于控股资本的所有制性质。十五大报告已经在理论上澄清了这个问题：“股份制是现代企业的一种资本组织形式，……资本主义可以用，社会主义也可以用。不能笼统地说股份制是公有还是私有，关键看控股权掌握在谁手中。国家和集体控股，具有明显的公有性，有利于扩大公有资本的支配范围，增强公有制的主体作用。“这一论断是科学的。十六届三中全会的《决定》，并没有改变这一论断，没有重新界定股份制的社会性质问题。提法有所改变的是，过去讲股份制是公有制的实现形式，而《决定》将

“实现形式”发展为“主要实现形式”，也就是今后的企业改革，主要是改制为股份制，主要是发展混合所有制经济。而混合所有制经济中的私人资本依然属于私有，公有资本依然属于公有。把私人资本或私有股说成是公有制，并无理论和实际根据，私人资本是不愿被充“公”的。

对股份制性质的认识问题，并不单纯是一个学术问题或理论问题，而是会涉及社会制度变迁方向的重大现实问题。原苏共领导人戈尔巴乔夫为了推行国有企业私有化，把一切股份制包括资本主义国家的股份制，都称之为集体所有制即公有制的一种形式。1989 年初美苏两国总统在马耳他会谈时，戈尔巴乔夫提出，“在西方，许多财产归集体所有，股份公司即是明显的例子”。这使当时美国总统老布什惊异。美国驻苏大使马托洛克在《苏联解体亲历记》一书中说，“布什为戈尔巴乔夫对市场经济知识的贫乏而感到吃惊”。书中还说，“戈尔巴乔夫对资本主义经济的认识非常模糊”。但马托洛克以其外交家的敏感意识到：“戈尔巴乔夫在试图对‘社会主义产权’重下定义。……准备把持股人拥有的公司看作是一种可以接受的‘集体所有制’形式。如果他能够使这一定义站住脚，必将为国有大中型企业私有化开辟一条道路。”原美国驻苏大使对此观察得如此透彻、入微。这一前车之鉴，应当记取。

我国实行股份制的目的和途径与苏联解体前的情况不同，中央对股份制性质的说明，比如十五大报告的说明，是明确和科学的，没有简单地将任何股份制包括私有制的股份制都判断为集体所有制或公有制。我们是把股份制作为公有制的实现形式而且是主要实现形式，并没有用股份制取代国有制和集体所有制。

发展股份制是改革和搞活国有企业的重要途径。但要注意规范化，防止一些人借改制之机以权谋私，侵吞国有资产，造成国有资产新的一轮大量和加速流失。

准确把握马克思关于股份制的理论观点[①]

一、关于资本主义国家股份制的性质问题

有人发表论著说，马克思认为，资本主义国家的股份制，已经是公有制，而且是社会主义性质的公有制。其实，在马克思的著作中，根本没有讲过这样的话，也引申不出这样的意思。如果马克思真的认为资本主义国家的股份制已经是社会主义性质的公有制，那他搞社会主义运动和社会主义革命干什么？连建立马克思主义政党都是多余的了。

需要回到准确理解马克思有关股份制的论述上来。马克思讲："那种本身建立在社会的生产方式的基础上并以生产资料和劳动力的社会集中为前提的资本，在这里直接取得了社会资本……的形式，而与私人资本相对立。并且它的企业也表现为社会企业，而与私人企业相对立，这是作为私人财产的资本在资本主义生产方式本身范围内的扬弃。"这里所讲的股份制资本，是与私人资本相对立的"社会资本"，股份制企业是与私人企业相对立的"社会企业"，能否将其理解为公有资本、公有企业呢？能否由此进而断言马克思认为资本主义国家的股份制是社会主义公有制呢？回答是否定的。马克思这里所讲的"私人资本"是指原来由单个资本家所有和经营的资本。"社会资本"是指由众多单个私人资本联合起来的公司资本。德文"社会"一词的原文为"Gesellschaft"，有"社会"、"公司"两个含义。因此，"社会资本"是私人资本的联合和放大，是社会化的资本，马克思称之为"直接联合起来的个人的资本"，决不能将其理解为公有制资本。同理，所谓股份制企业是与私人企业相对立的"社会企业"，是指由原来所有权与经营权相统

① 本文原载《光明日报》2007年8月21日。

一的单个私人企业，发展为所有权与经营权相分离的公司企业，是“联合起来的”社会化企业。决不能将其理解为公有制企业，而且是社会主义性质的公有企业。

怎样理解马克思所讲的股份制“是作为私人财产的资本在资本主义生产方式本身范围内的扬弃”呢？不能认为这是讲股份制使私有财产转变为公有财产。第一，“扬弃”不是完全否定或消除，而是指发生了变异。股份制财产不再是单个资本家所有的“私人财产”，而是成为联合起来的公司财产。第二，股份制并没有改变和超越资本主义生产方式，它只是“在资本主义生产方式本身范围内的扬弃”。可以说，资本主义国家的股份制，仍然是资本主义性质的。马克思指出：“这种向股份形式的转化本身，还是局限在资本主义界限之内；因此，这种转化并没有克服财富作为社会财富的性质和作为私人财富的性质之间的对立”。

应该注意到，马克思同时指出了资本主义股份制的消极方面：“它再生产出了一种新的全职贵族，一种新的寄生虫——发起人、创业人和徒有其名的董事；并在创立公司、发行股票和进行股票交易方面再生产出了一整套投机和欺诈活动。这是一种没有私有财产控制的私人生产”。显然，所谓“金融贵族”，“新的寄生虫”，“整套投机和欺诈活动”，同社会主义公有制的要求是相对立的。而且，可以看出，马克思认为资本主义国家的股份制，仍然是“私人生产”的企业，只不过“是一种没有私有财产控制的私人生产”。而且，以股票形式存在的财产，依然是“私人财富”。

根据被错解了的马克思关于股份制的理论观点，来分析和判断我国目前的股份制的性质，必然会失去科学性。所谓既然马克思认为资本主义国家股份制已是社会主义性质的公有制，作为社会主义社会的我国的一切股份制，理所当然地都是社会主义公有制了。就是说，由私营企业和外资企业组织或参与的股份制，都属于社会主义公有制。这种见解是难以赞同的。党的十五大报告讲得很清楚：“股份制是现代企业的一种资本组织形式……资本主义可以用，社会主义也可以用。不能笼统地说股份制是公有还是私有，关键看控股权掌握在谁手中。国家和集体控股，具有明显的公有性。”没有说是完全公有制，因为私人股不能充“公”。反过来，如果控股权掌握在外商或私企手中，就具有明显的私有性，但其中的国家股和集体股，依然是公有。如果完全由外商或私企组织的股份公司，就不具有公有性，它只是私人企业的社会化和现代私有制的有效实现形式。

二、关于股份制是通往新的生产形式的“过渡点”问题

有的学者还根据被自己误解和错解了的马克思关于股份制的一些话，来否定马克思的共产主义理论。所引证的出处是《资本论》第3卷，人民出版社1966年版。马克思讲：股份公司“在资本主义体系本身的基础上把资本主义私有产业实行扬弃”；“这是资本主义生产方式在资本主义生产方式本身以内的扬弃，因而是一个会自行扬弃的矛盾，那显然只是作为一个过渡点。以便进入到一个新的生产形式中去”。又说：“在股份公司内，职能已经和资本主义所有权分离，劳动也已经完全和生产资料的所有权和剩余劳动的所有权相分离。资本主义生产极度发展的这个结果，是一个必经的过渡点，以使资本再转化为生产者的所有，不过这时它已经不是当作一个一个分立的生产者的私有财产，而是当作共同生产者共有的财产，直接的社会财产”。该学者引证了这些话后，竟直接得出这样的论断：“资本主义就这样完成了向社会主义的和平过渡。《资本论》第3卷推翻了《资本论》第1卷的结论，不再需要‘炸毁’资本主义的‘外壳’了。马克思心目中的曼彻斯特资本主义（原始的资本主义）灭亡了。其后资本主义在《资本论》的冲击下逐渐社会主义化。《资本论》第3卷是马克思和恩格斯皓首穷经研究资本主义几十年的最终结论”。

这里存在着对引文的极大误解和错解，也存在学术资料掌握上的纰误。

首先，需要弄清《资本论》第3卷和第1卷写作的时间段是统一的。并不是马克思在出版了《资本论》第1卷后，才开始着手写第2、3卷。不能把《资本论》第3卷看作是马克思晚年的著作。恩格斯在为《资本论》第3卷所写的1894年序言中讲：“1863年和1867年之间，马克思不仅已经为《资本论》后两卷写成了初稿，把第1卷整理好准备付印”。事实上，从1863年8月至1865年年底的两年多时间里，马克思在1861~1863年手稿的基础上，基本完成了3卷《资本论》的稿本。到1866年初，全部著作完成之后，马克思才着手付印前的最后加工。首先完成了第1卷的加工并于1867年出版。《资本论》第3卷是在马克思逝世后由恩格斯于1894年准备付印和出版的。第1卷和第3卷的出版时间相隔27年，不能作为两者内容

写作时间上的差距。3 卷《资本论》的写作，是在 1867 年《资本论》第 1 卷出版前的同一时间段内相继完成的。因此，根本不存在什么《资本论》第 3 卷推翻了《资本论》第 1 卷的结论问题。

其次，基于误解和错解马克思《资本论》第 3 卷中关于股份制的一些论述，得出资本主义国家通过股份制“完成了向社会主义的和平过渡”的论断，无论在理论上和事实上都是不能成立的。股份制的产生和发展，并未改变资本主义经济制度的性质。所谓对资本主义和“私人产业”的“扬弃”，不等于消灭了资本主义私有制。“扬弃”这一概念本身意味着存在矛盾。一方面，股份制企业取代单个的私人企业，意味着经济的社会化，不仅是生产进一步社会化，所有制也走向社会化，即否定了单个的、所有权与经营权相统一的“私人产业”发展为联合的公司产业，从而有利于向经济社会化的社会主义过渡。另一方面，股份公司的股票，又是掌握在众多私人手中。马克思指出：“财产在这里是以股票的形式存在的，所以它的运动和转移就纯粹变成了交易所赌博的结果”。因此，资本主义国家的股份制，尽管可以说是对原有“私人资本”、“私人产业”的扬弃，但它不会触动更不会否定资本主义制度的基础。依然存在着资本主义的矛盾或对立。至于股份制对资本主义生产方式的“扬弃”，“还是局限在资本主义界限之内”。因而这种“扬弃”，不像由工人自己建立的合作工厂那样，是一种“积极地扬弃”，而只是一种“消极地扬弃”。因为它触动不了资本主义制度本身。

怎样理解马克思所讲的下述这些话：资本主义的股份制企业，“应当被看作是由资本主义生产方式转化为联合的生产方式的过渡形式”、它“表现为通往一种新的生产形式的单纯的过渡点”。“资本主义生产极度发展的这个结果，是资本再转化为生产者的财产所必需的过渡点，不过这种财产不再是各个互相分离的生产者的私有财产，而是联合起来的生产者的财产，即直接的社会财产”。不能根据这些话做出背离马克思原意的结论，即认为股份制使资本主义“完成了向社会主义的和平过渡”。那就是在股份制发展了的资本主义国家，都已变成了社会主义国家。显然，这与历史事实不符。资本主义国家的政治家和学者，比我们更了解和认识他们国家的股份制的性质。他们并不承认股份制是公有制，更不会认为股份制已使资本主义转化为社会主义。

马克思所讲的“过渡形式”、“过渡点”，其原意是指：股份制是过渡到取代资本主义的、生产者“联合的生产方式”，即社会主义生产方式的过渡形式或过渡点，并不是指在资本主义社会制度内就可以完成这种过渡。股份公司的建立与发展，意味着资本的进一步集中和社会化。比起千万个分散的单个经营的私人资本来，更容易转向社会占有生产资料、经济社会化的社会主义生产方式。所谓“由资本主义生产方式转化为联合的生产方式”，是指转化为生产劳动者联合的生产方式。所谓“资本再转化为生产者的财产”，是指转化为未来生产劳动者共同占有的财产，它与“各个互相分离的生产者的私有财产”是相对立的。总之，都是指转化为取代资本主义后的未来社会主义生产方式和转化为取代一切私有财产的社会主义的公有财产。

总之，我国实践中的社会主义，是不断进行理论创新和制度创新的社会主义。我国坚持走中国特色社会主义道路，以中国化的马克思主义为指导，既不能“句句是真理”式地对待马克思主义，也不能用误解和错解的马克思主义来指导或评判我国初级阶段的社会主义。

不要错解马克思的股份制理论①

——兼评谢韬、辛子陵先生的观念

关于股份制的性质问题，我国学界有各种各样的理解。有的认为，我国的股份制经济不管有无国有资本和集体资本，都是公有制经济；有的认为，中央文件提出“使股份制成为公有制的主要实现形式”，表明要用股份制取代原来的国家所有和集体所有的公有制实现形式；有的认为，资本主义国家的股份制，已是公有制，而且是社会主义性质的公有制，社会主义国家的股份制更无疑是公有制；有的则认为，社会主义国家的国有企业搞股份制，是通向私有化的桥梁和道路，而且西方国家和苏联解体后的俄罗斯的学者乃至政要，也持这种见解；而更多的学者包括我在内，赞同党的十五大报告关于股份制的理论判断：“不能笼统地说股份制是公有还是私有，关键看控股权掌握在谁手中。国家和集体控股，具有明显的公有性，有利于扩大公有资本的支配范围，增强公有制的主体作用。”按照这一逻辑也可以反过来说，如果私有资本控股，就具有明显的私有性。可以肯定，在公有资本控股的股份制中，其中的私人资本依然私有，不能“充公”；同理，私人资本控股的股份制，其中的公有资本依然“姓公”，不会变私。如果处于控股地位的公有资本完全退出，即将公有股全部卖给私人，则必然变成私有制企业。所谓股份制是通向私有化桥梁的论断，指的就是这种情况。

断言资本主义国家的股份制已是社会主义性质的公有制，毫无理论和事实根据，完全是通过错解马恩著作得出的主观臆断，我们将在后面澄清这一理论是非。至于有的学者将我国的国有和集体经济看作是计划经济体制下公

---

① 本文原载《经济学动态》2008年第6期，原文题为《关于股份制与重建个人所有制问题研究》，本文是其中的第一部分《关于股份制问题》。

有制的实现形式，股份制是市场经济条件下公有制的实现形式，是要用股份制取代国有和集体所有制，这是混淆了所有制的存在形式和所有制的实现形式的结果。无论私有制和公有制，都有其“存在形式”和“实现形式”的区别。私有制的存在形式，是指私有制的类型，有个体小私有制，奴隶主私有制、封建主义私有制、资本主义私有制。资本主义私有制这种存在形式可以有不同的实现形式，可以是自有自营的业主制，可以是合伙制，也可以是股份制。公有制的存在形式或类型，有原始公社公有制、社会主义公有制、共产主义公有制。社会主义公有制的具体存在形式又有国家所有制、集体所有制或合作制等。而其实现形式可以采取自有自营制，也可两权分离，采取诸如承包制、租赁制、股份制等。股份制是一种资本经营方式，并不是一种独立的所有制存在形式。把股份制说成是取代国家所有和集体所有的一种新的公有制，是一种错解也背离我国目前的宪法规定。

下面我们着重讨论一下，《炎黄春秋》2007 年第 6 期所载谢韬和辛子陵的有关观点。他们引用马恩著作中关于股份制的一些论述来否定《资本论》第 1 卷的基本原理问题。

谢、辛二位学者引证马克思、恩格斯著作中的一些话，来得出以下论断：马、恩晚年放弃了共产主义理想，放弃了原来的科学社会主义理论，《资本论》第 3 卷推翻了《资本论》第 1 卷的结论。资本主义通过股份制完成了向社会主义的和平过渡。

然而，这些见解与论断，完全是建立在对所引马、恩著作的误解和错解基础上的。首先，需要澄清对《资本论》第 3 卷马克思关于资本主义国家股份制的论述的误解与错解。马克思重视资本主义国家股份制的产生和发展，并给予了科学的正面评价。但引证马克思讲的股份公司“在资本主义体系本身的基础上把资本主义私有产业实行扬弃”，“这是资本主义生产方式在资本主义生产方式本身以内的扬弃，因而是一个会自行扬弃的矛盾，那显然只是作为一个过渡点，以便进入到一个新的生产形式中去”。得出结论说：股份公司造就了组织和指挥生产的经理、厂长阶层，使企业的所有权和管理权相分离。管理者掌握着企业的经营权，“使资产阶级的统治虚幻化”。“这一项分离是一种和平‘革命’，使和平过渡到新制度成为可能”。这种结论在理论上和实践上都难以成立。股份制使所有权与经营权分离，并没有“使资产阶级统治虚幻化”。发达资本主义国家的资产阶级依然在经济上和政治上进行着实实在在的统治。股份公司的控股权掌握在大资本的股东手中，不管绝对控股还是相对控股。厂长或经理都不能违背董事会和大股东的意愿去经营企业。对厂长或经理可以根据需要随时聘用或解聘。至于所引马克思的两段话的本意，应弄清以下几点：第一，说股份公司是“在资本主义体系本身的基础上把资本主义私有产业实行扬弃”，扬弃了什么？并不是将资本主义私有制扬弃变为公有制。它并没有触动“资本主义体系本身的基础”即资本主义所有制，而是在此基础上的“扬弃”，是指将原来所有权与经营权相统一的单个小资本的私有产业，扬弃为两权分离的由众多小资本联合起来的股份公司产业。第二，说股份公司“是资本主义生产方式在资本主义生产方式本身以内的扬弃”，这恰恰表明，这种扬弃并没有改变资本主义生产方式本身，并不会使资本主义改变为社会主义。第三，说股份公司对“私有产业”的扬弃，是“一个会自行扬弃的矛盾，那显然只是作为一个过渡点，以便进入到一个新的生产形式中去”。应弄清“自行扬弃的矛盾”指什么？矛盾就在于股份公司不仅将资本主义生产进一步社会化，而且也使资本主义所有制社会化，即由单个资本的私有产业，发展成联合资本的公司产业，这实际上是资本主义基本矛盾即生产社会化与资本主义私人所有发展的要求与结果。但它并没有解决这一矛盾。生产社会化要求以社会公有制取代资本主义私有制，但股份制只是用众多单个资本联合起来的公司资本取代了原来自有自营的私人资本。马克思指出：“这种向股份形式转化本身，还是局限在资本主义界限之内，因此这种转化并没有克服财富作为社会财富的性质和作为私人财富的性质之间的对立，而只是在新的形式上发展了这种对立。”股份公司的财富，表现为“社会财富”，但它是众多“私人财富”的联合和放大。股票本身仍然是归私人所有的私人财富，可以凭股票获得个人收入。马克思把股份资本称作“直接联合起来的个人的资本”。换句话说，股份公司是众多“个人资本”的联合。

股份制虽然仍局限在资本主义生产方式内，没有改变资本主义所有制的性质，但股份公司的社会化，可以成为转向新的社会形式即社会主义公有制的“过渡点”。但是，利用这种“过渡点”转向社会主义，并不是也不可能在资本主义制度内完成，而是需要在废除资本主义制度的条件下来实现。

对马克思关于股份公司的以下一段话的错解也需要澄清：“在股份公司内，职能已经同资本所有权相分离，因而劳动也已经完全同生产资料的所有权和剩余劳动的所有权相分离。资本主义生产极度发展的这个结果，是资本再转化为生产者的财产所必需的过渡点，不过这种财产不再是各个相互分离的生产者的私有财产，而是联合起来的生产者的财产，即直接的社会财产。”

谢、辛二位引证马克思的上述一段话后，接着得出结论说：“资本主义就这样完成了向社会主义的和平过渡。《资本论》第3卷推翻了《资本论》第1卷的结论，不再需要‘炸毁’资本主义的‘外壳’了。马克思心目中的曼彻斯特资本主义（原始的资本主义）灭亡了。其后资本主义在《资本论》的冲击下社会主义化。《资本论》第3卷是马克思和恩格斯皓首穷经研究资本主义几十年的最终结论，经恩格斯十年的编辑和修订，于恩格斯逝世的前一年——1884年6月出版”。

这里对所引马克思关于股份公司的论述存在两方面的错解。一是学术资料运用上的纰误，以为《资本论》第3卷是《资本论》第1卷出版多年以后，由马克思和恩格斯“皓首穷经”共同完成的。第3卷推翻了第1卷的理论。二是理论认识上的纰误，认为股份公司的发展已经使资本主义完成了向社会主义的和平过渡。

事实上，《资本论》第3卷并不是马克思晚年与恩格斯共同完成的。早在《资本论》第1卷于1867年出版前，马克思就完成了后两卷的书稿。恩格斯在为《资本论》第3卷所写的1894年序言中清楚地说明：“1863年和1867年之间，马克思不仅已经为《资本论》后两卷写成了初稿，把第1卷整理好准备付印。……”从马克思的写作进程来看，他早就开始了《资本论》“手稿”的写作。到1863～1865年底的两年多的时间里，马克思在1861～1863年手稿的基础上，基本完成了三卷《资本论》的稿本。到1866年初，全部著作完成之后，马克思才着手付印前的最后加工。首先完成了《资本论》第1卷的加工，并于1867年出版。由于忙于其他工作和身体健康的原因，马克思没有紧接着对后两卷进行出版前的加工，因而出版时间被拖了下来。《资本论》第3卷是在马克思逝世后由恩格斯整理于1894年出版的。第1卷和第3卷的出版时间相隔27年，不能作为两者内容写作时间上的差距。3卷《资本论》的写作，是在1867年《资本论》第1卷出版前的同一时间段内相继完成的，不存在第3卷的理论观点对第1卷发生根本性改变从而存在什么“《资本论》第3卷推翻了《资本论》第1卷的结论”问题。

3卷《资本论》，是一部逻辑体系紧密相扣的艺术整体。第1卷“资本的生产过程”，着重分析剩余价值的生产和积累过程；第2卷“资本的流通过程”，着重分析剩余价值的实现过程；第3卷“资本主义生产的总过程”，着重分析剩余价值的转化形式和剩余价值的分配过程。这一理论大厦的体系，在马克思进行《资本论》的写作时，已经构思清楚了。因此，根本不会存在《资本论》第3卷否定第1卷的理论观点、第3卷推翻第1卷的结论的问题，也不应把《资本论》第1卷的丰富内容简单归结为一个“炸毁资本主义的外壳”的结论。

对所引马克思关于股份公司的一段话的错解，还表现在怎样理解股份公司“是资本再转化为生产者的财产所必需的过渡点”这个问题上。马克思绝不会认为，股份公司已使资本主义和平过渡到了社会主义。难道能认为英、美、日等资本主义国家已经通过股份公司和平过渡到社会主义了吗？所谓“资本再转化为生产者的财产”，是指转化为生产劳动者的财产。所谓“再转化”，是指资本原始积累时期剥夺了个体生产者的财产，而股份公司的资本集中和两权分离，是使资本家的资本再转化为生产劳动者的财产的“过渡点”，也可说是阶梯。股份公司的大资本，比起众多分散的小资本来，更容易转化社会主义社会化的公有财产。应正确理解马克思这里所讲的：“这种财产不再是各个相互分离的生产者的私有财产，而是联合起来的生产者的财产，即直接的社会财产。”这是指资本主义所有制被社会主义所有制取代以后的财产特点。它既不再是归资本家所有的财产，也不再是相互分离的个体生产者的私有财产，而是成为“联合起来的生产者的财产”。也就是劳动联合和生产资料联合的社会主义劳动者的公有财产。也就是“直接的社会财产”（社会所有制）。马克思这里所讲的是通过股份公司这个“过渡点”或阶梯，由资本主义所有制转向未来社会主义公有制的过程和变化，并不是说在资本主义制度内部就可以完成。

马克思既论述了资本主义国家股份制的积极作用，也指出了它的消极作用。尽管其积极面是主要的，但不能只看其积极面而忽视其消极面。马克思说：股份公司的财产“在这里是以股票的形式存在的，所以它的运动和转移就纯粹变成了交易所赌博的结果；在这种赌博中，小鱼为鲨鱼所吞掉，羊为交易所的狼所吞掉”。又说：股份公司“再生产出了一种新的金融贵族，一种新的寄生虫，——发起人、创业人和徒有其名的董事；并在创立公司、发行股票和进行股票交易方面再生产出了一整套投机和欺诈活动。”显然，这种消极方面是与社会主义的要求不相容的。

不要混同“公有制形式”和“公有制实现形式”①

——正确理解股份制是公有制的实现形式问题

摘要： 近年来，理论界和媒体出现了将我国公有制形式与公有制实现形式混同的情况。股份制是所有制的实现形式。可以是资本主义私有制的实现形式，也可以是社会主义公有制的实现形式，还可以是混合所有制的实现形式。股份制“姓公”或“姓私”，关键要看控股权掌握在谁手里。对于理论界和媒体对马克思著作和中央有关理论指导的误解，需要引起重视，有必要澄清理论是非，以避免理论误导可能产生的多种认识混乱和消极后果。

近年来，在新闻媒体的报道和一些论著中，出现将我国公有制形式（类型）与公有制实现形式混同的情况。那就是把国家所有制经济与集体所有制经济看作是传统的公有制实现形式。现在提出使“股份制成为公有制的主要实现形式”，表明突破了传统理论对公有制的理解。现在是要使股份制成为主要的公有制形式，取代以往把国家所有制和集体所有制作为主要的公有制形式的格局。这种理解和宣传是不科学的。

例如，2003 年 10 月 27 日《光明日报》发表了该报记者张玉玲的《公有制经济发展的新动力》一文。文中讲：“党的十六届三中全会突破了把公有制主要实现形式定位于国有经济和集体经济的传统观点，强调‘股份制成为公有制的主要实现形式’。这意味着，我国在如何全面理解公有制方

① 本文原载《经济经纬》2004 年第 6 期。

面，已完全摆脱了计划经济条件下对公有制的理解，为公有制经济的实现形式开辟了新的道路。”这里把国有经济和集体经济两种公有制形式（类型），看作是传统定位的公有制实现形式，是“计划经济条件下对公有制的理解”，现在股份制成为公有制的主要实现形式，公有制的传统定位被新的定位“突破”了。又如，《深圳特区报》2003 年 11 月 10 日发表的厉有为的《公有制主体地位的路越走越宽》一文中讲：“公有制的实现形式发生了重大变化，即由以往的“全民所有制”（或称国家所有制）和集体所有制的实现形式，发展到以股份制为主的实现形式。公有制的内涵发生了变化。”同样把公有制的两种存在形式混同为实现形式，认为“公有制的内涵发生了变化”，就是由国家所有和集体所有的公有制变为股份制的公有制了。这里存在理论上的误解，需要澄清是非：

在马克思的著作中，所有制形式、所有制在经济上的实现、所有制的实现形式，是有区别的。所有制形式分私有和公有两大类。私有制形式包括奴隶制私有制、封建主义私有制和资本主义私有制及个体经济私有制。公有制形式包括原始公社公有制、社会主义公有制、共产主义公有制。所有制在经济上的实现，如利润是资本所有权经济上的实现，地租是土地所有权的经济实现。所有制的实现形式，马克思分析了企业主自有自营的形式、雇用经理经营的所有权和经营权分离的形式、股份制作为更大范围内两权分离的形式。这都是资本主义私有制的实现形式。可见，资本主义私有制形式和其实现形式是不同的。同样，社会主义公有制与其实现形式也是不同的。同一种所有制可以有多种不同的实现形式。

国家所有制或全民所有制经济与集体所有制经济，这是我国社会主义公有制的两种形式。也可以说是社会主义经济的两种形式。毛泽东在《正确处理人民内部矛盾问题》一文中就明确肯定“全民所有制经济和集体所有制经济”是“两种社会主义经济形式”。公有制自身的存在形式是一回事，公有制的实现形式是另一回事。国家所有制和集体所有制是我国公有制的两种基本形式。还可有一些相互联合的衍生形式。无论在计划经济下还是市场经济下都一样。而公有制的实现形式可以有多种。两种公有制形式可以有各自的多种实现形式。如国有经济可以有租赁制、承包制、股份制等不同的实现形式。它们只是国有制经济的“实现形式”，属于经营方式，而并不是与国有制并列甚至取代国有制的新的公有制形式。

把国有经济和集体经济两种公有制的存在形式，看作只是计划经济条件下的传统定位，这在理论与实践上都站不住脚，也是偏离宪法的论断。我国宪法始终规定："中华人民共和国的社会主义经济制度的基础是生产资料的社会主义公有制，即全民所有制和劳动群众集体所有制。"宪法的这一规定，并未因我国由计划经济体制转向市场经济体制而进行"突破"性改变。即使实行股份制，依然存在国有资本、集体资本和私人资本的区别。国有资本和集体资本依然属于公有制的存在形式。有的学者认为，提出使股份制成为公有制的主要实现形式，是对股份制"姓公姓私"的新的突破，"把'姓公姓私'的问题基本上明确了"。是"放大公有制的界限，把股份制都包括进去，今后由于绝大多数企业都将是股份制企业，这样就没有必要再争什么'姓公姓私'的问题了"（《北京日报》2003 年 11 月 10 日《理论周刊》）。显然，该作者认为，十六届三中全会的《决定》，是把股份制"放大"为公有制了，即使股份制中的私人资本，也统统"姓公"了。

《经济日报》2003 年 10 月 13 日发表的《混合经济究竟姓什么》一文中讲："传统的国有制经济、集体（合作）所有制经济……肯定是公有制的实现形式。""我们认为以股份制、股份合作制等为载体的混合所有制经济理所当然应该姓'公'，并成为……公有制的主要实现形式"。论文的署名是"中央党校邓小平理论研究中心"。此文同样把公有制存在形式混同于公有制的实现形式，断言作为公有制主要实现形式的股份制就是主要的公有制。

股份制的属性问题，本来在党的十五大报告中已做了科学的回答，也是对前此关于股份制"姓公姓私"争论的理论澄清与总结。十五大报告中讲："股份制是现代企业的一种资本组织形式，……资本主义可以用，社会主义也可以用。不能笼统地说股份制是公有还是私有，关键看控股权掌握在谁手中。国家和集体控股，具有明显的公有性，有利于扩大公有资本的支配范围，增强公有制的主体作用。"这个论断告诉我们，在公有资本和非公有资本组成的混合所有制经济中，如果公有资本控股，就具有"明显的公有性"，而没有说是完全公有制，因为其中的私人资本，不能"充公"。反过来说，如果是私人资本控股，就具有明显的私有性。而其中非控股的公有资本，依然属于公有制。如果完全是由私人资本如外资组成的股份制，它就是私有制的实现形式。不能成为社会主义公有制的实现形式。

党的十六届三中全会的《决定》并没有否定或"突破"十五大报告关于股份制属性的论断。提出使股份制成为公有制的实现形式，并没有重新界定股份制的属性。十六大报告讲："进一步探索公有制特别是国有制的多种有效实现形式，……积极推行股份制，发展混合所有制经济。”公有制的实现形式可以有“多种”，过去实行过的租赁制、承包制也是其实现形式。现在提出股份制作为公有制的主要实现形式，是属于量的规定方面的变化，而非股份制质的规定的变化。公有制的“实现形式”，无论股份制也好，或是其他形式如承包制也好，只是属于资本组织形式或经营方式的范畴。正如租赁制、承包制等不是与国有经济和集体经济并列的另一种公有制一样，股份制也不能成为与国有经济和集体经济并列的另一种公有制，更不是用股份制取代国有经济和集体经济。

繁荣发展哲学社会科学，需要破除附加在马克思主义名下的错误观点。也需要破除附加于发展着的马克思主义名下的非马克思主义观点，不要把自己的观点加诸马克思主义著作和中央有关文件。有些论著从马克思关于股份制的论述中，得出论断说，马克思认为资本主义社会的股份制就是公有制性质，是对资本主义私有制的否定。关于这一问题，有个前车之鉴值得提醒一下。原苏共领导人戈尔巴乔夫为了推行国有企业私有化，把一切股份制包括资本主义国家的股份制，都称之为集体所有制即公有制的一种形式。1989年初美苏两国总统在马耳他会谈时，戈氏对老布什说：“在西方，许多财产归集体所有，股份公司即是明显的例子”。这使老布什感到惊异。因为西方人并不把他们那里的股份制视为集体所有或公有。美国驻苏大使马托洛克在《苏联解体亲历记》一书中对此有描述。书中说：“布什为戈尔巴乔夫对市场经济知识的贫乏感到吃惊。”又说：“戈尔巴乔夫对资本主义经济的认识非常模糊。”尽管如此，马托洛克以其外交家的敏感从戈氏的论述中意识到“戈尔巴乔夫在试图对‘社会主义产权’重下定义。准备把持股人拥有的公司看作是一种可以接受的‘集体所有制形式’。如果他能够使这一定义站住脚，必将为国有大中型企业私有化开辟一条道路。”苏联的“发展”结果，被美国人言中，最终走向了私有化并导致社会主义制度的垮台。

我国实行混合所有制的股份制，是为了搞活公有制，增强公有制的控制力。不会和不能重蹈苏联的理论和实践的覆辙，中央有关文献中的指导思想是明确的和正确的。但对于理论界和媒体对马克思著作和中央有关理论指导的误解和错解，需要引起注意和重视，有必要澄清理论是非，以避免理论误导会产生的多种混乱和消极后果。

第七篇

对《资本论》中几个疑难理论问题的解析

《资本论》第1卷中的两个需弄清的问题[①]

一、关于分析经济形式要运用抽象力的问题

《资本论》第1卷第1版序言中说："分析经济形式，既不能用显微镜，也不能用化学试剂。二者都必须用抽象力来代替。"（《马克思恩格斯全集》第23卷，第8页）这里所说的抽象力同抽象法是否含义完全相同？两者能否划等号？在政治经济学的教学和研究中，一般是把两者当作一样的概念使用的。当说明政治经济学分析问题要采用抽象法时，就引证马克思的上面那段话。《〈资本论〉提要》一书也把两者等同起来。它说：从抽象到具体的方法"就是马克思所说的，分析经济形式，必须用抽象力的方法，即科学抽象的方法"[②]。这种把两者等同的见解，在外国的经济学著作中也存在。例如，在20世纪50年代初翻译过来的苏联列昂节夫的《政治经济学底对象和方法》一书中写道："政治经济学与一切社会科学相同，是不能够像物理或化学那样来利用实验的（在人工创造的条件下实验），而是用抽象的方法来代替的。"这里一方面把抽象法同抽象力等同起来，另一方面又把抽象法同自然科学的实验截然划分或对立起来。于是，就形成了这样一种见解：似乎在物理化学的科学实验中都不使用抽象方法，只有分析经济形式的政治经济学或其他社会科学才使用。许多同志就是这样理解的。列昂节夫也是这样。然而这是值得商榷的。

马克思主义说的抽象方法即科学抽象，就是在纷纭繁杂的现象中，抽去其某些非本质的、次要的因素，找出其固有的最本质的特征或规律，加以概

① 本文原载《中国经济问题》1982年第1期。

② 张薰华、洪远朋《〈资本论〉提要》第1册，上海人民出版社1977年版，第12页。

括，然后用本质和规律说明现象。这种方法，不仅政治经济学分析经济形式时需要采用，就是自然科学在分析自然现象时也需要采用。事实上，在实验室中的许多实验，就是要排除自然现象中的一些非本质的、起干扰作用的因素，从其中找寻出某些固有的、规律性的规定来。如果只描述自然界的直接外观的运动，就不能发现自然规律。例如，亚里士多德在解释落体的时候，只描述了落体在自然界的外观运动，因而就只能简单地断定较轻的物体比较重的物体下落得慢。这个断定是不科学的，它用现象代替了本质。而伽利略的认识就前进了一步，他试图用抽象方法分析问题，提出：如果没有空气的阻力，物体将怎样下落？在这个问题上正确的自然是伽利略，而不是亚里士多德。自然科学的实验完全揭示了落体运动的规律：如果在真空的管子中，使物体坠落，则可以发现，不论是铁片、石块还是纸片、羽毛，一切物体都是垂直地以同一速度坠落。掌握了这个规律，才能进一步说明空气、风力等对物体坠落的影响。

由此可见，不应当从《资本论》第1卷第1版序言中的那段话，引出这样的见解来：在物理、化学等自然科学中不使用抽象法，而只有在政治经济学中，因为不能进行实验，不能用显微镜和化学试剂，才使用抽象法。

那么，马克思说分析经济形式时必须用抽象力来代替显微镜和化学试剂，究竟是什么意思呢？我理解，所谓抽象力，只是科学抽象中的一种形式，它指的是思维抽象能力。研究经济形式不能像自然科学那样在实验室中进行科学抽象，而只能运用抽象力来实现科学抽象。例如，价值的抽象，剩余价值的抽象，就是运用抽象力的结果。哲学中关于物质的抽象，也是如此。在物理实验中，从试管中把空气抽去以揭明物体坠落规律，这是实验室中的科学抽象。不过在自然科学中，也有一个从感性认识上升为理性认识的过程，从而也需要借助于思维抽象。这就是说，对自然规律的认识，既需要借助于科学实验，也需要借助于思维抽象。两者都属于抽象法即科学抽象的范畴。政治经济学或其他社会科学中的抽象法，同自然科学中的抽象法的区别，就在于前者不能在实验室中进行科学抽象，而只能运用抽象力。

分析社会主义经济形式，也需要运用抽象力。但是这种方法的运用，有时会被误解为脱离实际。这是由于把科学抽象同空洞的抽象议论混同起来的结果。在这种情况下，列宁关于科学抽象的说明，仍有其重要的现实意义。他说："当思维从具体的东西上升到抽象的东西时，它不是离开——如果它是正确的……——真理，而是接近真理。物质的抽象，自然规律的抽象，价值的抽象及其他等等，一句话，那一切科学的……抽象，都更深刻、更正确、更完全地反映着自然。”① 在我国目前编写的一些政治经济学社会主义部分教科书中，对经济过程和经济现象描述得多，科学抽象方法运用得少，甚至没有运用。要编写好政治经济学社会主义部分，从方法方面来说，也有个透过现象揭明经济过程的本质和规律的问题。这一点，不可能一下子做得很好，但有必要努力去做。比如，探寻社会主义经济规律，就需要运用科学抽象，社会主义的任务复杂纷繁，不同时期有多种需实现的目标，但其根本任务是快速发展生产力，根本目标是实现共同富强，这是本质规定。违反了就会犯错误。

二、关于怎样解读等价形式的特点问题

在《资本论》中分析“价值形式或交换价值”问题时，阐述了等价形式的三个特点：第一个特点是，“使用价值成为它的对立面即价值的表现形式”；第二个特点是，“具体劳动成为它的对立面即抽象劳动的表现形式”；第三个特点是，“私人劳动成为它的对立面的形式，成为直接社会形式的劳动”。正确理解这些特点，对于认识货币的本质和特征，对于揭露“货币的谜”，具有重要的意义。

然而，在政治经济学的教学中，在一些政治经济学读物和解释《资本论》的著作中，对等价形式的特点问题，经常存在解释不明确和不准确的情况。就拿等价形式的第一个特点来说，人们常常这样解释：例如，在20码麻布 =1 件上衣的价值关系中，上衣是等价形式，它用自己的使用价值表现了麻布的价值，这就是等价形式的第一个特点。张薰华和洪远朋同志的《〈资本论〉提要》第1册中，用图式来表示等价形式的三个特点。这就使所存在的问题显示得更为明朗了。其图式如下页。

作者解释说：等价形式的三个特点就是，“（1）商品 A 的价值表现在商品 B 的使用价值上面；（2）商品 A 所凝结的抽象劳动表现在商品 B 的具体劳动上面；（3）生产商品 A 的劳动所具有的社会性质表现在生产商品 B 的

---

①《列宁全集》第38卷，人民出版社1986年版，第181页。

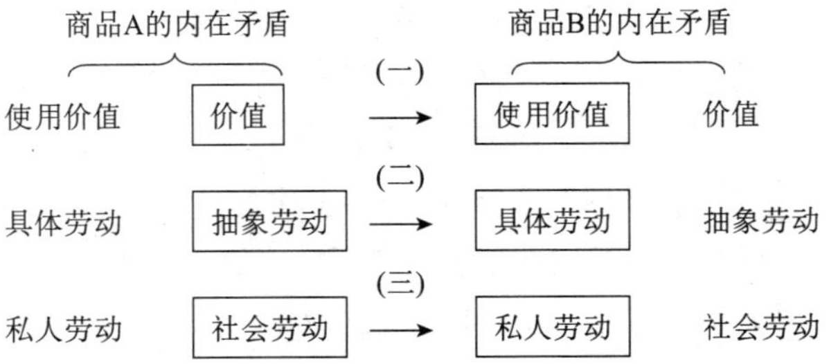

私人劳动上面。”[①] 对于这样的解释，我们可以提问：为什么上述这样三点不是相对价值形式的特点，而偏偏是等价形式的特点呢？试问：“商品 A 的价值表现在商品 B 的使用价值上”，这无非是重复已经说明过的价值表现的两极的关系，怎么能从这里看出等价形式的特点呢？

我们知道，在《资本论》中分析价值形式时，首先就阐明了“价值表现的两极：相对价值形式和等价形式”的关系。“两个不同的商品 A 和 B，如我们例子中的麻布和上衣，在这里显然起着两种不同的作用。麻布通过上衣表现自己的价值，上衣则成为这种价值表现的材料。”在分析“相对价值形式的内容”时又说：在麻布与上衣的交换中，“商品麻布的价值是表现在商品上衣的物体上，一个商品的价值表现在另一个商品的使用价值上。”这些话已经清楚地说明：在麻布与上衣的交换中，麻布的价值通过上衣（等价形式）的使用价值表现出来。从等价形式的角度看，那就是，作为等价形式的上衣，用自己的使用价值表现出麻布的价值来。马克思在讲这种关系和作用时，并没有讲这是等价形式的特点。待后面专门分析等价形式时，才提出等价形式的特点问题。显然，讲等价形式的特点，不应当是简单重复前面分析“价值表现的两极”和“相对价值形式”时已经反复讲过的话。而应是从商品交换关系中进一步揭示出等价形式的一些新的规定。价值表现的两极的相互关系和不同作用如何，是一回事，等价形式本身的特点如何，则又是一回事。不应当把二者混同起来。自然，不阐明价值表现的两极的相互关系，就不可能进一步揭示出等价形式的三个特点。但这些特点应是从两极的相互关系中提炼出来的，而不是指两极的关系本身。

那么，等价形式的特点，究竟是什么呢？还以第一个特点为例来讲。在“20 码麻布 = 1 件上衣”的价值表现关系中，上衣的使用价值既然成为表现

① 张薰华、洪远朋：《〈资本论〉提要》第 1 册，上海人民出版社 1977 年版，第 44 页。

麻布价值的材料，于是，上衣（使用价值）就“充当价值体”、作为价值的代表或体化物而出现了。“在我们的价值表现中，上衣这个物体对于麻布来说，也只代表价值。”① 正如同在衡量物体的重量时，使物体和铁块发生重量关系，铁块在这里就作为重的代表而出现一样。说上衣的使用价值表现麻布的价值，这是从二者间的关系中上衣的作用来看的；而说上衣在麻布面前只代表价值，这就涉及等价形式的特点了。后者是从前者引出来的，是以前者为基础的，但不等于前者。这是两层不同的意思。后者的意思要进一层了。说等价形式的第一个特点是使用价值成为价值的表现形式，意思是：使用价值成为价值的代表了，成为价值体了。上衣本来是使用价值，但作为等价物，它就当作价值的化身，当作价值体了。正是从等价形式的这个特点，才产生出了等价形式的谜的性质。似乎作为等价物的上衣，天然就是价值的代表。当价值形式发展到货币形式时，货币作为一般等价物，它的等价形式的地位被固定了下来，在更广泛的范围内表现一切其他商品的价值。于是，等价形式的谜的性质也随之发展了，发展为货币的谜的性质。作为货币材料的金银，本来也是使用价值。但当它们作为货币时，就成了价值的普遍尺度，以价值的化身的资格出现了。人们一提到货币，就把它当作价值。似乎货币代表价值是天然具有的属性。似乎金银从地下一挖出来就具有价值的属性，就是货币。因而产生了货币拜物教。如前所说，讲等价形式的特点，就是为了揭明货币的特点和货币的谜的性质。如果把等价形式的特点解释为价值表现的两极间的关系，也就无法揭明货币的特点及其谜的性质了。

弄清了等价形式的第一个特点的真正涵义，其他两个特点也就好理解了。所谓“具体劳动成为它的对立面即抽象劳动的表现形式”，决不能解释为“商品A所凝结的抽象劳动表现在商品B的具体劳动上面”。它的意思是说，作为等价物的商品，例如上衣，本来是具体劳动的产品，但当它作为价值的化身而存在时，也就是作为抽象劳动的化身而存在了。马克思讲得很清楚：“充当等价物的商品的物体总是当作抽象人类劳动的化身，同时又总是某种有用的、具体的劳动的产品。因此，这种具体劳动就成为抽象劳动的表现。”②这里的意思不是重复说，作为等价物的商品用自己的具体劳动去表现出另一个商品的抽象劳动性质，而是进一步说，作为等价物的商品自身

①② 《马克思恩格斯全集》第23卷，人民出版社1972年版，第71～72、72页。

"总是当作抽象人类劳动的化身"存在，但这种抽象劳动又寓于生产该商品的具体劳动之中。因而具体劳动就成为抽象劳动的表现形式。这都是就作为等价物的商品自身来说的。所谓"表现形式"就是存在形式的意思。不要一讲"表现形式"，就以为一定只是讲用一个商品去表现另一个商品的价值或抽象劳动。

至于等价形式的第三个特点，单从马克思的提法来看，这里没有用"表现形式"的字眼，应该说是比较容易掌握其原意的。这个特点是：私人劳动"成为直接社会形式的劳动"。在私有制的商品经济中，生产充当等价物的商品的劳动，本来也是私人劳动，但当它作为等价物而起作用时，它是作为价值和抽象劳动的化身而存在，因而也就作为直接社会形式的劳动而存在了。这个特点，在货币身上看得很清楚。任何商品，只要能实现为货币，生产商品的私人劳动就获得了社会承认，就成为社会劳动的构成部分了。一切商品中所体现的劳动的社会性质，都要通过货币来测定，也就是通过生产货币的劳动来测定。因而生产货币的劳动，就成为测量其他商品中所体现的社会劳动的尺度，成为社会劳动的代表了。但生产货币的劳动，也是私人劳动，因此，这种私人劳动便"成为直接社会形式的劳动"了。

如果说，把等价值形式的第一个特点，解释为：等价物 B 的使用价值，成为另一种商品 A 的价值表现的形式，这是一种不准确的解释的话，那么，前面所引述的《〈资本论〉提要》中的图解和说明，就是离开了马克思原意的更为不准确的解说了。因为"商品 A 的价值表现在商品 B 的使用价值上"，这讲的是价值表现的两极中相对价值形式的作用，是从相对价值形式的角度讲的，并没有从等价形式的角度看问题，因而根本不能说这是等价形式的第一个特点。关于等价形式的其他两个特点的解释中所存在的问题，与在第一个特点解释上的问题，完全相似，这里没有必要再加赘述了。

所用资本和所费资本之间的差额增大怎样成为决定积累规模的因素?[①]

马克思在《资本论》第1卷中分析资本的积累过程时，指出了在生产过程中决定积累规模的各个因素，并逐一进行了分析。马克思对决定资本积累规模的因素的分析，对于研究社会主义条件下的积累问题，仍然具有指导意义。如果把资本主义积累中所体现的资本和劳动的对立关系抽除掉，只从其一般基础来考察，那么，马克思所指出的决定积累规模的一些因素，是同样在社会主义积累中起作用的。因此，不仅为了揭露资本主义积累的实质问题，而且也为了研究社会主义的积累问题，都有必要掌握马克思在这个方面所提出的一些基本原理。

在这篇短文里，我想谈谈马克思所讲的所用资本与所费资本之间的差额是指什么？以及这一差额的增大怎样成为决定积累规模的因素问题。

有的经济学著作干脆避开了这个问题。如考茨基在他还是一个马克思主义者的时候所写的《马克思的经济学说》一书中，虽然有专门一节阐述影响积累规模的因素问题，但对马克思所论述的所用资本与所费资本之间的差额增大这一因素却只字未提。他没有弄懂马克思所提出的这个因素的内容和意义，而任意地将它阉割掉了。

在某些谈到决定积累规模因素的经济学著作中，曾试图回答这个问题，但不同的著作对这个问题的回答是极不相同的。

例如，有的书认为，所费资本是指固定资本中减去转移走的价值以后尚留存的那部分价值。固定资本的价值虽减低了，但与以前一样发挥着作用，

---

① 本文原载《光明日报》1962年1月22日。

这就可以直接增大积累。“例如，资本家在生产中所使用的厂房、机器等固定资本为一万镑，在生产过程中已有八千镑转移到新产品中，这些厂房机器等还会与以前一样在运用，但价值已减低了。因此，资本家所用资本与以前一样，而所费资本价值仅有二千镑。这个差额部分就像水与空气等自然力一样，提供无代价的服务。运用的资本愈大，这一差额就愈大，因而剥削范围与积累可能就愈大。”①

上述这种解释是有失原意的。《资本论》中译本的这样一段话：“资本增大了，所用资本与所费资本间的差额会一同增大。”② 在英译本和俄译本中是这样表述的：“随着资本的增大，所使用的资本和所消耗的资本之间的差额也会增大。”显然，中译本中的“所费资本”就是指在生产中被消耗的资本，而不是指经消耗以后尚留存的那部分资本价值。由于对所费资本一词的解释不够确切，因而对“差额”的解释，也就难以与原意吻合。同时，该书对于所用资本和所费资本间的差额增大怎样会影响积累的问题，也解释得不明确，固定资本的那种与自然力一样的无代价的服务，究竟怎样增大积累呢？难道自然力的服务也会增大积累的规模吗？

在一本专门讲解《资本论》的著作中，对什么是所用资本和所费资本之间的差额问题，做了比较明确和正确的解释，指出所用资本是在生产过程中使用的全部资本，所费资本是在生产中逐渐耗费去的资本。“比如厂房、机器等等固定资本，可以在长期中反复使用。它们是逐渐消耗的。投下去的全部资本，在一次生产过程中只会耗费它的一部分。因此，在所用资本和所费资本之间存在着差额，所用资本总是比所费资本大。”③

至于这种差额的增大如何影响资本积累的规模，该书的解释则不够确切。书中写道：“这个差额愈大，即固定资本消耗得愈少，产品价值或价格中用来补偿资本耗费的部分也就愈少。其结果就是产品变得低廉。”这样，一方面，在资本家消费水平不减少的情况下，可以减少其消费基金，增加积累基金；另一方面，会降低劳动力的价值，从而提高剩余价值率，并扩大积累的规模。“或是产品的价值或价格不会因此减低，而是照旧不变……如果如此，其中用来补偿资本耗费的部分愈小，剩余价值就愈多。”

---

① 洪文达：《资本积累与无产阶级贫困化》，华东人民出版社1954年版，第21页。

② 马克思：《资本论》第1卷，人民出版社1953年版，第763页。

③ 郭大力：《关于马克思的〈资本论〉》，中共中央高级党校1957年版，第128、129页。

这样解释，第一，在逻辑上不够周延。要知道，所用资本和所费资本之间差额的大小，由三个因素决定：（1）固定资本的质量。在价值一定的条件下，质量越好，越经久耐用，每次转移的价值也就越小，从而所用资本和所费资本之间的差额便越大；（2）各固定资本的价值。价值越大，差额也越大；（3）固定资本的总量。总量越大，差额越大。

只有在固定资本的价值不增大而其耐用程度提高，或价值虽增大但其增大程度小于耐用程度提高的条件下，转移到同量新产品中去的不变资本部分才会减少，从而单位商品的价值才会降低。这还只是在撇开了固定资本的精神磨损的条件下才能成立的命题。如果固定资本的耐用程度提高了，但其价值也以同一比例增大，这时，尽管所用资本和所费资本之间的差额也增大了，但既不会由此而引起商品价值的减低，也不会由此而增多剩余价值。例如，某种机器原有价值为700元，可使用7年，每年转移到新产品中的价值为100元，假定现在改用价值为1 000元的新机器，使用期限增为10年，每年转移到新产品中的价值仍为100元。这时，所用资本与所费资本之间的差额虽也增大了，原来是700元与100元的差额，现在则增为1 000元与100元的差额，但在劳动生产率既定的条件下，差额的这种增大，并不会减少单位商品价值中的不变资本部分，从而不会引起商品价值的减低或引起剩余价值的增加。同样地，在每个固定资本的价值和质量不变的条件下，只要固定资本的总量增加了，就会引起所用资本和所费资本之间的差额增大，这也丝毫不会引起单位商品价值中的不变资本部分的减少。而马克思分析问题时，恰恰是从随着资本的增大引起上述的差额增大这一条件出发的："资本增大了，所用资本和所费资本间的差额会一同增大。"①

第二，在道理上也勉强。商品价值的降低，从而劳动力价值的降低，以及超额剩余价值的取得，一般是以提高劳动生产率、减少社会必要劳动时间和个别劳动时间为前提的。至于固定资本的耐用程度提高和消耗的减少，在这方面所发生的作用是微不足道的，马克思在阐述相对剩余价值和超额剩余价值问题时，都没有提及它。因而这里把它作为决定积累的重要因素是缺少理论根据的。

这个问题究竟怎样解决呢？从马克思和恩格斯的著作及资本积累的实践

---

① 马克思：《资本论》第1卷，人民出版社1953年版，第763页。

中可以找到答案。

马克思讲过："固定资本，……会在生产过程中，继续在其自然形态上发生作用，而以其价值一部分（大小视平均的磨损而定）与生产物一同流通，一同转化为货币，……但固定资本价值中转化成货币的部分，仍然可以用来将营业扩大，或用来把各种改良施于机器，以增进机器效率。……而从社会的立场看，那还是规模扩大的再生产。……但这种规模扩大的再生产，不是由积累（剩余价值到资本的转化）发生的，却是由于从固定资本的身体分离出来但还在货币形态上独立着的价值，已经再转化为追加的或效率较大的同种类的固定资本。"①

这段话表明，固定资本的更新时间，并不是集中在它的物质形态毁弃无用的时候。固定资本在生产中是长时期发生作用的，而其价值则是部分地、渐次地转移到新产品中去，并通过产品的售卖而流转回来，成为准备用以更新固定资本的更新基金。但这部分基金，资本家绝不会让它白白地闲置在手中。当它还没有达到足以购置一定量的新的劳动资料的数额时，资本家可以把它贷放出去，获取利息，从而用于扩大积累规模；当它达到一定数额时，资本家就可用以添置和改进劳动资料，而原有的劳动资料却仍旧在继续发挥作用。这样，同等的固定资本价值，便表现为更多的劳动资料，从而扩大了生产规模，创造出更多的剩余价值，使积累增大。正如马克思所说："由此会有一个积累基金形成，因为在资本家必须用流回的货币来替换固定资本以前，会在当中的时间，运用这种流回的货币。"②

所用资本和所费资本之间的差额增大，所以会成为决定积累规模的因素，是由两方面的情况决定的：

一方面，劳动资料的价值虽然片断逐渐地转移走了，但它们的使用价值并不会同比例地丧失掉，它们依旧在生产中发挥着原有的作用。这样，比例于转移到新产品中去的价值的那部分使用价值，便像自然力一样，无代价地为资本家提供服务。马克思说："……它们是全部被使用，但只一部分被消费的。像我们前面讲过的那样，比例于这件事，它们是像水，蒸汽，空气，电气等等自然力一样，担任了不要代价的服务。"③ 而且随着固定资本价值

---

①② 马克思：《资本论》第2卷，人民出版社1953年版，第194～195、669～670页。

③ 《资本论》第1卷，人民出版社1953年版，第263页。

的逐年转移，这种不要代价的服务，也相应地逐年增大，一直到固定资本的物质形态被更替时为止。如果没有固定资本的这种无代价的服务，如果它的效用与它的价值同比例地逐年丧失掉，那么固定资本价值的转移快慢，所费资本的大小，便会失去其对积累规模的任何作用。但是，固定资本的这种无代价的服务，并不能直接扩大积累规模，如果固定资本转移走的价值，在返回资本家的手中以后，被闲置起来，只是到一定的时候，才用以替换旧的固定资本，那么，所谓固定资本的无代价的服务，也就失去其对积累的任何实际意义。

另一方面，所用资本和所费资本之间的差额增大之所以能够成为决定积累规模的因素，还因为在资本积累的实践过程中，更新基金事实上是被继续用于扩大再生产的。正是由于旧的固定资本依然发挥着原有的作用，而从它转移走的价值部分又被继续用于扩大生产，这样，就犹如孙悟空的分身法似的，一个资本的价值发挥两个资本价值的作用了，这就引起了积累规模的增大。

关于利用更新基金促进积累规模增大的具体过程，马克思曾写信请教过恩格斯。恩格斯曾给予详尽的说明。恩格斯为了说明这个问题，制了两个图表。在第一个表内，假定工厂主把更新基金用五厘的利息逐年贷放出去，这样，每年折旧10%、而价值为1 000镑的固定资本，在10年以后，便增加为1 252镑了。在第二个表内，假定更新基金逐年重新投在机器上，那么，在10年以后，“靠了这种账面垫支，他不把他的真正利润新投下一个铜板，已经能够由旧机器，把机器增加60%。”①

所用资本和所费资本之间的差额愈大，更新基金在积累过程中的作用也就愈大。就个别固定资本来说是如此，就固定资本总额来说也是如此。撇开精神磨损，那么，个别固定资本的耐用程度愈高，磨损率愈低，所用资本和所费资本之间的差额便愈大，从而积累规模也就愈大。假定一个纺纱厂，拥有纱锭1 000个，每个价值1元，共1 000元。如果纱锭每两年更新一次，即折旧率为50%，每年折旧500元。倘把这部分货币逐年用于购置新纱锭，次年即可增加纱锭500个，连同旧纱锭共计1 500个。如此推算下去，10年以后，则拥有纱锭共1 333个，平均每年拥有1 313个。如果纱锭的使用期

---

① 马克思：《资本论》第2卷，人民出版社1953年版，第671页。

间延长为10年，从而每年折旧率降为10%，其他条件不变，则根据恩格斯的计算，10年以后拥有纱锭1 593个，比上述情况下多260个。平均每年拥有纱锭1 449个，比上述情况下多136个。

问题还不仅如此，更重要的是，在社会生产的发展过程中，固定资本的总量日益增大。在其他条件相同的情况下，所用资本和所费资本之间的差额也相应地同比例增大，从而积累的规模也相应地扩大。如果如前所说，1 000个纱锭作用的结果，在10年以后，可以增加纱锭593个，那么10 000个纱锭作用的结果，自然可以增加纱锭5 930个。正是这个方面，在促进积累规模的扩大中，有着重大的意义。马克思在把所用资本和所费资本之间的差额作为决定积累规模的因素时，所强调的也正是这一点。

由此可见，所用资本和所费资本之间的差额增大这一因素，在马克思所指出的决定积累规模的诸因素中，并不是无足轻重的，它对积累规模的扩大有着巨大的作用。正因为这样，马克思和恩格斯才在许多地方，多次地论述到它。

《资本论》中关于资本主义积累一般规律中的“成正比”还是“成反比”的是非问题[①]

《资本论》中提出了资本主义积累的一般规律的内容：“社会的财富即执行职能的资本越大，它的增长规模和能力越大，从而无产阶级的绝对数量和他们的劳动生产力越大，产业后备军也就越大。……产业后备军的相对量和财富的力量一同增长。但是同现役劳动军相比，这种后备军越大，常备的过剩人口也就越多，他们的贫困同他们所受的劳动折磨成反比。最后，工人阶级中贫苦阶层和产业后备军越大，官方认为需要救济的贫民也就越多。”[②]这段话中的“成反比”，在法文版中是“成正比”。于是，在中译本中，对“成反比”加了个脚注：“马克思亲自校订的法文版中是：‘成正比’”。在我国出版的《政治经济学辞典》和多数政治经济学教材（包括宋涛主编的《政治经济学教程》、蒋学模主编的《政治经济学教材》、龚士其主编的《政治经济学教程》等）中，都把中译本译者所加的上述那个脚注，加在“成反比”的后面括弧内，或是也作为脚注加在书页的下面。我觉得《资本论》的中译本加上这个脚注不是不可以的，但作为政治经济学教材这样做不很适当。因为学生和读者反会因此而被弄糊涂，不知该怎样取舍，究竟是德文版中的“成反比”对呢？还是法文版中的“成正比”对？或是两个讲法都对？作为教材应作出判断，加以明确化。如果认为德文版是对的，则没有必要提法文版。如果认为法文版是对的，德文版是笔误，就应该在正文中将“成反比”改为“成正比”。然后可加脚注说明是根据法文版改正的。于光远等同志主编的《政治经济学（资本主义部分）》一书中，就是在正文中把“成

① 此文摘选自卫兴华：《政治经济学研究》（二），陕西人民出版社1987年版。

② 《马克思恩格斯全集》第23卷，人民出版社1972年版，第707页。

反比”改为“成正比”，而没有加任何脚注。这里碰到了一个问题：从理论和实践上说，究竟是“成正比”对，还是“成反比”对？需要进行一点分析和考证。

1961年出版的郭大力和王亚南翻译的《资本论》中译本第2版中，对“成反比”的脚注是：“最近出版的《马克思恩格斯全集》版已改为‘正比例’，并加注说，这个改订是根据马克思亲自校订过的法文本做出的”。这里所注明的“最近出版的《马克思恩格斯全集》版”，是指哪个版本呢？看来指的是俄文版。俄文版第二版确实这样改了。而且苏联的刊物上还发表文章，题目是《关于马克思〈资本论〉的一点更正》（见《经济学译丛》1963年第4期），认为是马克思亲自校订法文版时，有意把“反比”更正为“正比”。

我在1965年12月13日发表于《光明日报》的一篇文章《谈〈资本论〉中译校订本》中，曾对郭译本所加脚注提出这方面的意见：这个注不够完善。《马克思恩格斯全集》根据法文版将“反比例”改为“正比例”时，把正文中的有关内容也做了改动，即将“他们的贫困同他们所受的劳动折磨成反比”，改为“他们的贫困同现役劳动军所受的劳动折磨成正比”。从常备过剩人口即失业工人同现役劳动军即在业工人的相互关系看，二者所受的痛苦，即失业工人的贫困和在业工人的劳动折磨确实是成正比例的。因为在业工人愈过度劳动，所受劳动折磨愈大，失业工人就愈难就业，从而愈是贫困。而失业工人越多，贫困越大，越加压力于在业工人，迫使他们过度劳动，忍受更大的劳动折磨。如果只将“反比”改为“正比”，其他内容不变，则只能一个是对的，一个是错的。不能认为两个提法都对。就同一些工人来说，他们的贫困同自己所受的劳动折磨应是成反比。因为在业时比失业时贫困小，但所受劳动折磨大；半失业，劳动折磨减少而贫困增大；全失业，则不受劳动折磨而贫困更大。因此，德文版中的“成反比”并没有错。

但是，我在1965年写那篇文章时，有一个疏忽：我以为俄译本第二版将“成反比”改为“成正比”的同时，将“他们的贫困同他们所受的劳动折磨”改为“他们的贫困同现役劳动军所受的劳动折磨”，都是严格地按照法文版修改的。前者的“他们……他们”是指同一些工人，从文法上看，是指后备军和“常备过剩人口”（其实，就在业工人看，也是一样的）；而后者是指不同的两部分工人即在业工人和失业工人。1978年，我在中国人民大学“文革”后重新登上讲台讲授《资本论》时，就“反比”、“正比”问题查阅了法文版《资本论》，才发现我过去轻信俄文版了。因为法文版除将“反比”改为“正比”外，其他内容同德文版一样。经过分析，我认为法文版的“正比”是错的，德文版的“反比”是对的。

目前，依然有不少同志认为，马克思在法文版中有意将“成反比”改为“成正比”，因而认为“成正比”是正确的。于光远等同志主编的《政治经济学（资本主义部分）》（1985 年版）中不加任何说明把“反比”改为“正比”，表明作者认为“正比”是正确的，而德文版中的“反比”是不正确的。

有必要提一下《安徽劳动大学学报》1978 年第 6 期所载范敬凯的《“成反比”和“成正比”的辨析》一文。该文是“兼与卫兴华同志商榷”的。他反对我认为德文版“成反比”是正确的看法。他说：“首先需要弄清楚的问题是，所谓理论上对与否，到底以什么作衡量的标准？是以社会实践的客观过程来检验呢，还是根据主观上能否自圆其说为判断，这是两条根本不同的思想认识路线”。您瞧！我认为《资本论》德文版“成反比”没有错，同范敬凯认为“成正比”正确之间竟是“两条思想认识路线”的斗争呢！

然而，“成反比”是马克思自己在德文版中提出的，许多人受“马克思亲自校订的法文版”这个提法的影响，以为法文版一定比德文版更权威、可靠。可是也应该想一想：在这个“反比”“正比”问题上，究竟是马克思亲手写的德文版更可靠呢，还是由别人翻译而只经马克思校订的法文版更可靠？至少不能说亲自校订的译本一定比亲自写的原著更准确。只要考证一下，可以看出，法文版中的“成正比”，不是马克思有意修改的，而是译者的手误，马克思校订时没有注意到。这样讲有什么根据呢？

恩格斯在《资本论》第 1 卷第 3 版序言中有这样一段话：“在马克思的遗物中，我发现了一个德文本，其中有些地方他作了修改，标明何处应参看法文版；同时还发现了一个法文本，其中准确地标出了所要求采用的地方。这些修改和增补，除少数外，都属于本书的最后一部分，即资本的积累过程那一篇”。这段话告诉我们这样一个事实：凡马克思认为应参照法文版修改德文版的地方，马克思在留下的一个德文本和一个法文本中都标明了。而且这些修改大都属于资本积累这一篇，即正是我们争论“反比”、“正比”的这一篇。如果马克思认为德文版中的“成反比”是不正确的，校订法文版时有意改正为“成正比”，而且这是属于资本主义积累一般规律这一重要问题中的一方面内容，那么，马克思肯定会在他留下的那个德文本和法文本中标明应参照法文本将“成反比”改正为“成正比”。然而，马克思没有提出这个问题。这证明在马克思的思想中不存在德文版中的“反比”错误而法文版中的“正比”正确这回事情。

还有，马克思亲自整理出版了《资本论》一、二版，恩格斯又校订出版了三、四版。如果德文版中的“成反比”错误而马克思又在法文版中改正为“成正比”，那么不会在连续四版中都一直保留这个明显的“错误”。

有必要指出：目前出版的法译本《资本论》，已根据德文版将“成正比”改为“成反比”。并加注说明：原来法文版是“成正比”。

为什么俄译本第二版在将“反比”改为“正比”时，要同时把有关的一句话改为“他们的贫困同现役劳动军所受的劳动折磨”呢？是否在有意篡改法文版内容？我认为不是有意篡改，而是俄文版译者首先相信法文版中的“成正比”是正确的。而法文版中的原文是“他们的贫困同劳动折磨成正比”。他们的贫困同谁的劳动折磨相比呢？本来是指同自己所受的劳动折磨相比，但那样理解就同“成正比”相矛盾了，于是译者根据自己的理解，就将它明确化为同“现役劳动军”的劳动折磨相比较了。

范敬凯同志坚持“成正比”的正确“思想认识路线”，硬把它解释成是指相对过剩人口诸形式中的停滞过剩人口。这种解释实在没有多少道理。马克思讲资本主义积累的一般规律，讲工人阶级的失业和贫困，难道专指停滞的过剩人口这一部分人吗？难道对其他人就不适用了吗？那还叫什么“一般规律”呢？范敬凯同志在这个问题上的观点和全部论证都是难以成立的。

弄清"粗放型"与"集约型"同"外延型"与"内涵型"的关系①

一、粗放型与集约型的内涵变迁及其同计划经济与市场经济有无内在联系

有的论著中说，粗放型经济增长是计划经济的特点，集约型增长是市场经济的特点，这是一种想当然的不符合实际的说法。资本主义在其发展的几百年中，也经历了由粗放型向集约型转变的历史过程。粗放耕作、集约耕作，原本是用于农业耕作方式的概念。《资本论》讲资本主义农业和地租问题时就用过这两个概念，现在将粗放型、集约型扩展到一切经济部门。由粗放型增长向集约型增长转变，是任何国家经济发展都会经历的不同阶段，与社会经济制度无关，与计划经济或市场经济也无关。西方学者论述资本主义经济的增长过程也要划分为不同的阶段。

粗放型和集约型概念的内涵，随着社会经济的发展，也发生了变化。现在讲粗放型，意味着经济效率和效益低下，讲集约型，意味着效率和效益提高。但最初在农业耕作中，讲粗放化耕作和集约化耕作，并不具有这种固定的含义。粗放化耕作意味着扩大耕地面积增加产量；集约化耕作，意味着在同一土地上增加投入和产出。当一个国家或地区存在大量未被占有和未开垦的土地时，可以通过扩大耕地增加收入。由于新耕作土地的好坏不同，收益也有差别。如果新耕作土地肥沃程度更高，则是高效益的粗放型耕作，即便新耕作土地并不肥沃，也可由广种多收获得更高收益。现在讲粗放型耕作，

---

① 本文原载《毛泽东、邓小平理论研究》2011年第3期，有删改。

往往与“刀耕火种”、“广种薄收”等相联系。但最初的粗放型耕作并未固定为这种内容。马克思说，那些新近开垦、相对不肥沃的土地，在气候不坏的条件下，“至少已在土壤表层积累了许多易溶解的植物养料，以致它无须施用肥料，甚至只要进行粗放耕作，也能长期获得收成”。粗放耕作，投入低、成本小，即使亩产较低，但因耕作面积大，总产量可以很大。“一个家庭可以粗放耕作比如说100英亩。每英亩的产量虽然不大，但100英亩将提供相当多的剩余产品”。而集约化耕作，原来也未与提高效率相联系，只是指在同一块土地上增加投资提高产量。马克思说：“所谓耕作集约化，无非是指资本集中在同一土地上，而不是分散在若干毗连的土地上。”① 至于追加投资的效益高低，并无固定关联。现在将粗放型与集约型概念拓展和适用到整个经济增长与发展中来，其内涵也发生了变化。我国在改革开放前的一个时期，为了增加亩产，在同一土地上不计成本大量投入人力物力，搞粗放型耕作。现在增加亩产，重在集约耕作。而集约耕作的内涵发生了变化，重在低投入高产出，精耕细作，培育和使用优良品种，改进管理，以提高单位面积产量。就是说，在同一块土地上，可以粗放化耕作，也可以集约化耕作。而粗放型、集约型概念扩展到整个经济的增长与发展中来，其内涵也变化为与有无经济效率和效益以及效率和效益的高低相联系的经济范畴。

二、粗放型与集约型同外延型与内涵型是什么关系

在研究与讨论经济增长与发展问题中，还有两对相关的概念和原理，需要澄清对其理解上的偏误。长期以来，对粗放型与集约型同外延型与内涵型的关系问题存在不同看法。不少学者将粗放型与外延型的含义相等同，又将集约型与内涵型的含义相等同。其主要根据：一是在外文中粗放型与外延型是同一个字，而集约型与内涵型也是同一个字。在英语中，“粗放的”和“外延的”的确是同一个字即extensive，而“集约的”和“内涵的”，也是同一个字即intensive。但是，经过分析，可以看出，无论从字义和词义上或是从理论和实践上看，这种等同论的认识是难以成立的。从字义或词义上看：无论外文或中文中，一字多义或一词多义的情况很多。如中文“沽”

---

① 《马克思恩格斯全集》第25卷，人民出版社1972年版，第760页。

字，既有卖的含义，也有买的含义。究竟是卖义，还是买义，要看用在什么地方。“待价而沽”就是卖义，提酒具去沽酒就是买义。决不能因为一个沽字既有卖义也有买义，就由此断言，在中文中，买与卖是同义的，是一回事。同样的道理，哲学上所讲的概念的外延与内涵，决不能转换成概念的粗放和集约。将粗放型、集约型同外延型、内涵型两对概念相等同，是从有影响的学者的著作中理解有所偏离而延伸、扩展开来的，特别是20世纪80年代初，组织全国学马克思《资本论》第2卷（主要是其中的再生产理论），涉及到这个问题。由人民出版社和中国社会科学出版社于1980年出版的辅导性读物《学习马克思关于再生产的理论》一书的有关解读，由于没有全面把握《资本论》的原意，从而发生具有更大影响的某种偏离，产生了较为普遍和长远的学术影响。它这样解释两种扩大再生产：“所谓外延的扩大再生产，是指单纯依靠增加生产要素的数量，即增人、增资、增设备、增投料，扩大生产场所来扩大生产规模，这里没有生产技术的进步，没有生产要素质量的变化，没有社会生产效率的提高。所谓内涵的扩大再生产，是指生产规模的扩大是依靠生产技术的进步，依靠生产要素质量的改善，依靠提高活劳动和生产资料的效率取得的，……有时也把它叫做‘集约的’扩大再生产。而把外延的扩大再生产叫做‘粗放的’扩大再生产”。[①] 将“内涵的”与“集约的”相等同，将“外延的”与“粗放的”相等同。

从理论的阐述上看，外延的和内涵的扩大再生产概念是马克思提出的，但马克思在《资本论》中是把扩大生产场所和规模，——无论是原有的同一企业扩大生产场所还是建立新企业以扩大生产规模，都叫做外延的扩大再生产。而原有企业和原有场所扩大生产就叫做内涵的扩大再生产。内涵的扩大再生产既可以是通过增加投入改进技术、提高要素质量和生产效率实现；也可以是在原有的生产条件下，单靠增加投入来实现。同样，扩大原企业的场所也好，建设新企业也好，既可以采用原有的技术设备和其他生产条件，也可以采用先进技术，提高效率。

前些年，中央提出转变增长方式问题时，有的学者写文章讲：由粗放型方式转向集约型方式，就是由外延型转向内涵型。可是从实践上看，我国每年都有新的企业增加，不仅国家要建设新的高新技术企业，而且外资企业、

① 《学习马克思关于再生产的理论》，人民出版社、中国社会科学出版社1980年版，第285～286页。

私营企业的数量也在不断增加。可见，不能限制外延型企业的增加和生产规模的扩大。我们反对乱铺摊子，乱上项目，要求原有企业挖潜改造、提高效率和效益。但不能一概反对建立和增加新的项目和企业。即不能一概反对和否定外延的扩大再生产。

有的学者之所以对马克思所讲的外延型扩大再生产和内涵型扩大再生产的解读有误，一是由于没有全面把握马克思的两处有关论述，只引证其中一处的论述；二是对所引证的一处论述作了简单的绝对化的理解。马克思的第一处论述是在《资本论》第2卷阐述资本周转时讲的："固定资本价值中这个转化为货币的部分，可以用来扩大企业，或改良机器，以提高机器效率，这样经过一段或长或短的时间，就有了再生产，并且从社会的观点看，是规模扩大的再生产。如果生产场所扩大了，就是在外延上扩大；如果生产资料效率提高了，就是在内涵上扩大。"① 这里讲的是将固定资本的折旧费用于扩大再生产，是从一个企业内部的扩大再生产讲的。引文中所讲的"如果生产场所扩大了，就是在外延上扩大"，容易简单理解为外延型再生产是指没有生产资料效率提高的扩大。其实，生产场所扩大并不排斥同时效率的提高。引文讲的"如果生产资料效率提高了，就是在内涵上扩大"，这句话自然容易理解为，内涵型扩大再生产就是生产场所不扩大，只是通过生产资料效率的提高来扩大生产规模。但如果一个企业既不扩大生产场所，也不提高生产资料效率，只靠增加工人来扩大生产，比如将生产一班制改变为两班倒或昼夜三班倒，显然不能将此称作外延型生产，而是可视为没有生产资料效率提高的内涵型扩大。如果读一下马克思另一处的论述，问题就更清楚了。

关于外延和内涵的含义，马克思还有另一处说明。马克思在《资本论》中《剩余价值的流通》一章中讲："积累，剩余价值转化为资本，按其实际内容来说，就是规模扩大的再生产过程，而不论这种扩大是从外延方面表现为在旧工厂之外添设新工厂，还是从内含方面表现为扩充原有的生产规模。"②这里讲的外延型和内涵型在考察的角度上与前一段话有所不同。其一，前一段论述讲的是固定资本的折旧费用于扩大生产规模；其二，是从一个企业内部进行考察的。后一段论述是讲通过剩余价值资本化，扩大生产规模，是从扩充原有旧工厂的生产规模还是添设新工厂来进行划分的。可以看

---

①② 《马克思恩格斯全集》第24卷，人民出版社1972年版，第192、356页。

出，这里无论讲添设新工厂还是扩充旧工厂，都没有再提生产资料效率提高或者不提高的问题。可以这样理解：添设新工厂就是外延型扩大，至于是否提高生产资料效率，可以是，也可以不是。同样，将追加资本用于扩充旧工厂，就是内涵型扩大，可以有生产资料质量和效率的提高，也可按原有生产条件扩大生产。显然可以看出：这种外延型扩大或内涵型扩大，都不能与粗放式或集约式扩大相混同。如果从本源意义上考察农业的粗放型耕作和集约型耕作，倒是有与外延型与内涵型相重合的情况。但按目前其内涵已发生变迁和发展了的概念——粗放型和集约型来讨论，这对概念已扩展到工业和整个经济部门，已不会与外延型和内涵型相一致了。粗放型和集约型已成为一种经济的经营方式，与效率和效益的有无和高低不可分离地联系在一起了。

从马克思关于外延与内涵的两处不同的论述来看，可以这样认为，马克思前一处论述，是从微观角度讲一个企业内部通过外延型或内涵型扩大生产规模的。一个企业如果不扩大生产场所、不增加劳动资料和人力，而将折旧费用于扩大生产，就只有改良机器设备提高其效率，这是内涵型扩大。如果将折旧费用于扩大场所并增加劳动资料，不管有无机器设备的改进和效率的提高，都是外延型扩大生产。马克思的后一处关于外延与内涵的论述，是从宏观角度考察的。把新建和增加新的企业作为外延型扩大，把原企业的积累和追加投入称作内涵型扩大。这里，不管原有企业有无场所的扩大和机器设备效率的提高，只要同一企业的生产扩大了就是内涵型扩大。而新增企业，不管有无先进机器设备的利用和效率的提高，都属于外延型扩大。

外延的扩大，也可以同时是集约经营。如前些年新建上海宝钢，属外延型扩大，但不是粗放型经营，而是利用先进技术设备，实行集约型经营。

当前讲转变经济发展方式，要由粗放型转变为集约型，转变得越全面越彻底越好，但不应简单地说要由外延型全面和完全转向内涵型。当然，也要强调重在提高现有企业的效率与效益，而不是重在铺新摊子，上新项目，特别要反对低层次重复建设。但创建和增添新的企业的外延型扩大，则不能一概否定。新建高新科技产业，是外延型扩大，不能说是粗放型扩大；从经营方式来讲它是集约型方式，是外延型扩大与集约型经营相结合。如前些年新建上海宝钢，是外延型扩大，但决不能说它是粗放型增长，它的经营方式或增长方式是集约型的。这样的方式是将外延型扩大与集约型经营和增长内在地结合在一起了。

抽象劳动是不是商品经济范畴[①]

长期以来，我国经济学界流行着一种从苏联某些教材中搬来的观点，即认为抽象劳动是商品经济所特有的范畴。这种观点是没有根据的。马克思并没有这样讲过。相反地，从马克思在许多地方关于抽象劳动的说明中可以看出，抽象劳动并不是与商品经济不可分离的范畴。

在《政治经济学批判》导言中，马克思分析抽象劳动范畴时，根本没有与商品经济相联系，而且明确指出，劳动一般这个抽象是“一种古老而适用于一切社会形式的关系的最简单的抽象”。在《资本论》第1卷第1章第二节中，专门详细地分析了劳动的二重性，但也没有把抽象劳动看作是商品经济所特有的范畴。那里曾举了两个例证，以说明具体劳动可以还原为抽象劳动。其一是：“缝与织是性质上不同的劳动。但有各种社会状态，在其内，同一个人时而缝衣时而织布。所以，这两种不同的劳动方法，只是同一个人的劳动的变形……这好比，我们的裁缝工人今日缝的一件上衣和明日缝的一条裤子，只假定同一个人的劳动的变化。”[②] 这就是说，从同一个人所进行的缝和织两种具体劳动中，可以清楚地看出，它们是同一的人类劳动力支出的不同形态，从而可还原为抽象劳动。但同一个人的两种具体劳动之间，是不存在什么商品价值关系的。其二是：“在我们的资本主义社会中，因劳动需要方向的时时变动，会有一定部分的人类劳动，是时时变动地，取

① 本文原载《中国经济问题》1964年第1期，原题为《关于抽象劳动的几个问题》。1957年《读书月报》第1期刊发了我的短文《关于抽象劳动问题》，对流行于苏联教科书及我国有关著作中的理论观点即“抽象劳动是商品经济范畴”提出否定意见，获得一些学者的赞同，也有学者提出不同意见，后来又有学者提出讨论。徐采等编的有社会影响的《政治经济学概论》，先于1963年在中国人民大学出版社内部出版，1973年和1983年又先后在人民出版社出版，书中明确否定抽象劳动是商品经济范畴。目前，在我国有关经济类著作中，已不再提抽象劳动是商品经济范畴了。

② 马克思：《资本论》第1卷，人民出版社1953年版，第17页。

得缝劳动的形态，或织劳动的形态。”① 这就是说，资本主义社会的一部分工人，会经常改变其劳动的具体形态。因而缝劳动与织劳动，可以只是同一个工人劳动力支出的不同形态。正如马克思接着指出的：如果我们把劳动的有用性质置于度外，留下来的便是人类劳动力的支出。这里，是从同一个工人具体劳动的转换关系，说明抽象劳动的存在，而不是从商品价值关系说明抽象劳动的存在。

马克思批评了古典经济学派未曾有意识地区分劳动二重性的错误。指出：“他们不知道，劳动的量的区别，是以二者的质的同一性或均等性为前提，从而，是以二者还原为抽象的人类劳动这件事为前提。”② 劳动量的区别或比较，并不是只有在商品经济中才存在的事情，而是一切社会形态的人们所关心的事情，虽然关心的程度可以不一样。在将来的共产主义高级阶段，劳动量的比较和核算，将显得更加重要。但无论任何时候，不同的具体劳动是不能进行量的比较的，具体劳动只能表明劳动性质的区别，而不能表明劳动量的区别。只有抽象劳动才能进行量的比较。因此，马克思所指出的劳动量的区别要以二者还原为抽象劳动为前提的原理，在共产主义社会也是适用的。

在揭露商品的拜物教性质的起因时，马克思指出，它不是产生自价值决定的内容。这包括价值决定的质的方面、量的方面和社会形态方面③。价值决定的质的内容，就是人类劳动力的支出即抽象劳动。而肯定抽象劳动不会引起商品的神秘性质，这就等于肯定了抽象劳动不是商品经济所特有的范畴。因为马克思是把商品的拜物教性质与商品价值形态联系在一起的。他认为商品拜物教是与商品生产不可分离的④。指出只有当劳动的第一性即抽象劳动取得了价值的物的形态时，才会产生商品的神秘性质。可见抽象劳动并不是永远都表现为价值的。

马克思在《评瓦格纳〈经济学教程〉》一文中批评了洛贝尔图不懂得价值同价值的实体的关系的错误。指出：商品的“价值”，“不过用一个历史地发展了的形态，表现着一个东西，这个东西，在其他一切历史的社会形态内，同样是存在的”⑤。那么，这个在一切社会形态内部存在的东西是什么

---

①③⑤　马克思：《资本论》第1卷，人民出版社1953年版，第17、52~53、1026页。

②　马克思：《资本论》第1卷，人民出版社1953年版，第64页注31。

④　马克思所指的是私有制的商品生产。

呢？不是别的，正是价值的社会实体，即抽象劳动。或者说是“劳动当作社会劳动力的支出所有的社会性质。”洛贝尔图所以不懂得价值是一个历史的形态，而价值所表现的抽象劳动则是在一切社会形态内部存在的东西，是因为他“和李嘉图一样没有研究或了解价值的实体。比如，他就不了解原始共同体（当作集体劳动力的总的有机体）的共同性，也不了解他们的劳动（那就是这种力的支出）的共同性。”显然，马克思这里是把原始共同体的劳动的共同性，作为价值的实体看待的。而这种作为价值的实体的劳动的共同性，正是抽象劳动。

抽象劳动是价值的实体。但这个实体并不一定要采取价值的形式。只有当劳动产品作为商品时，抽象劳动才表现为价值。如果相反，不是把价值看作抽象劳动的历史形式，而是从商品和价值引出抽象劳动，那么在某些理论问题的说明上，就会陷入困境。大家知道，在商品生产出现以前，就已经有商品交换逐步发展起来。那时，产品还不是作为商品来生产，哪一部分产品作为商品还带有偶然性。这部分产品在拿去交换以前，既然不是商品，当然也没有价值。而当它用于交换时，便具有了价值。如果认为只是商品价值关系决定抽象劳动的存在，那就必然得出结论说，在上述情况下，价值和抽象劳动都是在交换领域中产生，而不是在生产领域中产生的。这显然是不正确的。但如果从人类劳动力的支出的角度来看抽象劳动，问题就好解决了。不管产品是否拿到市场去交换，抽象劳动都存在。当产品表现为商品时，抽象劳动便表现为价值。因此即使在产品偶然变为商品的场合，价值也不是产生自交换，因为作为价值实体的抽象劳动在生产中已经存在了。

从现实经济生活来看，抽象劳动的存在并不以商品经济为前提。例如，在人民公社的生产队内部，社员集体劳动，按劳分配，劳动时间无论在生产上或分配上都需要计算。劳动时间作为一种社会尺度，用以计量每个社员在总劳动中参加的部分，并计量他们按劳动比例应分配的部分。但这种劳动的尺度，不可能是具体劳动和个别劳动，而只能是抽象劳动和社会必要劳动(即生产队范围内的社会平均劳动)。正因为这样，便出现了劳动工分和劳动日等新的范畴。劳动工分是生产队的劳动尺度，它既抽去了劳动的具体形态的差别，也抽去了劳动复杂程度的差别，并抽去了个别劳动之间的差别，它代表抽象的、简单的、社会平均的劳动。但同一个生产队的社员之间的劳动关系，并不以商品价值关系为前提。因而这里的劳动的抽象，也和商品经济没有任何联系。

在商品价值关系最终将会消亡的共产主义高级阶段，也要计算和统计劳动时间的耗费，无论不同产品所含劳动量的相互比较或是社会总劳动量的计算，只能以抽象劳动为对象。

主张抽象劳动是商品经济所特有的范畴的经济学者，虽然也提出了一些论据，但我觉得这些论据还不足以证明他们的论点。

论据之一：在非商品经济中，人们劳动的社会性质直接表现在劳动的具体形式之中。例如农奴向封建主提供地租，就是直接以具体劳动表现劳动的社会性质。在这种情形下，抽象劳动便不存在。

的确，在非商品经济中，或者在还保留商品关系的社会主义生产中，具体劳动可直接表现劳动的社会性质。而在以私有制为基础的商品经济中，则只能以劳动的抽象性表现劳动的社会性质。但不能由此推断说，凡是具体劳动直接表现劳动的社会性质的地方，抽象劳动便不存在。这在逻辑上是没有内在的必然联系的。每个农奴，一方面，都以其劳动的具体性直接同封建主发生社会关系，但另一方面，一切农奴同封建主之间又有着一般的共同的社会关系。这种一般的共同的关系与各个农奴的劳动的具体性无关。不管各个农奴从事何种劳动，但都要以封建地租的形式向封建主提供剩余劳动。在这种一般关系中，也表现着劳动的一般性或抽象性。再从社会主义的现实经济生活来看，虽然在这里具体劳动已在一定程度上直接表现出劳动的社会性质，但它并不排斥抽象劳动作为社会劳动的形式继续存在。

论据之二：只有在复杂劳动还原为简单劳动的必要性，和个别劳动时间折合为社会必要劳动时间的必要性同时具备的条件下，抽象劳动才会存在。在共产主义社会，商品生产消亡了，复杂劳动还原为简单劳动和个别劳动还原为社会必要劳动的必要性也随之消失了，因而那时抽象劳动也不再存在。

这个论据本身就存在着许多问题。首先，具体劳动还原为抽象劳动，并不以复杂劳动还原为简单劳动、个别劳动还原为社会必要劳动为前提。一般劳动的抽象，虽然也包括劳动复杂程度的抽象，但并不仅是而且也不主要是这种抽象，它首先是劳动的具体形态的抽象。即使假定劳动的复杂程度相同，但具体形态不同，为了比较劳动量，也依然需要还原为抽象劳动。其次，具体劳动还原为抽象劳动的问题，同个别劳动还原为社会必要劳动的问题，同样必须区别开来。前者是不同部门之间劳动的质的差别的还原，后者则是同一部门内部劳动的量的差别的还原。即使假定个别劳动与社会必要劳动相等，也不会消除具体劳动的质的差别，因而不会消除还原为抽象劳动的必要。

可见，即使撇开共产主义社会中复杂劳动是否还要还原为简单劳动以及社会必要劳动是否还要存在的问题不谈，这个论据本身的大前提就是不能成立的。

论据之三：抽象劳动是社会经济范畴，而不是生理学范畴。如果把抽象劳动看作是劳动力的支出，即脑髓、神经、筋肉、手等等的支出，那就是把抽象劳动当作生理学范畴了。

这个论据也不能成立。第一，事实上，马克思自己就是从人类劳动力支出的角度来说明抽象劳动的。他说："把劳动的有用性质置于度外，在这里面留下来的，便是：它是人类劳动力的支出。缝劳动与织劳动，虽然是性质上不同的生产活动，但都是人类脑髓、筋肉、神经、手等等的生产的支出，在这意义上，都是人类劳动。"只要抽去劳动的具体形态，劳动便"不复彼此区分，但全都还原为同一的人类劳动，抽象的人类劳动。"抽象劳动"是人类劳动力生理学意味上的支出"。无论具体劳动怎样不同，"这总归是一个生理学上的真理，它们是人类有机体的机能。……它们在本质上总归是人类的脑、神经、筋肉、感官等等的支出。"① 固然马克思不是用这些话给抽象劳动下定义，但无论如何可以看出，避讳甚至反对说抽象劳动是人类劳动力生理学意味上的支出，是与马克思的说明相矛盾的。第二，从人类劳动力支出的角度看抽象劳动，并不排除抽象劳动的社会性质以及它在一定的社会生产中反映一定的社会关系。更不会把抽象劳动只看作为生理学的范畴。"人类劳动力生理学意味上的支出"是一回事，生理学范畴是另一回事。把二者拉在一起是不对的。

论据之四：不能把抽象劳动与一般劳动混同起来。一般劳动是很古老的，只要存在不同的具体劳动，有劳动分工的一定发展就可以从许多具体形态的劳动中得到一般劳动的概念。但只有在商品经济中，一般劳动才成为抽象劳动。

这个论据本身还需要有论据来证明。其实，在马克思的著作中，从来都

① 马克思：《资本论》第1卷，人民出版社1953年版，第17、9、20、52页。

没有把一般劳动和抽象劳动划分为两个不同的概念，而是当作同一的概念。难道一般劳动不正是具体劳动的抽象？难道具体劳动还原为一般劳动后，还会另外有一个进一步还原为抽象劳动的过程？一般的关系就是抽象的关系，不应当作两回事将其对立起来。马克思就是这样的提法："劳动一般这个抽象"，"'劳动'、'劳动一般'、〔直截了当的〕劳动这个范畴的抽象"，"抽象一般劳动"，"抽象的社会的劳动一般"① 等等。可见，马克思不但在说明上没有将抽象劳动同一般劳动区分开来，而且在提法上也没有将两者分割开来。

如果把抽象劳动同一般劳动看成是两个范畴，认为前者是商品经济所特有的范畴，而后者则不是，那就应该说明，在商品经济中，为什么将具体劳动还原为一般劳动还不够，而需要再有一个抽象劳动呢？抽象劳动同一般劳动的客观区别在什么地方呢？恐怕这种观点的主张者是回答不出来的。

有人还用劳动社会化程度的不同来解释社会主义经济中劳动二重性的存在。他们说，等将来建立了统一的全民所有制时，抽象劳动便不再存在了。

这种说法也不能成立。首先，劳动社会化的程度并不是取决于公有化的程度。在资本主义私有制经济中，已有了劳动的高度社会化。也许这些人是指社会主义经济中劳动的直接社会化的程度不同吧？那也不能以之说明劳动二重性的存在。难道在全民所有制经济内部的关系中，就不存在抽象劳动了吗？在国营企业之间，尽管不存在劳动直接社会化程度的差别，但依然存在等量抽象劳动交换的关系，这种抽象劳动甚至还要表现为价值。同时，在各个企业内部和各级企业管理部门，要进行劳动耗费的核算和统计，这也要以将具体劳动还原为抽象劳动为前提。

总之，主张抽象劳动是商品经济所特有的范畴的人们，所提出的这样那样的论据，都是缺乏说服力的，因而是不能证明他们的论点的。

---

① 《马克思恩格斯全集》第12卷，人民出版社1962年版，第755页；《马克思恩格斯全集》第13卷，人民出版社1962年版，第25页；马克思：《资本论》第1卷，人民出版社1975年版，第222页。

第八篇

误解、错解、曲解马克思理论评析

诚信，是理论和学术的生命线①

——评何伟先生任意曲解和编造马克思理论的学风

摘要：对何伟先生多年来就马克思主义理论和中国特色社会主义理论和实践的错解和曲解，需要进行理论是非的辨析和澄清。在一系列问题上，何伟歪曲理论与事实，扬私贬公，他高调吹捧牟其中的南德集团，视作私营企业优秀代表，称它是社会主义经济，共同富裕，比国有企业优秀得多；他通过曲解恩格斯的话，断言国有企业不是社会主义，同时宣称非公经济是社会主义。特别是他全面曲解、否定和编造马克思主义基本原理，搞理论造假，编造“晚期马克思主义”否定“早期马克思主义”。对这种理论制假售假行为，需要进行辩驳。

多年来，何伟先生不断发表论著，谈论他对马克思主义和社会主义的再认识。然而，他的诸多理论观点，他的许多批评意见，他对马克思主义理论和社会主义理论与实践的评论，总体上说是站不住脚的。他发表于《炎黄春秋》2012 年第 1 期的文章《我学的不是马克思主义》，任意曲解和否定《共产党宣言》和《资本论》；曲解和否定中国共产党运用马克思主义指导革命和建设的历史事实；曲解和否定社会主义公有制、按劳分配；曲解和否定马克思的诸多基本原理；曲解和否定科学社会主义和中国特色社会主义理论和实践。这集中表现出他的政治倾向和理论观点，这是他多年来在理论工作中不断错解、曲解马克思主义和社会主义理论的集大成。有必要对何伟先生的理论观点和他错解曲解学风做些评析。

---

① 本文原载《河北经贸大学学报》2012 年第 6 期。

首先做点说明：如果有人不赞同马克思主义和科学社会主义，而赞同别的什么主义，主张私有化和资本主义化，公开正面讲自己的观点，萝卜白菜，各有所爱，不能强求谁去信仰什么，不信仰什么，我也不会为此去与人家争辩。我之所以要与何先生争鸣，是因为他以中国人民大学教授的学术身份（尽管他早在20多年前已办了离退，不教不授了），又自以“正宗马克思主义”的捍卫者政治姿态，任意错解、曲解马克思主义和社会主义，服务于其特定的政治目的。他还以中国人民大学知情人自居，编造中国人民大学所教所授的不是马克思主义，而是斯大林版本的东西，用以证明他一再讲的：十月革命一声炮响，送来的不是马克思主义，而是斯大林的什么主义。他虚构晚期马克思主义和早期马克思主义的对立，声称前者否定了后者，把我国实行社会主义公有制和按劳分配，斥之为“斯大林的伪命题”。对此，我作为理论工作者，实在看不下去，不能沉默，要与何先生“理论”一番。2012年6月19日习近平同志在中国人民大学《资本论》教学与研究中心考察时的讲话中指出：我们党是一个马克思主义指导的党，所以我们要重视马克思主义经典理论的学习。马克思主义中国化形成了毛泽东思想和中国特色社会主义理论体系两大理论成果，追本溯源，这两大理论成果都是在马克思主义经典理论指导下取得的。《资本论》作为最重要的马克思主义经典著作之一，经受了时间和实践的检验，始终闪耀着真理的光芒。习近平同志肯定：中国人民大学是学习、宣传、研究马克思主义的重要阵地。他强调，面对当今开放的环境，理论工作者要旗帜鲜明、理直气壮地坚持马克思主义的教学和研究。我聆听了习近平同志的讲话。这对我们敢于旗帜鲜明地对任意曲解和编造马克思主义和社会主义理论的假冒东西进行辩驳，是一种鼓励和鞭策。

一、何伟先生扬“私”贬“公”的观点由来已久

多年来，何先生在各种会议上和多种论著中宣传这样一个观点：国有经济不是社会主义，非公有经济是社会主义。他一再以牟其中的私营企业南德集团为例，宣扬私营企业远远好于国有企业，它们实行按劳分配，没有剥削，没有两极分化，共同富裕，经济效益比国有企业高得多。就何伟于1993年发表于《经济社会体制比较》第5期的《对社会主义社会本质的重新认识》一文来看，满篇皆是这类观点。文中讲：私营企业“属于社会主

义经济，……有人还在那里用姓‘资’姓‘社’的标准来给它们定性，仍把这些民营企业当作资本主义企业来看待和对待，因此就应给它们正名。另一方面确定它们是社会主义经济完全是从它们没有剥削、实行共同富裕的经济关系中得出结论，因而完全符合社会主义本质的，并不是任意给他（它）们戴高帽。”何先生还说：一批私营企业“不是为了个人发财致富”，“不为私利”，是“为社会作贡献”。“虽然社会把他们看作私营企业，但他们自己不这样看，认为要作为一个中国的企业家，为中华民族争气，如从独联体换回四架大型客机的牟其中”。“这些企业的共同特点：一是符合解放生产力和发展生产力，有的开始筹建时只有300元，目前已达七八亿元，经济发展之快是国营企业望尘莫及的。二是这些企业内部都实行的是按劳分配原则，不存在剥削和两极分化，其收入都高于国有企业人均收入的2～3倍”。何先生宣扬的这一套理论观点，没有提出任何有说服力的理论和事实根据，也不可能提出来，因为它既违反马克思主义、毛泽东思想和邓小平理论，也违反经济事实。而且何先生的论著，充满逻辑混乱、自相矛盾的东西。我想就此说明几点：

第一，我国社会主义初级阶段，支持、鼓励和引导非公有制经济发展，它们的地位和作用，与旧社会的私营经济不同，与改革开放前的情况也不同，要肯定它们存在和发展的必要性和重要性。但私营经济的资本主义性质不会变，其社会经济性质是由其内部的经济关系决定，而不是由它的地位和作用决定。且不说毛泽东、刘少奇等老一代中央领导人和中央有关文件一贯将私营经济定性为资本主义经济，新中国政协的《共同纲领》中也把私营企业定性为资本主义经济，只就改革开放以来的中央文件和领导人的论著来看，从来没有一处把私营经济定断为社会主义经济。中央正式提出“私营企业”问题是“十三大”报告，邓小平认为“十三大”报告“一个字也不能动”。报告中指出：“私营经济是存在雇佣劳动关系的经济成分”，“私营企业雇用一定数量的劳动力，会给企业主带来部分非劳动收入”。[①] 所谓“雇佣劳动关系”，就是资本支配雇佣劳动的资本主义关系。1989年《中共中央关于加强党的建设的通知》中明确指出：“现阶段要为建设有中国特色的社会主义而奋斗，在政治方向上，决不能不问姓社姓资”，“私营企业主

① 中共中央文献研究室：《十三大以来重要文献选编》（上册），人民出版社1991年版。

同工人之间实际上存在着剥削与被剥削的关系。”① 这种存在剥削关系的私营企业，显然不能定性为社会主义经济。只有以公有制为基础的经济才是社会主义经济。邓小平和江泽民的论著以及中央有关文件中，把“公有制为主体”和“社会主义经济为主体”作为内涵相同的提法并用，表明只有公有制经济才是社会主义经济。

何伟先生把私营企业定断为社会主义经济，是背离马克思主义的科学社会主义和中国特色社会主义理论和实践的。以私有制为基础的“社会主义”，只能是假社会主义。

第二，何伟到处吹捧用以作为私营企业代表的南德集团的老板牟其中，说他们有远大理想，是为社会作贡献，没有剥削和两极分化，“其收入高于国有企业人均收入的 2～3 倍”。这句话中的“其收入”无主词，不知是谁的收入，是管理科研人员的收入，还是普通职工的收入？而且也没有任何统计数字来说明事实。国家统计局从 2009 年起才开始公布私企单位工资调查的主要数据。2010 年的调查报告显示：2009 年全国国企在岗职工年均工资为 35 053 元，而城镇私营单位就业人员的年均工资仅 18 199 元，只相当于国企的 52%。与何先生讲的恰恰相反。

何先生吹捧牟其中等私营企业家时，竟不顾前后的自我矛盾，他说：“有的私企开始筹建时资本只有 300 元，目前已达七八亿元，经济发展之快是国营企业望尘莫及的。”这也是讲的牟其中。一个私企主在一个不长的时期中，由 300 元起家发展到七八亿元，与工人收入相比，这难道是共同富裕？没有两极分化？没有剥削？短时期内暴富，成为几亿富翁，确实是国有企业的主管们“望尘莫及”。但牟其中是怎样暴富的？他不但剥削职工，还用非法手段损害和掠夺国家和人民的利益以自肥，终于犯罪入狱，何先生的高调吹捧牟其中的“理论”，不攻自破，但他并未以此自律，而是继续甚至更张扬地搞他的扬私贬公的理论工作。

第三，何伟先生不断宣称，国有经济不是社会主义所有制，不是社会主义经济，也不是公有制，不是全民所有制。他说：“国家所有制也不是社会主义所有制的特征，恩格斯很早就对那些把国家所有制看作社会主义的观点

---

① 中共中央文献研究室：《十三大以来重要文献选编》（中），人民出版社 1991 年版，第 598 页。

进行批判。"[1] 何先生曲解了恩格斯的话，恩格斯在《反杜林论》中批评了"冒牌社会主义"将"俾斯麦的国有化说成是社会主义的"。"把普鲁士的铁路干线收归国有，这无论如何不是社会主义的步骤。"[2] 被称为镇压工人运动的"铁血宰相"俾斯麦，把普鲁士的铁路干线收归国有，主要是为了战时的需要。资本主义国家国有化和国有经济，当然不是社会主义的。但在马克思主义政党和劳动人民掌握政权的条件下，国有经济就是社会主义经济。不但马恩的论著中肯定这一点，毛泽东、邓小平、中央文件肯定这一点，作为国家根本大法的我国宪法也肯定这一点。我国《宪法》规定："国有经济，是社会主义全民所有制经济"，"中华人民共和国社会主义经济制度的基础是生产资料的社会主义公有制，即全民所有制和劳动群众集体所有制。"

第四，何伟先生反对将我国的社会主义所有制称作公有制。"严格来讲，社会主义的所有制不能一般地称为公有制"，根据何在？回答说："因为原始公社、合作经济、合伙经济都可以称为公有制。"这是什么逻辑？是理论思维混乱、完全悖理的逻辑。为什么原始公社、合作经济可称为公有制，国有经济和集体经济就不能也称作公有制呢？这是歪理。他又说："公有制是相对私有制而言，把它作为社会主义所有制是不准确的，也是不科学的。"[3] 又是逻辑混乱和文理不通！社会主义公有制，正是相对于私有制而言的，怎么能根据这一事实而否定与私有制相对的国有经济和集体经济是社会主义公有制呢？何伟先生连国家所有制的概念也要否定。《共产党宣言》和《反杜林论》中都讲到工人阶级取得政权后，要将生产资料掌握在国家手中，形成国家所有制。而何伟先生说："恩格斯在《反杜林论》中虽然讲到国家所有制，但是第一，它是代表社会来占有生产资料，本身并不能认为是国家所有制。"何先生又出怪论，竟断言恩格斯讲的"国家所有制"不是"国家所有制"！其理由是：国家"是代表社会来占有生产资料"。又是逻辑混乱。国家所有制的实质，正是国家代表社会、代表全民掌握生产资料。怎么因为国家代表社会占有就不是国家所有制了呢？

第五，何伟先生竭力反对宪法将国家所有制称作全民所有制，指责这是

---

① 何伟："关于社会主义所有制问题"，《经济纵横》1994 年第 6 期。

② 《马克思恩格斯选集》第 3 卷，人民出版社 1995 年版，第 628 页。

③ 何伟："国有企业扭亏为盈的关键在于深化改革"，《理论前沿》1994 年第 14 期。

“斯大林阴魂不散”。[①] 他批评这个，否定那个，究竟是主张什么？他认为社会主义所有制只能是“社会所有制”。但又说社会所有制是高度生产社会化条件下的所有制，我国还没有达到这一步。马恩的确讲过社会主义所有制是社会所有制，不过“公有制”“社会所有制”是从德文同一个字翻译过来的。所谓社会所有制，就是生产资料为全社会占有。在马恩论著中，没有预想到生产力落后的中国会建立社会主义制度，没有设想过社会主义制度中还存在部分劳动群众的集体所有制。他们有时也用“集体所有制”概念，但与我们的集体所有制不是同一回事，集体所有制、公有制、社会所有制，其内涵是同一的。如《资本论》中讲：“私有制作为社会的、集体的所有制的对立物”，[②] 表明社会所有也是集体所有。而社会所有制的“社会”是什么？就是全社会成员即全体人民。所以也可以具体化为全民所有制，不能认为斯大林用过的概念全是错误的。何伟认为，斯大林把国家所有称作全民所有，我们也用全民所有概念就是错误的，是“斯大林阴魂不散”，是“死人抓住活人”。再说，社会所有制也好，全民所有制也好，总得有个社会机构来管理和代表，在国家存在的情况下，只能由国家下属的机构来承担。因此，国家所有、社会所有、全民所有，其本质是内涵一致的概念。何先生在这些概念上大做文章，进行种种否定和批评，除制造理论混乱外，没有任何理论和实际意义。

近几年来，何伟先生一再宣扬“国退民进”是改革的方向；同时，又大力批判连温家宝总理也明确肯定不存在的所谓“国进民退”。中央决策层是不赞同“国退民进”“国有企业从竞争领域退出来”这类提法的。《人民日报》曾连续刊发多篇文章，否定和批评这类提法和宣传，传达中央精神。限于篇幅，这里就不做引证了。何先生把“国退民进”作为改革的方向，又批判不存在的“国进民退”，是他扬私贬公的理论观点的重要组成部分。

二、理论造假：全面曲解和编造马克思主义基本原理

（一）“十月革命一声炮响”送来的不是马克思主义吗？

何伟先生在《我学的不是马克思主义》（以下简称《主义》）一文中

① 何伟：“如何认识科学社会主义”，《经济学家周报》2010 年第 8 期。

② 《马克思恩格斯选集》第 2 卷，人民出版社 1995 年版，第 267 页。

说，“十月革命一声炮响”给我们送来的不是“正宗的马克思主义”，而是“斯大林版本的马克思主义”，这实际上是否定中国共产党是马克思主义政党。《主义》一文完全离开理论事实和历史事实，歪曲马恩理论和马克思主义在中国的传播。

毛泽东是在1949年6月30日即新中国建立前夕发表的《论人民民主专政》一文中，提出“十月革命一声炮响，给我们送来了马克思列宁主义”这句名言。显然指的是新中国建立以前马克思主义在中国的传播，对中国人民寻求真理的影响，特别是对中国共产党建立和发展及其革命斗争取得胜利的影响。而何伟先生竟违反事实，用两点虚构否定毛泽东的名言：一是说，马克思主义的著作在中国很少；二是说解放后学的马克思主义，是斯大林版本的东西，他自己在人民大学学的就不是马克思主义。事实上，十月革命后和新中国成立前，马恩的著作已先后大量翻译过来。而《主义》一文不顾这个事实，称：“当时中国的马克思主义著作很少，1919年才出版了陈望道翻译的《共产党宣言》，1938年才出版了郭大力、王亚南翻译的《资本论》三卷本。……只有很少人才能看到。后来在游击区，也看不到马克思的著作。刚解放时，在书店、火车上卖的是苏联出版的中文版的《联共党史》《列宁主义问题》，也没有马克思的著作”。事实上，解放前，我国决不是只出版过一本《共产党宣言》中译本和一部《资本论》中译本。1919年5月的《新青年》开辟了《马克思主义研究专号》，专门研究和宣传马克思的理论。所发表的李大钊的《我的马克思主义观》一文就介绍了马克思的《资本论》的内容。还先后出版了马恩的《共产党宣言》《雇佣劳动与资本》《哥达纲领批判》《工资、价格与利润》《政治经济学批判》（序言）和（导言）《拿破仑第三政变记》《黑格尔哲学批判》《法兰西内战》《自然辩证法》《马恩通信集》等中译本，发表了《哲学的贫困》和《资本论》摘编译文，还出版了《资本论》第一卷中译本和后来的三卷中译本以及《〈资本论〉通信集》《剩余价值学说史》等。党的六届六中全会专门做出决定，号召全党干部要认真学习马列著作。只从1938年到1942年的近5年中，由解放区出版社出版的《马列丛书》就有20余种，其中主要是马恩的著作。党中央还曾指定多本马恩著作作为“干部必读”书。解放后，新华书店也有大量马恩著作中译本。怎么能歪曲事实，硬说“十月革命一声炮响”，送来的不是马克思主义，而是斯大林版本的东西呢？断言刚解放时书店里“没有马克思的著作”，纯属违背事实的虚构。新中国建立以来，系统地出版了马恩全集和列宁全集。

一般读者不需要去专门查证解放前我国翻译出版的马克思主义著作有多少。只需翻看一下人民出版社新出版的《马克思恩格斯文集》10卷本，其中附印有不少解放前我国出版的马恩著作封面。如《黑格尔哲学批判》（1935年）、《哲学的贫困》（1929年、1932年，两个版本）、《共产党宣言》（1920年）、《路易·波拿巴的雾月十八日》（1930年、1940年，两个版本）、《法兰西内战》（1938年、1939年，两个版本）、《哥达纲领批判》（1923～1939年，多个版本）、《家庭、私有制和国家的起源》（1921年、1941年，两个版本）、《费尔巴哈论》（1929～1938年，四个版本）、《资本论》（1938年、1947年，两个版本）、《政治经济学批判》（1930～1931年，多个版本）、《反杜林论》（1930年）、《马克思恩格斯通信集》（1939～1949年，七个版本），等等。

何伟先生说他在中国人民大学所学的不是马克思主义，是斯大林版本的东西。这是虚构。第一，我从人民大学建校起就在本校学习和任教。我读研究生期间，读了《资本论》、《共产党宣言》、《家庭、私有制和国家的起源》、《雇佣劳动与资本》、《哥达纲领批判》等马恩著作，也读了列宁的有关论著。联共党史也读过，但主要是马、恩、列的著作。20世纪50年代和60年代以及文革后人大复校后，我为本科生、进修班都讲过《资本论》，60年代还办过两期《资本论》进修班。本科学习政治经济学，在50年代前几年，教材是从苏联翻译过来的“十六分册”教材，没有社会主义部分。资本主义部分是转述《资本论》内容，帝国主义部分是转述列宁的《帝国主义是资本主义的最高阶段》一书的内容。每章一分册。斯大林指导编写的苏联《政治经济学教科书》出来后，作为通用教材。但中苏关系恶化后就停用了。国内出版多本自编的政治经济学教材。第二，何伟说他在人民大学学的不是马克思主义。但他说，他当老师教的是《资本论》和其他经典著作。这里存在着自我矛盾：首先，何先生自己学的不是马克思主义，怎么会去教和能够教马克思的经典著作呢？其次，何先生给学生讲《资本论》等经典著作，不正好证明人民大学所教的是马克思主义吗？

（二）中央封锁恩格斯的《导言》不让看，也不让讲吗？

《主义》一文还虚构中央封锁与斯大林理论不一致的马恩著作，“不让看，也不让讲”。根据是：“中国在编《马克思恩格斯选集》时，不选恩格斯于1895年8月为马克思《1848年至1850年的法兰西阶级斗争》一书写的《导言》。此文是恩格斯在逝世前写的一篇长文，也可算是政治遗嘱，……因放弃暴力革命、主张和平过渡，与斯大林的暴力革命，毛泽东的‘枪杆子里面出政权’相悖，就被封锁——不入选集，不让国人知道。”这是毫无根据地对中央决策层的无理指责。1995年人民出版社出版的《马克思恩格斯选集》中就载有恩格斯的《卡尔·马克思〈1848年至1850年的法兰西阶级斗争〉一书的导言》，白纸黑字在书中印着，怎么能凭空说“被封锁——不入选集，不让国人知道”呢？《主义》也许指的是1976年第一版的《马克思恩格斯选集》，这里确实没有收入《导言》一文。然而，必须明确三点：第一，早在1965年人民出版社出版的《马克思恩格斯全集》第22卷，就全文收入《导言》。就是说，《全集》中《导言》在中国的问世，早于第一版《选集》11年。怎么能因为晚于《全集》出版的第一版《选集》没有收入《导言》就指责是“被封锁，不让国人知道”呢？《主义》作者一再引证《全集》中的《导言》一文，大做文章，能表明是“被封锁”、“不让国人知道”吗？第二，《选集》第一版所选内容较少。由于篇幅所限，《导言》未予收入。这是中央编译局专家们的取舍与选择，与中央决策层无关，不存在有意“封锁”的问题。第三，1995年版的《选集》的内容扩大了，便将《导言》收入。2009年出版的《马克思恩格斯文集》第4卷，也将《导言》收入。《主义》作者有意歪曲马恩著作出版事实，借以进行无理指责，进而歪曲马克思主义和社会主义理论与实践，这从《主义》一文下面的论述可以看得更清楚。《主义》的主要观点是：(1）恩格斯作为“政治遗嘱”的《导言》放弃了暴力革命，毛泽东搞“枪杆子里面出政权”，与恩格斯的“政治遗嘱”相悖。(2）中国学习斯大林，搞社会主义运动，走社会主义道路，是错误的。《主义》一文的作者在别的论著中讲过：马克思“告诫人们”，“社会主义运动只限于西欧”。“斯大林没有尊重这一告诫”，中国学的是斯大林的一套，也搞社会主义，显然错了。在《主义》一文中，作者将他讲的这类话，改写为：“在斯大林主导下，所传授的马克思主义是

《共产党宣言》《资本论》的论述的社会主义必然要代替资本主义之路，但不知道这条道路，马克思曾有一句鲜为人知的警世名言：‘我明确地把这一运动的历史必然性，限于西欧各国’。在《宣言》时隔8年的两个《序言》中，他们一再谆谆告诫人们，西欧以外的国家不要走西欧之路。可是斯大林把这条路称为放之四海而皆准的唯一之路”。(3)社会主义实行公有制、计划调节、按劳分配，是斯大林的“伪命题”。我们现在所讲的科学社会主义、社会主义基本制度，其内容都是后人把斯大林的理论进行归纳，强加在马克思的头上。(4)“晚期的马克思主义”放弃了“早期的马克思主义”。其根据是恩格斯的一段话：“恩格斯在《导言》中对早期的马克思主义说：‘历史表明我们也曾经错了。我们当时所持的观点只是一个幻想，历史做的还要更多：它不仅消除了我们当时的迷误，并且还完全改变了无产阶级斗争的条件。1848年的斗争方法，今天在一切方面已经陈旧了’”。

需要指出：《主义》一文存在严重的学风、文风和党风不正的问题。作为一个共产党员的学者，对马克思主义和社会主义理论充满了完全是主观主义的曲解和编造，借此否定马克思主义、科学社会主义和中国特色社会主义。这一重大理论是非需要澄清。

（三）马克思讲过“社会主义道路只限于西欧”吗？

《主义》一文再次曲解的马克思一句话，虚构马克思讲过“社会主义道路只限于西欧”。用以否定“《共产党宣言》和《资本论》论述的社会主义必然要代替资本主义之路”，否定我国走社会主义道路。马克思确实讲过：“我明确地把这一运动的‘历史必然性’限于西欧各国。”① 但这里所讲的“这一运动”并不是《主义》一文所解读的“社会主义运动”，即“社会主义代替资本主义之路”的革命运动。联系马克思的上下文可以看得很清楚：马克思以英国为例，说明资本主义“整个发展的基础就是对农民的剥夺。这种剥夺在英国才彻底完成了，……但是西欧其他一切国家都正在经历着同样的运动”。然后接着说：“可见，我明确地把这一运动的‘历史必然性’限于西欧各国。”显然，马克思这里讲的是英国等西欧国家在资本主义兴起中剥夺农民生产资料的运动。紧接在“限于西欧各国”的后面，马克思又

---

① 《马克思恩格斯全集》第19卷，人民出版社1963年版，第430页。

讲："这一消灭的过程，……变多数人的小财产为少数人的大财产，这种对劳动人民的痛苦的、可怕的剥夺——这就是资本的来源和起源"。正是通过这种剥夺，形成了资本对雇佣劳动的统治与剥削，形成和发展了资本主义。但这种剥夺农民的资本主义运动"限于西欧"，其他国家并不复制。《主义》一文竟把马克思讲的资本主义运动，曲解和颠倒为社会主义运动。编造说：马克思的一句"鲜为人知的警世名言"是社会主义道路只限于西欧。这样，包括中国在内的非西欧国家，走社会主义道路，就是背离了马克思的"警世名言"。这是失去诚信的理论造假！

有必要指出，何先生对马克思这段话的完全曲解，不是出于疏忽或误解，而是有意编造。因为他在别的文章中已这样讲过。我在《经济学动态》2011年第11期发表文章就指出他的曲解。而他在《炎黄春秋》又稍作改头换面后，再次反复提出，以误导读者。

（四）社会主义实行公有制、按劳分配、计划调节，是"斯大林的伪命题"吗？

《主义》一文认为社会主义实行公有制、按劳分配、计划调节，不是马恩提出的基本原理，将其作为社会主义特征，是"斯大林的伪命题"，以此否定我国的社会主义制度。这是对理论是非的完全颠倒。社会主义要实行公有制，公有制是社会主义经济制度的基础，这在马恩的著作有大量的、系统的、始终如一的论述。马克思肯定按劳分配是社会主义分配原则，在《哥达纲领批判》中，马克思明确将共产主义划分为两个阶段，在公有制的基础上分别实行按劳分配和按需分配。马恩著作中，没有"计划经济"概念，而是讲"计划调节"。列宁提出计划经济概念。怎么能否定这是马恩创立的社会主义理论，硬说这是"斯大林的伪命题"呢？《主义》认为"晚期的马克思主义"放弃和否定了"早期的马克思主义"。主要表现在两方面：一是"晚期的马克思主义"放弃早期的武装起义的革命斗争，转向采取议会斗争，和平过渡到社会主义；二是"马克思提出用股份制的私人资本'自行扬弃'，代替'消灭私有制'"。"一个属于经济基础，一个属于上层建筑，二者相结合就形成了一个完整的资本主义和平过渡到社会主义的路线图"。《主义》作者应该注意到，被他作为恩格斯"政治遗嘱"的"晚期马克思主义"即《导言》，不但没有放弃而是特别强调社会主义公有制与私有制的根本差别和用社会主义公有制取代私有制的必要性与重大意义。恩格斯在《导言》中明确指出："使这部著作具有特别重大意义的是，在这里第一次提出了世界各国工人党都一致用以概述自己的经济改造要求的公式，即生产资料社会占有。"恩格斯还就此评论说："这里就第一次表述了一个使现代工人社会主义既与形形色色的封建、资产阶级、小资产阶级等等的社会主义截然不同，又与空想的和自发的工人共产主义所提出的模糊的'财产公有'截然不同的原理"。恩格斯在《导言》中旗帜鲜明地高度评价了马克思"第一次提出"生产资料社会占有的重大意义及其与各种非马克思主义派别区别所在。怎么能硬说《导言》放弃了"早期的马克思主义"呢？

《主义》断言"马克思提出用股份制的私人资本'自行扬弃'，代替'消灭私有制'"。这又是虚构的不实之词。马克思没有提出过这种"代替"。需要弄清几个问题：(1）股份制问题，是在《资本论》第3卷中讲的。《资本论》第3卷的出版虽然晚于第1卷出版27年（分别为1867年和1894年），但《资本论》第3卷的写作时间，是在《资本论》第1卷出版前完成的。恩格斯在为《资本论》第3卷所写的1894年的《序言》中讲：在1863年和1867年之间，马克思已经完成了后两卷的初稿，才开始整理第1卷准备付印。就是说，马克思在《资本论》第3卷中关于股份制的论述，早于《资本论》第1卷出版的时间。所以，根本不存在马克思用第3卷讲的股份制去否定第一卷讲的"消灭私有制"建立社会所有制即公有制的理论观点。把早于《资本论》第1卷出版时间的第3卷中讲的股份制理论，称作"晚期马克思主义"，用以否定"早期马克思主义"《资本论》第1卷的理论，实在是时间错位的笑话！(2）《主义》一文作者，不断错解股份制的性质，把资本主义国家的股份制说成是社会主义公有制即社会所有制。按此论断，股份制发展了的资本主义国家已经是社会主义国家了，马恩为什么还要建立工人阶级政党，搞社会主义运动呢？连资本主义国家的政要和学者也会否认这种论断。(3）马克思讲，股份制"直接取得了社会资本（即那些直接联合起来的个人资本）的形式，而与私人资本相对立"。① 这里讲的"私人资本"，是指自有自营的单个私人资本，所讲的"社会资本"，是指"直接联合起来的个人资本"，是私人资本的放大，即公司资本。在德文中，"社会"

---

① 《马克思恩格斯全集》第25卷，人民出版社1974年版，第493页。

一词的原文是“Gesellschaft”，有“社会”“公司”两个含义。新出版的《马克思恩格斯文集》第7卷第494页和495页特别注明：德文“社会”“社会的”，又有“公司”“公司的”含义。“社会资本”是指私人资本在公司中的联合，是与“公司资本”同义的概念。何伟先生将“社会资本”解读为“社会所有制”或公有制，是对原意的严重错解。马克思把在公司范围内联合起来的个人资本，称作社会资本，还把全社会私人资本和股份资本的总和，称作“社会总资本”。《资本论》第三卷第三篇就论述了“社会总资本的生产和流通”。（4）马克思明确说明和总结了作为信用制度的股份制的二重性质是：“一方面，把资本主义生产的动力——用剥削别人劳动的办法来发财致富——发展成为最纯粹最巨大的赌博欺诈制度，……另一方面，又是转到一种新的生产方式的过渡形式。”[①] 这种二重性质表明：一方面，资本主义股份制是资本主义剥削制度的发展形式，而且是一种“巨大的赌博欺诈制度”。马克思还指出：资本主义股份制产生出“新的金融贵族”“新的寄生虫”“一整套投机和欺诈活动”。另一方面，股份制又是转向社会主义生产方式的“过渡形式”。因为股份资本的巨大集中，比起大量分散的私人资本来，更容易转向社会主义公有制。但这种转变需要通过社会主义运动才能实现。（5）即使在社会主义制度下，也不能一概说，股份制是社会主义公有制，私人资本组建的股份公司依然是私有制；公有资本组建的股份公司依然是公有制；公有资本与私人资本组建的股份公司的属性，要看控股权掌握在谁手中。党的“十五大”报告作了科学的回答。股份制并不是一种独立的所有制，只是“现代企业的一种资本组织形式”，“不能笼统地说股份制是公有还是私有，关键看控股权掌握在谁手中。国家和集体控股，具有明显的公有性”。“公有性”不等于公有制，因为其中的私人资本不能充公，依然私有。资本主义国家由私人资本组建的股份公司，不是公有制，更不是社会主义。

（五）是否存在“晚期马克思主义”否定“早期马克思主义”，否定《共产党宣言》《资本论》等的理论呢?

《主义》一文认为，恩格斯的《导言》否定了“早期马克思主义”，放

① 《马克思恩格斯全集》第25卷，人民出版社1975年版，第499页。

弃了暴力革命，转而主张通过议会选举，取得选票，和平过渡到社会主义。用以批评斯大林搞暴力革命，毛泽东搞“枪杆子里面出政权”。其实，苏联十月革命，是在列宁领导的苏共通过武装斗争取得政权的，无论归功或归过都不能归于斯大林个人。如果没有十月革命，苏共能依靠通过选举取得政权吗？同样，中国如果没有共产党人前仆后继的革命斗争，能通过选举取得政权吗？批评和否定十月革命和我国的“武装革命反对武装的反革命”，究竟是什么意愿呢？而且，恩格斯的《导言》并没有主张各国的共产党和工人政党放弃革命斗争、只走议会选举“和平过渡”的道路。《导言》的本意又被曲解了。应正确理解《导言》中的这段话：“历史表明我们也曾经错了。我们当时所持的观点只是一个幻想，历史做的还要更多：它不仅消除了我们当时的迷误，并且还完全改变了无产阶级斗争的条件。1848 年的斗争方法，今天在一切方面已经陈旧了”。不能以此作为否定“早期马克思主义”而转向“晚期马克思主义”的论据。根本不存在这两种马克思主义的区分。“我们也曾经错了”，不是指《共产党宣言》《资本论》等马恩著作中的基本原理错了，而是特指 1848 年革命中，做了不符合实际的乐观的估计：“在 1848 年要以一次简单的突然袭击来达到社会改造，是多么不可能的事”。[①]这是因为“当时欧洲大陆经济发展的状况还远没有成熟到可以铲除资本主义生产方式的程度”。[②]其实，这个总结，马克思在 1850 年写的《法兰西阶级斗争》中已经做出：“在这种普遍繁荣的情况下，即在资产阶级社会的生产力正以在整个资产阶级关系范围内所能达到的速度蓬勃发展的时候，也就谈不到什么真正的革命。只有在现代生产力和资产阶级生产方式这两个要素相矛盾的时候，这种革命才有可能。”[③] 显然，恩格斯 1895 年在《导言》中所讲的观点，马克思在 1850 年就讲到了。还有：马恩早在 1850 年出版的一篇历史述评中，就已对“不久就会有革命力量新高潮到来”的幻想“永远抛弃了”。同时又肯定“新的革命的来临，像新的危机的来临一样，是不可避免的”。[④]这表明马恩依然坚持革命斗争。哪有“早期马克思主义”和“晚期马克思主义”的区分以及后者否定前者的事呢？何先生断言晚期马克思主义否定了早期马克思主义，请问：晚期马克思主义有哪些理论著作呢？仅

---

①②④ 《马克思恩格斯全集》第 22 卷，人民出版社 1965 年版，第 598、597、593 页。

③ 《马克思恩格斯文集》第 2 卷，人民出版社 2009 年版，第 176 页。

凭一篇被何先生完全曲解了的恩格斯的《导言》，就构成否定“早期马克思主义”的“晚期马克思主义”吗？

所谓“1848 年斗争方法的陈旧”，不是指一般暴力革命的陈旧，革命斗争的陈旧，而是特指起义者的巷战方法，不能简单因袭。因为起义者面对军队的镇压，难以取得胜利。“起义者指望获得这样的胜利，也同样是罕见的。”① 但恩格斯并未完全否定巷战的作用。“这是不是说，巷战在将来就不会再起什么作用了呢？决不是。这只是说，自从 1848 年起，各种条件对于民间战士已变得不利得多，而对于军队则已变得有利得多了。这样，将来的巷战，只有当这种不利的对比关系有其他因素来抵消的时候，才能达到胜利。”② 因此，《导言》并没有放弃和否定革命斗争的作用。只是考虑到当时“无产阶级进行斗争条件的改变”，需要改变“斗争方法”，只是斗争策略的改变罢了。

关于议会选举和“和平过渡”问题。需要弄清恩格斯《导言》中的基本思想，弄清其本意。恩格斯反对根据他在《导言》中的论述，将他描述成“一个温顺和平、无论如何都要守法的人”，他要求“消除这个可耻的现象”。他反对利用他的《导言》，为“无论如何是和平的和反对使用暴力的策略进行辩护”。③恩格斯 1895 年 3 月 8 日（晚于写《导言》时间）致理查·费舍的信中，对绝对放弃暴力革命的宣传进行了批评：“我认为，如果你们宣扬绝对放弃暴力行为，是绝捞不到一点好处的，没有人会相信这一点，也没有一个国家任何一个政党会走得这么远，竟然放弃拿起武器对抗不法行为这一权利。”④ 恩格斯又在同年 4 月 3 日致拉法格的信中讲：通过议会选举获得选票，这种非暴力的和平形式，只是一种策略。而“我谈的这个策略仅仅是针对今天的德国，而且还有重要的附带条件，对法国、比利时、意大利、奥地利来说，这个策略就不能整个采用。就是对德国，明天它也可能就不适用了”。⑤关于暴力革命理论，是否适用于今天发达资本主义国家，可以存而不论。但恩格斯晚年绝没有放弃暴力革命，没有主张只通过议会选举和平过渡到社会主义，如《主义》一文所解读的那样。利用议会获取选票的策略固然是合法斗争的重要方法，但恩格斯指出，这种策略只是针对德国的。而且德国的明天“可能就不适用”。100 多年来，德国工人政党并没有通过议会选举取得政权。苏联共

---

① 《马克思恩格斯全集》第 22 卷，人民出版社 1965 年版，第 603 页、606 页。

②③④⑤ 《马克思恩格斯文集》第 10 卷，人民出版社 2009 年版，第 699～700、686、700 页。

产党通过十月革命的武装斗争取得政权，中国共产党通过革命战争取得胜利，正是根据马克思、恩格斯的理论指导获得成功的。

诚信，是做人的底线。“人无信而不立。”诚信，也是理论和学术的底线或生命线。理论和学术失去诚信，就是理论和学术造假，物质产品有假冒，精神产品也有假冒。靠理论和学术造假也可能引起特殊效应于一时，但最终是“不可持续的”。

竟把错解马克思理论自诩为“最突出的理论创新和重要学术贡献”![①]

——评胡钧教授的社会主义“等量劳动互换”本质论

摘要：胡钧教授多年来一直坚持和宣传按劳分配中的“等量劳动互换”是社会主义经济的本质关系，与等价交换相对立，从而排斥商品交换关系。他的这一理论观点，完全错解了马克思的原意，与马克思的观点相对立。马克思将按劳分配中的等量劳动交换称之为与商品等价交换是同一原则的“资产阶级权利”，是与“旧社会痕迹”相联系的“弊病”，与社会主义本质要求相悖。胡钧的观点也与邓小平的社会主义本质论相悖离。胡教授用社会主义“等量劳动互换”本质论，否定我国实质的商品价值关系的存在，断言马、恩关于社会主义制度下商品关系会消亡的科学真理在我国已成为现实。这不符合我国的实际情况。胡教授宣称他的这一理论观点得到党和学界的“极大重视”和认同，是“最突出的创新性见解”和“重要学术贡献”，并为邓小平的社会主义市场经济理论和我国的改革目标“提供了理论铺垫”、“做了理论上的准备”，这是完全不符合事实的自我宣扬。

一、高调宣称“等量劳动互换”本质论是“突出创见”不能成立

近些年来，胡钧教授在自己的论著中不断点名或不点名地在一些理论问

① 本文原载《当代财经》2012年第5期，原题为《社会主义经济的本质究竟是什么?》。

题上同我争辩，我一般不去回应。因为在我看来，他的许多批评意见难以成立，学界自有鉴别。他也常上纲上线地批评别人的某些观点，有些批评是用错误批评正确。[①] 学界已有公论。

现在我不得不同胡教授进行争鸣了。因为他愈来愈以“权威”姿态离开学术讨论规范、非理性地批判别人，又不实事求是地宣扬自己的“突出创见”、“重大成果”，不得不要辩明是非了。他在《经济学动态》2011 年第 10 期发表的大作，对我在同一刊物提出的“社会主义生产力标准与价值标准的统一”的观点，任意曲解，无理指责，我在《经济学动态》2012 年第 1 期发表了回应文章，指出他的观点错误。既然要公开回应胡先生的争论，有必要对我与他在某些重要理论观点上的分歧提出来讨论，以正本清源、辩明理论是非。

首先，要对胡教授50 年来一直高调宣扬作为自己的重大理论创见与贡献的一个观点进行讨论。胡先生于 1959 年 6 月在《红旗》杂志上发表了《关于全民所有制内部商品价值形式问题》一文，提出在社会主义公有制下等量劳动互换与商品等价交换的本质区别，把等量劳动互换定断为社会主义经济的本质关系。尽管理论界并不认同，但胡教授在几十年来愈来愈高调地不断重复和宣扬他的同一观点，作为他全盘经济学见解的理论支点。不管讲什么问题，都反复讲：“等量劳动互换是全民所有制直接生产过程中人与人之间基本的生产关系，是社会主义经济制度中人们之间经济关系本质的最明显的特征。”[②] “马克思和恩格斯都确认社会主义公有制条件下，人们之间的

---

① 例如：薛暮桥老先生在《经济研究》1986 年第 10 期的论文中说：“商品经济跨越几种社会经济形态，对社会生产的进步起着巨大的推动作用。社会分工和商品生产逐步冲破自给自足的自然经济后，生产力迅速发展，使小生产走向社会化大生产，造就了资本主义几百年的统治。在商品经济形式中，社会化大生产进一步发展……又为社会主义提供了物质基础。”胡钧在《教学与研究》1989 年第 6 期撰文批判薛暮桥的观点是“商品经济神话”，先曲解后批判：“既然把商品经济与资本主义经济等同起来，那么，为了发展商品经济，要求用私有制代替公有制，就是题中之义了”。加罪于薛老是要搞私有化和资本主义。又如，胡先生在多篇文章中，主张生产关系是决定生产力发展的根本动力，否定生产力自己会发展，有自己发展的动力。批评“生产力决定生产关系，生产关系反作用于生产力”的观点不是历史唯物主义，“是抛开生产关系寻找生产力发展的动力”。又如，他批评学界讲资本主义分配关系是“按生产要素分配”，说这是西方经济学的理论，“从根本上否定了马克思的剩余价值理论”，资本主义分配的基本关系是“工资与剩余价值”。（见经济科学出版社 2008 年出版的论文集《论中国经济学的建设与发展》第 200 页）这样的事例可以举出很多。

② 胡钧：“全民所有制和经济管理体制改革”，《经济与管理研究》1980 年第 2 期。

本质关系是平等占有生产资料基础上的等量劳动交换关系。"[①] "需要先揭示社会主义经济最深刻的本质关系……马克思在《哥达纲领批判》里所概括的'等量劳动交换'的关系，实际上就体现了这种本质关系。"[②] "等量劳动互换就是社会主义公有制条件下人们之间的本质利益关系。"[③] 马克思、恩格斯认为社会主义公有制度下商品关系将消亡的理论"是科学真理"，否定这一理论，首先一个原因，是"对公有制下的等量劳动交换同商品关系下的等价交换之间的区别没有理解"，"在社会主义阶段，人与人之间的本质利益关系必然是在根本利益一致的基础上实行等量劳动互换"。"在公有制下实行按劳分配"即等量劳动互换，"按价值分配关系当然就会消亡"，"等量劳动互换这一社会主义经济的实质关系就被商品等价关系掩盖了"。[④] 1992 年邓小平提出"社会主义的本质是解放生产力，发展生产力，消灭剥削，消除两极分化，最终达到共同富裕"，这是对马克思主义经典作家关于社会主义本质的理论观点的概括与发展，并提出实行社会主义市场经济体制，这与胡教授讲的"本质论"和用以否定商品价值关系存在的观点显然是根本不同的，但胡先生继续讲他的一套："商品等价关系与社会主义公有制是不相容的。公有制下人们之间的本质利益关系是等量劳动交换。"[⑤]

更令人惊异的是：胡教授在中国人民大学出版社于 2007 年出版的《胡钧自选集》的"作者简介"、"内容提要"和"前言"中，反复地分别这样评介自己的重大理论创新。胡教授讲：他"在科学研究上的独到之处……研究的一个突出成果是发表在 1959 年 6 月党中央理论刊物《红旗》杂志上的《关于全民所有制内部商品价值形式问题》一文，这篇论文受到党和理论界的极大重视。这篇论文第一次在理论方面揭示了公有制下的等量劳动互换与商品关系下的等价交换之间利益关系上的本质区别。这是理论上的一个创见。这一重要的学术贡献，实际上为邓小平的社会主义市场经济理论和我国建立社会主义市场经济的改革目标的确定做了理论铺垫"；"作者的一个最突出的创新性见解是第一个发现和详细论述了商品关系中等价交换与社会

---

① 胡钧："社会主义商品货币理论与现实"，《教学与研究》1982 年第 5 期。

② 胡钧："商品关系在社会主义生产关系体系中的地位"，《北京社会科学》1986 年第 3 期。

③ 胡钧、侯孝国："对公有制和商品经济兼容问题的思索"，《中国社会科学》1989 年第 6 期。

④ 胡钧："关于社会主义商品经济的几个认识问题"，《中国社会科学》1991 年第 5 期。

⑤ 胡钧："我国在利用商品货币关系上的历史发展"，《哈尔滨市委党校学报》2001 年第 1 期。

主义公有制下的等量劳动交换之间的本质差别，同时还发现和论证了商品交换中的等价交换关系转化为社会主义按劳分配中体现的等量劳动互换关系的可能性和具体途径。这一理论创新不仅为国家制定分配政策提供了参照，更重要的是它为邓小平关于社会主义公有制与市场经济可以相结合、社会主义能够利用市场机制发展自己的伟大创见做了理论铺垫。”“我第一次揭示了公有制下的本质利益关系等量劳动互换（按劳分配）与商品经济中的本质利益关系等价交换之间的本质区别。这一理论观点是我对社会主义经济关系研究中的一个重要的理论创新，它已获得经济学术界的认同。这一理论创新的重大现实意义在于它为邓小平的建立社会主义市场经济体制的思想做了理论上的铺垫。如果不从理论上阐明公有制与商品经济之间的矛盾解决途径，社会主义公有制与市场经济相结合的观点就是难以成立的。我的关于等价交换与等量劳动互换二者区别的科学上的创见，实际上是为邓小平的社会主义市场经济理论作了理论上的准备。”

胡教授的这些高调自我宣传的话语，与事实完全脱离。高调自诩是他“第一个”“第一次”作出了“理论上的一个创见”、“一个最突出的创新性见解”，一个“重要学术贡献”，是他第一个“发现了[①]‘社会主义本质关系是等量劳动互换’”，“这一理论创新”得到了“党和理论界的极大重视”，“已获得经济学术界的认同”。事实上，胡教授所说的这些都不存在，根本不能成立。他高调宣扬的社会主义本质关系是等量劳动互换的观点，是背离马克思有关理论的。本文在后面会专门分析这个问题。这里需要指出的是，所谓胡教授的观点得到了“党和理论界的极大重视”和认同，也违反历史事实。先考证所谓“党的极大重视”。胡教授提供给读者的是这样一个逻辑：《红旗》是中共中央的理论刊物，因此，《红旗》刊发胡文，就是得到党的“极大重视”。试问，这个“极大重视”是指全党？党中央？即使《红旗》杂志同意发表胡教授论文，也不能代表“党”或党中央。更重要的是，《红旗》当时发表胡教授的文章，并不是从正面作为编辑部认同的理论文章刊发的，而是鉴于当时学界学习《哥达纲领批判》、产生“按劳分配与等价交换关系问题”的争论，才刊发胡文供学界讨论的。从《红旗》编辑

① 一般讲毛泽东、邓小平发展了马克思主义，而不讲“发现”，一般讲马克思有两大“发现”。胡钧竟讲他“发现”了社会主义本质关系是等量劳动交换。

部发表胡教授所加的按语可以清楚地证明这一点。《红旗》杂志的“编者按”是：“有些读者建议讨论按劳分配和等价交换的问题。胡钧同志在他寄来的‘关于全民所有制内部商品价值形式问题’的文章，对这个问题提出了自己的一种看法，为了展开讨论，我们照作者的原文发表。我们欢迎大家参加有关这类问题的讨论”。显然，编辑部指出：胡教授的观点只是他“自己的一种看法”，不代表任何别人，将其发表只是供大家讨论。正因为如此，“我们照作者的原文发表”。表示编辑部即使对该文的观点和逻辑结构有不同看法，但也不做改动，“照原文发表”。接着，《红旗》杂志第12期发表了著名经济学家苏星同志的《全民所有制经济内部的商品生产和价值规律问题》一文，指名道姓地赞同胡钧的观点。《红旗》又在同年第22期发表了著名经济学家关梦觉老教授的论文《关于等价交换与按劳分配若干问题》，与胡教授进行争鸣。还可补充一点：胡教授的这篇大作先投《新建设》杂志，被退稿，改投《红旗》。《新建设》是当时我国的一家有影响的全国性理论刊物，不认同该文，不予发表。由此证明：理论学术界对该文也未“极大重视”和“认同”。几十年来，尽管胡教授不断高调宣扬自己的重大“创新”与“贡献”，但在学界没有任何影响，更谈不上“认同”。特别让人惊讶的是，胡教授竟自认为他的社会主义等量劳动互换本质论，不仅为国家的分配政策提供了参照，还为邓小平的社会主义市场经济理论和我国经济体制改革目标提供了“理论铺垫”、“做了理论上的准备”。这等于说：胡教授竟在1959年就为30多年后的邓小平理论和市场经济体制改革提供了理论指导！有人会相信么？其实，胡教授断言我国不存在实质的商品价值关系、商品交换关系与等量劳动互换的本质关系不相容的有关观点，与我国社会主义市场经济体制改革的理论难以统一，甚至是对立的。这个问题我们后面会做评析。

二、“等量劳动互换”本质论与马克思的有关理论和社会主义实践相对立

社会主义的本质是什么？这涉及什么是社会主义和怎样建设社会主义的重大理论和实践问题。胡钧教授关于社会主义经济的本质关系是等量劳动互换的观点，既与马克思的有关理论观点相悖，也与邓小平理论和中国特色社会主义理论与实践相悖。

先从“等量劳动互换”谈起。社会经济生活中存在三种等量劳动互换关系：其一是活劳动与活劳动在生产过程中的直接等量互换。如个体农民之间的“换工”或“变工”。个体农民有时因人手不够，需互相帮助，比如，你帮我种一天地，我要“还工”，帮你锄一天草。这种劳动互换不涉及所有和所用生产资料状况。这种互助关系，在我国农村中无论解放前或解放后都存在。它反映的是个体农民小生产者之间的互帮互助关系，不反映任何特定的社会经济性质关系。其二是物化劳动与物化劳动的等量互换，表现为商品经济中的等价交换关系。等价交换，由于是物化的社会必要劳动的互换，要受到生产者所拥有和使用的生产资料状况的影响。使用先进工具设备的生产者，其个别劳动耗费转化为较多的社会必要劳动耗费，获得更多的社会价值。这种表现为等价交换的等量劳动互换，也不具有特定的社会经济制度性质，无论简单商品经济、资本主义商品经济和社会主义商品经济中都一样存在。其三是活劳动与物化劳动的等量互换，这是马克思所讲的社会主义按劳分配中的等量劳动互换关系。而马克思在《哥达纲领批判》中所讲的按劳分配，是商品价值关系消亡了的分配关系。它是否受所用生产资料状况的影响，我们在后面会进行分析。

以上三种等量劳动互换，分别存在于三种不同的经济领域：生产领域、交换领域和分配领域，体现不同的经济关系。抽象地讲社会主义经济本质关系是等量劳动互换，显然并不妥当，因为前两种等量劳动互换是非社会主义关系。只有第三种等量劳动互换才与社会主义分配关系相联系。但按劳分配中的等量劳动互换关系是否是社会主义经济关系的本质？胡钧教授的文章正是从这里做起的。然而，断言按劳分配关系中的等量劳动互换是社会主义的本质关系，这与马克思在《哥达纲领批判》中的分析，在理论观点和分析方法上是完全对立的。与马恩列和邓小平关于社会主义本质的论述也是相悖的。胡教授断言马恩都确认社会主义的本质关系是“等量劳动交换”关系，是强加于马克思的不实之词。

让我们先看看马克思的论述。在《哥达纲领批判》中，马克思批判了“哥达纲领”中所反映的拉萨尔的某些机会主义思想，对“纲领”中提出的诸如“不折不扣的劳动所得”、按照“平等权利”“公平分配”劳动所得等提法，进行了批评。在马克思看来，工人阶级政党的纲领中，不应“在分配上大做文章并把重点放在它上面”，因为分配关系取决于所有制关系，应把重点放在用生产资料公有制取代私有制上。“消费资料的任何一种分配，都不过是生产条件本身分配的结果；而生产条件的分配，则表现生产方式本身的性质。”就是说，决定或表现资本主义或社会主义性质的是生产资料所有制，是生产条件的分配，而不是消费资料的分配。马克思接着批评“庸俗的社会主义仿效资产阶级经济学家把分配看成并解释成一种不依赖于生产方式的东西，从而把社会主义描写为主要是围绕着分配兜圈子。”马克思主义的科学社会主义已阐明了生产方式决定分配方式，“既然真实的关系弄清楚了，为什么又要开倒车呢?”。“哥达纲领”离开生产方式抽象地空谈“平等权利”、“公平分配”，连未来新社会制度中的“公平分配”方式是什么都讲不出来。马克思为此专门分析了共产主义两个阶段的按劳分配与按需分配关系。

马克思专门分析和论述了按劳分配的“平等权利”问题。但不是在积极意义上从赞扬的角度阐述的，而是在消极意义上与批评《纲领》抽象宣扬“公平分配”、“平等权利”相联系来阐述的。其中心思想是：即使在共产主义第一阶段（社会主义），也只能实行按劳分配这种“公平分配”，但这不是事实上的而是形式上的“公平”、“平等”。共产主义者所追求的是事实上的平等：各尽所能，按需分配。

我们来研究马克思的具体分析。他首先指出，在“生产资料公有制基础上”，不再有商品交换和价值关系，每个人只能凭劳动获得相应的消费资料。“他从社会领得一张凭证，证明他提供了多少劳动（扣除他为公共基金而进行的劳动），他根据这张凭证从社会储存中领得一份耗费同等劳动量的消费资料，他以一种形式给予社会的劳动量，又以另一种形式领回来。”这种分配关系看起来应是公平、平等的了，因为消灭了凭借占有生产资料获得更多收入以及产生阶级剥削的不平等。然而，马克思的分析没有停留在这里。他转向消极意义的评述：“显然，这里通行的是调节商品交换（就它是等价的而言）的同一原则。……即一种形式的一定量劳动同另一种形式的等量劳动相交换，所以，在这里平等的权利按照原则仍然是资产阶级权利。”尽管这种等量劳动交换与商品等价交换相比“内容和形式都改变了”，“原则和实践在这里已不再互相矛盾”，“虽然有这种进步，但这个平等的权利总还是被限制在一个资产阶级的框框里”。[1] 马克思还把这种等量劳动互

① 《马克思恩格斯文集》第3卷，人民出版社2009年版，第434～435页。

换的平等权利称作“弊病”，“但是这些弊病，在经过长久阵痛刚刚从资本主义社会产生出的共产主义社会第一阶段，是不可避免的”。马克思还把这种“弊病”同共产主义第一阶段即社会主义阶段存在的“旧社会的痕迹”相联系：“我们这里所说的是这样的共产主义社会，它不是在它自身基础上已经发展了的，恰好相反，是刚刚从资本主义社会中产生出来的，因此它在各方面，在经济、道德和精神方面都还带着它脱胎出来的旧社会的痕迹。所以，每一个生产者，在做了各项扣除以后，从社会领回的正好是他给予社会的。……就是他个人的劳动量。”

我们这里之所以要较多地引证马克思的话，是用以比较和论证，胡钧教授自认为重大创见的“等量劳动互换”是社会主义本质关系论，是完全不能成立的。

第一，社会主义按劳分配关系中存在“等量劳动互换”关系，这是马克思自己讲得很清楚了的，胡教授怎么能说是他的“发现”呢？

第二，胡教授会说，他的“贡献”和“创见”是区分了按劳分配的等量劳动互换与商品等价交换之间的本质差别。然而，马克思已经明确指出两者之间的差别：“内容和形式都改变了”。改变了什么？有什么区别？第一个区别是：前者是分配领域的劳动互换，后者是交换领域的劳动互换。后者的等量劳动互换，采取等价交换形式，而商品生产消亡了的按劳分配中的劳动互换不采取价值形式。而是采取活劳动与物化劳动等量互换的形式。第二个区别是：在商品等价交换关系中，可以凭生产资料的占有进行交换，获得收入。而在消亡了商品货币关系的条件下，按劳分配意味着“除了自己的劳动，谁都不能提供其他任何东西，另一方面，除了个人的消费资料，没有任何东西可以转为个人财产”。第三个区别是：在商品等价交换中，“等量劳动互换”的原则和实践是矛盾的。等价交换原则只是通过实践中不等价交换的平均数实现。而按劳分配中的等量劳动互换，不再有这种原则和实践的矛盾，等量互换原则直接贯彻于实践中。马克思所讲的两种等量劳动互换的差别，比胡教授讲的更明确，内容更多，怎么能说，区分等量劳动互换和等价交换的差别，是胡教授第一人的重大“发现”、“创新”和“突出贡献”呢？

第三，胡教授会说，他的“创见”和“贡献”是，他提出了等价交换中的价值大小要受生产资料状况的影响，生产资料的好坏，会影响到个别劳动时间转化为社会必要劳动时间的多少，而按劳分配的等量劳动互换，不再受生产资料状况的影响。然而，用不着胡教授讲，无论从理论或事实上看，这种差别的存在是明摆着的，不需要去“发现”和“创见”。按马克思的设想，在商品价值关系已消亡了的公有制经济中，每个生产者只能直接贡献自己的劳动，这种劳动的计量标准只能是平均的劳动强度、劳动技能、劳动质量，而与生产资料状况所导致的劳动生产率高低无关。从事实上看，在我国曾实行的人民公社中，对社员的劳动计量，与其所耕种的土地好坏无关，只按实际劳动计工分，相同工分取得相同报酬。这本是一个简单浅显的道理和事实，怎么在胡教授的笔下，成了他自己的重大“创见”和理论“贡献”呢？而且，有必要指出，胡钧教授对按劳分配中的等量劳动互换与等价交换的差别的描述，是片面的和不准确的。片面之一，是未去阐明等价交换中的价值，既包括活劳动的凝结，也包括所耗费的生产资料价值（物化劳动）的转移，而马克思所讲的按劳分配的等量劳动互换，不包括转移的物化劳动。片面之二是，只强调两者的本质差别，而没看到二者之间还存在劳动计量上的同一的一面。更重要的是：马克思提出按劳分配中的等量劳动相交换，其侧重面是要说明它与商品等价交换是“同一原则”，重在说明二者的共同点。而胡钧则反其道而行之，用等量劳动交换排斥等价交换，将二者对立起来。

从劳动计量上的区别来看：按马克思的按劳分配思想，用公式表示是：个人劳动——劳动凭证（如劳动券）——个人消费品。如前所说，所提供的劳动的计量，不受所用生产资料状况的影响。这是容易看清的一面。还有不易看清的一面是：用劳动凭证换取的个人消费品所含劳动的计量，要受所用生产资料状况的影响。不管是否存在商品价值关系，生产同种消费品的不同企业，因生产资料状况和技术装备不同，会形成劳动生产率高低的差别，因而单位产品所含个别劳动量不同，但同等的消费品只能计算为同等的物化劳动量。就是说，在这种等量劳动互换的关系中，虽然对所提供的活劳动的计量不受所用生产资料的影响，但领取的消费品所含物化劳动的计量，与等价交换一样，要受到所用生产资料状况的影响。还以原人民公社的分配关系为例：甲社员在优等地劳动，乙社员在劣等地劳动，同量劳动所生产的粮食数量不同，优劣两种地每斤粮食所含劳动量不同，但社员分配粮食时，同量工分所得粮食量相等，不能因为优等地生产的每斤粮食所含实际劳动量少，劣等地所含实际劳动量多，在分配时被计算为不同的劳动量，而是要被还原为相同的劳动量。

片面之三是，胡教授将等量劳动互换中劳动的计量不受生产资料影响，作为社会主义本质关系的特点。这种见解不能成立。前面讲过，个体农民“换工”式的等量劳动互换，是活劳动与活劳动的直接交换，相交换的双方的劳动，都与所用生产资料状况丝毫无关，但不能由此认为这种劳动互换关系更进步，更具有社会主义性质，其实，它不具有任何特定的社会经济性质，既与社会主义无关，也与等价交换无关。

第四，胡钧教授自称他最根本的一个“突出创见”是：发现按劳分配中的等量劳动互换，是社会主义的本质关系。可是他又说，“马克思恩格斯都确认‘这一本质关系’”。既然是马、恩已确认的，怎么成了胡教授的“发现”和“创见”呢？其实，马、恩没有这种“确认”。胡教授的“本质论”实际上是一个根本性的错误，与马克思的观点正好相反。前面讲过，马克思既把按劳分配中的等量劳动互换与商品等价交换从内容和形式上做了区别，但又从等量劳动互换抽象规定性上来说，二者具有同一的原则。并明确指出，它是“资产阶级权利”，是与旧社会痕迹相联系的“弊病”。马克思为什么把等量劳动交换的平等权利，称之为资产阶级权利？因为资产阶级所宣扬的“平等”、“公平”、“自由”等，是以商品等价交换即等量劳动交换的平等权利为基础的。马克思在《资本论》中讲到这一点。而胡教授竟把马克思从贬义上讲的存在于新社会制度中这种“资产阶级权利”和“弊病”，称作社会主义的本质关系了！

三、社会主义的本质关系究竟是什么？

在马克思主义经典作家的论著和中外有关科学社会主义的论著中，不但没有讲过等量劳动互换是社会主义本质关系，而且也没有提过它是社会主义经济制度的特点。如果讲社会主义经济关系的特点，或社会主义分配关系，还是应讲按劳分配。应明确，按劳分配不是“资产阶级权利”。资产阶级所实行的是以“按资分配”为核心的按要素所有权分配，不是按劳分配。研究社会主义本质问题，还是应回到马恩列和邓小平的社会主义本质论上来，即“解放生产力，发展生产力，消灭剥削，消除两极分化，最终达到共同富裕”。在一个长时期中，谈论什么是社会主义，一般讲：公有制、按劳分配、国民经济有计划按比例发展。不错，没有这些内容，搞私有制为基础或主体，搞按资（本）分配为主体，就没有或不会是社会主义了。但是，新中国60多年的社会主义实践和经验教训告诉我们，改革开放前的近30年，也强调公有制（而且是搞一大二公），强调按劳分配（有时搞平均主义），强调有计划按比例发展，也切实消灭了剥削制度和两极分化。但是没有生产力的快速持续发展，没有走向共同富裕，而是共同贫穷，直到1978年，还有2.5亿的农村绝对贫困人口，连基本温饱问题都没有解决。城市也有不少贫困人口。因此，需要弄清楚搞社会主义是为了什么，要达到什么根本目的。这就涉及社会主义的本质问题。公有制和按劳分配，固然是社会主义的内容和特点，也是社会主义必须遵守的原则。但是，社会主义不是为公有制而公有制，为按劳分配而按劳分配。我们经常会看到一种绕圈子式的问答：什么是社会主义？社会主义是实行公有制的社会。为什么我国要实行公有制？因为我国是社会主义国家，所以必须以公有制为基础或主体。这种回答之所以绕不出圈子，因为没有抓住社会主义的本质。首先应该明确，社会主义是要让全体工人阶级和劳动人民摆脱剥削和奴役、过幸福生活的社会。列宁指出：“只有社会主义才可能使所有劳动者过最美好最幸福的生活。只有社会主义才能实现这一点。社会主义一定会实现这一点，而马克思主义的全部困难和它的全部力量也就在于了解这个真理。”① 社会主义要让全体劳动者过最美好最幸福的生活，但它不会自动实现，需要去创造，要首先致力于更好更快地发展生产力。大力发展生产力对社会主义来讲，具有两方面的意义。其一是，只有在生产力发展到一定高度的条件下才能完全消灭私有制和剥削。私有制和剥削的产生是生产力发展到一定阶段出现剩余产品的结果，而私有制和剥削的存在，又是生产力发展程度不够的结果。其二是，只有生产力的快速发展，才能生产出日益丰富多彩的用以满足人民需要的物质文化产品，让全体劳动者过日益富裕的最美好最幸福的生活。但是光靠发展生产力，并不是充分条件。在私有制的基础上是不可能实现的。需要有公有制作为制度保障。社会主义为什么坚持实行公有制，是服从于社会主义的根本任务和目的的。根本任务是解放和快速发展生产力，根本目的是在生产力发展

---

① 《列宁选集》第3卷，人民出版社1995年版，第546页。

的基础上，实现共同富裕。一方面，公有制消除了资本主义私有制和生产社会化的内在矛盾，有利于更快地发展生产力；另一方面，只有在公有制基础上才能够消灭剥削和两极分化，走向和最后实现共同富裕。这一理论思想，贯穿于马恩列的有关论著中，如在《共产党宣言》中就强调指出："无产阶级利用自己的政治统治"，把一切生产工具集中在自己手中，"尽可能地加快增加生产力的总量"。而尽快地发展生产力，扩大财富积累，"只是扩大、丰富和提高工人生活的一种手段"。[①] 马克思在1857~1858年的《经济学手稿》中写道：在新的社会制度中"社会生产力的发展将如此迅速，生产将以所有人的富裕为目的"。[②] 恩格斯在《卡尔·马克思》一文中说：在社会主义制度下，要使生产力的增长到能保证每个人的一切合理的需要日益得到满足的程度。在《反杜林论》中，恩格斯又讲，社会主义要通过发展社会生产，"保证一切社会成员有富足的和一天比一天充裕的物质生活，而且能保证他们的体力和智力获得充分的自由的发展和运用"。[③] 列宁也一再讲：必须大力发展生产力，社会主义要创造出高于资本主义的劳动生产率，充分保证全体成员的福利，使他们获得自由、全面的发展。这里之所以要引证马恩列的这些论述，是为了证明，邓小平提出的社会主义本质论，与经典作家关于社会主义本质的理论观点完全一致，是一脉相承的。搞社会主义，光强调实行公有制和按劳分配不够，因为它们自身不是社会主义本质要求，而是实现社会主义本质要求的制度安排。根据马、恩、列和邓小平的理论思想，体现社会主义本质的东西主要是两个方面：一方面是快速发展生产力，另一方面是实现共同富裕，让全体劳动者过最美好最幸福的生活。这样的社会主义才是马克思主义的科学社会主义所要求的，才是邓小平所说的"够格的社会主义"。

总结我国经济实践和发展社会主义的经验教训，可以看出：马克思主义经典作家对未来科学社会主义的理论指导多么符合实际和放射着真理的光芒。不重视发展生产力，生产力发展缓慢，不是科学社会主义；不重视通过发展生产力满足人民的物质文化生活需要，走共同富裕道路，"宁要贫穷的社会主义，不要富裕的资本主义"，不是科学社会主义，贫穷不是社会主

---

① 《马克思恩格斯文集》第2卷，人民出版社2009年版，第52、46页。

② 《马克思恩格斯全集》第46卷（下），人民出版社2009年版，第222页。

③ 《马克思恩格斯选集》第3卷，人民出版社1995年版，第633页。

义。另一种情况是，虽然重视并致力于生产力的快速发展，但没有重视和致力于实现共同富裕，出现贫富分化，矛盾凸显，这也不符合或不完全符合科学社会主义的本质要求。

总结以往的历史教训，邓小平多次指出：问题是什么是社会主义，如何建设社会主义，我们的经验教训有许多条，最重要的一条，就是要弄清楚这个问题。在总结经验教训的基础上，邓小平重新把发展生产力和实现共同富裕作为社会主义的本质要求。他反复讲社会主义的两条根本原则，第一是发展生产，第二是共同富裕。贫穷不是社会主义，发展太慢也不是社会主义；平均不是社会主义，两极分化也不是社会主义。社会主义的根本任务是发展生产力，社会主义的根本目的是实现共同富裕。

不言而喻，实现共同富裕，不仅以高度发展生产力为物质条件，也以消灭剥削和消除两极分化为社会条件。又以公有制和按劳分配的存在为既定制度安排。共同富裕是社会主义区别于以往一切社会制度的根本标志。原始社会是极端贫穷的社会，相继存在的三个私有制社会，是存在阶级剥削与奴役、两极分化的社会，都不可能实现共同富裕。

把握了以上关于科学社会主义的构成要素和社会主义本质规定，才能科学认识“什么是社会主义，如何建设社会主义”的问题。就可以看出，胡钧教授关于“等量劳动互换”是社会主义本质关系的“创新”观点，与马恩列和邓小平的有关理论观点相差何大！相悖何远！

如果按照胡钧教授的“创新”观点来问答：什么是社会主义？社会主义本质关系是与等价交换有本质差别的等量劳动互换！怎样建设社会主义？坚持和完善等量劳动互换本质关系！这究竟是重大理论“发现”、“创新”、“贡献”，还是一片糊涂与茫然，读者自会分辨。胡教授应该说明：我国改革开放前是怎样通过实行等量劳动互换建设社会主义的；改革开放以来，又是怎样通过等量劳动互换建设中国特色社会主义的。理论不是信口空谈，要有论证和论据，要用以说明和解决社会主义经济实践中的具体问题。

对比一下马、恩、列和邓小平关于社会主义本质的理论观点同胡教授的社会主义“等量劳动互换”本质论观点，显然两者是完全对立的。社会主义理论和实践只能肯定和选择前者而否定和摒弃后者。

四、岂能用“等量劳动互换”本质论来否定我国商品价值关系的实际存在

如果认真读一下胡教授不断高调自我宣传的发表于《红旗》杂志的《关于全民所有制内部商品价值形式问题》一文，可以看出，该文存在不少理论逻辑上自相矛盾和说理不通的地方，也与我国存在商品价值关系实际情况明显不相符合。1959 年，当时中央强调发展商品生产、利用价值规律，胡钧教授不能公开否定。他也讲，全民所有制“存在着商品关系形式”，“利用着商品价值形式”（讲的是“形式”），但他认为，实质上不存在商品价值关系。因为等量劳动互换是否定商品等价交换的。他认为全民所有制的职工，用货币工资去国营商店购买消费品，不是商品价值关系，而是劳动者之间的等量劳动互换。他说：“消费品这种商品形式已经不是原本的商品关系的体现者……它只是具有商品的形式，或称作商品的外壳。”“这种商品形式就只不过是一种计算劳动时间的形式……也可以利用它，也可以抛掉它而利用别的形式”。[①] 他的“创见”根据是两个方面：根据之一是：引证马、恩讲的话：马克思“曾特别指出，在社会主义制度下‘生产者并不交换自己的产品’……既然不交换自己的产品，那么产品怎么就会变成商品了呢?”“恩格斯说：‘一旦社会领有了生产资料，那么商品生产……就将被消除’”。用马恩的这些话来否定我国商品生产的实际存在，搞句句是真理，不是科学研究。而且，马恩是用生产资料公有制否定商品价值关系，而胡钧教授是用分配关系否定社会主义商品价值关系的实际存在。根据之二是：“等量劳动互换”与“等价交换”的本质差别，必然否定商品价值关系的实际存在。他把按劳分配与实质性的商品交换关系对立起来。他断言：“在存在实质商品交换关系的地方，是不能完全贯彻按劳分配原则的。”“要想论证它是实质的商品关系或有商品的内容，那就必须证明它是按劳分配这种经济关系的一种必要要求”。

胡教授该文存在诸多理论逻辑不通的地方。它为了论证社会主义不存在实质上的商品价值关系，先设计出等量劳动互换是社会主义本质关系的论

---

① 胡先生应说明，社会主义抛弃商品价值关系后该利用别的何种形式。

断，将它与商品等价交换相对立。实际上是将按劳分配与商品价值关系相对立。认为两者不能并存。如果谁认为我国存在“实质”上的“有商品内容”的商品价值关系，那你就得“必须证明”按劳分配必然要求商品价值关系。这种逻辑要求是不合理的。我们知道，按劳分配与商品价值关系是两种不同的关系，马恩100多年前讲的按劳分配，是商品价值关系已消亡了的分配关系。然而，社会主义实践证明，在社会主义阶段，商品经济还不会消亡。共产主义的按需分配才会排除商品交换关系。事实上我国和所有社会主义国家都存在商品价值关系。按劳分配与商品价值关系是并存的。并不需要“证明”按劳分配必然要求商品价值关系，胡钧教授认为不去“证明”就反证了商品价值关系不存在。没有这样不顾事实的理论逻辑！要知道，马克思并没有用按劳分配去否定商品价值关系，反而强调按劳分配的等量劳动交换与商品等价交换是同一原则。马克思预言社会主义制度下，“生产者不交换自己的产品”，是出于他认为一旦实行了统一的公有制即“社会所有制”，商品生产和交换就会消亡。但社会主义实践证明，还需保留和发展商品生产与交换。怎么能用马克思设想的一句社会主义“生产者不交换自己的产品”的话，来证明我国事实上存在的商品经济关系不是商品关系呢？至于引证恩格斯的那句话，斯大林在《苏联社会主义经济问题》一书早已说明，恩格斯讲的全社会占有一切生产资料，社会主义还没有达到这一步。还存在生产资料的两种所有制形式，还有必要保留商品生产。胡钧教授的观点比斯大林的观点还落后很多。

胡钧教授几十年来，一直坚持认为马恩关于社会主义消除商品价值关系的理论是正确的，而且已经成为现实。他认为，我国现实生活中存在着商品关系，那只是没有“商品内容”的“商品形式”，是“外壳”，实质上不存在商品价值关系。

胡钧教授不是用“实践是检验真理的标准”来判断理论是非，而是首先肯定马恩预言社会主义条件下商品价值关系将消亡的理论完全正确，已成为现实，来剪裁和定断实践，把实践中存在商品价值关系主观地套进马恩的“消亡”理论框架中，不是用实践检验和发展理论，而是用马、恩设想的理论剪裁和判断实践。他要用“形式”和“内容”的矛盾来解决问题和“发现”真理。于是，一系列逻辑扭曲违反事实的观点呈现出来。例如，即使在改革开放前的传统体制下，全民所有制内部的职工，到国营商店用人民币购买消费品，人们都会肯定这是货币与商品交换，是商品价值关系。价值规律会起作用。连斯大林都承认苏联模式中的消费品是商品，在“个人消费品的商品交换领域中，价值规律保持着调节者的作用”。[①] 而胡钧教授竟然否定。他断言：国家职工通过劳动获得货币，再去换取消费品，“本质上不是商品交换关系，而只能是个人从国家领取自己贡献给社会的劳动质量和数量的证明，再凭这个证明而由社会储备中领取符合自己劳动的适合自己需要的消费品”。“我们把货币抽去后，国家和职工的关系就表现得很明显了，这就是：每一个职工给社会贡献一定数量和质量的劳动，然后向代表整个社会的国家，领取按照他的劳动预先确定分配给他的消费品。从这里，我们能够看到丝毫商品关系的影子吗？显然不能。这里根本没有商品的交换，我们再假设，如马克思、恩格斯、列宁所设想的，在能够直接用劳动时间计算劳动耗费的条件下，发给每个劳动者一个劳动量的证书——劳动券，劳动者再拿它去领取适合自己需要的消费品。显然在这里，人们也不会认为是商品关系。那么，为什么由于人们还未能够立即直接用劳动时间来计算劳动耗费的条件下，利用货币形式来进行分配，就成为实质上的商品关系呢？难道利用什么形式这点，也会决定人们之间关系的实质吗？”

胡教授的通篇论文中，充满了这种理论逻辑难以成立的论断。为节省篇幅，不便多引。就从上述引文中，分析其理论逻辑混乱与诸多不合理处。

第一，明明国家职工用货币工资去购买消费品，是商品交换关系，应遵循等价原则，而胡教授竟说：“抽去货币后”就连“商品关系的影子”也“丝毫”看不到了！那就是连商品的“形式”也没有了。然而，胡教授应回答，如果“抽去货币”，职工用什么取得消费品呢？更重要的问题是，在商品经济现实存在的条件下，按劳分配关系需要通过商品价值关系实现。货币工资不等于劳动券，劳动券会明确载明各个职工提供了多少劳动量。而货币工资难以表明各自的劳动量。再者，用货币工资去购买消费品，存在物价涨落、通货膨胀、货币贬值等问题，而用劳动券去领取消费品不存在这类问题。还有：国家商店出售的消费品的价值或价格，也是由社会必要劳动决定的，劳动生产率不同的企业，生产资料装备的不同，会影响到个别劳动转化为社会必要劳动的差别，胡教授所主张的不受生产资料影响的等量劳动直接

① 《斯大林选集》（下），人民出版社1979年版，第552页。

互换关系并不存在。

第二，胡教授辩驳说，既然按马、恩、列的设想，“直接用劳动时间计算劳动的耗费，发给劳动者劳动券，再用它去换取消费品，人们不会认为是商品关系，那么，为什么‘利用货币形式来进行分配就成为实质上的商品关系呢?’”这种辩驳逻辑毫无道理。是正常理论逻辑思维缺失的表现。马恩列所讲的按劳分配，是不存在商品价值关系条件下的活劳动和物化劳动直接交换的关系，当然不是商品交换关系。而且只是一种设想，并未成为现实。而现实社会主义中的按劳分配，不是直接的劳动互换，而是要借助于商品价值关系实现。怎么能用马恩列虽讲过但没有实现的设想，来证明我国现实经济中存在的商品交换不是商品交换关系呢?列宁不是教条主义者，他曾讲：社会主义就是消灭商品经济，在苏维埃政权初期还曾准备消除货币，实践证明行不通，随即改行新经济政策，恢复商品货币关系。胡钧教授引用列宁曾有过而后来放弃了的“设想”，更不妥当。

第三，改革开放以来，我国大力发展社会主义商品经济，进行市场取向的改革，进而建立社会主义市场经济体制。按劳分配的实现形式，不但与马恩设想的用劳动券领取个人消费品的方式根本不同，也与改革开放前实行的分配形式有差别。在计划经济体制下，曾实行八级工资制，同一行业不同企业的职工，具有统一的工资标准，基本不考虑不同企业生产资料占有和管理上的区别。但在目前市场经济条件下，由市场配置资源，价值规律起着普遍的调节作用。同一行业的不同国有企业，由于技术装备和生产效率的不同，市场销售状况不同，劳动收入也大有差别。商品经济的供求规律、竞争规律、货币流通规律、价值规律等都在发挥着作用。职工领取的货币工资，是实实在在的货币，具有货币的各项职能，职工既可以用以购买消费品，也可以用以购买股票债券和生产资料。与马克思所讲的等量劳动互换关系大不相同，按劳分配利用商品价值关系实现，等量劳动互换与商品等价交换结合起来了。二者不存在相互对立和否定的关系。有必要指出，胡钧教授将按劳分配中的等量劳动交换与商品等价交换完全对立起来，而马克思则是突出两者的“共同的原则”。正是这个共同的原则，使社会主义实践中的按劳分配与商品等价交换能够结合起来。

1984 年，中共中央《关于经济体制改革的决定》中指出，社会主义经济是“公有制基础上的有计划的商品经济”，旧的经济体制，“忽视商品生产、价值规律和市场的作用”。而进行改革，“首先要突破把计划经济同商品经济对立起来的传统观念”，要求“充分发展商品经济”，把经济搞活。然而，胡钧教授无视这些，继续用他的“等量劳动互换”本质论，否定商品经济的存在。他在1989年的论文中讲：社会主义公有制下的经济利益关系，“是对商品货币关系的否定，商品关系，与私有制一起被否定了。……马克思的这一科学论断今天恰恰被证明是完全正确的，而且正在从理论变为现实”。“就本质利益关系说，公有制和商品经济是不能兼容在一起的。”①胡教授五十多年来一贯坚守社会主义非商品经济论的执著精神，跃然纸上。

从以上的系统分析中可以看出，胡钧教授一直坚持和高调宣扬的“等量劳动互换”是社会主义本质关系、与商品等价交换相对立，以及以按劳分配否定实质上的商品交换关系的理论观点，与我国实际存在和发展的社会主义商品经济相脱节，全文存在着许多理论逻辑自相矛盾、说理不通的地方。然而，胡教授竟自我标榜说：他的这篇大作为我国目前的分配政策提供了理论依据，为邓小平的社会主义市场经济理论、为我国社会主义市场经济体制的改革目标提供了“理论铺垫”和“理论准备”。等于说，是胡教授五十年前“发现”的社会主义“等量劳动互换”本质论，否定实质上的商品交换理论，指导了邓小平的市场经济改革理论，为我国社会主义市场经济改革目标模式提供了理论依据。这既不符合我国社会主义经济理论发展的历史，也不符合我国商品经济和社会主义市场经济存在和发展的事实。胡钧教授没有也难以具体说明：他的伟大创见怎样为邓小平的社会主义市场经济改革理论提供了理论依据，难道胡钧否定社会主义存在商品货币关系，就是邓小平理论的依据么？胡钧的“创见”又怎样为我国目前的分配政策提供了理论依据，为什么没有一句说明呢？本来，马克思讲“等量劳动相交换”，是就按劳分配关系进行概括的，就是讲按劳分配中的等量劳动互换关系。胡钧的“创见”，并未超出按劳分配关系，怎么会新提出目前分配政策的依据呢？完全是不着边际的虚构的说法。

---

① 胡钧：《胡钧自选集》，中国人民大学出版社2007年版，第289页。

不要随意诠释和错解马克思的“两个决不会”思想①

最近拜读了发表于《理论前沿》2005 年第 20 期和《北京日报》2005 年 12 月 12 日的两篇文章，题目虽异而内容相同。前者的题目是《马克思的“两个决不会”思想与现阶段我国的所有制改革》，后者的题目是《重温马克思的“两个决不会”思想》。由于文中注明作者是国务院发展研究中心战略研究部部长，因而文章中所表述的理论观点和治学方法会引人格外注意。

该论文的基本观点是：马克思在 1859 年的《（政治经济学批判）序言》中提出了“两个决不会”的思想，即“无论哪一个社会形态，在它所能容纳的全部生产力发挥出来以前，是决不会灭亡的；而新的更高的生产关系，在它的物质存在条件在旧社会的胎胞里成熟以前，是决不会出现的”。这是对《共产党宣言》（以下简称《宣言》）中“两个必然”，即资本主义必然灭亡，社会主义必然胜利思想的发展、补充和纠正。马克思原认为，社会主义会首先在欧洲发达资本主义国家取得胜利，“但后来的实践演进却与马克思所预言的情况恰恰相反”。“经济发达国家资本主义制度的丧钟不仅没有敲响，反而出现了长期的经济繁荣。”“而另一方面，上世纪 90 年代以后，以苏东剧变为标志，国际社会主义运动遭受了严重的失败”。这表明“两个必然”的“结论不符合实际”，从反面证明了“两个决不会”的正确。一些落后国家发生的社会主义革命，“强制进行生产关系变革的结果，使得生产关系与生产力水平严重脱节，……最终导致社会主义运动的失败和生产关系的回归”。我国也遭受了许多挫折。“在这种危急时刻”，开启了改革开放的

① 本文原载《经济学动态》2006 年第 9 期，与马昀合写。

进程，并提出社会主义初级阶段理论，这是对“两个决不会”思想的自觉运用与发展。根据“两个决不会”思想，“公有制比重的高低不是社会性质的决定因素。也不是共产党执政地位和政权合法性的决定因素”。

应当肯定，该论文所叙述的一些经济社会发展的事实是存在的，也是理论界所公认的。但论文的理论逻辑与倾向和结论，存在一些值得商榷的问题。

一、在理论史料和逻辑上，该论文存在一些不实的纰误

《宣言》中并没有讲过“两个必然”，即“资本主义必然灭亡，社会主义必然胜利”的话。不应当把马克思和恩格斯没有讲过的话凭空加之于他们，然后展开评论，说什么“带有很大的局限性”呀，“不符合实际”呀，并说马克思后来“认真总结了1848年欧洲革命的经验和教训之后，纠正了以前对资本主义行将灭亡和社会主义行将胜利的过于乐观的估计”，并提出“两个决不会”的思想。只要认真读一下《宣言》，它连“资本主义”这个概念都没有用过。甚至在1859年出版的《政治经济学批判》一书中，也没有用过“资本主义”概念。直到19世纪60年代，马克思才在自己的著作中较广泛地运用“资本主义”一词。在《宣言》中，也没有正面使用“社会主义”一词。因为当时流行着各种非科学的社会主义流派，《宣言》在后一部分评论了各种“反动的社会主义”、“资产阶级的社会主义”和“空想的社会主义”。马、恩在《宣言》中正面用的是“共产主义”一词，旨在区别和独立于这类社会主义。

《宣言》中没有讲过“两个必然”，也没有讲过“两个行将”，即“资本主义行将灭亡和社会主义行将胜利”，但是讲过两个“不可避免”，即“资产阶级的灭亡和无产阶级的胜利同样是不可避免的”①。从人类社会发展的历史趋势来看，这个论断并没有错。同样，“两个必然”即资本主义必然灭亡，社会主义必然胜利，这是后来的马克思主义者作出的论断，也不能说有什么错误需要“纠正”。社会主义最终将会取代资本主义，这是人类社会历史发展的必然规律。邓小平在1992年的南方讲话中特别指出：“封建社会

① 《马克思恩格斯选集》第1卷，人民出版社1995年版，第284页。

代替奴隶社会，资本主义代替封建主义，社会主义经历一个长过程发展后必然代替资本主义。这是社会历史发展不可逆转的总趋势，但道路是曲折的”[①]。不能因为社会主义发展中的曲折和挫折，就否定其终将取代资本主义的历史发展总趋势和客观规律。

当然，也应肯定，马、恩没有也难以预见到发达资本主义国家在他们之后的100多年中，通过在生产关系方面的自我调整和改进，保持了自己的生命力，并且更大规模地发展了生产力。《宣言》中所讲的发达资本主义“社会所拥有的生产力已经不能再促进资产阶级文明和资产阶级所有制关系的发展；相反，生产力已经强大到这种关系不能适应的地步”，是根据当时资本主义周期爆发的经济危机和强大的工人运动这种历史事实作出的判断。甚至1929~1933年的世界经济大危机也能印证这种判断。但这种判断从当前资本主义世界发展的情况看，已难以与现实完全相符了，需要有理论上的发展与创新。

也可以肯定：马克思、恩格斯和当时的一些共产主义者，曾认为欧洲的经济发展已成熟到资本主义行将被新社会制度取代的看法，是一种过早的判断。恩格斯后来明确地说明这一点。他在1895年，即病逝前的当年3月，为马克思的《1848至1850年的法兰西阶级斗争》一书写的《导言》中指出：“历史表明，我们以及所有和我们有同样想法的人，都是不对的。历史清楚地表明，当时欧洲大陆经济发展的状况还远远没有成熟到可以铲除资本主义生产的程度；历史用经济革命证明了这一点”[②]。但是，1859年出版的《（政治经济学批判）序言》中提出的“两个决不会”，不存在对《宣言》中的任何原理进行“修正”的问题。只要读一下马克思和恩格斯为《宣言》所写的1872年德文版序言就会明白。序言强调指出：“不管25年来的情况发生了多大的变化，这个《宣言》中所阐述的一般原理整个说来直到现在还是完全正确的。”同时指出：“这些原理的实际运用，正如《宣言》中所说的，随时随地都要以当时的历史条件为转移。”甚至在1888年即《宣言》出版40年后，恩格斯为《宣言》写的英文版序言中，再次引录1872年序言中所讲的一般原理“完全正确”那段话。《〈政治经济学批判〉序言》中提出的“两个决不会”，是马克思正面阐述历史唯物主义原理的组成部分，不

---

① 《邓小平文选》第3卷，人民出版社，第382、第383页。

② 《马克思恩格斯选集》第4卷，人民出版社1995年版，第512页。

存在补充、发展和纠正《宣言》中任何原理的问题。

有必要说明“资本主义的丧钟就要敲响了”的话，不是出自《宣言》，而是出自1867年出版的《资本论》第1卷。《资本论》中充分地论述了资本主义将必然转向社会主义的历史趋势。《资本论》是在《〈政治经济学批判〉序言》提出“两个决不会”7年之后出版的。同样可以证明不存在“两个决不会”纠正“两个必然”，否定资本主义丧钟就要敲响了的问题。

二、经济落后国家首先取得社会主义胜利，是否违背了“两个决不会”思想

马克思曾认为，社会主义革命将首先在一些发达资本主义国家取得胜利。不应由此认为，经济落后国家首先取得社会主义胜利，就是违背了“两个决不会”的原理，并以此论证苏东剧变、“社会主义运动失败和生产关系回归”的根本原因。苏联社会主义制度建立后，生产力获得迅速发展，不断缩小与美国的经济差距。苏联解体前，已成为可与美国抗衡的超级大国。其经济社会的发展已远远超过马克思所看到的发达资本主义国家所达到的水平。苏东剧变有其主客观原因，将其归结为违背了马克思的“两个决不会”思想，是不能成立的。

应当注意到，马克思并没有绝对排除经济落后国家取得社会主义发展前途的可能性。1881年，也就是《宣言》发表33年后，马克思在《给维·伊·查苏利奇的复信草稿》中提出：像俄国这样的落后国家，由于存在公社土地公有制，“它可以不通过资本主义制度的卡夫丁峡谷，而吸取资本主义制度所取得的一切肯定成果”[①]，走上社会主义道路。正因为俄国的土地公有制“和资本主义生产是同时代的东西，所以它能够不通过资本主义生产的一切可怕的波折而吸收它的一切肯定的成就。”[②]。就是说，在特定的社会历史条件下（在俄国是存在公社土地公有制下），经济落后国家可以不走发达资本主义的道路，而是可以吸收资本主义的“一切肯定的成就”，走向社会主义。用马克思的原话说，就是：土地公有制“就能直接变成现代社会所趋向的那种经济体系的出发点，不必自杀就能获得新的生命”[③]。所谓

①②③ 《马克思恩格斯全集》第19卷，人民出版社1963年版，第451、431、451页。

“不必自杀”，就是不要“把他们的公有制变为私有制”。

还应注意到：马克思和恩格斯于1882年为《宣言》德文版所写的序言中，也讲到俄国的“原始土地公有制形式，是能直接过渡到高级共产主义的土地所有制形式”。并且明确指出“假如俄国革命将成为西方工人革命的信号而双方互相补充的话，那么现今的俄国公有制便能成为共产主义发展的起点”。

在社会主义革命理论问题上，还应该注意到列宁的发展。列宁在1915年的《论欧洲联邦口号》和1916年的《无产阶级革命的军事纲领》中，提出“经济政治发展不平衡是资本主义的绝对规律”，社会主义可以在单独一个资本主义国家内取得胜利。在帝国主义时期，社会主义革命不一定先在发达资本主义国家发生和胜利，在俄国这样资本主义落后的国家，只要具备革命形势和革命的主观力量，也可以首先爆发革命和获得胜利。俄国十月革命证明了列宁理论的正确。

由此可见，俄国在特定历史条件下，取得社会主义革命的胜利，既没有违背马克思的历史唯物主义原理，又是列宁在革命实践中对马克思主义的发展。因此，苏东剧变，并不能归之为违背了“两个决不会”的思想。

三、我国提出社会主义初级阶段理论。实行改革开放，是否是对“两个决不会”思想的自觉运用

可以肯定，社会主义初级阶段理论，发展多种所有制经济，是遵循了马克思生产力决定生产关系的历史唯物主义原理的。但“两个决不会”讲的是“社会形态”的更替问题，不是经济成分的安排问题。“无论哪一种社会形态，在它所能容纳的全部生产力发挥出来以前，是决不会灭亡的。”解放前的我国“社会形态”是半殖民地半封建社会。它造成中国积贫积弱，成为生产力发展的桎梏。消灭旧的、阻碍生产力发展的生产关系，建立新民主主义制度和社会主义制度，解放生产力和发展生产力，并没有离开“两个决不会”的思想。不能认为我国在改革开放前和提出初级阶段理论前，用社会主义“社会形态”取代半殖民地半封建“社会形态”，是背离了“两个决不会”思想。只有到改革开放，提出社会主义初级阶段理论，才是自觉运用和回归到“两个决不会”思想。我国改革开放和确立初级阶段理论，

并不是“社会形态”的复归，我国社会制度依然属于社会主义“社会形态”。我们可以把马克思的“两个决不会”思想中的第一个“决不会”引申到经济成分中来：在解放前的旧中国，在“三座大山”的压迫下，个体经济、民族资本主义经济成分没有获得应有的发展。解放后的新中国，这类私有制经济获得了新的发展空间，它们还能容纳生产力的继续发展。正是根据“三个有利于”的标准，我国实行公有制为主体，多种所有制经济共同发展的社会主义初级阶段的基本经济制度。但不能把后一个“决不会”引入我国现阶段的所有制结构。因为“新的更高的生产关系”即社会主义生产关系已经在我国出现，并要占主体地位。

如果硬套“两个决不会”，就会导致这样的理论观点：在我国生产力落后的条件下，私有制社会形态所能容纳的全部生产力还没有发挥出来，因而是“决不会灭亡的”。而“新的更高的生产关系”首先是作为其基础的社会主义公有制经济不应当过早地产生与发展。而该论文的作者，正是循着这样的理论逻辑展开论述的。

四、公有制为主体是不是我国现阶段的社会主义制度同资本主义制度的根本区别

该论文提出：依据马克思的“两个决不会”思想，可以从理论上说明，“生产资料所有制以及由此决定的生产方式不应当也不可能成为决定社会主义初级阶段与现存资本主义制度的根本区别”。“人们习惯于把公有制（尤其是国有制）比重的高低看作是决定社会制度性质的事情，甚至看作是决定共产党领导权合法地位的事情，从而严重束缚了我国所有制改革的进程。现在看来这种认识是似是而非的”。它还说：“根据马克思的基本立场、观点与方法，社会主义最本质的规定应当是其根本目的，而不应当是其手段和途径”。它认为所有制只是手段和途径。只有当生产力高度发达到资本主义生产关系难以容纳的时候，实行生产资料公有制才是解放和发展生产力的需要。而在我国生产力落后的情况下，社会主义初级阶段与现存资本主义制度的差别，不应当也不可能是其所有制形式的差别。这是什么意思呢？它是说：我国现阶段的社会主义与资本主义的区别，不应当也不可能是公有制与私有制的区别。也就是不应当把公有制作为现阶段社会主义的规定性和要

求。“公有制比重的高低，不是社会性质的决定因素。”“国有经济比重的高低，也不是保证共产党执政地位和执政合法性的决定因素。”它认为，我国现阶段的社会主义与现存资本主义制度的“具有决定意义的差别”，一是解放和发展生产力的领导阶级和执政性质不同；二是其根本目的和最终理想不同。

否定公有制是社会主义经济制度的基础，是该论文的中心思想。认为强调公有制在我国社会主义现阶段的地位和作用“这种似是而非”的看法，“严重束缚了我国所有制改革的进程”。讲得直截了当一点，就是严重束缚了私有化改革的进程。

该论文用自己虚构的所谓马克思用“两个决不会”补充和纠正了“两个必然”的一套理论设置，绕了很大的弯子，得出了否定我国公有制为主体的结论，是完全站不住脚的。这种理论观点，既是与马克思列宁主义的基本观点相悖的，也是与毛泽东思想、邓小平理论以及宪法和中央有关文件精神相抵触的。

马克思主义认为，所有制是生产关系体系或社会经济制度的基础。正因为如此，《共产党宣言》强调指出：共产党人“在所有这些运动中，他们都强调所有制问题是运动的基本问题，不管这个问题的发展程度怎样”。并明确提出，无产阶级要“把一切生产工具集中在国家即组织成为统治阶级的无产阶级手里”。马克思在《论土地国有化》一文中又指出：生产资料在全国性的集中将成为新社会制度的“全国性基础”。恩格斯于1890年8月21日致奥·伯尼克的信中说：社会主义社会“同现存制度（指资本主义制度——引者）的具有决定意义的差别当然在于，在实行全部生产资料公有制……的基础上组织生产”[①] 马克思和恩格斯的这些理论观点是作为社会主义制度的一般原理提出的。不管历史条件有什么差别，只要是建立社会主义经济制度，就需要以公有制为基础。我国处于社会主义初级阶段，从我国的国情出发，我们不应搞单一的公有制经济，而是实行公有制为主体，多种所有制共同发展的制度。但是，应当明确：坚持公有制为主体，才能保证我国的社会主义性质。在邓小平理论和中央有关文件中，“公有制为主体”，也称“社会主义经济为主体”。它表明，“非公有制经济”是“非社会主义经济”。

---

① 《马克思恩格斯选集》第4卷，人民出版社1995年版，第693页。

社会主义经济为主体，也就是社会主义经济制度为主体。否定公有制经济，就是否定社会主义经济，否定社会主义经济制度。我国宪法明确规定：“中华人民共和国的社会主义经济制度的基础是生产资料的社会主义公有制，即全民所有制和劳动群众集体所有制。”还规定：“国有经济，即社会主义全民所有制经济，是国民经济的主导力量。国家保障国有经济的巩固和发展。”可见，理论宣传中否定我国现阶段公有制，特别是国有经济的重要地位和作用，是违反我国的整体理论指导和宪法的。

上述该论文中，对恩格斯关于社会主义同资本主义制度“具有决定意义的差别”是在生产资料公有制的基础上组织生产的论述，做了这样的主观随意性的说明：恩格斯指的是在资本主义生产力高度发达基础上为进一步解放生产力而建立的社会制度与现存资本主义制度的本质区别。而“处于初级阶段的社会主义需要实行什么样的制度来解放和发展生产力，这种制度与现存资本主义制度的根本区别是什么，马克思和恩格斯并没有也不可能给出明确的预言和论述。”它认为，社会主义初级阶段与现存资本主义制度“具有决定意义的差别”，不应当也不可能是其“所有制形式”，也就是说，不应当是用社会主义公有制区别于资本主义私有制。

这种见解不能成立。恩格斯所讲的社会主义制度与资本主义制度“具有决定意义的差别”，是一般原理，并未区分生产力高度发达还是比较落后的国家。而且，就我国直到本世纪中叶都处于社会主义初级阶段来说，我国目前生产力的水平乃至再过二三十年后的水平，不会低于而是高于马克思和恩格斯150多年前所看到的作为发达资本主义国家的英国的水平。马、恩所讲的社会主义区别于资本主义制度的“具有决定意义的差别”是公有制，不能随意解释为只是对发达国家而言，不包括落后国家。只要了解马克思鉴于当时经济落后的俄罗斯存在公社土地公有制，就认为可以以此为基础，跨越“卡夫丁峡谷”，走向社会主义的思路，就会明白那种解释多么背离马克思的本意。

根据我国生产力落后的国情，毛泽东创立了新民主主义理论。即使我国建立新民主主义社会制度，也需要以国有经济为主导。毛泽东在党的七届二中全会报告中强调指出：要使人民共和国掌握国家的经济命脉，“使国营经济成为整个国民经济的领导成分。这一部分经济是社会主义性质的经济”。关于恢复和发展生产的问题，“必须确定：第一是国营工业生产，第二是私营工业的生产”。还指出：“在发展工业方向上，有些糊涂的同志认为主要的不是帮助国营企业的发展，而是帮助私营企业的发展，或者反过来，认为只要注意国营企业就够了，私营企业是无足轻重了，我们必须批判这些糊涂思想。”

从实际经济发展情况来看，远在进行“三大改造”前的1952年，在我国工业总产值中，国有经济的比重已占41.5%，集体所有制经济占3.2%，公有制经济合占44.7%；在批发商业中，1952年，国营商业的比重占60.5%，合作社商业占2.7%，合计63.3%；在商业企业零售商品额中，国营商业占19.1%，合作社商业占23.5%，共占42.6%。这表明：在新中国建国初期的新民主主义制度中，也需要发展公有制经济，特别是发挥国有经济的领导或主导作用。

我国在三大改造后和改革开放前，曾过早地跨越了新民主主义制度，搞单一的公有制经济，脱离了我国的国情。改革开放以来，确立社会主义初级阶段理论，调整所有制结构，恢复和发展非公有制经济。但是，党中央始终不变的理论指导是，坚持公有制为主体，多种所有制共同发展。

邓小平反复强调公有制经济在我国社会主义现阶段的重要地位和作用。他指出：“一个公有制为主体，一个共同富裕，这是我们必须坚持的社会主义根本原则。”“社会主义有两个非常重要的方面，一是以公有制为主体，二是不搞两极分化”，“我们在改革中坚持了两条，一条是公有制经济始终占主体地位，一条是发展经济要走共同富裕的道路。”又说：“我们的改革，坚持公有制为主体，又注意不导致两极分化，……这就是坚持社会主义。”①邓小平把公有制为主体，确定为“社会主义根本原则”。坚持社会主义，就是要坚持公有制为主体。这表明，失去了公有制为主体，就失去了社会主义制度自身。

江泽民同志于1995年6月26日在长春召开的企业座谈会的讲话中指出：重要的是要使国有经济和整个公有制经济在市场竞争中不断发展壮大，始终保持公有制经济在国民经济中的主体地位，充分发挥国有经济的主导作用。如果失去公有制经济的主体地位和国有经济的主导作用；也就不可能建设有中国特色的社会主义。所以，搞好国有企业特别是大中型企业，既是关

---

① 《邓小平文选》第3卷，人民出版社1993年版，第111、138、147、139页。

系到整个国民经济发展的重大经济问题，也是关系到社会主义制度命运的重大政治问题。

党和国家的许多重要文件中，也反复强调要坚持公有制为主体。党的十五大报告中说："我国是社会主义国家，必须坚持公有制作为社会主义经济制度的基础。"实行公有制为主体，"是由社会主义性质决定的"。十六大报告中提出两个"毫不动摇"，即既要毫不动摇地巩固和发展公有制经济，又要毫不动摇地鼓励、支持和引导非公有制经济的发展。关于发展国有制经济，报告中指出："要发展壮大国有经济，国有经济控制国民经济命脉，对于发挥社会主义制度的优越性，增强我国的经济实力、国防实力和民族凝聚力，具有关键性作用。"

从以上论述可以清楚地看出：引用马克思的"两个决不会"思想，来否定我国社会主义初级阶段公有制经济，特别是否定国有经济的基础性与主导性地位和作用，是毫无理论和事实根据的主观偏好性论断。既背离马、恩的理论思想，也背离毛泽东、邓小平的新民主主义理论和社会主义理论的有关观点；也背离江泽民和有关中央文件特别是国家宪法的理论指导；也脱离新中国建立以来公有制经济发展的实际情况。

五、否定公有制能够实现共同富裕和共产主义远大目标么？

该论文认为，我国初级阶段的社会主义与现存资本主义制度"有决定意义的差别"，不是公有制与私有制，而是两点：一是解放和发展生产力的领导阶级和政权的性质不同，我国是在共产党领导下解放和发展生产力，而现存资本主义制度则是在资产阶级政党领导下解放和发展生产力。二是其根本目的和最终理想不同，社会主义初级阶段的最终理想，是为实现共同富裕、人的全面自由发展和为最终实现共产主义远大目标奠定物质基础和创造条件。而资本主义制度解放和发展生产力是为了缓和资本主义基本矛盾，是为资本主义制度服务的。笔者认为，这个理论观点也难以成立。

首先，如果共产党不要公有制，而是依靠发展私有制来"解放和发展"生产力，那与资产阶级通过私有制发展生产力有什么本质区别呢？共产党顾名思义，是要共生产资料之产的，如果不要公有制而搞私有制，共产党还有存在的必要么？如果共产党领导的政权不搞以公有制为基础的社会主义经济制度，而是搞私有制，基础决定上层建筑，其政权的性质还能是社会主义的吗？其次，消灭剥削和两极分化，实现共同富裕，只有在公有制基础上才能够达到，在私有制基础上是不可能实现的。再者，如果不搞公有制，能走向共产主义么？能为“共产主义远大目标创造条件”么？那只能是不切实际的空谈。

该论文否定我国社会主义现阶段公有制的地位和作用的另外两条理由同样不能成立。一条是“公有制比重的高低不是社会性质的决定因素”。其根据是：二战后，法国国有经济的比重曾高达98%。英国、北欧、意大利、澳大利亚等国的国有经济所占比重也很高。

且不谈法国国有经济比重曾达98%的数字是否准确，只讲两点：首先，既然连资本主义国家都要发展国有经济，而且占较大比重，作为社会主义的中国，为什么不允许、不主张、不支持发展国有经济呢？其次，世界资本主义发展的数百年中，都是以私有制为基础。资本主义市场经济是私有制市场经济，这是公认的事实。随着资本主义经济发展的需要，出现了一些国有企业，一是政府调控经济的需要，二是应对战时经济的需要。而且根据不同时期的需要，时而“国有化”，时而私有化，都依资产阶级整体利益为转移。资本主义国家搞不搞国有经济，“国有化”也好，私有化也好，都不会改变资本主义制度的性质。因为资产阶级掌握政权，其国有经济是国家资本主义。而社会主义制度不同，如果否定和放弃包括国有经济的公有制经济即社会主义经济，社会主义制度就要蜕变。

另一条理由是：“国有经济比重的高低，也不是保证共产党执政地位和政权合法性的决定因素。前苏联和东欧国家共产党失去政权的时候，国有经济的比重都大于我国。”这个理由也不能成立。社会主义公有制经济制度的蜕变，会带动政权性质的蜕变；社会主义政权性质的蜕变也会推动社会主义经济制度的蜕变。苏东剧变有其多种原因。但苏联社会经济制度的演变，失去其社会主义性质，是与其国家政权推行私有化相联系的。社会主义制度的蜕变，有两条途径。一条是苏东式的，通过政治制度的首先蜕变，带动所有制和整个经济制度的蜕变，这是“休克疗法”式的剧变。另一条是实行经济制度的逐步蜕变，实行私有化，公有制经济解体，然后带动政治制度蜕变，这是“和平演变”式的渐变。这正是西方向我国进行“西化”、“分化”的图谋所在。我们千万要警惕啊！

究竟该怎样完整准确地理解马克思主义？[①]

——评奚兆永先生背离马克思主义的理论观点

摘要：论文从两个方面论证马克思主义有基本原理与非基本原理之分，反驳奚兆永先生对这种区分的否定；阐明产业资本是资本主义“普照的光”，它决定着资本主义制度的社会性质，三卷《资本论》的逻辑结构是依次讲产业资本（工业资本）的生产过程、流通过程和生产总过程，反驳奚兆永先生对《资本论》逻辑结构的错解；进一步论证剩余价值理论和历史唯物主义是马克思的两大主要贡献，它使社会主义由空想变为科学，反驳奚兆永先生断言不是剩余价值理论而是“资本总公式”及其矛盾使社会主义走出黑暗中的摸索变为科学。对奚文中存在的其他多方面对马恩及毛泽东有关理论论述的错解、曲解和思维逻辑的混乱，也进行了辩驳。

《当代经济研究》2010年第9期发表了奚兆永先生《再论完整地准确地理解〈资本论〉》（以下简称奚文），同我争辩。近日拜读全文，深感奚先生的解读与观点依然是“完整地准确地理解”马克思主义的反面。我在已发表的反驳他的论文中，指出了他在理论认识上的诸多纰误，逻辑思维的混乱和常识性的错误，他都避而不谈。奚文“再论”的内容，依然存在太多的纰误，所涉及的理论是非需要进一步辩驳与澄清。

---

① 本文原载《当代经济研究》2011年第9期。

一、否定马克思主义有基本原理与非基本原理之分是错误的

奚文第二节的标题是《可以将马克思主义理论或原理分为“基本原理”和“非基本原理”吗?》。其观点是竭力反对这种区分的。他说:“卫教授认为，马克思主义的理论或原理应该区分为基本原理和非基本原理，我认为这个看法是不正确的。《资本论》是一个艺术的整体，是一个完整的体系，将其再分为‘基本原理’和‘非基本原理’，……我认为是不妥当的。在这方面，值得注意的是毛泽东的一些提法。毛泽东曾说:‘马克思、恩格斯、列宁、斯大林的理论，是放之四海而皆准的理论’。他并没有把理论分为‘基本原理’和‘非基本原理’。他还多次把马列主义称为‘普遍真理’。”

马克思主义包括《资本论》的内容是否存在基本原理与非基本原理之分？应从两方面来分析与判断。一方面，从《资本论》和马、恩、列的著作所论述的内容来看，有无基本原理与非基本原理之分。马克思主义著作博大精深、卷帙浩繁，只有少数专业理论工作者，能够精读全卷。拿《资本论》来说，即使是高校经济学专业的学生也不可能要求其尽读《资本论》3卷和作为《资本论》第4卷的《剩余价值理论》。对作为经济学专业课程的马克思主义政治经济学教材，也不能借口“《资本论》是个艺术整体，是一个完整的体系”，要求转述《资本论》的全部内容。奚文是反对我“认为一部分要讲，而另一部分可以不讲的”。然而，中外马克思主义政治经济学教材没有一本是全部转述《资本论》3卷或4卷内容的。既不可能也无必要。作为高校学生或社会人士学习马克思主义政治经济学的教材，必须有所取舍，重在选其基本原理部分，舍其非基本原理部分。即使是基本原理部分，也有解读细简的区分。如近年来中央马克思主义理论研究和建设工程组织编写的《马克思主义基本原理概论》，其中政治经济学部分，只是简要地论述了几个最基本的原理。书名就表明所讲的是对“基本原理”的“概论”。

马克思主义经济理论工作者和教学工作者，都应当也能够分清马恩列原著特别是《资本论》中的理论论述，哪些是需要长期坚持和发展的基本原理。哪些是非基本原理。这也正是当前马克思主义理论研究和教学中人们关注和讨论的课题。例如，《教学与研究》2009年第7期发表的张雷声教授的

《论坚持和发展马克思主义基本原理》一文中，就提出怎样区分“基本原理”和“非基本原理”问题。它既论述了怎样确定“基本原理”的根据问题，又提出“讲‘基本原理’必然会有‘非基本原理’与其相对应。搞清楚区别于马克思主义基本原理的‘非基本原理’也是正确认识和把握马克思主义的基本原理的一条思路”。应认同这一见解。

有必要说明，讲坚持和发展马克思主义基本原理，必然会涉及必要的诸如历史过程、实际情况、经济社会知识等方面，需要有这些作为理论分析和建设的铺垫。例如，讲劳动价值论这一马克思主义的基本原理，必然涉及商品二因素，涉及使用价值，涉及使用价值的量的规定“如一打表、一码布、一吨铁”等。使用价值的质的规定与量的规定，不是“基本原理”，而是经济常识。因此，不是说，政治经济学教材，一律不讲“非基本原理”的东西。但有些非基本原理是可以不讲的。

马克思主义政治经济学中的基本原理，只就《资本论》的内容来看，应当包括经济学的科学性和阶级性的统一论，辩证唯物主义与历史唯物主义的方法论，劳动价值论，价值与交换价值或价格关系论，财富论，剩余价值论，资本积累和再生产论，资本主义经济危机论，资本循环与周转论，资本和剩余价值具体形式论，资本主义必然被社会主义取代论，社会主义所有制、计划调节和按劳分配论。还包括所揭示的一系列经济规律，如价值规律、供求规律、竞争规律、资本主义积累的一般规律、商品生产所有权规律转化为资本主义占有规律、利润率趋向下降的规律等。

从《资本论》的内容来看，非基本原理部分可以包括以下不同方面：

第一，根据当时的时代背景和历史条件所得出来的个别原理和论断，符合当时的实际情况，而当条件变化后，相关的原理和论断随之失效。例如，《资本论》中认为，作为世界货币的只能是贵金属货币，纸币不能执行世界货币职能。这一原理或论断，符合贵金属货币流通时的实际情况。但在金本位制已不存在的条件下，各国都以纸币作为流通手段，某些发达国家的纸币如美元，也可作为世界货币在国际间支付和结算。因此，只有贵金属货币才能执行世界货币职能的观点，不是基本原理。在教材中应交代清楚。而且，这时货币和价格理论也需要发展。如价值与价格的关系更为复杂和难以测度了，需要有新的理论研究。纸币本身没有价值，因而没有价值尺度职能，但可有“价格尺度”职能。先充当价格尺度，再充当流通手段。《资本论》中没有“价格尺度”概念，我们应根据新的实践的发展予以补充说明。再如，《资本论》中讲商品生产存在的条件和原因：一是社会分工；二是生产资料私有制的存在，“在商品生产中，生产资料归私人所有”。[①] 这一商品生产存在的原因的原理，只是符合马克思所看到和知道的小商品生产和资本主义商品生产的实际。而不能用来说明社会主义公有制经济中商品生产存在的原因，因而不应作为普遍适用的基本原理，需要在理论说明上有所补充和发展。再如，《资本论》中讲资本主义农业生产和绝对地租问题时，是以农业资本有机构成落后于工业为条件的，绝对地租是高于平均利润的一种超额利润，由于同量资本在农业中创造的价值比工业中多。这一理论也是一种原理，但不是具有普遍意义的基本原理。当代发达资本主义国家农业资本有机构成并不必然低于工业。而且当代农业资本利润一般低于工业商业，需要政府补贴。

第二，《资本论》中关于资本主义经济发展的具体过程的描述和对生产工具发展情况介绍，不是原理，更不是基本原理，可以不进入教材。事实上许多经济学教材不讲它了。例如，在《资本论》中占有近200页篇幅的关于协作，分工和工场手工业、机器大工业的具体发展过程的论述，包括工场手工业的起源和基本形式，机器的构造和发展等，大多属于知识性的评介，完全可以在教材中舍去，但其中讲到劳动从对资本的形式隶属怎样发展为实际隶属的理论观点应当讲清。

第三，《资本论》第8章《工作日》中关于工人阶级工作和生活状况的大量事实描述，还有第23章第5节用70页篇幅关于《资本主义积累一般规律的例证》中对英格兰、不列颠、爱尔兰等工人阶级的状况的叙述，都不是原理或基本原理。教材中不必转述。

第四，《资本论》中有一些对资产阶级经济思想与观点的介绍与批判，如《西尼耳的“最后一小时”》、“节欲论”、斯密和李嘉图“关于扩大再生产的错误见解”等，与马克思的基本原理相悖，不属于马克思主义的原理或基本原理，在教材中也可以不讲。

第五，《资本论》中有些理论分析和观点，也不构成基本原理。如“资本的总公式”和“总公式的矛盾”，只是分析和构建剩余价值理论所设置的

① 马克思：《资本论》第1卷，人民出版社2004年版，第55、720页。

一种切入点。奚兆永先生就此进行争论，他不仅将其看作是重大理论原理，还错引恩格斯的话，断言正是资本总公式矛盾的理论，使社会主义者走出了黑暗中的摸索，科学社会主义就是以此为起点，以此为中心发展起来的。曲解了科学社会主义起点的基本原理。事实上中外许多政治经济学教材已经不转述资本总公式及其矛盾的内容了。奚先生高调断言政治经济学不能不讲资本总公式及其矛盾，是一种完全落空的自我主观构想。这个问题，我们在后面还会讲到。

第六，《资本论》中，应用了大量历史典故，还涉及众多人名和著作。这方面的内容，对理解和把握马克思的理论有辅助作用。但它们不是马克思主义原理，更不是基本原理的构成部分。如“美杜莎的头”、“柏修斯需要一顶隐身帽来追捕妖怪”、“紫衣黑袍”、“伊壁鸠鲁的神”，等等。这方面的内容，既不是原理，也不是理论。

通过以上分析可以看出：奚文否定马克思主义理论有基本原理与非基本原理之分。借口《资本论》“是一个艺术的整体，是一个完整的体系”反对“认为一部分要讲，而另一部分可以不讲的”。这是多么脱离事实的武断之词！

从另一方面看，即从毛泽东、邓小平和其他中央领导以及有关文献和著作来看，都强调重在学习和掌握马克思主义“基本原理”，提倡将马克思主义基本原理与中国实际相结合。如果根本不存在基本原理与非基本原理之分，就不必加以“基本”二字了，只讲马克思主义理论或马克思主义原理就够了。

毛泽东在1956年11月党的八届二次会议上讲：“列宁主义学说发展了马克思主义”，“我们学的就是这些马克思列宁主义的基本原理。”[①] 1957年，毛泽东在中国共产党全国宣传工作会议上的讲话中说：“教条主义和修正主义都是违反马克思主义的。马克思主义一定要向前发展，……但是马克思主义的基本原则又是不能违背的。……用形而上学的观点来看待马克思主义，把它看成是僵死的东西，这是教条主义。否定马克思主义的基本原则，否定马克思主义的普遍真理，这就是修正主义。”[②] 毛泽东既反对教条主义

---

① 《毛泽东选集》第5卷，人民出版社1997年版，第322页。

② 《毛泽东文集》第7卷，人民出版社1999年版，第281页。

将马克思主义看作凝固不变的句句是真理的僵死的东西，又坚持马克思主义的“基本原则”、“普遍真理”。“基本原则”与“普遍真理”的含义是相同的。所谓“普遍真理”是指具有普遍意义的基本原理。而不是如奚文所理解的那样：马克思主义的全部著作，普遍具有真理性。毛泽东绝没有将马列著作看作句句是真理，奚文断言毛泽东并没有将马克思主义理论分为“基本原理”与“非基本原理”，是对毛泽东思想的错解。

1979年3月，邓小平在《坚持四项基本原则》中讲：“我们坚持的和要当作行动指南的是马列主义、毛泽东思想的基本原理，……至于个别的论断，那么，无论马克思、列宁和毛泽东同志，都不免有这样那样的失误。”①

邓小平在1985年9月23日党的代表会议上的讲话中，要求“掌握马克思主义基本理论”。这里讲的是“基本理论”，与“基本原理”是一样的意思。

在党的十四大报告中，江泽民同志指出：中国特色社会主义理论基础“是马克思列宁主义基本原理与当代中国实际相结合的产物”。

胡锦涛同志在党的十七大报告中强调指出：“我们党把坚持马克思主义基本原理同推进马克思主义中国化结合起来。”2011年6月29日中共中央政治局第三十次集体学习时，胡锦涛同志又指出：在新形势下，推进党的先进性建设，必须“坚持马克思主义基本原理同中国具体实际相结合”。

《在庆祝中国共产党成立90周年大会上的讲话》中，胡锦涛同志再次指出：“中国共产党人坚信马克思主义基本原理是颠扑不破的科学真理。”这一论断表明，并不是马列著作中的每个论断、每句话都是科学真理。作为颠扑不破的科学真理的，只是“马克思主义基本原理”，不包括非基本原理。

奚文为反对马克思主义有基本原理和非基本原理之分，引证毛泽东1938年讲过的一句话：“马克思、恩格斯、列宁、斯大林的理论，是‘放之四海而皆准的理论’。”奚文发挥说：“马克思主义的理论、原理，作为‘放之四海而皆准’的‘普遍真理’显然具有空间上的普遍性和时间上的长久性。”

就奚文的这种引证和观点，我提出几点意见。

---

① 《邓小平文选》第2卷，人民出版社1994年版，第171页。

第一，讲马、恩、列、斯的理论是“放之四海而皆准的理论”，是毛泽东1938年讲的。是否后来还继续这样讲？单就斯大林的理论来说，现在还能讲是“放之四海而皆准”的理论么？毛泽东在1957年的一个讲话中就批评了“斯大林有许多形而上学，并且教会许多人搞形而上学”。[①] 不联系毛泽东后来的讲话去系统地把握其观点，不顾邓小平和中央其他领导人以及理论界的有关论述，特别不去理解如邓小平要求的“完整地准确地理解毛泽东思想”，不是科学态度。

第二，邓小平1977年关于《“两个凡是”不符合马克思主义》的谈话，涉及毛泽东对马、恩、列、斯观点的见解。他提到“毛泽东同志自己多次讲过，他有些话讲错了。他说，……马、恩、列、斯都犯过错误，如果不犯错误，为什么他们的手稿常常改了又改呢？改了又改就是因为原来有些观点不完全正确，不那么完备、准确嘛”。[②] 邓小平转述的毛泽东的这段话，20世纪50年代，我听过传达，转述是准确的。

第三，我在上篇反驳奚先生搞句句是真理的论文中，就引用了邓小平转述的毛泽东的这段话。而奚文不但无视和不相信甚至否定这段话的内容，反而专去搜寻20世纪30年代毛泽东讲过但50年代后不再讲的“放之四海而皆准”的话作依据，用来论证马、恩、列、斯的全部著作和理论都是真理。而且不能容忍的是，奚文竟把邓小平转述的毛泽东讲的那段话，有意篡改文字，变成我对马恩观点的批评了。说什么“卫文为了说明‘马恩著作中的有些观点不完全正确，不那么完备准确’，……”这个问题我们后面再讲。

第四，奚文还引证50年前毛泽东与智利《最后一点钟》报社马特的谈话。说毛泽东说过“马列主义基本原理至今未变，个别结论可以改变”。[③] 奚先生又太粗率了，这句话是编者加的标题，毛泽东的谈话中并没有这句话。这个标题并不错，它正好表明马列主义有“基本原理”和非基本原理的“个别结论”之分。更重要的是，毛泽东明确指出：“马克思、列宁关于个别问题的结论做的不合适，……因为受当时条件的限制，例如马克思主义关于无产阶级革命首先在西方几个国家同时取得胜利的结论。”又说：“马克思、恩格斯说过，无产阶级革命将在几个经济文化比较发达的国家同时发

① 《毛泽东文集》第7卷，人民出版社1994年版，第194页。
② 《邓小平文选》第2卷，人民出版社1994年版，第38页。
③ 《毛泽东文集》第8卷，人民出版社1999年版，第1页。

生，现在改变了这个结论。例如，俄国经济比西欧落后，却首先取得了革命的胜利。”这不正是毛泽东讲的马恩“有些观点不完全正确，不那么完备、准确”的例证么？奚先生引用毛泽东的谈话，竟避而不引他如此明确所讲的马克思有的“结论做的不合适”的实质性内容，却错引编者所加的题目。奚先生不去“完整地、准确地理解毛泽东思想”，偏要去抓住毛泽东70多年前讲的一句“放之四海而皆准”的话，作为句句是真理的根据和争辩武器，这能算是科学的态度么？

二、评奚文《再谈“完整地准确地理解”的含义》

奚文第一节的标题是《再谈“完整地准确地理解”的含义》。但所谈内容完全背离了完整与准确地理解的要求。奚文这一节的内容涉及关于资本和资本公式的抽象与具体问题，并涉及《资本论》的体系结构问题。其理论观点和逻辑思维都存在错误。奚兆永先生认为，资本总公式 G－W－G’是作为资本具体形式的抽象，是“资本一般”。而产业资本、商业资本、借贷资本则是资本一般 G－W－G’的具体形式。他说：“根据马克思‘从抽象上升为具体’的叙述方法，在《资本论》第1卷第4章所论述的资本只能是资本一般，而不可能是产业资本、商业资本和生息资本。我们知道，产业资本是在《资本论》第2卷才加以阐述的。”

奚文竟然认为《资本论》第1卷没有论述产业资本，只是论述“资本一般”。第2卷才是论述产业资本。这既是常识性错误，也是对《资本论》的体系结构和理论逻辑认识的错误。

《资本论》第1卷讲“货币转化为资本”，既不能是指转化为商业资本和借贷资本，更不是奚文所断言的转化为“资本一般”。而是转化为产业资本（工业资本）。资本主义之所以成为资本主义，是因为出现了产业资本，出现了资本与雇佣劳动相结合的制度。《资本论》第1卷第4章讲货币转化为资本，劳动力成为商品，就是讲资本与雇佣劳动相结合的资本主义制度的形成。《资本论》第1卷讲商品生产、剩余价值生产、简单再生产与扩大再生产、资本积累等，就是讲产业资本的生产过程。第2卷是讲产业资本的流通过程。奚先生断言《资本论》第1卷只是讲“资本一般”，不是讲产业资本，是他对《资本论》逻辑结构的完全错解。

什么叫“资本一般”？“资本总公式”G－W－G’就是“资本一般”么？奚文就是这样论断的。奚文作为论据，引证马克思的一段话：“关于资本一般，马克思说：‘尽管与各特殊资本相区别的资本一般，（1）仅仅表现为一种抽象；……（2）但是，与各特殊的现实资本相区别的资本一般，本身是一种现实的存在。”① 请问奚先生：引证这段话要证明什么呢？能够证明马克思讲的“资本一般”就是指资本的总公式么？马克思这里根本没有提及任何资本的具体公式问题。

其实，马克思这里所讲的”资本一般“，是指”资本的本质“，即资本是自行增殖的价值，或如一般所述，是带来剩余价值的价值。请看马克思的说明：“资本的价值增殖了，包含了新的价值。我们现在考察的只是资本一般。”②而为了说明问题所举“特殊资本”的例子是“固定资本或流动资本”。③因此，奚文硬要把“资本一般”与“资本总公式”G－W－G’相等同，又是在把自己的错解强加于马克思。请问：作为具有本质规定的抽象概念，能用“公式”表述么？马克思讲的“生产一般”“一般劳动”有一般公式么？

奚先生还从方法论上论证“资本总公式”G－W－G’同产业资本、商业资本和借贷资本的关系，认为是从抽象上升到具体的关系。我提出质疑：难道作为资本总公式的G－W－G’，是商业资本G－W－G’的抽象？二者的公式完全相同，哪有抽象与具体之分？更难理解的是，把“一般公式”的G－W－G’，说成是G－G’的抽象，G－G’成了G－W－G’的具体形式，说得通么？经济形式的抽象，属于经济形式的本质规定，是决定现象形式的核心内容。如价值、剩余价值，是抽象、是本质；而价格、利润，是具体，是形式。本质决定着形式，抽象决定着具体。难道能说，与商业资本公式相同的资本总公式，是决定着产业资本，商业资本和生息资本运动的本质规定，而后者是前者的表现形式么？主导着资本主义社会制度的究竟是产业资本，还是资本一般公式？奚先生应回答这些问题。但他没有也无法回答。他竟抄录了一大段约480字的马克思关于经济学的两条道路或方法的论述，文不对题地作为回答。奚先生论文的特点，就是大量抄录马恩原著，不着边际地批评和回答对方。奚文在大段抄录马克思的与争论问题无关的话后，紧

①②③ 《马克思恩格斯全集》第46卷（上），人民出版社1979年版，第444、445、442、445页。

接着得出一大段关于“从抽象上升为具体”的见解：“可见，从抽象上升为具体不仅是分清本质形态和现象形态的问题，它还包含着整个经济学范畴叙述的前后次序，……《资本论》正是按照这个顺序进行论述的，……”（只节取几句以减少文字——引者）。这类高论，能回答和说明我前面提出的质疑和辩驳么？问题还在于奚先生引用的马克思的那一大段话，是在《政治经济学的方法》一节中讲的，而这一节的核心思想是要说明产业资本是资本主义经济社会中的“普照的光”。它使前资本主义社会存在的商业资本、生息资本、土地所有制和地租都变了样，具有了资本主义性质。因此，产业资本是“资产阶级社会的支配一切的经济权力。它必须成为起点又成为终点”。[①]《资本论》的体系结构，正是用以表明产业资本（工业资本）统领资本主义经济社会的全局的。奚文说，《资本论》第1卷没有讲产业资本，是讲“资本一般”，是完全错误的解读。《资本论》的1、2卷都是研究产业资本（工业资本）的。固然，第3卷论述了商业资本和生息资本，但第3卷总标题是“资本主义生产的总过程”，是讲产业资本再生产的总过程。这里商业资本和生息资本是作为服从于和服务于产业资本总运动过程的资本形式被论述的。而且，第3卷的前3篇，讲剩余价值转化为利润，利润转化为平均利润、利润率下降趋势的规律，依然是对产业资本的研究。第6篇超额利润转化为地租，是讲农业生产的产业资本。作为最后一篇的第7篇，即“各种收入及其源泉”，依然是属于对产业资本的继续分析并结合对庸俗经济学的批判。这正是马克思所讲的：研究资本主义的“政治经济学的方法”和安排其体系结构时，产业资本“必须成为起点，又成为终点”。马克思对资本主义生产方式的研究，重在揭示产业资本产生、发展与走向衰落的经济规律，揭示产业资本运动中资本与雇佣劳动的经济关系本质。这是因为资本主义经济中资本与雇佣劳动的本质关系及其运动规律，在产业资本的运动过程中表现的最典型，最明显。而奚兆永先生认为，“资本一般”是《资本论》第1卷的内容，而资本一般就是“资本总公式”，是资本总公式统领产业资本和资本的运动过程。这就是他自诩“完整地准确地理解《资本论》”又一具体表现！

奚文依然继续错解和曲解我的观点，他说：“卫教授却仍强调资本一般

① 《马克思恩格斯选集》第2卷，人民出版社1995年版，第24~25页。

公式只是货币转化为产业资本的公式。”我何时何处讲过这种悖理的话？资本一般公式是以商业资本的公式即G－W－G’表述的。怎么能成为产业资本的公式？我的原话是：讲货币转化为资本，是指转化为产业资本，不是转化为商业资本和其他资本。

三、几个理论是非的辩驳

（一）关于商业资本是否“贱买贵卖”的问题

从商人或商业资本进行买卖行为的事实来看，其商品的卖价一般要高于买价，即“贱买贵卖”。这是一般老百姓都清楚的事情。所以，商业资本的公式G－W－G’中的G是买价，G’是卖价，正是由于卖价大于买价，构成了商业利润。奚先生曾对此反驳说：“马克思对所谓‘贱买贵卖’论进行了鞭辟入里的分析和批驳”，这种批驳“体现了马克思革命的批判精神”。奚先生竟敢虚构马克思的这种大话来吓人。我在上次反驳他的论文中指出：马克思明确讲过：“贱买贵卖是商业的规律。”① 奚先生在这次的争辩文章中又提出以错解马克思为依据的无理辩解。他说：“关于‘贱买贵卖’问题，卫教授引用马克思在《资本论》第3卷里说的一句话——‘贱买贵卖是商业的规律’，来为自己的观点辩护。对此，我们不妨看看此话的前后文。就在这句话的前一句，马克思说，‘乍一看来，只要产品按照它们的价值出售，纯粹的独立的商业利润好像就是不可能的’。这‘乍一看’说明只是初看时的表面现象，而‘好像就是不可能的’实际上说是可能的。这里还有一个翻译问题……”奚文又偏好摆弄他的德文，讲什么德文中的“规律”，也可翻作“法”、“法律”、“准则”、“准绳”等含义。这种摆弄完全是多余。不能用以否定马克思肯定了“贱买贵卖”。奚文在“乍一看来”上做文章，是想论证不“贱买贵卖”乍一看不可能，而实际上是可能的。这又是对马克思话的歪解。马克思的本意是讲，乍一看来，好像商品按价值出售，就不可能有商业利润。因为从现象上看，容易认为商业利润是来源于商品按价值购买、在价值以上加价出卖的差距。马克思说：“这就是从现象上最初

① 马克思：《资本论》第3卷，人民出版社1975年版，第368页。

表现出来的情形：商业利润通过商品加价来实现。”“但是，只要仔细考察一下，马上就可以看到，这不过是假象。”马克思讲商业资本和商业利润时，正是要论证，产业资本将商品在价值以下让渡给商业资本，商业资本按价值出售获得商业利润。因此，商业利润是靠贱买贵卖获得的，“贱买贵卖是商业的规律”。奚先生又是靠歪解、错解马克思的话，来否定马克思讲的“贱买贵卖”的论断！

奚文还引证马克思对重商主义评论的一句话，作为否定商人贱买贵卖的依据：“马克思还十分明确地指出，‘对现代生产方式最早的理论探讨——重商主义——必然从流通过程独立化为商业资本的运动时所呈现的表面现象出发，因此，只是抓住了现象’。可见，马克思对重商主义者用贱买贵卖来说明剩余价值的来源的观点是否定的。”

奚文又在胡解所引用的马克思评论重商主义的这段话。马克思这里讲重商主义，只是说明它是在商品流通过程独立化为商业资本运动时的一个学派，它重流通、重商业，认为财富和利润是流通领域创造的，商业是利润的源泉。其实，流通领域只是商业资本获取商业利润的途径，而不是源泉。商业利润的源泉在工农业生产领域。所以马克思说重商主义是从“表面现象出发”，“只是抓住了假象”。而奚文竟从马克思的这句话中得出结论说，“可见，马克思对重商主义者用贱买贵卖来说明剩余价值的来源的观点是否定的”。奚先生又是把马克思没有讲的话硬塞给马克思，硬把自己违反常理的错误观点强加于马克思。奚文所引用的马克思的这句话中，根本没有涉及“贱买贵卖”问题。而且，奚文认为重商主义已经运用“剩余价值”概念并研究其来源了，连经济学说史的常识也不顾了！

（二）究竟是谁对《共产党宣言》德文版序言的话进行曲解？

奚文说：“卫文为了说明‘马恩著作中的有些观点不完全正确，不那么完备准确’，列举了恩格斯在《共产党宣言》1872年德文版序言里的话：《宣言》‘第二章末尾提出的那些革命措施根本没有特别意义，……所以这个纲领现在有些地方已经过时了，……对于社会主义文献所作的批判在今天看来也是不完全的’。我要指出，这是对恩格斯1872年序言的曲解。实际上，恩格斯在这个序言的开头部分就非常肯定地说：‘不管最近25年来的情况发生了多大的变化，这个《宣言》所阐述的一般原理整个说来直到现在还是完全正确的’。所谓‘没有特别的意义’和‘有些地方过时’或‘不完全’所涉及的只是‘这些原理的实际运用’，而不是原理本身”。

奚文这段辩驳的话，存在逻辑思维上的失范。

第一，显然它是不赞同由邓小平转述的毛泽东所讲的这句话：“马恩列斯……有些观点不完全正确，不那么完备、准确”。奚文在行文中把这句话移植为我对马恩的批评，以便于他进行“捍卫马克思主义”的辩驳。

第二，我原原本本地引证恩格斯的话：“《宣言》第二章末尾提出的那些革命措施根本没有特别的意义，……所以这个纲领现在有些地方已经过时了，……对于社会主义文献所作的批判在今天看来也是不完全的。”其中没有半点我增添的内容，怎么在奚文的笔下，竟变成“这是对恩格斯1872年序言的曲解”呢？究竟“曲解”了什么？怎样曲解？一字不改动地引证原话就是曲解么？

第三，《宣言》序言中既先讲其“所阐述的一般原理整个说来直到现在还是完全正确的”，又接着讲第二章末尾存在的“过时了”、“不完全”的问题。恩格斯是科学地对待马克思和自己的论著的，既坚持其正确的“一般原理”即“基本原理”，又及时指出和修改其“过时”的、“没有特别意义”的某些论断。既不能用后者否定其基本原理，也不能用“一般原理”正确而否定后者的存在。而奚文正是用“一般原理”正确反对我对后者的引证的。因为后者是对奚先生句句是真理的否定。他对我如实地引证诬之为曲解，是出于他颠倒是非的曲解。

其实，恩格斯的序言，正是表明《共产党宣言》的内容有“一般原理”即“基本原理”和非一般原理即非基本原理之分。从整体上来说，一般原理始终是正确的，但非一般原理如第二章末尾提出的无产阶级取得政权后的五条变革措施，以及对各种非科学社会主义的评论等，并不属于基本原理。也就是说，失去其意义和已过时的某些论断，不是基本原理，而是属于非基本原理。

第四，我之所以要引证邓小平转述毛泽东有关马、恩、列、斯观点的几句评论，引证恩格斯关于《共产党宣言》中也有些“过时的东西”的论断，是针对奚兆永先生借口马克思的著作如《资本论》是个完整的艺术大厦、是完整的体系，不能少讲，不能有任何改变，搞本本主义和句句是真理的非科学倾向而提出的。马克思主义是科学，必须用科学的态度对待它。既要反对否定马克思主义基本原理，否定科学社会主义的思潮，划清马克思主义和反马克思主义的界限；又要反对将马克思主义理论凝固化、教条化，甚而将被自己错解、曲解了的马克思主义，当作马克思主义的永恒真理来坚持与传播，还搞“大批判”一类东西（如奚先生不久前还在武汉的一家刊物上发表批判马寅初的新人口论是马尔萨斯人口论的反动观点），干扰马克思主义的中国化和时代化，阻碍马克思主义的创新与发展。我近年来正是对这两种理论倾向和思潮展开论战的。

（三）关于马恩认为社会主义不存在商品生产的理论要不要固守的问题

奚文继续提出这个问题同我争论，他说：“卫教授没有认识到理论本身和理论的应用二者之间的区别。他以马克思和恩格斯提出未来社会将不存在商品生产问题为例，认为马恩的这一理论已经为社会主义的实践证明不能固守，……这并不是理论本身有什么不正确。而只不过是运用理论所依据的条件是否具备的问题。不管怎么说，商品生产只是一个历史的范畴，而决不是一个永恒的范畴。”我已经对奚先生的高论做过辩驳。他现在又反对我讲：根据社会主义实践，马恩关于社会主义消除商品生产的观点不能固守。他是主张应“固守”的，他指责我是“没有认识到理论本身和理论的应用这二者之间的区别”。

我简要回答几点：第一，奚先生应按自己的逻辑讲清楚，马克思认为社会主义消除商品生产的条件是什么，苏联等原社会主义国家和我国没有消除商品生产的条件是什么。奚先生曾说，我国还存在商品生产是因为我国还处在社会主义初级阶段，是不够格的社会主义。他应说明，到本世纪中叶，我国实现现代化、走出初级阶段后，是否要消灭商品生产？商品、货币、银行等是否不再存在？第二，奚先生说我“没有认识到理论本身和理论运用这二者之间的区别”，请奚先生指教：怎样区分二者的差别呢？“理论本身”是什么？“理论运用”又是什么？不要讲一些故弄玄虚的空话来忽悠读者。第三，列宁曾遵循马恩的观点，提出“社会主义就是消灭商品经济”，并在苏维埃政权下，曾试图消灭商品货币关系，结果行不通。列宁不搞本本主义和教条主义，当他看到消灭商品货币的实践行不通时，马上转向新经济政策。他以后不再讲社会主义要消灭商品经济，也没有坚持说，马恩讲社会主义消灭商品生产的理论本身是对的，只是苏联的条件还不具备罢了。第四，奚文辩解说："不管怎么说，商品生产只是一个历史范畴，而决不是一个永恒的范畴。"用这个道理来作为"固守"社会主义消除商品生产的依据，又是文不对题。商品生产当然是历史范畴，原始社会两百万年中没有商品生产，奴隶制的自然经济中也不是商品生产。共产主义高级阶段，我认为也会消除商品生产。但不能由此证明社会主义消除商品生产的理论应依然"固守"。

（四）使社会主义由空想变为科学的，是剩余价值理论，还是"资本总公式"及其矛盾？

奚文第三节用很大篇幅讲从经济学说史的角度来看"总公式的矛盾"为什么非讲不可。奚文在这一节里大讲从重商主义到古典经济学，到"李嘉图学派的破产"，到马克思《哲学的贫困》和《政治经济学批判》，到《经济学手稿》，……转述了一大堆，但都与所谓"'总公式的矛盾'非讲不可"无关。有点政治经济学常识的人都知道，奚文所讲的"李嘉图学派的破产"，是指在马克思区分劳动力和劳动概念以前，李嘉图等的劳动价值论不能说明：若按等价交换，工人按劳动价值出卖劳动，等量劳动相交换，不应产生剩余价值，若按低于劳动的价值购买劳动，又违反了价值规律。这个难题，李嘉图无法解决。马克思前进了一大步，区分了劳动和劳动力的差别，说明工人通过等价交换出卖的是劳动力，不是劳动。劳动创造的价值大于劳动力的价值，这是剩余价值的来源。解决了以往劳动价值论的难题。解决这一难题，根本不需要借助于"资本总公式"及其矛盾的观点。奚先生讲了一大套这方面的经济学说史知识，无助于他的观点的确立。

更为重要的一个理论是非问题是：使社会主义成为科学的，究竟是马克思的剩余价值论，还是"资本总公式"及其矛盾？奚先生竟继续否定前者而主张后者。《反杜林论》中讲："这个问题的解决是马克思著作的划时代功绩。……科学社会主义就是以此为起点，以此为中心发展起来的。"① 恩格斯明明讲的是剩余价值来源问题的解决，奚先生硬将这段话移植于"资本总公式"及其矛盾的学说。

其实，《反杜林论》中根本没提及"资本总公式"及其矛盾问题。理论

---

① 《马克思恩格斯选集》第3卷，人民出版社1995年版，第548页。

界众所周知的一个理论观点是，剩余价值理论和历史唯物主义使社会主义成为科学，使社会主义者走出了黑暗中的摸索。科学社会主义正是以剩余价值理论为起点和中心发展起来的。奚先生竭力反对这一马克思主义理论观点，硬说科学社会主义是围绕着“资本总公式”及其矛盾、以其为中心发展起来的。我反驳奚兆永的这一观点时曾指出，恩格斯在马克思墓前的演说中明确指出：马克思的两大主要发现，一个是剩余价值，一个是唯物史观。奚先生竟然用失去正常逻辑思维的话来进行辩驳。他说：怎么能用马克思逝世后恩格斯对马克思的评价来说明马克思在世时的贡献呢？他硬说恩格斯在《反杜林论》中是讲马克思“资本总公式”及其矛盾的贡献，而不是剩余价值理论的贡献。其实，在《反杜林论》的“引论”中就提出了与墓前演说一样的马克思的两大发现：“这两个伟大的发现——唯物主义历史观和通过剩余价值揭开资本主义生产的秘密，都应归功于马克思。由于这些发现，社会主义变成了科学。”①

如此明确的理论问题而且是恩格斯一再讲清楚的问题，——既是马克思主义的常识性问题，也是科学社会主义重大理论问题，奚文竟然要继续否定。奚文反驳说：“如果不在价值规律的基础上说明价值的增殖，实际上也是诉之于道德，诉之于公平，这难道是科学社会主义吗？而马克思在经济学上解决了李嘉图的难题，这就使社会主义有了一个科学的基础，从而使社会主义能够‘以此为起点，以此为中心’发展起来。”

这简直是在胡搅蛮缠！难道讲剩余价值理论使社会主义成为科学，是“不在价值规律的基础上说明价值的增殖”吗？难道剩余价值理论说明价值增殖来源于劳动力发挥作用即劳动创造的价值，大于劳动力的价值，就是“诉之于道德和公平”么？

奚文又说：“《反杜林论》中有关‘资本和剩余价值’的内容是由第二编的七、八两章构成的，但是讲这个问题的解决是在第七章的开头部分，而不是在第八章的末尾，显然它不可能是整个剩余价值理论，而只能是指‘总公式矛盾’中所讲的那个矛盾或难题。”这又是奚先生缺乏正常逻辑思维的怪论。《反杜林论》中的七、八章转述马克思的剩余价值理论时，在第七章的前面就先提出“剩余价值是从什么地方来的呢？这个问题必须解决，

① 《马克思恩格斯选集》第3卷，人民出版社1995年版，第366页。

而且要排除任何欺骗，排除任何暴力的任何干涉，用纯粹的经济方法来解决”。然后指出“这个问题的解决是马克思著作的划时代的功绩”，它使社会主义者走了“黑暗中的摸索”，科学社会主义就是“以此为起点，以此为中心发展起来的”。这段话白纸黑字写得是“剩余价值来源的解决”使社会主义成为科学，“是马克思著作的划时代的功绩”。这里没有一句提及“资本总公式”及其矛盾，而奚兆永先生竟然因为这段话是“第七章的开头部分讲的”，“而不是在第八章的末尾讲的”，就断言“它不可能是指整个剩余价值理论，而只能是指‘总公式矛盾’中所讲的那个矛盾或难题”。前面指出，恩格斯在《反杜林论》的“引论”中就明确指出，马克思的两大发现即唯物主义历史观和剩余价值，使“社会主义变成了科学”。奚先生能继续说这里不是讲的剩余价值，而是讲“总公式的矛盾”么？恩格斯把使社会主义成为科学的剩余价值放在论述这一理论的前面讲，并放在整卷书的“引论”中讲，正是为了突出其重大意义，而奚先生竟因其放在前面讲就予以否定。这真是一种失去理性思维的荒唐逻辑！奚先生同我争辩的几篇论文中充满了对马恩和毛泽东、邓小平论著的胡解、错解、曲解，还奢谈“完整地准确地理解”马克思主义，并以捍卫的姿态出现。我们知道，本本主义和教条主义还固守“本本”和“教条”的原意，而奚先生固守的是完全被他错解、曲解了的“马克思主义”！

对错解曲解马克思“重建个人所有制”理论的辨析[①]

——评杜林对马克思的攻击和《炎黄春秋》及王成稼的乱解错解

一、不同版本的比较和杜林的攻击

马克思在《资本论》第1卷中论述“资本主义的历史趋势”时，提出了资本主义私有制“否定的否定”观点：“从资本主义生产方式产生的资本主义占有方式，从而资本主义私有制，是对个人的、以自己劳动为基础的私有制的第一个否定。但资本主义生产由于自然过程的必然性，造成了对自身的否定。这是否定的否定。这种否定不是重新建立私有制，而是在资本主义时代的成就的基础上，也就是说，在协作和对土地及靠劳动本身生产的生产资料共同占有的基础上，重新建立个人所有制。”[②]

这段话在1867年出版的《资本论》德文第1版中是这样讲的：“资本主义生产方式和占有方式，从而资本私有制是对个人的、以自己劳动为基础的私有制的第一个否定。对资本主义生产的否定，是它自己由于自然过程的必然性而造成的。这是否定的否定。这种否定重新建立个人所有制，然而是在资本主义时代成就的基础上，在自由劳动者的协作的基础上和他们对土地

① 本文原载《经济与管理论丛》（内刊）2013年第1期。

② 《马克思恩格斯选集》第2卷，人民出版社1995年版，第269页。

及靠劳动本身生产的生产资料的公有制上来重新建立。”①

《资本论》第1卷法文版（1872～1875年以分册形式出版）中关于资本主义私有制“否定的否定”是这样写的：“同资本主义生产方式相适应的资本主义占有，是这种仅仅作为独立的个体劳动的必然结果的私有制的第一个否定。但是，资本主义生产本身由于自然变化的必然性，造成了对自身的否定。这是否定的否定。这种否定不是重新建立劳动者的私有制，而是在资本主义时代成就的基础上，在协作和共同占有包括土地在内的一切生产资料的基础上，重新建立劳动者的个人所有制。”②

对比一下上述三个版本中的同一段内容的论述，可以看出以下几点差异：

1. 上述第一段引文，出自恩格斯校订的《资本论》第1卷第4版（1890年）。其中讲到“在资本主义时代的成就的基础上”，后面接着讲“也就是说，在协作和共同占有包括土地在内的一切生产资料的基础上”。用“也就是说”将前后两句话连结起来，从文法结构上容易被解读为所谓“资本主义时代的成就”，就是指后面讲的“协作和土地及由劳动生产的生产资料的共同占有”。问题产生了：如果讲“协作”是资本主义时代的成就，可以认同。但能够说土地和其他生产资料的“共同占有”也是资本主义时代的成就么？这里又涉及对“共同占有”概念的不同解读问题，如果将其解读为生产资料公有制，显然不是资本主义时代的成就。于是有的学者将其解读为生产资料的共同占用或使用，如机器、厂房等由工人共同使用。但这样解读并不符合原意。马克思这里显然讲的是：在土地和其他生产资料公有制或社会所有制的基础上，重新建立个人所有制。这里讲的“共同占有”就是共同所有。德文第4版中讲“资本主义占有方式，从而资本主义私有制”，就是把资本主义占有和资本主义私有作为含义相同的概念使用。上面第2段引文出自《资本论》德文第1版。这里没有“也就是说”一语，而且协作是讲“自由劳动者的协作”，不是指资本主义时代的协作。同样，法文版中，也没有“也就是说”一语。显然，“也就是说”一语是一个使解读容易偏离原意的赘语。

---

① 马克思：《资本论》德文第1版中译本，经济科学出版社1987年版，第731页。

② 马克思：《资本论》法文第1卷中译本，中国社会科学出版社1983年版，第826页。

2. 上述第2段所引德文第1版中的论述只讲：这种否定的否定是“重新建立个人所有制”，第4版也是“重新建立个人所有制”。而法文版中则是讲“重新建立劳动者的个人所有制”，所指更明确。就是重新建立被资本主义否定了的劳动者的生产资料个人所有制。

3. 在德文第1版中，没有讲否定资本主义所有制并不是要“重新建立私有制”，而第4版中讲了。但第4版中讲“这种否定不是重新建立私有制”，语意并不清晰。因为资本主义也是私有制，私有制并未被否定，因而不存在“重新建立”私有制的问题。法文版中讲得更明确和准确：否定资本主义私有制，“不是重新建立劳动者的私有制”，即不是重新建立被资本主义私有制否定了的个体劳动者的私有制。而是在公有制的基础上，重新建立劳动者的个人所有制。

对马克思所讲的社会主义要在生产资料公有制的基础上重新建立劳动者的个人所有制的理论，学界在改革开放以前，都以恩格斯的解读为依据。那就是：在社会主义制度下，生产资料归公共所有，消费资料归个人所有。恩格斯的解读，是驳斥杜林对《资本论》中讲的在公有制的基础上重新建立个人所有制理论的攻击的。杜林反对马克思用黑格尔否定的否定“一类蠢话”来论述三种所有制的变革。他指责说：“从16世纪以来通过上述方法实现的个人所有制的消灭，是第一个否定，随之而来的是第二个否定，它被称为否定的否定，因而被称为‘个人所有制’的恢复，但这已经是以土地和劳动资料的公有为基础的高级形式了。既然这种新的‘个人所有制’在马克思先生那里同时也称为‘社会所有制’，那么这里正表现出黑格尔的更高的统一，在这种统一中，矛盾被扬弃，就是说按照这种文字游戏，矛盾既被克服又被保存，……马克思观念的混混沌沌的杂种，并不使这样的人感到惊奇，……马克思先生安于他那既是个人的又是社会的所有制的混沌世界，却让他的信徒们自己去解这个深奥的辩证法之谜。”[①] 显然，杜林认为，生产资料公有制与个人所有制是不能结合或并存的。因为他心目中的“个人所有制”，就是被资本原始积累消灭了的个体劳动者的“个人所有制”。应提醒学界注意两个问题：其一，杜林把马克思讲的“重新建立”，简单理解为“恢复”，即“恢复”被资本主义否定了的劳动者的生产资料个人所有

① 《马克思恩格斯选集》第3卷，人民出版社1995年版，第472页。

制。其二，杜林对马克思《资本论》的评论，是《资本论》第1卷于1867年9月出版后不久的同年12月，发表于《现代知识补充材料》杂志第3期。杜林反对黑格尔的辩证法，因而也反对马克思运用黑格尔“否定的否定”的“一类蠢话”。其实，马克思的阐述方法，并不是黑格尔的阐述方法。马克思看了杜林对《资本论》的评论后，非常不满。他于1868年3月6日致库格曼的信中说：“我现在能够理解杜林先生的评论中那种异常尴尬的语调了。就是说，这是一个往常极为傲慢无礼的家伙，他俨然以政治经济学中的革命者自居。……他在进行欺骗，这一半是出自本意，一半是由于无知。他十分清楚地知道，我的阐述方法不是黑格尔的阐述方法，因为我是唯物主义者，而黑格尔是唯心主义者。”① 杜林之所以反对马克思用“否定的否定”来阐述三种所有制的变革，反对马克思讲的社会主义所有制是公有制基础上的个人所有制，有其理论认识上错误的原因：（1）他反对黑格尔的辩证法，从而认为马克思是从黑格尔的抽象的“否定的否定”中，演绎出未来社会主义公有制和个人所有制的统一；（2）杜林所理解的“个人所有制”就是《资本论》第1卷德文第1版中讲的被资本主义私有制否定了的“个人的、以自己劳动为基础的私有制”。《资本论》第1版和第2版中既没有第4版中所讲的：否定的否定“不是重新建立私有制”，更没有法文版中更明确说明的“不是重新建立劳动者的私有制”。根据法文版的说明，就可以了解，马克思主张“重新建立”的个人所有制，不是与公有制相对立的个体劳动者的以私有制为基础的个人所有制，而是以公有制为基础的个人所有制，也就是与公有制相统一的个人所有制。

二、“重新建立个人所有制”的本意究竟是什么？

我国改革开放以前，学界一般按恩格斯的解读，来理解重建的个人所有制，就是消费资料的个人所有制。恩格斯在《反杜林论》中反驳杜林时说：“我们先把否定的否定撇开一边，来看看‘既是个人的又是社会的所有制’。杜林先生把这叫做‘混沌世界’，而且他在这里令人惊奇地确实说对了。但是很遗憾，处于这个‘混沌世界’之中的不是马克思，而是杜林先生自

① 《马克思恩格斯文集》第10卷，人民出版社2009年版，第280页。

己。”“靠剥夺剥夺者而建立起来的状态，被称为土地和靠劳动本身生产的生产资料的社会所有制为基础的个人所有制的恢复，对任何一个懂德语的人来说，这也就是说，社会所有制涉及土地和其他生产资料，个人所有制涉及产品，那就是涉及消费品。”① 人们相信，恩格斯对马克思论著的阐述最具有权威性，而且，恩格斯在《反杜林论》1985 年的序言中告诉人们：“我的这部著作不可能在他（指马克思——引者）不了解的情况下完成，这在我们互相之间是不言而喻的。在付印之前，我曾把全部原稿念给他听，而且经济学那一篇的第十章（《〈批判史〉论述》）就是由马克思写的。”②因此，根据上述两条理由：一是恩格斯对马克思论著的解读最权威；二是《反杜林论》的原稿恩格斯念给马克思听过。改革开放以前，人们便对恩格斯讲的“重新建立个人所有制”是消费品的个人所有深信不疑。我在改革开放前的《资本论》教学中，也曾是这样解读的。而且，在改革开放以前，学界一般不会也不敢对马、恩著作提出质疑和不同意见。

改革开放以来，学界的思想在不断解放，认识到任何政治权威和理论权威的论著和观点都不可能句句是真理。对马克思的“重新建立个人所有制”，学界提出种种与恩格斯不同的解读。而且，多年来一直不断地在讨论和争辩。之所以会产生不认同于恩格斯的解读的多种解读，主要是出于这样的考虑：第一，《资本论》中讲“否定的否定”，是指三种生产资料所有制的否定的否定，即资本主义私有制否定了个体劳动者的私有制，资本主义私有制又要被社会主义公有制所否定。不应是用社会主义消费品的个人所有制去否定资本主义生产资料私有制，人类历史上不存在用消费品所有制取代生产资料所有制的事情，这两者是完全不对称和不是同一层次的东西。第二，消费品的个人所有制，就是指生活消费品归个人所有，也可以说归私人所有。马、恩著作中一贯重视所有制问题，因为所有制是生产关系的基础。马克思主义讲所有制一般都是指生产资料所有制。讲“消灭私有制”，“与传统的所有制决裂”也都是讲消灭生产资料私有制，与传统的生产资料私有制决裂。不存在也不会提出消灭消费品的私有制或个人所有制问题。第三，劳动者消费品的个人所有制并没有被资本主义消灭，雇佣工人用工资购买消费品也归个人所有，因而不存在“重新建立”消费品个人所有制问题。

---

①② 《马克思恩格斯选集》第 3 卷，人民出版社 1995 年版，第 473、347 页。

但是，在对重建消费品的个人所有制提出质疑和对个人所有制的多种解读中，有些显然是完全背离原意的，而且体现了作者偏离社会主义的政治倾向性。例如，《炎黄春秋》2007 年第 6 期谢韬和辛子陵撰写的《试解马克思重建个人所有制的理论与中国改革》一文。它一开头就批评社会主义公有制和国有制："长期以来，占统治地位的理论宣称公有制、国有化是社会主义的最高原则，隐瞒马克思关于公有制、国有化基础上重建个人所有制的主张，这一理论上的修改，后果极其严重。我们认为，重建个人所有制，对社会主义国家来说，是个行之则可以一言兴邦，违之则可以一言丧邦的大问题。"事实上根本不存在隐瞒马克思重新建立个人所有制理论的事情。《资本论》中译本中"重新建立个人所有制"的论述，全文白纸黑字印着，凡是读《资本论》的人都会看到，参与《资本论》教学与研究的师生都会注意到这一观点。而且，我国多年来学界对此问题进行了不断的讨论和争鸣，怎么能无中生有地断言被"隐瞒"了呢！问题更在于，他们对个人所有制做了私有化的解读，断言马克思"重建个人所有制"的设想，就是：第一步，把资本家的大公司、大工厂收归国有；第二步将其回归人民，重建个人所有制，而重建个人所有制的形式就是股份公司，就是股票。它说，作为社会主义所有制形式的个人所有制，"是一种以个人私有制为基础的均富状态"。将该文分散的说法概括起来，就是：先把资本主义大公司大工厂收归国有，然后分给每个个人私有，其形式是股份公司。"人人有份，这就是公有制。"将这种解读加之于马克思，是强加的不实之词。马克思预计社会主义制度下，连商品货币关系都不存在了，哪会将股份公司和股票作为社会主义公有制的形式，作为重建的个人所有制？美英等资本主义国家的股份公司比我国更长久、更成熟、更发展、更社会化，马恩并不认为这种社会化的股份公司改变了资本主义性质，成为社会主义公有制的形式。谢、辛断言个人私有再变成股票就是公有，这就变成公有就是私有，私有就是公有，亦私亦公的奇特逻辑了。

谢韬教授 20 世纪 80 年代曾任中国人民大学副校长，当时我们曾和谐友好相处。看到他的文章后，我打电话给他："你主张社会民主主义的观点，我不讨论，你对重建个人所有制的观点，我也不从政治倾向上讨论。但我认为你对《资本论》中有关问题的解读，对重建个人所有制的观点，不符合马克思的原意，理解错了，我愿进行商榷和讨论。"他当然不会也不能反对，表示“可以”、“欢迎”。

在此期间，中央编译局马克思主义理论研究和建设工程课题组接受任务，要求就谢、辛关于重建个人所有制的观点进行评论。我是该工程“马克思主义经典著作基本观点课题组”的成员，是子课题的首席专家。这个写作任务由我承担。我完稿后送交中央编译局，编译局局长和多位专家赞同我对重建个人所有制的解读和对谢、辛论文不指名的评论。论文送审后，党中央一位常委做了批示，让《光明日报》近期发表。《光明日报》于2007年9月25日以“正确理解马克思关于重建个人所有制的理论观点”为题发表。定稿后刊发的论文，对我原稿稍作删减和调整，对个别字句如谢、辛的“全篇论文都文不对题”之类都被删去。将原论文标题“不要随意错解马克思‘重建个人所有制’的理论观点”，改成正面论述的标题。不过，中央编译局工程办于2007年8月20日在《研究成果》第126期将我的论文按原稿全文刊出，发给有关领导和专家。由于报纸篇幅所限，难以展开论述，我又在《经济学动态》2008年第6期发表了《关于股份制与个人所有制问题的研究》一文，对股份制问题和重建个人所有制问题，既进行了正面解读，也对谢、辛的有关观点进行了较系统的评论。

我对“重新建立个人所有制”的解读和主要观点是：马克思的论著中把个人所有制分成两种：一种是孤立的单个人的个人所有制，也就是个体劳动者的生产资料私有制或个人所有制；另一种是联合起来的社会的个人所有制，也就是社会主义要建立的以公有制为基础的个人所有制。两种个人所有制都是生产资料的个人所有制。前一种是与小私有制相一致的个人所有制；后一种是与公有制相统一的个人所有制，也可以说既是公有的（社会所有的）也是个人的。讲公有制或社会所有制，是从社会整体即“共同体”来着眼的；讲个人所有制，是从组成为“共同体”的每个劳动者个人着眼的。它表明，社会主义生产资料公有制或社会所有制，不是抽象的与各劳动者利益无关的所有制，不是“人人皆无”的公有制。每个劳动者个人，都是所有者集体中的一份子，都是与公有制利益相关的主人翁。如果社会主义公有制的共同利益，不能实现为劳动者的个人利益，就不是社会主义所要求的公有制。如果国家所有制名为全民所有制，但与社会成员的个人利益无关，国有经济的发展不能惠及广大劳动者个人，就徒有“全民所有”其名。从我国社会主义实践中可以领会到马克思将社会所有制与个人所有制统一起来的理论和实际意义。

为了论证马克思重建个人所有制不是重建消费品的个人所有制，而是重建生产资料的个人所有制，可以提出诸多理由和论据。

第一，《资本论》中所讲的否定的否定，第一个否定“是对个人的、以自己劳动为基础的私有制”的否定。这里显然是指对劳动者的生产资料“个人的”私有制的否定，不是讲对消费品的私有制或消费品的个人所有制的否定。因此，社会主义需重新建立的不是消费品的个人所有制，而是被资本主义否定了的劳动者的生产资料个人所有制。如法文版所指出的，“不是重新建立劳动者的私有制”，这里讲的“劳动者的私有制”，显然是指生产资料私有制。既然需要重建的不是劳动者的生产资料的私有制或个人所有制，与其相对应的只能是生产资料公有制和与公有制相统一的生产资料个人所有制。再者，马克思所讲的否定的否定，是三种生产资料所有制的相继否定，而与消费品的所有制无关。

第二，从马克思主义的科学社会主义和国际社会主义运动来看，所一贯重视的是生产资料所有制问题，因为它是一定生产关系体系的基础。而消费品的个人所有，不决定生产关系体系的性质和所有制的变革。搞所有制的改造，也是生产资料所有制的改造，不存在消费品所有制的改造问题。马克思讲“资本主义的历史趋势”，讲社会主义所有制否定资本主义所有制，是生产资料所有制的变革问题，不是消费品所有制的变革问题。只要看一下马克思紧接在“重新建立个人所有制”的下面的一段话，就会理解得更清楚了。“以个人劳动为基础的分散的私有制转化为资本主义私有制，同事实上已经以社会的生产经营为基础的资本主义所有制转化为社会所有制比较起来，自然是一个长久得多、艰苦得多、困难得多的过程。前者是少数掠夺者剥夺人民群众，后者是人民群众剥夺少数掠夺者。”这段话是对三种生产资料所有制“否定的否定”的评论，它说明：资本主义“掠夺人民群众”、使劳动者个人的分散的私有制转化为社会化的资本主义所有制，是一个长久的过程。因为是少数掠夺者掠夺多数人民群众。而以社会主义公有制（社会所有制）取代资本主义所有制，不像第一种否定历时那么长、那么困难。因为是占多数的人民群众剥夺少数掠夺者。这段话中所讲的都是生产资料所有制的转化，不是消费品的所有制转化。

第三，恩格斯对马克思著作的解读与评价最具有权威性，可以说，99%

以上是准确的，符合原意的。但不是100%的绝对准确。有的学者依然坚持将马克思讲的重建个人所有制解读为消费品个人所有制，重要根据就是恩格斯的解读，而且原稿读给马克思听过。然而我提出一个反证，至今没有学者能提出反驳。这个反证是：恩格斯在提出对“重建个人所有制”的解读的《反杜林论》中，对《资本论》第1卷第22章第1节所讲的“商品生产所有权规律转变为资本主义占有规律”的解读并不符合原意。第22章是阐述“剩余价值转化为资本”即资本主义扩大再生产的，是揭示资本积累中资本与雇佣劳动关系的本质的。马克思的本意是讲，在扩大再生产中，资本家和工人都按商品生产所有权规律办事：资本家承认工人的劳动力所有权，工人承认资本家的资本所有权，实行等价交换。这表现为交换领域的“平等”、“公平”。然而，在剩余价值转化为资本的扩大再生产中，资本家是用从工人剥削来归自己占有的剩余价值的一部分，作为追加的资本，随之，用追加的可变资本再去购买追加的劳动力，生产出更多的剩余价值，再归资本家占有。这种资本主义占有，是以商品生产所有权规律为前提和出发点的，前者不但不否定后者，反而是后者必然导致的结果。而恩格斯在《反杜林论》中对此的解读是：“商品生产达到一定的发展程度就转变为资本主义的生产。”① 这显然不符合原意，发达的商品生产转变为资本主义生产的问题，在《资本论》第4章的开头就讲了，是讲资本主义产生的条件。我30年前在《〈资本论〉研究资料和动态》第7期就提出这个问题，当时，避开了恩格斯的解读，只针对中苏学者的错解而提出。以后又就恩格斯的解读提出讨论与质疑。在《经济学动态》2008年第6期解读重建个人所有制问题时，也提出《反杜林论》中对《资本论》的这两处解读不符合马克思原意。多年来，之所以没有任何学者对我质疑的恩格斯的第二个解读提出反驳，因为这个问题的理论是非是浅显易明的。但既然恩格斯将《反杜林论》的内容念给马克思听过，怎么会出现这处不符原意的解读呢？谁都难以回答。但由此可以引出一个问题：既然肯定《反杜林论》中对《资本论》讲的商品生产所有权规律转变为资本主义占有规律的解读不符原意，为什么和怎么能绝对肯定对重建个人所有制的解读就完全符合原意呢？有什么理论根据呢？

---

① 《马克思恩格斯选集》第3卷，人民出版社1995年版，第506页。

第四，从中译本的马克思著作看，凡提及“个人所有制”的地方，都是指生产资料所有制，还找不到一处讲消费品个人所有制。马克思在许多地方讲到生产资料的个人所有、个人占有、归全体个人支配、个人所有制等。例如，《共产党宣言》中指出：消灭私有制，将“全部生产集中在联合起来的个人手里”。[①] 这里所讲的个人，不是单个的、孤立的个人，即不是个体劳动者的个人，而是联合起来的个人。“将全部生产集中在联合起来的个人手中”，也就是实行生产资料公有制，这种公有制的生产资料是归由众多个人组成的联合体所有，同时也是归组成联合体的全体个人所有，是公有与个人所有的统一。在《德意志意识形态》一书中又提出，“联合起来的个人对全部生产力总和的占有，消灭着私有制。”[②] 所谓消灭私有制，是消灭生产资料私有制。所谓联合起来的个人对全部生产力总和的占有，也是对全部生产资料的占有，与消费品的占有无关。这里所讲个人占有，同样不是孤立的、单个个人的占有，而是联合起来的个人占有。是联合体的生产资料公有制与组成联合体的所有个人的个人所有制的统一。

在《德意志意识形态》一书中，还有这样一段话：“共产主义和所有过去的运动不同的地方在于：它推翻一切旧的生产关系和交换关系的基础，并且第一次自觉地把一切自发形成的前提看作是前人的创造，消除这些前提的自发性，使这些前提受联合起来的个人的支配。”[③] 所谓“推翻一切旧的生产关系和交换关系的基础”，是指消灭自发形成的一切生产资料私有制，建立生产资料公有制。公有的生产资料是社会主义的前提，它“受联合起来的个人的支配”，也是讲与公有制相统一的生产资料的联合起来的个人所有制。

在《1861～1863经济学手稿》中，马克思更具体地讲：资本家的所有制，“只有通过他的所有制改造为非孤立的单个人的所有制，也就是联合起来的社会的个人的所有制，才可能被消灭”。[④] 这段话中明确地将个人所有制分为两种：一种是孤立的单个人的个人所有制；一种是联合起来的社会的个人的所有制。两种个人所有制都是指生产资料的个人所有制。因为这里所

---

① 《马克思恩格斯选集》第1卷，人民出版社1995年版，第294页。
② 《马克思恩格斯选集》第1卷，人民出版社1976年版，第75页。
③ 《马克思恩格斯文集》第1卷，人民出版社2009年版，第574页。
④ 《马克思恩格斯全集》第48卷，人民出版社1985年版，第21页。

讲的是资本家的生产资料所有制被另一种生产资料所有制改造的问题。这里没有讲公有制，只讲“联合起来的社会的个人的所有制”，实际上就是公有制。

在《法兰西内战》中，马克思又指出：巴黎公社“是要想把现在主要用作奴役和剥削劳动的手段的生产资料、土地和资本完全变成自由的和联合的劳动的工具，从而使个人所有制成为现实”。[①] 显然，这里讲的个人所有制，是指“生产资料、土地和资本”的个人所有制，也就是将资本主义用以奴役和剥削劳动者的手段，变成自由的、联合劳动的劳动者的工具，实现个人所有制。

总之，马克思无论讲作为个体劳动者的孤立的、单个的个人所有制，还是讲联合起来的社会的个人的所有制，都是指生产资料个人所有制，不是讲消费品的个人所有制。

三、王成稼的错解与乱解

王成稼在《当代经济研究》2007年第10期发表了《论“重建个人所有制”逐步实现共同富裕》一文。此文名义上是批评谢、辛的观点，但是他根本没有弄清楚谢、辛的观点错在哪里，实际上是肯定他俩的解读正确，并借此批评主张重建生产资料个人所有制的观点。王成稼以恩格斯的解读做根据，继续坚持重建消费资料个人所有制的观点，本来可以用摆事实讲道理的平和态度相互交流和讨论，然而，他以非理性的姿态对主张重建生产资料个人所有制的观点进行无理的鞭挞。说什么这种解读远不如谢辛的解读正确，并责问持这种解读的学者“居心何在”？在《当代经济研究》2009年第9期发表的论文中，他再次肯定和赞扬谢、辛对马克思的解读正确，并用他们的观点反驳我的观点，说什么“卫教授一方面说，生活资料的个人所有制并未被消灭，……这正是谢、辛二位先生批评的社会上存在的忽视‘个人所有制’思想的表现。”本来讨论和争论的正是“个人所有制”问题，何来忽视“个人所有制”？其实意见分歧在于：王成稼主张重新建立的个人所有制，是重建封建社会末期劳动者的消费资料个人所有制；我主张重建被资本

① 《马克思恩格斯选集》第3卷，人民出版社1995年版，第59页。

主义否定了的、劳动者的、与公有制相统一的生产资料个人所有制；而谢、辛的观点是主张生产资料回归私人所有。王文认为谢、辛的重建“个人所有制”观点正确，正确在哪里？正确在生产资料“回归”私人么？

王成稼在《当代经济研究》连续发表多篇文章，同我争论。他以德文专家自居，大量搬弄德文来解读。然而，他的德语水平和中文水平实在不敢领教，充满错解、曲解、乱解，语法不通，思维不清，逻辑混乱，是非颠倒，而且使用了许多诋毁性语言。这里，只就他的主要观点做点评析。

1. 王成稼搬出种种有关词典，证明德语中的“个人所有制”只能解读为消费资料的个人所有制。然而，即使不懂德文的学者，也可以从理论和事实逻辑上来推断他的论断是不实之词。第一，如果德语中的“个人所有制”只有消费品个人所有之意，那么，杜林作为德国人，其德语水平应高于王先生，他怎么会不懂“个人所有制”的德文本意，还需要恩格斯去纠正呢？第二，我们前面引证了多条马克思关于生产资料个人所有制的论述，还没有见到一条关于消费品个人所有制的语句。王文辩解说：马克思讲过，在联合体中，生产资料是归社会的，“生活资料由联合体成员消费”，这就是讲消费资料个人所有制。这个论据不能成立。因为马克思只讲“消费品由联合体成员消费”，并没有用“消费品个人所有制”概念。王先生是把自己的推断强加给马克思。

2. 王成稼多篇论文的一个根本错误，是既曲解马克思关于社会主义所有制是公有制基础上的个人所有制，竭力反对“既是公有的（社会的），又是个人的”，又错解杜林对马克思个人所有制的攻击。王成稼时而说，“既是公有的，又是个人的”所有制，是杜林的观点和臆想，时而又说这是杜林强加给马克思的污蔑。这两种自相矛盾的武断，表现出王先生对马克思理论理解的惊人的“能力”！本来，马克思讲，消灭资本主义私有制后，要建立公有制基础上的个人所有制，就表示社会主义所有制是公有制（社会所有制）和个人所有制的统一。无论将个人所有制解读为生产资料的个人所有制，还是解读为消费品的个人所有制，都可以说既是公有的或社会的，又是个人的。杜林正是攻击马克思关于公有制与个人所有制相统一的观点。因为他认为二者不能并存和统一。其所以如此，是由于杜林把个人所有制只理解为被资本主义所有制否定了的劳动者的个人所有制，这种个人所有制是小私有制，当然不能与社会主义公有制相统一。王成稼硬说，杜林是把个人所有制错解为生产资料公有制，如果真是这样，杜林就不会认为公有制与个人所有制存在矛盾，并将其攻击为“矛盾既被克服又被保存”的“混混沌沌的杂种”了，不会胡说什么“混沌世界”了。

3. 撇开王成稼主张重建封建社会末期消费资料个人所有制的理论是非暂先不谈。他对马克思讲的两种个人所有制的解读，也充满了自相矛盾，极端混乱的现象，真成了“混沌的杂种”。他先是反对把孤立的、单个人的个人所有制，解读为个体劳动者的生产资料私有制，又在多篇文章中反对把“联合起来的社会的个人的所有制”解读为生产资料公有制或与公有制相通的个人所有制。他说，如果把重建个人所有制解读为公有制，就是主张“在公有制的基础上重建公有制”了。他又说，如果把个人所有制“解读为生产资料个人所有制，又说它是经过否定的否定建立起来的公有制。这种公有制基础上的公有制，是明显的同义反复的逻辑错误”。但在同一篇文章中他一转手又说：马克思“把生产资料所有制分为两类：一是‘孤立的单个人的所有制’，与其相对立的是‘联合起来的社会个人的所有制’。前者是私有制，后者是公有制”（《当代经济研究》2010 年第 12 期第 46、47 页）。这样解读很好！因为，王先生事实上承认了：无论“孤立的单个人的所有制”的私有制也好，还是“联合起来的社会个人的所有制”的公有制也好，都是指生产资料的所有制。这两种个人所有制就是两种生产资料所有制。两者都扯不上消费品的个人所有制。也就否定了王先生宣称德文中的个人所有制只能是消费品的个人所有制的武断。令人惊异的是王先生。

4. 王成稼在《当代经济研究》2010 年第 12 期发表的《恩格斯解读“个人所有制”最符合马克思原意》一文中，对马克思多处讲的生产资料个人所有制的论述进行了乱解、歪解、错解，他用一种新的错解为他的前一种错解辩护。王先生的论文中几乎每一段话，都存在文理不通，逻辑混乱的弊病，限于篇幅难以一一辨析。兹就他对马克思的几条论述的歪解错解进行评论，以辨明是非。

（1）《共产党宣言》中讲，无产阶级取得政权后，要把“全部生产集中在联合起来的个人的手里”。这与把全部生产资料集中在由国家代表的劳动人民手中是一样的意思。这里是讲生产资料所有制的问题，与消费品个人所有无关。而王先生辩驳说，这里讲的是公有制，不是讲生产资料个人所有制。“因为任何个人都不能把全部生产集中在自己手中”。他把原文“联合起来的个人”，篡改为“任何个人”即单个个人。王先生只承认这是讲公有制，而否定也是讲个人所有制。这就把生产集中在联合起来的“个人手里”的“个人所有”否定了。不过王先生承认这里是讲生产资料公有制也好。因为生产资料公有制毕竟不是王先生坚持的消费品的个人所有制。但王先生又抛出了他的悖理的逻辑，硬要将公有制扯入消费资料个人所有制：他说公有制“是消费资料个人所有制重新建立和实现的基础和前提条件，怎么能说不沾边呢？丰富的个人财产是联合体成员个人自由全面发展的条件”。这显示了王先生高超的理论水平。他认为讲公有制，就等于讲消费资料个人所有制。理由是前者是后者的基础和条件。然而，生产资料公有或私有都是消费品个人所有的条件，但不能由此论断：马克思讲个人所有就是讲消费品个人所有，讲生产资料所有制也是讲消费资料个人所有制。

（2）马克思讲的“孤立的单个人的所有制”和“联合起来的社会的个人的所有制”，不是消费品的个人所有制。这本来是已经讲得很清楚的观点，但由于与王成稼的观点相对立，他不认同。反过来对别人表达得十分清楚的观点加以逻辑混乱的歪解、曲解，他说卫教授“把这二者都错误地当成了在公有制的基础上重建的个人所有制。他还特别强调‘个人所有制即联合起来的社会的个人的所有制’，这是既是‘个人的又是公有的所有制’的另一种说法，都是‘混沌世界’。他还说：‘《资本论》中所讲的重建个人所有制，是重建被资本主义否定了的劳动者的生产资料个人所有制’，但不是重建‘作为各个私人的’或‘孤立的单个人’的个人所有制，这都是私有制，而不是《资本论》所讲的重建个人所有制。接下来，他说‘是建立与公有制相统一的联合起来的社会的个人所有制’，这里又出现了一个个人所有制，这是第四个个人所有制，很遗憾，都不是要重建的个人所有制。这第四个个人所有制，其实是公有制，与公有制相统一的公有制，显然是同义反复的思维逻辑错误。”我全文引王先生的这段话，是让读者识别一下，能否看懂王先生究竟在讲什么，想说明什么？他转述我的观点，也是一片胡言乱语。竟说我把两种个人所有制“都错误地当成了在公有制基础上重建的个人所有制。”我明确地说明：“孤立的单个人的所有制”是被资本主义否定了的个体劳动者的私有制，重建个人所有制，不是重建这种个人所有制，马克思也明确说明，“不是重建劳动者的私有制。”王先生竟无中生有的把这个荒唐的观点强加于我。重新建立的个人所有制，是联合起来的社会个人的所有制。在马克思的著作中，对社会主义所有制有三种提法：其一是直接讲公有制（社会所有制、公共占有制）；其二是讲“联合起来的社会的个人的所有制”，其内涵与公有制是一致的；其三是公有制基础上的个人所有制，将公有和个人所有统一起来。三种提法文字上虽有不同，但其内涵是相同的。讲社会主义所有制是公有制与个人所有制的统一，既是社会的，又是个人的，更明确地表明社会主义所有制的本质。不能把杜林对马克思理论的攻击，当作杜林的观点或杜林强加于马克思的观点。

王成稼在这段话中还讲：“这第四个个人所有制，其实是公有制。”这话不错。但既然承认所谓“第四个”个人所有制（联合起来的社会的个人的所有制）是生产资料公有制，不是消费品的个人所有制，也就否定了他断言德文中的个人所有制只是消费品的个人所有制的武断之词。他在多篇论文中是反对把重建个人所有制解读为公有制的，可是王先生在这里也把“联合起来的社会个人的所有制”，解读为公有制，岂非自相矛盾？

（3）在《法兰西内战》中，马克思说：“把现在主要用作奴役和剥削劳动的工具的生产资料、土地和资本变成自由集体劳动的工具，以实现个人所有权。”我引用这段话时，主张这里的“个人所有权”译作“个人所有制”。同时可以清楚地看出，马克思这里讲的个人所有制是生产资料、土地和资本的个人所有制，不是消费品的个人所有制。王成稼对此也进行了辩驳，又是一片歪理。他说：“卫教授对中央编译局的译文，做了两处改动：一是把个人所有权改为个人所有制，……译为个人所有制更清晰。二是卫教授断言马克思明确讲的是‘生产资料、土地和资本的个人所有制’，卫教授在这里又一次曲解马克思的本意。马克思的本意是：把生产资料、土地和资本现在主要用于奴役和剥削劳动的工具变成自由集体劳动的工具，这样才有基础和前提条件，‘以实现个人所有权’。当然是指消费资料个人所有权。如果是指‘生产资料、土地和资本’的个人所有权，这不是私有制吗？还是马克思讲的共产主义吗？”

我不懂德文，我是从理论逻辑上推理，认为这段话中的“个人所有权”译作“个人所有制”更明确。王先生以德文专家的姿态予以否定。然而，这段出自《马克思恩格斯全集》第48卷（1985年）的译文，在1995年出版的《马克思恩格斯选集》第3卷中进行了改译，将原译文“变成自由集体劳动的工具，以实现个人所有权”，改译为“变成自由的和联合的劳动的工具，从而使个人所有制成为现实”。这表明，王成稼的德语水平并不高明。再者，这段话明确讲的是生产资料等的个人所有制，而他竟诬我这样解读是“又一次曲解马克思本意”。他在多篇论文中一再指责我“曲解”、“惯于篡改”，实际上，王成稼的多篇论文是曲解和篡改的堆积。谁不赞同他的曲解和篡改，他就反诬谁。他用曲解、乱解和颠倒马克思观点的眼光看别人的正确解读，必然会颠倒是非，诬指别人。马克思的这段话讲“从而使个人所有制变为现实”，明明是指将原由资本家作为剥削奴役的工具的生产资料、土地和资本，变成由劳动者联合体掌握的自由劳动的工具，就使个人所有制成为现实，怎么能将生产资料的个人所有制曲解为“当然是指消费资料个人所有权”呢？王先生断言讲“生产资料、土地和资本的个人所有权”是指私有制，又是任意曲解。杜林将重建的个人所有制错解为重建私有制。王先生错解杜林观点，硬说杜林把重建个人所有制解读为公有制。而王先生自己把重建的个人所有制，时而解读为消费品个人所有制，时而解读为公有制，这里又解读为私有制。真是一片混乱，随心所欲，信口开河！

（4）马克思明确地指出，社会主义要将资本家的生产资料所有制改造为“联合起来的社会个人的所有制”①。王成稼竟然否认这是讲个人所有制，他说：“马克思从未讲过它们是个人所有制，这是卫教授臆想出来的”。在他看来，“个人的所有制”不是“个人所有制”，因为前者有“的”，后者无“的”。“个人所有制”与“个人所有制”，本来是一回事，两种译文都有，王先生硬要将两者对立。这就是王先生高明的德语水平和汉语水平！看来，理论是非，王成稼先生是难以分得清的，是非对错只好由读者去评说了。

---

① 《马克思恩格斯选集》第48卷，人民出版社1985年版，第21页。

评析对马克思地租理论理解的一些纰误①

摘要：中外学者的有关论著中，对马克思的地租理论理解和阐述得不够准确，存在一些纰误。57 年前，我作为一位青年教师，贸然对我所尊敬的几位经济学界的老前辈的政治经济学著作中的有关纰误，指名道姓地提出评论，得到了学界的认同。

地租问题是马克思列宁主义政治经济学中的重要问题之一，同时也是一个相当复杂的理论问题。而对于地租问题的研究，无论在理论上或实践上都具有重大的意义。

可是在一些政治经济学的书刊中，或是在政治经济学的讲授中，常常对地租理论中的某些问题，阐述得不够明确，甚而解释得不够正确。本文不打算全面地论述马克思列宁主义的地租理论问题，而只是在资本主义地租理论范围内，就书刊中或教学中所容易碰到的一些问题，提出来和大家共同研究。

一、级差地租问题

级差地租，按其形成的基础和特点，分为级差地租Ⅰ和级差地租Ⅱ，级差地租Ⅰ是和土地自然丰度的不同及位置上的差别相联系，而级差地租Ⅱ则与同一土地上的连续投资（即递加投资）相联系。

在分析级差地租Ⅱ时，马克思强调指出了它与级差地租Ⅰ的联系："级

① 本文原载《经济研究》1956 年第 1 期，这里是选载其中的主要部分。原题为《关于资本主义地租理论中的一些问题》，有修改。

差地租Ⅱ的基础和出发点，不仅从历史上来说，而且就级差地租Ⅱ在任何一个一定时期内的运动来说，都是级差地租Ⅰ，就是说，是肥力和位置不同的各级土地的同时并列耕种，也就是农业总资本的不同组成部分在不同质的地块上同时并列的使用。”①

因此，考察级差地租Ⅰ是级差地租Ⅱ的基础和出发点时，必须从两方面来理解：

一方面，从历史发展过程来看，在资本主义初期，农业耕作的特点还不是集约经营，而是采取粗放的经营方法。正如马克思所说：不是资本集中在相对较小的土地范围内，而是生产以较大的规模进行。之所以如此，是因为：第一，当时还有大量未被耕作的土地可利用，因而可以向广阔的土地面积上进行分散的投资；第二，农业中资本主义的发展“是由农业的手工业经营出发”的，也就是说，在资本主义初期，农业中科学技术尚未充分发展，因而不能广泛实行集约耕作。

另一方面，从每个一定时期内的运动看，级差地租Ⅱ，也是以丰度及位置不同的各种土地的并存的耕作作为基础，如果抛开这一基础，不和级差地租Ⅰ相联系，而孤立地去从某一块土地上的连续投资考察级差地租Ⅱ的形成，则是不正确的。只有把连续各个投资的生产率与级差地租Ⅰ场合下最劣等地的生产率相比较，才可能正确地了解级差地租Ⅱ的形成及其数额。

可是，在政治经济学的教学中，以及在一些经济学的著作中，经常见到的是，脱离开级差地租Ⅰ的基础而孤立地去考察级差地租Ⅱ的形成，因而引起初学政治经济学的人们在理解上的混乱和误解。例如许涤新著《广义政治经济学》中就有这样的缺点。该书在谈到级差地租Ⅰ时，假定有上、中、下三种土地，上等地的生产额为110石，中等地为100石，下等地为90石。上等地每石产品的个别生产价格为6.55元，中等地为7.2元，下等地为8元，社会生产价格则为8元；谈到级差地租Ⅱ时，又假定在同一土地上连续三次投资，第一次投资的生产额是240石，第二次是200石，第三次是160石。第一次投资每石产品的个别生产价格为4元，第二次的为4元8角，第三次的为6元，社会生产价格由生产率最小的那次投资的生产价格来决定，即都按6元出卖。这里读者不免要问：讲级差地租Ⅰ时，说农产品每石的社

① 《马克思恩格斯全集》第25卷，人民出版社1974年版，第761页。

会生产价格为8元，讲级差地租Ⅱ时，又说它是6元，而级差地租Ⅰ和级差地租Ⅱ同时存在的情况下，农产品每石的社会生产价格究竟该是多少呢？在连续各个投资中，第三个投资的生产率（160石）既然比下等地的生产率（90石）为高，为什么就得不到额外利润呢？

《广义政治经济学》认为：将资本连续投在同一土地上，“其所提供的生产量显然是不相同的；但总有一部分不提供超额利润”[①]。这是不对的。只有连续投资中的最低一次生产率等于或低于劣等地的生产率时，这个生产率最低的投资才不提供额外利润，否则，即使连续各个投资的生产率不相同，而只要它们都高于现耕地中劣等地的生产率，则都可提供额外利润，并不会“总有一部分不提供超额利润”。马克思说过：“如果追加的投资使超额利润减少，但它的产量超过A级土地（指劣等地——引者）上的等量资本的产量而形成余额，那么，只要这个增加了的供给不致把A级土地从耕地中排挤出去，在一切情况下都会形成新的超额利润……”[②]

马克思自己在分析级差地租Ⅱ时，是一贯以级差地租Ⅰ为基础的，这可以从《资本论》第3卷第40章到第44章的所有说明和图表中看出来。

《广义政治经济学》中对级差地租Ⅱ的说明，实际上还包含着另一种错误，即认为连续各个投资的生产率只有相互间不等时，才能产生级差地租Ⅱ。而其实并不是这样，如果在优等地上连续投资，即使各个投资的生产率都一样，但因它们都超过了现耕地中劣等地的生产率，级差地租Ⅱ是仍然会产生的。

不错，级差地租Ⅱ是同一土地上连续各个投资有不同生产率的结果，但这里所说的不同生产率，必须与调节生产价格的劣等地投资联系来考察。马克思曾明确地解释过这一点：“作为级差地租Ⅱ，是以同一土地上的连续投资有不同的级差生产率为基础，也就是说，在这里，和最坏的、无租的、但调节生产价格的土地上的等量投资相比，具有较高的生产率……”[③]马克思还进一步批判了认为只有在同一土地连续几个投资的生产率相互不等时才产生级差地租Ⅱ的错误观点：“有人断言，同一地段上连续投入的各个资本，只有当它们的收益不等，从而产生级差地租的时候，才会生出地租，这个断

① 许涤新著：《广义政治经济学》第2卷，三联书店1950年版，第264页。
②③ 《马克思恩格斯全集》第25卷，人民出版社1974年版，第768～769、819页。

言和下面的说法是一样的：如果有两个各1000镑的资本投在两块肥力相等的土地上，尽管这两块地都属于提供级差地租的较好的土地，但其中只有一块能提供地租。”①

《广义政治经济学》中的这种缺点和错误，在沈志远著的《政治经济学大纲》中同样存在着，而且两者在说明级差地租时所用的图表和数字也完全相同。而从《政治经济学大纲》较多的解释中，还进一步反映出了作者在对级差地租Ⅰ某些问题理解上的更大混乱：

“假定在某块土地上，租地经营农业的资本家投了三次资本（假如一年一次），每次投资额为800元，第一次的生产额是240石，第二次生产200石，第三次生产160石；再假定平均利润率仍为20%。”于是各次投资的生产额的每石个别生产价格，可从表1中看出来。

表1

	全部产额	总生产成本（即资本消耗）	平均利润	总生产价格	每石之个别生产价格
第一次投资	240石	800元	160元	960元	4.00元
第二次投资	200石	800元	160元	960元	4.80元
第三次投资	160石	800元	160元	960元	6.00元

资料来源：沈志远著：《政治经济学大纲》上册，三联书店1953年版，第390~391页。

接着作者说明，社会生产价格是决定于生产率最低的那次投资的生产成本即第三次投资的生产成本。每石售价都为6元，于是第一次投资获得级差地租480元，第二次投资获得级差地租240元。

这里作者是把三个800元的连续投资和不同的年序联系起来，即假定一年投资一次，第一年投资800元，产量240石；第二年投资800元，产量200石；第三年投资800元，产量160石。应该指出，这不能叫做连续投资。每年各投资800元，而且例解中又已假定所耗资本一年中全部转到新产品价格中去，因此各年投资额一样，并没有任何追加投资。从投资数量来看，这只是一种简单再生产，从例解中各年的产量来看，连简单再生产也不能维持。

这种解释，在逻辑上更是说不通的，难道第一年投资所产农产品的社会

① 《马克思恩格斯全集》第25卷，人民出版社1974年版，第876页。

生产价格以及级差地租，必须等到第三年生产过程结束后才能决定吗？进一步来说，如果农产品的社会生产价格要由生产率最低的那一年的投资来决定，那它也就永远无法决定了。因为谁也不能断定，究竟哪一年投资 800 元的生产率最低。

在教学中，也常常有人在说明连续投资和计算级差地租Ⅱ时，运用上述的方法，即认为连续投资，就是把数量相等的各个资本，分别在几年内依次投下。这种解释，是和他们对连续投资理解的另一错误有关，那就是他们认为，连续投资就一定是要将资本分开几次投下，并分别收获几次。可是在农业中的生产周期一般以年为单位，不能在一年中收获 3 次、4 次以至更多。于是只好以不同的年序来计算和解释级差地租Ⅱ。

当然，在实际生产过程中，租佃资本家的投资，并不一定在一年中能全部周转回来，他所投资的经济效果，也不一定能在一年中全部实现。因此在今年所产生的级差地租Ⅱ中，实际上可能包含着前几年投资的效果，但我们从理论上来考察级差地租Ⅱ时，可以将这种情况舍象，而假定资本家逐年的投资，逐年全部转移到新产品中，在这种假定下，每年在同一块土地上投下同样大的资本，就不能称作连续投资或递加投资。如果第一年投资 800 元，第二年必须有大于 800 元的投资（比方说投资 1600 元）才算是递加投资。即使不把未转移完毕的资本舍象，对于问题的说明也没有影响，这时必须把未转移完毕的资本和新加入的投资合并计算，而这种合并计算的资本，同样必须大于上年的投资才算是递加投资。

有人认为，考察连续投资和计算级差地租Ⅱ的数额时，必须以不同的年序作为基础，好像以一年为期就不能说明级差地租Ⅱ的形成和数额。这种看法是不能成立的，从理论上考察级差地租Ⅱ的形成和数额时，完全没有必要与不同的年序相联系，在一年的生产周期中，无论是将资本分开几次投下，收获一次，或是将资本一次投下，收获一次，都可说明级差地租Ⅱ的形成和数额。举例子说，如果在某一土地上投资 100 元，产量 4 石，而投资 200 元即追加投资 100 元时，产量 7 石。这就等于连续两个投资中，第一个 100 元产量 4 石，第二个 100 元产量 3 石。马克思自己就是用这种方法说明级差地租Ⅱ的形成和数额的，我们看一下马克思在分析级差地租Ⅱ时所用过的一个表（如表 2）。

表 2

土地等级	英亩	资本（镑）	利润（镑）	生产费用（镑）	产量（夸特）	售价（镑）	收益（镑）	地租		超额利润率
								夸特	镑	
A	1	$2\frac{1}{2}$	$\frac{1}{2}$	3	1	3	3	0	0	0
B	1	$2\frac{1}{2}+2\frac{1}{2}=5$	1	6	$2+1\frac{1}{2}=3\frac{1}{2}$	3	$10\frac{1}{2}$	$1\frac{1}{2}$	$4\frac{1}{2}$	90%
C	1	$2\frac{1}{2}+2\frac{1}{2}=5$	1	6	3+2=5	3	15	3	9	180%
D	1	$2\frac{1}{2}+2\frac{1}{2}=5$	1	6	$4+3\frac{1}{2}=7\frac{1}{2}$	3	$22\frac{1}{2}$	$5\frac{1}{2}$	$16\frac{1}{2}$	330%
		$17\frac{1}{2}$	$3\frac{1}{2}$	21	17		51	10	30	

资料来源：《马克思恩格斯全集》第 25 卷，人民出版社 1974 年版，第 774 页。

从这个考察级差地租Ⅱ的表中可以看出：第一，它是以级差地租Ⅰ为基础的，各级土地连续投资的生产物的售卖价格，是由劣等地 A 来调节的；第二，马克思这里说明级差地租Ⅱ时，并没有和不同的年序相联系，这里，B、C、D 三种土地上各有两个 $2\frac{1}{2}$ 镑的连续投资。从 B 级土地来看，它的第一个 $2\frac{1}{2}$ 镑投资生产 2 夸特，第二个 $2\frac{1}{2}$ 镑投资生产 $1\frac{1}{2}$ 夸特。但实际上这并不意味着投资两次、收获两次，而是 5 镑的投资生产 $3\frac{1}{2}$ 夸特。只是为了从理论上辨认级差地租Ⅱ，才把 5 镑投资分解为两个 $2\frac{1}{2}$ 镑，把 $3\frac{1}{2}$ 夸特的生产物分解为 2 夸特和 $1\frac{1}{2}$ 夸特。马克思曾指出过这一点："就级差地租Ⅰ来说，级差结果本身就是可以区别的……就级差地租Ⅱ来说，级差结果必须先变成可以区别的，事实上必须再转化为级差地租Ⅰ，而这一点只有按照上述的方法才能做到。"① 接着马克思又强调说明："B 级，土地第一次 $2\frac{1}{2}$ 镑的投资每英亩产生 2 夸特，第二次同样大的投资每英亩产生 $1\frac{1}{2}$ 夸特；在同一英亩上合计产生 $3\frac{1}{2}$ 夸特。就这个从同一土地产生的 $3\frac{1}{2}$ 夸特来看，看

① 《马克思恩格斯全集》第 25 卷，人民出版社 1974 年版，第 819 页。

不出其中哪一部分是第一次投资的产物，哪一部分是第二次投资的产物。事实上，它们是总资本5镑的产物；实际情况只是，一个$2\frac{1}{2}$镑的资本产生2夸特，一个5镑的资本却不是产生4夸特，而是产生$3\frac{1}{2}$夸特。”①

级差地租Ⅰ和级差地租Ⅱ，并没有本质的差别，级差地租Ⅱ不过是级差地租Ⅰ的一个不同的表现，它们都是投入土地的相等的各个资本量有不等的生产率的结果。只不过在级差地租Ⅰ的情况下，是将资本分投到不同的土地上，而在级差地租Ⅱ的场合，则是将资本连续投到同一土地上。

在实际生活中，级差地租Ⅰ和级差地租Ⅱ是难以分开的，只有从资本在一定时期内的运动看才能加以区别。也就是说，只有在租契满期以前，从资本家的递加投资所生出的额外利润中才能辨别出级差地租Ⅱ。而当租契满期以后，由递加投资引起的经济效果，尤其是那些比较有永久性的土地改良，就会合并到土地的自然丰度中去。这时级差地租Ⅱ和级差地租Ⅰ就再分辨不出来了。

二、绝对地租及其与级差地租加总计算问题

在考察级差地租时，我们是假定最劣等地不支付地租，但实际上，即使最劣等地也需要收取一定的地租，这种地租与土地的优劣及连续投资生产率的高低没有关系。马克思说：“这样一种不以各级土地的不同肥力或同一土地上各个连续投资的不同生产率为转移的地租的存在，一句话，即在概念上不同于级差地租，因而可以称为绝对地租的那种地租的存在。”②

绝对地租在劣等地存在，在中等地和优等地也同样存在，但优劣不等的各级土地上所支付的绝对地租是否一样多呢？绝对地租和级差地租加在一起又怎样计算呢？

首先指出，在这个问题上是有许多人解释得不明确或不正确的，有些人在计算绝对地租量时，是以各级土地有相等的绝对地租为前提，但他们在计算绝对地租和级差地租总量时，却显得很混乱。这种情形在教学中常可见到，在一些书刊中也同样存在。如于光远和王惠德合著的《政治经济学讲

①② 《马克思恩格斯全集》第25卷，人民出版社1974年版，第820、857页。

座》中就是这样。[①]

《政治经济学讲座》中谈到级差地租时，假定有甲、乙、丙三块土地。在这三块土地上各投下相同的资本100元，甲地一年收获小麦300斤，乙地收获200斤，丙地收获100斤。又假定平均利润为20%，则各块土地总生产物的个别生产价格为120元（生产费用100元加平均利润20元），而每斤小麦的个别生产价格则如下：

甲地：120元÷300斤=0.4（元）

乙地：120元÷200斤=0.6（元）

丙地：120元÷100斤=1.2（元）

每斤小麦的个别生产价格虽不同，但都按由劣等地即丙等地所决定的社会生产价格1.2元出卖，结果甲地获得级差地租240元，乙地获得120元。

以后讲到绝对地租时，该书又假定丙地须支付绝对地租30元，甲、乙两种地也同样支付30元，将绝对地租和级差地租相加，各级土地的地租总量是：丙地30元，乙地150元，甲地270元。

我们可用表3来概括上述的内容。

表3

土地种类	投资（元）	平均利润（元）	生产量（斤）	个别生产价格（元）		社会生产价格（元）		级差地租（元）	绝对地租（元）	地租总量（元）
				总产品	每斤	每斤	总产品			
甲	100	20	300	120	0.4	1.2	360	240	30	270
乙	100	20	200	120	0.6	1.2	240	120	30	150
丙	100	20	100	120	1.2	1.2	120	—	30	30

这种计算方法是混乱的，因为按照这种计算，甲、乙、丙三种土地的生产品就要以不同的市场价格出卖了，依照表3的计算，各级土地每斤小麦的市场价格为：

甲地：（社会生产价格360元+绝对地租30元）÷300斤=1.3（元）

乙地：（社会生产价格240元+绝对地租30元）÷200斤=1.35（元）

丙地：（社会生产价格120元+绝对地租30元）÷100斤=1.5（元）

这样，土地越好，生产率越高，产品出卖时的市场价格就越低；反之，土地越坏，生产率越低，产品的市场价格就越高。显然，这无论在理论上或

① 于光远、王惠德合著：《政治经济学讲座》，学习出版社1955年版，第187~195页。

实践上都是说不通的。

这种计算方法不能成立，是一些人企图否定各级土地上支付相等的绝对地租量这一前提。他们认为，绝对地租只是在各级土地的单位产品如1斤、1吨中才包含相等的量，至于各级土地，因它们的产量不同，绝对地租量也就相应的有所不同。这就是说，土地越好，生产率越高，绝对地租量也就越大。这种解释在教学中和一些书刊中也常可见到，如薛暮桥著的《经济学》中就把绝对地租量和各级土地的肥沃程度联系在一起：

"现在我们假定某社会有甲、乙、丙三种土地，每种土地所投资本同样都是一万元，平均利润率是百分之十。假定甲种土地收米四千担，乙种土地收米三千担，丙种土地收米二千担。在米价每担五元五角的时候，丙种土地刚刚得到生产费用和平均利润，乙种土地可以得到五千五百元的差额地租（即级差地租——引者注），甲可得到一万一千元的差额地租。如果米价涨到每担六元，那么丙种土地可以得到一千元的绝对地租，乙种和甲种土地除得差额地租外，还可以得到一千五百元（乙种）和二千元（甲种）的绝对地租。"① 这就是说，每担米价为6元时，甲地绝对地租为2000元，乙地为1500元，丙地为1000元。显然，这里是把绝对地租和土地的好坏、生产率的高低相联系起来了。

有些人还进一步援引考茨基《土地问题》中的有关图表，企图证明绝对地租量和土地丰度差别相联系，他们认为《土地问题》一书曾受到过列宁的赞扬，因而其中的一切论点和说明也一定都是正确的。而该书中计算绝对地租和级差地租总量的图表是这样的（如表4，原表中数字计算有误，见译者注②）。

表4

土地种类	生产品小麦（担）	每一公担的生产价格（马克）		一公担的生产价格（马克）	级差地租（马克）	绝对地租（马克）	地租总额（马克）
		个别生产价格	一般生产价格				
A	450	8.88	12.50	15	1650 *	1125	2750 **
B	400	10.00	12.50	15	1000	1000	2000
C	320	12.50	12.50	15	—	800	800

* 此处应为1629。——译者

** 此处应为2754。——译者

① 薛慕桥：《经济学》，三联书店1949年版，第131～132页。

② ［德］考茨基著：梁琳译，《土地问题》，三联书店1955年版，第98页。

把绝对地租量和土地的优劣及各个连续投资生产率的差别相联系，是和马克思所指出的绝对地租是“一种不以各级土地的不同肥力或同一土地上各个连续投资的不同生产率为转移的地租的存在”相冲突的。而且马克思在《剩余价值学说史》中有关地租问题的图表和说明中，进一步指出：在投资相同和资本有机构成相同的情况下，绝对地租量在各级土地上都是一样多的。

问题怎样解决呢？问题是在于：计算各级土地的绝对地租和级差地租总量时，不能在抽象地考察级差地租时所得出的地租量上简单地再加上一个等量的绝对地租额，而是应以下面的方法来分别计算：

先假定劣等地不支付地租而只抽象地考察级差地租，如表5所示。

表5

土地种类	投资（镑）	平均利润（镑）	产量（吨）	个别生产价格（镑）		社会生产价格（镑）		级差地租（镑）
				全部	每吨	每吨	全部	
Ⅰ	100	10	60	110	$1\frac{5}{6}$	$1\frac{5}{6}$	110	0
Ⅱ	100	10	65	110	$1\frac{9}{13}$	$1\frac{5}{6}$	$119\frac{1}{6}$	$9\frac{1}{6}$
Ⅲ	100	10	75	110	$1\frac{7}{15}$	$1\frac{5}{6}$	$137\frac{1}{2}$	$27\frac{1}{2}$

现在又假定各级土地上须支付绝对地租10，那么农产物就不能按社会生产价格出卖，而是要按社会生产价格加绝对地租的市场价格出卖，从而优等地和中等地的级差地租也就要随之而相应提高。关于这一点，马克思早已指出：“如果最坏土地单位面积产品的价格 = P + r（马克思以P代表社会生产价格，r代表绝对地租——引者注），一切级差地租就都会按r的相应倍数增加……”①

每吨农产品的社会生产价格是$1\frac{5}{6}$，而现在市场价格提高到（110 + 10）÷60 = 2，Ⅱ级土地的总产品就不再按$119\frac{1}{6}$出卖，而是要按65×2 = 130出卖，从而级差地租提高为10，Ⅲ级土地的总产品也不再按$137\frac{1}{2}$出卖，而是

① 《马克思恩格斯全集》第25卷，人民出版社1974年版，第860页。

要按 75×2＝150 出卖，从而级差地租提高为 30。地租总量Ⅰ地为 10，Ⅱ为 20，Ⅲ为 40，如表 6 所示。

表 6

土地种类	投资（镑）	产量（吨）	每吨的社会价值（镑）	每吨的个别价值（镑）	总社会价值（镑）	平均利润（镑）	绝对地租（镑）	级差地租（镑）	地租总额（镑）
Ⅰ	100	60	2	2	120	10	10	0	10
Ⅱ	100	65	2	$1\frac{11}{13}$	130	10	10	10	20
Ⅲ	100	75	2	$1\frac{3}{5}$	150	10	10	30	40

用这种方法计算的结果，与马克思在《剩余价值学说史》中关于绝对地租和级差地租量的计算图表完全一致。

将级差地租和绝对地租连在一起考察的结果，使我们看到，由于绝对地租的存在，较优等土地上的级差地租实际上比以前单独考察时为多。

因此，当我们一般说，绝对地租是农产品的价值（即社会价值）超过其社会生产价格的余额时，实际上是就劣等地而言的。较优等地上产品的价值大于其社会生产价格的余额中，则不仅包括绝对地租，而且还包括一部分级差地租。

当我们在抽象地研究级差地租时，我们说级差地租是农产品的个别生产价格与社会生产价格之间的差额，而现在当我们同时研究了绝对地租以后，应该更确切地说，级差地租是农产品的社会价值与个别价值之间的差额。因为把级差地租和绝对地租一起研究以后，可以看出，个别生产价格与社会生产价格之间的差额，并未将级差地租全部包括在内。

“卡夫丁峡谷”的跨越与社会主义公有制的建立①

社会主义制度没有按照马克思、恩格斯的预期在发达的资本主义国家出现，而是某些落后国家在特定条件下率先走上了社会主义道路。面对这一现实，出现了两种错误的说法：一是借此否定整个马克思理论的科学性；一是认为苏联、东欧原社会主义国家的解体与剧变，是违反了马克思原理的结果，并认为在我国生产力落后的现阶段，根本谈不上社会主义公有制的地位和作用。这种论断大谬不然。

关于经济不发达国家可能跨越资本主义发展阶段走向社会主义的问题，马克思在理论上进行过一定的预见性研究，并且发表了精辟的见解。

马克思在1881年《给维·伊·查苏利奇的复信草稿》中指出，像俄国这样的落后国家，“土地公有制赋予它以集体占有的自然基础，而它的历史环境（资本主义生产和它同时存在）又给予它以实现大规模组织起来的合作劳动的现成物质条件。因此，它可以不通过资本主义制度的卡夫丁峡谷，而吸取资本主义制度所取得的一切肯定成果。……如果它在现在的形式下事先被引导到正常状态，那它就能直接变成现代社会所趋向的那种经济体系的出发点，不必自杀就能获得新的生命”。② 这里的“现代社会所趋向的那种经济体系”就是马克思所揭示的社会主义社会；这里的“自杀”就是“要把他们的公有制变为私有制”③。这里的“它可以不通过资本主义制度的卡夫丁峡谷”就是可以直接走上社会主义道路。这些观点充分说明生产力决定生产关系，生产关系也可以在特定条件下率先实现变革，也就是说被生产

---

① 本文原载《中华魂》2006年第8期，与张建君合写。

②③ 《马克思恩格斯全集》第19卷，人民出版社1963年版，第451、447页。

力决定的生产关系具有相对独立的能动性。由此可见，某些较落后国家并不一定要教条地经历资本主义的高度发展、通过“典型意义上的社会主义革命”才能走社会主义道路。当然，这种生产关系能动性的发挥不是没有经济基础、物质条件和原则的，这个基础与条件就是发展新的更高生产力需要具备的相应的基础和物质条件，即一定程度的“资本主义生产”的存在，具有大规模组织“合作劳动”的条件；这个原则就是这种跨越式的生产关系变革仅仅是新社会制度经济体系的出发点。

关于这个问题，需要阐明以下几点：首先，马克思之所以认为俄国能够跨越资本主义制度的卡夫丁峡谷，关键就在于俄国的“土地公有制赋予它以集体占有的自然基础”，而一定的“资本主义生产”的同时存在，又是进行大规模合作劳动的前提。生产资料和生产者分离基础上的机器化大工业劳动，正是资本主义生产方式的发展形式。马克思认为，资本主义社会的一切矛盾存在正是因为资本主义私人占有生产资料和社会化大生产所导致的。因此，只有通过解决生产资料的私有制问题来消除资本主义固有的危机和矛盾，才可能向更高的人类社会形态转变。这是马克思主义理论的基本观点。在马克思看来，处于共产主义社会低级阶段的社会主义社会，公有制恰恰是其社会制度的起点，即区别于资本主义社会制度最基本的社会特征。有人对马克思复信草稿中提出的跨越论持质疑态度。其实如果联系马克思、恩格斯1882年《共产党宣言》俄文版序言的有关论述，就会清醒地认识到马克思不但提出了落后国家跨越资本主义制度的可能性，而且恰恰把公有制看作是这种跨越的起点。马克思、恩格斯指出：“假如俄国革命将成为西方无产阶级革命的信号而双方互相补充的话，那么现今的俄国土地公有制便能成为共产主义发展的起点。”[①] 如果再联系此后一系列落后国家的社会主义革命成功，就能够更加清晰地认识到这种跨越论的可能性和必要性。

其次，某些落后国家的社会主义实践充分证明了生产关系的这种能动性发挥离不开相应的“基础、物质条件和原则”。落后国家的社会主义道路不是说取得了政权就万事大吉了，而是承受着生产力不发达和资本主义围堵的双重困难。在这个双重困难面前，主要的社会主义国家包括中国的实践都经历了一个艰苦的过渡和发展时期，并要将一个没有实现工业化的国家转变为

① 《马克思恩格斯选集》第1卷，人民出版社1972年版，第251页。

工业强国。先进的社会生产关系促成了这种历史性的跨越，并且避免了资本主义工业化过程中“从头到脚，每个毛孔都滴着血和肮脏东西”的生产关系局限。在这方面，落后国家社会主义实践的成功经验，就是社会主义生产关系能动性的突出成就。应该看到，社会主义国家虽然逐步建立了公有制的经济基础，但在与历史环境相联系的物质条件获得上却受到了资本主义的遏制、围堵措施。发达资本主义国家不但靠资本和产品的输出从其他国家牟利，而且通过控制核心技术和建立世界知识产权保护体系来垄断先进科技成果的应用，这充分证明吸收和继承发达资本主义国家的一切优秀科学技术文化成果是社会主义国家单方面的强烈愿望，没有自主创新和平等竞争的能力，就根本无法实现这个美好的愿望。同时应当明确，落后国家社会主义革命成功后，这种跨越生产力的生产关系变革仅仅是“新社会制度经济体系的出发点”，急于向高级社会主义阶段过渡，会严重伤害社会主义事业。苏联、东欧原社会主义国家之所以出现倒退，不是违反了发达资本主义国家首先取得社会主义胜利的“基本原理”的结果，更重要的是在和平演变中丧失了社会主义生产关系能动性的必然结果。恩格斯曾反对把经济因素说成是决定社会历史进程的惟一因素，他指出：“根据唯物史观，历史过程中的决定性因素归根到底是现实生活的生产和再生产。无论马克思或我都从来没有肯定过比这更多的东西。如果有人在这里加以歪曲，说经济因素是惟一决定性的因素，那么他就是把这个命题变成毫无内容的、抽象的、荒诞无稽的空话。经济状况是基础，但是对历史斗争的进程也发生影响并且在许多情况下主要是决定着这些斗争的形式的，还有上层建筑的各种因素。”①

再次，社会主义运动的根本经验之一，就是不要自杀，即不要把他们的公有制变为私有制。苏联、东欧国家所发生的社会主义倒退，最根本的问题就是放弃了社会主义生产关系的能动性，选择了“自杀”道路，这种历史倒退带给这些国家的是经济衰退、国家分裂、人民受害。现在，理论界有人从马克思在《政治经济学批判》序言中提出的“两个决不会”（“无论哪一个社会形态，在它所能容纳的全部生产力发挥出来以前，是决不会灭亡的；而新的更高的生产关系，在它的物质存在条件在旧社会的胎胞里成熟以前，是决不会出现的”）论断出发，认为苏联、东欧原社会主义国家解体和剧

---

① 《马克思恩格斯选集》第4卷，人民出版社1972年版，第696～697页。

变，是违反了“两个决不会”的原理的结果，并认为我国也应按照“两个决不会”来改革。依此断言我国社会主义制度与资本主义制度的区别不在于公有制或私有制的差别，并批评把公有制尤其是国有制看作是决定社会制度性质的事情，甚至看作是决定共产党合法地位的事情，是“一个似是而非的认识”[①]。这种观点不是探讨社会主义市场经济中公有制实现形式的改革和完善，而是从社会制度性质的角度来否定公有制的主体地位。社会主义制度必须建立在生产资料公有制基础上，这是从马克思主义创始人到毛泽东思想、邓小平理论、党中央文献和我国宪法所一贯坚持和阐明的重要思想和原则。生产资料的公有制或者以公有制为主体，不仅是社会主义从空想变成科学的马克思主义的理论特征；而且是社会主义制度产生到今天中国特色社会主义道路探索中的实践特征。生产资料公有制是形成不同于资本主义的生产关系的最根本保证，是发挥社会主义生产关系能动性的基础，离开了这个基础，其实也就无所谓社会主义和资本主义的经济差别。众所周知，经济基础决定上层建筑，一旦私有制成为社会的经济基础，那么，原有的社会主义上层建筑就很难继续维持其意识形态和原有的政权性质。我们千万不能实行这样的“自杀”。

---

① “重温马克思的‘两个决不会’思想”，《北京日报》2005年12月12日。

雇8个工人是划分剥削的界限吗?[①]

——澄清对马克思一个论述的误解

一、弄清马克思论述的原意

多年来，在我国流传着这样一种认识：马克思讲过，雇8个工人就是资本家或私营企业，存在剥削；雇少于8个工人就是个体户，没有剥削。将此作为划分阶层和有无剥削的标准。其实，这完全是一种误解。在马克思主义经典作家的著作中，从来没有提出过这类划分标准。

我国改革开放以来，逐步放开了不允许任何私有制经济发展的禁区。先是允许个体经济发展，政策上允许雇几个帮工和学徒，但有限制。根据1981年7月7日《国务院关于城镇非农个体经济若干政策性规定》，个体经营户必要时可请一至二个帮手；技术性强的可带两三个徒弟，最多不得超过5个。就是说，帮工和学徒总共最多不得超过7个。个体经营户发展的结果，事实上突破了这个政策规定界限，雇佣几十个乃至几百个工人的企业也出现了。当时中央的政策是：一不限制，二不宣传，看一看再说。于是出现了一个新的阶层。当时一般将其称作“雇工大户”，还没有一个确定的称谓。后来称之为私营经济。1987年党的十三大报告中，正式肯定了私营经济的地位。说它是“存在雇佣劳动关系的经济成分”，“是公有制经济必要的和有益的补充”。私营经济在政策上规定为雇8个人以上的经济成分，按其性质说是资本主义经济。当然，其地位和作用，有别于资本主义国家和旧

---

① 本文原载《理论前沿》2002年第3期。

中国的私人资本主义经济。

原来只允许雇7个或以下的帮工学徒，本来是在当时历史条件下限制雇工经济扩大的政策措施。限制被突破后，雇8个工人以上的称作私营经济。于是雇8个以上和雇7个以下工人便成为区分私营经济和个体经济的界限。这里并不存在马克思主义经典作家提供的理论根据。但有人误解了马克思的有关论述。

马克思也确实提出过雇8个工人的问题，是在《资本论》第1卷第9章中讲到的。但是，并没有以此作为划分剥削的标准。而且那只是一个假定条件下的假定例子。马克思举这个例子是为了说明：货币要转化为资本，必须达到一定的量，“不是任何一个货币额或价值额都可以转化为资本”。货币要转化为资本，既要有一定量的可变资本，又要有一定量的不变资本。而可变资本的最低额，就是雇主为取得剩余价值全年逐日使用的一个劳动力的平均价格。假定工人的必要劳动时间为8小时，剩余劳动时间为4小时。这就需要有追加的货币去购买供一个工人劳动12小时所需要的生产资料。而雇主即使雇用两个工人，也只能获得8小时的剩余劳动，能够过相当于一个工人的生活水平。“为了使他的生活只比一个工人好一倍”，就得雇4个工人。然而雇主的目的并不只是维持生活，要知道，“在资本主义生产下，增加财富是前提”，如果他“把所生产的剩余价值的一半再转化为资本，他就必须把预付资本的最低限额和工人数都增加为原有的8倍”。就是说：雇主雇用8个工人，可以获得8×4=32小时的剩余劳动，相当于4个工人的必要劳动时间。这里将32小时剩余劳动所创造的剩余价值，一半用于个人消费（相当于两个工人的生活水平），一半用于积累，显然，这个“资本主义生产”的规模是很小的。而且，马克思还讲，即使雇了8个工人，雇主“自己也可以和他的工人一样，直接参加生产过程，但这时他就不过成了介于资本家和工人之间的中间人物，成了‘小业主’”。

马克思所论述的这个货币转化为资本需要一定的量的例子，所假设的前提是，劳动生产率还不很高，日劳动时间为12小时，必要劳动时间为8小时，剩余劳动时间为4小时。如果这个假定前提变了，例子的情况也得随之变化。比如，当前资本主义国家的日劳动时间一般为8小时，劳动生产率已远远高于马克思150年前所看到的水平。如果工人的必要劳动时间缩短为2小时，剩余劳动时间为6小时。这时，雇两个工人就能获得相当于6个工人必要劳动时间的剩余劳动时间。即使将剩余价值的一半转化为资本，积累的规模也会更大，雇主还可以过相当于3个工人的生活水平。超过了马克思例举中雇8个工人的积累和生活水平。

应注意马克思在整个论述中的几个观点：

（1）在马克思看来，即使雇主雇一个工人，获得4小时的剩余劳动，这4小时的剩余劳动一样要形成剩余价值，可变资本的最低额，“就是为取得剩余价值”使用的一个劳动力的平均价格。

（2）在劳动生产率不很高，即使雇8个工人也只能获得32小时剩余劳动时间（相当于4个工人的必要劳动时间）的情况下，如果雇主自己也直接参加劳动，他也不是资本家，只是个“小业主”。但他获得了8个工人提供的剩余价值。马克思并没有说，只有雇主成为资本家时，他获得的剩余价值才是剥削。

（3）“资本主义生产发展到一定高度，就要求资本家能够把他充当资本家即人格化的资本的全部时间，都用来占有从而控制别人的劳动，用来出售这种劳动的产品。”就是说，当资本主义生产规模扩大，雇工数量增多的一定阶段，雇主就不再与工人一同“直接参加”劳动，而是专门从事管理（包括生产管理与销售管理）和监督了。这时，他就成为真正意义上的资本家。

（4）货币转化为资本所需要的最低量，不是固定不变的，在资本主义发展的不同阶段是不同的。不同生产部门由于技术条件不同，所需要的最低量也有差异。但都有个由量变到质变的过程。这证明了黑格尔“所发现的下列规律的正确性，即单纯的量的变化到一定点时就转化为质的区别”。

（5）“货币或商品的所有者，只有当他在生产上预付的最低限额大大超过了中世纪的最高限额时，才真正成为资本家。”中世纪的行会，限定每个手工业师傅所雇用的劳动者人数不得超过最高限额。而资本主义生产正是在突破这个最高限额时才出现的。因而，行会的手工业师傅，只有将其货币额扩展到足以雇用超过中世纪行会规定的最高限额人数时，才能“蛹化为资本家”。

（6）资本家作为人格化的资本，“迫使工人阶级超出自身生活需要的狭隘范围而从事更多的劳动”。“作为剩余劳动的榨取者或劳动力的剥削者”，资本在精力和效率方面，都远远超过了以直接强制劳动为基础的奴隶制和封建制的生产制度。在马克思看来，只要凭借私人占有的生产资料无偿占有劳动者的剩余劳动，就是剥削。

二、马克思怎样看待剥削

马克思虽然论述资本主义制度是剥削制度，资产阶级是剥削阶级。但他没有从道义原则出发去谴责或简单否定一切剥削。他的基本观点是：（1）“社会经济形态的发展是一种自然历史过程。……同其他任何观点比起来，我的观点是更不能要个人对这些关系负责的”。[①] 就是说，资本主义社会形态包括其剥削的产生与发展，是一种客观的、必然的历史发展过程，不能从人们的主观因素去找寻原因，不能归咎于某些人的品德和道义观的缺陷。因此，不需要“资本家和地主”个人对资本主义剥削制度负责。（2）剥削的产生是生产力发展到一定程度的产物，剥削的存在又是生产力发展不够的结果。在生产力没有达到高度发展的条件下，剥削是必然会存在的。（3）应从生产力原则而不是从道义原则出发去评价剥削的产生与存在。马克思恩格斯认为，人类历史上第一个剥削制度即奴隶制度的产生，与没有剥削的原始公社相比“是一个巨大的进步”。[②]（4）资本主义剥削方式比起奴隶制和封建制剥削方式来，是一种进步的剥削方式。因为它更有利于生产力的发展。而且有利于为过渡到更高级的社会形态即社会主义社会创造条件。“资本的文明面之一是，它榨取剩余劳动的方式和条件，同以前的奴隶制、农奴制等形式相比，都更有利于生产力的发展，有利于社会关系的发展，有利于更高级的新形态的各种要素的创造。”[③]

马克思主义经典作家认为社会主义社会不再存在剥削，列宁也讲“社会主义就是消灭剥削”，是以社会主义社会全部生产资料归劳动者公共所有、消灭了一切私有制经济为前提的。我国是在生产力落后的条件下进入社会主义初级阶段的，允许和鼓励非公有制经济发展，承认私有经济的产权，私有经济业者就有权利凭借其非劳动生产要素的产权获得非劳动收入。只要合法经营，这种非劳动收入不管有多少，也不管它是否具有剥削的性质

① 马克思：《资本论》第1卷第1版序言，人民出版社1975年版。
② 《马克思恩格斯选集》第3卷，人民出版社1995年版，第524页。
③ 《马克思恩格斯全集》第25卷，人民出版社1974年版，第925~926页。

(个体劳动者不存在剥削)，都是合法的，会受到依法保护。

在“左”的理论和政策下，特别在“四人帮”横行时期，一讲“剥削”就是有罪，就要共诛之，要彻底消灭，甚至要让“剥削阶级出身”的儿孙们为其祖辈的剥削关系负责，将其打入另册。改革开放20多年了，应当抛弃这种“左”的影响了。对我国现实经济中存在和发展的为数众多的私营企业和外资企业，一方面，既然符合“三条有利于”的标准，就没有必要公开宣传和突出他们的剥削一面；另一方面没有必要也不应当从理论的高度突出宣传不存在剥削，那样会带来理论上乃至政治上的负面效应。

在一定的历史条件下，允许和保护合法剥削，同时也要限制，消除非法剥削。对制假售假、坑蒙拐骗、走私贩私、偷税骗税等非法和犯法行为，要严予惩处。对在私营和外资企业中存在的严重侵犯和损害职工权益的非法剥削行为，应引起重视，要进行有效的引导、教育、管理与监督。同时，对那些文明管理、奉公守法、热心于公益事业、扶危济困、尊重职工权益、为社会主义建设事业作出重要贡献的私营企业家，应给予表彰，使其获得应有的社会信誉和光彩。

对马克思关于“过渡时期”的误解[①]

马克思在《哥达纲领批判》一文中说：“在资本主义社会和共产主义社会之间，有一个从前者变为后者的革命转变时期。同这个时期相适应的也有一个政治上的过渡时期。”这个过渡时期的时限是什么？有个曾起过重大社会影响的解读，是把过渡时期定断为过渡到共产主义高级阶段的时期。把整个社会主义阶段说成是过渡时期，背离了原意。需要说明：马克思在这里把共产主义社会划分为两个成熟程度不同的阶段，即“第一阶段”（或称低级阶段）与“高级阶段”。其“第一阶段”就是我们所讲的社会主义社会。其高级阶段就是我们现在所讲的共产主义社会。从理论逻辑上来解读，所谓从资本丰义社会过渡到共产主义社会，应是过渡到共产主义社会的第一阶段即社会主义社会，不应是把共产主义的第一阶段也作为过渡到共产主义社会的“过渡时期”。列宁在《国家与革命》一书中对此讲得很清楚。他说：“在共产主义社会的第一阶段（通常称为社会主义）。”又说，“社会主义同共产主义在科学上的差别是很明显的。通常所说的社会主义，马克思把它称作共产主义社会‘第一’阶段或低级阶段，既然生产资料已成为公有财产，那么‘共产主义’这个名词在这里也是可以用的，只要不忘记这还不是完全的共产主义。”[②] 在《共产主义运动中的“左派”幼稚病》一书中，列宁又讲：我们在俄国推翻资产阶级后的第三年，“还刚处在从资本主义向共产主义低级阶段过渡的最初阶段”。[③]显然，所谓“过渡时期”，就是过渡到共产主义社会的低级阶段或“第一阶段”，即社会主义社会的历史时期。毛泽东主席

① 本文原载《当代财经》2010 年第 3 期，是原题目为《误解错解马克思主义经济理论示例》一文中的第一部分。

②③ 《列宁选集》第 3 卷，人民出版社 1995 年版，第 196、199 ~ 200、154 页。

1953年提出党在过渡时期的总路线时，过渡的时限是“从中华人民共和国成立，到社会主义改造基本完成，这是一个过渡时期”，也就是过渡到社会主义社会。毛泽东于1958年1月提出的《工作方法六十条（草案）》中也明确讲的是“由资本主义到社会主义的过渡时期”。他又讲将来还有一个“由社会主义过渡到共产主义”的时期。毛泽东1959年12月10日到1960年2月9日读苏联《政治经济学教科书》下册“结束语”时，在批注中讲：马克思和恩格斯“他们创立了无产阶级革命的理论，论证了从资本主义到社会主义的过渡时期的经济必然性，指出这个时期是用革命手段把资本主义社会变为社会主义社会的特殊历史时代”。显然，将马克思讲的“过渡时期”依然解读为过渡到社会主义社会建立的历史时期。但是，在毛泽东读教科书的谈话中，又指出了对过渡时期存在不同理解的问题。他说：“过渡时期包括一些什么阶段，现在也有各种各样的说法。一种说法是，过渡时期包括从资本主义到社会主义，也包括从社会主义到共产主义；另一种说法是，过渡时期只包括从资本主义到社会主义，究竟怎样说法才对，要好好研究。”这里没有断然否定第一种说法，就为在后来一个时期内将“过渡时期”错解和宣传为过渡到共产主义高级阶段的“理论”埋下了伏笔。在20世纪60年代到70年代“左”的一套盛行的一个时期内，在我国的理论宣传中，硬说马克思和列宁认为过渡时期是过渡到共产主义社会“高级阶段”的历史时期，把整个社会主义社会定位为“过渡时期”，再把列宁所讲的过渡时期必然是阶级斗争空前残酷、空前尖锐的话加之于整个社会主义社会。以此为搞阶级斗争为纲提供理论依据，提出整个社会主义社会的主要矛盾是两个阶级、两条道路和两条路线的矛盾和斗争，从而忽视或模糊了发展生产力、实现共同富裕的社会主义根本任务与目的，给我国的社会主义事业带来重大损害。

第九篇

弄清马克思主义评价社会主义制度的标准问题

论社会主义生产力标准和价值标准的统一[①]

摘要：判断一种社会经济制度先进或落后，对社会主义以前的社会制度来说，主要运用生产力标准进行判断是可以的，而如果对新中国60多年来的发展和30多年来的改革所经历的得失成败和经验教训进行总结，应当按照马克思主义经典作家和邓小平的理论指导，把生产力标准与社会主义价值标准[②]统一起来进行分析。这需要决策者的自觉把握。我国经历了四种情况：一是将两个标准统一起来，社会主义经济与社会顺利发展。二是表面上重视生产力的发展，但违反生产力发展的规律搞“大跃进”；表面上重视社会主义和共产主义的价值取向，但违反生产关系的发展规律，刮“共产风”，造成生产力的损失和人民的灾祸。三是忽视生产力的发展，片面强调社会主义道路，“割资本主义尾巴”，结果是普遍贫穷的社会主义，既偏离了生产力标准，又扭曲了价值标准。四是重视和强调生产力标准，但忽视社会主义价值标准，结果会出现贫富分化，偏离消除两极分化，实现共同富裕的要求，甚至出现动摇和损害社会主义经济制度的情况。

评价一种社会经济制度先进或落后，评价一个政党或执政者的理论、方针与政策措施的是非得失，究竟以什么作为判断的标准？过去一般强调生产力标准，特别是针对“文革”时期，大批“唯生产力论”，忽视发展生产力的根本任务，搞“阶级斗争为纲”，搞贫穷的社会主义的理论与实践，强调

---

① 本文原载《经济学动态》2010年第10期。

② 社会主义价值标准，广义地来讲，就是什么是社会主义、如何建设社会主义的内容。是讲社会主义的价值取向、价值判断。应包括生产力标准、生产关系标准、上层建筑标准。由于我国多年来强调生产力标准，获得普遍认同。因而这里讲价值标准，主要是指生产关系标准。

提出生产力标准是具有针对性和现实性重要意义的。然而，面对新中国经过60多年来的发展所经历的成败得失，对其经验教训进行总结，应当考虑除强调生产力标准外，还应重视社会主义价值标准（主要是生产关系标准），应将生产力标准和价值标准统一起来。各个社会各个阶级都有自己的“价值标准”，我们所讲的价值标准，是马克思主义的价值标准，一般地说主要是指劳动者的社会地位和权利状况，有无阶级剥削与欺压或其轻重状况，劳动条件与生活状况，社会公平与正义状况，对劳动者的人文关怀和劳动者自身的发展状况等。在社会主义以前的社会制度中，生产力标准和马克思主义价值标准难以从整体上内在统一，因而重在从生产力标准评价，辅之以价值标准。只在某些具体方面，两者又可相互重合。

一、社会主义以前社会制度的评价主要是生产力标准

人类社会发展中的第一个社会制度是原始氏族制度，从价值标准看，没有富人与穷人的差别与分化，没有人对人的剥削与压迫，人们的关系是平等的、团结互助的。但这是生产力极端落后的结果。从生产力标准看，它是一种经济与社会发展十分缓慢的制度。恩格斯在《家庭、私有制和国家的起源》一书中描述了原始社会经历了漫长的蒙昧时代和野蛮时代，才逐渐走向文明时代。生产力越落后社会制度所经历的时间越长，原始社会经历了两三百万年的时期，奴隶社会和封建社会经历了几千年，资本主义社会经历了几百年，表明生产力的发展越来越快，因而从生产力标准看，每个取代旧社会制度的社会制度都起了促进生产力发展的作用，具有进步性。

由奴隶制度取代原始氏族制度，标志着从公有制走向私有制，由没有剥削与压迫的社会制度转向人类历史上最残酷、最野蛮的剥削与奴役制度。如果单从价值标准来判断，似乎是人类道义与社会制度的倒退，是应受到责难的社会经济制度。然而，如果从生产力标准来判断，由原始社会转向奴隶制社会是一种历史的必然和进步。因为随着生产力的发展和剩余产品的出现，既为私有制和剥削制度的产生提供了物质条件，也为社会分工提供了必要条件。当时的私有制和社会分工有利于生产力的发展，有利于文化、艺术、科学等的发展。恩格斯指出：痛骂奴隶制、发泄高尚的义愤，是最容易不过的事，但这并无意义。如果我们深入研究一下问题，“我们就不得不说——尽

管听起来是多么矛盾和离奇——在当时的情况下，采用奴隶制是一个巨大的进步”。[①] 从整个奴隶制度看，说它的产生是一种进步，主要是从生产力标准着眼的。如果从某个侧面来看，两个标准也有重合的方面。例如，在原始部落战争中，将战俘简单地杀掉，因为无剩余产品可供剥削。而现在可将战俘作为奴隶，不再杀掉，既保存了生产力，也比杀掉更人道一些。

随着生产力的发展，奴隶制度被封建制度所取代。封建制度比起奴隶制度来，更有利于生产力的发展。农奴或佃农有自己耕种的小块田地，具有独立的小规模经济，由劳役地租到实物地租，再到货币地租，都反映着生产力的发展和社会经济的进步。从价值标准看，依然存在着封建地主对农奴或农民的剥削与压迫，存在以人身依附关系为特点的超经济强制。但比起奴隶主与奴隶的关系来，人身依附关系的束缚宽松一些了。封建农民可以有自己的有限的独立的经济活动与经济生活了。

由封建制度转向资本主义制度，生产力获得更快的发展，马克思和恩格斯在《共产党宣言》中指出：资产阶级在它不到一百年的阶级统治中所创造的生产力，比过去一切时代所创造的全部生产力还要多，还要大。因此，比起封建制度来，资本主义制度是一种进步的社会经济制度；比起封建地主阶级来，资产阶级是个进步的阶级。当然，从价值标准来看，资本主义制度依然存在阶级剥削和阶级对立，存在贫富分化，存在劳动对资本的隶属。马克思在《资本论》中通过对资本主义社会生产力发展的不同阶段的分析，即由简单协作到分工的工场手工业，再到机器大工业，劳动对资本的隶属，怎样由形式的隶属发展为实际的隶属。资本主义社会的雇佣工人摆脱了人身依附关系和超经济强制，成为“自由”的人，可以“自由”地出卖自己的劳动力，他们由封建制度的“超经济强制”转向资本主义的“经济强制”。所谓“经济强制”，就是雇佣工人由于丧失了生产资料从而丧失了生活资料的来源，不得不出卖劳动力给资本家，为资本家创造剩余价值以维持自己的生活。顺便讲一下：不少学者的论著中，用“超经济剥削”概念取代马克思讲的“超经济强制”概念是不科学的，因为讲“剥削”，都是经济剥削，即通过经济关系和经济途径获取劳动者的剩余劳动或剩余产品或剩余价值。至于超经济的掠夺，超出了“剥削”的范畴。“超经济强制”是相对于“经

① 《马克思恩格斯选集》第3卷，人民出版社1995年版，第524页。

济强制”而言的。是指封建地主经济借助于人身依附关系的强制来支配和统治农奴或农民。而“经济强制”是资本家通过纯经济关系和途径来支配和剥削工人的。

适应生产力的发展，原始氏族制度被奴隶制度所取代，奴隶制度被封建制度所取代，封建制度又被资本主义制度所取代，新的社会经济制度取代旧的制度，都起到了解放生产力和发展生产力的作用。因此，从生产力标准判断，新的社会经济制度都是一种推动社会发展的进步的制度。但从马克思主义的价值标准判断，无论奴隶制、封建制还是资本主义制度，都是建立在私有制基础上的剥削制度，存在着贫富两极分化，存在着强凌弱、富欺贫、智诈愚、“朱门酒肉臭，路有冻死骨”的不公平、不合理的社会现象。因此，只要存在着私有剥削制度，生产力标准与马克思主义所要求的价值标准（劳动者是生产主人、具有自由平等地位等）就不可能从总体上内在地统一起来。但是，私有制和剥削方式也有进步与落后之分。奴隶制度与封建制度，都存在着劳动者对主人的人身依附关系，资本主义的雇佣劳动者，摆脱了人身依附关系。雇佣工人虽然也受剥削，但是如马克思所指出的，比起奴隶制度与封建制度来，资本主义剥削方式具有进步作用。“资本主义文明面之一是，它榨取剩余劳动的方式和条件，同以前的奴隶制、农奴制等形式相比，都更有利于生产力的发展，有利于社会关系的发展，有利于更高级的新形态的各种要素的创造。”①

由此可见，社会主义前的三种私有制度虽然都是剥削制度，但是鉴于有无人身依附关系和依附关系松紧的不同，剥削方式的不同，劳动者的主动性与积极性，从而对生产力推动作用会有不同。因而从发展的角度看，生产力标准与价值标准在这方面又有局部的统一性。

二、对社会主义制度的评价应是生产力标准与社会主义价值标准的统一

与以往的社会经济制度不同，社会主义制度能够也应当将两条标准从总体上内在地统一起来。社会主义既重视生产力标准也重视自己特有的价值标

① 《马克思恩格斯全集》第25卷，人民出版社1995年版，第925～926页。

准，首先是生产关系标准。社会主义的得失成败，既要用生产力标准去判断，又要以价值标准去判断。社会主义制度最根本的要求就是快速发展生产力和实现共同富裕。而共同富裕体现了消灭剥削和消除两极分化，体现了社会主义公平。马列主义的创始人一再强调这两条标准的统一性，他们从来没有只强调生产力标准而忽视社会主义价值标准，特别是生产关系标准。马克思说：在未来的新社会制度中，“社会生产力的发展将如此迅速，……生产将以所有人的富裕为目的”。① 列宁既强调社会主义要创造出比资本主义更高的劳动生产率，又指出通过发展生产力“使所有的劳动者过最美好最幸福的生活”。② 邓小平同志的社会主义观与此相同。他讲社会主义的本质：“解放生产力，发展生产力”，这是讲生产力标准；“消灭剥削，消除两极分化，最终达到共同富裕”，这是讲社会主义价值标准。两者是互为条件、互相促进的。只有通过改革与建设，大力发展生产力，才能为消灭剥削、消除两极分化，实现共同富裕，提供物质前提。只有随着生产力的高度发展，物质文化财富充分涌流，共同富裕才能完全实现。在社会主义制度下，遵守和运用生产力标准与价值标准，要以生产资料公有制和按劳分配制度的存在为前提和保证。在私有制的基础上，也可以有生产力的发展，但不可能实现消灭剥削，消除两极分化，达到共同富裕的目的。因此，邓小平同志将公有制和按劳分配作为社会主义的根本原则。马克思主义之所以强调公有制是社会主义经济制度的基础，我国在现阶段强调公有制为主体，就是因为公有制可以消除资本主义私有制的内在矛盾，从而消除资本主义周期性的经济危机，为生产力的解放和发展开辟更广阔的空间。社会主义公有制的社会化大生产，更超越于分散的、狭小的个体小生产。另一方面，公有制与按劳分配，又体现了社会主义的公平。在公有制的生产资料面前，人人是平等的。按劳分配将各个人的劳动成果与其收入直接挂钩，是社会主义的公平分配。这又体现了社会主义的价值标准。

邓小平同志提出的判断改革开放和一切工作是非得失的三条“是否有利于”的标准，同样是生产力标准与价值标准的统一。第一条“是否有利于发展社会主义社会的生产力”，是生产力标准；第二条“是否有利于提高

---

① 《马克思恩格斯全集》第46卷（下），人民出版社1980年版，第220页。

② 《列宁选集》第3卷，人民出版社1995年版，第222页。

人民的生活水平”，是价值标准；第三条“是否有利于增强社会主义国家的综合国力”，是两条标准的综合体现。综合国力的增强，是生产力发展的结果与表现。而国家的强盛与复兴，与全体国民的切身利益相关，也是国人爱国主义情怀所系的价值观念。

社会主义制度中生产力标准与价值标准的内在统一，并不会自动实现，需要有正确的马克思主义的理论指导和相关的方针政策，才能有效实现。毛泽东同志在革命与建设的长时期中，既重视发展生产力，又重视改善人民生活、关心群众的切身利益。在《论联合政府》中明确指出：“中国一切政党的政策及其实践的好坏、大小，归根到底，看它对中国人民的生产力的发展是否有帮助及其帮助之大小，看它是束缚生产力的，还是解放生产力的。”这里强调了生产力标准。中国共产党所从事的革命与建设，就是在进行解放生产力和发展生产力的工作。发展生产力的目的在于强国富民。因而共产党强调发展生产力，坚持生产力标准，又是与价值标准相联系的。例如，在我国新民主主义革命与建设中，要消灭封建主义经济和官僚资本经济，因为它们不适合生产力的发展，但不消灭民族资本主义，要保护工商业，因为它在新中国依然具有发展生产力的空间。而它的发展有利于增加就业和社会财富，有利于社会和人民。又如，进行土地改革，消灭封建制度，既解放了生产力，也解放了受剥削与压迫的广大受苦农民。毛泽东要求全心全意为人民服务，他在《关心群众生活、注意工作方法》一文中告诫我们：“广大群众的切身利益问题，群众的生活问题，就一点也不能疏忽。”要“解决群众的穿衣问题、吃饭问题、住房问题、柴米油盐问题、疾病卫生问题、婚姻问题”。

新中国成立后的前30年和改革开放以来的后30多年，怎样正确认识和处理好社会主义的生产力标准与价值标准的统一，还是一个值得重视和研究的理论与实际问题。总的说来，60年来，我国的生产力有了很大的发展，经济增长速度居于世界前列，人民的物质文化生活水平也有了很大提高。特别是改革开放30多年来，获得了举世瞩目的巨大成就。但在正确对待和处理生产力标准和社会主义价值标准问题上，还存在需要认真研究和改进的地方。1957年前，“左”的东西还没有成为气候，一般能够正确对待和实践两个标准，经济发展和人民生活水平的提高较快，第一个五年计划完成的较好。1958年搞“大跃进”、“超英赶美”、人民公社化、刮“共产风”，其出发点本是想加快生产力的发展和早点进入美好的共产主义社会。但由于违反了生产力和生产关系发展的规律，主观与客观脱节，造成生产力的巨大损失，也造成全国人民三年经济生活的严重困难。既偏离了生产力标准，也偏离了社会主义价值标准，以后又转而搞阶级斗争为纲。特别在“文化大革命”中，批判“唯生产力论”，生产力标准被忽视乃至被否定了。实际上在“四人帮”的“左”祸下，社会主义的价值标准也被扭曲了：“宁要贫穷的社会主义，不要富裕的资本主义”，搞得是普遍贫穷的社会主义。然而，贫穷不是社会主义。改革开放以来，放弃了“阶级斗争为纲”，扭转了“左”的一套。邓小平提出“社会主义的根本任务是发展生产力”，又提出了将两个标准统一的社会主义本质的规定，强调实现共同富裕的根本目的。在改革开放的前一阶段，农民与工人及其他劳动者都是改革的受益者。然而随着改革的进一步发展，两条标准的天秤日益向生产力标准倾斜，社会主义的价值标准在不同程度上被疏离了，出现了收入分配不公平，收入差距过大、贫富分化的发展趋势。另外，官商勾结、官煤勾结、以权谋私、腐败丛生、诚信缺失、资本侵蚀劳动权益，黑砖窑、黑煤窑的奴隶式劳作多次曝光，富豪炫阔，黑恶势力肆虐的社会现象，成为完全与社会主义价值标准相背离的东西。不言而喻，这类负面现象属于改革开放巨大成就主流中的污浊支流。从总体上说，人民的生活水平显著提高了，达到了小康水平，正向更高一层的全面小康迈进。而且，邪不压正，非法行为正受到法律的遏制与打击。近年来，中央一再强调加快转变经济发展方式。转变的途径与结果，可以概括地说，就是要把经济社会又好又快地发展与人的全面发展统一起来；将经济社会的发展与社会主义的完善与发展统一起来，也就是将生产力标准与社会主义价值标准统一起来。转变经济发展方式，是要实现科学发展。而科学发展是以人为本，统筹兼顾，全面协调可持续发展，同样体现了生产力标准与价值标准的统一。社会主义的改革，是社会主义的自我完善与发展，要把促进生产力的发展与促进社会主义的完善与发展统一起来。从中外社会主义发展的经验与教训中，可以领悟到三种非科学的发展。第一种发展情况是：从表面形式上看是重视生产力和社会主义生产关系的发展，但实际上是违反生产力发展的规律搞“一天等于二十年”的“大跃进”式的发展，违反生产关系要适应生产力发展的规律，搞“跑步进入共产主义”。第二种发展情况是：忽视生产力标准，不重视生产力的发展，离开经济社会的快速发展，只强调坚持社会主义，坚持公有制和按劳分配，到处“割资本主义尾巴”，宣传“堵不住资本主义的路，迈不开社会主义的步”，其实堵的是发展商品经济、发展社会生产力的路。其结果只能是普遍贫穷的社会主义。可见，偏离生产力标准，社会主义的价值标准也会被扭曲与偏离。第三种发展情况是：重视生产力标准，重视经济快速发展，但忽视社会主义的价值标准，从而忽视以人为本和人的发展，忽视社会主义的自我完善与发展，忽视社会主义国有经济的主导作用和公有制经济主体地位的作用，重私轻公、重资轻劳、以私害公，公有制经济失去主体地位，贫富分化严重。其结果必然会出现与社会主义本质与原则相背离的种种社会矛盾与问题。目前，党中央正着力于解决这类问题。要求加快转变发展方式，遵循和实现科学发展，强调以人为本，强调社会主义的公平与正义，着手改革分配制度与税收制度，关心弱势群体利益，提高低收入者的收入水平，重视和解决三农问题与民工权益问题，扭转重资本轻劳动的格局，提出让劳动者体面劳动，给予人文关怀。强调权为民所用，情为民所系，利为民所谋，改革与发展的成果惠及广大人民。所有这一切，实质上是要求将生产力标准与社会主义的价值标准统一起来。只有将这两条标准自觉地内在地统一起来，社会主义才能顺利发展，中国特色社会主义才能立于不败之地。

目前需要重视的一个问题，也是看来有待认真提上议事日程予以考虑和解决的问题，是怎样处理好国有经济为主导，公有制经济为主体，多种所有制经济共同发展的关系问题。它涉及我国社会主义经济制度的安全和我国现阶段基本经济制度的维护问题。改革开放以来，调整所有制结构，鼓励、支持和引导非公有制经济发展，改变过去搞“一大二公”的单一的公有制经济，是符合我国国情的正确决策。非公有制经济的发展，打破公有制一统天下的局面，必然会导致公有制经济所占比重趋于下降，但公有制为主体是社会主义的一项根本原则，邓小平和党中央一再强调这一原则，公私经济的比例消长应有一个度的界限，即不能颠倒为私有制经济为主体。如果公有制经济失去主体地位，社会主义经济制度和现阶段的基本经济制度也就随之蜕变了。与此相关的社会主义所要求的消灭剥削、消除两极分化，逐步实现共同富裕和公平正义的价值取向，也就化为泡影。因此，在大力发展生产力、发展经济社会的同时，把坚持社会主义经济制度，坚持国有经济为主导，公有制经济为主体，作为根本性的统领全局的价值标准，是发展与改革的方向性问题。中央强调，坚持现阶段的基本经济制度，既不搞单一的公有制，又不搞私有化。但应清楚地看到：不搞单一的公有制，毫不动摇地鼓励、支持和引导非公有制经济的发展已成为现实，无论理论和实践已不存在搞单一的公有制经济问题。而不搞私有化，坚持和毫不动摇地坚持和发展国有经济为主导、公有制为主体，并未成为现实。偏离邓小平理论和中央改革与发展指导思想的私有化思潮，一直在流行和发展着，并影响到经济社会实践。这个问题应引起社会决策和舆论部门的切实关注。

再论社会主义生产力标准与价值标准的统一①

——评析汪海波先生同我的争论

摘要： 本文对汪海波先生同我的有关理论争论做了回答和评析，认为他错将生产力标准问题同生产力决定生产关系问题混淆为同一回事；他反对在生产力标准外提出评价社会经济制度的价值标准（主要是生产关系标准），断言这是生产关系决定生产关系和上层建筑决定生产关系的二元论和三元论，是唯心主义。这是文不对题和理论逻辑缺失的无理批评；怎样总结和评价我国社会主义制度发展60多年来的得失成败的经验教训？不赞同汪先生断言只要坚持生产力决定生产关系的“一元论”就够了的观点，不赞同他宣扬的“唯生产力标准论”和“唯生产力论”。主张应从生产力标准和社会主义价值标准的统一中去评价我国社会主义的得失成败。

拜读了汪海波先生发表于《经济学动态》2011年第6期的《必须坚持“生产力标准”》（以下简称《标准》）一文，该文针对我发表于《经济学动态》2010年第10期的论文《论社会主义生产力标准与价值的统一》的观点进行争论，然而，认真拜读后，深感该文的批评意见没有一条能够成立，是文不对题的无理指责，全文存在不少理论是非问题需要澄清。

一、坚持“生产力标准”同坚持“生产力决定生产关系”是同一回事么？

《标准》一文大段大段地引证马克思主义经典作家的原文来转述关于

① 本文原载于《经济学动态》2011年第7期。

生产力决定生产关系的历史唯物主义原理。如果撇开引证邓小平理论和中央文件中的论述不计，光引证马、恩、列的文字就达2000多字。有的同一段引文连着重复引用。这些引文都是理论界众所周知的道理，用来解决同我争论的问题，根本文不对题。《标准》一文把生产力决定作用的原理称作“唯生产力论”。断言“唯生产力论”就是“唯生产力标准论”。因而判断和评价一个社会经济制度包括社会主义制度先进或落后，只有生产力标准，不能再有价值标准（特别是生产关系标准），否则就是生产关系决定生产关系的二元论和上层建筑决定论的三元论。该文无中生有地指责我的观点“实际是认为社会意识形态也是决定社会经济制度的”。批评我在生产力标准外提出“价值标准”，是“生产关系决定生产关系……自己决定自己的悖论”，是“意识形态决定经济基础的历史唯心主义的基本框架”。

汪海波先生强加于我的一系列罪名，是出于他对其大幅引证马列主义原著中的有关观点缺乏正确理解，又把生产力决定生产关系的原理同运用生产力标准进行判断的原理混淆为同一回事的结果。

马克思所讲的生产力决定生产关系，生产关系总和构成上层建筑和与之相适应的意识形态的基础。人们的社会存在决定人们的意识，当生产关系由生产力发展的形式变成生产力的桎梏时，社会革命的时代就到来，经济基础和上层建筑就会发生变革。这是人类社会发展和社会形态变革的历史唯物主义原理。它阐明了社会历史发展的客观规律。而我们现在所讲的“生产力标准”和“价值标准”，是另外一个问题。虽然也遵循历史唯物主义观点，但它不是重复和基于生产力决定生产关系、经济基础决定上层建筑的原理，不是从人类社会发展和社会形态更替的客观规律着眼的。就拿生产力标准来说，它是指马克思主义者评价某一社会制度先进或落后、某一政党或政府所实施的方针政策的是非得失的判断标准。之所以用发展生产力中的作用作为评价或判断标准，是因为生产力是一种革命的进步的力量，不管什么社会经济制度或什么政党领导，只要推动生产力的发展，就是一种进步。举例说：当西方资本主义制度取代封建制度后的一个时期中，它促进了生产力的更快发展，因而这时的资本主义社会制度是先进的制度，资产阶级是进步的，革命的阶级。《共产党宣言》中指出：“资产阶级在历史上起过非常革命的作用。”“资产阶级在它不到一百年的阶级统治中所创造的生产力比过去一切时代创造的全部生产力还要多，还要大。”用生产力标准衡量资本主义曾起过的进步作用，不是重复生产力决定生产关系、经济基础决定上层建筑的原理。马恩评价资本主义和资产阶级曾经起过的进步和革命的作用，是从资本主义怎样推动生产力的发展状况着眼的。请看《共产党宣言》中的具体描述："自然力的应用，轮船的行驶，铁路的通行，电报的使用，整个整个大陆的开垦，河川的通航，……过去哪一个世纪料想到在社会劳动里蕴藏有这样的生产力呢?"马恩在这里是用生产力标准评价资本主义制度在促进生产力发展中的作用，与生产力决定资本主义生产关系是两回事，是讲资本主义生产关系推动生产力的逆向作用。比如，旧中国的半封建半殖民地的制度，阻碍着生产力的发展，用生产力标准评价，它是个落后的社会经济制度。这不能用生产力决定生产关系的原理来说明和判断。同样，用生产力标准评价共产党取代国民党的统治后，推动了生产力的快速发展，因此，它是一个进步的、革命的政党。这与生产力决定生产关系的原理也是不同的两回事。

《共产党宣言》也评价了资本主义生产关系。而评价生产关系，不是也不能用生产力标准，而是运用价值标准，即从社会价值取向的角度去判断。《共产党宣言》既说明了资本主义生产关系"把一切封建的、宗法的和田园诗般的关系都破坏了"。又指出了资本主义生产关系是"露骨的剥削制度"。"它使人和人之间除了赤裸裸的利害关系，除了冷酷无情的'现金交易'，就再也没有任何联系了。……它把人的尊严变成了交换价值，用一切没有良心的贸易自由代替了无数特许的自力挣得的自由。总而言之，它用公开的、无耻的、直接的、露骨的剥削代替了由宗教幻想和政治幻想掩盖的剥削"。这是马恩对资本主义生产关系的价值判断与评价。

资本主义制度的产生、发展、成熟、衰亡，都是社会历史发展的必然过程。可以用生产力决定生产关系的历史唯物主义去说明。然而，怎样评价资本主义制度在不同发展阶段的先进或落后，则需要用生产力标准去判断。"生产力标准"不是用以说明生产力决定生产关系问题，而是评价某种社会制度、某个阶级、某个政党乃至某种方针政策，在生产力发展问题上的是非功过；看它是促进生产力发展的还是阻碍生产力发展的；评价它在发展生产力问题上的作用大小。《共产党宣言》既肯定了资本主义和资产阶级在其上升时期的进步性和革命性，又阐明了当它不能促进生产力的发展、周期性的经济危机频发、资本主义关系成为生产力发展的障碍时，它就会成为落后的将被新的社会制度所取代的旧制度。

同样，在《资本论》中，马克思论述了资本主义生产力发展的不同阶段。他在序言中特别指出，他“把经济的社会形态的发展理解为一种自然史的过程”，即资本主义社会形态的发展是一个客观的历史必然过程，因而不能要任何个人对资本主义关系负责。“我的观点是更不能要个人对这些关系负责的”。即不要资本主义社会的资本家和地主个人对资本主义剥削关系负责。但《资本论》在论述资本主义在促进生产力和商品经济发展的同时，也指出随着资本主义由简单协作到分工的工场手工业，再到机器大工业的发展，劳动对资本的隶属关系怎样由形式的隶属转化为实际的隶属。特别在第八章中，用大量事实材料描述了资本家对工人的残酷剥削，工人的劳动条件、居住条件、生活条件的极端恶劣。对资本主义劳资关系的这种评价，不能用生产力标准来判断，只能用价值标准来判断。

不言而喻，当代资本主义经济制度与马恩 150 多年前所看到的资本主义相比，有了新的特点。因而对当代资本主义先进与落后的评价，无论是用生产力标准还是用价值标准，都应反映其新的特点。

汪海波先生引用恩格斯在《反杜林论》中的论述，得出结论说：“奴隶制度的产生是由当时社会生产力决定的，因而评价这种制度的标准只能是社会生产力。”他认为，生产力的决定作用，就是生产力标准，生产力是惟一的决定者，所以只能有惟一的生产力标准，不能有其他标准。然而，恩格斯评价奴隶制的进步作用时，并不是从生产力决定生产关系着眼的。更不是认为奴隶主对奴隶的残酷剥削与奴役本身是一种“进步”。“进步”表现在哪里？请看恩格斯的说明：“只有奴隶制才使农业和工业之间的更大规模的分工成为可能，从而使古代世界繁荣，使希腊文化成为可能。”希腊的艺术和科学，正是在奴隶制分工的基础上发展起来的。由于奴隶制社会的分工，使生产力提高、交往扩大、科学和艺术创立、国家与法制发展、管理工作和商业经营发展，等等。恩格斯甚至讲：在这个意义上讲，“没有古代的奴隶制，就没有现代社会主义”。[①] 这是从奴隶制的分工促进生产力和科学文化的发展以及更远的未来的社会变革与进步的角度评价奴隶制的“进步”的。也就是从生产力标准看，奴隶制取代原始氏族制度是一种进步。如果从奴隶主对奴隶的残酷剥削与奴役的生产关系看，恩格斯讲它是“可耻的现象”，

---

① 《马克思恩格斯选集》第 3 卷，人民出版社 1995 年版，第 524 ~ 525 页。

是采取了“野蛮的、几乎是野兽般的手段”。[①] 这可以说明，从生产力标准评价奴隶制取代原始氏族制，是一种历史进步。但从价值标准评价奴隶制的剥削与奴役关系，则是“可耻的”和“野蛮的”。

我们讲“生产力标准”或“价值标准”概念，都是从马列主义经典作家和邓小平的有关论述抽象出来的，是一种理论概括。汪海波先生竭力反对我的“价值标准”的概括和运用。他在其《标准》一文中批评我“无根据地在‘价值标准’前面冠以‘马克思主义’至少是不严肃的”。又说，“笔者经过对马克思的有关文献的考察，并未发现马克思主义经典作家在这方面有‘价值标准’的提法，更没有发现有关‘价值标准’具体内容的分析，……无论是党的十六大还是党的十七大，都没有过‘价值标准’的提法”。该文还引证了党的十六大和十七大的与争论问题无关的提法。我想就这种无理指责回答汪先生：第一，请问，在马、恩、列著作中有没有“生产力标准”的提法？我没有见到。如果汪先生查到，请指出来。如果“生产力标准”是后人（马克思主义者）根据马、恩、列的有关论述概括出来的概念，那么为什么不可以同样根据他们的有关论述概括出“价值标准”一词呢？当然，如果能找到与“价值标准”内涵相同的更好的另外范畴进行概括，正是我所企求的。第二，按汪海波先生的观点，凡是马克思主义经典作家没有用过的概念，中央文件没有讲过的话，我们都不应用和不能讲。按汪先生的这一规定，那还有什么理论的发展与创新呢？只要像汪先生那样大篇幅引证和转述经典作家的观点就够了。汪先生又说在价值标准前面冠以“马克思主义”至少是不严谨的。然而，我讲的生产力标准和价值标准都是从马克思主义包括邓小平理论中的有关论述抽象和概括出来的。我自己没有这样的理论水平，能创造出“生产力标准”和“价值标准”的理论来。汪先生不承认马克思主义所运用的价值标准，是因为他错误地坚持“唯生产力论”和“唯生产力标准论”。他大量引证与争论无关的经典作家关于生产力决定生产关系的言论，却无视马、恩、列、邓对各种社会制度特别是社会主义制度从价值标准角度的评价。不是没有，是他无视和不承认罢了。第三，《标准》一文充满了“唯生产力论”一词的运用。按照汪先生的规定来提出问题：马、恩、列与毛泽东、邓小平和中央文件都没有用过“唯生产力论”

---

① 《马克思恩格斯选集》第3卷，人民出版社1995年版，第524页。

概念，汪先生为什么要特意运用这一概念呢？“四人帮”将重视生产力的发展，批判和诬之为“唯生产力论”，汪先生就认同“唯生产力论”。即使撇开宣传“唯生产力论”的理论是非不说，它至少会导致“唯 GDP 论”。因为目前生产力的发展速度和水平，一般是以 GDP 总量和人均 GDP 来衡量的。其实，马列主义是否定和批判“唯生产力论”的。“唯生产力论”是“庸俗生产力论”。列宁批判过，斯大林批判过，邓小平批判过。汪海波竟对此浑然不知，还在大肆宣传。请看邓小平的评论：“马列主义没有‘唯生产力论’这个词，这个词不科学。列宁在批判考茨基的庸俗生产力论时讲，落后的国家也可以搞社会主义革命，我们也是反对庸俗生产力论”。[①]

二、提出价值判断标准，就是“二元论”、“三元论”，是“唯心主义”么？

我在发表于《经济学动态》2010 年第 10 期的论文中提出：评价一种社会经济制度先进或落后，评价一个政党或执政者的理论、方针与政策措施的是非得失，究竟以什么作为判断标准？面对新中国 60 多年的发展所经历成败得失，对其经验教训进行总结，应当考虑除强调生产力标准外，还应强调“价值标准”。并指出：各个社会各个阶级都有自己的“价值标准”。我们所讲的价值标准，是马克思主义的价值标准，一般地说主要是指劳动者的社会地位和权利状况，有无阶级剥削和欺压或其轻重状况，社会公平与正义状况，对劳动者的人文关怀和劳动者自身的发展状况等。我这里讲的是对一切社会制度和执政者的一般判断标准。如果单讲对社会主义制度和方针政策是非得失的评价，还应有社会主义特有的价值标准，我们在后面会提到。

汪海波先生对我这里提出的价值标准的内涵提出了不中腠理的批评。他说：“社会生产力是决定社会生产关系唯一的无可代替的根本因素”，即“一元论”，“从而只有一种评价标准”即生产力标准。他断言我在生产力标准外又提出“这个价值标准，可以从总体上把价值标准理解为意识形态，……那么衡量社会经济制度先进或落后竟有两重标准。二是就该文提出的价值标准的内容来看，实际上包含了两方面：一是包括经济基础方面，……二

---

① 《邓小平年谱》（上），中央文献出版社 2004 年版，第 222 ~ 223 页。

是包括上层建筑方面。如该文提到的‘社会公平与正义状况’……那么评价社会经济制度先进与落后的就有生产力、生产关系和作为上层建筑重要内容的意识形态这样三重标准。需要着重指出，二重标准是以二重决定因素为前提的。前者可以称之为二元论，后者为三元论。……无论二元论或者三元论，都完全违反生产力决定生产关系，经济基础决定上层建筑这一历史唯物主义的基本原理”。汪先生由此推论出，我提出来价值标准，就是主张除生产力决定生产关系外，又提出“生产关系决定生产关系”的二元论和意识形态“决定社会经济制度”的三元论。汪海波先生的这种理论逻辑的推断，即从我讲的价值标准中推断出我主张生产关系和上层建筑决定生产关系的“二元论”和“三元论”的“唯心主义”观点，是汪先生正常的理论逻辑缺失的表现。价值标准是马克思主义者从社会价值取向上判断和评价一种社会经济制度或政党行为是非得失的标准，不是讲生产关系或经济制度的决定因素。比如，我们可以评价某一政府决策的是非功过，不能批评说这是主张政府决策决定经济制度论，是上层建筑决定论。汪先生硬要将其混淆为同一回事，是他自己的见解，与马克思主义的历史唯物主义无关。举例来说：邓小平 1992 年在南方讲话中提出，“判断的标准，应该主要看是否有利于发展社会主义社会的生产力，是否有利于增强社会主义国家的综合国力，是否有利于提高人民的生活水平”。这是判断改革开放和一切工作是非得失的三条标准。显然，这三条判断或评价标准，与生产力决定生产关系的“一元论”无关。决不能按汪先生的逻辑得出邓小平是主张综合国力和生活水平也是决定生产关系的“二元论”和“三元论”。其实，邓小平所讲的第一条判断标准就是生产力标准。但它并不是用以说明或复述生产力决定生产关系的原理。而是用以说明，我们的一切工作措施只要有利于社会主义社会的生产力发展就是正确的；反之，不利于生产力的发展就是错误的。至于后面两条标准，显然不能包括在生产力标准内。“是否有利于提高人民的生活水平”，就是一种社会价值取向的判断，可称之为价值标准。第二条标准“是否有利于增强社会主义国家的综合国力”是国人爱国主义情怀追求的目标，也可以说是一种价值标准的判断。又可以说是生产力标准与价值标准的综合判断。

针对汪先生的发难，还需要澄清一些理论是非。

第一，汪先生说，我提出的价值标准的内涵中有“社会公平与正义状况”，这是“意识形态标准”，是意识形态决定论。其实，重视公平与正义，如果只是一种思想观点和理论见解，可以说是一种意识形态。但我国强调公平正义，是要落实到经济社会关系中。如分配公平、为弱势群体和权益受损的劳动者主持正义、讨回公道，就不是上层建筑，而是经济社会关系。即使作为理论思想，强调社会主义应坚持公平正义，也是社会主义必要的意识形态。胡锦涛同志在党的十七大报告中指出：“实现社会公平正义是中国共产党人的一贯主张，是发展中国特色社会主义的本质要求。”因此，判断和评价中国社会主义的发展和完善程度，应将公平与正义作为“本质要求”。这显然既与生产力决定生产关系的原理无关，也不能用生产力标准去评价和说明，更不能由此将其指责为是用公平正义等上层建筑决定生产关系或经济制度。事实上，是属于社会主义价值取向的价值判断标准。

第二，我的论文中本来没有提到对意识形态的评价问题。但汪海波先生无中生有地批评我是用“意识形态来评价社会经济制度”，他说，用“意识形态来评价社会经济制度，从来都是历史唯心主义”。并说，这“正是马克思主义经典作家反复批判过的错误观点”。看来，汪先生是主张社会主义制度去意识形态标准的。然而，中央一再强调社会主义制度不能搞意识形态指导多元化。如果说任由反马克思主义、反科学社会主义、宣扬私有化和西化的意识形态泛滥，社会主义是搞不好的，是会被“和平演变”的。苏联解体的教训应当记取，马克思主义经典作家固然主张生产力决定生产关系，而不是由意识形态来决定。但并没有反对评价社会经济制度时也要涉及意识形态。“评价”与“决定”是两回事。汪先生认为，评价社会经济制度涉及意识形态，就是主张“意识形态决定经济基础”。他依然是把“评价”和“决定”两个不同的问题混淆为一了。

第三，由于汪先生将生产力决定生产关系混同于生产力标准，他断言：“由于生产力是决定社会主义生产关系的唯一的根本因素，因而社会主义经济制度必须‘解放生产力，发展生产力’。”然而，汪先生应知道，我国改革开放前，大批“唯生产力论”，搞阶级斗争为纲，“不为错误路线生产”，恰恰成为生产力发展的障碍。“左”的一套理论与实践，恰恰是阻碍生产力发展的。邓小平提出社会主义的根本任务是发展生产力，社会主义还要“解放生产力”，并不是基于生产力决定生产关系的一元论，在很大程度上是针对过去“左”的一套和僵化的经济体制不利于生产力的发展提出的。

是从社会主义的根本任务和本质要求提出的。

第四，我提出“评价一种社会经济制度先进或落后，评价一个政党或执政者的理论、方针与政策措施的是非得失，究竟以什么作为判断标准呢?”汪海波先生对这段话也提出了非难。他说：“‘社会经济制度’，是指生产关系。而生产关系是一个不以人们意志为转移的客观存在，属于经济基础的范畴。但该文提到的‘政党或执政者的理论、方针与政策措施’涉及经济、政治、文化和社会等方面，是人们主观意志的产物，是属于意识形态的范畴。即使这些理论、方针与政策措施都是正确的，那也只能说明其内容是客观的，其形式仍然是主观的，是属于意识形态范畴。”敝人不知读者能否看懂汪先生这段话究竟是想说明什么。这段话存在理论思维和逻辑的混乱，他一再转述经典作家关于生产力决定生产关系、经济基础决定上层建筑的客观必然性和历史唯物主义的原理，这里居然反其道而行之，断言“经济、政治、文化和社会等方面，是人们主观意志的产物”，这不是地道的历史唯心主义观点么？他竟把“经济和社会”等方面，都看作“属于意识形态的范畴”。问题还在于，他据此反对提出评价一个政党或执政者的理论、方针与政策措施的是非得失的判断标准，因为他把这看作是意识形态问题，违反历史唯物主义。然而，我提出评价一个政党或执政者的是非功过标准，是以毛泽东和邓小平的理论为依据的。毛泽东在《论联合政府》中明确提出：“中国一切政党的政策及其实践的好坏、大小，归根到底，看它对中国人民的生产力的发展是否有帮助及其帮助的大小，看它是束缚生产力的，还是解放生产力的。”这是判断一切政党政策、实践好坏与大小的生产力标准。再看邓小平讲的有关判断标准。1980 年 5 月 5 日邓小平在会见几内亚总统杜尔时说：“社会主义经济政策对不对，归根到底要看生产力是否发展，人民收入是否增加，这是压倒一切的标准。”“看生产力是否发展”，这是生产力标准；看“人民收入是否增加”，这是价值标准。1983 年 1 月 12 日，邓小平在一个谈话中又说：“各项工作……都要以是否有助于人们的富裕幸福，是否有助于国家的兴旺发达，作为衡量对或不对的标准。”这里是对“经济改革”和“各项工作”对不对的判断标准，更多的是价值标准。决不能将其指责为“意识形态决定”论。

由此可见，马克思主义不但需要提出判断和评价一切社会经济制度的标准，而且也需要提出判断和评价一切政党行为的标准和社会主义“经济政策”及其“各项工作”对不对的标准。汪先生把判断和评价政党和政府的政策和一切工作的标准，一律看作上层建筑，又说上层建筑不能决定经济基础。因此反对提出评价政党和决策部门的政策和一切工作的判断标准。然而，既不能把这种评价标准，一律错解为上层建筑，更扯不上什么上层建筑决定经济基础问题。汪先生实际上是用他对马克思主义（包括毛泽东和邓小平的理论观点）有关理论的混淆与错解，来指责毛泽东和邓小平的正确理论观点的。

三、社会主义应当也能够将生产力标准与社会主义价值标准统一起来

在我国新民主主义和社会主义革命与建设中，运用生产力决定生产关系、生产关系要适合生产力状况的历史唯物主义原理，可以得出以下认识：第一，旧中国是半殖民地半封建主义社会。帝国主义的侵略与掠夺、封建主义与官僚资本的剥削与压迫，阻碍着我国生产力的发展，需要进行革命，推翻旧的社会经济制度，建立新的适合生产力发展的社会经济制度。旧的资产阶级民主革命没有能力建立由民族资产阶级领导的资本主义社会经济制度。根据我国生产力落后的国情，由共产党领导的新民主主义革命要首先建立新民主主义制度，条件成熟时再进行社会主义革命与建设。新民主主义制度和社会主义制度都起了解放和发展生产力的作用。第二，在社会主义改造运动中，急于消灭一切私有制经济、建立单一的公有制经济；1958 年又搞“共产主义是天堂、人民公社是桥梁”的人民公社化运动，大刮“共产风”，都是脱离我国生产力落后的国情、办了超越阶段的事情，反而不利于生产力的发展。第三，“文化大革命”十年中，“左”的一套膨胀，搞“阶级斗争为纲”，忽视生产力发展。“左”的理论与政策是错误的，成为生产力发展的不利因素，也损害了我国社会主义经济制度的健康发展。第四，党的十一届三中全会以来，从我国生产力落后的实际出发，提出社会主义初级阶段理论，实行公有制为主体，多种所有制经济共同发展，改革不利于生产力发展的制度与体制，全方位对外开放，促进了生产力的快速发展。

这是问题的一方面。问题的另一方面，是马克思主义经典作家一贯强调社会主义要大力发展生产力，主要是从社会主义本质要求考虑的。与生产力

决定生产关系是不同层面的问题。社会主义制度的优越性，要首先表现为其生产力的发展比资本主义制度更好更快。长期以来，对社会主义的认识，确实存在不同程度的片面性。正如邓小平指出的：什么是社会主义？怎样建设社会主义？在思想认识上并没有完全搞清楚。什么是社会主义？过去人们会这样回答：社会主义是实行公有制、按劳分配、计划调节的制度。但如果现在提出问题：我国为什么要实行公有制或公有制为主体？为什么要实行按劳分配或按劳分配为主体？一般会看到这样的回答：因为我国是社会主义国家，必须实行公有制为基础或为主体；实行按劳分配是因为它是社会主义分配原则。然而，并没有说明为什么社会主义一定要实行公有制和按劳分配。这里涉及为什么要搞社会主义、社会主义是干什么的问题。人们容易只重视从公有制和按劳分配等生产关系说明社会主义的特点，不把快速发展生产力作为社会主义的特点或本质规定。或是只从生产力决定生产关系的角度，说明发展生产力在发展和巩固社会主义生产关系中的作用，而忽视实行公有制和按劳分配对实现社会主义本质要求和目的的作用。这正是邓小平讲的什么是社会主义，怎样建设社会主义还没有搞清楚的重要原因。

实行公有制、按劳分配等生产关系，是服从于实现社会主义的本质要求和目的的。也就是邓小平提出的社会主义本质是解放生产力，发展生产力，消灭剥削，消除两极分化，最终达到共同富裕。公有制和和按劳分配等是实现社会主义本质的载体或必需条件。我国消灭了封建主义私有制和官僚资本私有制，实行公有制，起了解放和发展生产力的作用。按劳分配、多劳多得、奖勤罚懒、奖优罚劣，有利于调动劳动积极性和创造性，同样可促进生产力的发展。

社会主义快速发展生产力，可以推进物质文明和精神文明建设，推动社会历史进步。更重要的是：它为消灭剥削、消除两极分化创造物质前提。而实行公有制和按劳分配，则是消灭剥削、消除两极分化、实现共同富裕的生产关系前提和制度保障。因此，建设社会主义，就是要建设快速发展生产力、消灭剥削与两极分化、实现共同富裕的社会主义。马克思主义经典作家主张的社会主义实行公有制、按劳分配、国民经济有计划按比例发展等，正是实现快速发展生产力和消灭剥削、消除两极分化、达到共同富裕目的的制度安排，也就是用这种制度安排来实现社会主义的本质要求和目的。由于共同富裕是消灭剥削和两极分化的结果，因此，也可以说，搞社会主义，搞公有制和按劳分配等制度，重在抓两头，一头是解放和发展生产力，一头是走向共同富裕。搞社会主义如果不重视抓这两头，只片面强调公有制、按劳分配、劳动人民当家作主等社会主义生产关系，强调走社会主义道路，固然也可以没有剥削和两极分化，但不能从本质规定上显示社会主义的优越性。它只能是贫穷的社会主义，而贫穷不是社会主义。对劳动者来说，没有剥削和两极分化的贫穷，并不是幸福。普遍贫穷的社会主义对劳动人民没有吸引力，也战胜不了发达的资本主义。

社会主义快速发展生产力，又是为了发展社会主义，消除两极分化，实现共同富裕。把发展生产力和共同富裕统一起来，这是马克思主义经典作家关于社会主义本质规定的一贯理论观点。《共产党宣言》中就明确提出：无产阶级将利用自己的统治，把生产工具集中到国家手中，“尽可能快地增加生产力的总量”。这里不是从生产力决定生产关系的角度提出要求，而是从利用无产阶级掌握政权后建立生产工具的国家所有制，来快速发展生产力着眼的。而发展生产力是一种手段，其目的“是扩大、丰富和提高工人生活”。[①] 可见，早在1848年的《共产党宣言》中，就提出了消灭资本主义私有制、建立社会主义国家所有制，其任务和目的是为了快速发展生产力、提高和丰富工人的生活水平。这并不是讲生产力决定生产关系的客观规律，而是给共产党人提出消灭私有制建立公有制后的任务和目的。

马克思在1857～1858年的《经济学手稿》又写道：在新的社会制度中，“社会生产力的发展将如此迅速，……生产将以所有人的富裕为目的”。[②] 又是强调社会主义将快速发展生产力，而发展生产是以“所有人的富裕”为目的。这与邓小平讲的“共同富裕”是一样的。恩格斯在《卡尔·马克思》一文中讲：在社会主义制度下，要使生产力的发展增长到能保证把每个人的一切合理的需要日益得到满足的程度。在《反杜林论》中，恩格斯又讲：社会主义“通过社会生产，不仅可能保证一切社会成员有富足的和一天比一天充实的物质生活，而且可能保证他们的体力和智力获得充分的自由的发展和运用”。[③] 再看列宁的论述：创建社会主义事业，“必须大力发展生产力”，要创造出比资本主义更高的劳动生产率，“使所有劳动者过最美好、

---

① 《马克思恩格斯文集》第2卷，人民出版社2009年版，第52、46页。

② 《马克思恩格斯全集》第46卷（下），人民出版社1980年版，第222页。

③ 《马克思恩格斯选集》第6卷，人民出版社1995年版，第633页。

最幸福的生活”。[①]

斯大林的理论观点现在一般不提了。他提出的社会主义基本经济规律，曾风行一时，我们现在也不再讲了。但如果实事求是地看一下他讲的社会主义基本经济规律的内容，即“用在高度技术基础上使社会主义生产不断增长和不断完善的办法，来保证最大限度地满足整个社会经常增长的物质和文化需要”。[②] 实际也是从社会主义的本质要求和目的提出规律性。也是强调两头，一头是运用新的科技快速发展生产力，另一头是最大限度地满足全社会的物质文化需要。

从历史唯物主义的原理来看，社会生产力在不断发展，生产力的发展决定着生产关系的发展与变革、决定着资本主义产生、发展与衰亡最终被社会主义所取代的历史趋势。社会主义生产力的发展会促进社会主义生产关系的发展与完善，会促进人的全面发展和物质文化水平的提高。这个原理是科学的，马克思主义者要重视和遵循这一历史唯物主义的基本原理。

但是，也要看到，社会经济发展的客观规律与自然规律不同，它要通过人的活动行为来实现。总结实践中的社会主义发展的经验与教训，可以看到，即使建立了实行公有制、按劳分配、计划调节的社会主义制度，但可能忽视生产力的发展和漠视人民生活水平的提高，反而将重视生产力发展和人民生活水平的提高的主张批判为修正主义、经济主义。提倡“宁要社会主义的草，不要资本主义的苗”，“不为错误路线生产”。怎样评价这种社会主义？用什么标准评价？靠汪海波先生抄录大量经典作家关于生产力决定生产关系、经济基础决定上层建筑的原理和文字，能澄清和解决理论和实践的是非问题么？显然是文不对题的。只有用生产力标准去评价，才能判断其理论与实践的错误。还有，也曾出现脱离社会主义生产的根本目的，搞为生产而生产、“为革命而生产”的理论和实践。还宣扬什么“宁要贫穷的社会主义，不要富裕的资本主义”，背离了社会主义生产关系的标准。党的十一届三中全会后，学界还需要进行社会主义生产目的的讨论，需要明确社会主义生产的目的是满足人民日益增长的物质文化需要。中央和理论界还提出了我国社会主义现阶段的主要矛盾是人民日益增长的物质文化需要与落后的社会

---

① 《列宁选集》第4卷，人民出版社1995年版，第633页。

② 《斯大林选集》（下），人民出版社1979年版，第569页。

生产的矛盾。这一矛盾的内容实质，也是重在抓两头，一头是大力发展生产力，改变社会生产落后的面貌；一头是满足人民的物质文化生活需要。

改革开放以来，放弃"阶级斗争为纲"，转向以经济建设为中心，针对过去忽视生产力发展的错误，强调生产力标准是具有现实针对性和理论与实践意义的。30多年来，我国以奇迹般的速度快速发展了生产力，我国的经济规模已跃居世界第二。但是，生产力的快速发展，是否会自然地发展和完善社会主义生产关系？会自然地消灭剥削、消除两极分化，实现共同富裕？实践证明并不是这样。随着生产力的发展，蛋糕做得越来越大，但分配却失去公平。出现了严重的收入差距过分扩大的趋势，出现了贫富两极分化。出现了弱势群体权益受损的情况。导致社会矛盾凸显、影响社会稳定与和谐。面对这种新的局面，怎样进行理论分析与评价？怎样判断其是非得失？显然不能用生产力标准去评价。更不能用生产力决定生产关系的原理说明和解决问题。单靠汪海波先生那样，大量引录生产力决定生产关系、经济基础决定上层建筑的经典作家的语录，宣扬唯生产力论，反对提社会主义价值标准，能作出正确评价和解决问题么？

中央已经认识到中国特色社会主义实践中出现的问题的重要性，正在着手从理论与实践的结合上进行解决。提出以人为本的科学发展观，强调情为民所系、利为民所谋、权为民所用，强调公平正义，改革与发展的成果要惠及广大人民，特别关怀弱势群体与低收入者的利益诉求。近年来，把保障和改善民生提到一个更高的突出位置。党的十七大报告提出："要始终把实现好、维护好、发展好广大人民的根本利益作为党和国家一切工作的出发点和落脚点，尊重人民的主体地位，……走共同富裕的道路。"十二五规划纲要中也强调指出：要把保障和改善民生作为工作的"根本出发点和落脚点……加大收入分配不公调节力度，坚定不移走共同富裕道路；使发展成果惠及广大人民"。

因此，评价社会主义经济制度的得失，评价其所实行理论与政策的是非，评价其实践和成果的成败，既要强调和坚持生产力标准，但又不能只要生产力标准。因为并不是只要生产力快速发展了就会万事大吉，就会决定社会主义生产关系的必然完善。还需要从社会主义的社会价值取向上进行评价。也就是要把生产力标准与社会主义价值标准主要是生产关系标准统一起来。我讲以往的私有制度，生产力标准与价值标准难以内在统一，只能重生产力标准，即主要从生产力标准去判断其先进与落后。因为无论奴隶制、封建制还是资本主义制度，都存在阶级剥削与对立，存在两极分化，存在财产占有上的严重不公平。不可能实现公平分配与共同富裕。马克思和恩格斯从价值取向层面论述了奴隶制和封建制怎样通过超经济强制、资本主义怎样通过经济强制来统治和剥削劳动者的本质关系。但也注意到资本主义剥削方式与奴隶制和封建制剥削方式相比的进步性。也就是辅之以价值标准。

社会主义制度是通过经济主体特别是通过领导和决策的正确来全面实现其本质要求和目的的。只有理论、路线和方针政策做到科学和正确，才能实现。由社会主义的社会价值取向所决定的社会主义价值标准，除我在《论社会主义生产力标准与价值标准的统一》一文所讲的适用于评价一切社会经济制度或政党的内容外，还应具有作为社会主义本质表现的内容，如劳动者真正成为社会的主人，实现社会公平和分配公平，消除两极分化，走向共同富裕等。为此，还要有制度保证即公有制和按劳分配，因此，评价或判断实践中的社会主义经济制度的成败得失，既要运用生产力标准，看它是否重视和快速发展生产力，又需要运用价值标准判断它是否关注并做到对劳动人民权益的保障与增进，是否做到社会公平和分配公平，是否致力于缩小和消除两极分化，归根到底，是否走上共同富裕的道路。邓小平在总结经验的基础上指出："贫穷不是社会主义，发展太慢也不是社会主义。""就我们国家来说首先是要摆脱贫穷，就要找出一条比较快的发展道路。"① "社会主义制度的优越性的根本表现，就是能够允许社会生产力以旧社会所没有的速度迅速发展，使人民日益增长的物质文化生活需要能够逐步得到满足。按照历史唯物主义的观点来讲，正确的政治领导的成果，归根结底要表现在社会生产力的发展上，人民物质文化生活的改善上。"② 可以说，无论社会主义制度或国家的政治领导，不快速发展生产力，就偏离了社会主义本质要求；同样，不去坚持发展和完善公有制经济，以实现分配公平，满足人民的物质文化生活需要，走向共同富裕，也偏离了社会主义本质要求。讲坚持社会主义道路和方向，就是要坚持快速发展生产力和共同富裕。这就是用生产力标准和价值标准的统一所得出来的科学认识。而汪海波先生反对用价值标准判断

---

① 《邓小平文选》第3卷，人民出版社1993年版，第255页。

② 《邓小平文选》第2卷，人民出版社1993年版，第128页。

是非得失，只强调坚持生产力唯一标准。认为生产力既然是唯一决定因素，社会主义国家或其政治领导只要发展生产力就够了。这对于总结我国60多年来的社会主义建设、发展与改革的经验教训有任何理论与实际意义么？这种文不对题的理论观点脱离实际太远了。

四、关于坚持和完善我国现阶段社会经济制度的是非问题

从以上的分析可以看出，光强调和坚持公有制、按劳分配、消灭剥削、消除两极分化，不致力于发展生产力和共同富裕，就只能是搞贫穷的社会主义，脱离了社会主义的本质要求和发展方向。但如果不坚持公有制为基础和按劳分配原则，也就不可能消灭剥削和消除两极分化，实现共同富裕。没有公有制和按劳分配的社会制度，不是马克思主义的科学社会主义制度。我国目前出现贫富分化，富豪数量日益增多，仅次于头号资本主义国家美国。另外还有几千万贫困群众，需要解决温饱问题。出现两极分化的原因是什么？有诸多不同的解答。但有一条原因是不能否认的，即公有制为主体和按劳分配为主体的结构不断被削弱和被淡出。根据有关资料，公有制所占比重已降至35%左右。城镇职工70%以上在私有制经济中就业。公有制和按劳分配是不会产生全社会的两极分化的。中央强调，要划清社会主义公有制为主体、多种所有制经济共同发展的基本经济制度同私有化和单一的公有制的界限，即既不搞单一的公有制，又不搞私有化。这一指导思想无疑是正确的。但我在上一论文中提出，不搞单一的公有制已成为现实。因为从理论和实践上看，已没有人要搞单一的公有制。但“不搞私有化，坚持和毫不动摇地发展公有制为主体，并未成为现实。偏离邓小平理论和中央改革与发展指导思想的私有化思潮，一直在流行和发展着，并影响经济和社会实践”。汪海波先生对我这段话也大肆挞伐。他先掐头去尾，断章取义，编造说我提出“改革以来，公有制为主体，并未成为现实”。我原话中讲的“不搞私有化，坚持和毫不动摇地发展公有制为主体”，全被抹掉了。我们知道，改革开放前，公有制一统天下，改革以来非公有制经济逐渐发展；改革的前期阶段，公有制的比重还很大，非公有制经济只是“补充”。我怎么会否认这一事实，断言“改革以来没有形成公有制为主体”呢？只是从目前来看，私有化的思潮很强劲，并未做到“坚持和毫不动摇地发展公有制”。这难道不是

事实么？而汪海波先生竟然对我的这段话歪曲原意，编造罪名，进行批判。他说："从这里我们可以清楚地看到，该文提出的价值标准并不是什么理论上的贡献，而是在很大程度上承袭了 1958 年'大跃进'期间广泛流行的那种观点，即脱离社会生产力发展的要求，企图孤立地通过变革生产关系以发挥社会主义的优越性，并促进社会生产力的发展"。读者可以看出，汪先生的这段批评，与我的原意完全是毫不相关、信口编造的诋诬之词。我按照中央的精神，不赞同搞私有化，强调毫不动摇地坚持发展公有制为主体，就有了汪先生强加于我的这种罪责么？而且他的这段批评文字本身存在理论逻辑上的混乱。他说 1958 年"大跃进"，是"脱离社会生产力发展的要求，企图通过孤立地变革生产关系以发挥社会主义的优越性，并促进社会生产力的发展"。汪先生似乎不知道：1958 年的"大跃进"，是发展生产力的"大跃进"，是短期内"超英赶美"、"一天等于二十年"的"大跃进"，是小麦亩产万斤、不断"放卫星"的"大跃进"！这是用违反生产力发展规律的"大跃进"，去发展生产力，最终成为"大跃退"。在汪先生的笔下"大跃进"竟成了"脱离社会生产力发展的要求"，"孤立地变革生产关系"的事情！并指责我的观点犯了同样的错误。这就是汪先生的理论认识水平和争论水平。

汪先生进一步反驳我说：第一，我国"公有制为主体的地位并未动摇"；第二，发展私有制经济还存在理论和认识上的问题，"需要进一步解决的问题还很多"。"这就能够解释为什么国务院继 2005 年发布《关于鼓励支持和引导个体私营经济等非公有制经济发展的若干意见》后，2010 年又发布《关于鼓励支持和引导民间投资健康发展的若干意见》……，如果政策上和实践上均不存在问题，那就会令人感到，国务院这样做，是在无病呻吟？这显然是不符合事实的"。我对汪先生的回答是：第一，他把发展私有制经济中的两个不同问题混淆起来了。我讲的是：目前"不搞单一的公有制，毫不动摇地鼓励、支持和引导非公有制经济发展已成为现实，无论理论和实践已不存在搞单一公有制经济问题"。这是从宏观层面和全局上讲的。至于在私有制经济已大量存在和发展的既定条件下，某些私有制经济在进一步发展和完善中还存在这样那样的具体问题，是另一回事。难道能够因为这种具体问题的存在，就要否定和反对我讲的发展非公有制经济、不搞单一的公有制"已成为现实"么？第二，国务院关于发展非公有制经济政策的出台，正是表明不搞单一的公有制、毫不动摇地发展非公有制经济的政策的实行，而在汪先生的笔下，竟成了相反的、否定的证明！第三，汪海波先生强调“公有制为主体并未动摇”，用以反驳我讲的“不搞私有化、坚持毫不动摇地发展公有制为主体并未成为现实”，但没有提供任何统计数字来证明。从新闻媒体提供的一些统计资料来看，毫不动摇地发展公有制为主体，在现实中发生了变化。我在前面已提供了有关数字。为了证明此言不虚，我可引证可信度高的《人民日报》的有关资料：2010 年 7 月 8 日的《人民日报》刊登了全国工商联主席的文章。它提供的统计数字是“民营经济已占我国 GDP 总量的 55% 以上，吸纳城镇就业的 80% 以上”。这里未包括外资经济。外资经济没有明确统计数字，至少也占 10% 左右，两项加总，已占 65% 以上。该文认为，我国已是“民营经济为主体”了。

从《标准》一文的内容并结合该作者在另外的论文中批评“国进民退”的观点来看，汪先生对待公有制和私有制的态度和理论倾向是很显明的。他只要“生产力标准”，反对社会主义“价值标准”。认为根据“唯生产力论”，只要发展生产力就行了，而且发展生产力重在发展私有制经济，反对提公有制作为其重要内容的社会主义价值标准。不允许从发展社会主义生产关系和政策措施的是非得失来评价我国社会主义。我强调要用社会主义消除两极分化、实行共同富裕的标准进行评价，他批评说“这是生产关系决定生产关系”论。我讲社会主义的公平正义也是评价社会主义的标准的内容，他说这是“上层建筑决定生产关系”论。他更不允许在价值判断标准中加入对政党政策是非得失的评价，那更是“意识形态决定”论。

如果将社会主义只归结为一个解放和发展生产力，只准用生产力标准去评价，不允许评价其在生产关系和社会生活发展中出现的问题和矛盾，不允许从社会主义本质的角度评价其得失成败的是非，特别是不允许评价意识形态中的是非问题，从而不去消除失误、解决矛盾、按社会主义本质要求走共同富裕道路，社会主义的发展会是什么样的结局，将是不言而喻的事情。

汪海波先生说：“还要着重指出，笔者与该文的争论，并不单纯是重要的理论问题，而且是重要的实践问题”。这一点说得很对！争论的内容和观点，实际上涉及中国特色社会主义的兴衰成败。所以愿与汪先生进一步展开争论。

三论社会主义生产力标准与价值标准的统一[①]

——对胡钧教授辩驳的辩驳

摘要：本文进一步论述了提出社会主义生产力标准和价值标准的事实依据和必要性，全面反驳了胡钧教授强加的不实之词和无理指责及其任意曲解。不赞同胡文根据其误解和错解马恩的有关论述得出马恩对剥削制度特别是资本主义剥削制度持完全、绝对肯定的观点。本文就生产力标准与生产力决定生产关系规律的区别，马克思高度重视生产力发展的原因不限于生产力决定生产关系的观点，判断社会主义的价值标准与判断以往社会制度的价值标准的异同，马恩既确认一切剥削制度的产生与更替是一种客观的自然历史过程，又对包括资本主义剥削制度在内的一切剥削制度进行了批判的科学态度与理论，进行了辨析与论述。

一、为什么要提出社会主义两种评价标准统一论

我提出社会主义要坚持生产力标准和价值标准的统一，不是凭空想出来的。而是出于三方面的考虑：其一，社会主义制度的产生、发展与完善，既要以一定的生产力的发展作为其物质技术基础，又要有马克思主义科学理论的指导与高层的设计和决策的正确以及人们的自觉行为。资本主义制度的产生、发展，是一个自然而然的在一定程度上是自发的历史过程，是先有资本主义经济和市场经济的产生与发展，后有“资本主义”、“市场经济”等概

① 本文原载《经济学动态》2012 年第 1 期。

念和资产阶级经济学的出现。从 14 世纪地中海沿岸出现资本主义经济萌芽起，到 16 世纪西方资本主义制度建立，到 18 世纪英国产业革命，经历了三四百年后，才有“资本主义”、“市场经济”之类的概念出现。而社会主义与资本主义不同，是先有“社会主义”、“共产主义”概念和理论，在这一理论指导下进行社会主义运动和革命，再建立和发展社会主义制度。可见，社会主义的理论和实践的推进，社会主义制度的产生与发展，乃至社会主义的改革开放大业，始终是有领导、有策划的自觉过程。如果社会主义建立后，不是自觉地按社会主义的本质要求即社会主义的价值取向、价值判断、价值标准去坚持、发展和完善社会主义，而是用自发性取代自觉性，社会主义就会蜕变、演变。这就是为什么老是强调要坚持社会主义道路、坚持社会主义方向的原因所在。我们没有看到有哪个资本主义的理论家或政治家提出过要坚持资本主义道路和方向这类口号或原则，因为资本主义经济产生后，会自然而然地发展壮大。其二，在社会主义以前的一切社会制度，都不存在可能倒退回旧制度中的问题。没有哪个封建制国家倒退回奴隶制度去，也没有哪个资本主义国家倒退回封建农奴制度去。而社会主义国家如果离开对科学社会主义的价值取向、价值标准的自觉坚持，就有可能出现被和平演变、倒退到资本主义制度去的危险，而且已经出现有些原社会主义国家倒退回资本主义的历史事实。其三，社会主义以前的一切社会制度，都是随着生产力的发展，生产关系也不断发展与完善。如西方封建制国家，随着生产力的发展，土地租佃关系由劳役地租相继发展为实物地租和货币地租，封建主义生产关系不断发展、完善与成熟。在资本主义国家，也随着生产力的不断发展，历经简单协作、分工的工场手工业、机器大工业和现代新科技和信息产业，资本主义生产关系也不断发展、壮大、完善与成熟，劳动对资本的隶属关系由形式的隶属发展为实际的隶属。资本主义国家，既不会出现人为地拔高资本主义生产关系、去办一些超越生产力发展阶段的事情；也不会随着生产力的发展，出现资本主义经济关系衰退、封建主义关系增进的事情。而社会主义国家则可能生产力发展了，社会主义生产关系却削弱和衰退，最终被和平演变了。社会主义的新中国，总结 60 多年来生产力和生产关系发展的经验教训，可以看出，并不是始终存在生产力和社会主义生产关系相互促进顺利发展的事实。在社会主义制度下，如前所说，坚持和发展社会主义的自觉性起着重要的作用，这种自觉性与主观能动性相联系，在人们特别是决策层的主观能动性增强的情况下，如果能按客观规律办事，进行科学决策，则生产力和社会主义生产关系都会顺利发展。但主观能动性可能变异为主观随意性，搞一些违反客观规律的事情；比如违反生产力发展的规律，人为地去拔高生产力，搞“大跃进”、“一天等于二十年”；又违反生产关系一定要与生产力的发展相适应的客观规律，人为地拔高生产关系，搞“一大二公”的人民公社，“跑步进入共产主义”。结果既损害了生产力的发展，大跃进变成大跃退；也损害了社会主义生产关系的发展与完善，“一大二公”的人民公社不得不退为“三级所有，队为基础”，最后实行包产到户，取消了人民公社，这种“左”的错误，脱离了我国的国情，也违反科学社会主义价值取向、价值标准。结果造成的是饿死不少人的普遍贫穷的社会主义。试问：空谈生产力决定生产关系，主张“唯生产力论”和“唯生产力标准论”，能说明和解决这种问题么？能实事求是地总结经验教训么？另一方面，改革开放的30多年来，我国生产力快速发展了，财富大幅增长，但是，社会主义生产关系是否随之不断发展与完善了？社会主义的本质要求即消灭剥削、消除两极分化、实现共同富裕，是否随着生产力的快速发展而在逐步实现呢？事实不是这样。出现了收入差距过分扩大、两极分化的趋势，并且还在继续发展，基尼系数已近0.5，超过许多资本主义国家和发展中国家。一方面，我国的富豪在快速增多，富豪数量仅次于头号资本主义国家美国；另一方面还有几千万贫困人口，需要国家扶贫、救济。公有制为主体和按劳分配为主体在走向逆转。70%～80%的城镇职工在私有制经济中就业，工人们成为为资本服务的雇佣劳动者。生产力发展了，社会主义生产关系反而削弱了，退缩了。试问，空谈生产力决定生产关系能解决和说明这方面的问题么？搞唯生产力论和唯生产力标准论，能解决和说明问题么？总结经验教训，评价新中国60多年来发展和改革的得失成败，既要肯定我国发展与改革的巨大成就，我国的经济总量跃居世界第二位，国力增强、生活水平整体提高，又要看到脱离科学社会主义或中国特色社会主义的价值标准所造成的失误。为要搞好社会主义，使其表现出对资本主义的优越性，就要一方面快速发展生产力，造就比资本主义更高的劳动生产率和经济发展速度；另一方面，又要巩固、发展和完善社会主义经济关系和社会关系，凭借消除两极分化和实现共同富裕，显示其对资本主义制度的优越性。这就要求自觉地将生产力标准和社会主义价值标准（主要是生产关系标准）统一起来。

令人不解的是，提出社会主义价值标准即评价标准，竟被个别人非难为违反生产力决定生产关系的历史唯物主义论，是生产关系和上层建筑决定生产关系论。这是理论逻辑上的是非混淆。难道我们不可以对一个国家或一个政党或一个学校或一个学者的行为与事迹进行评价么？难道一评价就是上层建筑决定论的唯心主义么？认为只能用生产力标准进行评价，才是生产力决定生产关系的历史唯物主义，这是把人们对客体的评价同生产力决定生产关系的客观规律混同起来了。评价，就是看其行为和事迹是否符合客观规律和本质要求，评价其得失成败，而不是客观规律本身。同样，用社会主义价值标准去评价社会主义生产关系和社会主义的得失成败，不是在搞上层建筑，而是着眼于经济基础，要求坚持、发展与完善社会主义经济与社会关系，更扯不上上层建筑决定论，两者毫不沾边。

二、对胡钧教授有关观点的辩驳

胡钧教授发表于《经济学动态》2011 年第 10 期的论文《关于判断经济制度先进落后和工作是非的生产力标准与价值标准》（以下简称胡文）是同我进行争论的。拜读全文，深感它存在诸多逻辑混乱、是非混淆、观点纰误、任意歪曲的地方。胡文对我的指责与汪海波不完全相同，汪文是反对我在生产力标准外，又提出一个价值标准，他根本否定价值标准的存在。而胡文则肯定和应用了“价值标准”概念，它说：“我国在社会主义建设过程中，不断地遇到正确处理生产力标准与价值标准的统一问题，处理不正确，就会为社会主义经济发展带来损害。”“工人阶级，无论在革命时期还是在建设时期都应坚持生产力标准与价值标准的统一。”它既然不仅肯定了“价值标准”的存在，还肯定了社会主义“生产力标准与价值标准的统一”，走向与我相一致的观点，却又长篇大论与我辩驳。胡文究竟是反对我什么呢？

（一）生产力标准与生产力决定生产关系是同一的么？

胡文说，“既然生产力决定生产关系，当然评价生产关系就只能是生产力这个唯一的标准。我认为这个看法在理论上是正确的”。可是，胡文又大讲生产力标准与价值标准的统一，他甚至认为一切社会都是生产力标准与价值标准的统一。他竟然没有意识到他认同的两种标准统一论，是与他坚持的唯生产力标准论对立的。胡文的理论观点自相矛盾而不自知。胡文又说："生产力标准是决定性的，是生产力决定生产关系客观规律在观念上的直接反映。"胡钧与汪海波先生都是把生产力决定生产关系的客观规律，同对生产力发展状况进行评价的生产力标准看成是同一的东西。为什么要用生产力标准对经济制度进行评价？胡文的回答是：因为生产力决定生产关系，前者是后者在观念上的反映。然而，生产力决定生产关系是人类社会发展的客观规律，它与作为评价标准的生产力标准不是同一的关系。生产力标准，不是客观规律，而是主体对客体的评价。也不是什么生产力决定生产关系规律在观念上的反映，而是其内涵并不一致的不同层面的两个问题，二者的区别是什么呢？

第一，生产力决定生产关系的规律，是要说明和回答，在人类社会发展中，不同社会经济制度的产生、发展与衰亡及其被新的经济制度所取代，是由什么决定的问题，历史唯物主义说明是由生产力的发展决定的。生产力是根本的决定因素。而生产力标准则主要是用以评价某种生产关系或经济制度在生产力发展中的作用问题。看它是促进生产力发展还是阻碍生产力发展，它在促进生产力发展中的作用大小，它为生产力发展提供的空间是广阔还是狭小，是倒过来的逆向评价。是从生产关系对生产力的反作用角度讲的。进行这种评价时，并不需要联系和重复生产力决定生产关系的原理，因为生产力决定生产关系是一回事，它是既定前提，生产关系反作用于生产力是另一回事。比如，我们讲：旧中国存在三座大山的压迫与剥削，即帝国主义、封建主义和官僚资本主义。如果用生产力标准评价半封建半殖民地性质的旧中国在发展生产力中的作用，明确地可以判断：它阻碍着中国生产力的发展，造成旧中国积贫积弱、民不聊生、贫富分化、任由列强宰割、经济发展停滞不前的局面。所以中国共产党要进行革命，建立新民主主义和社会主义制度，解放和发展生产力。显然，用生产力标准评价旧中国的经济制度，不需要去回顾和回答：造成旧中国三座大山压迫和剥削的旧经济制度是由何种生产力决定的。因为并不是由何种生产力决定旧中国的生产关系才引出旧中国的经济制度阻碍生产力的发展的结果来。也难以说明，用生产力标准评价旧中国的经济关系阻碍生产力的发展，是生产力决定生产关系的观念反映。请胡先生说明，反映了什么？怎样反映？再请回答，旧中国的经济社会制度阻碍生产力的发展，是由哪种生产力决定旧中国的生产关系造成的？同样，我们用生产力标准评价我国社会主义制度 60 多年来特别是改革开放 30 多年来的生产力发展状况时，可以明确地回答，中国社会主义经济制度在解放和发展生产力中起了积极的重要作用。难道这种评价，是重复生产力决定生产关系的规律么？是这一规律“直接的观念反映”么？请问胡先生，决定中国特色社会主义经济制度的生产力又怎样反映为观念上的生产力标准？怎样根据生产力决定生产关系的规律，评价中国社会主义经济制度起了快速发展生产力的作用呢？为什么没有任何论证与论据呢？如果胡先生坚持唯生产力决定论，并将其与生产力标准相混同，那请回答，为什么美英日等发达国家生产力水平远远高于我国而实行资本主义；而生产力落后的我国，却实行社会主义或中国特色社会主义呢？恐怕难以回答。如果用生产关系反作用于生产力的生产力标准回答问题，就可顺理成章地予以说明：用社会主义制度取代旧中国的半封建半殖民地制度，是因为旧制度阻碍着生产力的发展，实行社会主义制度可以解放和快速发展生产力，这正是社会主义制度优越性的表现。

第二，用生产力标准评价某种社会经济制度在生产力发展中的作用，不是出于生产力决定生产关系的客观规律。讲生产力标准，是马克思主义高度重视生产力作用的表现。生产力的作用，不限于决定生产关系。生产力是人类社会历史发展的最终决定力量。不管何种社会经济制度，只要有生产力的或快或慢发展，就是社会的进步，就会推动社会历史的发展。原始社会存在了两三百万年，生产力极其缓慢地发展着。用生产力标准评价原始社会制度，不在于说明极端落后的生产力怎样决定了原始社会的生产关系，而在于说明，缓慢的生产力的发展，怎样推动人类社会历史的进步。火的发现，弓箭的制造，农业生产的出现，农业与畜牧业的分工，等等，都给人类社会历史的发展带来福音，重视原始社会生产力的每一步发展，不是由于生产力决定了原始社会的生产关系，而是因为生产力的发展是惠及整个人类社会的事业。同样，恩格斯在《反杜林论》中高度评价奴隶制下农业和工业的大规模的分工促进了生产力和科学艺术的发展，促进了古代世界的繁荣。这种分析与评价，既不是从生产力决定奴隶制生产关系引申出来的，也不是什么“在观念上的直接反映”。而是从奴隶制下的大规模分工在人类社会历史发展的长河中所起的作用，来进行评价的。在这种分工下的生产力的发展以及科学艺术的发展，才有希腊的文明和现代欧洲的发展，才有现代社会主义。显然，这种用生产力标准对奴隶制进行的评价，与生产力决定奴隶制生产关系，是完全不同的问题，不容混同。

第三，在生产力和生产关系的相互关系中，生产力作为最革命最活跃的因素，在年年月月天天地发展着。而一定的生产关系形成后，则具有相对稳定性，它不会随着生产力的发展而年年月月天天变化。生产力决定生产关系是从总的社会历史发展趋势来着眼的。尽管当代资本主义国家如美国已不是新的社会制度，但它的科技创新与发明，仍处于世界前列。从世界范围来看，不管社会主义还是资本主义，科技创新与发明，年年有月月有，它作为重要生产力多方面推动着社会历史的进步，这与生产力决定资本主义生产关系或决定社会主义生产关系没有内在联系。电的发明，火车汽车的出现，电子计算机的发明和不断创新，现代信息工具的快速发展，高速公路与高铁的发展，不管是资本主义还是社会主义，都会惠及人类，都意味着社会历史的进步。这种进步与生产力决定生产关系有内在联系吗？胡钧事实上是将生产力决定生产关系的原理，同生产关系反作用于生产力的原理混为一谈了。

（二）胡钧曲解我提出的价值标准，诬指为“独立的、超历史的、永恒的人道主义价值标准”

胡钧认为任何社会制度都是生产力标准与价值标准的统一。反对我讲马克思主义对社会主义以前社会经济制度的评价主要是生产力标准，辅之价值标准。但从他的全文中找不到他主张的价值标准的具体含义究竟是什么。胡文用相当多的文字批评我提出的价值标准。可将其批评简单概括为：第一，说我提出价值判断标准，是背离了生产关系一定要适合生产力的性质的客观规律，与生产力的发展没有联系；第二，确认不同社会具有一个共同的价值标准；第三，是一个永恒不变的形而上学的标准；第四，是与历史唯物主义相对立的人道主义历史观。

这四条罪责是胡文任意编造的强加于我的不实之词，它没有也提不出任何论据和论证。第一，任何社会经济制度都是生产力和生产关系的统一。我们研究和评价某一社会经济制度时，既可以用生产力标准评价它发展生产力的状况，又可用价值标准评价这一制度在生产关系方面的特点与优劣。这种评价都是以生产力与生产关系相统一的社会经济制度的存在为既定前提的。而且，我首先强调的是生产力标准。我讲“对社会主义以前的社会制度的评价主要是生产力标准”、可“辅之以价值标准”、“对社会主义制度的评价应是生产力标准与价值标准的统一”，生产力标准在前，价值标准在后。即使单讲对生产关系的评价，也不言而喻地是指以一定生产力为基础的生产关系。胡钧怎么能凭空编造和指责我讲的价值标准是“独立于生产力发展水平的”、“与生产力的发展状况没有联系”的评价标准呢？

第二，我的论文中明确指出：每个社会各个阶级都有自己的价值标准。马克思主义的科学社会主义和邓小平理论也提出了社会主义的价值标准。我在发表于《经济学动态》2010年第10期的论文中，根据马、恩、列、邓的观点，将社会主义的生产力标准和价值标准，概括为以下内容：“社会主义制度最根本的要求就是快速发展生产力和实现共同富裕，而共同富裕体现了消灭剥削和消除两极分化”，“要创造出比资本主义更高的劳动生产率”，“使所有劳动者过最美好最幸福的生活”，这“要以生产资料公有制和按劳分配的存在为前提和保证”，“公有制和按劳分配是社会主义的根本原则”。我把这些内容作为社会主义制度的价值取向、价值判断，也可将其作为总的社会主义价值标准。就是说，既然快速发展生产力是社会主义的本质要求，也应属于社会主义的价值取向和价值标准。只是为突出生产力发展的重要性，也可以单提生产力标准。请问胡先生：我提出的上述社会主义的价值标准，是提出了“永恒的”、“不同社会具有的一个共同的价值标准”么？难道我提出的上述社会主义价值标准，适用于一切社会制度么？我的论文的标题就是《论社会主义生产力标准与价值标准的统一》，着重讲的是社会主义的价值标准，评价其他社会的价值标准只是附带提出的。胡钧怎么敢于如此歪曲我讲得很清楚的观点，去表现自己的理论水平呢？

第三，我在论文中讲，“各个社会各个阶级都有自己的价值标准”。具体点说：奴隶制社会，奴隶主认为奴隶制是合理的公平的制度，一般社会成员也会这样看。在封建制度中，不但地主阶级认为佃农租地交租是公平合理的，其他社会成员连佃农也会这样看。在资本主义社会，资产阶级及其学者认为资本主义制度是人类最公平、最自由、最合理的永恒的社会制度，连有的工人也认为是资本家开工厂养活了自己。资本产生利润、土地产生地租、劳动产生工资，三位一体，各取所得，公平合理。统治阶级的思想主导着社会的思想认识。因此，在社会主义以前的私有制社会中，在统治阶级心目中，生产力标准与价值标准是统一的。但与马克思主义所奉行的价值标准不是统一的。胡文主张社会主义以前的社会制度中，生产力标准与价值标准也是统一的，反对我讲二者不能内在统一。可以看出，胡文强调，在阶级剥削制度中，生产力标准与价值标准的统一观点，是与这些制度中统治阶级的观点一致的。马克思主义经典作家没有这样的观点。马克思主义认为，人类社会的发展是自然的历史过程，即客观必然的过程，不能从道义原则、公平平等等原则来评判阶级剥削制度的产生。各个社会的统治阶级都认为自己的制度是公平合理的。但从马克思主义的立场观点和价值取向看，经典作家并没有肯定一切阶级剥削奴役制度是公平合理的。这个问题我们在后面再谈。

第四，这里需要辩驳的是：胡文所批评的我讲到的有关价值标准的这样一段话："我们所讲的价值标准，是马克思主义的价值标准，一般地说主要是指劳动者的社会地位和权利状况，有无阶级剥削与欺压或其轻重状况，劳动条件与生活状况，社会公平与正义状况，对劳动者的人文关怀和劳动者自身的发展状况等"。胡文不顾我着重讲的社会主义价值标准，专就这段讲"一般地说"的价值标准进行指责，斥之为"永恒的独立的价值标准"。然而，胡文曲解了我的原意。我讲"一般地说，主要是指……"就表示不同社会制度中的价值标准要具体化为各自的特殊标准。前述社会主义的价值标准，就是一般价值标准的具体化，其他社会也有具体化的价值标准。比如，评价原始社会的生产关系，可以说：实行公有制，没有剥削与压迫、平等互助、平均分配、劳动与生活条件十分恶劣等；对奴隶制度的评价可以说：奴隶主占有生产资料，奴隶是会说话的工具，没有人身自由，遭受野蛮的剥削与压迫，没有任何权利等；对西方封建制度的评价可以说：封建地主占有生产资料，农奴对封建主存在人身依附关系，具有了自己的份地，通过劳役地租、实物地租或货币地租，为封建主提供剩余劳动或剩余产品，遭受剥削；对资本主义制度的评价可以说：资本家占有生产资料，雇佣工人具有了人身自由，靠出卖劳动力生活，为资本家提供剩余价值，遭受剥削，存在劳动对资本的隶属关系。

应注意到，我提出"一般地说"的价值标准，不是什么固定不变的永恒的标准。因为不存在固定不变的永恒的社会制度。比如，"有无阶级剥削与欺压或其轻重状况"，并不是什么"永恒的独立的价值标准"，提出有没有阶级剥削与压迫状况？如有的话是轻是重？这就表明，不同社会制度的"状况"是不同的。胡文对此上纲上线地批评："本质上是背离了马克思主义基本原理的"，"背离了生产关系一定要适合生产力性质这个人类社会历史发展规律”，“是与历史唯物主义相对立的人道主义历史观”，“违背了马克思强调的人类社会发展是一种自然史过程的根本指导思想”。读者可以看出，这种批评，没有提出任何有说服力的论证与论据，不是科学的理性的和言之有理有据的正确批评，而是毫无根据和没有内在逻辑的乱扣帽子，是不正常的情绪发泄！

按照胡钧的理论逻辑，马克思主义的许多基本原理都会是“固定不变的永恒的、超历史的”东西，应予以否定了。如生产力决定生产关系，是适用于一切社会的一般原理；生产关系一定要适合生产力水平的规律，也是适用于一切社会的一般规律。但这类原理和规律应用于不同社会时，会具体化为不同的生产力水平和不同的社会经济关系。不是“固定的超历史的”和“违反历史唯物主义的”，恰恰是历史唯物主义的真谛所在。

第五，胡钧指责我提出了一个与历史唯物主义相对立的人道主义历史观。这是指什么呢？这是指我在对社会制度的评价标准中，提及“劳动者的社会地位和权利状况，有无阶级剥削和欺压或其轻重状况，社会公平与正义状况，对劳动者的人文关怀…”等。这怎么成了与历史唯物主义相对立的人道主义历史观呢？在马恩的著作中，对剥削制度下劳动者这方面的状况有全面系统的具体的论述。近些年来，我国中央文件中，一再强调以人为本，强调公平、正义，还把自由、平等、公平、民主、和谐、友善等纳入社会主义核心价值观，难道这是人道主义历史观？如果认为这属于“人道”概念，讲“人道”有错吗？难道马克思主义不讲“人道”么？“人道”与“人道主义历史观”是两回事！胡钧将二者混同了！看来，他并没有搞清楚什么是人道主义历史观。

（三）胡钧教授在生产力与生产关系问题上存在自相矛盾、逻辑混乱，背离马克思主义历史唯物主义的奇特观点

为了说明理论是非，需要联系到胡钧所坚持的一个观点：生产力自身不会发展，没有自己发展的动力，是生产关系决定着生产力的发展。

“四人帮”把持的舆论工具，曾宣传在社会主义时期，上层建筑与生产关系对发展生产力有决定作用，借此搞生产关系和上层建筑领域的“不断革命”，大批“唯生产力论”。粉碎“四人帮”后，我于1978年在《光明日报》发表《生产力是社会发展的决定力量》和《略论生产力发展的连续性》

两篇论文，反驳“四人帮”的观点，指出他们“只讲上层建筑和生产关系的反作用，不讲生产力的决定作用，甚至胡说，在社会主义时期，‘反作用是决定性的’”。“四人帮”的观点也受到多位学者的批驳。多年来，我一直强调生产力的决定作用，并认为，生产力作为最革命最活跃的因素，有其自己发展的内在原因和动力，不是自己不会发展，完全靠生产关系推动，因而不赞同生产关系决定生产力论。而胡钧多年来一直宣传生产关系决定生产力论，近年来他一再在书刊中不指名地批驳我坚持的这一观点：生产力自己会发展，是生产力决定生产关系，生产关系反作用于生产力，但不是决定生产力发展的根本因素。例如，他在《经济纵横》2011 年第 3 期的论文《论生产力发展的根本动力》，就是宣扬生产关系是生产力发展的根本动力。认为“离开生产关系寻找生产力发展的内部动力的观点是不正确的”，就是指责我的观点的。拜读胡钧的这篇大作，它根本不讲并且否定生产力决定生产关系的马克思主义原理，他进行这样的批判：“关于生产力与生产关系二者关系的一般表述是：‘生产力决定生产关系，生产关系反作用于生产力’把二者的关系简单表述为作用与反作用的关系并不恰当。”胡文主张是生产关系决定着生产力和人类发展历史：“整个人类历史就是一定生产关系从生产力发展的主要推动者到其主要障碍者，最后被更能推动生产力发展的新的生产关系所取代的历史。这正是历史唯物主义理论的基本常识。”历史唯物主义没有这样的常识，是自己编造的。胡钧主张生产关系决定生产力的根据是什么呢？就是反复讲的这些话：“离开生产关系就没有生产力的存在”，“生产力只有借助人们之间的社会联系和社会关系即生产关系才能成为现实力量”，“生产力构成的物质要素如果离开生产关系，就不能称其为生产力”。他批评“现在片面强调生产力对生产关系的决定作用，……片面强调生产关系一定要适应生产力的性质”，而“忽视生产关系对生产力的主要推动作用”。他指责我强调生产力的决定作用，是离开生产关系讲生产力。他还说，“关于生产力是否可以离开一定的社会生产关系而单独存在和发展，哲学和经济学理论界长期存在争议”。对于胡钧提出的生产关系决定论的观点及其对我主张生产力自己会发展和生产力决定生产关系的指责，将另文辩驳，这里只简单说明：胡钧用生产关系决定生产力论否定生产力决定生产关系论，是完全背离了马克思主义的历史唯物主义原理。有的学者既承认生产力决定生产关系，又主张生产关系决定生产力，搞循环决定论，也是错误的。不能把生产关系的反作用变异为决定作用或根本动力作用。讲生产力的决定作用，根本不存在“离开生产关系”的问题。理论界也根本不存在“关于生产力是否可以离开一定的生产关系而单独存在和发展”的争论。在胡钧的笔下，主张生产力决定生产关系，不赞同他宣传的生产关系决定生产力，就是“离开生产关系讲生产力的决定作用”。谁会认同这种奇特的理论逻辑呢？胡钧的批评完全是自我编排强加于人的不实之词。

我之所以在这里提出这个争论，是为了联系这一争论再来看《经济学动态》2011 年第 10 期所刊发的胡文同我的争论，就可以更清楚地了解胡文在生产力与生产关系问题上的逻辑混乱、自我矛盾、曲解别人观点的学风。在前述《经济纵横》中，胡文批评和否定生产力决定生产关系，生产关系一定要适合生产力的发展的原理。反对我强调生产力决定生产关系，无中生有地指责我离开生产关系讲生产力的决定作用；而在《经济学动态》中，胡文又主张生产力决定论和唯生产力标准论，反对我主张评价社会主义制度不能只讲生产力标准，还应有社会主义价值标准。他指责我这是离开生产力决定生产关系的原理，背离了生产关系要适合生产力性质的规律。胡钧前后自相矛盾的两个走极端的观点：一个是否定生产力决定生产关系，主张生产关系决定生产力的发展；一个是主张唯生产力决定论，反对提出重视和判断生产关系的价值标准，都是非科学的，是与马克思主义的历史唯物主义和科学社会主义相对立的。

（四）胡文所讲的“价值标准”是什么

我提出社会主义制度以前的其他社会制度，生产力标准和价值标准难以内在地统一，所以评价以往的社会制度的标准，主要是生产力标准，辅之以价值标准。胡文反对我的这一观点，他主张评价以往一切社会制度，也应是生产力标准与价值标准的统一。但他既没有提出评价以往社会制度的价值标准究竟是什么，也没有明确指出评价社会主义制度的价值标准又是什么。这里存在对价值标准理解的分歧。胡文的价值标准实质上是认为一切社会经济制度或经济关系都是合理的、公平的。而我的观点是：马克思主义经典作家所追求的对社会制度的价值取向、价值标准，是未来“自由人的联合体”。这种联合体中，摆脱了剥削与奴役、人们全面自由发展、社会财富涌流、物质文化生活得到充分满足。用这样的价值追求、价值取向或价值标准来判断，只有科学社会主义和共产主义才能实现。社会主义以前的一切社会制度，都不符合这种价值取向和标准。在以往的私有制社会中，都存在着阶级剥削和奴役制度。这不是马克思主义的价值取向。马、恩肯定和赞扬一切社会制度下生产力的发展，而并不同时肯定和赞扬阶级剥削与奴役制度。我正是据此认为以往社会制度难以实现马克思主义的生产力标准与价值标准的内在统一。如前已指出，从社会主义以前的各个统治阶级来看，都会认为自己所统治的社会经济制度是公平合理的制度，不存在生产力标准和价值标准统一不统一的问题。而马克思主义经典作家的价值判断、价值标准，与居于统治地位的剥削阶级的价值标准并不相同。

用历史唯物主义的观点考察和评析人类不同社会制度的产生、发展、相继变迁与更替，确认都是一个自然的历史过程。不是由于人们道义上的缺失或主观上的错误才出现了阶级剥削与压迫制度。这正是历史唯物主义与人道主义历史观的根本区别。不同剥削制度产生与相继更替，是社会历史发展的客观规律，是必然的，不以人的意志为转移的。正因为这样，马克思在《资本论》第1版序言中指出，“同其他任何观点比较起来，我的观点是更不能要个人（指‘资本家和地主’个人）对这些关系（指剥削关系）负责的”。马、恩不搞“唯成分论”，不要资本家和地主个人对资本主义剥削制度负责，因为这是历史的必然。我们过去搞“唯成分论”，却要地主和资本家的子孙为其祖辈的剥削制度负责，这违反历史唯物主义的观点。但不能由此认为：马克思主义者同以往统治阶级对自己所在制度的评价一样，都认为剥削制度是公平合理的，一切阶级剥削都是进步的、应当完全肯定的，对以往阶级剥削与奴役制度的评价不应有任何微词。事实上，马克思既讲剥削制度产生与存在的必然性，又对阶级制度和奴役制度包括对资本主义制度持批判态度，《资本论》就是对资产阶级政治经济学和对资本主义经济关系进行分析与批判的著作。《资本论》对资本主义的内在矛盾和阶级剥削与对抗，对资产阶级辩护人进行了充分的揭露与批判。而胡文则是对以往的一切剥削奴役关系持完全肯定甚至赞美态度。正因为如此，胡文宣称：社会主义以前的社会制度“是完完全全地真正地实现着生产力标准与价值标准的统一”。胡钧没有正确解读他所引用的马克思的一些论述。他从引文中得出马克思“对资本主义制度用生产力标准和价值标准都做了充分肯定”的结论。马克思讲：“资本主义文明面之一是，它榨取剩余劳动的方式和条件，同以前的奴隶制、农奴制等相比，都更有利于生产力的发展，有利于社会关系的发展，有利于更高级形态的各种要素的创造。”①我在自己的论文中引用了这段话，用以说明“私有制和剥削方式也有进步与落后之分”，“比起奴隶制与封建制来，资本主义剥削方式具有进步作用”。并且用以说明“生产力标准与价值标准的局部的统一性”。而胡文也引用了这段话后，竟然指责我说：“卫引证了这段话，却否定了这段话的观点。”又是公然编造与曲解。我在何处和怎样否定了马克思的这段话？我明明白白地转述马克思的观点：资本主义剥削方式比起奴隶制、封建制来具有进步作用，怎么颠倒为否定马克思的观点呢？问题还在于胡钧从他引证的马克思的一些话中，得出对剥削制度全盘肯定的结论。他说：马克思用生产力标准和价值标准，“对资本主义制度做了充分肯定”，“马克思就充分肯定了资本主义这种剥削制度在人类社会发展过程中的历史地位”。胡文没有准确理解甚至曲解了马克思的话。马克思所讲的“资本主义榨取剩余劳动的方式和条件”比奴隶制、封建制更有利于生产力的发展等三条“有利于”，不是讲更不是赞扬资本主义“剥削制度”的进步性，而是指剥削的“方式和条件”比奴隶制与封建制要文明些，具有进步作用。奴隶制与封建制的剥削方式和条件，是超经济强制，奴隶和农奴没有人身自由，奴隶的劳动纪律是皮鞭与棍棒的纪律，而雇佣工人的劳动纪律是饥饿的纪律，是经济强制。工人有人身自由，有选择工厂主出卖劳动力的自由。工人比起奴隶和农奴来，需要一定的文化技术知识水平，等等。而且是相对于奴隶制、封建制而言的，是相对而言的“文明面”和进步性。而胡文竟篡改马克思的原话，将“资本主义榨取剩余劳动的方式和条件”的进步作用，改成资本主义“剥削制度”的进步作用。“方式和条件”删去了，与奴隶制、封建制相比较而言，也没有了，胡文将马克思的话孤立地解读为资本主义剥削和剥削制度具有进步作用，而且不是相对的而是绝对的进步性，变成资本主义剥削有功了。其实，马克思讲“资本主义榨取剩余劳动”，就是一种贬义词。胡文又引证马克思的一段话来证明他的观点：资本家“狂热地追求价值的增殖，肆无忌惮地迫使人类去为生产而生产，从而去发展生产力，去创造生产的物质条件；而只有这样的条件，才能为一个更高级的、以每个人的全面而自由的发展为基本原则的社会

---

①《马克思恩格斯全集》第25卷，人民出版社1972年版，第925～926页。

形式创造现实基础。资本家只有作为资本的人格化才受到尊敬”。“资本家只有作为人格化的资本，他才有历史价值”[①]。胡文竟据此论证资本主义社会制度中生产力标准与价值标准“有机地统一在一起”。论证资本主义剥削和资本家应是在历史上受到“尊敬的”。应当指出：胡文又没有准确地解读马克思的话。马克思这里是批判地评析资本家在发展生产中的历史作用，既从历史必然性来肯定又决不是赞美资本家的剥削，而是批判性地肯定。在这段肯定的论述中就使用了批判性的语言，“狂热地追求价值增殖”、“肆无忌惮地迫使人类为生产而生产”。马克思讲：“资本家只是作为资本的人格化才受到尊敬”，胡先生据此真的认为资本家应受到“尊敬”。是要工人阶级去“尊敬”资本家和资本主义剥削制度么？马克思会去“尊敬”么？其实，马克思是用杂文似的笔法、用诙谐的语言描述资本家的历史作用。就在胡文所引《资本论》评价资本家的同节中，还讲过这样的话：“虽然资本家的挥霍从来不像放荡的封建主的挥霍那样直截了当的，相反地，在它的背后总是隐藏着最肮脏的贪欲和最小心的算盘。”[②]批评资本家对剩余价值剥削的“贪欲”是“肮脏的”。

胡钧对资本主义剥削甚至对一切剥削制度，持充分肯定态度，并将其强加于马克思，这与他由来已久的一个观点相联系。他在一篇文章中说：有人说马克思的劳动价值论与剩余价值论揭示了资本主义制度不合理性和不公平性，“这种观点是完全不正确的”。“《资本论》的整本著作中没有一个地方或一句话指责剩余价值的生产和占有是‘不公平’、‘不合理’的……对合乎规律的现象不会做是否‘合理’、‘公平’等伦理的或道德的评价。”[③]

只要谈一下《资本论》第1卷第8章《工作日》和23章《资本主义积累的一般规律》，就可以看出马克思对资本主义剥削制度的无情批判。在第8章中用大量篇幅揭露资本主义剥削制度的残酷和工人劳动条件和生活条件的恶劣。马克思讲：“我们考察了对剩余价值的狼一般的贪欲，无限度的压榨，正如一个英国资产阶级经济学家所说的，比西班牙对美洲红种人的暴虐有过之而无不及。”马克思引用有关材料揭露：“9岁到10岁的孩子，在大清早2、3、4点钟就从肮脏的床上被拉起来，为了勉强糊口，不得不一直干

---

①② 《马克思恩格斯全集》第23卷，人民出版社1972年版，第649、651页。

③ 《社会主义经济理论研究集萃》（论文集），经济科学出版社2008年版。

到夜里10、11、12点钟。他们四肢瘦弱，身躯萎缩，神态呆痴，麻木得像石头人一样”。大量材料揭露了“工厂主的贪得无厌，他们追逐利润的暴虐行为。”资本家具有“吸血鬼吮吸劳动鲜血”的“欲望”。在第23章中又用大量材料揭露在资本剥削下雇佣工人悲惨的居住条件和生活条件，并论证了“资本主义积累的对抗性质，从而整个资本主义财产关系的对抗性质”。“最勤劳的工人阶层的饥饿痛苦和富人建立在资本主义积累基础上的粗野的或高雅的奢侈浪费之间的内在联系，只有当人们认识了经济规律时才能揭露出来。”[①] 资本主义积累的规律是：一极是“资本的积累”、“财富的积累”，另一极是“贫困、劳动折磨、受奴役、无知……的积累”。[②]马恩还对资本主义周期性经济危机造成生产力破坏、工人失业、生活困顿，是因为生产了太多的产品的不合理现象进行了批判。马恩既用生产力标准对资本主义在推动生产力发展方面的积极作用，给予肯定的评价，用历史唯物主义的观点确认资本主义制度的产生与发展的历史必然性，又用价值标准揭示评析和批判了资本主义的剥削制度。既讲其必然性，又讲其不合理、不公平性。并不存在评价资本主义制度中生产力标准与价值标准的有机统一。只有站在资本的立场上，对资本家果真去“尊敬”、致敬，认为资本主义剥削有功，才会否定经典作家对资本主义的批判，才会从价值标准上对资本主义关系和资产阶级剥削作出完全和绝对的肯定。

马、恩认为，在存在阶级剥削与压迫的社会制度中，是无真正的自由平等可言的。恩格斯说：“真正的自由和真正的平等只有在共产主义制度下才能实现；而这样的制度是正义所要求的。”[③] 恩格斯还批评了资产阶级及其学者宣扬资本主义自由平等的胡说：“现代资本家，也像奴隶主或剥削徭役劳动的封建主一样，是靠占有他人无酬劳动发财致富的，……这样一来，有产阶级胡说现代社会制度盛行公道、正义、权利平等……这一类虚伪的空话，就失去了最后的立足之地。”[④]

有必要再回头来讲一下对奴隶制的评价。恩格斯既从发展生产力和政治文化方面的积极作用，对奴隶制给予历史唯物主义的肯定评价，又从生产关系方面指出它是野蛮的剥削制度。请看恩格斯用价值标准对奴隶制的批判：

---

①②　《马克思恩格斯全集》第23卷，人民出版社1972年版，第721～722、708页。

③　《马克思恩格斯全集》第1卷，人民出版社1956年版，第582页。

④　《马克思恩格斯选集》第3卷，人民出版社1995年版，第338页。

奴隶制是用“最卑下的利益——无耻的贪欲、狂暴的享受、卑劣的名利欲、对公共财产的自私自利的掠夺——揭开了新的、文明的阶级社会；最卑鄙的手段——偷窃、强制、欺诈、背信——毁坏了古老的没有阶级的氏族社会。”① 也是既有肯定，又有批判。不存在胡钧所认为的生产力标准与价值标准的内在统一。在这个问题上，胡文又对我的观点进行曲解。胡文说：“恩格斯特别指出，奴隶制是人类历史上最残酷最野蛮的剥削与奴役制度，但同时又指出采用奴隶制是一个巨大的进步。这种观点在杜林看来是‘多么矛盾和离奇’。可是卫却陷入这种‘矛盾和离奇’的概念中，他作出了奴隶制下，生产力标准和价值标准是分离的、难以内在统一的论断。卫文说：‘从生产力标准看，它是一个巨大的进步，而从价值来判断，似乎是人类与社会制度的倒退，是应受到谴责的社会经济制度’。这是多么‘矛盾和离奇’的看法！这就是说，奴隶制剥削制度是应受到责难的违背人类道义的倒退，它的结果促进了生产力的发展，是一个‘巨大的进步’。难道在当时离开野蛮的残酷的奴隶制的剥削制度，能造成奴隶制社会的巨大的进步吗？应受到责难的倒退造就了历史的进步，这种逻辑怎么能说得通!?”胡文这里竟篡改我的原话和愿意，请读者看看我的原话：从原始氏族制度“转向人类历史上最残酷、最野蛮的剥削与奴役制度。如果单从价值标准来判断，似乎是人类道义与社会制度的倒退，是应该受到谴责的社会经济制度。然而，如果从生产力标准来判断，由原始社会转向奴隶制社会是一种历史的必然和进步”。后面接着说明奴隶制的“私有制和社会分工，有利于生产力的发展，有利于文化、艺术、科学等的发展”。并接着引用恩格斯的话：痛骂奴隶制、发泄高尚的义愤并无意义。“在当时情况下采用奴隶制是一个巨大的进步”。

任何有正常逻辑思维的学者，都会看出，我的这段话丝毫没有“奴隶制剥削制度是应受到责难的违背人类道义的倒退”的意思。我原意是说，“如果单从价值标准来判断”，即仅仅从野蛮的剥削制度来判断，“似乎是人类道义与社会制度的倒退，……”明明讲的是“似乎是”即好像是、容易被看成是，但实际上并不是这样。实际上“由原始社会转向奴隶制社会是一种历史的必然和进步”。胡钧竟将我的原意完全歪解与颠倒，来进行批

① 《马克思恩格斯选集》第4卷，人民出版社1995年版，第97页。

驳。这究竟是出于理论理解水平欠缺呢？还是故意去做呢？显然是有意的。读者请看：他不引证我的原话，而是把我讲的两种判断标准的话有意颠倒了前后顺序，并篡改了我的原话。我原话先讲“如果单从价值标准来判断，似乎是人类道义与社会制度的倒退”，再接着讲“然而，如果从生产力标准来判断，……奴隶制社会是一种历史的必然和进步”。胡文将我原话中的“如果单从价值标准来判断”，删去“如果单”三字，假定句变成肯定句了。再将讲两种评价标准的话的顺序颠倒过来，最后又把“似乎是”删掉，变成我认为“奴隶剥削制度是应受谴责的违背人类道义的倒退”。据此批评“这是多么‘矛盾与离奇的看法’!”。我想：做人与做学问，都应重诚信。想靠任意编造、颠倒是非取胜的做法，是不可取和难以如愿的。

最后再讲一点。胡文声称“价值标准由生产力标准决定”。这一论断是没有根据的。怎么“决定”？没有讲一句话，没有任何论证。而没有和提不出任何论证与论据的论断，会是武断。比如，我们用生产力标准评价我国改革开放以来的生产力发展状况，应是肯定的，赞扬的。我国的经济增长速度持续30多年在9.8%，在世界发展史上是没有的。但用社会主义的价值标准对我国的经济社会关系进行衡量，生产力的发展没有导致消除两极分化和共同富裕，而是贫富分化凸显，社会矛盾突出，公有制为主体和按劳分配为主体的格局在发生逆向改变。社会主义的本质被模糊了。试问：这个价值标准的判断，怎样由生产力标准决定呢？因此，只讲生产力标准不行，无根据地空谈生产力标准决定价值标准不能成立。正确的提法应是生产力标准在先，价值标准在后。因为，没有生产力发展，就没有共同富裕。但发展生产力的目的是共同富裕。如果生产力的发展和财富的增进落到少数富人手里，工农大众成为弱势群体，形成严重两极分化，就离开社会主义的价值取向和价值标准了。因此，不能重生产力标准，轻价值标准。应是两者并重，而生产力标准在先。

第十篇

关于马克思“重新建立个人所有制”理论的辨析

正确理解马克思关于重建个人所有制的理论观点[①]

马克思《资本论》第1卷第24章第7节《资本主义积累的历史趋势》中指出：“资本主义的私有制，是对个人的、以自己劳动为基础的私有制的第一个否定。但资本主义生产由于自然过程的必然性，造成了对自身的否定。这是否定的否定。这种否定不是重新建立私有制，而是在资本主义时代成就的基础上，也就是说，在协作和对土地及靠劳动本身生产的生产资料的共同占有的基础上，重新建立个人所有制。”（法文版中删去了其中“也就是说”一句）这是马克思关于重建个人所有制的重要观点。正确理解这一重要观点，对于准确把握科学社会主义基本理论，更好地推进中国特色社会主义伟大事业，具有重要意义。

对马克思所讲的重建个人所有制观点，我国学界早有研讨，在改革开放以前，比较一致的理解是：在社会主义制度下，生产资料实行公有，消费资料归个人所有。这种理解是有根据的。大家知道，早在19世纪70年代，马克思提出的在公有制基础上“重新建立个人所有制’，的观点，曾遭到了杜林的攻击。他说：“这种新的‘个人所有制’在马克思先生那里同时也称为‘社会所有制’……马克思先生安于他那既是个人的又是社会的所有制的混沌世界，却让他的信徒们自己去解决这个深奥的辩证法之谜。”恩格斯反驳杜林对马克思重建个人所有制的攻击时指出：处于“混沌世界”的不是马克思，而是杜林自己。马克思的观点是“社会所有制涉及土地和其他生产资料，个人所有制涉及产品，那就是涉及消费品”。列宁在《什么是〈人民

① 本文原载《光明日报》2007年9月25日。

之友〉以及他们如何攻击社会民主党人》一书中批评米海洛夫斯基时，也引证恩格斯的解释，认为个人所有制是指消费品的个人所有。

党的十一届三中全会以来，对马克思关于重新建立个人所有制问题的研讨也一直没有停止过，发表了大量论文，出版了一些专著。有的学者仍坚持生产资料公有、消费品个人所有的“个人所有制”。如果不考虑“否定之否定”和“重新建立”这种逻辑思维，单就反驳杜林对马克思重建个人所有制的攻击来说，恩格斯的解释也是说得通的。因为在社会主义制度下，确实存在生产资料公有、消费品个人所有的事实。而且马克思在《资本论》第1卷第1章第4节中讲到未来“自由人的联合体”即社会主义社会时，也曾指出：这里“用公共的生产资料进行劳动”。联合体的社会总产品中“一部分重新州作生产资料，这一部分依旧是社会的。而另一部分则作为生活资料由联合体成员消费”。恩格斯也是依此为例作出消费品个人所有制的解释的。这样解释简明易懂。但是，用消费品的个人所有制来解释“重新建立个人所有制”，也存在一些值得斟酌的问题。一是马克思讲的是三种所有制的“否定的否定”，即“资本主义私有制，是对个人的、以自己劳动为基础的私有制的第一个否定”，这是资本主义私有制否定了个体劳动者的私有制；社会主义公有制又要否定资本主义私有制。这三种所有制的“否定的否定”，都是指三种生产资料所有制的先后否定，因而不能用社会主义消费品的个人所有制来否定资本主义生产资料私有制，二者不是同一层次的问题。二是消费品的个人所有制，不存在“否定的否定”和“重新建立”的问题。因为在资本主义经济中，无论资本家和工人，都存在消费品的个人所有，因而不存在社会主义要“重新建立”被否定了消费品的个人所有制问题。

究竟怎样准确地理解马克思的“重新建立个人所有制”的主张呢？首先，需要明确的是马克思把个人所有制分为两类：一类是孤立的、单个人的个人所有制，即被资本主义剥夺和否定的个体私有制；另一类是联合起来的社会的个人所有制，即公有制经济中，作为联合体的个人所有制。“重新建立个人所有制”，是指后一种个人所有制。这一见解贯穿于马克思的诸多著作中。马克思在《共产党宣言》中就提出：将“全部生产集中在联合起来的个人手里”，“联合起来的个人”不同于单个个人，是处于联合体中的诸劳动者个人。他在《德意志意识形态》一书中指出：“联合起来的个人对全部生产力总和的占有，消灭着私有制”。“在无产阶级的占有制下，……财产则归属于全体个人。现代的普遍交往，除了归全体个人支配，不可能归各个人支配”。在1861～1863年的经济学手稿中，马克思更为具体地讲：资本家的所有制，“只有通过他的所有制改造为非孤立的单个人的所有制，也就是改造为联合起来的社会个人的所有制，才可能被消灭”。从以上论述中，可以看出：“联合起来的社会个人的所有制”，既与孤立的、分散的、单个人的私有制相区别，又与资本主义私有制相对立。建立“联合起来的社会个人的所有制”，就意味着消灭资本主义私有制，也消灭其他私有制．在马克思的笔下，“全体个人”不同于“各个个人”，前者是后者的总体。“联合起来的社会的个人”是由众多个人组成的社会“联合体”，与社会主义公有制相统一；“孤立的单个个人”是指分散的个体生产中的个人，与小私有制相统一。它们既有抽象的共同点：都是由劳动者占有生产资料或财产，可以抽象地认为两者都是“个人所有制”，又有根本区别：联合起来的个人所有制是以公有制为基础的个人所有制，是体现众多劳动者个人利益的所有制；而分散的孤立的个人所有制是以小私有者为基础的个人所有制，是体现单个人利益的所有制。联合起来的个人所有制，实际上是从另一个角度看的社会公有制。公有制应是每个成员个人都有一份的所有制，是人人皆有。公有制是从整体上着眼的，而联合起来的个人所有制则是从构成整体的各个个体着眼的。

由此可见，马克思讲三种所有制的“否定的否定”，就是要阐明：资本主义私有制否定了个体劳动者的私有制，而资本主义私有制以其发展的必然性又要为社会主义公有制所否定。这层意思从马克思紧接着“重新建立个人所有制”的后面的一段话中可以看得很清楚：“以个人自己的劳动为基础的分散的私有制转化为资本主义私有制，同……资本主义所有制转化为公有制比较起来，自然是一个长久得多，艰苦得多，困难得多的过程。前者是少数掠夺者剥夺人民群众，后者是人民群众剥夺少数掠夺者。”那么，为什么马克思不简单地只讲以社会主义公有制否定资本主义私有制，还要加一个“重新建立个人所有制”呢？这是服从于“否定之否定”公式的需要。资本主义所有制否定了劳动者的个人所有制，又要被劳动者的个人所有制所否定，需要运用一个抽象的共同概念即“个人所有制”。所谓“重新建立个人所有制”，实际是指建立“联合起来的社会个人的所有制”，也就是建立每个人有份的社会主义公有制。从这里也可看出：马克思讲公有制，不是空洞的、与个人所有无关的东西。正确理解这一重要观点，对于我国当前的所有制改革来说，也有其理论意义和现实意义。我们建立的社会主义公有制，应是与广大劳动者个人利益紧密结合的公有制，既是社会的，又是个人的。我们对公有制的改革和完善，应遵循这一思路。

马克思关于重建个人所有制的论述，应该全面理解、准确把握，而不能随意错解和曲解。有的学者将重建个人所有制解释为“人人皆有的私有制”，为改变公有制实行私有化提供理论依据。这种见解完全与马克思的原意相悖。马克思明确地指出：“这种否定不是重新建立私有制”。就是说，否定资本主义所有制不是要重新建立劳动者的私有制。法文版中讲得更清楚：“这种否定不是重新建立劳动者的私有制”，而是“重新建立劳动者的个人所有制。”再者，既然个人所有制是在土地和其他生产资料公有制的基础上“重新建立”，就不可能是在社会公有制的基础上重建“人人皆有的私有制”。这两者是相互排斥和对立的。

有人认为，马克思的设想是：第一步把资本家的大公司、大工厂收归国有；第二步将其回归人民，重建个人所有制。而重建个人所有制的形式就是股份公司，“就是股票”。这种观点完全背离了马克思的原意。第一，它把建立社会主义公有制与重建个人所有制完全割裂开来，看作是不同的两回事情。这种观点引证恩格斯《反杜林论》中的话作为佐证，说股票这种占有方式，是“以现代生产资料的本性为基础的产品占有方式：一方面由社会直接占有，作为维持和扩大再生产的资料，另一方面由个人直接占有，作为生活资料和享受资料”。但恩格斯这里恰恰是讲：当资本主义占有方式让位于社会主义占有方式后，生产资料归“社会直接占有”，即归社会公有，用于维持和扩大再生产。而消费资料则归个人直接占有，即个人所有。依然是强调生产资料公有，消费资料个人所有。这与股份公司和股票毫无关系。马克思认为，建立公有制和重建个人所有制，是统一的和同步的过程，并不是互不相同的两个过程。第二，按照马克思设想，社会主义制度下，商品货币关系消失了，也根本不存在股份公司与股票。这种观点说“在马克思恩格斯看来，小小一张股票，体现了社会所有与个人所有的统一”，这是对马克思恩格斯关于资本主义国家股份制性质的论述的错解。马克思恩格斯并没有这种看法。私人购买的股票，依然归私人所有，并非“社会所有与个人所有的统一”。即使社会主义国家建立的股份制，也不是要通过让广大工农群众都购买股票，去实现“个人所有制”。认为资本主义国家通过股份公司这一“过渡点”，完成了向社会主义的和平过渡；认为股份制就是社会主义所有制，就是“社会所有与个人所有相统一”的个人所有制。这完全是主观构想，远远离开了马克思恩格斯的理论观点。恩格斯明确地讲过：在资本主义国家，生产资料“无论转化为股份公司，还是转化为国家财产，都没有消除生产力的资本属性。”就是说，资本主义国家的股份公司和国有经济都是资本主义性质的，都依然是资本家统治和剥削雇佣工人。在马克思看来，社会主义制度建立起来以后，股份制不会继续存在。把马克思讲的资本主义国家的股份制，说成是理想的社会主义所有制形式，是应重新建立的“个人所有制”，这是理论研究中不应有的偏误。第三，这种观点认为，作为社会主义所有制形式的个人所有制，“是一种以个人私有制为基础的均富状态。马克思对公有制的定义，就是让自然人拥有生产资料，人人有份。这就是社会化，这就是公有制。”说来说去，还是归到私有制上来，说社会主义公有制是以“私有制为基础”，说马克思对公有制的定义是让自然人占有生产资料。一句话：私有制就是公有制，公有制也是私有制。把这一套强加到马克思头上，是对马克思的天大冤枉。其实，我国存在和发展股份制，建立和完善社会主义市场经济体制，是我们在建设中国特色社会主义实践中的理论创新和制度创新，不能削足适履式地硬套到经典作家的理论观点中去。

对“重建个人所有制”的解读、评论与争鸣的一些看法①

——兼谈王成稼先生对“重建个人所有制”不同于他解读的批评和有关观点

摘要：马克思在论述资本主义积累的历史趋势时，提出了“否定的否定”和“重新建立个人所有制”问题。这是从三种生产资料所有制的变革和相继否定的角度讲的。重建个人所有制，是重建被资本主义否定了的劳动者的生产资料所有制，不是重建什么封建社会末期的劳动者的生活资料个人所有制。马克思主义考察和研究人类社会经济制度的变革和更替，主要是从生产资料所有制的变革和更替着眼的，并不需要专门考察“生活资料个人所有制”的变革问题。将重建个人所有制解读为重建生活资料的个人所有制，对社会主义建设事业没有什么理论和实际意义。对王成稼研究员的有关解读及其对不同观点的评析和批评提出了一些异议。

一、力求按马克思的原意解读“重新建立个人所有制”

马克思在《资本论》第1卷第24章论述资本主义积累的历史趋势时，提出三种所有制的“否定的否定”问题，也就是资本主义私有制否定了“个人的、以自己劳动为基础的私有制”，这是“第一个否定”。这里所讲的“资本主义私有制”和“以自己的劳动为基础的私有制”，都是从生产资料

① 本文原载《当代经济研究》2009年第1期。

所有制的角度讲的，不涉及个体劳动者生活资料个人所有制问题。请注意：马克思在讲“以自己劳动为基础的私有制”前面，还加了“个人的”这个定语，用以表明，被资本主义私有制否定了的个体劳动者的私有制，是属于“个人的”的所有制。这个“个人的”，决不是指生活资料的个人所有，而是指生产资料的个人所有，它为“否定的否定”、“重新建立个人所有制”，预设了理论铺垫。

马克思讲：资本主义发展历史必然性“造成了对自身的否定”，这是第二次否定，即“否定的否定”。“这种否定不是重新建立私有制，而是在资本主义时代成就的基础上，也就是说，在协作和对土地及靠劳动本身生产的生产资料的共同占有的基础上，重新建立个人所有制。”对马克思的这段话，学界有不同的解读。只就马克思主义经济学界的观点看，主要有两种解读：一种是以恩格斯的解读为依据，即认为马克思所讲的重建个人所有制，是指生活资料的个人所有制；另一种解读是以马克思讲的“联合起来的社会的个人所有制”为依据，认为是从组成联合体的众多个人的角度来讲生产资料公有制。笔者持后一种见解。

需要弄清两个问题：第一，用以否定资本主义生产资料私有制的，是社会主义生产资料公有制，而不是消费资料的个人所有制，更不是如王成稼研究员所主张的“重建”或“恢复”封建社会末期的个体劳动者的消费资料的个人所有制。因为这是不同层次不相对应的关系和问题。在社会经济发展和经济制度的更替中，从来不会出现某种生产资料所有制被某种消费资料个人所有制所否定和替代的问题。只要生产资料所有制变更了，生产资料和劳动者的结合方式确定了，分配关系和消费品的个人所有制情况也就确定了。用以否定和取代资本主义生产资料私有制的，只需要实行社会主义生产资料公有制就够了，不需要在公有制外，再加一个消费资料的个人所有制。马克思主义研究人类历史上社会经济制度的变革和更替，从来都是以生产资料所有制的变革为基础的，而不需把生活资料的个人所有问题拉进来。如果是描述某个社会制度的经济关系与特点时，需要涉及生活资料的分配和个人所得问题。比如，讲社会主义的生产与分配特点时，马克思在《资本论》第1卷第1章第4节设想了一个未来的“自由人联合体”。“这个联合体的总产品是社会的产品。这些产品的一部分重新用作生产资料。这一部分依旧是社会的。而另一部分作为生活资料由联合体成员消费。因此，这一部分要在他们之间进行分配。这种分配的方式会随着社会生产机体本身的特殊方式和随着生产者的相应的历史发展程度而改变”。这里所论述的主要是“自由人联合体”（也可以理解为社会主义公有制经济）中社会总产品的分配关系和分配方式。既没有提出“个人所有制”概念，也没有和不需要说生活资料归个人所有。而是说“生活资料由联合体成员消费”，因而“这一部分要在他们之间进行分配”。为什么不直接讲生活资料归个人所有？因为在社会主义经济中，生活资料并不是完全分配给劳动者个人、归劳动者个人所有。总产品中的生活资料分两部分，一部分分给劳动者用于个人消费；另一部分用于社会公共消费。马克思在《哥达纲领批判》中讲得很清楚，“总产品中的一部分是作为消费资料的”，但“在把这部分进行个人分配之前，还得从里面扣除”一定部分用于“一般管理”、“满足共同需要”、“为丧失劳动能力的人设立基金”等社会消费需要。因此，马克思所论述的自由人联合体中生活资料的分配和“生活资料由联合体成员消费”问题，与论述资本主义发展的历史趋势时所讲的三种所有制的“否定的否定”、“重新建立个人所有制”是完全互不相关的问题。前者所着重讲的社会总产品（包括生活资料）的分配问题，不是着重于讲生活资料的个人所有问题；而后者即重建个人所有制所着重讲的是用社会主义所有制否定和取代资本主义所有制的问题。从理论与实践上看，与资本主义生产资料私有制相对立并能取而代之的，只能是社会主义生产资料公有制，而不需要涉及生活资料的个人所有制问题。

在马克思的著作中，凡讲“个人所有制”的地方，都是指生产资料个人所有制，还找不到特指生活资料个人所有制的说明。马克思把生严资料个人所有制分为两类：一类是“孤立的、单个人的个人所有制”，即被资本主义所否定了的以个人劳动为基础的个体劳动者的生产资料私有制；另一类是“联合起来的社会的个人所有制”，即社会主义（也可说共产主义）生产资料公有制。公有制，不是人人皆无，而是人人皆有。每个劳动者个人都是其主人。讲“公有制”，是从由诸多个人组成的社会整体着眼的；讲“联合起来的个人所有制”，是从组成联合体的诸多个体着眼的。是社会主义或共产主义生产资料所有制一个硬币的正反两个方面。它表明，社会主义公有制，应是将社会整体利益与组成整体的诸多个人的利益统一起来的所有制。以公有制模糊乃至排斥“个人所有制”意义上的个人利益，正是传统体制下公有制的弊端所在，需要进行改革，让公有制与劳动者的个人利益紧密结合起来。

在马克思的论著中，有的地方只提用“联合起来的个人所有制”取代或消灭资本主义私有制，而不提生产资料公有制。如将其解读为消费资料的个人所有制，就明显地站不住脚了。因为撇开生产资料公有制，单用消费资料的个人所有制，怎么能起消灭资本主义私有制的作用呢？例如，马克思在1861—1863年的经济学手稿中明确地指出：资本家的所有制“只有通过他的所有制改造为非孤立的单个人的所有制，也就是改造为联合起来的社会个人的所有制，才可能被消灭”。[①] 这段话在孙开焕和张仲朴的译文中表述的更明确，“资本家的所有制，只有通过改造为工人的所有制，不是改造为孤立的单个人的所有制，因而是改造为联合起来的、社会的个人所有制，才可能被消灭。”[②] 在这段论述中，没有讲用生产资料公有制去消灭资本家的所有制，只讲资本家的所有制只有改造为联合起来社会个人所有制，才能被消灭。显然，不能将这种论述解读为只有将资本家的生产资料所有制改造为消费资料的个人所有制，才能被消灭。这里所讲的联合起来的社会的个人所有制，只能解读为由诸多个人组成的联合体的生产资料公有制。

在《法兰西内战》一书中，马克思明确地讲：“把现在主要用作奴役和剥削劳动的工具的生产资料、土地和资本变成自由集体劳动的工具以实现个人所有制”（原译为“个人所有权”——引者）。[③] 从这段引文中可以明确地看出，所谓实现劳动者的“个人所有制”，是指将原来用以奴役和剥削劳动者的“生产资料、土地和资本”变成归劳动者“个人所有”，而不是什么生活资料的个人所有。

第二，马克思在讲“否定的否定”和“重新建立个人所有制”的行文中，下面所引这段话理论界有不同的理解和解读：“这种否定不是重新建立私有制，而是在资本主义时代的成就的基础上，也就是说，在协作和对土地及靠劳动本身生产的生产资料的共同占有的基础上，重新建立个人所有制”。这里所讲的“资本主义时代的成就的基础”是指什么？从上段话的行文看，容易从逻辑上把“也就是说”后面的论述当作说明。如果说，“协作”是资本主义时代所成就的，不会有异议，《资本论》中分析了资本主义

① 《马克思恩格斯全集》第48卷，人民出版社1971年版，第21页。

② 《〈资本论〉研究资料和动态》第3集，江苏人民出版社1982年版，第203页。

③ 《马克思恩格斯全集》第17卷，人民出版社1963年版，第362页。

发展中的简单协作和工场手工业中的分工协作。社会主义社会化的生产也要继承和发展分工协作关系。但“对土地及靠劳动本身生产的生产资料的共同占有”怎样理解？它是否属于“资本主义时代的成就”？显然不能这样说。因为“生产资料的共同占有”就是指生产资料公有制。有的学者将其解读为“生产资料共同使用”用以对应“资本主义时代的成就”，并不贴题。因为这里所讲的“否定的否定”，就是用社会主义生产资料公有制否定资本主义生产资料私有制。只要联系马克思紧接着后面的一段话就会明白其愿意。后面一段话是：“以个人自己的劳动为基础的分散的私有制转化为资本主义私有制，同事实上已经以社会生产为基础的资本主义所有制转化为公有制比较起来，自然是一个长久得多、艰苦的多、困难得多的过程。前者是少数掠夺者剥夺人民群众，后者是人民群众剥夺少数掠夺者。”这段话是对前一段话的进一步说明和拓展。解读前一段话中关于重建个人所有制的论述，应当联系这后一段话的阐述。从后一段的阐述中可以把握两点：其一，前段话中“资本主义时代成就的基础”，就是后段话中的“资本主义事实上已经以社会生产为基础”。从转向社会主义的角度考察资本主义时代的成就，主要是“社会生产”即生产社会化。企业的分工协作、股份制中的社会资本与社会生产、科技进步与生产的高度技能化与协作化、部门间的协作与按比例发展等，都是生产社会化的表现。但“对土地及靠劳动本身生产的生产资料共同占有”，则不属于资本主义时代的成就。资本主义只提供了转向生产资料公有制的“过渡”形式。因此，《资本论》中讲“资本主义时代的成就的基础”时，用“也就是说”与后面的话相连接，只能连接“协作”，而不能连接“对土地及靠劳动本身生产的生产资料的共同占有”。但从行文的逻辑来看，又是顺理成章地连接在一起的。这就导致学界理解上的困难与分歧。其实，只要删去“也就是说”，其障碍就消除了。在《资本论》法文版中，就没有“也就是说”一词。其实，在《资本论》第1卷德文第1和第2版中并没有“也就是说”这个连接词。其二，从后面增补的一段话来看，马克思所讲的“否定的否定”，就是剥夺剥夺者。资本主义剥夺了分散的劳动者的生产资料私有制即个人所有制，社会主义要剥夺资本主义的生产资料私有制。用什么去剥夺或否定？用消费资料的个人所有制吗？显然不是。应是通过生产资料的公有化，实现其剥夺或否定。也就是通过联合起来的社会个人所有制，去消灭资本主义私有制。

二、对《论“重新建立个人所有制”逐步实现共同富裕》一文的几点意见

拜读了王成稼研究员发表于《当代经济研究》2007年第10期的《论“重新建立个人所有制”逐步实现共同富裕》（以下简称《富裕》）一文，感到其内容存在一些问题，值得商榷。我在《当代经济研究》2008年第9期发表的《再析马克思“重建个人所有制”的含义》一文中，曾对其提出了一些意见，但还有些比较重要的理论认识问题，需要进一步澄清理论是非。

《富裕》一文坚持认为马克思所讲的“重新建立个人所有制”是指生活资料的个人所有制，并具体说明是重新建立或“恢复”封建社会末期劳动者的生活资料个人所有制。从学术研究和百家争鸣的角度来看，这也是属于马克思主义经济学界内部讨论的一种观点。如果它用以批驳私有化的解读，或是针对作为其批评对象的在《炎黄春秋》发表有关“个人所有制”论文的谢、辛二位先生的观点，本是无可厚非的。但《富裕》一文用敌对的情绪与语言批评将“重新建立个人所有制”解读为从另一个角度看的生产资料公有制的学者，就不能赞同了。请看《富裕》一文的两处批评：

其一，《富裕》一文引证《哥达纲领批判》中的一段话：“在生产资料公有制的条件下，劳动者除了个人的消费资料，没有任何东西可以成为个人的财产”。用以论证“重新建立个人所有制”只能是消费资料的个人所有制。该文接着斩钉截铁地说：《哥达纲领批判》中的“这一说明没有半点试解的余地，除非别有用心。”且不说这里对马克思的解读是否准确，王成稼批评与自己不同解读的观点为“别有用心”，是一种大批判年代惯用的语言。难道将重建个人所有制解读为从另一个角度看的生产资料公有制，不主张解读为消费资料的个人所有制，就是“别有用心”？希望王成稼研究员能指出究竟别有什么用心？

为了加重批评“别有用心”王先生竟借力于谢、辛二位先生。请看作者对谢、辛观点的褒扬：“二位先生的试解，肯定在公有制的基础上重建个人所有制和强调个人所有制的重要意义，这是对的。”且不评论王成稼这样正面评价谢、辛二位先生关于个人所有制的解读是否符合谢、辛的原意和是

否准确，人们从这里可以看出，《富裕》一文所批评的“别有用心”，是针对主张联合起来的个人所有制是生产资料个人所有制的学者的。学术争鸣应当摆事实、讲道理，以理服人。用“别有用心”这种亵渎的语言批评与自己不同的解读，显然是不适当的。

其二，《富裕》一文继续批评：“时至今日，百余年来，杜林的阴魂不散，有些学者和翻译家，仍然秉承杜林对‘重建的新的个人所有制’的曲解。”这是批评谁呢？也不是批评谢、辛二位先生，依然是批评将“重建个人所有制”解读为与公有制一致的联合起来的个人所有制的“学者和翻译家”的。请看《富裕》一文下面的评论就更一目了然。它下面肯定了谢、辛二位先生的试解“是对的”后，接着讲：谢、辛的解读“比有些学者和翻译家……把个人所有制等同于公有制，即把个人所有制与决定它的基础或前提混同起来，要强得多”。就是说“谢、辛”的解读比后一种解读更正确，“要强得多”！王先生的论文名义上是批评谢、辛二位的观点，但实际上恰恰赞扬了谢、辛的观点，并借助他们来攻击主张重建生产资料个人所有制的学者。谢、辛关于重建个人所有制的观点与论述，受到理论界的一致批评，而王先生则假批评真赞扬。据我所知，中央编译局的一些“翻译家”同我和许多学者一样，是主张“重新建立个人所有制”，就是重新建立被资本主义否定了的劳动者的生产资料所有制。王成稼研究员批评我们的解读是“别有用心”，连谢、辛二位先生的解读都比我们的解读“要强得多”，是“杜林的阴魂不散……仍然秉承杜林对重建新的‘个人所有制’的曲解”，究竟有什么理论根据呢？这能算是学术探讨与争鸣的科学态度吗？

有必要讲一下：中共中央机关刊物《求是》杂志2007年第16期发表的李光远所写的《重温马克思重建劳动者个人所有制的思想》一文中，对“重建个人所有制”的解读是：“明确社会主义公有制的基本属性。这种公有制……只属于联合起来的劳动者个人，劳动者个人在联合中，通过联合成为生产资料所有者即生产的主人。”另外，中央马克思主义理论研究和建设工程2006年12月27日发表的《关于“重建个人所有制”过程中的“两个否定”的研究成果》（《简报》第253期）一文中，对“重建个人所有制”的解读是，实现第二个否定即“资本主义私有制……被劳动力与生产资料统一的、以联合劳动为基础的、一切劳动条件和成果由劳动者联合支配的重建的‘个人所有制’否定”。也就是重建生产资料和劳动成果的“个人所有制"。难道这些见解都是"别有用心"、比谢、辛二位的解读都不如吗？

有必要进一步分析一下，杜林对马克思"重新建立个人所有制"的攻击，其错误究竟是什么？在王成稼研究员看来，杜林的错误在于把重建的个人所有制与公有制相混同。因此，凡主张重建的"个人所有制"与"公有制"涵义一致的观点，就是杜林的观点。杜林说："这种新的'个人所有制'在马克思先生那里，也称为公有制……马克思先生安于他那既是个人的又是公共的所有制的混沌世界"。[①] 在杜林看来，社会主义所有制，不可能既是公有制，又是联合起来的个人所有制。如果说既是公有的，又是个人的，就是陷入杜林的"混沌世界"。杜林事实上是把马克思讲的"个人所有制"等同于私有制。公有和私有是对立的，当然不能把社会主义所有制说成既是公有制，又是私有制。但在马克思的笔下，个人所有制并不等同于私有制。在个体劳动者那里，生产资料的私有制与个人所有制是一回事。但在社会主义经济制度下，重建个人所有制，不是重建生产资料私有制，而是重建生产资料归全体劳动者所有的个人所有制。可以说，社会主义生产资料所有制，既是公共所有，又是"个人所有"。杜林的错误，在于他不理解公共所有与个人所有的辩证关系，以为二者是对立的，只能或是公共所有，或是个人所有，不能同时并存。他不懂得，讲生产资料公有制，是从人们组成为共同体的总体的角度着眼的，而讲生产资料的"联合起来的个人所有制"，则是从作为联合体的分子的诸社会成员的角度着眼的，是社会主义生产资料所有制的同一内容的两个方面。他把既是公有又是个人所有看作是马克思的"混沌世界"，其实是他自己因为分不清马克思的原理和辩证方法而陷入"混沌世界"。而王成稼研究员竟认为，谁把社会主义所有制解读为既是公共的，又是个人的，既是"公有制"，又是"个人所有制"，谁就是"杜林的阴魂不散"，"仍然秉承杜林对重建的新的'个人所有制'的曲解"。这既是一种完全无理的批评，也是王成稼既没有弄清杜林用以攻击马克思的所谓"混沌世界"的错误所在，也没有弄懂马克思的"联合起来的社会个人所有制"的深刻内涵是什么的结果。

---

① 《马克思恩格斯全集》第 48 卷，人民出版社 1971 年版，第 142 页。

三、关于生活资料的“个人所有制”问题

王成稼研究员竭力反对和批评将“重建个人所有制”解读为重建被资本主义否定了的劳动者的生产资料“个人所有制”，即“联合起来的社会的个人所有制”，或者说是从另一个角度看的公有制。他提出应将重建个人所有制解读为“旧的或作为逻辑起点的个人所有制”，即“封建社会末期”的劳动者的“生活资料的个人所有制”。本来，生活资料的个人所有制或个人私有，并不存在需要社会主义“重新建立”的问题。这是因为：第一，资本主义否定了劳动者的生产资料个人所有制，社会主义要“重新建立”。资本主义并没有否定或消灭劳动者的生活资料个人所有，资本主义社会的雇佣劳动者同样存在生活资料的个人所有制。没有被消灭而继续存在的东西，谈何“重新建立”？第二，社会主义制度下的生活资料个人所有，是在公有制基础上自行建立和发展的，不需要“重建”或“恢复”什么“封建社会末期以自己劳动为基础”的劳动者的个人所有制。难道我国社会主义公有制经济中的生活资料归个人所有，是封建社会末期劳动者的生活资料个人所有的“重建”或“恢复”？有什么理论和事实根据呢？又有什么理论和实际意义呢？第三，我国进行社会主义经济建设，推进改革与发展，重视改革和发展国有经济和集体经济，强调公有制为主体多种所有制经济共同发展，都是与生产资料所有制相联系的。从来没有提出过重建或建设社会主义“生活资料个人所有制”的任务。因为只要社会主义公有制经济确立和发展了，生活资料的个人所有状况也就相应地确定了。

《富裕》一文的第三部分提出“如何在公有制基础上实现个人所有制？”两千多字的论述全篇是与所讨论问题无关的大话、套话、空话，还有错话。我在《当代经济研究》2008 年第 9 期发表的《再析马克思“重建个人所有制”的涵义》一文中对此曾简要论及，这里不再复述。只补充些意见：

第一，《富裕》一文将“生活资料的个人所有制”同分配方式混同起来了。它说：“列宁和斯大林不仅没有忽视新的个人所有制，而且十分重视这种新的个人所有制所包括的个人消费品的分配原则和分配方式，即按劳分配。我们的毛泽东主席不仅在消灭私有制，建立公有制，消灭人剥削人的方面超过了列斯，从集体农庄式的生产队上升到人民公社，而且在个人消费品

分配方面也远远超过了列斯，批判按劳分配原则中的资产阶级法权，搞公共食堂，吃饭不要钱”。这就是作者所描述的社会主义公有制基础上生活资料“个人所有制”的实现情况！

生活资料的个人所有，是通过一定的分配方式实现的。所谓个人所有，就是指个人对所获得的生活资料具有占有权、处置权、消费权。它同分配方式不是同一个问题。先有分配，后有消费。而王成稼研究员不仅把消费品的个人所有与分配方式相混同，而且将分配方式包括到消费品的个人所有制中，说什么列宁和斯大林十分重视“新的个人所有制所包括的个人消费品的分配原则和分配方式，即按劳分配”。就是说，将按劳分配包括到生活资料的个人所有制之中。试问，列宁和斯大林在何处讲过这种逻辑不通的观点呢？

第二，《富裕》一文竟这样描述我国消费资料的个人所有制：毛泽东“在个人消费品分配方面也远远超过了列斯”。怎样超过呢？一是“从集体农庄式的生产队上升到人民公社”，二是“批判按劳分配原则中的资产阶级法权”，三是“搞公共食堂，吃饭不要钱”。请问：怎么能用这套我国已经放弃了的东西，来论证我国的消费资料的个人所有制呢？我国现在不断丰富的消费资料的个人所有，难道与人民公社、批资产阶级法权、吃饭不要钱有什么丝毫联系吗？而且有个常识性的问题：说我国“从集体农庄式的生产队上升到人民公社”，存在纰误。生产队包括生产小队、生产大队，都是原人民公社下属的组成部分，它既与苏联的集体农庄无共同之处，也不存在由生产队上升到人民公社的问题。王成稼研究员用上述这套逻辑与事实杂乱不清的事例来论证马克思所讲的“重建个人所有制”在我国的实现，有任何一点说服力吗？有任何一点理论意义和现实意义么？

第三，《富裕》一文在讲许多套话、空话中，出现了不少理论认识上的纰误点，我在《当代经济研究》2008 年第 9 期的论文中已指出过几点。这里再补充一点：《富裕》一文讲：“我们党经过历史曲折，付出沉痛的代价，终于找到自己在通向社会主义的自然历史过程中的准确位置，即中国特色社会主义初级阶段。这是继马克思把共产主义社会区分为共产主义第一阶段和共产主义社会高级阶段之后，在社会发展阶段认识上的又一次巨大飞跃……”，这段话包括紧接在下面的长篇大论的套话本来与我们所讨论“重新建立个人所有制”问题无关，本可以不必管它。但这里提出了一个“中国特色社会主义初级阶段”的新概念。中央文献和理论界讲“中国特色社会主义”、“中国特色社会主义理论”、“中国特色社会主义理论体系”、“中国特色社会主义道路”、“中国特色社会主义经济”等等，没有讲过“中国特色社会主义初级阶段”。中国社会主义初级阶段，既包括改革开放前的历史阶段；也包括改革开放后的中国特色社会主义阶段。王先生编造出一个“中国特色社会主义初级阶段”，不知是指哪个阶段？是概念混乱的表现！

再析马克思“重建个人所有制”的理论含义[①]

——兼评王成稼先生的有关诠释与观点

摘要：马克思的重建个人所有制理论，学界有不同的解读。有人从私有化、股份化的思路去解读，是一种误解；有人用个人所有制理论批判我国改革前的社会主义现实，文不对题。重建个人所有制，是重建被资本主义否定了的生产资料的劳动者的个人所有制，但不是重建劳动者的私有制，而是重建“联合起来的劳动者”人人有份的生产资料所有制。它与公有制是相通的。公有制是从联合体的总体着眼的。“联合起来的社会的个人所有制”是从构成联合体的分子的个人着眼的，是从两个不同的角度，即从同一事物两个方面去讲怎样建立社会主义生产资料公有制的。这种解读才有理论和实际意义。

一、重建“个人所有制”是建立“联合起来的社会的个人所有制”

马克思在《资本论》第1卷第24章第7节《资本主义积累的历史趋势》中，提出三种所有制的“否定的否定”：“资本主义的私有制”否定了“个人的、以自己劳动为基础的私有制”，资本主义发展的历史必然性又造成对自身的否定，即资本主义私有制被社会主义公有制所否定。这三种所有制的“否定的否定”，都是也只能是生产资料所有制的相继否定。至于生活

---

① 本文原载《当代经济研究》2008年第9期。

资料的个人所有制，在个体所有制经济中存在，在资本主义经济中也存在，在社会主义经济中同样存在。就是说，劳动者的生活资料个人所有制，并不存在被否定和“否定的否定”问题。个体劳动者的生产资料所有制被资本主义所有制否定后，个体劳动者转变为雇佣劳动者，从而个体劳动者的生活资料个人所有制，转为雇佣劳动者的生活资料个人所有制。劳动者的生产资料所有制被消灭了，但劳动者凭劳动所得的生活资料的个人所有制并未被消灭。因而并不存在重新建立劳动者生活资料的个人所有制问题。

为什么马克思不直截了当地讲，社会主义要用生产资料公有制否定资本主义私有制，而要提出在“生产资料共同占有的基础上，重新建立个人所有制”呢？这个“个人所有制”究竟是指什么？如果从简单逻辑推理来看，既然是讲在生产资料公有制的基础上重建个人所有制，这个个人所有制就不应再是生产资料公有制，否则就是在公有制的基础上重建公有制了，似乎只能解释为消费品的个人所有制才合乎逻辑。但是，既然消费品的劳动者个人所有制，在资本主义经济中并没有被消灭，何来“重新建立”的问题呢？

解决这一问题，必须回到马克思“否定的否定”所需阐明的理论观点的本意上来。马克思之所以要在生产资料社会主义公有制之外，另提“个人所有制”，具有深刻的含义。其一，马克思正面讲的劳动者“个人所有制”，都是指劳动者的生产资料个人所有。它区分为两种类型：一是孤立的、单个人的劳动者的个人所有制，即被资本主义所否定的以个体所有制为基础的个人所有制，二是“联合起来的社会的个人所有制”，这是指组成共同联合体的诸多劳动者的以公有制为基础的个人所有制。资本主义否定了第一类型的劳动者的个人所有制，又要被第二类型的劳动者个人所有制所否定。否定的否定，是劳动者生产资料个人所有制的重建和回归，但不是第一类型的复归，而是在更高层次上的即第二类型的回归。马克思指出：三种生产资料所有制的否定的否定，不是重新建立劳动者的私有制，“而是在资本主义时代成就的基础上，也就是说，在协作和对土地及靠劳动本身生产的生产资料的共同占有的基础上，重新建立个人所有制”。[①] 这是社会主义所有制的特点。它是一个整体的统一的所有制概念，不是相互不同的两个层次的

---

① 这句话中的“也就是说”，是个多余的易引起误解的赘语，似乎“资本主义时代成就”了土地和其他生产资料公有制。说它“成就”了“协作”是可以的。《资本论》法文版删去了“也就是说”一语，语义就更明确了。其实，德文第1版中也没有“也就是说”这句话。

所有制概念，即一个层次是生产资料公有制概念，另一个层次是与前者无关的个人所有制概念。讲生产资料公有或共同占有，是从社会主义联合体的整体来着眼的。讲“个人所有制”，是从构成联合体的劳动者个人着眼的，是在社会主义生产资料所有制关系中整体和个体的关系。整体上的共同占有或公有，不是和不应是抽象的或如有人所讲的所谓“人人皆有、人人皆无”，“产权虚置”的公有制，而是劳动者人人有份，与每个劳动者个人切身利益密切相关的所有制，每个劳动者个人都是作为公有制主人的一分子。因此，从共同体“共同占有”的整体看，是生产资料公有制，从构成共同体的各个分子看，是“个人所有制”，这是从两个角度考察的社会主义生产资料所有制的两个层次的用语。

其次，马克思讲劳动者的个人所有制，特别是联合起来的社会的个人所有制，都明显地与资本主义所有制区别开来。有人把资本主义的国有企业乃至封建社会的官办经济也称作公有制，用以否定公有制是社会主义的特点。然而无论资本主义的国有经济或封建社会的官办经济，都不与劳动者的个人利益密切相关。劳动者个人不是其所有制的一分子，它们既然与劳动者的“个人所有制”无关，也就不可能是劳动者的生产资料公有制。

解读马克思《资本论》中“重新建立个人所有制”原有含义，可以从马克思在其他论著中提及“个人所有制”概念时的意向进行佐证。可以看出，马克思凡正面运用“个人所有制”论述问题时，都是讲生产资料的个人所有制，还没有看到一处讲生活资料的个人所有制。举例说明：（1）马克思在《德意志意识形态》一书中讲：“联合起来的个人对全部生产力总和的占有，消灭着私有制”。这里所讲的占有“全部生产力总和”，显然不是指占有生活资料，而是指占有全部生产资料。“联合起来的个人”占有生产资料，也就是联合起来的“个人所有制”。（2）《共产党宣言》中讲，无产阶级取得政权后，要将“全部生产集中在联合起来的个人手中”。这里讲的“全部生产”显然主要指生产资料。（3）在1861～1863年的经济手稿中，马克思更明确地讲，资本家的所有制“只有通过他的所有制改造为非孤立的单个人的所有制，也就是改造为联合起来的社会个人的所有制，才可能被消灭”。①

① 《马克思恩格斯选集》第3卷，人民出版社1995年版，第21页。

二、“重新建立生活资料个人所有制”的诠释论证无力

《当代经济研究》2007年第10期发表了王成稼研究员的《论“重建个人所有制”逐步实现“共同富裕”》（以下简称《富裕》）一文。文中坚持马克思讲的“重新建立个人所有制”是“重新建立生活资料个人所有制”。我不同意《富裕》一文中的一些观点，在此愿与作者商榷。

先谈该文的论证问题。《富裕》一文，在开头的一节中说：“资本主义生产方式演变的自然历史过程，同时也是一个否定之否定的辩证逻辑过程。马克思在这里要说明的不是生产资料所有制本身的演变。”即认为马克思讲的否定的否定，不是生产资料所有制的相继否定。这一论断与马克思的原意相悖。否定的否定，是资本主义生产方式产生与发展的历史趋势，阐明资本主义所有制否定了个体劳动者的所有制，在其发展中又将被社会主义所有制所否定，这是三种生产资料所有制的否定的否定。不是三种消费资料所有制的否定的否定，也不可能用社会主义的生活资料所有制去否定资本主义的生产资料所有制。

《富裕》一文的第一题是诠释“重建的‘个人所有制’包括什么内容”。文章指出：“在生产资料公有制的条件下，社会总产品分为两部分：一部分为生产资料，用于维持和扩大生产，仍属于公有制；一部分作为生活资料，用于劳动者个人及其家庭生活消费，则属于个人所有制。”在社会主义公有制下，的确存在这种总产品的分配情况，但这不能说明资本主义发展历史趋势中的“否定的否定”的内容。资本主义经济中的总产品（c+v+m），也可分为两部分。c+m部分归资本家所有，v部分归雇佣劳动者，转化为生活资料，用于劳动者个人及其家庭生活消费，属于个人所有。既然如此，何来“重新建立个人所有制”问题呢？

《富裕》一文说，要正确解读“重建个人所有制”的内涵，不能忽视“重建”或“恢复”的重要意义，“必须弄清楚重建或恢复以前的旧的个人所有制，才不至于在逻辑思维中出偏差。许多人忽略了这一点”。旧的个人所有制是什么呢？《富裕》一文说：“旧的或作为逻辑起点的个人所有制，是封建社会末期‘个人的、以自己劳动为基础的生产资料私有制’所决定的用于劳动者个人及其家庭消费的生活资料的个人所有制。”文中还论证了

这种生活资料“个人所有制”与社会主义生活资料“个人所有制”的共同点与不同点。

如所周知，马克思主义创始人一贯认为生产资料所有制是社会经济制度的基础。社会经济制度的演变和更替，都是以生产资料所有制的演变与更替为基础的。生活资料的个人所有制，对社会经济制度的更替，并不起什么决定作用，也不能表现某一经济制度的本质特点。所以马克思并不专门考察生活资料个人所有制的更替或“否定的否定”问题，只要生产资料所有制确定了，与其相适应的消费品的个人所有制也就随之确定了。所谓生活资料的个人所有制，就是指对自己所取得的生活资料由个人支配、个人处置、个人及其家庭消费。这是简单明了的事情。而《富裕》一文着重论述“旧的作为逻辑起点的个人所有制”的个体劳动者生活资料个人所有制，与社会主义重建的个人所有制的共同点和不同点，则是多余的没有实质意义的事情。对于论证马克思的重建个人所有制是否是指生活资料的个人所有制并无切实的用处。

试问：社会主义有什么必要去重建被资本主义消灭了的“封建社会末期”的个体劳动者的生活资料个人所有制呢？否定资本主义、建立社会主义的主体，是资本主义制度下成长和成熟起来的工人阶级。工人的劳动收入也会形成生活资料的个人所有制，他们有什么必要去重建封建社会个体劳动者的生活资料的个人所有制呢？

《富裕》一文提出的其他论据，也难成立。

第一个论据是：《资本论》中设想了一个联合体。这个联合体的总产品是社会的产品，这些产品的一部分重新用作生产资料。这一部分依旧是社会的。而另一部分则作为生活资料由联合体成员消费。因此，这一部分要在他们之间进行分配。[①] 这里讲的是社会主义公有制条件下社会产品的分配问题，而不是讲所有制问题。所有制是分配的前提。社会主义制度下的生活资料由全体社会成员消费，这是不言而喻的事情，任何社会生产的生活资料都是由社会成员消费的。但不能由此证明，马克思在论述资本主义积累的历史趋势中所讲的“否定的否定”，重建个人所有制，就是指重建生活资料的个人所有制。

① 《马克思恩格斯全集》第23卷，人民出版社1972年版，第95页。

第二个论据是：恩格斯在《反社论》中反驳杜林对马克思的攻击时指出："处于这个'混沌世界'的不是马克思，而是杜林先生自己。""靠剥夺剥夺者而建立起来的状态，被称为以土地和靠劳动本身生产的生产资料的公有制为基础的个人所有制的恢复，对任何一个懂德语的人来说，就是公有制包括土地和其他生产资料，个人所有制包括产品即消费品。"①

恩格斯以上论证的根据，来自马克思在《资本论》第一卷第一章第四节中讲自由人联合体时一段的内容。《富裕》一文也引证了这段内容作为其论证的依据。但从科学研究的角度看，恩格斯对"重新建立个人所有制"的解释并不符合原意。当然，恩格斯对马克思有关理论思想的解读与阐述，具有权威性。正因为如此，后人会深信恩格斯对重建个人所有制的解读。在20世纪五六十年代，我们都是依据恩格斯的解读，把重建个人所有制理解为消费资料的个人所有制。但是，不能认为，恩格斯对马克思著作一切解读都百分之百地准确无误，就在《反杜林论》中，恩格斯解释马克思《资本论》第1卷第22章中提出的"商品生产所有权规律转变为资本主义占有规律"，显然就不符合原意。《资本论》的这一章主要是讲"剩余价值转化为资本"、进行资本主义扩大再生产问题的，是要阐明剩余价值不断转化为资本的扩大再生产中，资本与劳动关系的本质的。剩余价值转化为资本，意味资本家从工人身上剥削来的剩余价值，转化为进一步用于剥削工人更多剩余价值的追加资本。马克思指出："劳动力的不断买卖是形式，其内容则是，资本家用他总是不付等价物而占有别人的已经物化的劳动的一部分，来不断再换取更大量的别人的活劳动。""这并不触犯商品生产的一般规律。""尽管每一个单独考察的交换行为仍遵循交换规律，但占有方式却发生根本的变革，而这毫不触犯与商品生产相适应的所有权。"② 就是说，按照商品生产所有权的规律，资本与劳动力是等价交换，但其运行的结果是，剩余价值被资本家不断占有，即转化为资本主义占有规律。而恩格斯在《反杜林论》中却将这种规律的转化解释为："商品生产达到一定的发展程度，就转变为资本主义的生产。"即理解为由简单商品生产发展为资本主义生产。其实，由商品生产到资本主义生产的转变，在《资本论》第1卷第2篇《货币转

① 《马克思恩格斯全集》第20卷，人民出版社1971年版，第143页。

② 《马克思恩格斯全集》第23卷，人民出版社1972年版，第640~643页。

化为资本》中已讲清楚了。“商品流通是资本的起点。商品和发达的商品流通，即贸易，是资本产生的历史前提。”在《资本论》第1卷第7篇中讲商品生产所有权规律转变为资本主义占有规律，是指在“资本的积累过程”中的转变，不是不同发展阶段的转变。而恩格斯解读为两个不同发展阶段的转变，显然不符合马克思的原意。解读马克思，还得以马克思自己的原意为准。

第三个论据是：马克思在《哥达纲领批判》中有极其明确的说明，“在生产资料公有制的条件下，劳动者除了个人的消费资料，没有任何东西可以成为个人的财产。”

其实，《哥达纲领批判》中的那段话，也无助于消费资料个人所有制的解读，马克思这里讲的是社会主义制度下个人消费品的分配问题。由于生产资料为社会公有，每个人向社会生产提供的只能是劳动，从社会领取的只能是个人的消费资料。着重说明，在生产资料公有制下，任何个人不再可能凭借自己占有的生产资料获得分配收入。因为作为单个个人不再占有生产资料。但并不能由此得出结论说，社会主义公有制下的劳动者，只占有消费资料，不是生产资料的主人，不占有生产资料。他们作为联合体的社会的成员，都是生产资料的所有者。生产资料的公有制与联合起来的社会个人所有制是统一的，是同一所有制的正面与背面的两层关系，而且，《哥达纲领批判》中有关个人消费品的按劳分配的论述，与《资本论》中关于否定的否定和重建个人所有制的论述，是两个不相关的问题，这里根本没有涉及“重建”个人所有制的问题。

马克思提出三种所有制的“否定的否定”、重新建立个人所有制，其理论逻辑是这样推进的：资本主义生产资料所有制，消灭即否定了劳动者的生产资料所有制；社会主义要消灭即否定资本主义非劳动者的生产资料所有制，重建或恢复劳动者的生产资料所有制。但被资本主义否定的是个体劳动者的私有制，社会主义不是要重建或恢复劳动者的私有制。为了在被资本主义否定了的个体劳动者的所有制与否定资本主义后重建的社会主义劳动者的所有制中，抽象出一个共同的概念，马克思运用了“个人所有制”范畴。马克思在《资本论》以前的著作中，就把个体劳动者的生产资料私有制，称作“孤立的、单个人的个人所有制”；而把未来消灭资本主义私有制后建立的社会主义生产资料所有制，称作“联合起来的社会个人的所有制”。在

《资本论》中讲“重新建立个人所有制”，而不讲和不能讲重新建立联合起来的社会个人所有制，是因为被消灭和否定的个体劳动者的所有制，不是“联合起来”的个人所有制，只是孤立的单个人的个人所有制。因此，不存在重建联合起来的个人所有制问题。但也不能重建孤立的单个人的个人所有制。所以高度抽象的两者共有的所有制概念，就只有“个人所有制”了。但重建后的个人所有制，只能是联合起来的社会的个人所有制。也就是每个劳动者个人都是其一分子的生产资料公有制。

三、《富裕》一文中的其他问题

1. 对部分理论是非解释不清。《富裕》一文本是着重批评《炎黄春秋》2007 年第 6 期的《试解马克思重建个人所有制的理论与中国改革》一文的。它先说谢、辛二位作者“试解的思维路线仍然没有走出杜林强加给马克思的混沌世界”。接着又说“二位先生的试解，肯定公有制的基础上重建个人所有制和强调个人所有制的重要意义，这是对的，比有些学者和翻译家把作为基础的公有制曲解为共同使用，把个人所有制等同于公有制，即把个人所有制与决定它的基础或前提混同起来，要强得多”。《富裕》一文所赞扬的是，谢、辛二位先生，所批评的是把个人所有制解读为生产资料的个人所有制即本文前面所讲的“联合起来的社会个人所有制”的学者。他还批评做这样解读的学者是“别有用心”。是“杜林的阴魂不散”。我认为，这里存在理论是非不清的问题。第一，说谢、辛二位先生肯定公有制基础上重建个人所有制和强调个人所有制的意义，“这是对的”，既然主要观点是正确的，为什么又批评人家呢？第二，讲生产资料的个人所有制，也是按照马克思在公有制基础上重建个人所有制解读的，这种解读比《富裕》一文解读为生活资料的个人所有制更有理论与现实意义。怎么成了“别有用心”、连谢、辛的解读都不如了呢？第三，既然讲谢、辛二位先生的解读“是对的”，又说“他们试解的思维路线仍然没有走出杜林强加给马克思的混沌世界？这不是自相矛盾吗？其实，王先生对谢、辛的赞扬和批评都不中肯。我们知道，杜林是否定和攻击马克思的重建个人所有制的理论，说马克思的这一理论是一种混沌世界。而谢、辛二位先生恰恰是高度肯定马克思的个人所有制理论，是要运用被他们误解了的这一理论作为批判现实的武器（至于他们理解和批判的是否正确是另一回事），怎么能说他们二人与杜林一样，强加给马克思混沌世界呢?

2. 部分内容逻辑不严谨。最突出的是文中前后矛盾的两段话：一段是讲：“列宁和斯大林不仅没有忽视新的个人所有制，而且十分重视这种个人所有制所包括的个人消费品的分配原则和分配形式，即按劳分配。我们的毛泽东主席不仅在消灭私有制，建立公有制，消灭人剥削人的方面，超过了列斯，从集体农庄式的生产队上升到人民公社[①]，而且在个人消费品方面也远远超过了列斯，批评按劳分配中的资产阶级法权，搞公共食堂，吃饭不要钱。”这类论述与我们讨论的《资本论》中的否定的否定和重建个人所有制并无联系，这且不说。《富裕》一文的这种论述，是赞扬和肯定我国所曾搞过的人民公社、公共食堂、吃饭不要钱，赞同和肯定批判资产阶级法权的。问题并未到此为止。《富裕》一文紧接着又批评脱离实际的“左”的一套：“脱离实际，片面追求基本原则，脱离社会生产力的发展水平，搞跨越式的发展，大跃进，人民公社，公共食堂……那是左倾，我们有过沉痛的经验教训”。前面刚肯定搞人民公社、公共食堂、吃饭不要钱等是马克思重建个人所有制的实现，接着又说那是左倾的沉痛教训，显然是前后矛盾的。这与重建个人所有制的讨论都不沾边。

3. 部分内容与讨论主题无关。《富裕》一文的部分内容，没有紧扣马克思提出的否定的否定和重新建立个人所有制问题。如文中所讲“我们党经过历史曲折，付出沉痛的代价，终于找到了自己通向社会主义的自然历史过程中的准确位置，即中国特色社会主义初级阶段。这是继马克思把共产主义社会区分为共产主义社会第一阶段和共产主义社会高级阶段之后。在社会发展阶段的认识上的又一次巨大飞跃。我们必须坚持解放思想，贯彻正确的思想路线，推进改革开放；创新体制机制，大力发展中国特色社会主义；落实科学发展观……”这与文中所讨论的问题并无什么关系。

又如，《富裕》一文讲：“在马克思设想的社会主义阶段，生产力水平还不够高，三大差别仍然存在，可分配的产品数量有限，劳动仍然是谋生的手段，在这种条件下，实行按劳分配，即以劳动为尺度，分配个人消费品，

① 是由高级生产合作社上升为人民公社，生产队是指人民公社中的生产大队下属的生产小队。《富裕》一文弄错了。

是落实新的个人所有制的适当的个人消费品分配形式。”对这段话可以提出几个问题：其一，论文前面断言，社会主义的个人生活资料的个人所有制，是封建社会末期个体劳动者生活资料个人所有制的重建和恢复。试问：按劳分配的消费品分配方式怎么能用以证明是封建社会末期个体劳动者个人所有制的重建和恢复呢？第二，按劳分配是社会主义的分配原则，不属于所有制范畴，不能与消费资料的个人所有制划等号。再说，任何分配制度都会带来消费品的个人所有。按生产要素进行的分配，也会带来消费资料的个人所有。因此，用按劳分配证明重建个所有制缺乏内在联系。第三，说社会主义阶段，“劳动仍然是谋生的手段”，这样讲，意味着共产主义高级阶段，劳动不再是谋生的手段；许多人有这种理解。其实，这不是马克思的观点。因为劳动永远是人类社会生存、谋生、发展的手段和必要条件，即使到共产主义高级阶段也是如此。在这个问题上，共产主义两个阶段的区别在于，在社会主义阶段，劳动还仅仅是或主要是个人谋生的手段。而在共产主义高级阶段，劳动不仅仅是谋生的手段，而同时成为生活的第一需要。请看马克思在《哥达纲领批判》中的说明：“在共产主义社会的高级阶段，……劳动已经不仅仅是谋生的手段，而且本身成了生活的第一需要”。显然，“不仅仅是谋生的手段”，不等于“不是谋生的手段”。而是说既是谋生的手段，又是生活的第一需要。

再如，《富裕》一文在讲股份制问题时，引用了马克思的“资本主义生产极度发展的这个结果，是资本再转化为生产者的财产所必须的过渡点。”作者接着解释说：“这个过渡点，即无产阶级取得政权、剥夺剥夺者，在逻辑上叫‘否定的否定’以后，才能‘再转化’”。马克思明明讲，资本主义国家的股份制本身是转化为劳动者的财产即转化为社会主义公有制的过渡点，而《富裕》一文却说，无产阶级取得政权、剥夺剥夺者，才是“过渡点”。谁不这样理解，谁将股份制本身称作“过渡点”，就是应受批判的“和平长入社会主义”。这种理解和论点，完全离开了马克思的原意，也失去了马克思对股份制正面评价的积极意义。所谓“过渡点”，当然不是如某些人所说的资本主义通过股份制，实现了向社会主义公有制的过渡；但也不能否认马克思是讲股份制本身就是转向劳动者的财产的过渡点。因为比起千万个分散的小资本来，股份制作为资本集中和生产集中的大资本，更容易转变为与生产社会化相适应的生产资料公有制。无产阶级取得政权，是条件，而不是“过渡点”本身。

究竟该怎样理解马克思提出的“重建个人所有制”的理论观点[①]

——再评王成稼先生的有关见解和辩驳

摘要：“重新建立个人所有制”是重建被资本主义否定了的劳动者的生产资料个人所有制，但不是劳动者单个人的个人所有制的回归，而是在更高形式上的与公有制相通的联合起来的社会个人的所有制。公有制和联合起来的社会个人的所有制，是社会主义生产资料所有制硬币的两方面，其正面是公有制，其背面是联合起来的社会的个人所有制，即组成为共同体的每个人都有份的所有制。对于此问题的讨论，王成稼先生在其多篇论文中存在着错解、曲解、思维逻辑混乱和污蔑性的辩驳与批判。

马克思在《资本论》中提出的社会主义要“重新建立个人所有制”，是一个需要探讨和研究的学术性的理论问题。目前争论的焦点集中在社会主义究竟是要重建生产资料的个人所有制，还是重建消费资料的个人所有制。王成稼先生在《当代经济研究》2007年第10期和2009年第9期先后发表了《论“重建个人所有制”逐步实现“共同富裕”》和《再论“重建个人所有制”逐步实现“共同富裕”》，在《经济纵横》2009年第2期发表了《关于“重新建立个人所有制”错误观点和错误翻译的几个问题》。王成稼持后一种观点，我持前一种观点。但王先生除一再以恩格斯《反杜林论》中的解读作为论据外，没有提出任何有说服力的认证与论据。他大肆批判前一种观

① 本文原载《当代经济研究》2010年第10期。

点的“错误”，指责其为“杜林的阴魂不散”，还不如谢韬、辛子陵的解读正确，是“别有用心”。然而，拜读了王先生的大作，特别他与我争论的《再论“重建个人所有制”逐步实现“共同富裕”》（以下简称《再论》）一文，看到他的文章充满错误、曲解、是非颠倒和思维逻辑混乱的批驳，有必要再次予以评析。

一、重建劳动者的生产资料“个人所有制”的观点，是“强加于马克思的杜林的错误观点”么

王成稼先生坚持马克思讲的“重建个人所有制”是重建和恢复封建社会末期劳动者的消费资料个人所有制，谁不赞同他的观点，主张应解读为重建被资本主义否定了的劳动者的生产资料个人所有制，是公有制（社会所有制）和个人所有制的统一，就是“杜林的阴魂不散”。在《再论》一文中，多处说我的观点，是杜林的观点。他说：卫某人认为“公有制与个人所有制是等同的，不能区分”，“这与杜林强加给马克思的‘混沌世界’极其相似。这种混同论是马克思首肯的《反杜林论》驳斥的要点之一”。他又说：卫教授“抱住个人所有制就是公有制，既是个人的又是公共的所有制”。这既是王先生对我观点的曲解和诬责，也是对杜林观点的错解。我认为，马克思讲“重建个人所有制”，是指社会主义通过否定资本主义生产资料所有制，重建被资本主义否定了的劳动者的生产资料所有制。社会主义生产资料所有制这一硬币的两面，是社会主义生产资料公有制和个人所有制的统一。其正面是生产资料公有制，背面是生产资料个人所有制，即马克思自己解述的“联合起来的社会的个人的所有制”。两者既是统一的、相通的，又不是完全相同的概念。王成稼批驳我的观点“既是个人的又是公共的所有制”，这是马克思的观点，有何错误？他又说，我讲“公有制基础上的个人所有就是公有制基础上的公有制”，这也是曲解我的原意。过去，我们只强调社会主义生产资料公有制，忽视了马克思一再讲的它与生产资料个人所有制的统一关系。忽视这一点，就会片面强调公共利益而忽视个人利益，而且容易成为被一些权贵操纵或为厂长经理把持谋取私利的工具。马克思讲公有制或社会所有制，是从劳动者总体即共同体占有生产资料的角度讲的。而劳动者共同体是由众多劳动者个人组成的，因而公有制应是每个劳动者个人

都有份、都得益的所有制。从这个角度讲，社会主义所有制又是众多劳动者的“个人所有制”，但不是作为孤立的单个劳动者个人所有制，而是马克思已说明的“联合起来的社会个人的所有制”。这种将“公有制”和“个人所有制”统一起来的社会主义生产资料所有制，是将公共利益和个人利益统一起来体现社会主义本质的所有制。

王成稼先生不顾一个起码的明显的事实，竟将我们的观点（越来越多的学者支持这一观点）诬为杜林的观点。第一，杜林是否定和攻击马克思的观点的，而我们是维护和高度赞同马克思的观点的。第二，杜林批评马克思“既是个人的又是社会的所有制的混沌世界”，“是从宗教领域中抄袭来的荒唐类比”。[①] 我们认为，社会主义所有制就是也应当既是社会所有的（公有的），又是个人所有的，是两者的统一。马克思讲“在生产资料共同占有的基础上，重新建立个人所有制”（共同占有即公有或社会所有——引者），就是主张既是社会的，又是个人的。而杜林却认为二者是矛盾的，对立的，不能统一。第三，杜林的错误并不是把个人所有制与生产资料公有制等同，如果是这样，个人所有与公有就不存在矛盾了，就不会是什么“混沌世界”了，只是重叠和同义语反复了。杜林之所以把个人所有制与公有制看成相互矛盾不能统一，是因为他把重建个人所有制，理解为恢复被资本主义消灭的个体劳动者的个人所有制即个人私有制。杜林认为，从16世纪以来通过上述方法实现的个人所有制的消灭，是第一个否定，随之而来的是第二个否定，它被称为否定的否定，因而被称为“个人所有制”的重新建立。“既然这种新的‘个人所有制’在马克思先生那里同时也称为‘社会所有制’，那么这里表现出黑格尔的更高的统一，在这种统一中，矛盾被扬弃，……矛盾既被克服又被保存。”在杜林看来，既然被资本主义消灭的“个人所有制”，是指个体劳动者的生产资料个人私有制。而第二个否定即否定之否定“被称为个人所有制的重新建立”，就意味着是重建劳动者的生产资料的个人私有制。而马克思又讲是在公有制的基础上重建个人所有制，他认为就是把相互矛盾的个人私有制与公有制相统一与混淆。是用否定的否定来扬弃个人私有制与公有制的矛盾，是“矛盾既被克服又被保存”。杜林错解了马克思重建个人所有制的观点。不错，被资本主义否定了的个人所有

① 《马克思恩格斯文集》第9卷，人民出版社2009年，第137页。

制，是劳动者的个人私有制，但社会主义重建劳动者的个人所有制，不是重建劳动者的生产资料个人私有制，而是在更高形式上重建劳动者的生产资料个人所有制。杜林认为马克思讲社会主义重建个人所有制，就是重建与公有制相矛盾的不能并存的个人私有制。因而认为“既是个人的又是公有的”所有制是一种“混沌的”东西。显然，杜林是攻击马克思把社会主义所有制确定为“既是个人的又是公有的”（“公有的”也译作“社会的”），他认为二者不能统一。而王成稼竟颠倒了马克思和杜林的观点。他把杜林所攻击的马克思的观点，硬说成是杜林的观点，并进行批判。

本来，马克思讲在生产资料公有制基础上重新建立个人所有制，就意味着“既是个人的，又是社会的”。即使按恩格斯的解读，生产资料公有即社会所有，消费资料个人所有，也是“既是个人的，又是社会的”，是二者的统一，并不矛盾。恩格斯正是以此解释来反驳杜林对马克思的攻击的。而王成稼竟然将被杜林攻击的马克思的观点说成是杜林的观点进行批驳。从而将我们的观点诬为杜林的观点，是“杜林的阴魂不散”。

王成稼为了贬斥“重建生产资料个人所有制”的解读，竟然搬出谢韬和辛子陵的观点作为施压的助力。马克思主义学者都认为谢、辛发表于《炎黄春秋》的《试解马克思重建个人所有制的理论与中国改革》一文，是对马克思的错误解读，而王先生竟赞扬其观点的正确。那么请看看谢、辛的解读吧：（1）“……小小一张股票，体现了社会所有与个人所有的统一，公有制与私有制的统一”。（2）我国在民主革命时期，“打土豪、分田地”。“第一步是没收地主的土地，第二步是将土地分给少地、无地的农民。这和马克思主张的第一步没收资本家的财产，第二步重建个人所有制的主张是一致的”。把土地归农民私有看作是重建个人所有制。（3）“马克思说的重建个人所有制，就是民主社会主义道路”。请问王成稼先生，谢、辛观点的正确性在哪里？他们的这些观点是否就是你的观点？

二、应根据马克思自己的论述解读“重建个人所有制”的本意

改革开放前，我们从事《资本论》的教学与研究，都是按照恩格斯的说明，将重建个人所有制解读为建立消费资料的个人所有制。改革开放以

来，人们的思想认识开阔了，对重建个人所有制问题进行了新的探讨。作者进一步查阅和研究马克思关于个人所有制的多方面论述，结合这些论述来解读《资本论》中的“重建个人所有制”，弄清了马克思的本意是重建被资本主义否定了的劳动者的生产资料个人所有制，而不是消费资料的个人所有制，而且结合我国公有制体制的改革，认为马克思讲的在生产资料公有制的基础上建立联合起来的社会的个人的所有制，具有重要理论和实际意义。应将马克思关于社会主义公有制与个人所有制的统一，作为我国公有制实现形式改革中的指导思想。如果名为公有制，但不能给有关劳动者个人带来利益，甚至被某些经济单位的领导人所把持，作为谋私的地方，这样的公有制就与社会主义本质相背离，失去其社会主义公有制应有的价值与意义。

迄今为止，凡能够查到马克思讲建立个人所有制的地方，都是讲的生产资料个人所有制，先让我们考证马克思几处涉及个人所有制的提法的本意。

（1）在《共产党宣言》中，讲到无产阶级取得胜利后的所有制关系时，提出：随着阶级差别的消灭，“全部生产集中在联合起来的个人手里”。[①] 因为生产资料是“全部生产”的基础，也可以认为，这里讲得是生产资料集中在联合起来的“个人手中”即实行联合起来的个人所有制。这里的个人所有，决不能解读为消费资料的个人所有制。“全部生产”归“联合起来的个人”所有，与消费资料的个人所有制毫不沾边。

（2）马克思在《1861～1863 经济学手稿》中，明确指出：“资本家即非工人是这种社会大量生产资料的所有者”。“单个工人作为单独的人”，不可能“再恢复对生产条件的所有制”。资本家的所有制“只有通过他的所有制改造为非孤立的单个人的所有制，也就是改造为联合起来的社会个人的所有制，才可能被消灭”。[②] 这里所讲的资本家的所有制也好，个人的所有制也好，都是明确地指生产条件即生产资料的所有制，丝毫不涉及“消费资料的个人所有制”问题。这里将生产条件即生产资料的个人所有制分为两类，一类是“孤立的单个人的所有制”；也就是“各个私的个人”所有制。另一类是“联合起来的、社会的个人的所有制”。前一种作为各个私的个人所有制被资本家的所有制否定后，不能“再恢复”，而只能转化为“社会所

① 《马克思恩格斯文集》第 2 卷，人民出版社 2009 年版，第 52～53 页。

② 《马克思恩格斯文集》第 8 卷，人民出版社 2009 年版，第 386 页。

有制”和“另一种个人所有制即联合起来的社会个人的所有制”。弄清马克思这里所讲的几种所有制概念及其关系，对于正确解读《资本论》第1卷中所讲的在生产资料公有制基础上重新建立个人所有制的本意，具有用钥匙开锁的作用。它清楚地表明，资本主义所有制否定了作为“各个私的个人占有生产资料”的所有制或“孤立的单个人的所有制”，而取代使劳动者和生产条件分离的资本家所有制的，是生产资料的“联合起来的社会个人的所有制”。整个论述丝毫没有涉及消费资料的个人所有制问题。它表明，《资本论》中所讲的重建个人所有制，是重建被资本主义否定了的劳动者的生产资料个人所有制，但不是重建“作为各个私人的”或“孤立的单个人”的个人所有制，而是建立与公有制或社会所有制相统一的联合起来的社会个人的所有制。

（3）在《法兰西内战》中，马克思说：“把现在主要用作奴役和剥削劳动的工具的生产资料、土地和资本变成自由集体劳动的工具以实现个人所有制（原译为个人所有权——引者）”。[①] 这里依然没有任何空隙让王成稼将个人所有制解读为消费资料的个人所有制。因为马克思明确讲的是“生产资料、土地和资本”的个人所有制。这是消灭资本主义剥削制度后“自由集体劳动”中的个人所有制，也就是否定资本主义生产资料所有制后的社会主义生产资料个人所有制。

（4）在《德意志意识形态》一书中，有这样一段话：“共产主义和所有过去的运动不同的地方在于：它推翻一切旧的生产关系和交往关系的基础，并且第一次自觉地把一切自发形成的前提看做是前人的创造，消除这些前提的自发性，使这些前提受联合起来的个人支配。”[②] 这里所讲的推翻“一切旧的生产关系和交往关系的基础”，是指推翻一切以往的生产资料私有制这一基础。共产主义运动要自觉地发展生产力，要自觉地将作为生产力要素的生产资料“受联合起来的个人支配”。显然，消费资料的个人所有制不会成为“生产关系和交往关系的基础”。“受联合起来的个人支配”的东西，决不是指个人消费品，而是生产资料和整个生产过程。

（5）在《资本论》第1卷中，提出在公有制（或社会所有制）基础上

① 《马克思恩格斯全集》第17卷，人民出版社1963年版，第362页。
② 《马克思恩格斯文集》第1卷，人民出版社2009年版，第574页。

重新建立个人所有制，这里所讲的个人所有制究竟是生产资料的个人所有制，还是消费资料的个人所有制，只要联系马克思在其他著作中多次提及的个人所有制都是指联合起来的个人对生产资料的占有，问题就会迎刃而解。就会明确，马克思在《资本论》中所讲的在公有制（或社会所有制）基础上重建个人所有制，是指与公有制相统一的“联合起来的社会个人的”生产资料所有制。从未讲过资本主义否定或消灭了劳动者的消费资料个人所有制需要社会主义重建的问题。《资本论》中是这样讲的：“资本主义的私有制，是对个人的、以自己劳动为基础的所有制的第一个否定，但资本主义生产由于自然过程的必然性，造成了对自身的否定，这是否定的否定，这种否定不是重新建立私有制，而是……在协作和对土地及靠劳动本身生产的生产资料的共同占有的基础上，重新建立个人所有制”。[①] 这里所讲的否定的否定，是指三种生产资料所有制形式的相继否定。资本主义生产资料私有制是通过原始积累否定了个体劳动者的“个人的、以自己劳动为基础的所有制”而建立起来的。讲的是否定了劳动者“个人的”生产资料私有制，也可以说是否定了劳动者的生产资料个人所有制，并不涉及否定“生活资料的个人所有制”问题。因此，按逻辑推理和历史事实，用以否定资本主义私有制的，只能是与社会主义公有制相统一的生产资料的劳动者的个人所有制。否定的否定，不是简单地回到原位，即回归到孤立的劳动者的生产资料个人所有制去，而是要上升到更高形式的劳动者占有生产资料的所有制形式去。被否定的起点，是劳动者的生产资料个人所有制，“否定的否定”后的结果，只能是劳动者生产资料个人所有制的重建，而不应是什么“生活资料个人所有制”的重建或回归。

然而，王先生反驳我说：“卫教授还断言，马克思凡是正面运用‘个人所有制’的理论论述问题时，都是讲生产资料的所有制问题，并举例佐证，然而遗憾的是全部文不对题。如‘联合起来的个人对全部生产力总和的占有，消灭着私有制’，‘无产阶级取得政权后，要将全部生产资料集中在个人手中’，这里讲的都是建立生产资料公有制，而不是公有制基础上的‘个人所有制’。”

王先生的这种反驳离开了实事求是的学风：第一，他失去理论讨论的诚实性。似乎我引证的马克思的话中没有“个人所有制”概念，只有“个人”

---

① 《马克思恩格斯文集》第 5 卷，人民出版社 2009 年版，第 874 页。

和“联合起来的个人”概念。因而说我的引证“文不对题”。事实上，凡我引证马克思明确讲生产资料“个人所有制”的段落，他都有意抹煞。例如，我在《当代经济研究》2008 年第 9 期第 23 页引证马克思 1861 ~ 1863 年手稿中的话：资本家的所有制，只有“改造为联合起来的社会个人的所有制，才可能被消灭”。显然这里讲的是用生产资料的联合起来的社会的个人所有制去消灭资本家的生产资料所有制。又如，我在《当代经济研究》2009 年第 1 期第 18 页引证马克思《法兰西内战》一书中的话：“把现在主要用作奴役和剥削劳动者的生产资料、土地和资本变成自由集体劳动的工具以实现个人所有制。”这里更明确无误地是讲生产资料的个人所有制。王先生回避了这些引文。第二，王成稼硬说马克思讲的“联合起来的个人对全部生产力总和的占有，消灭着私有制”，“全部生产集中在联合起来的个人手中”，都不是讲个人所有制。这是逻辑思维混乱的无理辩解。难道联合起来的个人占有全部生产力总和，或集中全部生产于个人手中，不就是讲生产资料的个人所有制么？生产资料的公共占有就是公有制，个人占有就是个人所有制。只是应区分个人所有制的两种类型。马克思有时只讲公有制（或社会所有制），而有时候又只讲联合起来的个人所有制。特别是在早期著作中，只讲后者为多。虽然没有提及公有制这一概念，但讲“联合起来的个人的所有制”已体现着公有制的存在了。《资本论》中讲在“生产资料的共同占有的基础上，重新建立个人所有制”，就是把社会主义生产资料所有制的两方面相统一起来的表述。第三，马克思讲的“全部生产集中在联合起来的个人手中”和“联合起来的个人对全部生产力总和的占有，消灭着私有制”，明确讲的是“全部生产”和“全部生产力”的个人占有，显然不能解读为消费资料的个人占有。王成稼先生不得不说“这里讲得都是建立生产资料公有制”。他把自己绕里去了。因为讲生产资料的联合起来的个人占有即个人所有制，就代表着生产资料的公有制。证明马克思讲的联合起来的“个人所有制”也好，或“个人占有”也好，都不是指消费资料的个人所有，而是与生产资料公有制相一致的个人所有制，这就完全否定了王成稼的错解。

三、从翻译上大做文章帮了王先生的倒忙

王成稼先生在多篇有关解读重建个人所有制的文章中，一再批评中央编

译局译文的错误，并用以批评主张解读为生产资料的个人所有制的学者。他发表于《经济纵横》2009年第2期的文章《关于“重新建立个人所有制”错误观点和错误翻译的几个问题》一文，从德文和德文词典中找他立论的根据。断言德文德语词典中的“个人所有制”只能是消费资料的个人所有制。我的回应是：第一，在重大理论与学术问题或疑难问题的讨论中，靠搬弄词典来解决问题是没有出路的。第二，杜林的德文水平恐怕不会低于王先生吧！如果德文中的“个人所有制”只有消费资料个人所有制的一种解读，杜林还用恩格斯去纠正他么？他还会无理指责马克思的观点是“混沌世界”么？第三，王成稼的德语水平恐怕不会高于马克思吧？前面引证了马克思的多条关于生产资料的个人占有或个人所有制的论述，可用以明确地反驳王先生对德文和德语词典的不正确的诠释。第四，马克思所讲的被资本主义否定了的劳动者的个人所有制，其本意指的是生产资料个人所有制，而非消费资料的个人所有制。按王成稼的解读逻辑，马克思所讲的否定的否定，不是三种生产资料所有制的先后否定，而是三种生活资料个人所有制的否定的否定，这样解读，也未免太离谱了！难道社会主义革命是要消灭资本主义生活资料个人所有制，建立社会主义消费资料个人所有制么？或者退一步说，难道能用社会主义生活资料个人所有制去消灭资本主义生产资料所有制么？

王成稼先生坚持“消费资料的个人所有制”的主要理论根据，是恩格斯在《反杜林论》中批评杜林时讲过的一段话：公有制包括土地和其他生产资料，个人所有制包括产品即消费品。这段话在新出版的《马克思恩格斯文集》中，改译为“社会所有制涉及土地和其他生产资料，个人所有制涉及产品，也就是涉及消费品”。[①] 我们始终像敬仰马克思一样敬仰恩格斯。但是，任何伟大人物的著作不可能“句句是真理”。改革开放以来，思想开阔了，重新研究马克思《资本论》中提出的“重建个人所有制”理论，觉得解读为“消费资料的个人所有制”存在问题很多。

第一，从马克思的其他有关著作来看，凡是讲到个人所有制的地方，都是讲的生产资料个人所有制，现在还找不到一处是讲消费资料个人所有制的地方。

第二，从理论逻辑来看，马克思讲否定的否定，是指三种生产资料所有制的否定的否定，不涉及消费资料的个人所有问题，马克思主义理论体系中

① 《马克思恩格斯文集》第9卷，人民出版社2009年版，第138页。

所阐述的所有制的更替、变革，以及讲不同社会制度中不同所有制，讲消灭私有制，讲以社会主义所有制取代资本主义所有制，始终都是指生产资料所有制，而非消费资料所有制。

第三，马克思讲的是“重新建立”个人所有制问题。王成稼看重“重新建立”一词，我也看重。但两者引出的理论观点相反。在我看来，“重新建立”的所有制，应是被否定了、已不存在、需要恢复的所有制。被资本主义否定了的所有制是什么？是劳动者的生产资料所有制，而决不是像王先生所理解的那样，是消费资料的所有制。如果被资本主义消灭的是生产资料个人所有制，而否定的否定重新建立的是消费资料的个人所有制，逻辑上说不通。与否定的否定原理相悖。

第四，王成稼强调“重新建立”，是要重新建立封建社会末期的个体劳动者的消费资料个人所有制，这完全是主观编造。没有任何理论与事实根据。再者，重新建立的东西，应是被消灭的东西。试问，资本主义社会的广大工人群众，难道不存在消费资料的个人所有制么？而王先生正是不承认这一事实的。请看他在《再论》一文中对我的反驳：卫某人说什么“生活资料的‘个人所有制’在资本主义经济中也存在，然后以这个杜撰出来的事实为依据，说什么既然消费品的劳动者个人所有制，在资本主义经济中没有被消灭，何来‘重新建立’的问题呢？这种违背实事求是的推论是没有说服力的”。王先生没有写一句话去说明资本主义社会的工人群众不存在或为什么不存在消费品的个人所有制，只是用武断的口吻否定事实的存在。请问王先生，资本主义国家工人群众用出卖劳动力所得工资购买来的衣服、食品、用具以及现代工人家庭的家电、汽车等生活消费品，不归工人个人所有和消费吗？难道是归公共所有或别人所有？这样一个日常生活的简单事实，他都敢于牛气冲天地否认，反诬我肯定这一事实是“杜撰出来的事实”，是“违背实事求是的推论”，“是没有说服力的”，这是以武断代替论证。再请看王先生接下来对我的质问：“如果不剥夺剥夺者，不建立公有制，不在公有制的基础上重新建立个人所有制，劳动者能获得解放吗？能通过按劳分配乃至按需分配，获得丰富的生活资料，从而自由全面发展吗？”用这一套套话、大话能证明资本主义社会不存在消费资料的个人所有制么？用这类大话作为对我肯定资本主义的工人也存在消费品的个人所有制的反驳，完全是牛头不对马嘴的东西，是思维逻辑极其混乱的表现。劳动者的解放，按劳分配或按需分配的实行，不是以重新建立什么封建社会末期的生活资料个人所有制为前提。恰恰相反，任何社会制度的生活资料的个人所有，都是在一定生产资料所有制下所实行的分配制度的结果。

第五，从马克思的科学社会主义的理论与实践来看，社会主义运动一贯重视所有制问题，强调一定生产资料所有制是一定社会经济制度的基础。经济制度的变革，首先是生产资料所有制的变革，社会主义运动没有提出过消费资料个人所有制的变革问题。社会主义革命，是无产阶级和劳动人民首先取得政权后，用社会主义生产资料所有制取代旧制度下的生产资料私有制，没有也不需要提出消费资料个人所有制的变革或重建问题。并不存在王先生编造的什么第一步建立生产资料公有制，第二步重建封建社会末期个体劳动者的消费资料个人所有制的事情。所有社会主义国家，都提出过生产资料所有制变革或改革的理论、方针、政策，而从来没有提出过建立或变革消费资料的个人所有制方案和政策。消费资料个人所有的性质、内容和水平，既取决于生产资料所有制和分配制度，也取决于生产力的发展水平。因而不会存在建立或变革消费资料个人所有制的独立的运动和历史进程。只要生产资料所有制的形式确定了，分配制度确定了，消费资料的个人所有制也就随之确定了。并不存在王先生编造的什么重建封建社会末期消费资料个人所有制的独立运动过程。

第六，王成稼先生一再引证来作为重建消费资料个人所有制的一个论据，就是马克思在《资本论》中讲的：“设想有一个自由人的联合体，他们用公共的生产资料进行劳动，……这个联合体的总产品是一个社会产品。这个产品的一部分重新用作生产资料，这一部分依旧是社会的，而另一部分则作为生活资料由联合体成员消费，因此，这一部分要在他们之间进行分配。”①

其实，马克思的这段话，是用以简单描述和构想未来社会主义共同体中的生产与分配情况，而不是讲重建个人所有制问题。在社会主义公有制经济中，社会总产品是为社会公共所有的社会产品。总产品的分配分为两部分，一部分用于补偿消耗了的生产资料和追加生产资料，将其用于再生产，仍归社会所有。而用作生活资料的部分，分配给社会成员。这是已经建成了的社会主义共同体中的情况，并非作为社会主义革命中用社会主义所有制取代资

① 《马克思恩格斯文集》第5卷，人民出版社2009年版，第96页。

本主义所有制、重建个人所有制的说明。

第七，恩格斯是从正面讲述社会主义生产资料公有制、消费资料个人所有制这一社会主义经济特点的，没有按照“重新建立”个人所有制的原有思路去解读。只用这个解读也可以反驳杜林对马克思“既是个人的又是社会的”理论的攻击。就反驳杜林的攻击来说，将个人所有制解读为消费资料的个人所有制也有其正面意义。而王成稼搬用恩格斯的解读，却把恩格斯反驳杜林所攻击马克思“既是个人的，又是社会的”观点，同样当作杜林的观点或杜林强加给马克思的观点来批判。

四、思维逻辑混乱的错误指责与批评

王成稼的文章中充满了逻辑思维混乱的错误指责与批判。篇幅所限不能全面辩驳，只摘其中一段。王先生讲：“卫教授文章中的一个大标题是《‘重建个人所有制’是建立‘联合起来的社会的个人所有制’》。”“这个标题本身就是错误的，（一）不是建立，而是重建和恢复，因为有一个在封建社会末期或资本主义初期存在而被否定的目标，所以才产重建或恢复；（二）引文有误，原文是‘联起来的社会个人的所有制’，……是孤立的单个个人的还是联合起来社会个人的，也就是说是私有制还是公有制，而不是‘个人所有制’；（三）个人占有和公共占有是互相排斥的。‘生产资料的占有只能有两种形式：或者是个人占有……或者是公共占有……必须以无产阶级所拥有的一切手段来为生产资料转归公共占有而斗争。凡是个人占有的地方，公共占有就成为不可能’,① 由此可见，二者的关系不是‘既是个人的，又是公共的。’”

王先生提出的上述加之于我的三点“错误”和所做的批评，没有一条是正确的，全是虚妄的东西。

所谓标题的第一个错误。我在《当代经济研究》2009 年第 9 期的论文中的第一个标题是《重建“个人所有制”是建立联合起来的社会的个人所有制》。标题的前两个字明明写的是“重建”，而王先生批评说“不是建立而是重建和恢复”。所谓重建，应是重建或恢复被资本主义消灭了的劳动者的生产

---

① 《马克思恩格斯选集》第 4 卷，人民出版社 1995 年版，第 490 ~ 491 页。

资料个人所有制。但“重建”，又不应是劳动者的单个个人所有制的回归，不是个人私有制的回归，而是要建立更高形式上的劳动者的生产资料个人所有制。这种与公有制相统一的“联合起来的社会的个人所有制”，不能使用“重建”一词。因为被消灭的个体劳动者不存在这种更高形态上的个人所有制。

所谓标题的第二个错误，说什么“引文有误，原文是‘联合起来的社会个人的所有制’……是私有制还是公有制，而不是个人所有制”。王先生的这一批评，既表明他一再卖弄的德文水平不高明，又存在思维逻辑和中国语法认知上的混乱，试问：“联合起来的社会的个人所有制”，与“联合起来的社会个人的所有制”有什么内容上的区别么？这句话本来是译文，我认为讲“社会的个人”，比讲“社会个人”更清楚。而“个人的所有制”，与“个人所有制”，是一样的概念。而王先生竟认为，“个人的所有制”不是“个人所有制”。这等于说：讲“王先生的错解”与讲“王先生错解”是两回事！有没有“的”字就分成两个内涵不同的概念！其实，我认为译文用“联合起来的社会的个人所有制”，语义更明确。我在发表于2009年第1期的《当代经济研究》的文章中，就引用了张开焕和张仲朴的译文：“联合起来的、社会的个人所有制”，并说明这个译文更明确。而王成稼竟指责这个译文不符合原文。原文是德文，王先生应讲明，这个译文与德文原文相比有什么错误呢？王先生说，“联合起来的社会个人的所有制”，“说的是私有还是公有”。但私有或公有都是指生产资料所有制，不是消费资料个人所有制。王先生为什么要在一个“的”上做文章呢？因为他断言：“个人所有制”只能是消费资料个人所有制。而引证马克思的生产资料的“个人的所有制”，他断言这里加了个“的”字，就不是消费资料的“个人所有制”，而是生产资料的“个人所有制”了，所以他反对加一“的”字。以维护他的消费资料“个人所有制”的观点。然而，任何读者都会认为，“个人所有制”，就是“个人的所有制”。是同一外语的译文。王先生承认联合起来的社会“个人的所有制”是指生产资料所有制，这很对！事实上，王先生已把自己绕进生产资料个人所有制的解读中去了！这是王先生的自我否定。

所谓标题的第三个错误，是“个人占有和公共占有是相互排斥的”。我的论文“标题”根本没有涉及这样的概念，何来错误？是他自己把问题扯到别的地方了。更重要的是，王先生的引证又在断章取义、误解和错解。他引证恩格斯在《法德农民问题》一文中所讲的话：“生产资料的占有只有两种形式，或者是个人占有……或者是公共占有”，便得出结论：“由此可见，二者的关系不是‘既是个人的又是公共的’”。王先生引用恩格斯的这段话，却不去弄清这段话的内容是什么含义，要解决什么问题。恩格斯讲这些话的背景是社会主义该怎样对待小农的土地问题。这里涉及法国社会党人的土地纲领中的错误观点。恩格斯说：“应该如何帮助农民，不是作为未来的无产者，而是作为现时的私有者的农民来帮助，同时又不违背社会主义总的纲领的基本原则。”它对“纲领”中所讲的社会主义的职责在于一方面要剥夺大片领地的所有者，使其成为公有的形式，“另一方面，社会主义同样迫切的职责就在于维护自食其力的农民占有自己的小块土地”。恩格斯认为不应使个体农民对小块土地的私人占有固定化，因而提出：“法国纲领中应该加上下面这几句，即生产资料的占有只能有两种形式，或者是个人占有……；或者是公共占有……所以，必须以无产阶级所有的一切手段来为生产资料转为公共占有而斗争。”恩格斯继续评论说：“所以社会主义的利益决不在于维护个人占有，而在于排除它，因为凡是个人占有还存在的地方，公共占有就成为不可能。”①

可以看出：恩格斯讲的生产资料的占有或所有的两种形式，即个人占有或公共占有，是指怎样对待小农经济的土地占有而言的。社会主义不应固守小农对小块土地的个人占有即个人私有，而应使其转变为公共占有即公共所有。这两者显然是对立的。而马克思在《资本论》中所讲的是社会主义所有制问题。社会主义要重建的个人所有制，并不是与公有制相对立的个体劳动者的个人私有制，而是与公有制相通的个人所有制。王先生竟用错解恩格斯关于两种对立的占有形式，来否定马克思的重建生产资料个人所有制的原意。恩格斯强调：土地的小农个人占有或所有，同土地的公共占有或所有，是对立的两种占有形式，就此而言，确实不能“既是个人的又是公共的”。而杜林正是按这种理解来攻击马克思讲的在生产资料公有制基础上重建个人所有制是“既是个人的又是社会的”。本来，恩格斯讲的问题是，个体农民的生产资料个人占有（所有）和公共占有（公有）是矛盾的，不能“既是个人的又是公共的”。而王先生竟把马克思讲的社会主义生产资料所有制的建立问题，同恩格斯讲的社会主义怎样对待小农土地占有的纲领和政策问题绞在了一起，搅混了理论是非。

① 《马克思恩格斯选集》第4卷，人民出版社1995年版，第490～491页。

解读“重新建立个人所有制”必须弄清的几个理论是非[①]

——三评王成稼先生论文中的错解与纰误

摘要：论文进一步对王成稼先生的有关解读和观点及其对笔者的辩驳提出评论。认为他没有读懂和错解了马克思和恩格斯的有关理论观点。没有读懂和错解杜林与谢、辛的错误观点，也未读懂和完全曲解了笔者的解读与观点。就争论中的理论是非集中为必须弄清的五个问题，提出来讨论。一是不能把马克思讲的社会主义所有制“既是社会的，又是个人的”，颠倒为杜林的“臆想”或“污蔑”；二是不能把被资本主义否定了的个体劳动者的生产资料个人所有制错解为否定其消费资料的个人所有制；三是不能说马克思明确讲的生产资料“个人所有制”或“个人的所有制”不是“个人所有制”；四是不能把谢、辛对“重建个人所有制”的错解加之于马克思；五是不能否定资本主义社会的工人群众也有消费资料的“个人所有制”。

我已发表了几篇关于重建个人所有制方面的文章与王成稼先生争鸣，但有些理论是非还需要进一步澄清和讲透。尽管有多位学者建议我不值得再与他争论，但我考虑：马克思在《资本论》中提出的社会主义要在生产资料公有制的基础上重建个人所有制的理论观点，是涉及社会主义所有制本质的重要问题，又是几十年来学界争论不止的问题，而且存在不少不符合马克思原意的解读。需要以求真求实的科学态度，弄清其真谛。特别看到王成稼先

① 本文原载《当代经济研究》2010年第12期。

生的多篇有关文章中，对马克思、恩格斯的观点，对杜林的观点，对谢韬、辛子陵的观点，对我的观点，全都存在错解曲解，而且充满了对我无中生有的诋毁性的言词，如说什么“卫教授惯用的手法，就是篡改原文”，是“杜林的阴魂不散”是“愚昧地指责”、“无知的指责”、“偷换论题”、“用心何在”等等，我觉得有必要分清是非。还由于王成稼发表于《当代经济研究》2010年第4期与我争论的文章，我4月初送《当代经济研究》的文稿中没有涉及，后来才补读。深感王先生的理论认识和学风存在诸多问题。现就五个理论是非问题进行讨论。

一、社会主义所有制“既是社会的，又是个人的”是马克思的观点还是“强加于马克思的诬蔑”？

王成稼发表于《当代经济研究》2010年第4期的文章《按马克思的原意解读“个人所有制”的内涵》（以下简称《内涵》）的摘要中，就提出指责说：马克思的重新建立“个人所有制”的内涵，“杜林和卫兴华教授将其解读为生产资料公有制，既是个人的又是公共的所有制，这是与马克思的原意相违背的臆想”。在正文中又讲：“卫教授与杜林先生在思维逻辑上颇有些相似之处”，他们都将新的“个人所有制”“解读为既是个人的又是公共的所有制”。王先生接着批驳说：“笔者认为，把重新建立的‘个人所有制’认定为……‘既是公共所有，又是个人所有’确实是‘混沌世界’。”在《当代经济研究》2009年第9期发表的王成稼的《再论“重建个人所有制”逐步实现“共同富裕”》（以下简称《富裕》）一文中指责我“重蹈‘既是个人的又是公共的所有制”’的错误，“抱住个人所有制……既是个人的又是公共的所有制”而“不能自拔”。的确，我认为马克思所讲的在公有制基础上重建个人所有制，就是主张社会主义所有制既是公共的或社会的，又是个人的。我赞同马克思的这一观点。王先生把我的解读与观点与杜林的观点硬相混同，当然也是将其作为杜林的解读和观点了。

王成稼先生根本没有弄懂，所谓社会主义所有制“既是公共的（社会的），也是个人的”，是被杜林否定和攻击的马克思的正确观点。杜林的原话是：“马克思先安于他那既是个人又是社会的所有制的混沌世界，却让他的信徒们自己去解这个深奥的辩证法之谜"[①]，显然，杜林这里是攻击马克思安然于将个人所有制与社会所有制相统一的观点的，指责这是"混沌世界"。因此，"既是个人的又是社会的所有制"，既不是我"与马克思的原意相违背的臆想"，更不是杜林的主张与"臆想"。难道马克思讲社会主义生产资料公有制基础上重新建立个人所有制，不正是既是公有制又是个人所有制，是二者的统一么？无论把个人所有制解读为生产资料个人所有制，还是解读为消费资料个人所有制，都可说"既是公共所有又是个人所有"，也可以说"既是个人的又是社会的所有制"。恩格斯反驳杜林对马克思的攻击时，提出："社会所有制涉及土地和其他生产资料，个人所有制涉及产品，也就是涉及消费品"，正是要表明，社会主义所有制是社会所有制（公有制）与个人所有制的统一，即"既是社会的，又是个人的"。不管将个人所有制解读为消费资料个人所有制是否符合马克思的原意，但针对杜林对马克思的"既是个人的又是社会的所有制"的攻击来说，恩格斯的这一反驳也有正面意义。而王成稼却竭力否定和批驳社会主义所有制"既是公共所有又是个人所有"。他在《内涵》一文批驳我的解读说："把重新建立的新的'个人所有制'认定为社会主义生产资料所有制，既是公共所有，又是个人所有"，"确实是'混沌世界'。"杜林攻击马克思的"既是个人的又是社会的"观点是"混沌世界"，王成稼也批驳这一观点是"混沌世界"。事实上是王先生跟在杜林的后面批驳马克思的观点。本来，马克思的观点和杜林的反马克思的观点都很清楚。马克思的观点是：社会主义所有制是公有制（社会所有制）基础上的个人所有制，是公有制和个人所有制并存和统一，因而："既是公共所有，又是个人所有"，或者说"既是个人的又是社会的"。而杜林反对马克思的观点，认为二者不能统一。因为他把个人所有制只理解为被资本主义否定了的个体劳动者的个人私有制，因而要把两者统一，就是"混沌世界"。而王成稼把这个很清楚的问题却搅得一塌糊涂。时而说，主张社会主义所有制"既是个人的又是公共所有制"是杜林和卫教授"与马克思原意相违背的臆想"，时而又说："杜林诬蔑马克思……未来社会的生产资料所有制是一种既是个人的又是公共的所有制"（见《内涵》一文）。这是两种自相矛盾的判断。前一判断是把马克思主张的"既是个人

---

① 《马克思恩格斯选集》第3卷，人民出版社1995年版，第472页。

的又是公共的”社会主义所有制，颠倒为杜林和本人违背马克思原意的“臆想”，即说成是杜林和本人的错误观点。谁将社会主义所有制解读为既是社会主义的，又是个人的，是两者的统一，王先生诬之为“杜林的阴魂不散”。后一判断又把“既是个人的又是社会的”说成是杜林对马克思的“诬蔑”。在《富裕》一文中说这一观点是杜林“强加给马克思的”。这两种自相矛盾的论断都是完全错误的。

王成稼为了表示自己的上述观点有根据，引证了恩格斯的这样一段话：恩格斯明确指出：“既是个人的又是公共的所有制。杜林先生把这叫做‘混沌世界’，而且他在这里令人惊讶地确实说对了。但是很遗憾，处于这个‘混沌世界’的不是马克思，而是杜林先生自己。”①

这段话又被王成稼完全错解，将本意弄颠倒了。恩格斯这里正是要肯定“既是个人的又是社会的所有制”是正确的，是马克思的观点。杜林“确实说对了”。说对什么呢？杜林把马克思讲的在生产资料公有制的基础上重建个人所有制，概括为“既是个人的又是社会的所有制”，“令人惊讶地确实说对了”。但他却把这叫做“混沌世界”。其实一点都不混沌。混沌的是杜林自己，而不是马克思。这段话正是对杜林和王成稼的观点的否定。事实是王成稼自己与杜林站在一起否定和批评社会主义所有制“既是个人的又是社会的所有制”这一马克思主义的观点。他两人都将其诬之为“混沌世界”。

二、重建劳动者生产资料“个人所有制”是强加于马克思的观点吗?

王成稼坚持重建个人所有制是重建封建社会末期个体劳动者的消费资料个人所有制，我与许多学者主张应解读为重建被资本主义否定了的劳动者的生产资料个人所有制。王成稼竟认为这是杜林和卫教授强加于马克思的观点。在《内涵》一文中说：“卫教授将‘个人所有制’，解读为生产资料‘个人所有制’，即‘公有制’，这不是马克思的原意，而是杜林强加给马克

① 王成稼引用的是旧版本。新版本是《马克思恩格斯文集》第9卷，人民出版社2009年版，第137页。译文有改动。

思的‘混沌世界’。”王成稼既曲解了我的观点，也错解了杜林的观点。

王成稼发表的《富裕》与《内涵》的文章中，多次曲解我对“个人所有制”的解读。我发表于《当代经济研究》2008 年第 9 期的论文中，明确地写道：马克思讲“生产资料公有或共同占有，是从社会主义联合体的整体来着眼的。讲‘个人所有制’，是从构成联合体的诸多个人着眼的，是社会主义生产资料所有制关系中整体和个体的关系”。在发表于同一刊物 2009 年第 1 期的论文中，我又讲：公有制和个人所有制“是社会主义生产资料所有制一个硬币的正反两个方面”，其正面是公有制（社会所有制），背面是个人所有制。二者是相通的，但不是同一个概念。马克思的早期著作中，单讲用“联合起来的社会的个人的所有制”消灭资本主义私有制，就意味着这是讲的与公有制相通的社会主义生产资料所有制。而王成稼在他的几篇文章中一再曲解我的解读，无中生有地说我认为“公有制与个人所有制是等同的，不能区分”；“公有制基础上的个人所有制就是公有制基础上的公有制”；“回到了公有制基础上重新建立公有制这种同义反复的谬误的逻辑上来了”；“不仅把个人所有制与公有制混同了，而且把个人所有制与私有制也混同了”，是“私有制与公有制的‘一个共同概念’”。我没有讲过其中的任何一句话，纯属王先生的编造。他任意曲解和虚构我的观点后，进行批评说，这是杜林的观点，“是杜林强加于马克思的‘混沌世界’”。我不知这是王先生有意曲解与虚构，还是限于水平没有读懂我的原文。但愿是后者。因为他对马克思、恩格斯的论述同样没有读懂，对杜林和谢、辛的错误观点也没读懂。王先生说杜林将“个人所有制”与公有制相混同，也是无根据的错解。杜林是将马克思所说的重建的“个人所有制”与“个人私有制”相混同。如果杜林将公有制与个人所有制相等同，就不会指责二者存在矛盾和诬之为“混沌世界了”！

怎样正确解读马克思重建个人所有制的原意，需要正确理解马克思所讲的三种所有制的否定的否定。三种所有制否定的否定究竟是指三种生产资料所有制的相继否定呢？还是如王成稼所主张的：资本主义生产资料私有制否定了封建社会末期的劳动者的消费资料个人所有制，社会主义用重建消费资料个人所有制去否定资本主义生产资料私有制呢？显然是前者。王先生的主张完全走样，是绝对错解的。具体来讲：资本主义否定了个体劳动者的所有制。究竟是否定了个体劳动者的生产资料所有制呢？还是否定了他们的生活资料所有制？我和多数学者认为是前者。《资本论》中明确指出：资本主义私有制，是对个体劳动者的私有制的第一个否定。这个私有制，显然是生产资料所有制意义上的私有制。否定了他们的生产资料所有制，也就否定了其消费资料来源。用不着也不可能单独否定其消费资料所有制。王成稼坚持后者，没有提出任何理论与事实根据。其次，重建“个人所有制”，意味着重建被资本主义消灭了劳动者的个人所有制。这个个人所有制究竟是生产资料“个人所有制”，还是消费资料的“个人所有制”？我主张前者，王成稼坚持后者。正是在这个问题上王成稼做了一大套悖理的文章，并使用了许多诋毁性的语言！

马克思在《资本论》第1卷《资本主义积累的历史趋势》中讲：“资本主义的私有制，是对个人的、以自己劳动为基础的私有制的第一个否定。”显然，这里所讲的是对劳动者“个人的”私有制的否定，是指对生产资料的“个人”私有制的否定，而非对消费资料的个人私有制的否定。因而否定的否定，应是重建劳动者的生产资料所有制。但不是重建其私有制，而是要建成联合起来的个人所有制。个体劳动者的生产资料私有制是否可称之为“个人所有制”？这里存在着理解上的根本性分歧。王成稼认为，“个人所有制”，只能是指消费资料的个人所有制。他在几篇文章中，大量搬弄德文字典、词典，断言在德语中，“个人所有制”惟一的解释是指消费资料个人所有制。因此，被资本主义否定了的个体劳动者的生产资料所有制，决不能称作“个人所有制”。被否定和重建的只能是消费资料的个人所有制。然而，王先生对德语“个人所有制”的这种诠释，以及以此为据的有关观点，既不符合马克思论著中的本意，也为中央编译局的德语专家所否定。他们明确向我表示：不赞同王成稼对德文原意的解读。

王成稼如果用摆事实、讲道理的态度坚持自己的解读和观点，可不必与其争论。问题是他把自己的全盘错解曲解作为真理，对不赞同他的错解的相反观点恣意诬蔑和诋毁。我认为，被资本主义否定了的个体劳动者的生产资料所有制，就是劳动者的生产资料个人所有制。王成稼在《内涵》一文中批驳说：“卫教授贯用（应是惯用）的手法，就是篡改原文，把‘劳动者的生产资料私有制’篡改为‘个人所有制’，其用心何在？马克思明确指出，社会主义要重新建立的不是私有制，卫教授将其改为个人所有制，就为他把个人所有制解读为生产资料公有制埋下了逻辑上的铺垫。”又说，“卫教授与杜林在思维逻辑与论断方面颇有些近似……即被第一个否定的个人所有制，都将其篡改为生产资料个人所有制。”这是“臆想”。

王成稼对这段话中的语义混乱且不讲。他竭力反对将被资本主义否定了的劳动者的生产资料所有制也称作劳动者的生产资料个人所有制，他坚持认为被否定的只能是劳动者的消费资料个人所有制，是完全站不住脚的，是与马克思的原意完全相悖的。他没有提出任何有说服力的论据。他的惟一的论据是既然重建的是消费资料个人所有制，由此推论被否定的也一定是消费资料个人所有制。其前提和推论都不能成立。相反，有充分理由证明，马克思认为，被资本主义消灭了的个体劳动者的生产资料所有制，也可称之为生产资料个人所有制。第一，个体劳动者生产资料既可以说归个人私有，也可以说归个人所有。归个人私有，表示非归公有或社会所有；归个人所有，表示非归他人所有。因此，个体劳动者的生产资料私有制，也可称作个人所有制。第二，《资本论》中讲：“资本主义私有制，是对个人的、以自己劳动为基础的私有制的第一个否定。”这里讲的就是“个人的”私有制，也可说是“个人的”所有制。王先生在反驳我的文章中把“个人所有制”与“个人的所有制”说成是内涵完全不同的两种所有制，实在离谱。我在后面会专门讲到。第三，马克思讲：否定的否定，“不是重新建立私有制”。这是指不重新建立劳动者的生产资料私有制呢，还是不重新建立消费资料的私有制呢？显然是指前者，马克思讲“私有制”、“公有制”都是指生产资料所有制。不会专指消费资料所有制。消费资料的个人所有与个人私有是一回事。而生产资料的个人所有制与个人私有制则不能简单看作是一回事，有两种个人所有制：一种是个体劳动者的以私有制为基础的个人所有制，一种是社会主义的以公有制为基础的个人所有制。社会主义需重建的不是前一种个人所有制或私有制，而是后一种与私有制对立的个人所有制。这两种“个人所有制”的内涵不同，但都是劳动者生产资料个人所有制。第四，马克思在《1861~1863年经济学手稿》中将个人所有制明确地分成两种，一种是“孤立的单个人的生产资料所有制”，另一种是“联合起来的社会个人的所有制”。这都是讲的生产资料的个人所有制。消费资料的个人所有制不会有这两种划分。孤立的单个人的所有制，就是指个体劳动者的生产资料个人所有制，也就是被资本主义否定了的劳动者的生产资料个人所有制。第五，王成稼特别引用恩格斯的话：“生产资料的占有只能有两种形式：或者是个人占有……；或者是公共占有”，来证明个人占有和公共占有不能并存，这是张冠李戴，恩格斯讲的是个体农民或者是保存自己的生产资料个人占有即私有，或是归公共占有即社会公有，二者只能居其一，而社会主义所有制则是社会所有与个人所有的统一。再者，个人占有就是个人所有；恩格斯所讲的个人占有，就是指个体农民生产资料的个人所有制。王先生没有理解恩格斯的话正是否定他的见解。竟然说我“惯用的手法，就是篡改原文，把‘劳动者的生产资料私有制’，篡改为‘个人所有制’，其用心何在?”王先生一再咒骂“别有用心”、“用心何在”，诬我篡改了原文，完全是出于他自己对马克思理论的错解、曲解和无知！

三、马克思讲的生产资料“个人所有制”能够硬说不是“个人所有制”吗?

王成稼先生硬说，在德语中，“个人所有制”只能是消费资料的个人所有制。我指出，恰恰相反，在马克思的著作中，凡讲“个人所有制”或“个人所有”、“个人占有”的地方，都明确讲的是生产资料个人所有制。现在还没有人查到讲消费资料个人所有制的地方。王成稼在《内涵》一文中提出反驳说，马克思讲过“这个联合体的总产品是社会的产品。这些产品的一部分重新用作生产资料。这一部分是归社会的。而另一部分则作为生活资料由联合体成员消费。因此，这一部分要在他们之间进行分配”。王先生要用这段话佐证马克思讲了消费资料的个人所有制。显然，这个佐证不能成立。因为这段话根本没有讲消费资料的个人所有制，连“个人所有制”或“个人占有”的语句也没有。然而王先生硬要从这段话中推演出消费资料的“个人所有制”来。他说，卫教授的“反驳是站不住脚的，由联合体成员消费的生活资料分配到他们各个人的手里，就是属于‘个人的财产’，归个人所有，也可说‘个人所有制’……我们如果不能认识到这一步，不就变成‘书呆子’了”。王先生把自己推演出的概念强加于马克思，表现出他不做“书呆子”的“高明”之处！然而，这能证明马克思使用了“消费资料的个人所有制”概念么？这能算是实事求是的科学态度么？社会主义确实存在消费资料的个人所有制是一回事（其实其他社会也存在），马克思没有提过消费资料个人所有制这一概念是另一回事，不能用前者证明后者。

我们引证马克思关于两种“个人所有制”的论述，证明这两种“个人所有制”都是指生产资料的个人所有，而非消费资料的个人所有。一种是“孤立的、单个人的所有制”，即个体劳动者的生产资料个人所有制；另一种是“联合起来的社会的个人的所有制”，即社会主义的与公有制相统一的生产资料个人所有制。面对这样含义明确的“个人所有制”概念，王先生在《富裕》一文中竟作出逻辑混乱、自我否定而不自知的辩解。他说：“第一种类型的所谓个人所有制，其实是私有制；第二种类型的所谓个人所有制，其实是公有制，二者都不是个人所有制，不能篡改，不容混淆。”他竟敢说两种“个人所有制”，都不是“个人所有制”。声称不能将两种类型的“个人所有制”篡改为“个人所有制”，不能将“个人所有制”混淆为“个人所有制”。这是什么逻辑？前人有“指鹿为马”之说，今人有王先生指鹿非鹿之说！王先生应当明白，两种类型的个人所有制无论是私有制还是公有制，都是指生产资料所有制。“孤立的、单个人的个人所有制”就是个体劳动者的生产资料私有制。而“联合起来的社会的个人的所有制”就是与社会主义与公有制相通的生产资料所有制！王先生的思维逻辑混乱还表现在，他既否定两种类型的“个人所有制”是“个人所有制”，又说，前一种个人所有制是私有制，后一种个人所有制是公有制。然而无论私有制还是公有制，都是生产资料的所有制。王先生所坚持的不存在生产资料个人所有制的武断被自己的这段话全否定了。

王成稼为什么否认这两种生产资料的“个人所有制”是“个人所有制”呢？因为如果肯定了，就会全部推翻他断言的“个人所有制”只能是消费资料的个人所有制的武断，也就是完全推翻了他对马克思重建个人所有制的解读。为了摆脱难以自圆其说的矛盾，王先生又在译文上做文章。本来，“联合起来的社会个人的所有制”一词，有的译作“联合起来的、社会的个人所有制”，新出版的《马克思恩格斯文集》译作“联合起来的社会的个人的所有制”。两种译文的内涵是一样的。我在前篇文章中引用了“联合起来的社会的个人所有制”译文。王先生批驳说：卫某人把马克思的原话“联合起来的社会个人的所有制”“在文字上加以改动，变成‘联合起来的社会的个人所有制’……‘联合起来的社会个人’是指‘自由人联合体’，‘联合起来的社会个人的所有制’就是自由人联合体的所有制即公有制”。也许读者看不懂王先生这段文理不清的话在讲什么。他讲：“联合起来的社会个人是指自由人联合体”。确实不知是要说明什么。因为王先生转移了概念，离开了所讨论的内容。其实，王先生是说“个人所有制”与“个人的所有制”，是两个内涵完全不同的概念。“个人所有制”只能是消费资料的个人所有制，而“个人的所有制”即多个“的”字，就是公有制了。在多篇文章中，以德文专家姿态出现的王先生，在这里显示出他德语和汉语水平的“高明”。按他的解读逻辑，“国家所有制”与“国家的所有制”，“集体所有制”与“集体的所有制”，都是内涵完全不同的概念了！谁会相信这种德语和汉语的奇特解读呢？即使不懂德语的人也可从王先生的行文上，看出他的解读违背语言逻辑的常理。我请教了中央编译局的多位德语专家，他们都不同意王先生的这种解读。

王成稼应正确解读马克思在《法兰西内战》中的一段话：“把现在主要用作奴役和剥削劳动者的手段的生产资料，土地和资本完全变成自由和联合的劳动的工具，从而使个人所有制成为现实。”① 这里用的是“个人所有制”，没有加“的”字，显然不能解读为消费资料个人所有制。因为它明确指出是“生产资料、土地和资本”的“个人所有制”，也就是消灭资本主义制度后要实行生产资料的联合起来的个人所有制。马克思的这段话完全否定了王成稼关于德文中的个人所有制只有消费资料个人所有制的含义的诠释，也完全否定了他断言社会主义重建个人所有制只能是重建消费资料个人所有制、不存在社会主义生产资料个人所有制的错误解读。

四、谢韬、辛子陵对“重建个人所有制”的解读符合马克思的本意吗？

王成稼先生在《当代经济研究》2007年第10期发表的《论“重建个人所有制”逐步实现共同富裕》一文中，赞同谢韬、辛子陵在《炎黄春秋》的论文对马克思的重建个人所有制的解读，说他们的解读比解读为重建生产资料的个人所有制的观点更正确。在同一刊物2009年第9期发表的王先生的《富裕》一文中，他再次肯定谢、辛解读正确，并借用他们的观点来反驳我。文中写道：“卫教授一方面说，生活资料的个人所有制并未被消灭，

① 《马克思恩格斯选集》第3卷，人民出版社1995年版，第59页。

又自相矛盾地‘试问：社会主义有什么必要去重建被资本主义消灭了的个体劳动者的生活资料个人所有制?’这正是谢、辛二位先生批评的社会上存在的忽视‘个人所有制’思想表现。”

王成稼所发表的多篇论文中，都存在文理不通、思维不清、逻辑混乱问题，几乎每段话都存在这类问题。如果一一列举，会篇幅很大。就从这一段王先生对我的反驳来看，就存在几个问题。第一，我认为资本主义经济中，也存在雇佣工人的消费资料个人所有制。这是事实。因此我讲消费资料的个人所有制未被消灭，何来重建问题？即使肯定资本主义消灭了个体劳动者的生产资料个人所有制的同时，也消灭了其消费资料的个人所有，但并未消灭雇佣劳动者的消费资料个人所有制。王先生坚持是重建封建社会末期劳动者的生活资料个人所有制，我认为社会主义消费资料个人所有制，不是王成稼所说的封建社会末期劳动者消费资料个人所有制的重建。王先生批驳我说这是“自相矛盾”！矛盾在哪里？是他制造矛盾！第二，王先生说，我上面的两段话正是谢、辛批评的“忽视‘个人所有制’的思想表现”。这又是颠倒是非。我高度重视和高度评价马克思重建劳动者生产资料个人所有制的理论观点，同时完全肯定社会主义要实现共同富裕，提高人民的物质文化消费水平，但否定王成稼虚构的社会主义要重建封建社会末期劳动者的消费资料个人所有制，难道就是“忽视‘个人所有制’的思想表现”么？第三，更为重要的是，王先生再次称赞谢、辛对“个人所有制”的解读，说他们批评了忽视“个人所有制的思想表现”，再次肯定其对个人所有制解读正确。然而，谢、辛关于个人所有制的解读和观点究竟是什么？谢、辛关于重建个人所有制的解读是：“一种以个人私有为基础的均富状态。”是没收地主土地，分给农民私有；是归个人所有的股票；是保留私有制的民主社会主义。难道这符合马克思的有关观点？王先生称赞谢、辛重视“个人所有制”的思想，但他们重视的是什么？重视的是私有制的“个人所有制”。王先生赞同这种解读和观点正确，是他自己的事，但是把谢、辛的错解及其私有化的观点强加给马克思，作为马克思的观点，就是颠倒理论是非了。

五、资本主义国家的工人群众是否存在消费资料的“个人所有制”?

王成稼坚持说：马克思认为，资本主义私有制否定的是劳动者的消费资料个人所有制，而不是生产资料个人所有制。但在马克思的论著中，丝毫没有这样的意思。是王先生主观地倒推出来的：既然重新建立的是消费资料个人所有制，因而被否定的一定是个体劳动者的消费资料个人所有制。他是用难以成立的前提倒推出难以成立的结论。

资本主义否定了劳动者的生产资料所有制，也就否定了劳动者原有的生活资料来源。既不可能撇开生产资料所有制，去单独否定其生活资料所有制，也不存在对生产资料和消费资料所有制先后两次否定。马克思讲所有制的变革，从来都是指生产资料所有制的变革，而不讲消费资料所有制的变革。马克思连消费资料个人所有制问题也未提过。个体劳动者的所有制被否定后，劳动者成为资本主义的雇佣工人。雇佣工人的劳动力属于他个人所有。他出卖劳动力赚得工资，也归他个人所有，用工资购买的消费品自然也归个人所有。因此，资本主义并没有消灭劳动者的消费资料个人所有制。马克思讲：“资本家阶级不断地以货币形式发给工人阶级票据，让工人阶级用来领取由它生产而为资本家阶级所占有的产品中的一部分。工人也不断地把这些票据还给资本家阶级，以便从资本家阶级那里取得他自己的产品中属于他自己的那一部分”[①]，工人用货币工资取得“属于他自己的那一部分”产品，不言而喻，是归他个人所有的部分。王成稼竭力否定资本主义社会中的工人阶级也有消费资料的个人所有制，以便为他虚构重建或恢复封建社会末期的劳动者的消费资料个人所有制提供铺垫。但他提不出任何理论和事实依据。最后找到了马克思的一段话作根据，“马克思还说：‘产品是资本家的所有物，而不是直接生产者工人的所有物’”，“资本家是‘生产资料和生活资料的所有者’，可见，是谁违背了马克思的原意?”王先生的这段引证丝毫不能证明，资本主义的工人阶级不存在消费资料个人所有制，是文不对题的引证。资本家作为生产资料的所有者，其产品（包括生产资料和消费资

---

① 《马克思恩格斯文集》第5卷，人民出版社2009年版，第655页。

料）自然也归资本家所有。但是，资本家卖掉产品换为货币，一部分货币要发给工人。工人从市场上买来消费品，就归工人个人所有。由工人及其家属消费了。难道工人购买的日用消费品不归他个人所有而归资本家或别人所有？这样一个简明的事实，王成稼也竭力否认。因为如果肯定了这一事实，他对重建个人所有制的解读和全部理论观点都不能成立。然而，资本主义经济中雇佣工人用工资购买的衣物、食品、用具、车辆、自购的房产等，归他们个人所有，这是实际生活中无可辩驳的事实。王成稼竟然要否定！他要用被他错解的马克思的两句话来否定事实！这是实事求是的科学态度吗？